서울대학교 법학연구소
Medvlla Iurisprudentiae **04**

판례의 무게

윤진수

박영사

서 문

서울대학교 법학연구소에서 나의 정년을 계기로 내가 쓴 논문들을 모은 논문집을 만들어 주기로 하였다. 그런데 나는 민법 관련 논문은 「민법논고」라는 제목으로 묶어서 내고 있으므로, 이 논문집에서는 민법 외의 글들을 모아 내기로 하였다.

여기에 실린 글들은 3편을 제외하고는 7편이 내가 1990년부터 1997년까지 헌법재판소와 법원에 근무하던 시절에 쓴 것들이다. 그리고 2018년에 쓴 「판례의 무게」를 제외하면 모두 길게는 30년 전에서 18년 전 사이에 쓰여진 것들이다. 그리하여 어떻게 이런 글들을 쓰게 되었는지에 대하여 설명이 필요할 것 같다.

제일 처음에 쓴 「위헌법률의 효력」은 내가 1990년 헌법재판소 헌법연구관으로 발령받고서, 헌법재판소의 위헌결정에는 소급효가 없다고 하는 것에 의문을 품고 쓴 것이다. 그 논문을 쓸 당시에 마침 미국 연방대법원에서는 판례의 변경에 전면적으로 소급효를 인정하여야 한다는 논쟁이 진행 중이었다. 그리하여 이를 소개하기 위하여 1995년에 「미국법상 판례의 소급효」를 쓰게 되었다. 그리고 「헌법재판소 위헌결정의 소급효」는 「위헌법률의 효력」의 속편과 같은 것으로, 1996년 여름에 사법연수원에서 "헌법문제와 재판"을 주제로 하여 열렸던 법관연수에 참가하여 쓴 것이다.

헌법재판소에서 근무하던 동안에는 내가 연구관으로서 보고하였던 사건에 대한 해설을 쓸 기회가 있었는데, 「접견불허처분에 대한 헌법소원심판청구 후 접견이 이루어진 경우 심판청구의 적법 여부」는 그 중 하나이다. 이 글을 쓰게 된 데에는 그 사건의 주심 재판관이셨던 이시윤 전 감사원장님의 강력한 권유가 계기가 되었다.

1992년부터 1995년까지는 대법원 재판연구관으로 근무하였는데, 당시 공동연구관 일반조로 근무하여, 주로 민사사건과 형사사건을 검토하였지만, 때로는 대법관님들의 지시에 의하여 헌법과 행정법 사건도 검토하게 되었다. 「보존음료수의 판매제한조치의 위헌 여부」도 그 과정에서 나온 것이다. 책 말미의 대담에서도 언급하였지만, 이 사건에는 내가 재판연구관으로 근무하면서 다루었던 사건 중에 가장 많은 시간을 들였다.

「장물취득죄의 기판력이 강도상해죄에 미치는지 여부」는 대법원 전원합의체 판결의 해설인데, 다수의견과 반대의견이 7 : 6으로 나뉘어 치열한 논쟁을 벌였다. 나로서는 가장 기억에 남는 사건 중 하나인데, 이 판결에 대한 평가가 그다지 호의적이 아니어서 내가 보고연구관으로서 판결을 옹호하기 위하여 쓴 것이다.

「토지임차인의 매수청구권 행사와 법원의 석명의무」도 대법원 전원합의체 판결의 해설인데, 당시 전원합의체에서는 일본의 판례를 따라가려는 논의도 있었으나, 내가 일본과는 다른 방법으로 문제를 해결해야 한다고 보고하여 이 의견이 채택되었고, 반대의견도 없었다.

「확정판결의 부정이용에 대한 구제의 요건과 방법」은 고려대학교에서 민사소송법을 가르치셨던 정동윤 교수님의 1999년 화갑기념 논문집에 실은 것으로서, 정 교수님의 전공에 맞추어 민사소송법에 관한 주제를 골랐다.

그리고 「독일법상《판례》의 의미」는 2001년 대법원 비교법실무연구회의 의뢰를 받고 쓰게 되었다. 마지막으로 「판례의 무게」는 2018년 9월 대법원 민사실무연구회 400회 월례회에서 발표해 달라는 의뢰를 받고 쓰게 된 것인데, 법철학회 월례회에서도 발표할 기회가 있어서 거기서도 발표하였다.

이와 같은 경위로 쓰여지게 된 것이어서 논문집 전체를 관통하는 통일성은 찾을 수 없다. 그리하여 논문집의 제목을 무엇으로 할까 고심하였는데, 결국 가장 나중에 쓴 「판례의 무게」를 제목으로 정하였다. 그리고 판례의 이론에 관한 글들과 공법(헌법·행정법·형법)에 관한 글들 및 사법에 관한 글들로 분류하였다. 쓴 지 오래되기는 하였으나, 지금도 참고할 가치를 잃지는 않았다고 생각된다. 다만 한자는 되도록 한글로 바꾸었고, 표현 등도 다소 수정하였으나, 내용이 달라지지는 않았다.

이 논문집을 내면서 생각나는 분들이 많지만, 특히 헌법재판소에서 전속연구관으로 모셨던 이시윤 재판관님은 대학 시절에 민사소송법을 배운 은사이기도 한데, 여러 가지 많은 가르침을 주셨다. 이 자리를 빌어 깊은 감사를 드린다.

　그리고 이 논문집을 내 주신 서울대학교 법학연구소에 감사를 드리며, 교정을 위하여 애쓰신 박영사 이승현 과장님의 노고에 고마움을 표하고자 한다.

2020년 5월

윤 진 수

윤진수(尹眞秀) 교수 연보·논저 목록

I. 年 譜

생년월일 : 1955년 2월 27일
부 : 윤호영(尹昊永)　　모 : 송금자(宋金子)
처 : 박유희(朴俞姬)　　딸 : 지효(智孝), 세효(世孝)
e-mail : jsyune@snu.ac.kr

[학력]

1967. 2.	전주교대부속국민학교 졸업
1970. 2.	전주북중학교 졸업
1973. 2.	경기고등학교 졸업
1977. 2.	서울대학교 법과대학 졸업
1984. 8.	서울대학교 대학원 법학석사
1993. 8.	서울대학교 대학원 법학박사

[경력]

1976. 4.	제18회 사법시험 합격
1979. 8.	사법연수원 제9기 수료
1979. 9.~1982. 8.	육군 법무관
1982. 9.~1983. 8.	서울민사지방법원 판사
1983. 9.~1985. 8.	서울형사지방법원 판사
1985. 9.~1986. 8.	서울가정법원 판사

1986. 9.~1989. 2.	전주지방법원 정주지원 판사
1987. 3.~1988. 3.	독일 함부르크 대학교, 막스 플랑크 외국사법 및 비교사법 연구소 연수
1989. 3.~1990. 8	광주고등법원 판사(일부 기간 헌법재판소 헌법연구관과 겸직)
1990. 3.~1992. 2.	헌법재판소 헌법연구관
1990. 9.~1993. 2.	서울고등법원 판사(헌법연구관 및 재판연구관과 겸직)
1992. 2.~1995. 6.	대법원 재판연구관
1993. 3.~1995. 2.	전주지방법원 부장판사(재판연구관과 겸직)
1995. 6.~1997. 2.	수원지방법원 부장판사
1997. 3.~2001. 3.	서울대학교 법과대학 조교수
1999. 2.~2004. 6.	법무부 민법개정자문위원회 위원
2001. 4.~2006. 3.	서울대학교 법과대학 부교수
2003. 3.~2004. 2.	미국 버지니아주립대학교 방문연구원
2004. 6.~2006. 7.	법무부 가족법개정 특별위원회 위원
2006. 4.~2018. 2.	서울대학교 법과대학 교수
2009. 2.~2014. 2.	법무부 민법개정위원회 분과위원장, 실무위원장, 부위원장
2009. 3.~2020. 2.	서울대학교 법학전문대학원 교수
2010. 11.~2011. 7.	법무부 가족법개정특별위원회 위원장
2013. 2.~2015. 2.	대법원 가사소송법 개정위원회 위원장
2013.	법무부 친권제한·정지 도입 개정위원회 위원장
2016.	법무부 친생자추정 규정 개정위원회 위원장
2019. 7.~현재	법조윤리협의회 위원장
2020. 3.~현재	서울대학교 명예교수

〈보직사항〉

2000. 6.~2002. 6.	서울대학교 도서관 법학분관장
2004. 6.~2008. 6.	서울대학교 인사위원 및 대학교원임용양성평등추진위원
2009. 9.~2010. 12.	서울대학교 법학연구소장

〈학회 관련〉

2005. 7.~2007. 5.　한국법경제학회 회장

2006. 2.~2008. 2.　한국비교사법학회 회장

2008. 1.~2009. 12.　한국가족법학회 회장

2008. 10.~현재　민사판례연구회 회장

2011. 1.~2011. 12.　한국민사법학회 회장

2011. 7.~2014. 8.　국제가족법학회 이사

2014. 8.~현재　국제가족법학회 부회장

[상훈]

2001.　한국법학원 제5회 법학논문상

2009.　서울대학교 법과대학 2008년 우수연구상

2013.　황조근정훈장

2017.　서울대학교 학술연구상

Ⅱ. 논저 목록

1. 논문

(1) 법 일반

· "미국법상 판례의 소급효 : 우리법상 위헌결정의 소급효와 관련하여", 저스티스 제28권 제1호(1995. 7).

· "독일법상 「판례」의 의미", 법조 통권 544호(2002. 1) =『판례실무연구』Ⅵ, 박영사(2003).

· "판례의 무게", 법철학연구 제21권 제3호(2018. 12).

(2) 민사법

· "사실상 혼인관계 존부확인의 청구", 서울대학교 Fides 제21권 제1호(1977. 2).

• "소멸시효의 남용에 관한 고찰", 서울대학교 석사학위논문(1984. 8).

• "제삼자의 채권침해와 부동산의 이중양도", 사법논집 제16집, 법원행정처(1985).

• "검사를 상대로 하는 사실상혼인관계존부확인청구", 대한변호사협회지 제116호(1986. 4).

• "법정지상권 성립 후 건물을 취득한 자의 지위"(상)(중)(하), 사법행정 제27권 제5호(1986. 5), 제6호(1986. 6), 제7호(1986. 7) = 민사재판의 제문제 제5권(1989).

• "부동산의 이중양도와 원상회복", 민사법학 제6호(1986).

• "호의동승의 경제적 분석", 무등춘추 제2호(1989) =『손해배상법의 제문제』(성헌 황적인 박사 화갑기념), 박영사(1990).

• "법률행위의 보충적 해석에 관한 독일의 학설과 판례", 판례월보 제238호(1990. 7) = 재판자료 제59집, 법원행정처(1992).

• "가집행선고의 실효와 경락인인 가집행채권자의 부당이득반환의무", 사법행정 제32권 제7호(1991. 7) = 민사재판의 제문제 제6권(1991).

• "허위의 친생자 출생신고에 의한 입양에 관한 몇 가지 문제", 판례월보 제251호(1991. 8) =『가족법학논총』(박병호 교수 환갑기념), 박영사(1991).

• "채무불이행으로 인한 특별손해, 동시이행의 항변권과 권리남용", 사법행정 통권 제379호(1992. 7) = 대법원판례해설 제17호(1992년 상반기)(1992).

• "실종자를 피고로 하는 판결확정 후 실종선고가 확정된 경우 판결의 효력", 대법원판례해설 제18호(1992년 하반기)(1993) = 법조 통권 437호(1993. 2).

• "전부명령의 요건과 효력",『부동산법학의 제문제』(석하 김기수 교수 화갑기념), 박영사(1992).

• "주류제조면허양도계약의 이행청구와 소의 이익", 민사재판의 제문제 제7권(1993).

• "항소심의 변경판결과 제1심판결에 대한 청구이의소송의 적법 여부", 사법행정 통권 제392호(1993. 8).

• "채권자가 채무자에 대하여 받은 패소판결이 채권자대위소송에 미치는 법률요건적 효력", 판례월보 제274호(1993. 7) = 대법원판례해설 제19 − 1호(93년 상반기)(1993).

• "1. 제1심 패소부분에 불복하지 않았던 당사자의 상고와 상고범위 2. 계속적

공급계약에 있어서 기본계약의 성립과 개별계약의 성립 3. 기본계약 불이행으로 인한 손해배상의 범위", 사법행정 통권 제392호(1993. 8).

- "부동산의 이중양도에 관한 연구 ― 제일양수인의 원상회복청구를 중심으로 ―", 서울대학교 법학박사학위논문(1993. 8).
- "소멸시효",『민법학의 회고와 전망』(민법전 시행 삼십주년 기념논문집), 한국 사법행정학회(1993).
- "프랑스에서의 부동산 이중양도에 관한 법적 규율", 사법연구 제2집(1994).
- "소유권을 상실한 저당권설정자의 저당권설정등기 말소청구의 가부", 대법원 판례해설 제12호(94년 상반기)(1994) = 법조 통권 461호(1995. 2).
- "건물의 합동과 저당권의 운명"(상)(하), 사법행정 통권 제403호(1994. 7), 제 404호(1994. 8).
- "회사정리법상의 보전처분과 상계 및 부인권", 민사재판의 제문제 제8권 (1994).
- "대법원의 파기환송판결이 재심대상이 되는지 여부", 인권과 정의 제226호 (1995. 6) (강용현과 공동집필).
- "환경권 침해를 이유로 하는 유지청구의 허용 여부", 대법원판례해설 제23호 (95년 상반기)(1995) = 판례월보 제315호(1996. 12).
- "독립적 은행보증과 지급금지가처분 신청금지 약관의 효력",『민사재판의 제 문제』(송천 이시윤 박사 화갑기념)(상), 박영사(1995).
- "자동차손해배상보장법 제3조의 손해배상채권과 채무가 동일인에게 귀속되는 경우 혼동에 의한 직접청구권의 소멸 여부", 판례월보 제302호(1995. 11).
- "압류의 경합",『재판자료』제71집, 법원도서관(1996).
- "토지임차인의 매수청구권 행사와 법원의 석명의무", 인권과 정의 제236호 (1996. 4) = 민사소송 Ⅱ Vol. 2(1999).
- "부동산 이중양도의 경제적 분석", 저스티스 제29권 제1호(1996. 6).
- "민법시행 전에 이성양자가 허용되었는지 여부 및 민법 시행 전 입양의 요건 에 대한 민법의 소급적용", 판례월보 제314호(1996. 11).
- "C. I. F. 매매와 확정기매매",『상사판례연구』[I], 박영사(1996).
- "어음 배서의 위조로 인한 불법행위책임과 소구권보전절차의 관계", 법조 통 권 485호(1997. 2).
- "위헌인 법률에 근거한 공무원 면직처분이 불법행위로 되는 경우 그로 인한

손해배상청구권 소멸시효의 기산점", 서울대학교 법학 제38권 제1호(1997. 5).

- "초과특별수익이 있는 경우 구체적 상속분의 산정방법", 서울대학교 법학 제 38권 제2호(1997. 9).
- "악의의 무단점유와 자주점유에 대한 소견",『판례실무연구』Ⅰ, 박영사(1997).
- "계약 당사자의 확정에 관한 고찰 : 특히 예금계약을 중심으로"(상)(하), 법조 통 권 494호(1997. 11), 통권 495호(1997. 12) =『판례실무연구』Ⅱ, 박영사(1998).
- "상속채무를 뒤늦게 발견한 상속인의 보호", 서울대학교 법학 제38권 제3·4 호(1997. 12).
- "법률행위의 무효 ― Pawlowski의 무효개념을 중심으로",『법률행위론의 사적 전개와 과제』(이호정 교수 화갑기념 논문집), 박영사(1998).
- "점유를 상실한 부동산매수인의 등기청구권의 소멸시효", 인권과 정의 제261 호(1998. 5).
- "상속재산 분할에 있어서 초과특별수익의 취급", 판례월보 제333호(1998. 6) = 가족법연구 제12호(1998).
- "계약상대방의 피용자의 사기로 인한 의사표시의 취소", 서울대학교 법학 제 39권 제2호(1998. 8) = 민사판례연구 [ⅩⅪ](1999).
- "반사회적 이중양도에 있어서 전득자의 지위", 법조 통권 504호(1998. 9).
- "상속법 개정안의 과제와 문제점", 인권과 정의 제265호(1998. 9).
- "상속회복청구권의 성질과 그 제척기간의 기산점",『재판의 한길』(김용준 헌 법재판소장 화갑기념), 박영사(1998).
- "혼인의 자유",『한국 법학 50년 ― 과거·현재·미래』(대한민국 건국 50주년 기념 제1회 한국법학자대회 논문집 Ⅱ), 한국법학교수회(1998).
- "특별한정승인제도의 소급적용에 관한 소고", 법률신문 제2766호(1999. 2).
- "예금계약",『금융거래법강의』, 법문사(1999).
- "삼청교육 피해자에 대한 대통령의 담화발표가 손해배상청구권의 소멸시효에 미치는 영향",『국민과 사법』(윤관 대법원장 퇴임기념), 박영사(1999).
- "확정판결의 부정이용에 대한 구제의 요건과 방법",『이십일세기 민사소송법 의 전망』(하촌정동윤 선생 화갑기념), 박영사(1999).
- "의사의 과실에 의한 자녀의 출생으로 인한 손해배상책임"(상)(하), 법조 통권 514호(1999. 7), 통권 515호(1999. 8) =『판례실무연구』Ⅳ, 박영사(2000).
- "자기 소유의 물건을 취득하기로 하는 계약의 효력", 고시계 통권 제511호

(1999. 9).

- "혼인 성립에 관한 독일 민법의 개정에 관한 고찰", 서울대학교 법학 제40권 제2호(1999. 8) = 가족법연구 제13호(1999. 12).
- "소멸시효 완성의 효과", 『한국민법이론의 발전』(무암 이영준 박사 화갑기념 논문집), 박영사(1999).
- "1990년대 친족상속법 판례의 동향", 서울대학교 법학 제40권 제3호(1999. 12).
- "무효인 제2양수인 명의의 소유권이전등기가 확정판결에 의하여 이루어진 경우 제1양수인 내지 그 승계인의 구제방법", 민사판례연구 [XXII](2000).
- "90년대 친족상속법 판례 회고", 민사판례연구 [XXII](2000).
- "점유를 상실한 부동산 매수인의 등기청구권의 소멸시효·부동산의 이중양도와 불법원인급여", 민사재판의 제문제 제10권(2000).
- "금융실명제 실시 후에 예금의 출연자를 예금주로 본 사례", 『상사판례연구』 [IV], 박영사(2000).
- "친족회의 동의를 얻지 않은 후견인의 법률행위에 대한 표현대리의 성립 여부", 아세아여성법학 제3호(2000).
- "상속회복청구권의 연구 : 역사적 및 비교법적 고찰", 서울대학교 법학 제41권 제1호(2000. 6).
- "상속의 단순승인 의제규정에 대한 헌법불합치 결정의 문제점 ― 특히 헌법불합치 결정의 주문과 관련하여 ― ", 헌법논총 제11집(2000).
- "Recent Decisions of the Korean Constitutional Court on Family Law", *Journal of Korean Law*, Vol. 1, No. 1 (2001. 12).
- "민법 중 법인, 물건 및 소멸시효, 취득시효에 관한 개정예비안", 민사법학 제19호(2001. 3).
- "친족회의 동의를 얻지 않은 후견인의 법률행위에 대한 표현대리의 성립 여부", 민사법학 제19호(2001. 3).
- "혼인 성립에 관한 민법의 개정방향", 가족법연구 제15권 제1호(2001. 6).
- "상속법상의 법률행위와 채권자취소권 : 상속 포기 및 상속재산 협의분할을 중심으로", 사법연구 제6집(2001).
- "친권자와 자녀 사이의 이해상반행위 및 친권자의 대리권 남용", 『현대 민사법 연구』(일헌 최병욱 교수 정년기념), 법문사(2002) = 민사재판의 제문제 제

11권(2002).

· "민법상 착오규정의 입법론적 고찰 : 민법개정위원회에서의 소수의견", 『이십일세기 한국민사법학의 과제와 전망』(심당 송상현 선생 화갑기념 논문집), 박영사(2002).

· "영국의 1998년 인권법(Human Rights Act 1998)이 사법관계에 미치는 영향", 서울대학교 법학 제43권 제1호(2002. 3).

· "영국 항소법원의 샴 쌍둥이 분리수술 사건 판결", 아세아여성법학 제5호(2002. 6).

· "한국의 제조물책임 : 판례와 입법", 법조 통권 550호(2002. 7).

· "Wrongful Life에 관한 프랑스의 최근 판례와 입법", 한국의료법학회지 제10호 제1호(2002. 8) (정태윤과 공동집필).

· "약관의 내용통제", 『자유경쟁과 공정거래』, 법문사(2002).

· "상속의 단순승인 의제규정에 대한 헌법불합치결정의 소급효가 미치는 범위", 가족법연구 제16권 제2호(2002. 12).

· "손해배상의 방법으로서의 원상회복 ― 민법개정안을 계기로 하여 ― ", 비교사법 제10권 제1호(2003. 3).

· "미국 계약법상 Good Faith 원칙", 서울대학교 법학 제44권 제4호(2003. 12).

· "미국법상 부모의 자녀에 대한 치료 거부에 따르는 법적 문제", 가족법연구 제18권 제1호(2004. 4).

· "憲法が家族法の變化に及ぼした影響", 『現代の韓國法:その理論と動態』, 有信堂(2004).

· "헌법이 가족법의 변화에 미친 영향", 서울대학교 법학 제45권 제1호(2004. 3).

· "상속회복청구권의 소멸시효에 관한 구관습의 위헌 여부 및 판례의 소급효", 비교사법 제11권 제2호(2004. 6) = 민사재판의 제문제 제13권(2004).

· "특별한정승인의 규정이 소급적용되어야 하는 범위", 서울대학교 법학 제45권 제3호(2004. 9) = 민사판례연구 [XXVII](2005).

· "헌법·가족법·전통", 헌법논총 제15집(2004).

· "금융기관의 수신거래와 여신거래" Ⅰ·Ⅱ, BFL 제10호(2005. 3), 제11호(2005. 5).

· "변화에 직면한 가족법", 『계약법의 과제와 전망』(모원 김욱곤 교수 정년퇴임 기념 논문집), 삼지원(2005).

- "법인에 관한 민법개정안의 고찰", 서울대학교 법학 제46권 제1호(2005. 3).
- "물권행위 개념에 대한 새로운 접근", 민사법학 제28호(2005. 6).
- "여성차별철폐협약과 한국가족법", 서울대학교 법학 제46권 제3호(2005. 9).
- "고씨 문중의 송사를 통해 본 전통 상속법의 변천", 가족법연구 제19권 제2호 (2005. 9).
- "계약 해석의 방법에 관한 국제적 동향과 한국법", 비교사법 제12권 제4호 (2005. 12).
- "아동권리협약과 한국가족법", 국제인권법 제8호(2005. 12).
- "Economic Analysis of the Abuse of Right Doctrine", 법경제학연구 제2권 (2005. 12).
- "Tradition and the Constitution in the Context of the Korean Family Law", *Journal of Korean Law*, Vol. 5, No. 1 (2005. 12).
- "공동명의의 예금채권자 중 1인의 예금채권이 압류 및 가압류된 경우의 법률 관계", BFL 제15호(2006. 1).
- "임신중절이 허용되지 않는 태아의 장애를 발견하지 못한 의사의 손해배상책 임 : 대법원 2002.6.25 선고 2001다66321 판결을 중심으로", 『민법학의 현대 적양상』(나암 서민 교수 정년기념 논문집), 법문사(2006).
- "전통적 가족제도와 헌법 : 최근 헌법재판소 판례를 중심으로", 서울대학교 법학 제47권 제2호(2006. 6).
- "허위표시와 제3자", 저스티스 통권 제94호(2006. 10).
- "차명대출을 둘러싼 법률문제"(상)(하), 법조 통권 603호(2006. 12), 통권 604호(2007. 1) = 민사재판의 제문제 제15권(2006).
- "국가 공권력의 위법행위에 대한 민사적 구제와 소멸시효 · 제척기간의 문제", 『재심 · 시효 · 인권(공익과 인권 12)』, 서울대학교 공익인권법센터(2007).
- "2006년도 주요 민법 관련 판례 회고", 서울대학교 법학 제48권 제1호(2007. 3) = 민사재판의 제문제 제16권(2007).
- "민법개정안 중 부부재산제에 관한 연구", 가족법연구 제21권 제1호(2007. 3).
- "민법 제496조는 사용자책임에도 적용되는가?", 법률신문 제3544호(2007. 4).
- "재산법과 비교한 가족법의 특성 : 가족법의 이타성과 합리성", 민사법학 제 36호(2007. 5).

- "개명허가의 요건", 가족법연구 제21권 제2호(2007. 7).
- "변화하는 사회와 종중에 대한 관습", 사법 창간호(2007. 9).
- "사실혼배우자 일방이 사망한 경우의 재산문제 : 해석론 및 입법론", 저스티스 통권 제100호(2007. 10).
- "유류분 침해액의 산정방법" 서울대학교 법학 제48권 제3호(2007. 6).
- "진화심리학과 가족법", 『과학기술과 법』, 박영사(2007).
- "2007년도 주요 민법판례 회고", 서울대학교 법학 제49권 제1호(2008. 3) = 민사재판의 제문제 제17권(2018).
- "보조생식기술의 가족법적 쟁점에 대한 근래의 동향", 서울대학교 법학 제49권 제2호(2008. 6).
- "韓國法上の消費者の撤回權", ジュリスト, No. 1360 (2008. 7).
- "韓國の民法改正", ジュリスト, No. 1360 (2008. 7).
- "The Role of the Courts in the Protection of Transsexuals' Human Rights", *LEBENDIGES FAMILIENRECHT (Festschrift für Rainer Frank)*, VERLAG für STANDESWESEN (2008).
- "미국 가정법원의 현황과 개선논의", 가족법연구 제22권 제3호(2008. 12).
- "사법상의 단체와 헌법", 비교사법 제15권 제4호(2008. 12).
- "법의 해석과 적용에서 경제적 효율의 고려는 가능한가?", 서울대학교 법학 제50권 제1호(2009. 3).
- "CEDAW, CRC and the Korean Family Law", *UT Soft Law Review*, No. 1 (2009).
- "점유취득시효 완성 후 재진행의 요건", 법률신문 제3767호(2009. 8).
- "성별정정 허가가 있기 전의 성전환자의 법적 지위", 가족법연구 제23권 제3호(2009. 12).
- "저당목적물의 담보가치를 확보하기 위한 지상권의 효력", 법률신문 제3841호(2010. 5).
- "유류분의 반환방법", 법률신문 제3847호(2010. 6).
- "韓國における最近の重要な民法判例", ジュリスト, No. 1406 (2010. 9).
- "계약상 공통의 착오에 관한 연구", 민사법학 제51호(2010. 12).
- "법률해석의 한계와 위헌법률심사", 『법철학의 모색과 탐구』(심헌섭 박사 75세 기념논문집), 법문사(2011).

- "계약법의 경제학", 『법경제학 이론과 응용』, 해남(2011) (이동진과 공저).
- "제조물책임의 주요 쟁점", 연세대학교 법학연구 제21권 제3호(2011. 9).
- "이용훈 대법원의 민법 판례", 『정의로운 사법』(이용훈 대법원장 재직기념), 사법발전재단(2011).
- "토지 및 임야 사정의 법적 성격", 서울대학교 법학 제53권 제1호(2012. 3).
- "혼인과 이혼의 법경제학", 법경제학연구 제9권 제1호(2012. 6).
- "The Reform of the Consensual Divorce Process and the Child Support Enforcement System in Korea", *Journal of Korean Law*, Vol. 11 No. 2 (2012. 6).
- "소유물반환의무 위반 인한 손해배상책임의 법적 성질", 법률신문 제4055호 (2012. 8).
- "저당권에 대한 침해를 방지하기 위한 담보지상권의 효력", 『한국민법의 새로운 전개』(고상룡 교수 고희기념 논문집), 법문사(2012).
- "증여계약의 해제에 관한 민법개정안", 민사재판의 제문제 제21권(2012).
- "한국법상 약관규제법에 의한 소비자보호", 민사법학 제62호(2013. 3).
- "부모의 자녀 치료거부문제 해결을 위한 입법론", 법조 통권 680호(2013. 5) (현소혜와 공저).
- "유치권 및 저당권설정청구권에 관한 민법개정안", 민사법학 제63-1호(2013. 6).
- "관습상 분재청구권에 대한 역사적, 민법적 및 헌법적 고찰", 민사재판의 제문제 제22권(2013).
- "The Reform of Adoption Law in Korea", *THE INTERNATIONAL SURVEY OF FAMILY LAW* (2013 Edition), Family Law (2013).
- "채권자취소권에 관한 민법 개정안 연구", 민사법학 제66호(2014. 4) (권영준과 공저).
- "공동소유에 관한 민법 개정안", 민사법학 제68호(2014. 10).
- "독립적 은행보증의 경제적 합리성과 권리남용의 법리", 법조 통권 692호 (2014. 5).
- "부당이득법의 경제적 분석", 서울대학교 법학 제55권 제3호(2014. 9).
- "김증한 교수의 소멸시효론", 민사법학 제69호(2014. 12).
- "Die Zivilrechtliche Haftung des Portalanbieters für die Ehrverletzung in Korea", *Medien und Recht*, Carl Heymans Verlag (2014).

- "개정민법상 전자 보증 불허의 문제점", 법률신문 제4304호(2015. 3).
- "형사사건 성공보수 약정 무효 판결의 장래효에 대한 의문", 법률신문 제4340 호(2015. 8).
- "황적인 교수의 물권행위론", 『성헌 황적인 선생님의 학문과 삶의 세계』, 화산미디어(2015).
- "Judicial Activism and the constitutional Reasoning of the Korean Supreme Court in the Field of Civil Law", *The Functional Transformation of Courts*, National Taiwan University Press (2015).
- "과거사 정리와 소멸시효", 민사재판의 제문제 제23권(2015).
- "유류분반환청구권의 성질과 양수인에 대한 유류분반환청구", 전남대학교 법학논총 제36권 제2호(2016. 6).
- "상속포기의 사해행위 취소와 부인", 가족법연구 제30권 제3호(2016. 11).
- "The Decline of Familism in the Transformation of Korean Family Law", 『21世紀家庭法与家事司法：实践与变革』, 群众出版社(2016).
- "The Decision of the Korean Supreme Court on the Contingent Fee Agreement in Criminal Cases", *Journal of Korean Law*, Vol. 16, No. 1 (2016. 12).
- "친생추정에 관한 민법개정안", 가족법연구 제31권 제1호(2017. 3).
- "한국민법학에 대한 서울대학교의 기여", 서울대학교 법학 제58권 제1호 (2017. 3).
- "상속관습법의 헌법적 통제", 헌법학연구 제23권 제2호(2017. 6).
- "보통법 국가에서의 기본권의 수평효", 연세대학교 법학연구 제27권 제3호 (2017. 9).
- "위헌인 대통령의 긴급조치 발령이 불법행위를 구성하는지 여부", 민사법학 제81호(2017. 12).
- "담보신탁의 도산절연론 비판", 비교사법 제25권 제2호(2018. 5).
- "한국민법상의 공서양속", 민사법학 제85호(2018. 12).
- "공서양속에 대한 총괄보고", 민사법학 제85호(2018. 12).
- "상속법의 변화와 앞으로의 과제", 『우리 법 70년 변화와 전망 : 사법을 중심으로』, 법문사(2018).
- "민법상 금혼규정의 헌법적 고찰", 저스티스 통권 제170호(2019. 2).

- "배우자의 상속법상 지위 개선 방안에 관한 연구", 가족법연구 제33권 제1호 (2019. 3).
- "채권자의 채무자에 대한 승소확정판결이 채권자대위소송에 미치는 영향", 법률신문 제4765호(2020. 1).
- "공작물책임의 경제적 분석", 법경제학연구 제17권 1호(2020).

(3) 공법

- "위헌법률의 효력 : 헌법재판소법 제47조제2항의 헌법적 검토", 헌법논총 제1집(1990) =『헌법재판연구』(I), 한국사법행정학회(1993).
- "변호사법 제15조의 위헌성", 인권과 정의 제179호(1991. 7).
- "동서독 통일조약에 관한 독일연방헌법재판소 1991.4.23. 판결", 판례월보 제253호(1991. 10).
- "사죄광고제도와 민법 제764조의 위헌 여부", 사법행정 제32권 제11호(1991. 11).
- "접견불허처분에 대한 헌법소원심판청구 후 접견이 이루어진 경우 심판청구의 적법여부", 판례월보 제256호(1992. 1).
- "미결수용자의 접견권의 성질과 그 제한", 판례월보 제262호(1992. 7) = 대법원판례해설 제17호(92년 상반기)(1992).
- "명의신탁에 대한 증여세의 부과와 평등원칙",『조세법의 논점』(행솔 이태로 교수 화갑기념), 조세통람사(1992).
- "행정처분 무효확인청구가 기판력에 저촉되는 경우 근거법률의 위헌결정이 무효확인청구에 미치는 영향", 대법원판례해설 제19 – 2호(93년 상반기)(1993) = 법조 통권 450호(1994. 3).
- "공무원에 의한 강제증여와 수용유사적 침해이론의 적용 여부", 대법원판례해설 제20호(93년 하반기) (1994) = 법조 통권 457호(1994. 10).
- "위헌인 법률에 근거한 행정처분의 당연무효 여부", 대법원판례해설 제22호 (1994년 하반기) (1995) = 법조 통권 469호(1995. 10).
- "보존음료수의 판매제한조치의 위헌 여부", 인권과 정의 제226호(1995. 1) = "보존음료수의 판매제한과 헌법", 특별법연구 제5권(1997).
- "학문의 자유와 반공법",『법과 정의』(경사 이회창 선생 화갑기념), 박영사 (1995).
- "헌법재판소 위헌결정의 소급효",『재판자료』제75집, 법원도서관(1997).

- "상속제도의 헌법적 근거", 헌법논총 제10집(1999).
- "구 사립학교교원연금법시행령 제66조 제2항의 무효 여부", 『국민과 사법』(윤 관 대법원장 퇴임기념), 박영사(1999).
- "직할하천에 대한 하천법중개정법률 부칙 제2조에 의한 손실보상의무자", 『국 민과 사법』(윤관 대법원장 퇴임기념), 박영사(1999).
- "교통사고처리특례법 제4조 제1항 및 그에 근거한 불기소처분에 대한 헌법소 원의 적법성", 판례월보 제352호(2000. 1) = 헌법실무연구 제1권(2000).

(4) 형사법

- "1.범죄의 증명이 없거나 공소시효가 완성된 경우에 추징을 할 수 있는지 여 부 2. 원심판결 중 추징부분만을 파기자판할 수 있는지 여부", 대법원판례해 설 제18호(92년 하반기) (1993) = 사법행정 통권 제385호(1993. 1).
- "장물취득죄의 기판력이 강도상해죄에 미치는지 여부", 법조 통권 464호 (1995. 5) = 형사재판의 제문제 제1권(1997).

2. 단행본

- 『금융거래법강의』(공저), 박영사(1999).
- 『감사인의 손해배상책임』, 한국공인회계사회(1998. 5) (김건식과 공동연구).
- 『90년대 주요민사판례평석』(공저), 박영사(2001).
- 『호주제 개선방안에 관한 조사연구』(공저), 여성부 정책자료 2001-21(2001).
- 『법률가의 윤리와 책임』, 박영사(2003).
- 『민법논고』 Ⅰ, 박영사(2007).
- 『민법논고』 Ⅱ, 박영사(2008).
- 『민법논고』 Ⅲ, 박영사(2008).
- 『민법논고』 Ⅳ, 박영사(2009).
- 『민법논고』 Ⅴ, 박영사(2011).
- 『2013년 개정민법 해설』, 법무부(2013) (현소혜와 공저).
- 『민법논고』 Ⅵ, 박영사(2015).
- 『민법논고』 Ⅶ, 박영사(2015).
- 『친족상속법강의』, 박영사(2016).
- 『민법기본판례』, 홍문사(2016).
- 『법과 진화론』(공저), 법문사(2016).

- *Relationship between the Legislature and the Judiciary* (공저), Nomos (2017).
- 『법학에서 위험한 생각들』(공저), 법문사(2018).
- 『친족상속법강의』 제2판, 박영사(2018).
- 『헌법과 사법』(공저), 박영사(2018).
- 『민법과 도산법』(공저), 박영사(2019).
- 『친족상속법강의』 제3판, 박영사(2020).
- 『상속법 개정론』(공저), 박영사(2020).

3. 주석서(공저)

- 『주석 채권각칙』 Ⅱ(현상광고), 한국사법행정학회(1987).
- 『민법주해』 [Ⅲ](소멸시효), 박영사(1992).
- 『민법주해』 [Ⅴ](취득시효), 박영사(1992).
- 『주석강제집행법』 Ⅱ(채권에 대한 강제집행), 한국사법행정학회(1993).
- 『주석강제집행법』 Ⅳ(금전채권이외의 채권에 관한 강제집행), 한국사법행정학회(1993).
- 『주석 채권각칙』 Ⅳ, 제3판(현상광고), 한국사법행정학회(1999).
- 『주석민법 총칙』 Ⅱ, 제3판(제103, 104조), 한국사법행정학회(2001).
- 『민법주해』 [ⅩⅨ](제766조), 박영사(2005).
- 『주석민법 총칙』 Ⅰ, 제4판(제1조), 한국사법행정학회(2010).
- 『주석민법 총칙』 Ⅱ, 제4판(제103, 104조), 한국사법행정학회(2010) (이동진과 공저).
- 『주해친족법』 Ⅰ, Ⅱ, 박영사(2015) (편집대표 및 공저).
- 『주석민법 채권각칙』 Ⅳ, 제4판(현상광고), 한국사법행정학회(2016).
- 『주해상속법』 Ⅰ, Ⅱ, 박영사(2019) (편집대표 및 공저).

4. 번역

- "Dagmar Coester–Waltjen, 독일 친족법의 최근의 발전", 가족법연구 제15권 1호(2001. 4).
- "Rainer Frank, 독일친족법에 미친 헌법의 영향", 서울대학교 법학 제45권 제1호(2004. 3).
- "Rainer Frank, 자녀의 생부에 의한 친생부인에 관한 비교법적 고찰", 가족법연구 제20권 1호(2006. 4).

5. 국제학술대회 발표

- "Economic Analysis of Abuse of Right Doctrine", The 1st Annual Conference of the Asian Law and Economics Association (서울, 2005. 6).
- "Tradition and the Constitution in the Context of the Korean Family Law", 12th World Conference of the International Society of Family Law 2005. 7 (미국 솔트레이크 시티, 2005. 7).
- "韓國法上の消費者の撤回權", "韓國の民法改正", 일본 민법개정연구회, 民法改正 國際シンポジウム (일본 도쿄, 2008. 3).
- "Die zivilrechtliche Haftung des Portalanbieters für die Ehrverletzung in Korea", Fritz Thyssen Symposium, Medien und Recht (Das zweite internationale Thyssen−Symposium) (일본 도쿄, 2009. 9).
- "The Reform of the Consensual Divorce Process and the Child Support Enforcement System in Korea", The 14th World Conference of International Society of Family Law (프랑스 리옹, 2011. 7).
- "한국법상 약관규제법에 의한 소비자보호", 제2회 동아시아민법학술대회 (중국 길림성 연길시, 2012. 8).
- "The Reform of Adoption Law in Korea", 2012 Hong Kong International Family Justice Judicial Conference (홍콩, 2012. 8).
- "The New Korean Adult Guardianship Law", Fostering Family Harmony: Principles & Harmony (Brooklyn Law School, 2013. 6).
- "The Decline of Familism in the Transformation of Korean Family Law", International Symposium on Family Law and Family Justice in the 21st Century (중국 충칭 서남정법대학, 2015. 10).
- "한국민법상의 공서양속", "총괄보고", 제8회 동아시아 민사법 국제학술대회 (대만 嘉義縣 民雄鄕 中正大學, 2018. 9).

차 례

I. 판례의 이론

1. 미국법상 판례의 소급효
   —우리 법상 위헌결정의 소급효와 관련하여 — ··· 3

2. 독일법상 《판례》의 의미
   —우리 법에의 시사— ··· 41

3. 판례의 무게
   —판례의 변경은 얼마나 어려워야 하는가? — ··· 64

II. 공 법

4. 위헌법률의 효력
   —헌법재판소법 제47조 제2항의 헌법적 검토— ··· 127

5. 헌법재판소 위헌결정의 소급효 ··· 158

6. 보존음료수의 판매제한조치의 위헌 여부
   —대법원 1994. 3. 8. 선고 92누1728 판결
   (법원공보 967호 1197면 이하) — ··· 232

7. 접견불허처분에 대한 헌법소원심판청구 후 접견이 이루어진 경우
   심판청구의 적법 여부
   —대상결정: 헌법재판소 1991. 7. 8. 선고 89헌마181 결정 — ······················· 265

8. 장물취득죄의 기판력이 강도상해죄에 미치는지 여부
   —대법원 1994. 3. 22. 선고 93도2080 전원합의체 판결 — ·························· 292

Ⅲ. 사 법

9. 토지임차인의 매수청구권 행사와 법원의 석명의무
  —대법원 1995. 7. 11. 선고 94다34265 전원합의체 판결 — ·································· 327

10. 확정판결의 부정이용에 대한 구제의 요건과 방법
  —대법원 1997. 9. 12. 선고 96다4862 판결 — ··· 354

[대담] 윤진수 교수 정년기념 대담 ··· 385

세부차례

Ⅰ. 판례의 이론

1. 미국법상 판례의 소급효
  ―우리 법상 위헌결정의 소급효와 관련하여 ― ·· 3
  1. 서 론 ·· 3
  2. 형사사건(criminal cases)에서의 판례의 소급효 ······································ 4
  3. 민사사건(civil cases)에서의 판례의 소급효 ··· 23
  4. 우리나라 법에의 시사 ·· 36

2. 독일법상 《판례》의 의미
  ―우리 법에의 시사― ·· 41
  Ⅰ. 서 론 ·· 41
  Ⅱ. 독일에서의 판례변경 절차 ·· 42
   1. 동일한 연방최고법원 내에서의 판례변경 절차 ···································· 42
   2. 연방최고법원 상호간의 판례변경 ·· 44
   3. 연방헌법재판소의 판례변경 ·· 45
   4. 하급법원의 상급법원에의 제청 ·· 45
  Ⅲ. 판례변경 절차에서의 판례의 의미 ··· 46
   1. 동일한 법률문제(gleiche Rechtsfrage)에 관한 것일 것 ··················· 46
   2. 주론과 방론의 구별 ·· 46
   3. 재판 결과에의 영향 여부 ·· 52
  Ⅳ. 우리 법에의 시사 ··· 58
   1. 주론과 방론의 구별 ·· 58
   2. 구체적인 사례 ·· 60

3. 판례의 무게
　　—판례의 변경은 얼마나 어려워야 하는가? — ·································· 64
　Ⅰ. 서　　　론 ·· 64
　Ⅱ. 외국의 논의 ·· 66
　　1. 미　　　국 ·· 67
　　2. 영　　　국 ·· 80
　　3. 독　　　일 ·· 83
　　4. 일　　　본 ·· 88
　Ⅲ. 우리나라의 논의 ·· 91
　　1. 판　　　례 ·· 91
　　2. 학　　　설 ·· 97
　Ⅳ. 검　　　토 ·· 99
　　1. 선례 존중과 경로의존성(path dependence) ······································ 99
　　2. 규범적 분석 ··· 103
　　3. 구체적인 두 가지 쟁점에 대한 논평 ·· 117
　Ⅴ. 결　　　론 ·· 122

Ⅱ. 공　법

4. 위헌법률의 효력
　　—헌법재판소법 제47조 제2항의 헌법적 검토 — ······························ 127
　　1. 서　　　론 ·· 127
　　2. 헌법재판소법 제47조 제2항의 해석론 ·· 128
　　3. 비교법적 고찰 ·· 135
　　4. 위헌법률의 효력에 관한 해석론 ·· 148
　　5. 결　　　론 ·· 157

5. 헌법재판소 위헌결정의 소급효 ··· 158
　Ⅰ. 서　　　론 ·· 158
　Ⅱ. 국내의 학설과 판례 ·· 160
　　1. 전사(前史) ·· 160
　　2. 판　　　례 ·· 162
　　3. 학　　　설 ·· 170

Ⅲ. 비교법적 고찰 ··· 178
　1. 오스트리아 ··· 178
　2. 독　　일 ··· 181
　3. 미　　국 ··· 184
　4. 다른 나라 ·· 186
Ⅳ. 위헌법률의 효력 ··· 189
　1. 전제적 고찰 ·· 189
　2. 당연무효설에 대한 비판 ····································· 191
　3. 취소설의 근거 ·· 193
Ⅴ. 위헌결정의 소급효와 헌법 ······································· 195
　1. 헌법명제로서의 위헌결정의 소급효 ······················· 195
　2. 불합치결정과 소급효 ·· 198
　3. "법의 발견"이라는 관점에서 본 위헌결정의 소급효 ··· 201
　4. 헌법재판소 결정에 대하여 ····································· 207
　5. 법 제47조 제2항 본문의 문제 ································ 211
Ⅵ. 위헌결정의 소급효와 그에 따른 구제 ······················ 212
　1. 위헌결정의 소급효와 법적 안정성 ·························· 212
　2. 위헌결정의 소급효와 확정판결의 기판력 ················· 214
　3. 위헌결정의 효력과 행정처분의 당연무효 여부 ·········· 215
　4. 기타의 문제 ·· 221
Ⅶ. 결　　론 ··· 229
　1. 요　　약 ··· 229
　2. 순수장래효의 문제 ··· 229

6. 보존음료수의 판매제한조치의 위헌 여부
　　— 대법원 1994. 3. 8. 선고 92누1728 판결
　　　(법원공보 967호 1197면 이하) — ··························· 232
〈사건의 개요〉 ·· 232
　1. 기본적 사실관계 ·· 232
　2. 원심판결의 요지 ·· 232
　3. 대법원판결의 요지 ··· 233
〈해　　설〉 ··· 236
　1. 이 사건의 주된 쟁점 ·· 236
　2. 내수판매금지조건의 성질 ······································ 237
　3. 이 사건 고시의 적법 여부에 관한 쟁점의 소재 ········· 243
　4. 직업의 자유 제한에 관한 일반론 ··························· 246

5. 이 사건에서의 직업의 자유 제한의 위헌 여부 ·························· 253
6. 행복추구권의 침해 여부 ····································· 260
7. 전원합의체의 심판을 거쳐야 하는지 여부 ······················ 261
8. 이 판결의 의의 ······································· 262

7. 접견불허처분에 대한 헌법소원심판청구 후 접견이 이루어진 경우
심판청구의 적법 여부
—대상결정: 헌법재판소 1991. 7. 8. 선고 89헌마181 결정— ············· 265
1. 사건의 개요 및 결정요지 ································· 265
2. 문제의 소재 ·· 267
3. 국내에서의 논의 ····································· 269
4. 미국법상 판단이익상실(Mootness)의 법리 ···················· 272
5. 독일법상 헌법소원의 종료(Die Erledigung der
Verfassungsbeschwerde)의 이론 ··························· 278
6. 이 사건 결정이유의 분석 ································ 283
7. 헌법소원을 인용하는 경우의 주문 ························· 290
8. 결   론 ·· 291

8. 장물취득죄의 기판력이 강도상해죄에 미치는지 여부
—대법원 1994. 3. 22. 선고 93도2080 전원합의체 판결— ·············· 292
〈사건의 개요〉 ··· 292
1. 기본적 사실관계 ····································· 292
2. 이 사건 재판의 경과 ·································· 293
3. 피고인의 변호인의 상고이유 제2점 ························ 293
〈대법원의 판결이유 요지〉 ·································· 294
1. 다수의견 ··· 294
2. 반대의견 ··· 295
〈해   설〉 ··· 296
1. 문제의 소재 ······································· 296
2. 국내의 판례와 학설 ·································· 297
3. 일본의 판례와 학설 ·································· 299
4. 독일의 판례와 학설 ·································· 306
5. 이 판결의 검토 ····································· 315
6. 결   어 ·· 322

Ⅲ. 사 법

9. 토지임차인의 매수청구권 행사와 법원의 석명의무
　— 대법원 1995. 7. 11. 선고 94다34265 전원합의체 판결 — ·············· 327
〈사건의 개요〉 ·· 327
　1. 기본적 사실관계 ·· 327
　2. 소송의 경과 ·· 328
　3. X의 상고이유 ·· 328
　4. 대법원의 판결 ·· 329
〈연　　구〉 ·· 330
　1. 이 판결의 쟁점 ·· 330
　2. 지상물명도청구가 지상물철거청구에 포함된 것인지 여부 ············ 331
　3. 임차인의 매수청구권 행사와 법원의 석명의무 ························· 341
　4. 이 사건의 경우 ·· 349
　5. 이 판결의 의의 ·· 353

10. 확정판결의 부정이용에 대한 구제의 요건과 방법
　— 대법원 1997. 9. 12. 선고 96다4862 판결 — ······························· 354
　Ⅰ. 사건의 개요 ·· 354
　1. 사실관계 ·· 354
　2. 제1심판결 ·· 356
　3. 제2심판결 ·· 356
　4. X의 상고이유 요지 ·· 358
　5. 대법원의 판결이유 요지 ·· 358
　Ⅱ. 연　　구 ·· 360
　1. 서　　론 ·· 360
　2. 종래의 판례 ·· 361
　3. 학설의 검토 ·· 369
　4. 손해배상청구와 청구이의의 소에서 요건상의 차이 유무 ············ 371
　5. 「판결의 편취」와 「판결의 부정이용」의 구별 ··························· 373
　6. 이 사건 판결에 나타난 확정판결의 부정이용 ························· 377
　7. 청구이의의 허용 여부 ·· 380
　8. 결　　론 ·· 384

[대담] 윤진수 교수 정년기념 대담 ··· 385

I. 판례의 이론

1. 미국법상 판례의 소급효
   — 우리 법상 위헌결정의 소급효와 관련하여 —

2. 독일법상 《판례》의 의미
   — 우리 법에의 시사 —

3. 판례의 무게
   — 판례의 변경은 얼마나 어려워야 하는가? —

1. 미국법상 판례의 소급효

— 우리 법상 위헌결정의 소급효와 관련하여 —

1. 서   론

근래 우리나라에서도 위헌결정의 소급효와 관련하여 활발한 논의가 벌어지고 있으나 이 문제는 아직 학설이나 판례상 어떤 귀일점을 찾지는 못하고 있다고 할 수 있다.[1] 그런데 종래 이에 관한 논의에서는 미국 연방대법원의 판례를 중요한 참조예로서 인용하는 경우를 자주 볼 수 있다. 그러나 과연 미국의 판례가 정확하게 소개된 것인지에 관하여도 다소 의문이 있을 뿐만 아니라, 미국 연방대법원에서도 최근에 이르러 이 점에 관하여 종래와는 태도를 달리하는 중요한 판결들이 선고된 바 있는데도 이에 관하여는 아직까지 국내에 본격적으로 소개된 적이 없는 것으로 보인다.[2]

이 글에서는 위헌결정의 소급효에 관한 논의에 참고자료를 제공한다는 의미에서 미국에서는 판례의 소급효가 어떻게 다루어지고 있는가를 살펴보고자 한다. 그 중 일부는 필자가 이전에 이미 간단히 소개한 바 있으나,[3] 최근의 판례까지를 포함하여 전체적으로 다시 한 번 상세하게 다루어 보고자 한다.

본론에 들어가기에 앞서서 먼저 언급할 것은 미국에서는 어느 법률을 위헌이라고 선고하는 판결의 소급효(retroactivity)의 문제가 그 자체로 독립하여 다루어지지 않고 판례의 소급효의 문제의 일부로 다루어지고 있다는 점이다. 그러므로

---

1) 이에 관한 최근의 문헌으로서는 남복현, 법률의 위헌결정의 효력에 관한 연구, 한양대학교 대학원 박사학위논문, 1994 참조. 여기에 주요한 국내의 문헌은 거의 소개되어 있다.
2) 다만 황우여, 위헌결정의 효력, 금랑 김철수교수화갑기념 헌법재판의 이론과 실제, 1993, 317면 주 69)에 비교적 근래의 판례에 대하여까지 간단한 언급이 있기는 하다.
3) 윤진수, 위헌법률의 효력, 헌법논총 제1집, 1990, 273면 이하, 특히 301-306면 참조.

이하에서도 위헌판결의 소급효 문제가 아니라 판례의 소급효 문제 일반을 살펴본다.

서술의 순서로서는 우선 미국 연방대법원의 판례를 형사사건(criminal cases)과 민사사건(civil cases)으로 나누어 살펴본다. 오늘날에는 양자의 취급이 판례상 상당히 접근하였으나 그에 이르는 발전과정은 서로 상이하였고, 또 아직까지도 양자를 달리 취급하여야 한다는 견해가 강력하게 주장되고 있다.

이어서 결론에 갈음하여 이러한 미국에서의 논의가 우리나라에는 어떤 점을 시사하는지에 관하여 간단히 언급하기로 한다.

2. 형사사건(criminal cases)에서의 판례의 소급효

가. 전사(前史)[4]

미국에서도 전통적으로는 판례가 소급하여 적용된다는 것이 당연하게 받아들여져 왔다.[5] 즉 보통법(common law) 상으로는 법원의 임무는 새 법을 선언하는 것이 아니라 옛 법을 고수하고 이를 해설하는 것이라는 블랙스톤(Blackstone)의 설명이 지배적인 견해였고, 이에 따라 판례가 소급적용된다는 것도 당연한 것으로 받아들여졌다. 미국 연방대법원도 1886년의 Norton v. Shelby County 판결[6]에서는 위헌인 행위(unconstitutional action)는 아무런 권리를 수여하지도 못하고 의무를 부여하지도 못하며 이는 법적으로는 전혀 성립하지 않는 것과 마찬가지라고 판시하였다.

그러나 다른 한편 오스틴(Austin) 이래로 법관은 실제로는 법을 발견하는 것뿐만 아니라 법을 창조한다는 견해가 주장되면서, 종전의 판례가 새 판례에 의하여 번복될 때에는 그 번복될 때까지는 현존하는 것으로서 존중되어야 하고, 따라서 그 중간의 이미 확정된 사건들은 존중되어야 한다는 생각도 아울러 나타나게 되었다. 그리하여 연방대법원은, 주 법원이 지방자치단체는 철도 건설을 위하여 공채를 발행할 수 있다는 종전의 판례를 번복하여 그러한 공채 발행의 권한을 부정한 때에도, 그 이전에 발행한 공채는 상환되어야 한다고 판시하

---

4) 이에 관하여는 다음의 Linkletter 사건 판결에서의 Clark 대법관의 설명을 주로 참조하였다.
5) 홈즈(Holmes) 대법관은, "재판상의 결정은 근 1,000년 동안 소급적으로 작용하였다(Judicial decisions have had retrospective operation for nearly a thousand years)"고 언명하였다 (Kuhn v. Fairmont Coal Co. 215 U.S. 349, 372에서의 반대의견).
6) 118 U.S. 425, 30 L.Ed. 178, 6 S Ct. 1121.

였다.[7)]

나. Linkletter v. Walker[8)]

그러나 소급효 제한의 문제가 본격적으로 논의되게 된 것은 이른바 워런 법원(Warren Court)의 형사법 혁명(criminal law revolution)의 와중인 1965. 6. 7.에 선고된 Linkletter *v.* Walker 사건 판결에서부터였다.

이 사건의 내용은 다음과 같다. 즉 미국 연방대법원은 1961년의 Mapp *v.* Ohio 판결[9)]에서, 압수 및 수색에 관한 헌법수정 제4조에 위반하여 획득된 증거는 헌법수정 제14조의 적법절차 조항에 따라 주(州)의 형사재판에서도 배제되어야 한다고 판시하면서 위 헌법수정 제4조는 州의 형사재판에는 적용되지 아니한다는 종전의 판례들을 번복하였다. 그러자 위 Mapp 판결이 선고되기 전인 1959. 5. 28. 루이지애나 주 지방법원에서 중죄(重罪)를 목적으로 하는 주거침입(simple burglary)의 죄로 유죄판결을 받고 다음 해 2월에 그 유죄판결이 확정되어 복역하고 있던 피고인인 링클레터(Linkletter)가, 자신에 대한 유죄판결도 마찬가지로 헌법수정 제4조에 위반된 증거에 의하여 내려졌다고 주장하면서[10)] 루이지애나 주 법원에 인신보호영장(writ of habeas corpus)[11)]을 신청하였고, 그 신청이 기각되자 이번에는 연방지방법원에 동일한 신청을 하였다. 그러나 연방지방법원과 연방항소법원은 모두 이 신청을 기각하였고, 연방대법원은 7:2로 원심판결을 확정시켰다.

다수의견을 집필한 것은 클라크(Clark) 대법관이었다. 그는 "헌법은 소급효를 부정하는 것도 아니지만 이를 요구하지도 않는다([t]he Constitution neither prohibits nor requires retrospective effect)"고 하면서, 판례를 소급적용할 것인가는 문제되는 원칙의 과거 역사, 그 목적과 효과를 살펴보고, 소급적용이 그 원칙의 작용을 촉진할 것인가 아니면 지체시킬 것인가를 따져봄으로써 그 장점과 단

---

7) Gelpcke *v.* Dubuque, 1 Wall 175, 17 L.Ed. 520(1863). 그 외에 소급효를 제한한 사례로 인용되는 것으로는 Great Northern R. Co. *v.* Sunburst Oil & Refining Co. 287 U.S. 358, 77 L.Ed. 360, 53 S Ct. 145(1932); Chicot County Drainage Dist. *v.* Baxter State Bank, 308 U.S. 371, 84 L.Ed. 329, 60 S Ct. 317(1940) 등이 있다.

8) 381 U.S. 618, 14 L.Ed. 2d 601, 85 S Ct. 1731(1965).

9) 367 U.S. 643, 6 L.Ed. 2d 1081, 81 S Ct. 1084.

10) 링클레터가 구속될 당시 그의 몸에서 열쇠가 나오자 경찰관들이 이 열쇠를 이용하여 그의 집과 사무실을 영장 없이 수색하여 증거를 수집하였다.

11) 유죄판결이 확정되어 복역중인 피고인이 신청하는 인신보호영장사건은 우리 법상 재심제도와 유사한 기능을 가진다. 윤진수(주 3), 302면 주 41) 참조.

점을 형량하여 결정할 문제라고 하였다. 그리고 이는 특히 헌법수정 제4조의 압수수색의 제한에 관하여 적절하다고 하였다.

나아가 이 사건의 경우에는 연방대법원이 과거에는 헌법수정 제4조를 위반한 증거는 배제되어야 한다는 원칙이 주에는 적용되지 않는다고 하였으나[12] 점차 그 원칙이 주에 적용되는 범위를 확대시켜 오다가 위 Mapp 사건 판결에서 전면적으로 주에도 위의 원칙이 적용된다고 하였으며, 위 Mapp 사건 판결의 주된 근거는 그러한 증거의 배제가 헌법수정 제4조의 권리에 대한 유일하게 효과적인 보장수단이고, 또 그로 인하여 연방의 수사관이 위법수집한 증거를 주 수사관에게 넘겨주는 등의 결과를 초래하는 것을 막는 데 있다고 하는 점을 상기시키면서, 이러한 헌법수정 제4조의 권리에 대한 보장이라는 목적은 위 Mapp 사건 판결의 원칙을 소급적용하여 수형자들을 석방시킨다고 하여 촉진된다고 생각되지는 않는 반면, 위 Wolf 사건 판결(주 4)을 신뢰하여 이루어진 몇 천 건의 사건들에 대하여 다시 재판을 한다는 것은 법의 집행(administration of justice)에 과중한 부담을 주고 사법절차의 완전성을 해친다고 하였다.

그리하여 위 사건에서는 비록 원재판의 하자가 중대한 것일지는 몰라도 이것이 이미 확정된 유죄판결을 뒤집도록 요구할 수 있는 성질의 것은 아니라고 하였다.

반면 블랙(Black) 대법관의 반대의견{더글라스(Douglas) 대법관이 가담하였다}은, Mapp 사건에서는 헌법상의 권리를 침해하는 증거에 근거하여 이루어진 유죄판결은 법원의 재판에서 아무런 지지를 받을 수 없다고 하였음에도 불구하고 동일한 성질의 증거에 근거하여 유죄판결을 받은 링클레터는 구제를 받지 못한다고 하면서, 특히 링클레터의 범행이 맵(Mapp)의 범행보다 늦게 범하여졌음을 강조하여, 만일 링클레터의 재판이 맵의 재판과 같은 속도로 진행되었더라면 Mapp 사건 판결이 선고되었을 때에는 아직 링클레터에 대한 유죄판결은 확정되지 않아서 Mapp 사건 판결에 따라 구제를 받을 수 있었을 것이고, 따라서 이처럼 링클레터와 맵을 다르게 취급하는 것이야말로 이 사건에서 Mapp 사건 판결의 소급효를 부정하는 것이 자의적(恣意的)이고 차별적임을 나타내는 것이라고 하였다.

블랙 대법관도 판례의 소급효가 제한될 수도 있다는 점을 시인하기는 하나,

---

12) Wolf *v.* Colarado, 388 U.S. 25, 93 L.Ed. 1782, 69 S Ct. 1359(1949).

형사법의 분야에서는 법원이 자신의 판례를 장래에 향하여만 적용할 수는 없다고 한다. 물론 법률의 새로운 해석을 과거의 사안에도 적용하는 것이 부당한 결과를 가져올 수 있기는 하지만, 위헌적인 증거에 의하여 교도소에서 고통을 받고 있는 링클레터와 같은 사람들을 석방하는 것이 부당한 결과라고는 생각하지 않고, 링클레터를 재판한 루이지애나 주가 어떤 기득권을 가지고 있는 것은 아니며, 다수의견이 채택하고 있는 이익형량론에 따르더라도 링클레터와 같이 유죄판결을 받은 사람들의 유죄판결은 파기되어 새로운 재판을 받아야 한다고 한다.

그리고 종래 연방대법원은 다른 헌법상의 권리를 침해받은 사람들에 대하여 확정판결이 있더라도 구제를 허용하였는데 왜 헌법수정 제4조의 경우에만 달리 취급되어야 하는지도 이해할 수 없고, 다수의견이 증거배제 원칙의 목적은 수사기관이 위법한 압수수색을 하는 것을 막는 데 있다고 강조하는 것은 결국 헌법수정 제4조를 피고인의 권리로 파악하는 것이 아니라 수사기관에 대한 일종의 형벌로 이해하는 결론이 되나 이는 과거의 많은 선례나 위 Mapp 사건 판결 자체와도 어긋나는 것이라고 한다.

뿐만 아니라 다수의견에 의하면 위법한 압수수색을 막는다는 증거배제 원칙의 목적이 유죄의 피고인들을 한꺼번에 석방시킨다고 하여 달성되는 것은 아니라고 하나, 헌법상의 권리에 의한 보호는 법원이 그러한 보호를 거부함으로써 더 많은 사람을 처벌할 수 있는가의 여부에 관한 특정 판사의 판단에 관계없이 법원에 의하여 준수되어야 하는 성질의 것이고 이는 일반적인 공리로 받아들여졌으며, 이미 확정된 사건에 대한 소급적용은 사법 운영에 과중한 부담을 준다고 하는 다수의견의 논리는, 연방대법원이 이미 확정된 사건에 대하여 인신보호영장에 의한 구제를 허용한 다른 사건들[13]에도 마찬가지로 적용될 수 있고, 그 사건들에서는 연방대법원은 그러한 구제를 허용하는 것은 사법 운영에 과중한 부담을 준다고 하는 반대의견을 배격하였다고 한다.

다수의견의 요지는 결국 이전의 번복된 원칙에 기한 유죄판결을 유지하는 주의 이익이, 잘못된 유죄판결을 바로잡는 주 및 피고인의 이익보다 더 크다고 하

---

13) 블랙 대법관은 유죄판결이 확정된 지 21년 또는 25년 후에 인신보호영장이 허용된 Fay *v.* Noia, 372 U.S. 391, 9 L.Ed. 2d 837, 83 S Ct. 822(1963) 및 Reck *v.* Pate, 367 U.S. 433, 6 L.Ed. 2d 948, 81 S Ct. 1541(1961)을 예로 들고 있다.

는 것이나, 이는 정의관념에 반하는 것이라고 하지 않을 수 없다는 것이다.

다. Stovall v. Denno[14]

이어서 연방대법원은 1967. 6. 12.에 선고된 Stovall *v.* Denno 사건 판결에서 소급효가 제한되는 범위를 더욱 확대하였다. 이 사건 자체는 위 Linkletter 사건 판결과 마찬가지로 인신보호영장이 신청된 것이기는 하나, 연방대법원은 인신보호영장 사건뿐만 아니라 아직 확정되지 않은 사건에 관하여도 판례의 소급효가 제한될 수 있음을 인정한 것이다.

이 사건의 당사자인 스토발(Stovall)은, 변호인 없는 상태에서 살인사건의 목격자(피해자)와의 대질 결과 범인으로 지목되어 뉴욕 주 법원에서 사형선고를 받고, 변호인 없는 상태에서 이루어진 대질의 결과를 유죄판결의 증거로 쓰는 것은 피고인의 헌법상 권리를 침해하는 것이라는 이유로 연방법원에 인신보호영장을 신청하였으나 연방법원 1, 2심은 이를 각 기각하였다.

그런데 위 판결과 같은 무렵에 동일한 쟁점에 관하여 연방대법원에 다른 사건이 계류중이어서 이 사건은 그 사건과 같이 변론이 이루어졌고, 위 다른 사건들에 대한 판결인 U.S. *v.* Wades[15] 및 Gilbert *v.* California[16]도 이 사건 판결과 같은 날인 1967. 6. 12.에 선고되었는데,[17] 거기서는 연방대법원은 종래의 판례를 번복하여 재판 전에 변호인 없는 상태에서 피고인을 목격증인과 대질시켜 범인인지의 여부를 알아낸 증거는 배제되어야 한다고 선언하였다. 따라서 이 사건에서의 문제는 위와 같은 원칙이 이 사건에도 적용될 것인가 하는 점이었다.

Brennan 대법관이 집필한 6인의 다수의견[18]에서는, 대질로 인한 증거의 배제에 관한 위 Wade 및 Gilbert 사건 판결은 위 2 사건과 위 판결 선고일 이후에 변호인 없이 이루어지는 대질에 관하여만 적용되고, 따라서 대질이 그 선고일 이전에 있었던 이 사건에는 적용되지 않는다고 선언하였다. 위 다수의견은, 소급효 인정 여부에 관한 판단기준으로서 ⓐ 새로운 기준이 이바지하고자 하는 목

---

14) 388 U.S. 293, 18 L.Ed. 2d 1199, 87 S Ct. 1967(1967).
15) 388 U.S. 218, 18 L.Ed. 2d 1149, 87 S Ct. 1951.
16) 388 U.S. 263, 18 L.Ed. 2d 1178, 87 S Ct. 1951.
17) 이들 사건은 모두 미확정의 유죄판결에 대한 상고사건이다.
18) 이는 변호인의 참여 없는 목격자와의 대질이 위헌이 아니지만 위 Wade 판결의 소급효를 제한하는 데는 찬성한다는 화이트(White), 할란(Harlan), 스튜어트(Stewart) 세 사람의 동조의견(concurring opinion)을 포함한 것이다.

적, ⓑ 법집행 당국이 옛 기준에 대하여 가졌던 신뢰의 정도 및 ⓒ 새 기준의 소급적용이 사법 운영에 미칠 영향의 3가지를 들었다.

먼저 새로운 기준이 이바지하고자 하는 목적에 관하여, Wade 및 Gilbert 판결은 법 집행 당국이 변호사에게 통지하지 않고 변호사 없는 상태에서 피고인을 증인에게 노출시키는 것을 막고 그럼으로써 범인을 잘못 특정하는 위험을 막기 위한 것인데, 이러한 목적으로부터 위 판결들의 원칙이 소급적용되어야 하는 결론이 나오지는 않는다고 하였다. 즉 형사절차에 관한 헌법상의 원칙이 사실인정과정의 신뢰성을 높이는가 그렇지 않는가 하는 문제는 필연적으로 정도의 문제이고, 부정되어야 할 관행이 실체발견과정의 완전성을 오염시키는 정도도 확률의 문제이며, 이러한 확률은 이전의 기준에 대한 정당한 신뢰 및 소급효가 사법업무에 미칠 충격과 대비하여 형량되어야 한다고 한다. 그리고 대질과정에 변호인이 없음으로 인하여 생길 수 있는 불공정성의 위험이 크기는 하지만 재판과정이나 상소과정에서 변호인이 없는 경우와는 달리 대질과정에 변호인이 없더라도 대질이 공정하게 이루어질 수 있고, 그러한 확실성 및 빈도는 재판과정 및 상소과정에 변호인이 없는 경우와는 크게 다르며 따라서 소급적용 문제에 있어서 양자를 달리 취급하는 것은 정당화될 수 있다고 한다.

그리고 법집행 당국의 신뢰 및 사법 운영에 미칠 영향에 관하여는, 이전까지는 거의 대부분의 법원이 변호인 없는 대질의 문제는 증거능력(admissability)의 문제가 아니라 증명력(credibility)의 문제로 다루어 왔고, 연방대법원에서도 전혀 그 증거능력을 문제 삼은 선례가 없었으므로, 법집행당국으로서는 이처럼 실질적으로 전혀 이견이 없었던 종전의 판례를 신뢰할 정당한 이유가 있었고, 따라서 Wade 및 Gilbert 판결을 소급적용하는 것은 형사법 운영에 심각한 혼란을 가져올 것이 명백하며, 새로이 증거조사를 하여 범인의 특정에 그러한 문제가 있는지, 그러한 증거의 허용이 결과에 영향이 없는 위법(harmless error)인지를 결정하여야 한다면 형사재판의 진행이 지장을 받을 것이라고 하였다.

나아가 이처럼 소급효를 제한함에 있어서는 옛 기준에 대한 신뢰와 사법 운영에 관한 부담이라는 요소가 압도적으로 중요하므로 유죄판결이 확정되었는가의 여부를 구별할 필요가 없고, 아직 확정되지 아니한 상소사건에도 소급효는 미치지 아니하며, 웨이드(Wade)와 길버트(Gilbert)만이 (소급적으로) 그러한 원칙의 혜택을 받을 수 있다고 한다. 그들에게만 혜택이 주어지는 것이 불평등할 수는 있으나, 이는 헌법재판이 단순한 방론에 머물러서는 안 된다는 것의 필연적인 결과일 뿐만 아니라, 헌법 제3조가 명하는 바에 따라 구체적인 사건과 분쟁을 해결하여야 하며, 변호인들에게 법의 변화를 주장할 유인(誘因)을 줄 필요성이 있다는 것이 그들에게도 혜택을 주지 않아야 한다는 것에 대한 반대근거가 된다고 한다.

반면 블랙 대법관의 반대의견(더글라스 대법관이 가담하였다)은, 다수의견은 위헌인 증거에 의하여 유죄판결을 받은 사람들을 계속 복역하게 하는 것으로서, 이는 이 사건 당사자인 스토발이나 다른 사람들에게 합헌적인 재판을 빼앗는 것이고 또 그들을 차별하는 것이며, 자신으로서는 법원이 헌법이 무엇인가를 결정함에 있어서 반대되는 이익을 고려하여 헌법규정이 발효하게 될 시간표를 공포할 권한은 없다고 믿는다고 하면서 위 Linkletter 판결에서의 자신의 반대의견을 인용하여 위헌적인 증거에 의하여 유죄판결을 받은 모든 사람에게 새로운 헌법원칙의 이익이 주어져야 한다고 주장하였다.[19]

라. Desist v. United States[20] 및 Mackey v. United States[21]에서의 할란 대법관의 의견

Stovall 판결 이래로, 연방대법원은 1980년대 초에 이르기까지 위 Stovall 판결의 원칙에 따라 개별 사건에서 새로운 판례의 소급적용 여부를 결정하여 왔으며 그에 따라 어느 경우에는 완전한 소급효를 인정하는 반면, 어느 경우에는 당해사건에도 소급효를 인정하지 아니하고, 또 다른 경우에는 Stovall 판결과 마찬가지로 당해 사건에 관하여만 소급적용하고 그 이외에는 소급효를 인정하지 않기도 하였다. 그러나 그 기간 동안에도, 이러한 케이스 바이 케이스 식의 접근방법에 반대하는 소수의견이 없지 않았다. 이 중에서 특히 중요한 것은 할란(Harlan) 대법관의 주장이다.

할란 대법관은 Linkletter 판결 및 Stovall 판결에서는 소급효를 제한하는 다수의견에 가담하였으나, 1969. 3. 24. 선고된 Desist 판결에서는 그 견해를 바꾸었고, 나아가 1971. 4. 5. 선고된 Mackey 판결에서 그 견해를 좀더 상세하게 되

---

19) 포타스(Fortas) 대법관은 소급효 문제에 관하여는 언급하지 않은 채 이 사건의 유죄판결이 헌법수정 제14조를 위배하였다는 이유로 원심판결의 파기환송을 주장하였다.
20) 394 U.S. 244, 22 L.Ed. 2d 248, 89 S Ct. 1030.
21) 401 U.S. 667, 28 L.Ed. 2d 404, 91 S Ct. 1160(1971).

풀이하였다.

(1) Desist 판결

위 Desist 판결의 사안은 피고인들이 헤로인을 수입하여 은닉하였다는 죄로 기소되었는데, 검찰 측의 중요한 증거는 호텔 방에서의 피고인들의 대화를 옆방에서 수사관들이 영장 없이 비밀리에 녹음한 것이었다. 종전의 연방대법원의 판례는 물리적 침입(physical intrusion)이 없는 경우에는 헌법수정 제4조에 의한 압수수색에 해당하지 않는다는 것이었으므로 제1, 2심 법원은 모두 위 녹음 테이프의 증거능력을 인정하여 피고인들을 유죄로 인정하였고 연방대법원이 위 사건에 대한 이송명령을 허가하여 사건이 연방대법원에 계속되었다. 그런데 연방대법원은 위 판결 선고 전에 이미 Katz *v.* United States 판결[22]에서 헌법수정 제4조의 적용 여부는 물리적 침입 여부와는 관계가 없고, 전자적인 도청은 모두 헌법수정 제4조에 의하여 영장을 필요로 하며, 그러한 영장 없이 행해진 도청의 증거능력은 인정되지 않는다고 판시하여 종래의 판례를 변경하였다. 그러므로 이 사건에서의 쟁점은 Katz 판결이 이 사건에 소급적용되는가 하는 점이었다.

다수의견은 Katz 판결의 소급적용을 부정한데 반하여[23] 할란 등 세 대법관은 그 소급적용을 주장하였지만 그 논거에는 다소 차이가 있었는데,[24] 여기서는 이후의 판례에 중요한 영향을 미친 할란 대법관의 견해를 살펴본다.

할란 대법관은, 자신이 종전에 소급효 제한에 찬성하였던 것은 자신에게는 부당하다고 여겨지는 헌법판례의 충격을 제한하는 것이 중요하다고 생각하였기 때문이나, 더 이상 이러한 입장에 머물러 있을 수 없으며, 소급효는 재검토되어야 한다(Retroactivity must be rethought)고 주장하면서, 형사사건에서의 소급효 문제를 미확정 유죄판결에 대한 상고사건(direct review)과 확정판결에 대한 인신보호영장 신청사건으로 나누어 달리 설명한다.

---

22) 389 U.S. 347, 19 L.Ed. 2d 576, 88 S Ct. 507.

23) 스튜어트(Stewart) 대법관 등 4인은 Stovall 판결의 논리에 따라서 Katz 판결의 소급효는 그 사건에만 한정된다고 한 반면, 블랙 대법관은 Linkletter 판결에서의 반대의견을 유지하면서도 Katz 판결에서의 반대의견과 마찬가지로 전자적 도청은 헌법수정 제4조에 의한 압수나 수색이 아니라고 하여 결과적으로 상고기각의 의견을 주장하였다.

24) 더글라스 대법관은 Linkletter 판결에서의 반대의견과 같은 견해이었고, 포타스 대법관은 법원이 소급효 인정 여부를 사건에 따라 결정할 수 있다고 하면서도 이 사건에서는 소급효가 인정되어야 한다는 주장이었다.

㈎ 미확정 유죄판결에 대한 상고사건

할란 대법관은, Linkletter 판결은 헌법상의 새로운 원칙이 적어도 그 새로운 판결이 선고될 시점에 연방대법원의 심사대상이었던 미확정 유죄판결에 대한 모든 상고사건에는 적용되어야 한다고 본 점에서는 정당했다고 하면서, 연방대법원은 특정한 사건의 사실관계가 본안에 대한 정당한 판결을 요구할 때에 헌법문제를 결정할 권한을 가지는 것으로서 연방대법원이 피고인을 석방하는 것은 정부가 헌법상의 원칙을 침해하였기 때문이고, 유사한 사건이 다시 연방대법원에 오게 되면 연방대법원은 동일한 구제를 허용하거나, 아니면 달리 행동하는 데 대하여 원칙에 입각한 이유를 대야 하는데, 연방대법원이 유사한 처지의 피고인들 가운데 새로운 헌법 원칙의 혜택을 받을 수 있는 사람을 선발한다는 것은 이러한 기본적인 사법적 전통에 어긋난다고 한다.

만일 하급법원이 Katz 판결의 결론을 미리 예측하여 그와 같이 재판하였다면 연방대법원으로서는 Katz 판결의 소급효가 인정되지 않는다는 이유로 그 하급법원의 판결을 파기할 수는 없을 것이며, 새로운 헌법이론이 진정 옳은 것이라면 연방대법원은 이를 채택한 하급법원의 판결을 뒤집어서는 안 되고 또한 연방대법원이 채택한 이론을 부정한 하급법원의 판결을 확정시켜서도 안 되며, 이와 달리 행동한다는 것은 각 소송당사자에게 그의 사건의 내용에 따라 재판하는 것 (to do justice to each litigant on the merits of his own case)이 이 법원의 임무라고 하는 명백한 이치를 어기는 것밖에 되지 않고, 연방대법원의 판결이 초입법부(超立法府, super-legislature)의 명령이 아니라 법을 집행하는 법원의 정당한 작품이라고 할 수 있으려면 연방대법원의 재판이 이러한 근본적인 전제에 의하여 정당화될 수 있어야 한다고 한다.

㈏ 인신보호영장 신청사건에 대한 소급효

다른 한편 할란 대법관은 인신보호영장 신청사건(harbeas corpus cases)에 대한 소급효에 관하여는 종래 논의되던 새 판례의 목적(purpose), 신뢰(reliance) 및 사법 운영과 같은 요소 이외의 것들을 고려하여야 한다고 주장한다. 그에 의하면 인신보호영장에는 두 가지의 주된 기능이 있는데, 그 한 가지는 어떤 사람도 무고한 사람이 처벌받게 될 커다란 위험을 가지는 절차에 의하여 감금당하지 않도록 하는 것이고(이에 의하면 사실인정의 절차를 현저하게 개선하는 새로운 헌법원칙은 당연히 소급적용되게 된다), 다른 하나는 각급 법원이 재판을 확립되어 있는 헌법상의 기준에 맞게 진행하도록 하는 유인(誘因)을 제공하는 것이라고 한다(이를 따를 때에는 인신보호영장 신청사건을 다루는 법원은 원래의 재판 당시의 헌법원칙만을 적용하면 된다).

그러나 위 후자의 원칙에 따르더라도 원래의 재판 당시의 헌법원칙을 결정하는 것은 반드시 간단하지 않으므로[25] 인신보호영장 신청사건의 법원이 원래의 재판 당시의 판례의 함의(implication)를 결정함에 있어서는 어렵고 복잡한 문제에 부딪치게 되고 따라서 새로운 원칙은 그 선고 당시에 아직 확정되지 않은 사건에만 적용하는 것이 인신보호사건에 있어서 "法의 선택(choice of law)" 문제를 단순하게 만드는 결과가 된다고 한다.

(2) Mackey v. United States

할란 대법관은 1971. 4. 5. 선고된 Mackey v. United States에서 같은 취지의 주장을 되풀이하였다.[26]

위 사건에서 할란 대법관은 상고기각의 별개의견(concurring opinion)을 개진하면서, 소급효에 관한 이제까지의 판례는 형사분야에 관한 헌법재판의 영역에서 법원은 실질적으로 입법부와 마찬가지로 자신의 새로운 헌법원칙이 전적으로 또는 부분적으로 소급효를 가지는지 또는 전적으로 장래효를 가지는지에 관하여 자유로 행동할 수 있다는 것이 되나, 새로운 헌법원칙이 소급효를 가지는지 장래효를 가지는지의 여부는 사법적 기능에 부합하는 원리에 의하여 결정되어야 하고 입법부에게 알맞은 고려에 의하여 결정되어서는 안 된다고 한다.

그에 의하면 일반적으로 적용할 수 있는 헌법의 해석을 결정하는 것은 이러한 원칙을 미확정된 다른 사건에 소급적용하는 것과는 전혀 다른 성질의 문제로

---

25) 할란 대법관은 Katz 판결과 같은 경우에는 연방대법원이 1961년의 Silberman v. United States, 365 U.S. 505, 5 L.Ed. 2d 734, 81 S Ct. 679에서 종전의 반대취지의 판례가 정당한지 여부에 대한 판단을 보류하였고, 따라서 하급법원이 이 판결에 비추어 종전의 판례를 따르지 않았다 하더라도 부당하다고 할 수는 없을 것이며 따라서 Katz 판결이 위 Silberman 판결 당시에 아직 확정되지 않았던 모든 사건에 소급적용되어야 한다고 주장할 수도 있을 것이고, 이러한 논의는 다른 경우에로 확장될 수 있다고 한다.

26) 이 사건은 소득세 포탈죄로 연방법원에서 유죄의 확정판결을 받아 복역 중이던 메케이(Mackey)가, 그 후 헌법수정 제5조의 자기부죄(自己負罪) 금지의 특권은 스스로를 도박사로 등록하지 아니하여 도박세를 내지 않은 경우에도 주장될 수 있다고 하는 판결이 선고되자 이 판결을 근거로 하여 자신에 대한 유죄판결의 취소를 신청한 것으로서, 그 신청은 전 심급을 통하여 거부되었다. 여기서의 판결 취소신청(a motion to vacate judgment)은 연방법원에서 유죄판결을 받은 경우에 인정되는 것으로 주 법원에서 유죄판결을 받은 경우의 인신보호영장 청구와 같은 기능을 한다(401 U.S. 681 n.1 참조).

서, 전자에 있어서는 법원은 여러 가지의 대립적인 요소를 고려하여 헌법상의 원칙을 결정하여야 하지만, 이는 어디까지나 법원의 지위에서 헌법이 명하는 바에 따라서 행하는 것이고 이것이 사법심사(judicial review)의 내용이며, 따라서 수많은 상고사건의 흐름 가운데에서 한 사건만을 골라내어 이를 새로운 헌법적 원칙을 알리는 수단으로 사용하고 유사한 사건의 흐름은 새 원칙의 영향을 받지 않고 흘러가게 한다는 것은 이러한 사법심사의 모델을 일탈하는 것이라는 것이다. 특정한 헌법상 원칙의 성격, 목적 및 그 적용범위를 탐구하는 것은 그러한 원칙이 법이 되어야 할 것인가를 결정하는 임무에 있어서는 필수적인 것이지만 일단 그러한 원칙이 채택된 이상 그러한 탐구는 연방대법원에 계속된 사건 가운데 어떤 것이 그 원칙의 적용을 받는지를 결정하는 것과는 관련이 없다고 한다.

반면 인신보호사건에 있어서의 소급효 문제는 더 어려운 문제이지만 이는 인신보호영장의 목적에 비추어 결정하여야 하는데, 인신보호영장이 일반적인 상소절차의 대용물은 아니며, 재판을 더 이상 다툴 수 없는 상태로 만드는 것에 대한 이익은 확정된 유죄판결의 재심리를 요구하는 대부분의 이유를 능가한다는 점을 전제로 하여, 인신보호사건에 있어서 법원은 그 사건 당시의 헌법을 적용하여야 하는 것이 아니라 유죄판결이 확정될 때의 법을 적용하면 된다고 한다.

다만 그에 대하여는 두 가지 예외를 인정할 필요가 있는데, 그 하나는 이처럼 절차적 위법이 문제되는 것이 아니라 헌법해석상 특정한 사인(私人)의 행동을 형사입법자의 권한 밖에 두는 새로운 "실체적 적법절차(substantive due process)"에 의한 예외이고, 이때에는 확정성의 원리가 후퇴하여야 한다고 한다. 다른 하나는 유죄판결의 절차가 당시의 관념으로는 근본적으로 공정하였지만 그 후의 변화에 따라 특정한 유죄판결의 공정성을 해친다고 보이는 기본적인 절차적 요소의 이해가 달라진 경우이다.[27]

마. United States v. Johnson[28]

이러한 할란 대법관의 견해를 연방대법원은 1980년대에 이르러 몇 개의 판례를 통하여 점차 받아들이게 되었다.

그 첫 판례는 1982. 6. 21. 선고된 United States *v.* Johnson 판결이다. 이 사건의 사안은 피고인 존슨(Johnson)이 잘못 배달된 미국 재무부의 수표를 찾는

27) 할란 대법관은 그 예로서 재판에서의 변호인에 대한 권리를 들고 있다.
28) 457 U.S. 537, 73 L.Ed. 2d 202, 102 S Ct. 2579(1982).

데 가담한 혐의로 기소되었는데, 그 수사과정에서 수사관들은 1977. 5. 5. 피고 인에 대한 영장 없이 피고인의 집에 들어가 피고인을 구속하여 자백을 받아냈고 그 자백에 기하여 피고인은 연방지방법원에서 유죄판결을 받았다. 그런데 위 사건이 연방항소법원에 계속 중이던 1980. 4. 15. 연방대법원은 Payton *v.* New York[29]에서, 경찰관이 중죄(felony) 피의자의 집에 영장 없이, 또 피의자의 동의 없이 들어가 그를 구속하는 것은 헌법수정 제4조에 위반된다고 선고하였다. 그러자 위 판결에 따라 연방항소법원은 피고인 존슨에 대한 유죄판결을 파기하였고, 연방대법원은 연방정부의 신청에 따라 이송명령을 발하였다.

블랙먼(Blackmun) 대법관이 집필한 다수의견[30]은, Desist 판결 및 Mackay 판결에서의 할란 대법관의 의견, 즉 미확정 유죄판결에 대한 상고사건에 있어서는 그 판결을 선고할 당시의 새로운 원칙을 적용하여야 한다는 견해를 인용하고, "소급효는 재검토되어야 한다"고 하는 그의 견해에 동의를 표명하면서 이 사건이 선례에 의하여 규율되는 것인지 및 선례에 의하여 규율되는 것이 아니라면 할란 대법관의 견해를 적용할 수 있는 것인지를 살펴보아야 한다고 논의를 전개하면서, 소급효 문제에 관한 종전의 선례를 다음과 같은 3가지의 범주로 구분하였다.

첫째, 연방대법원의 판례가 확립된 선례를 새롭고 상이한 사실관계에 적용하는 경우이다. 이때는 진정한 소급효 문제는 생기지 않으며 이때는 판례가 소급적용되는 것이 명백하다고 한다.

둘째, 연방대법원 자신이 명시적으로 형사절차에 관한 원칙이 "과거와 명백한 단절(a clear break with the past)"[31]에 해당한다고 선언하는 경우이다. 이때에는 소급효가 인정되지 않았다고 한다.

셋째, 연방대법원이 사실심 법원에게 피고인을 처벌할 권한이 없다고 판시한 경우.[32] 이때에는 완전한 소급효가 인정되었다.

그런데 이 사건에서 문제되고 있는 Payton 판결은 위의 3가지 중 어느 하나

---

29) 445 U.S. 573, 63 L.Ed. 2d 639, 100 S Ct. 1371(1980).
30) 브레넌(Brennan), 마샬(Marshall), 파월(Powell), 스티븐스(Stevens) 대법관이 각 동조하였다.
31) 이는 연방대법원이 자신의 선례를 명시적으로 변경하거나, 또는 연방대법원의 선례는 없었으나 하급심법원이 거의 일치하여 인정하고 있던 일반적이고 오래된 관례를 뒤집는 경우를 말한다.
32) 헌법에 의하여 피고인의 행위 자체가 불가벌인 경우 또는 재판 자체가 허용될 수 없는 경우가 이에 해당한다고 한다.

에도 해당하지 않는다고 한다. 즉 이는 확립된 선례를 새로운 사실관계에 적용한 것이 아니고, 반면 전혀 새롭고 예상할 수 없었던 법원칙을 선언한 것도 아니며, 또 사실심 법원이 피고인을 처벌할 권한 자체가 없는 경우도 아니라고 한다. 그리하여 이러한 경우에는 판결이 확정되지 않은 한 새로운 판례를 적용하는 것이 타당하다고 하면서, 그 근거에 관하여 할란 대법관의 주장을 인용하고 나아가 이것이 동일한 처지에 있는 피고인들을 동일하게 다룬다는 목적에도 부합한다고 한다.

이에 반하여 화이트(White) 대법관이 작성한 반대의견[33]은, United States v. Peltier[34] 판결에서는 새로운 헌법상의 원칙이 형사재판에서 진실발견에 장애가 되고 따라서 유죄판결의 정당성에 중대한 의문을 제기하는 측면을 제거하는 것일 때에는 소급효를 인정하는 것이 적절하지만, 증거배제원칙의 새로운 확장이 그러한 목적에 이바지하는 것이 아닐 때에는 일반적으로 소급적용되지 않는다고 하는 명제를 정립하였고, 종래의 다른 선례도 증거배제원칙에 관하여 같은 취지였다고 하면서, 다수의견이 채택하고 있는 바와 같은 할란 대법관 식의 접근방법도 일부 미확정 사건의 피고인들에게는 소급효를 인정하고 있지 않다는 문제점을 충분히 해결하지는 못하고 있다고 비판하였다.

결국 위 판결은 모든 미확정 유죄판결에 대하여는 새 판례의 소급효가 적용되어야 한다는 할란 대법관의 주장을 받아들이고 다만 "과거와 명백한 단절(a clear break with the past)"이 있는 경우에는 이에 대한 예외를 인정한 것으로 이해할 수 있다.

위 판결에서는 헌법수정 제4조 위반이 문제되었으나, 1985. 2. 20. 선고된 Shea v. Louisiana[35]에서는 헌법수정 제5조 위반의 경우에도 동일한 논리에 의하여 소급효를 인정하였다.[36]

---

33) Burger 대법원장, Rehnquist, O'Connor 대법관이 가담하였다.

34) 422 U.S. 531, 45 L.Ed. 2d 374, 95 S Ct. 2313(1975).

35) 470 U.S. 51, 84 L.Ed. 2d 38, 105 S Ct. 1065(1985).

36) 이 판결의 다수의견은 피고인이 변호인을 요구했음에도 불구하고 변호인 없이 피고인을 신문한 결과 얻어진 자백이 헌법수정 제5조 및 제14조의 권리를 침해하는 것이라는 Edwards v. Arizona, 451 U.S. 477, 68 L.Ed. 2d 378, 101 S Ct. 1880(1981)의 소급효를 인정하였으며, 다수의견과 소수의견의 분포는 위 Johnson 판결과 일치한다. 다만 렌퀴스트(Rehnquist) 대법관은 별도의 반대의견에서, 자신은 다수의견이 미확정판결에 대한 소급효와 인신보호사건에 대한 소급효를 구별하는 할란 대법관의 견해를 따른다면 다수의견에 가담할 용의가 있으나, 다수의견이 인신보호사건에 관하여는 할란 대법관의 견해를 따르지 않고 있기 때문에 자신으로

바. Griffith v. Kentucky[37]

그러다가 연방대법원은 1987. 1. 13. 선고한 Griffith *v.* Kentucky 판결에서, 위 Johnson 및 Shea 판결에서 인정하고 있던 "과거와 명백한 단절(a clear break with the past)"이 있는 경우에는 미확정 유죄판결에 대한 상고사건에서도 소급효를 인정하지 않는다는 예외를 폐기하고, 미확정 유죄판결에 대한 상고사건에는 모든 경우에 소급효를 인정한다고 함으로써 할란 대법관의 견해를 전면적으로 받아들였다.

이 사건의 내용은 다음과 같다. 이 사건 피고인 중 한 사람인 그리피스(Griffith)는 흑인으로서 제1급 강도죄 등의 소인(訴因)으로 Kentucky 주 법원에서 재판을 받게 되었는데, 그 배심원 선정과정에서 검사는 그에게 허용된 5회의 전단적 기피(專斷的 忌避, peremptory challenge)[38] 중에서 4회를 5인 중 4인의 흑인 배심원 후보에게 사용하였고, 다른 1인의 흑인 배심원 후보는 추첨에 의하여 배제되어 결국 배심원 가운데 흑인은 없게 되었다. 그 사건에서 변호인은 이처럼 배심원 가운데 흑인을 배제하는 것은 헌법수정 제6조 및 제14조 위반이라고 주장하였으나 받아들여지지 않은 채로 배심재판에 의하여 20년 형을 선고받았으며, 켄터키 주 대법원은, 검사가 흑인을 배제할 목적으로 전단적 기피권을 행사하는 것만으로는 평등보호조항 위반이 아니라고 하는 연방대법원의 Swain *v.* Alabama 판결[39]에 근거하여 위와 같은 변호인의 주장을 배척하였다. 피고인이 연방대법원에 이송명령 신청을 한 후에, 연방대법원은 Batson *v.* Kentucky 판결[40]에서 위 Swain *v.* Alabama 판결을 폐기하였고, 따라서 문제는 위 Batson 판결이 이 사건에 소급적용될 수 있는가 하는 점이었다.[41][42]

블랙먼 대법관이 집필한 다수의견[43]은, 이 사건에서의 문제는 위 Johnson

서는 Edwards 판결의 소급효를 부인한 Solem *v.* Stumes, 465 U.S. 638, 79 L.Ed. 2d 579, 104 S Ct. 1338(1984)(인신보호사건임)을 고수한다고 주장하였다.

37) 479 U.S. 314, 93 L.Ed. 2d 649, 107 S Ct. 708(1987).

38) 영미법상 배심재판을 받는 당사자가 제한된 숫자의 범위 안에서 이유를 제시할 필요 없이 배심원을 기피할 수 있는 제도를 말한다.

39) 380 U.S. 202, 13 L.Ed. 2d 759, 85 S Ct. 824(1965).

40) 476 U.S. 79, 90 L.Ed. 2d 69, 106 S Ct. 1712(1986).

41) 이 사건에는 또 다른 사건(Brown *v.* United States)이 병합되어 심리, 선고되었는데 그 사건은 제1심이 연방지방법원이었다는 것 외에는 대체로 쟁점이 같다.

42) 연방대법원은 이 사건 이전에는 위 Batson 판결을 인신보호영장 사건인 Allen *v.* Hardy, 478 U.S. 255, 92 L.Ed. 2d 199, 106 S Ct. 2878(1986)에서는 소급적용하지 아니하였다.

43) 브래넌, 마샬, 파월, 스티븐스, 스칼리아(Scalia) 대법관이 가담하였다.

및 Shea 판결이 채택한 소급효 적용에 대한 "명백한 단절의 예외(clear break exception)"를 적용할 것인가 하는 점에 있으나, 법원이 채택한 새로운 원칙의 특수한 성격을 이유로 하는 예외는 적절하지 않다고 한다.

첫째, 법원이 미확정 유죄판결에 대한 상고사건을 재판함에 있어서 현행의 법을 폐기하는 것이 아니라는 원칙은 선언된 새로운 원칙의 특정한 성격(specific characteristics)에는 관계없이 적용되는 것이며, 이러한 "명백한 단절"의 요소는 할란 대법관이 미확정 유죄판결에 대한 상고사건에서는 부적절한 것으로 거부하였던 사안에 따른 분석(case–specific analysis)의 형태를 다시 도입하는 것이다.

둘째, 이러한 명백한 단절의 예외는 유사한 피고인을 동일하게 다루지 않는다는 마찬가지의 문제점을 낳는다. 블랙먼 대법관은, Batson 판결의 피고인인 뱃슨은 1984. 2.에 켄터키 주의 제퍼슨 순회법원에서 재판을 받았고 그리피스는 그보다 석 달 뒤에 같은 법원에서 재판을 받았는데, 전단적 기피를 행사한 검사도 동일인이었다는 점을 지적하면서, 연방대법원이 Batson 사건을 먼저 심리하기로 결정한 것은 사법절차의 순전한 우연이었고, 새로운 원칙을 선언할 사건으로 뽑힌 사건의 운 좋은 당사자만이 우연하게 소급적용의 혜택을 보는 반면, 다른 동일한 처지의 사람들이 종전의 원칙에 따라 재판받아야 한다는 것은 공평한 사법 운영이 아니라고 한다.[44]

이에 반하여 화이트 대법관이 작성한 반대의견[45]은, 인신보호 사건인 Allen v. Hardy 판결(주 42)은 Batson 판결의 소급효를 부정함에 있어서 Stovall 판결의 논리를 원용하였음을 지적하고, 다수의견의 논리에 의하더라도 인신보호사건을 미확정 유죄판결에 대한 상고사건과 달리 취급할 근거는 없다고 하면서 자신은 미확정 유죄판결에 대한 상고와 인신보호사건을 구별하지 않고 Stovall 판결의 접근방법을 고수할 것이며, 가사 미확정 유죄판결에 대한 상고사건에 관하여는 할란 대법관의 접근방법에 장점이 있다 하더라도 Johnson 판결이 채택한

---

44) 파월 대법관은 동조의견에서, 자신이 이미 1977년에 할란 대법관의 견해를 받아들여야 한다고 주장하였음을 강조하면서(Hanker v. North Carolina, 432 U.S. 233, 236), 이 사건은 미확정 판결에 대한 상고사건에 있어서의 소급효만을 다루고 있고 인신보호사건에 관하여는 보류하고 있으나, 자신은 인신보호사건에 관하여도 할란 대법관의 견해처럼 인신보호사건은 유죄판결 당시의 헌법적 기준에 의하여 판단하여야 한다고 결정할 것을 희망한다고 하였다.
45) 렌퀴스트 대법원장과 오코너(O'Connor) 대법관이 동조하였다. 다만 렌퀴스트 대법원장은 별도의 반대의견에서 위 Shea v. Louisiana 판결(주 35)에서의 반대의견(주 36 참조)을 되풀이하였다.

"명백한 단절"의 예외는 유지되어야 할 것이라고 주장하였다.

사. Teague v. Lane[46]

이제까지 본 것처럼 소급효에 관한 할란 대법관의 반대의견은 우여곡절을 거친 끝에 미확정 유죄판결에 대한 상고사건에 있어서는 다수의견이 되었다. 그러나 인신보호사건에 관하여는 연방대법원이 할란 대법관의 견해를 받아들이는 것을 주저하고 있었으나, 1989. 2. 22. 선고된 Teague v. Lane 판결에서 연방대법원은 결과적으로 이를 받아들였다.

이 사건의 내용은 위 Griffith v. Kentucky 판결과 유사한 점이 많다. 즉 이 사건 인신보호영장 신청인인 티그(Teague)는 흑인 남자로서 일리노이 주에서 살인미수 등의 죄로 기소되었는데 검사는 배심원에 대하여 허용되는 10회의 전단적 기피권을 모두 흑인에 대하여만 행사하여 결국 티그는 모두 백인으로만 구성된 배심원으로부터 유죄판결을 받았다. 그러자 그는 연방법원에 인신보호영장을 신청하였는데 그 사유로서는 Griffith 판결에서처럼 검사의 위 전단적 기피권의 행사가 헌법에 위배된 것이라는 점뿐만 아니라, 소배심(小陪審, petit jury)이 배심원 후보(jury venire)들과 마찬가지로 공동체를 공정하게 반영하는 것(fair cross section of the community)이어야 한다고 주장하였다. 그런데 연방대법원은 1975년의 Taylor v. Louisiana 판결[47]에서 배심원 후보는 공동체를 공정하게 반영하여야 하지만 그 배심원 후보들로부터 선출된 소배심은 그러할 필요가 없다고 하였으므로, 위 후자의 주장은 판례의 변경을 주장하는 셈이었다. 위 인신보호 사건이 연방항소법원에 계속 중에 위 Batson v. Kentucky 판결이 선고되었으나 연방항소법원은 위 판결의 소급적용을 부정하고 인신보호영장의 신청을 기각하였다.

연방대법원에서도 위 Batson 판결의 소급효는 위 Allen v. Hardy 판결(주 42)의 선례에 따라 부정하였고, 이 사건에서 주로 문제된 것은 이 사건에서 소배심이 공동체를 공정하게 반영하여야 한다는 주장을 어떻게 다룰 것인가 하는 점이었다.

이 점에 관하여는 대법관들의 견해가 여러 가지로 갈라져서 다수의견이 형성되지 못하였으나 결과에 있어서는 상고가 기각되었다.

---

46) 103 L.Ed. 2d 334(1989).
47) 419 U.S. 522, 42 L.Ed. 2d 690, 95 S Ct. 692.

오코너 대법관이 작성한 복수의견(plurality opinion)[48]의 요지는 다음과 같다.

첫째, 과거의 판례는 새로운 판례를 먼저 선언하고 그 후의 다른 사건에서 그 소급효가 있는가를 문제삼기도 하였고, 아니면 새로운 헌법상의 원칙을 선언하는 바로 그 사건에서 소급효 문제를 다루기도 하였으나, 새로운 원칙을 선언하는 판결에 소급효를 인정할 것인가 아니면 장래효를 인정할 것인가 하는 점은 새로운 원칙을 선언하는 시점에서 다루어져야 하는데, 소급효의 문제는 새로운 원칙을 선언하기 위한 전제문제(threshold question)라고 한다. 왜냐하면 새로운 원칙이 그 원칙을 선언한 사건에 적용되는 경우에는 공정한 법관이라면 그 사건이 다른 유사한 사건에도 적용될 것을 요구할 것이기 때문이라는 것이다.

둘째, 무엇이 새로운 원칙인가 하는 점에 관하여는 새로운 소송의 근거를 낳거나 주 또는 연방정부에 새로운 의무를 부과할 때에는 새로운 원칙이라고 할 수 있고 다른 말로 표현한다면 한 사건에서 선고한 원칙이 피고인에 대한 판결이 확정될 때 존재하였던 선례에 의하여 지시되지 않는 결과를 낳을 때에는 새로운 원칙이라고 할 수 있으며, 따라서 '공동체를 공정하게 반영하여야 한다는 요구'가 소배심에 적용된다면 이는 새로운 원칙이라고 한다.

셋째, 소급효 여부를 결정하는 기준으로서 종전에 쓰여졌던 Linkletter 판결의 기준은 미확정 유죄판결에 대한 상고사건에서 유사한 피고인을 상이하게 취급하는 부당함이 있었고 그리하여 연방대법원은 Griffith 판결에서 미확정 유죄판결에 대한 상고사건에 관한 한 Linkletter 판결의 기준을 버리고, 할란 대법관의 주장대로 새로운 원칙이 과거와의 명백한 단절이 있는지 여부를 불문하고 소급적용된다고 하였는데, 인신보호사건에 있어서도 원칙적으로는 할란 대법관의 주장을 따라 새로운 원칙은 인신보호사건에는 소급적용하지 않는 것으로 보아야 한다고 한다.

그 근거에 관하여도 인신보호영장의 기능에 관한 할란 대법관의 견해를 받아들여, 판결의 확정성(finality)에 대한 고려는 민사판결뿐만 아니라 형사판결에서도 중요한 의미를 가지는데, 유죄판결이 확정될 당시에 존재하지 않았던 헌법원칙을 적용하는 것은 확정성의 원칙을 심각히 위협하고, 소급적용으로 인하여 생기는 손실은 그로 인하여 얻는 이익을 훨씬 능가한다고 한다.

넷째, 이처럼 인신보호사건에 대하여는 소급효가 적용되지 않는다는 원칙에

---

48) 렌퀴스트 대법원장, 스칼리아 및 케네디 대법관이 동조하였다.

대하여는 2가지 예외를 들고 있는데, 먼저 할란 대법관이 제안한 것처럼 특정한 종류의 기본적이고 사적인 개인의 행동을 형사입법자의 권한 밖에 두는 새로운 원칙은 소급적용되어야 한다고 한다.

다른 하나의 예외는 할란 대법관이 Mackay 판결에서 제안한 두 번째 예외를 다소 수정하여, 그 새로운 원칙에 의하지 않으면 "유죄판결의 정확성의 가능성이 매우 감소되는" 그러한 원칙은 소급적용되어야 한다는 것이다.

그리하여 이러한 기준에 따라 심사한 결과 소배심이 공동체를 공정하게 반영하여야 한다는 요구는 소급적용이 요구되는 위와 같은 두 가지 예외의 어느 것에도 해당하지 아니하므로 연방대법원으로서는 위와 같은 주장이 정당한지에 대하여 심리하지 않는다고 하였다.

다른 한편 화이트 대법관의 별개의견은, 자신은 이전에는 Stovall 판결의 기준이 정당하다고 하여 이를 벗어나는 판결들에서 반대의견을 주장하였고, 자신은 이러한 법원 판결의 궤적에 대하여 불만을 가지지만, Johnson, Shea, Griffith 판결 등의 선례가 있는 이상 더 이상 이에 반대할 이유가 충분하지 못하고, 오코너 대법관의 견해는 연방대법원이 미확정 유죄판결에 대한 상고사건에서 채택한 이론을 인신보호사건에 적용함에 있어 받아들일 수 있는 것이어서 그 결과에는 찬성한다고 하였다.

또한 블랙먼 대법관의 별개의견[49]은, 자신은 브래넌 대법관의 반대의견과 마찬가지로 소배심의 구성은 공동체의 정확한 반영이어야 한다고 믿으며, 또 복수의견과 마찬가지로 소급효의 문제는 새로운 원칙을 선언하는 사건에서 결정하는 것이 정당한 접근방법이라고 생각하지만, 그렇다고 하여 피고인의 유죄판결이 취소되어야 하는 것은 아니고 '결과에 영향이 없는 잘못(harmless error)'의 법리에 따라 새로운 원칙을 먼저 선언하고, 그 소급적용 여부를 심리하여 신청인의 신청을 받아들일 것인가의 여부를 결정하면 된다고 한다.

그리고 소급효 일반에 관하여는 할란 대법관의 견해를 지지하며, 복수의견이 그 예외에 관하여 할란 대법관의 주장을 수정하려는 데에도 찬성하지 않으므로 유죄의 평결을 선언한 배심의 불편부당성이 인종적 선입견에 의하여 훼손된 것은 (소급적용되어야 할) 근본적으로 불공정한 경우에 해당한다고 보아야 할 것이나, 유사한 문제인, 검사의 전단적 기피가 위헌이라고 한 Batson 판결(주 40)이

---

49) 스티븐스 대법관이 동조하였다.

소급적용되는가에 관하여 이미 Allen *v.* Hardy 판결(주 42)이 소급적용을 부정하였으므로, 그에 따라 인신보호신청을 기각한 원심판결은 유지되어야 하고 따라서 복수의견의 결론에는 동조한다고 주장하였다.

반면 브레넌 대법관의 반대의견[50]은, 위 복수의견은 같은 것을 같게 다루어야 한다는 원칙에 맹목적으로 집착함으로써 주객을 전도하는 결과가 되었고, 종래의 선례는 주 법원의 판결이 연방의 헌법이나 법률 또는 조약에 위반하여 사람을 감금하였다는 이유만으로 연방법원이 인신보호영장을 발할 수 있다고 하여 인신보호사건에 폭넓은 심리범위를 인정하여 왔으며, 복수의견과 같은 인신보호영장의 위축을 지지할 수 있는 아무런 전례도 없고 선례구속의 원칙을 벗어날 별다른 이유가 없으므로 연방대법원으로서는 티그의 주장을 심리하여 이를 받아들여야 한다고 주장하였다.

특히 복수의견이 당사자들을 평등하게 취급하여야 한다는 점을 강조하는 데 대하여는, 이는 한 당사자에게만이라도 새로운 원칙을 소급적용함으로써 얻을 수 있는 이익을 거부하는 것이고, 한 당사자가 겪은 잘못을 바로잡는 것이 비록 불평등한 면이 있다고 하더라도 모든 확정된 유죄판결을 받은 자들이 입은 손해가 구제받지 못하는 것보다는 낫다고 한다.

이후의 인신보호사건에 관한 연방대법원 판례에서는 주로 어떤 원칙이 "새로운 법(new law)"인가 내지 그것이 불소급 원칙의 예외에 해당하는가 하는 문제가 쟁점이 되고 있다.[51]

아. 소　결

이제까지 살펴본 형사사건에서의 소급효에 관한 판례의 변천과정을 요약하면 다음과 같다. 초기의 판례는 판례가 새로운 원칙을 선언한 경우에 그 원칙이 소급적용되는가는 개별적으로 결정되어야 한다고 하는 관점에 서서, 대체로 소급적용을 제한하여 왔고, 경우에 따라서는 그 원칙을 선언한 사건에 한하여만 소급적용을 인정하기도 하였으며, 미확정 유죄판결에 대한 상고사건과 인신보호사건을 따로 구별하지는 아니하였다.

그러다가 할란 대법관의 강력한 비판에 영향을 받아서, 미확정 유죄판결에

---

50) 마샬 대법관이 동조하였다.
51) Penry *v.* Lynaugh, 492 U.S. 302(1989); Butler *v.* Mckellar, 110 S Ct. 1212; Saffle *v.* Parks, 110 S Ct. 1257(1990); Sawyer *v.* Smith, 110 S Ct. 2822(1990).

대한 상고사건에 있어서는 소급적용되는 범위를 넓혀 왔고 마침내는 Griffith 판결에서는 전면적으로 소급적용된다고 선언하였다.

그리고 인신보호사건에 있어서는 반대로 원칙적으로 소급효가 인정되지 않는다는 견해를 채택하였다.

3. 민사사건(civil cases)에서의 판례의 소급효

가. Chevron Oil Co. v. Huson[52]

민사사건에서 소급효 문제에 관한 오랫동안의 리딩 케이스는 1971. 10. 6. 선고된 Chevron Oil 판결이다. 이 사건에서는 직접 헌법문제에 관한 판결의 소급효가 문제된 것은 아니고, 주법의 적용범위에 관한 연방법 해석의 소급효가 문제되었다.

사건의 내용은 다음과 같다. 즉 이 사건 원고는 1966년에 멕시코 만의 루이지애나 주 연안 대륙붕에 있는 피고 회사가 설치한 인공섬에서 작업하다가 부상을 입고 1968년 1월에 그 손해배상을 구하는 이 사건 소송을 연방법원에 제기하였다. 그런데 그 소 제기 당시에는 상당수의 연방법원 판례가 이러한 장소에서 일어난 사고를 규율하는 연방법률(Outer Continental Shelf Lands Act)은 인접 주의 법률은 연방법과 배치되는 한 적용이 배제되는 것으로 규정하고 있으므로 그 손해배상소송은 일반 해상법(general admiralty law)에 의하여 규율되며 따라서 이 사건 소송과 같은 경우에는 형평법상의 해태(懈怠, laches)만이 문제될 수 있을 뿐[53] 인접 주의 제소기간법(statute of limitation)은 적용되지 않는 것으로 보고 있었다. 이 사건에서는 인접 주인 루이지애나 주법상의 제소기간은 1년으로 되어 있었다.

그런데 위 소송이 제기된 후에 연방대법원은 Rodrigue v. Aetna Casualty & Surety Co. 판결[54]에서, 이러한 손해배상소송에는 일반해상법이 포괄적으로 적용되지 아니하고, 연방법에는 상당한 흠결이 있으므로 이러한 흠결은 주의 법률에 의하여 보충되어야 한다고 판시하였다. 만일 위 판결에 따라 이 사건에 인접 주인 루이지애나 주법이 적용된다고 한다면 이 사건 소송은 제소기간이 경과된

---

52) 404 U.S. 97, 30 L.Ed. 2d 296, 92 S Ct. 349(1971).
53) 이는 독일이나 우리나라에서 인정되는 실효의 원칙(Verwirkung)과 유사한 것이다. 윤진수, 민법주해 III, 1992, 399면 참조.
54) 395 U.S. 352, 23 L.Ed. 2d 360, 89 S Ct. 1835(1969).

것으로 취급되어야 하므로, 위 Rodrigue 판결이 이 사건에 소급적용될 수 있는 가가 쟁점으로 되었다.

연방항소법원은 위 소급효 문제를 직접 다루지 않고 그 대신 위 루이지애나 주의 제소기간법은 연방법과 모순되고, 이는 루이지애나 주 법원이 아닌 연방법원의 재판에는 적용되지 않는다고 하여 그 적용을 배제하였다.

이에 반하여 연방대법원은 스튜워트 대법관이 작성한 다수의견[55]에서, 위 루이지애나 주의 제소기간법은 이 사건과 같은 경우에도 적용되어야 하나, 이 사건은 위 Rodrigue 판결이 선고되기 전에 제소된 것이므로 위 판결이 소급적용될 수 있는지 여부를 따져 보아야 한다고 하면서, 판례가 소급적용되지 않기 위한 고려요소로서 다음의 3가지를 들었다.

첫째, 판례가 소급적용되지 않으려면 우선 그것이 명백한 과거의 선례를 번복하거나 또는 그 결론을 예견할 수 없었던 새로운 문제에 관한 것으로서 새로운 법원리를 정립하는 것이어야 한다.

둘째, 개별 사건마다 문제되는 원칙의 과거 역사와 그 목적 및 효과를 살펴보고, 소급적용이 그 원칙의 작용을 촉진시킬 것인가 아니면 저해할 것인가를 살펴봄으로써 그 장점과 단점을 형량하여야 한다.

셋째, 소급적용이 초래하는 부당함(inequity)을 따져 보아야 한다.

그리하여 이러한 요소를 고려한다면 이 사건에서는 위 루이지애나 주의 1년의 제소기간 규정은 적용되지 않는 것으로 보아야 한다고 판시하였다. 왜냐하면 위 Rodrigue 판결은 연방대법원이 그 문제에 관하여 최초로 판결한 것일 뿐만 아니라 일련의 연방항소법원의 판결례들을 뒤집는 것이었으므로 새로운 원칙을 선언하는 것에 해당하고, 위 Outer Continental Shelf Lands Act가 주법을 연방법으로 흡수하는 목적은 부상을 입은 근로자들에게 포괄적이고 친숙한 구제수단을 제공하려는 것이었는데, 이미 장기간 동안 많은 비용을 들여 개시절차까지 진행한 소송을 갑자기 중단시키는 것은 이러한 입법자의 의도에 어긋날 분만 아니라, 나아가 원고가 자신에게 제소기간이 적용된다는 것을 알 수 없었던 때에 원고가 "권리 위에 잠잤다(slept on his rights)"고 판시한다는 것은 가장 부당한 결과를 가져오는 것이기 때문이라는 것이다.

---

55) 더글라스 대법관만이 반대의견을 개진하였으나 그는 소급효의 문제는 다루지 않고 Rodrigue 판결에 따르더라도 루이지애나 주 법상의 제소기간 규정은 적용되지 않는다고 하였다.

나. American Trucking Associations, Inc. v. Smith[56)]

위 Chevron Oil 판결은 상당기간 민사사건에 있어서는 소급효에 관한 leading case로서의 지위를 누려 왔고, 위 Griffith *v.* Kentucky 판결도 형사사건에 관하여는 소급효를 전면적으로 인정하면서 민사사건에 관하여는 여전히 Chevron Oil 판결에 따라야 한다고 선언하였다.[57)] 그러나 1990년대에 들어서는 민사사건에도 마찬가지로 소급효를 확대하려는 경향이 나타나게 되었다. 그 첫 사례가 1990. 6. 4. 선고된 American Trucking Associations, Inc. *v.* Smith 판결이었다.

이 사건의 내용은 다음과 같다. 이 사건 원고들은 1983년에, 아칸소 주의 고속도로 이용자에 대하여 정액의 고속도로 이용료(flat tax)를 부과하는 위 주의 법률[58)]이, 위 주의 고속도로를 더 많이 이용하는 위 주의 트럭 소유자들에 비하여 위 고속도로를 더 적게 이용하는 위 주 외의 트럭 소유자들을 차별하는 것이고 따라서 연방헌법상의 통상조항(Commerce Clause)을 위반한 것이라고 주장하여, 위 주 법원에 이미 납부한 이용료의 반환을 구하는 소송을 제기하였다. 그리고 이와는 별도로 위 주 법원에, 위 고속도로 이용료 수입이 주 재정에 산입되어 분배될 것을 막기 위하여 그 별도 보관을 명하는 예비적 유지명령(preliminary injunction)을 신청하였다.

그러나 아칸소 주 대법원은 위 유지명령 사건에서, 종래의 연방대법원 판례에 의거하여 위 주 법률이 위헌이 아니라고 하여 유지명령 신청을 기각하였다. 그 사건에 대한 상고가 연방대법원에 계속중이던 1987. 6. 23.에, 연방대법원은 동일한 원고들이 비슷한 내용을 가진 펜실베니아 주 법률의 위헌을 문제삼은 다른 사건에서 위 펜실베니아 주 법률은 연방헌법상의 통상조항에 위반된다고 판결하고,[59)] 그 3일 후에 아칸소 주에 관한 위 유지명령 사건도 위 선례에 따라 다시 심리하도록 아칸소 주 대법원에 파기환송하였다. 그리고 원고들의 신청에 따라 블랙먼 대법관은 순회대법관(Circuit Justice)으로서, 1987. 8. 14.에 앞으로 징수되는 아칸소 주의 고속도로 이용료는 별도로 보관되어야 한다고 명령하였다.

---

56) 496 U.S. 167, 110 L.Ed. 2d 148, 110 S Ct. 2323(1990).
57) 479 U.S. 322, n.8.
58) 위 법률의 내용은 다소 복잡하나 실질적으로는 1년에 3,500마일 이상을 이용하는 여행자에게 1년에 175달러의 이용료를 부담시키는 것이 된다.
59) American Trucking Associations, Inc. *v.* Scheiner, 483 U.S. 266(1987).

그런데 아칸소 주 대법원은 위 본안사건에서 주로 위 Chevron Oil 판결에 의거하여, 이러한 정액 이용료 부과는 위헌이라고 한 Scheiner 판결(주 59)은 소급적용되지 않는다고 하여 위 블랙먼 대법관의 명령이 있은 1987. 8. 14. 이전에 징수한 부분은 반환할 필요가 없고 그 이후에 징수한 부분만 반환하면 된다고 판시하였다. 그에 대한 원고들의 이송명령신청이 받아들여져서 사건이 연방대법원에 이심되었다.

위 사건에서 대법관들의 의견은 3가지로 크게 갈라져서 확고한 다수의견을 형성하지는 못하였으나, 결과에 있어서는 원심판결을 파기환송하였다.

오코너 대법관이 작성한 4인의 복수의견(plurality opinion)[60]은, 소급효에 관한 위 Chevron Oil 판결의 기준을 유지하면서도 아칸소 주 대법원은 위 기준을 잘못 적용한 것이라고 하였다.

우선 위 Scheiner 판결은 종전의 판례를 번복하고 새로운 법원리를 정립한 것이므로 비소급 적용에 관한 위 Chevron Oil 판결의 첫 번째 기준을 충족시킨 것임은 명백하고, 다음 통상조항의 목적이 Scheiner 판결의 소급적용을 명하는 것도 아니고, 형평에 의한 고려가 균형을 비소급적용 쪽으로 기울어지게 한다는 것 또한 명백하다고 하였다. 즉 주의 입법자들이나 징수당국은 주 법률이 종전의 선례와 마찬가지로 헌법에 부합한다고 믿을 충분한 이유가 있었고, 또 소급적용을 인정하여 종전에 징수한 것까지 반환을 명한다면 주의 재정을 고갈시켜 주의 작용과 장래의 계획을 위협하는 것이 되고, 종래 연방대법원은 소급적용 여부를 결정함에 있어서 법의 변화에 의하여 영향을 받게 되는 관계당사자의 신뢰이익(reliance interest)을 중요시하였다고 한다. 따라서 Scheiner 판결은 그 판결이 선고되기까지 징수된 이용료에 관하여는 소급적용되지 않는다고 하였다.

그러나 판결이 장래효만을 가지더라도 그 장래효의 기점은 판결이 선고된 날이고 이는 실제의 거래(transaction), 즉 이 사건에서는 고속도로 이용을 기준으로 보아야 하므로, 위 Scheiner 판결이 선고된 이후의 분[61]은, 그것이 실제 징수된 것은 위 판결 선고 전이라 하더라도 반환되어야 하고, 이 점에서 원심판결은 파기되어야 한다고 하였다.

그리고 반대의견에 대한 반론에서 오코너 대법관은, 소급효에 관한 원칙은

---

60) 렌퀴스트 대법원장과 화이트, 케네디 대법관이 동조하였다.
61) 이는 결국 아칸소 주의 신회계년도가 시작되는 1987. 7. 1. 이후에 납부한 이용료에 해당한다.

반대의견이 주장하는 것처럼 구제수단에 관한 원칙(remedial principle)이라기보
다는 선례구속의 원칙(principle of stare decisis)의 문제라고 하면서, 형사사건의
소급효에 관한 Griffith 판결은 민사사건에 적용될 수 없다고 하였다.

반면 스티븐스 대법관이 작성한 4인의 반대의견[62]은, 원고들은 아칸소 주의
세금(tax)의 합헌성에 관하여 연방대법원의 최선인 현재의 이해에 따라 재판받
을 권리가 있다고 하면서, 위 Scheiner 판결은 이 사건에 소급적용되어야 한다
고 주장하였다. 반대의견에서는 소급효에 관하여 두 가지 의미가 있을 수 있는
데, 그 한 가지는 소급적용이 문제되는 판례 이전에 일어난 일은 현행법에 의하
여 판단되지 않는다는 의미에서 소급효가 부정되는 것(법 선택의 원칙, choice of
law rule)이고, 다른 한 가지는 독립된 법 원리(independent principles of law)가
법원이 현행법 하에서 부여할 수 있는 구제(relief)를 제한한다는 것(구제의 원칙,
remedial principle)이라고 한다.

그리고 공평과 법적 절차의 기본적인 관념은 동일한 원칙이 모든 미확정 판
결에 대한 상고사건에 적용되어야 할 것을 요구한다고 하면서 Griffith 판결을
인용하고, 이는 형사사건에 관한 것이지만 법원은 형사사건보다 민사사건에 있
어서 현행법을 무시하거나 같은 처지의 당사자를 달리 취급할 더 큰 헌법적 권
한을 가지는 것이 아니며, 두 경우 모두 법원의 법에 대한 최선의 현재의 판단
에 따라 당사자의 권리를 결정하여야 하고, 다만 여기에는 신뢰와 휴지(repose)
에 대한 이익을 보호하기 위한 기판력(res judiacta) 및 선례구속과 법률상의 제
소기간 등이 포함된다고 하면서, United States *v.* Estate of Donnelly 판결[63]에
서의 할란 대법관의 의견[64]을 인용하고 있다.

그리고 종전의 선례도 이러한 이해에 부합하고, 복수의견이 들고 있는
Chevron Oil 판결도, 법선택 원칙의 문제가 아니라 연방법원에 부여된 형평법
상의 재량에 관한 구제의 원칙으로 받아들여야 한다고 주장한다.

---

62) 브레넌, 마샬, 블랙먼 대법관이 동조하였다.
63) 397 U.S. 286(1970).
64) 할란 대법관은 여기서, 민사사건에 있어서도 일단 잘못된 선례를 폐기하였다면 그 선례를 그
　선례 이전의 사안에 적용하여서는 안 되고 다만 제소기간의 규정에 의하여 당사자의 권리가
　소멸하였거나 아니면 기판력이 발생하여 문제의 거래가 더 이상 도전될 수 없는 경우에만 당
　사자의 기득권이 보호받을 수 있고, 다만 신뢰와 같은 형평상의 고려는 어떤 구제방법이 적
　절한가 하는 형태로, 예컨대 당사자가 계약을 취소할 수는 있으나 손해배상은 청구하지 못한
　다는 방식으로 고려하면 된다고 주장하였다.

그러므로 아칸소 주의 법률은 헌법에 위반되었고, 이로부터 두 가지 결론이 나올 수 있는데, 그 하나는 징수된 세금을 계속 보유하는 것이 헌법상의 적법절차의 원칙에 반한다면[65] 원고들은 구제를 받을 권리가 있고, 이 경우 주로서는 여러 가지의 절차적 요건을 규정할 자유가 있으므로 주의 이익을 보호할 수 있다고 한다. 반면 세금의 보유가 적법절차 원칙에 위반되지는 않지만 부당한 징수에 관한 주 헌법에 위반된다면 원고들은 주 법에 따른 구제를 받을 수 있다고 한다. 따라서 연방법원으로서는 아칸소 주 법원으로 하여금 이러한 문제들을 심리하게 하기 위하여 사건을 환송하여야 한다고 한다.

다른 한편 스칼리아 대법관은 다수의견에 대한 별개의견에서, 자신은 장래효를 가지는 재판은 법원은 법이 무엇인가를 선언하여야 하지 법이 무엇이어야 한다고 선언하여서는 안 된다는 법원의 역할에 부합하지 아니한다고 생각하고 이 점에서 반대의견에 찬성하지만, 자신은 Scheiner 판결에서 반대의견을 나타냈고 그와 같이 헌법상의 통상조항을 해석하는 데 반대하며, 이러한 해석은 확립된 기대를 뒤집는 결과를 가져오기 때문에 당시 그에 반대하였던 대법관들은 이 사건에서 장래효를 가지는 재판의 원칙에 의하여 그러한 결과를 회피하려고 하지만 이는 사법권의 범위를 벗어나기 때문에 찬성할 수 없다고 한다.

그러나 그렇다고 하여 반대의견에 동조한다면 이는 확립된 기대를 보호하기 위한 선례구속의 원칙의 명목으로 정당한 권리를 가졌던 아칸소 주를 벌하는 것이 되기 때문에 선례를 번복하는 데 반대하였던 자신으로서는 판례번복 이전의 사태를 유지하도록 하는 것이 바람직하다고 생각하여 복수의견에 동조한다고 하였다.

이 판결은 결과적으로 Scheiner 판결의 소급효를 부정한 것이 되었으나, 실질적으로는 과반수인 5인의 대법관이 원칙적으로 소급효를 인정하여야 한다는 데 찬성하였으므로 앞으로의 연방대법원의 태도 변화를 예측할 수 있는 계기를 제공하였다고 할 수 있다.

---

65) 연방대법원은 위 판결과 같은 날 선고된 McKesson Co., *v.* Division of Alcoholic Beverages and Tobacco, Department of Business Regulation of Florida, 496 U.S. 18, 110 L.Ed. 2d 17, 110 S Ct. 2238(1990)에서, 적법절차의 원칙상 주는 위헌인 세법에 기하여 징수된 세금을 납세자에게 반환하여야 할 절차를 마련하여야 한다고 판결하였다.

다. James B. Beam Distilling Co., v. Georgia[66]

이러한 연방대법원의 태도변화는 1991. 6. 20. 선고된 James B. Beam Distilling Co., *v.* Georgia 판결에서 현실화되었다.

이 사건의 배경은 다음과 같다. 즉 연방대법원은 1984년의 Bacchus Imports, Ltd. *v.* Dase 판결[67]에서, 다른 주에서 수입된 술에 대하여 주 내에서 생산된 술보다 고율의 소비세를 부과하는 하와이 주 법률이 연방헌법상의 통상조항에 위반된다고 판결하였다. 그러자 켄터키 주에서 술을 만드는 원고회사가, 거의 동일한 내용의 법률을 가진 조지아 주를 상대로 하여 조지아 주 법원에, 1982년에서 1984년 사이에 조지아 주가 징수한 소비세 240만 달러의 반환을 구하는 이사건 소송을 제기한 것이다. 그러나 주 법원에서는 위 법률이 위헌이기는 하지만 위 Bacchus 판결은 Chevron Oil 판결의 기준에 따라 소급적용되지 않는다고 하여 원고의 신청을 기각하였다. 그러나 연방대법원은 위 주 법원의 판결을 파기환송하였다. 다만 위 판결에서는 다수의견이 형성되지 않았고, 대법관들의 의견은 4가지로 갈라졌다.

수터(Souter) 대법관이 작성한 법정의견[68]은, 법원이 판례를 변경하는 경우에 종전의 법을 적용할 것인가, 아니면 새 법을 적용할 것인가는 제1차적으로 법 선택(choice of law)의 문제이고, 새 법이 소급적용되는 경우에는 그때에는 새 법의 적용을 주장하는 당사자가 그 법이 종전의 법이었을 때 얻을 수 있었을 것과 마찬가지의 구제를 받을 수 있는가 하는 구제의 문제(issue of remedies)가 생기는데, 법 선택의 문제에 관하여는 다음의 3가지 방법이 있을 수 있다고 하였다.

그 하나는 판례가 완전히 소급할 수 있고 다만 기판력 및 제소기간의 적용을 받는 것인데, 이것이 전통적인 법원의 기능에 부합하지만 이는 그로 인하여 침해되는 신뢰의 문제를 충분히 고려하지 않는다는 비판을 받는다고 한다.

다른 하나는 새로운 원칙을 그 원칙을 선언하는 사건의 당사자나 그 사건 이전에 일어난 일에 대하여는 적용하지 않는 순수히 장래적인 판례변경의 방법(purely prospective method of overruling)이 있을 수 있는데, 이는 과거는 새로

---

66) 115 L.Ed. 2d 481(1991).
67) 468 U.S. 263, 82 L.Ed. 2d 200, 104 S Ct. 3049(1984).
68) 스티븐스 대법관만이 동조하였다.

운 법적 선언에 의하여 말소될 수 없고, 옛 원칙을 믿은 당사자에게 새 원칙을 적용하는 것은 정의와 공정의 기본적인 관념을 침해한다는 생각에 의하여 지지를 받을 수 있지만, 다른 한편 선례의 힘을 감소시키고, 판례변경의 비용을 최소화함으로써 법원에게 입법자의 자유와 유사한 자유를 주게 되는 문제점이 있다고 한다.

세 번째는 법원이 새로운 원칙을 그 원칙을 선언하는 사건에는 적용하고, 사실관계가 그 판례 이전의 것인 다른 모든 사건에는 옛 원칙을 적용하는 수정된 또는 선택적인 장래효(modified, or selective, prospectivity)인데, 이는 완전소급효로 인하여 생기는 문제점을 회피할 수 있을 뿐만 아니라 당해사건 자체에는 소급효를 인정함으로써 당사자에게 유인을 제공할 수 있는 장점이 있지만, 다른 한편으로는 유사한 상황에 있는 소송당사자들은 동일하게 취급하여야 한다는, 선례구속의 원칙 및 법의 지배(rule of law)의 근본적인 요소를 이루는 원칙과 배치된다는 문제점이 있고, 그리하여 연방대법원은 Griffith 판결에서 형사사건에 관하여는 이러한 선택적 장래효의 가능성을 포기하였고, 민사사건에 관하여는 이를 지지한 일이 없다고 한다.

그런데 여기서 문제로 되고 있는 Bacchus 판결은, 소급효 문제에 관하여 직접 언급하지는 않았으나, 이는 그 사건 당사자에 대하여는 새로운 원칙을 소급적용한 것으로 읽어야 하는데, 그렇다면 평등 및 선례구속의 원칙(principles of equality and stare decisis)에 따라 이는 다른 사건에도 소급적용되어야 하고 그것이 Chevron Oil 판결에 근거한 어떤 분석에도 우선하여야 한다고 한다.

다만 소급효를 적용하더라도 이는 확정성의 요구(the need for finality)에 의하여 제한을 받아야 하고, 따라서 기판력이나 제소기간의 제한에 따라 이미 종결된 사건을 다시 개시하게 할 수는 없다고 한다. 물론 이러한 제한에 관하여도 이는 자의적이라는 비난이 있을 수가 있는데, 왜냐하면 새로운 원칙의 덕을 보려고 하는 사람은 새로운 원칙을 받아내기 위하여 노력한 사람에게 무임승차하려는 것이기 때문이라는 것이다. 이 점에서 새로운 원칙을 받아내려고 노력하였으나 실패하여 기판력이 발생한 사람들에게는 새로운 원칙을 소급적용하고, 반면 다른 사람들의 노력을 이용하여 소송을 제기하는 사람들에게는 이를 적용하지 않는 것이 평등의 원칙에 부합한다고도 생각할 수 있으나, 공공의 정책상 소송에 끝이 있어야 하고, 어떤 쟁점을 주장한 사람은 그 주장의 결과에 기속되어야 하며, 한 번 재판이 있었으면 이는 당사자들 사이에서는 영구히 완결된 것으로 보아야 한다는 점에서 확정성의 원칙이 평등의 원칙의 한계를 정하는 것으로 보아야 하며, 뒤따라 소송을 제기하는 사람의 문제에 관하여는, 이는 법원이 그들의 것이라고 선언한 권리를 주장하는 것일 뿐이므로 그들을 무임승차자라고 단정할 수는 없고, 결과가 불확실할 때 소송을 제기한 사람에게만 소급효를 인정하는 것은 상소심이 새로운 원칙의 적용 가능성을 심사하게 된 경우에 그에 따른 소송의 사태를 불러일으킨다는 문제점이 있다고 한다.

결국 수터 대법관에 의하면, 법원이 한 사건에 관하여 어떤 원칙을 적용하였으면 다른 사건에 관하여도 소송법상의 요구나 기판력에 의하여 제한을 받지 아니하는 한 이를 적용하여야 한다는 것이고, 따라서 수정된 장래효의 원칙은 명시적으로 배척되었으나, 여기서는 순수장래효를 인정할 수 있는지 여부에 관하여는 다루지 않는다고 명시적으로 선언하였으며, 나아가 이 사건에서도 소급효를 인정하는 경우에 어떤 구제수단이 적절한 것인지는 원심에서 다루어지지도 않았고 이 법원의 변론대상도 아니므로 이를 다루지 않겠다고 한다.

반면 화이트 대법관은, 이처럼 수정된 장래효 원칙은 배척되어야 한다는 점에서는 수터 대법관의 견해에 동조하면서도, 연방대법원으로서는 적절한 경우에는 순수장래효의 원칙은 채택할 수 있다는 견해를 표명하였다.

또한 블랙먼, 마샬, 스칼리아 대법관은, 다수의견에 대한 별개의견에서 새로이 선언된 헌법상의 원칙을 다른 미확정판결에 대한 상고사건에서 적용하지 않는 것은 헌법재판의 근본원칙에 어긋난다고 하였다.[69] 블랙먼 대법관은, 법원의 기능은 연방헌법 제3조에서 규정하는 것처럼 "사건과 분쟁(cases and controversies)"을 다루는 것이기 때문에, 법원이 새로운 원칙을 선언할 필요가 있을 때에는 이는 심판의 대상이 된 당해 사건의 문맥에서 선언을 하고 이를 그 당사자들에게 적용하여야 하며, 이를 장래에 향하여만 적용한다는 것은 법관의 역할을 왜곡한다는 것이라고 한다.

스칼리아 대법관은, 선택적 장래효(selective prospectivity)가 부당한 결과(inequitable results)를 가져오기 때문에 허용될 수 없는 것은 자백의 강요가 부당한 결과를 가져오기 때문에 허용될 수 없는 것과 마찬가지라고 하면서, 양자

---

69) 블랙먼 대법관과 스칼리아 대법관은 각각 별개의견을 작성하였으나 서로의 의견에 동조하였고, 마샬 대법관은 두 의견에 모두 동조하였다.

는 모두 헌법이 허용하지 않고 있기 때문에 인정될 수 없다고 한다. 그는 사법부의 임무는 "무엇이 법인가를 말하는 것(to say what the law is)"으로서, 물론 법관이 현실적인 의미에서 법을 만드는 것을 부정하지는 않으나, 법관이 법을 만드는 것은 법이 어떻게 바뀌었는가, 또는 법이 미래에 어떻게 될 것인가를 선언하는 것이 아니라 현재 법이 무엇인가를 알아낸다는 의미에서 법을 "발견한다(finding)"는 형태로 법을 만드는 것이라고 한다.

다른 한편 오코너 대법관의 반대의견[70]은, 수터 대법관이 원용하고 있는 "평등의 원칙과 선례구속의 원칙"은 정확하게 반대의 결론으로 이끌어간다고 하면서, 법원이 법이 무엇인지를 말하는 권한을 가졌으므로, 법원이 그 마음을 바꾸면, 그에 따라 법이 바뀌는 것이고, 법원이 민사사건에서 법을 바꾸기로 결정하였으면 그 법을 바꾸는 재판 전의 사건에 대하여 구법을 적용할 것인가, 신법을 적용할 것인가는 법원이 다시 결정할 문제이며, Bacchus 판결이 자신이 선언한 원칙을 소급적용한 것은 사실이나, Chevron Oil 판결의 분석방법을 적용하지 않은 것은 잘못이고, 이를 적용하였다면 그 원칙은 장래에만 적용된다고 하였을 것이라고 한다.

평등의 원칙에 관하여 말한다면, Chevron Oil 판결 기준의 목적은 새 원칙의 소급적용이 공평한가를 결정하기 위한 것이고, Bacchus 판결에서 법원이 이 기준을 선택하여 소급효가 적절한 것이라고 결론을 내렸거나 이 사건에서 법원이 그와 같이 결론을 내린다면 이는 공평한 것이지만, Bacchus 판결에서 그 기준에 의하면 소급효가 적절하지 않았다고 한다면 이 사건에서 법원은 잘못을 되풀이함으로써 공정이라는 목적을 방해하는 것이라고 한다.

그리고 Bacchus 판결을 소급적용하는 것이 선례구속의 원칙을 제대로 적용하는 것이라고는 할 수 없고, 위 판결은 소급효의 문제를 제대로 고려하지 않은 것으로서 Chevron Oil 판결의 문제를 고려하면 어떻게 될 것인가에 관하여는 전혀 말하고 있지 않다고 한다.

그런데 이 사건에서 Chevron Oil 판결의 기준을 적용하면 Bacchus 판결의 원칙은 소급적용되어서는 안 된다고 한다. 즉 이는 새로운 법원칙을 선언한 것이고, 그 원칙의 성격상 소급적용하여야 한다는 이유는 없는데 왜냐하면 각 주가 주간 통상을 방해하는 것을 금지한다는 소극적 통상조항의 목적은, 각 주가

---

70) 렌퀴스트 대법원장과 케네디 대법관이 동조하였다.

그 판결 선고일부터 그러한 세법을 실시하는 것을 허용하지 않음으로써 충분히 달성되며, Bacchus 판결이 전혀 선례가 없는 것이며 종전의 연방대법원의 판례를 신뢰하는 데 정당한 이유가 있었던 조지아 주나 다른 주들에게 소급적용을 인정함으로써 과도한 부담을 지운다는 점[71]에서 형평의 원칙은 소급적용에 부정적으로 작용한다고 한다.

따라서 Chevron Oil 판결의 기준을 제대로 적용한다면 Bacchus 판결의 원칙은 이 사건뿐만 아니라 Bacchus 판결 사건 자체에서도 소급적용되어서는 안 될 것이었는데 그것이 적용된 것은 잘못이었고, 이 사건에서 연방대법원은 전혀 예상할 수 없었던 당사자에게 평등 및 선례구속의 원칙의 명목 하에 과다한 책임을 부담시키고 종전의 선례를 신뢰하였던 당사자의 확립된 기대를 고려하지 않음으로써 문제를 더욱 복잡하게 하고 이 두 가지 원칙의 의미를 왜곡하고 있다고 한다.

결국 이 판결은 선택적 장래효는 허용되지 않는다는 점을 명확히 하였을 뿐, 순수장래효 자체가 허용되는 것인지에 관하여는 미해결로 놔두었다.

라. Harper v. Virginia Department of Taxation[72]

나아가 연방대법원이 1993. 6. 12. 선고한 Harper *v.* Virginia Department of Taxation 판결의 다수의견은 소급효 원칙의 확대적용에 관하여 한 걸음 더 나아간 것으로 보인다.

이 사건의 배경은 다음과 같다. 즉 연방대법원은 1989년의 Davis *v.* Michigan Dept. of Treasury 판결[73]에서, 미시간 주의 법률이 주 공무원이었던 사람들의 퇴직소득(retirement benefit)에는 세금을 면제하여 주면서도 연방공무원이었던 사람들의 퇴직소득으로부터는 소득세를 징수하는 것은 연방법에 어긋난다고 판시하였다. 그러자 421명의 퇴직한 연방공무원들이 거의 같은 규정을 가지고 있던 버지니아 주를 상대방으로 하여 위 주 법원에 자신들이 과거에 납부하였던 소득세의 반환을 구하는 이 사건 소송을 제기하였다. 주 법원에서는 Chevron Oil 판결의 기준을 적용하여, Davis 판결은 소급적용되지 않는다고 하여 원고들

---

71) 조지아 주는 Bacchus 판결이 소급적용되면 약 3,000만 달러의 조세를 돌려주어야 한다고 주장하였다.
72) 113 S Ct. 2510(1993).
73) 489 U.S. 803, 103 L.Ed. 2d 891, 109 S Ct. 1500(1989).

의 청구를 기각하였다. 그러나 연방대법원은 위 Beam 판결을 선고한 직후에, 이 사건에서도 그 판결에 따라 심리하도록 사건을 주 법원에로 환송하였다. 그럼에도 불구하고 환송을 받은 버지니아 주 대법원은 다시, Davis 판결에서는 Michigan 주는 원고들이 세금을 환급받을 권리를 다투지 않았었고, 따라서 소급효 문제는 쟁점이 아니었기 때문에, 위 Beam 판결이 Chevron Oil 판결의 소급효에 관한 분석을 배제한 것은 아니라고 하는 이유에서 또다시 원고들의 청구를 배척하였다. 그러나 이는 연방대법원에서 다시 파기환송되었다.

토마스(Thomas) 대법관이 작성한 법정의견[74]은, 이 사건은 위 Beam 판결에서 과반수의 대법관이 채택한 견해에 따라 해결하여야 하는데, 그에 의하면 "이 법원이 연방법의 한 원칙을 어느 사건의 당사자에게 적용하면, 이 원칙은 연방법의 해석에 관한 지배적 해석이 되며 따라서 모든 미확정 상고사건에 대하여, 그것이 그 원칙 선언 이전의 것이건 이후의 것이건 불문하고 적용되어야 한다"고 하면서, 이는 Griffith 판결의, "새 원칙의 선택적 적용의 금지"를 확장하는 것이고 연방법률의 형사 아닌 사건의 적용에서 선택적인 시간적 장애의 구축을 금지하는 것이라고 한다. 그리고 그 근거로서 위 Beam 판결에서의 수터 대법관의 의견과, American Trucking 판결에서의 스티븐스 대법관의 반대의견을 인용하였다.

나아가 Davis 판결이 소급효 문제를 다룬 것이 아니라는 버지니아 주 대법원의 이유에 대하여는, 그 사건 판결에서 연방대법원이 구제법의 문제(remedial issues)를 고려하여야 한다고 한 것은 Davis 판결에서 그 원칙을 소급적용한 것이라고 한다. 또한 각 주는 자신의 주법 해석의 소급 적용 여부에 관하여는 자유를 가질지 몰라도 연방법의 해석에 관하여는 그러하지 아니하며, 버지니아 주의 법률이 Davis 판결 이전의 사건에 대하여는 소급적인 세금 환급을 인정하지 않고 있다는 이유만으로 원고의 청구를 배척할 수는 없다고 한다.

다만 이 사건에서 연방대법원이 직접 원고들의 청구를 인용할 수는 없는데, 왜냐하면 연방법이 직접 그들에게 환급을 받을 권리를 인정하는 것은 아니고, 헌법은 다만 버지니아 주가 연방헌법상의 적법절차에 부합하는 구제를 마련하는 것만을 요구하기 때문이라고 한다. 다시 말하여 버지니아 주가 조세징수 전에 납세의무자에게 납세를 거부하고 그 효력을 다툴 수 있는 징수 전의 청문절차를

---

74) 블랙먼, 스티븐스, 스칼리아 및 수터 대법관이 동조하였다.

부여하였다면 이는 적법절차를 충족하는 것이므로 반드시 사후 환급을 허용할 필요는 없고, 반면 그러한 징수 전의 절차가 없었다면 헌법수정 제14조의 적법절차는 주에게 위헌적인 재산권 박탈에 대한 사후의 소급적인 구제수단을 마련할 의무를 지운다고 한다. 그런데 이러한 버지니아 주법의 문제는 연방대법원의 심리대상으로 제기되지 않았으므로, 주 법원이 이 문제를 심리할 수 있도록 환송한다는 것이다.

다른 한편 스칼리아 대법관은 위 다수의견에 대한 동조의견에서, Griffith 판결 이후에는 Chevron Oil 판결을 유지하기 어렵게 되었다고 하면서, 명시적으로 장래효 판결을 배척하고 있다. 즉 장래효 판결은 사법적극주의의 시녀(handmaid of judicial activism)이고 선례구속의 원칙에 대한 선천적인 대적(born enemy)이라고 하면서, 장래효 판결은 선례번복을 용이하게 만드는 수단으로서 형성되었다고 비난하고, 전통적인 견해에 따른다면 장래효 판결은 사법권과 조화되지 않으며, 법원은 그러한 일에 관여할 권한이 없다고 한다.

그리고 케네디 대법관의 별개의견[75]은, 민사사건에 있어서도 때로는 판례가 장래에 향하여만 적용되는 것이 적절할 경우가 있고, 따라서 민사사건에 있어서 소급효 문제는 Chevron Oil 판결의 기준에 의하여 적용되는 것이 옳다고 생각하며 이 점에서는 다수의견에 반대하지만, 이 사건에서 소급적용이 문제되는 Davis 판결은 새로운 법을 선언하는 것이 아니기 때문에 소급적용되어야 한다고 하여 결과에 있어서는 다수의견의 결론을 지지하였다.

반면 오코너 대법관의 반대의견[76]은, 헌법이나 법률은 다수의견이 채택하는 소급효에 관한 원칙을 요구하고 있지 않고 오히려 오랜 전통을 가진 선례는 반대의 결과를 요구한다고 하면서, 자신은 Chevron Oil 판결의 기준을 유지하여야 하고, 버지니아 주 대법원은 이를 정당하게 적용하였기 때문에 원심판결은 그대로 유지되어야 한다고 주장하였다. 그리고 다수의견은 순수한 장래효도 허용될 수 없는 것처럼 시사하고 있으나 이는 정확하지 않은 것이고, 이 사건 자체는 순수한 장래효와는 관련이 없다고 한다.

나아가 자신은 Beam 판결에서 선택적 장래효의 절대적인 금지는 부당하다고 생각하였기 때문에 반대의견을 개진하였으나, 가사 선택적 장래효의 금지가

---

75) 화이트 대법관이 가담하였다.
76) 렌퀴스트 대법원장이 동조하였다.

바람직하다고 하더라도, 한 사건에서 장래효를 배척하였기 때문에 다른 사건에서도 장래효를 배척하여야 한다는 것과, 전의 사건에서 장래효를 고려하지 않고 부주의하게 원칙을 소급적용하였다고 하여 이 문제를 전혀 다루지 못한다는 것은 전혀 다른 문제이며, Davis 판결은 소급효 내지 장래효 문제를 다루지 않았다고 한다. 그리고 형사사건과 민사사건에는 많은 차이가 있으므로 Griffith 판결은 이 사건에서 다수의견을 정당화하는 근거로 될 수 없다고 한다.

이어서 Davis 판결은 새로운 법원칙을 선언하였고 기타 다른 Chevron Oil 판결의 기준을 충족하므로 이는 소급적용되어서는 안 된다는 점을 역설한 다음, 백보를 양보하여 Davis 판결이 소급적용되어야 한다고 하더라도, 어떤 구제가 주어져야 하는가는 별개의 문제이며, 이 점에서는 당사자이 신뢰가 중요한 고려 대상이 되는데, 특별한 경우에는 주가 징수 전 구제절차를 갖추지 않았더라도 납세자에게 완전한 환급을 거부하는 것이 허용될 수 있다고 한다.

이 사건 판결의 다수의견에는 다소 불분명한 점이 있다. 위 다수의견은 순수한 장래효까지 허용되지 않는 것인지에 관하여는 명시적으로 언급하지 않고 있으나, Griffith 판결을 원용하고 있는 점에서, 오코너 대법관의 반대의견이 지적하듯이 곧 순수한 장래효도 허용되지 않는다고 할 가능성이 충분히 있다고 여겨진다.[77] 어쨌든 위 판결의 결과로 인하여 버지니아 주는 약 20만 명의 당사자들에게 4억 6,700만 달러 이상의 소득세 환급 채무를 부담하게 되었으며,[78] 그와 같은 제도를 채택하고 있던 모두 23개의 주들이 부담하게 될 채무의 총액은 22억 달러 이상일 것으로 추산된다.[79]

4. 우리나라 법에의 시사

이제까지 살펴본 미국의 판례의 동향은 대체로 다음과 같이 요약할 수 있다. 즉 미국연방대법원은 1960년대 및 1970년대에는 대체로 케이스 바이 케이스 식의 접근방법에 의하여 새로운 판례의 소급효를 제한하려고 하였으나, 1980년대

---

77) The Supreme Court, 1992 Term—Leading cases, 107 Harvard Law Review 317(1993) 참조.
78) 위 사건에서 버지니아 주의 주장이었다. 위 Leading cases(주 77), p. 314 Fn. 8 참조.
79) The Supreme Court, 1990 Term—Leading cases, 105 Harvard Law Review 344(1991) 참조. M.J. Horwitz, Foreword: The Constitution of Change: Legal Fundamentality without Fundamentalism, 107 Harvard Law Review 93(1993)은, 이 판결은 연방대법원의 헌법적 변화에 대한 정적(靜的)인 이론(the Court's static theory of constitutional change)뿐만 아니라 이러한 이론이 가져올 비실제적인 결과를 잘 보여준다고 비평하고 있다.

에 이르러서는 이러한 접근방법에서 벗어나 보다 일반적인 원리에 입각하여 소급적용 문제를 결정하려고 하고 있고, 그 결과로서 적어도 미확정 판결에 대한 상고의 경우에 관한 한 선택적 장래효는 허용되지 아니하고 원칙적으로는 전면적인 소급효를 인정하여야 한다는 쪽으로 기울고 있다.

이러한 미국에서의 판례가 법적 전통이나 체계가 다른 우리나라에 직접 적용된다고 하기는 어려울 것이다. 그러나 미국의 판례는 판례의 소급효에 관하여 생각될 수 있는 거의 모든 쟁점을 다루고 있어서 위헌결정의 소급효에 관한 우리나라에서의 논의에도 상당한 도움이 될 수 있을 것으로 생각된다.

여기서는 이 점에 관한 필자의 생각을 간단히 피력하여 본다.

첫째, 우리나라에서도 위헌결정의 소급효 문제는 일반적인 판례의 소급효 문제와 함께 다루는 것이 문제의 해결에 유익할 것이다. 우리나라에서는 이전에는 판례의 소급효는 거의 관심의 대상이 되지 아니하였으나, 미국에서의 논의가 보여주는 것처럼 이것이 우리나라에서는 문제될 수 없는 성질의 것이라고는 할 수 없다.

둘째, 미국에서의 판례의 소급효 문제는 이를 법선택(choice of law) 내지 법의 변화(change of law)의 문제로 볼 것인가, 아니면 그 준거규범 자체는 판례변경 전의 사건이나 후의 사건이나 동일하게 판례변경 후의 것이어야 한다는 점에서 법선택의 문제라기보다는, 새로운 판례를 적용한 결과로서 당사자에게 어떠한 범위 내에서 권리를 인정할 것인가 하는 구제의 원칙(remedial principle)상의 문제인가 하는 점으로 집약되고 있는 것으로 여겨진다. 이전에는 판례상 전자의 관점이 우세하였으나 이제는 점차 논의가 후자의 문제로 옮아가고 있는 것이 아닌가 생각된다. 그럼에도 아직도 전자의 관점을 고수하고 있는 것은 오코너 대법관의 견해가 대표적이라고 하겠다.

사견으로서는 이러한 판례의 소급효 문제 내지 위헌결정의 소급효 문제를 법선택 내지 법의 변화의 관점에서 바라본다는 것은 미국뿐만 아니라 우리나라에서도 헌법에 부합하는 것이 아니고, 이는 구제의 원칙의 측면에서 분석하여야 적정한 결론을 얻을 수 있다고 생각된다.[80] 이를 다른 말로 표현한다면, 일단 새

---

80) 근래에 판례의 소급효 문제를 상세히 다룬 미국의 한 논문도, 판례의 소급효 문제를 법의 선택 문제가 아니라 헌법적 구제(constitutional remedies)의 차원에서 분석하여야 한다고 주장하고 있다. R. H. Fallon, Jr. and D. J. Meltzer, New Law, Non-Retroactivity, and Constitutional Remedies, 104 Harvard Law Review 1733 ff.(1991).

로운 판례 내지 위헌결정의 소급효는 원칙적으로 인정되어야 한다는 전제 하에
서, 다만 그 소급효가 기존의 법률관계에 어떤 영향을 미치는 것인지, 그 소급효
가 구체적으로 어떻게 작용하는 것이 합리적인지를 분석하여야 한다는 것이다.
그리고 이 점을 결정함에 있어서 중요한 고려요소는 법적 안정성 내지 종전의
법률상태에 대한 당사자의 신뢰를 어느 정도나 보호할 것인가 하는 점이라고 하
겠다.

    스티븐스 대법관의 말을 인용한다면[81] 이는 소급효와는 독립된 법원리
(independent principles of law)가 법원이 현행법 하에서 부여할 수 있는 구제
(relief)를 어느 정도나 제한할 수 있는가 하는 문제라고 할 수 있다. 다시 말하여
위헌결정의 소급효의 문제에 관하여, 일도양단식으로 소급효가 있는가 없는가,
소급효가 있다면 어떠한 시적 범위의 사건에 미치는가를 획일적으로 결정하는
것이 아니라, 위헌결정의 소급효를 기판력제도나 행정처분의 확정력 기타 법률
상의 다른 제도에 의하여 제한하는 것이 구체적인 문제상황에 알맞는 결과를 얻
을 수 있다는 것이다.[82]

    대법원 1994. 10. 28. 선고 93다42740 판결이, 헌법재판소의 위헌결정의 효
력은 위헌결정 이후에 제소된 일반사건에도 미친다고 하면서도, "그 미치는 범
위가 무한정일 수는 없고 법원이 위헌으로 결정된 법률 또는 법률의 조항을 적
용하지는 않더라도 다른 법리에 의하여 그 소급효를 제한하는 것까지 부정되는
것은 아니라 할 것이며, 법적 안정성의 유지나 당사자의 신뢰보호를 위하여 불
가피한 경우에 위헌결정의 소급효를 제한하는 것은 오히려 법치주의의 원칙상
요청되는 바라 할 것이다"라고 설시하고 있는 것[83]은, 이러한 논의와 상통하는

81) 위 American Trucking Associations,Inc. *v.* Smith 판결에서의 스티븐스 대법관의 반대의견.
82) 이와는 다른 문맥에 관한 것이지만 김건식, "부존재하는 주주총회결의에 기하여 선임된 대표
    이사와 거래한 제3자의 보호", 서울대학교 법학 제34권 1호(1993), 163면 이하는, 부존재하는
    주주총회결의에 기하여 선임된 대표이사와 거래한 제3자의 보호를 결의부존재확인판결의 소
    급효를 부정함으로써 달성하려고 하는 것은 가장 거칠고 융통성없는 방안이고 이 방안으로
    는 회사나 제3자의 귀책사유를 책임결정에 반영하기 어려우며, 이 문제는 결국 표현대표이사
    법리나 부실등기의 공신력과 같은 외관책임법리로 해결하는 것이 정도라고 하고 있는 것은
    위헌결정의 소급효에 관하여도 참고가 될 수 있을 것이다.
83) 이 사건은, 헌법재판소 1990. 9. 3. 선고, 89헌가95 결정에서 국세는 그 납부기한 전 1년 이내
    에 설정된 저당권 등에 의하여 담보된 채권에도 우선하여 징수한다는 취지인 구 국세기본법
    제35조 제1항 제3호 중 "으로부터 1년"이라는 부분은 위헌이라고 선고하자, 위 위헌결정 이
    전에 저당권의 실행절차에서 위 조항 때문에 피담보채권을 일부 변제받지 못한 저당권자가
    국가를 상대로 부당이득반환을 청구한 사건으로서, 원심에서는 위헌결정의 소급효가 이 사건
    에는 미치지 않는다고 하여 원고의 청구를 기각한 반면 대법원에서는 본문에서 설시한 것과

것이다.

독일에서 판례변경의 소급효에 관한 논의도 대체로 이러한 취지로 귀착되고 있는 것으로 보인다. 즉 판례의 소급적 변경을 법률의 소급적 변경과 같이 취급하여 그 소급효를 제한하여야 한다는 주장도 있으나, 다수의 견해는 사법의 기능은 법창조(Rechtsschöpfung)가 아니라 법발견(Rechtsfindung)에 있다고 하여 이러한 주장에 반대하고, 다만 관계당사자의 신뢰보호는 기존의 법제도를 활용하여, 예컨대 형사사건에 있어서는 금지착오(Verbotsirrtum)의 이론으로, 민사사건이나 노동사건에 있어서는 행위기초의 상실(Wegfall der Geschäftsgrundlage)이나 권리남용의 항변(Einwand der unzulässigen Rechtsausübung) 등의 원리에 의하여 해결하면 된다고 보고 있다.[84]

다만 문제는, 기존의 법제도 하에서는 위와 같은 기판력이나 행정처분의 확정력과 같은 소수의 예외를 제외하고는 이처럼 위헌결정의 소급효를 제한하여 법적 안정성을 유지할 수 있는 법적 장치가 충분히 개발되지 않았다는 점이다. 그러나 이러한 장치를 개발하는 것이야말로 법률가에게 주어진 사명이요, 창조적 법형성(Fortbildung des Rechts)이라고 할 것이다.

나아가 법적 안정성이 극도로 위협받는 경우에는 위헌결정의 순수한 장래효도 고려하여 볼 수 있을 것이다.[85]

위에서 간단히 언급한 문제들은 모두 좀더 상세한 설명을 필요로 하는 성질의 것들이나 이에 관한 자세한 논의는 훗날로 미루고 여기서는 그 윤곽만을 지적하는 정도로 그치고자 한다.

〈저스티스 제28권 1호, 1995〉

〈추기〉

1. 미국법상 판례의 소급효에 관한 또 다른 자료로는 이우영, "미국법상 판례변경의 소급효 및 그 제한의 법리에 대한 헌법적 분석 — 미국법 초기에서

같은 이유로 결국 원고의 상고를 기각하였다.

84) H. Maurer, Kontinuitätsgewähr und Vertrauensschutz, in: J. Isensee/P. Kirchhof(hrsg.), Handbuch des Staatsrechts, Bd. 3, 1988, Rdnr. 106 ff. 참조.

85) Fallon and Meltzer(주 80), p. 1797 ff.도 비소급효(non-retroactivity)가 법원은 "사건과 분쟁(cases and controversies)"을 재판하도록 규정하고 있는 미국헌법 제3조에 의하여 금지되는 것은 아니라고 주장한다.

Sunburst 판결(1932)까지의 법리의 변천 과정 ― ", 서울대학교 법학 제54권 3호, 2013이 있고, 판례의 소급효 전반에 관한 논문으로는 이동진, "판례변경의 소급효", 민사판례연구 제36권, 2014가 있다.

　　2. 대법원은 2000년대 들어 판례변경의 소급효를 제한하는 판례를 몇 개 선고하였다. 이에 대하여 본인이 쓴 글로는 "변화하는 사회와 종중에 관한 관습", 민법논고 제6권, 2015(처음 발표 2007), 59 – 61면; "형사사건 성공보수 약정 무효 판결의 장래효에 대한 의문", 법률신문 제4340호(2015. 8. 6.), 11면; "The Decision of the Korean Supreme Court on the Contingent Fee Agreement in Criminal Cases: General Clauses, Judicial Activism, and Prospective Overruling", Journal of Korean Law Vol. 16, 2016, pp. 187 ff. 등이 있다.

2. 독일법상 《판례》의 의미

— 우리 법에의 시사 —*

I. 서 론

《판례》가 무엇인가 하는 것은 어려운 문제이다. 판례 가운데 주론(ratio decidendi)과 방론(obiter dictum)을 구별하여야 한다는 인식은 일반화된 것 같으나, 이를 어떻게 구별하는가 하는 점은 그다지 명확하지 않다. 이 점에 관하여 우리나라에서는 그다지 활발하게 논의되고 있지는 않았다. 그러므로 외국에서의 논의를 살펴볼 필요가 있다. 특히 우리나라와 여러모로 법체계가 유사한 독일의 경우를 살펴보는 것이 도움이 되리라고 생각된다.

독일법에서는 선례구속의 원칙(doctrine of stare decisis)이 인정되고 있지 않아서 원칙적으로 판례에 법적인 구속력은 인정되지 않고 있으므로 이를 구별할 필요성은 그다지 크지 않았고, 따라서 이러한 구별이 일반적이라고는 할 수 없다.[1]

그러나 독일에서도 판례가 무엇인가가 성문법의 해석상 문제되는 경우가 있다. 가장 중요한 것은 판례의 변경 과정이다. 즉 판례를 변경한다고 할 때 선행 판례의 판시 내용 중 어느 사소한 일부가 장애가 된다고 하여 이를 변경할 수는 없는 것이다. 따라서 선행 판례의 어느 부분과 저촉되어야만 판례를 변경하여야 하는 것인지가 문제된다. 이 글에서는 독일법상 판례의 의미를 이러한 판례변경과정을

---

* 이 글은 2001. 10. 22. 대법원 비교법실무연구회에서 발표한 내용을 다소 수정한 것이다. 이 날 비교법실무연구회에서는 "대법원 판례의 의미"라는 주제 아래 필자 외에 이광범 사법연수원 교수가 "『판례』의 의미와 구속력에 관한 소고"라는 글을 발표하였다.

1) Dreier/Alexy, Precedent in the Federal Republic of Germany, in: MacCormick and Summers(ed.), Interpreting Precedents, 1997, p. 48.

중심으로 하여 살펴본다. 또한 판례 위반의 문제는 허가상고(Zulassungsrevision)의 사유로서도 문제된다. 이 점도 판례 변경과 관련하여서 언급하기로 한다.

이 외에도 독일헌법재판소법은 예외적으로 판례의 구속력을 인정하고 있어 이때에도 판례의 의미가 무엇인가가 문제된다. 즉 독일헌법재판소법 제31조 제1항은, "연방헌법재판소의 재판은 연방과 주의 헌법기관 및 모든 법원과 행정청을 구속한다"고 규정하고 있다. 따라서 이때에는 연방헌법재판소의 재판 가운데 어느 부분에 구속력이 있는지가 문제로 된다.[2] 그러나 이는 그 실제적 의미가 그다지 크지 않으며, 또 연방헌법재판소 판례의 변경과도 관련이 있으므로 아래에서는 그와 관련하여 간단히 살펴보기로 한다.

이하에서는 우선 독일에서의 판례변경의 절차를 간략하게 살펴보고, 이어서 그 과정에서 《판례》란 무엇을 말하는가 하는 점을 살펴본다. 마지막으로 이러한 검토가 우리 법상 어떠한 점을 시사할 수 있는지를 생각하여 보기로 한다.

II. 독일에서의 판례변경 절차

1. 동일한 연방최고법원 내에서의 판례변경 절차

독일에는 연방헌법재판소 외에 상고심의 기능을 하는 연방최고법원이 5개가 있다. 즉 민형사사건을 다루는 연방대법원(Bundesgerichtshof, BGH), 행정사건을 다루는 연방행정법원(Bundesverwaltungsgericht, BVerwG), 재정문제를 다루는 연방재정법원(Bundesfinanzhof, BFH), 노동문제를 다루는 연방노동법원(Bundes-arbeitsgericht, BAG) 및 사회보장에 관한 문제를 다루는 연방사회법원(Bundes-sozialgericht, BAG)이다.[3]

이러한 각 연방최고법원의 구성은 대체로 유사한데, 각 법원은 부장판사 및 배석판사로 이루어진 여러 개의 재판부(Senat)로 구성된다. 그리하여 재판은 원칙적으로 각 재판부에서 담당하며, 이 재판부의 업무 담당은 매년 정하여지는 규칙에 의하여 미리 확정되어 있다. 예컨대 연방대법원의 제6민사부(VI. Zivilsenat)

---

[2] 국내의 문헌 가운데 이에 관한 상세한 소개로는 남복현, "헌법재판소결정의 효력에 관한 연구", 헌법재판연구 제7권, 헌법재판소, 1996, 163면 이하 참조.

[3] 독일 기본법(Grundgesetz, GG) 제95조 제1항. 독일의 법원조직에 대하여는 이용훈, "서독의 법원조직", 재판자료 제3집, 1979, 161면 이하; 구회근, "독일의 사법제도", 법조 2001. 10, 233면 이하; Schilken, Gerichtsverfassungsgesetz, 1990 등 참조.

는 2001년에는 다른 재판부의 담당이 아닌 불법행위로 인한 손해배상청구사건과, 의료사고로 인한 손해배상사건, 교통사고로 인한 손해배상사건 및 제조물책임 사건을 다룬다. 그리고 제7민사부(Ⅶ. Zivilsenat)는 건축물의 도급계약으로 인한 분쟁과 건축사 및 다른 건축에 종사하는 사람의 고용계약에 관련된 분쟁을 다룬다.[4)]

　이들 각 연방최고법원에서 판례를 변경하는 절차도 대체로 비슷하다. 즉 한 재판부는 자신의 판례는 임의로 변경할 수 있다. 그러나 다른 재판부의 판례에 따르지 않으려면 먼저 대재판부(Großer Senat)에 사건을 제청(Vorlage)하여 그 대재판부의 결정에 따라서 재판하여야 한다.[5)] 그 내용은 대체로 유사하므로 여기서는 연방대법원의 경우에 관하여 살펴보기로 한다. 연방대법원은 다른 연방 최고법원과 달리 민사부와 형사부로 나뉘어 있어서, 대재판부 외에 연합대재판부도 구성되는 특색이 있다.

　연방대법원의 한 민사부가 다른 민사부나 민사대재판부(der großer Senat für Zivilsachen)의 재판에 따르지 않으려면 민사대재판부에 제청하여 그 결정에 따라야 하고, 연방대법원의 한 형사부가 다른 형사부나 형사대재판부(der großer Senat für Strafsachen)의 재판에 따르지 않으려면 형사대재판부에 제청하여 그 결정에 따라야 하며, 한 민사부가 한 형사부나 형사대재판부의 재판에 따르지 않거나 한 형사부가 한 민사부나 민사대재판부의 재판에 따르지 않거나 혹은 한 재판부가 연합대재판부(Vereinigte großer Senat)의 재판에 따르지 않으려면 연합대재판부에 제청하여 그 결정에 따라야 한다(법원조직법 제132조 제2항).

　한 재판부가 대재판부나 연합대재판부에 대하여 한 제청이 적법하기 위하여는, 자신이 따르지 않으려는 재판을 한 재판부가 제청을 하려는 재판부의 문의에 대하여 종래의 판례를 고수하겠다고 선언하여야 한다(법원조직법 제132조 제3항). 따라서 제청을 하려는 재판부는 자신이 따르지 않으려는 재판을 한 재판부에 사전에 문의를 하여야 하며, 만일 그 재판부가 자신의 판례를 변경하여 제청

4) 연방대법원의 업무분담은 연방대법원의 인터넷 홈페이지(http://www.uni‒karlsruhe.de/~BGH/)에서 확인해 볼 수 있다.
5) 연방대법원에 관하여는 법원조직법(Gerichtsverfassungsgesetz, GVG) 제132조; 연방행정법원에 관하여는 행정법원법(Verwaltungsgerichtsordnung, VwGO) 제11조; 연방재정법원에 관하여는 재정법원법(Finanzgerichtsordnung, FGO) 제11조; 연방노동법원에 관하여는 노동법원법(Arbeitsgerichtsgesetz, ArbGG) 제45조; 연방사회법원에 관하여는 사회법원법(Sozialgerichts‒gesetz, SGG) 제41조.

하려는 재판부의 견해에 따르겠다고 밝히면 제청의 필요성이 소멸한다.

민사대재판부는 법원장과 각 민사부의 구성원 1인씩으로 구성되고, 형사대재판부는 법원장과 각 형사부의 구성원 2인씩으로 구성된다.[6] 연합대재판부는 법원장과 각 대재판부의 구성원으로 구성된다(법원조직법 제132조 제5항).

대재판부와 연합대재판부는 구두변론 없이 오로지 법률문제에 관하여만 판단하며,[7] 그 판단은 제청한 사건에 관하여는 재판부를 구속한다(제138조 제4항).

2. 연방최고법원 상호간의 판례변경

앞에서 살펴본 것은 연방최고법원 내부에서의 판례변경 절차에 관한 것이었다. 그러면 한 연방최고법원이 다른 연방최고법원의 판례를 따르지 않으려고 할 때에는 어떤 절차를 거치는가? 원래는 독일 기본법 제95조가 이를 위한 별도의 법원(Oberstes Bundesgericht)을 두도록 규정하고 있었으나, 이 법원이 설치되지 않은 상태에서 1968년 위 조문이 개정되어 제3항에서 판례의 통일을 유지하기 위하여 별도의 법원 대신 각 연방최고법원의 공동재판부(Gemeinsamer Senat)를 두도록 하였다. 그에 따라 각 연방 최고법원 판례의 통일 유지를 위한 법률 (Gesetz zur Wahrung der Rechtsprechung der Einheitlichkeit der Rechtsprechung der obersten Gerichtshöfe des Bundes)이 제정되었다.[8]

이 법률에 따르면 한 연방 최고법원이 다른 연방최고법원이나 공동재판부의 재판을 따르지 않으려고 할 때에는 공동재판부가 재판하는데, 공동재판부는 각 연방최고법원의 원장과 관련 재판부[9]의 부장판사 및 또 다른 1인의 판사로 구성된다(제1, 2조). 제청이 있으면 공동재판부의 재판장은 각 연방최고법원에 이를 통지하여야 하고, 각 연방최고법원은 그에 대하여 자신의 견해를 밝혀야 한다(제12조). 변경 여부의 대상이 된 재판을 한 연방최고법원의 재판부가 제청결정이 도달한 지 1개월 내에 제청법원의 결정에 따르기로 하면, 공동재판부의 절차는 종료된다(제14조). 공동재판부는 구두변론을 거쳐 법률문제에 관하여만 재판

---

6) 법원조직법 외에 다른 법률에 의하여 연방대법원에 설치된 특별재판부(Spezialsenat)의 구성원은 원칙적으로는 대재판부의 구성원이 되지 않지만, 그 특별재판부가 제청을 하였거나 또는 그 특별재판부의 재판에 따르지 않으려고 하는 경우에는 이 특별재판부의 구성원도 대재판부의 구성원이 된다.

7) 따라서 그 법률적인 판단에 따른 최종적인 판단은 제청을 한 당해 재판부가 내리게 된다.

8) 이에 대하여는 이용훈(주 3), 199면 참조.

9) 즉 제청을 한 재판부 및 변경 여부의 대상이 된 재판을 한 재판부. 위 법률 제4조.

하며(제15조),[10] 공동재판부의 결정은 제청 사건에 관하여는 재판법원을 구속한다(제16조).

3. 연방헌법재판소의 판례변경

연방헌법재판소의 판례변경 절차도 각 연방최고법원 내의 판례변경 절차와 유사하다. 연방헌법재판소는 각 8인으로 구성된 2개의 재판부(Senat)로 이루어지는데, 한 재판부가 다른 재판부의 견해를 따르지 않으려고 할 때에는 연방헌법재판소의 전원합의체(Plenum)가 그에 대하여 결정한다. 이 전원합의체에는 각 재판부 법관 2/3 이상이 출석하면 결정을 할 수 있다(연방헌법재판소법, Bundes-verfassungsgerichtsgesetz 제16조).

4. 하급법원의 상급법원에의 제청

이 이외에, 하급법원이 판례변경을 위하여 상급법원에 제청을 할 수 있는 경우도 예외적으로 인정된다.

우선 법원조직법 제121조 제2항은, 형사사건에 있어서 고등법원이 상고심으로 재판하는 경우에 다른 고등법원이나 연방대법원의 판례에 따르지 않으려고 하는 때에는 연방대법원에 제청하여야 한다고 규정한다.

또한 법원조직법시행법(Einführungsgesetz zum Gerichtsverfassungsgesetz, EGGVG) 제29조는 동법 제23조에서 규정하고 있는 사법관청(Justizbehörde)의 처분 등의 적법성에 관하여 고등법원이 재판함에 있어서 유사한 제청절차를 규정하고 있다.

그리고 민사소송법 제541조 제1항은, 주택임대차사건(Wohnraummietsache)에 관하여 항소심인 지방법원이 연방대법원이나 고등법원의 판례에 따르지 않으려고 하는 경우에는 그 법률문제를 고등법원에 제청하여야 하고, 제청을 받은 고등법원이 연방대법원이나 다른 고등법원의 판례에 따르지 않으려고 하는 경우에는 연방대법원에 다시 제청하도록 규정하고 있다.

이외에도 비송사건절차법(Gesetz über die Angelegenheiten der freiwilligen Gerichtsbarkeit, FGG) 제28조는, 고등법원이 재항고 사건에서 제국법률의 해석

---

10) 그러나 당사자들의 양해가 있으면 구두변론을 생략할 수 있고, 이때에는 당사자들에게 의견 진술의 기회를 주어야 한다.

에 관한 재항고 사건에서 다른 고등법원의 재항고사건에 관한 판례에 따르지 않으려고 할 때에는 연방대법원에 제청하여야 한다고 규정하고 있다.

III. 판례변경 절차에서의 판례의 의미

1. 동일한 법률문제(gleiche Rechtsfrage)에 관한 것일 것

판례의 변경은 우선 법률문제(Rechtsfrage)에 관하여 문제되고, 사실문제(Tatfrage)에 관하여는 문제되지 않는다. 나아가 그 법률문제는 동일한 것이어야 한다.[11] 여기서 동일한 법률문제란 반드시 동일한 법률조문에 한정되어야 한다는 의미는 아니고, 여러 법조문에 나타나 있는 동일한 법원칙(Rechtsgrundsatz)에 대한 상이한 견해가 존재할 때에도 동일한 법률문제로 볼 수 있다.[12]

2. 주론과 방론의 구별

가. 학설상의 논의

어떤 재판의 방론(obiter dictum)에 따르지 않기 위하여 판례변경절차를 거칠 필요가 없다는 점은 일반적으로 인정되고 있다. 즉 문제되는 부분이 앞의 재판(즉 변경의 대상인 재판)뿐만 아니라 뒤의 재판(변경하려고 하는 재판)에서도 재판을 지탱하는 이유 내지 주된 이유(tragender Grund)이어야 하고, 단지 부수적으로(beiläufig) 언급된 것이어서는 안 된다.[13] 다른 말로 표현하면 재판의 전제성(Entscheidungserheblichkeit)이 있어야 한다.[14]

그러면 무엇이 주론이고 무엇이 방론인가? 이에 대하여는 일반적으로 다음과 같이 설명한다. 즉 제청된 법률문제에 대한 답변이 재판하는 재판부의 사고의 연쇄 가운데 불가결한 부분(ein unerläßliches Glied in der Gedankenkette des

---

11) 예컨대 MünchKommZPO/Manfred Wolf, 2. Aufl., 1992, GVG § 132 RdNr. 7.

12) MünchKommZPO/Manfred Wolf, GVG § 132 RdNr. 7; Kissel, Gerichtsverfassungsgesetz, 2. Aufl., 1994, § 132 RdNr. 16(Kissel은 당시 연방노동법원 원장이었다); GemS BGHZ 60, 392, 394; BGHZ 9, 179, 181 등 참조.

13) 예컨대 May, Verfahrensfragen bei der Diverenzanrufung des Großen Senats, DRiZ (Deutsche RichterZeitung), 1983, 309(May는 당시 연방사회법원의 부장판사였다). 그러나 과거에는 방론의 경우에도 판례변경의 절차를 밟아야 한다는 견해도 주장된 바 있다. 위 논문, p. 309 주 23)에서 인용하고 있는 문헌 참조.

14) 예컨대 BGH VGS, NJW 1994, 1735, 1736 등.

entscheidenden Senats)일 때에는 이는 지탱하는 이유, 즉 주론이라고 한다. 다른 말로 표현하면, 의도된 재판이 그 근거에 있어서 제청된 법률문제가 답변되지 않더라도 여전히 논리적이고 이해될 수 있으면, 이 법률문제는 방론 내지 전제성이 없는 법률문제인 반면, 제청된 법률문제가 답변되지 않으면 제청하는 재판부의 재판이 내적인 이해성과 논리를 결여할 때, 즉 그 법률문제가 제청 재판부의 사고과정의 연쇄에서 필수불가결한 부분이면 재판의 전제성이 인정된다고 한다.[15]

나. 판례상의 예

그러나 무엇이 주된 이유, 즉 주론이고 무엇이 방론인지의 구별이 반드시 명확한 것은 아니다. 여기서는 연방헌법재판소의 판례에 나타난 예를 살펴보기로 한다. 이는 의사의 과실로 인하여 부모가 원하지 않았던 자녀가 태어난 경우에, 의사가 손해배상책임을 부담하는가, 부담한다면 어느 범위에서 부담하는가 하는 문제를 둘러싼 논의 과정에서 나타난 것이었다.[16]

이 문제에 관하여 독일연방대법원은, 태어난 자녀가 정상아이건, 장애아이건 간에 의사는 부모에 대하여 그 자녀의 양육비 상당의 손해배상 의무를 부담한다고 보고 있었다.

(1) 연방헌법재판소 제2재판부 1993. 5. 28. 판결

그런데 연방헌법재판소 제2재판부(Zweiter Senat)가 1993. 5. 28.의 판결[17]에서 종래의 연방대법원 판례에 대하여 부정적으로 언급함으로써 새로운 논쟁이 시작되었다.

위 판결의 기본적인 쟁점은 낙태를 일정한 범위에서 허용하는 독일 형법 제218조a 이하의 규정이 위헌인가 하는 점이었는데, 제2재판부는, 국가의 기본권 보호 의무를 근거로 하여, 위 규정이 위헌이라고 판시하면서, 그에 부가하여, 위와 같이 원치 않은 자녀의 출생에 관하여 손해배상을 명할 수 있는가 하는 점에 대하여도 의견을 표명하였다. 이는 판결의 판시 요지(Leitsatz) 제14항에 다음과 같이 요약되었다.

"법률적으로 자녀의 존재를 손해의 원천으로 특징짓는 것은 헌법(기본법 제1

---

15) May(주 13), 309 f. 같은 취지, MünchKommZPO/Manfred Wolf, §132 RdNr. 8.
16) 이하에 대하여는 윤진수, "의사의 과실에 의한 자녀의 출생으로 인한 손해배상책임", 판례실무연구 [IV], 2000, 119면 이하(=민법논고 III, 2008, 444면 이하) 참조.
17) BVerfGE 88, 203 = NJW 1993, 1751 = JZ 1993 Sonderausgabe.

조 제1항)상 고려될 수 없다. 그러므로 자녀를 위한 양육의무를 손해로 파악하는
것은 금지된다."

그리고 이유 중 해당 부분[18]에서는 다음과 같이 설시하였다.

"6. 아직 태어나지 않은 생명에 대한 국가의 보호의무는, 상담(Beratung) 개
념에 의하면 형벌의 부과 대상이 아닌 임신중절에 관한 의료 및 병원계약을 법률
적으로 무효인 것으로 보도록 명하지는 않는다.(중략) 그러므로 상담 및 치료의
무의 불완전이행은 원칙적으로 계약법상 및 불법행위법상 제재를 받아야 한다.

그렇지만 이는 헌법적인 관점에서는 세분된 고찰을 필요로 한다. 계약의 불
완전이행과 여자의 신체적 완전성의 불법행위에 의한 침해에 대하여는 민사법적
인 제재가 필요하다; 이는 단지 무용하게 이루어진 보수의 환급뿐만 아니라 민
법 제823조, 제847조의 범위 내에서 실패로 돌아간 임신중절이나 장애아의 출산
으로 인하여 여자에게 생긴 비물질적인 부담의 적정한 보상을 포함하는 손해의
배상에도 해당된다. 반면 법률적으로 자녀의 존재를 손해의 원천으로 특징짓는
것은 헌법(기본법 제1조 제1항)상 고려될 수 없다. 모든 사람을 그 존재에 있어서
그 자체로서 존중하여야 할 모든 국가 권력의 의무는, 자녀를 위한 양육의무를
손해로 파악하는 것을 금지한다. 의사의 상담 과오나 실패로 돌아간 임신중절의
책임에 관한 민사법원의 판례(판례 인용 생략)는 이 점과 관련하여 재고를 필요
로 한다.(이하 생략)"

그러나 이에 대하여는, 마렌홀쯔(Mahrenholz)와 조머(Sommer) 두 재판관의
반대의견이 있는데, 이에 의하면 이 사건의 소송물은, 자녀에 대한 부양의무가
언제나 손해가 될 수 없다고 하는 판시를 할 계기를 제공하지 않으므로 이는 단
순한 방론(obiter dictum)에 불과할 뿐만 아니라, 연방대법원의 제6민사부가 어
떤 제한된 요건 하에서 재산상 손해가 존재할 수 있는가 하는 점에 관하여 상세
하게 판시하고 있는 데 대하여는 필요한 논증이 결여되어 있다고 한다.

(2) **연방헌법재판소 제1재판부 1997. 11. 12. 결정**

그러나 위와 같은 연방헌법재판소의 판시에도 불구하고 연방대법원은 위의
판시는 연방헌법재판소법 제31조가 규정하는 구속력을 가지지 않는다고 하여
종래의 판례를 고수하였다.[19] 그러자 위 판결의 피고 등 법원에 의하여 책임이

---

18) D. V. 6.(BVerfGE 88, 203, 296 ff. = NJW 1993, 1751, 1764 f.).
19) 연방대법원 1993. 11. 16. 판결(BGHZ 124, 128 = JZ 1994, 305) 등.

인정된 당사자들은 연방헌법재판소에 재판에 대한 헌법소원을 제기하여, 이 사건과 또 다른 사건[20]이 연방헌법재판소 제1재판부에 배당, 계속되게 되었다.

그러자 이 사건을 직접 담당하고 있지 않은 제2재판부가, 1997. 10. 22. 위 사건에 관하여 제1재판부가 제2재판부의 견해를 따르지 않으려면 연방헌법재판소법 제16조에 의하여 판례변경을 위하여 사건을 제1재판부와 제2재판부로 구성된 전원합의체(Plenum)에 회부하여야 한다고 요구하였다.[21] 제2재판부는 이 결정에서, 연방헌법재판소법 제16조에 의하여 전원합의체가 소집되어야 하는 것은, 한 재판부가 따르지 않으려고 하는 다른 재판부의 법적 견해가 단순한 방론일 때가 아니라 그 재판이 그 법적 견해에 의거한 것, 즉 재판을 지탱하는 의미(Entscheidungstragende Bedeutung)를 가지는 것이어야 하지만, 어느 것이 그에 해당하는가 하는 점은, 그 재판에서 표현된 당해 재판부의 견해에 의하여 결정하여야 하고, 그 재판부의 해결책이 결정적인 것이며, 나중에 그 법률문제를 다루게 된 다른 재판부가 그 법률문제가 결과적으로 문제되지 않는 다른 해결책을 제시하는 것은 허용되지 않는다고 한다. 그리고 연방헌법재판소법 제16조의 사건인가 아닌가 하는 문제에 있어서는 앞의 재판이 다른 재판부가 뒤에 결정하여야 하는 것과 동일한 재판 대상을 가졌는가 아닌가는 중요하지 않고, 뒤의 재판부가 앞의 재판부의 견해의 결과를 자신이 재판하여야 하는 사안에 적용하지 않으려고 하는 경우에도 법적 견해에 따르지 않는 것으로 보아야 한다는 것이다.

그러나 제1재판부는 이러한 제2재판부의 요구에 따르지 않고, 1997. 11. 12. 위 사건에 관하여 종래의 연방대법원의 판례를 확인하는 결정을 내렸다.[22] 제1재판부는 이 결정에서, 제2재판부의 결정과 관련하여서는, 우선 제2재판부의 1997. 10. 22.자 결정은 그 재판부에 계속된 사건에 관한 것이 아니기 때문에 정식으로 다룰 필요가 없고, 또 1993. 5. 28. 판결에서, 자녀를 위한 양육의무를 손해로 파악하는 것은 금지된다고 한 부분은 단순한 방론에 불과하여, 이를 따르지 않기 위하여 전원합의체를 소집할 필요가 없다고 하였다. 구체적으로는 다음과 같이 설시하고 있다.

20) 이 사건 피고는 비뇨기과 의사로서 원고의 남편에게 피임수술을 하였으나 실패하여 원고가 아들을 낳게 되자, 원고가 피고를 상대로 손해배상청구소송을 제기하였고, 그에 대하여 지방법원 및 고등법원은 피고 패소의 판결을 내렸다.
21) JZ 1998, 356.
22) JZ 1998, 358.

즉 판례변경을 위한 전원합의체 소집을 규정하고 있는 연방헌법재판소법 제
16조는 그 문언상으로는 최고연방법원들의 대부(大部) 소집에 관한 규정들(예컨
대 법원조직법 제132조)과는 다르지만, 실질적으로는 동일한 요건이 적용되는데,
연방헌법재판소는 연방헌법재판소법 제16조를 처음부터 다른 재판부의 재판을
지탱하는 법적 견해에 대한 의도적인 이탈만이 전원합의체의 소집을 요구한다고
해석하여 왔다고 한다. 여기서 하나의 재판을 지탱한다고 하는 것은 재판에 나
타난 사고과정에 따른 구체적인 재판결과가 상실됨이 없이는 소거하여 생각할
수 없는 그러한 법명제들을 말하고,[23] 일반적인 법원칙과 구체적인 재판 사이의
근거 제시의 맥락 밖에 있는, 재판에 부수하여 이루어진 법적 견해의 표명은 재
판을 지탱하는 것이 아니라는 것이다. 지탱하는 이유가 존재하는가 아닌가의 판
단에 있어서는 기록된 근거의 객관적인 내용에서부터 출발하여야 하는데, 연방
헌법재판소법 제31조에 의하여 헌법재판소의 재판에 부여되는 특별한 사정범위
를 고려하면, 그 재판의 법적인 구속력 있는 언명은 국외자에게도 인식될 수
있는 내용에 한정되어야 한다고 한다. 그러므로 법관에게 특정한 법률적 견해
가 중요한 것으로 여겼느냐는 문제되지 않고, 그러한 견해가 사건의 재판을 위
한 근거 제시의 맥락에서 전제로 되었는가를 인식할 수 있었는가 하는 점이라
고 한다.

이러한 관점에서 보면 제2재판부의 1993. 5. 28. 판결에서 자녀의 존재를 손
해의 원천으로 특징지우는 것은 헌법상 인정될 수 없다고 한 것은 지탱하는 이
유가 아니라고 한다. 위 사건에서는 입법자가 어느 정도나 형사상의 제재를 포
기할 수 있는가 하는 것이 심판 대상이었고, 적법한 피임이나 유전학적 상담과
의 법적 연관은 위 재판 자체에서는 나오지 않았다고 한다.

나아가 위 결정은, 연방헌법재판소법 제16조에는 다른 소송법규정과 같이 근
본적인 의미를 가지는 문제에 관하여 전원합의체를 소집할 수 있다는 규정이 없
으므로 이 문제가 근본적인 의미를 가진다고 하여 전원합의체를 소집할 수도 없
다고 하였다.

다만 위와 같이 종래의 BGH 판례가 헌법에 저촉되지 않는다는 6인의 다수

---

23) Tragend für eine Entscheidung sind jene Rechtssätze, die nicht hinweggedacht werden
   können, ohne daß das konkrete Entscheidungeergebnis nach dem in der Entscheidung
   zum Ausdruck gekommenen Gedankengang entfiele.

의견에 대하여는 2인의 반대의견이 있었고, 또 전원합의체를 소집할 필요가 없다는 5인의 다수의견에 대하여는 3인의 반대의견이 있었다.

(3) 위 판례에 대한 학설상의 평가

학설상으로는 위 연방헌법재판소 제2재판부 1993. 5. 28. 판결 가운데 자녀를 위한 양육의무를 손해로 파악하는 것은 금지된다는 판시부분은 방론에 불과하고 따라서 연방헌법재판소법 제31조의 구속력도 없고, 이에 반대되는 판시를 하기 위하여 전원합의체를 구성할 필요도 없다고 하는 견해가 압도적으로 많다.[24]

이에 관하여 비교적 상세하게 언급하고 있는 한 문헌은, 다음과 같이 서술하고 있다. 즉 연방헌법재판소의 확립된 판례는 연방헌법재판소법 제31조 제1항에 의한 구속력의 대상은 주문과 지탱하는 이유로부터 도출되는 헌법 해석에 관한 원칙이라고 보아 왔다. 이에 대하여는 그 기속력은 주문에 국한되어야 한다는 비판도 있으나, 연방헌법재판소법 제31조 제1항이 형해화되는 것을 막기 위하여는 지탱하는 이유에 대하여도 구속력을 인정하는 편이 좋을 것이라고 한다. 그러나 연방헌법재판소는 어떻게 이러한 구속력 있는 부분을 탐구할 것인가 하는 점에 관하여 일반화할 수 있는 언명을 하지 않고 있지만, 문헌상으로는 재판의 주문에 표현되는 것에 관하여 필수적인 지주로서의 역할을 하고 따라서 주문에 표명된 결과의 변화 없이는 소거하여 생각할 수 없는 것이라거나, 법원이 특정한 사고의 과정에 인식할 수 있는 중요성(Maßgeblichkeit)을 승인하려고 하였고 따라서 그 고려에 대하여 상세하게 근거를 제시한 것이라는 등의 견해가 주장되고 있다. 그러나 이러한 견해에 의하더라도 위 연방헌법재판소 제2재판부 1993. 5. 28. 판결 가운데 자녀를 위한 양육의무를 손해로 파악하는 것은 금지된다는 판시부분에는 구속력이 인정될 수 없다고 한다. 이 판시 부분에는 위의 기준 중 어떤 것도 해당되지 않으며, 위의 서술은 논리적인 관점에서 재판의 주문과 연결되어 있지도 않고, 충분한 근거제시도 없다고 한다.[25]

반면 학설상 위의 판시 내용이 지탱하는 이유에 해당한다고 하는 견해가 전

---

24) 예컨대 Giesen, "Schadensbegriff und Menschenwürde", JZ 1994, 287 f.; Deutsch, "Schadensrecht und Verfassung: Akt Ⅱ", NJW 1994, 777; Roth, "Unterhaltspflicht für ein Kind als Schaden?", NJW 1994, 2402; Schöbener, "Menschliche Existenz als Schadensquelle?", JR 1996, 89; Weber, "Schadensersatzrechtliche Folgen der Geburt eines unerwünschten Kindes?", VersR 1999, 398 f.; Losch/Radau, "Die „Kind als Schaden"−Diskussion", NJW 1999, 823 등 참조.

25) Giesen(주 24), p. 288.

혀 없는 것은 아니다. 슈튀르너(Stürner)는, 어느 것이 지탱하는 이유인가에 관하여는 제1재판부처럼 객관적으로 결정할 것이 아니라고 한다. 그렇게 되면 일반적인 고려를 재판의 대상에 한정시킴으로써 복수의 사실관계에 해당되는 모든 일반적인 진술을 더 협소하고 더 특별한 논증으로 바꿀 수 있고 이렇게 하여 모든 구속력을 논리적으로 타당한 방법으로 부정할 수 있다고 한다. 제2재판부의 사고의 연쇄는 다음과 같다고 한다. 즉 탄생하지 않은 생명의 보호를 위하여 임신중절의 원칙적인 위법성 – 여성의 보호를 위한 계약의 유효성 – 자녀의 존엄보호를 위하여 자녀의 양육비에 대한 손해배상의 부정. 이 마지막 사고가 없이는 위법한 임신중절에도 불구하고 유효한 계약이란 있을 수 없으며, 유효한 계약이 없이는 원칙적인 위법성 판단도 있을 수 없는데 왜냐하면 그렇지 않으면 보호의 개념이 교란된 것으로 보아야 할 것이기 때문이라고 한다. 제1재판부는 제2재판부의 결과에 도달하기 위하여 자녀의 양육비에 대한 손해배상의 문제에 대하여는 결정할 필요가 없다고 하지만, 이는 다른 대안적인 이유에 의하여서도 가능한 재판으로 바꾸어 생각하는 것이라고 한다.[26]

3. 재판 결과에의 영향 여부

다른 한편으로 판례 변경 절차를 밟기 위하여는 그 문제되는 판시 내용이 재판의 결과에 영향이 있어야 하는가가 문제된다. 다시 말하면 종전 판례가 설시하는 법리에 따르지 않더라도 다른 법리에 의하여 동일한 결과에 이를 수 있는 경우에도 판례 변경의 절차를 밟아야 하는가 하는 점이다. 이는 앞의 재판(변경이 문제되는 재판)뿐만 아니라 뒤의 재판(앞의 재판을 변경할 것인지 여부를 고려하고 있는 당해 사건)에 관하여도 마찬가지로 문제된다.

가. 하급법원이 제청하는 경우

하급법원이 연방대법원에 제청하는 경우에는 연방대법원의 판례는 대체로 당해 법률문제가 제청하는 법원의 재판 결과에 영향이 있어야 한다고 보고 있는 것으로 여겨진다.

가령 연방대법원 1981. 10. 14. 결정[27]에서는 태국 사람이 독일 내의 태국

---

26) "Das Bundesverfassungsgericht und das frühe menschliche Leben – Schadensdogmatik als Ausformung humaner Rechtskultur?", JZ 1998, 328.

27) NJW 1982, 517.

영사관에서 태국법에 따라 한 사적 이혼(Privatscheidung)의 승인신청이 적법한가에 대하여, 뒤셀도르프 고등법원이 한 제청의 적법성이 문제되었다. 뒤셀도르프 고등법원은 그 승인 신청은 적법하지만 독일 법원의 이혼의 독점권에 비추어 이유가 없다고 판단하였으나, 종전의 다른 고등법원의 선례는 그러한 승인신청은 그 이혼의 전부 또는 주된 부분이 외국에서 있은 경우에만 적법하다고 하였기 때문에 비송사건절차법 제28조에 의하여 연방대법원에 제청하였다. 연방대법원은, 제청의 적법성을 위하여는 제청법원의 법적 관점에서 볼 때 문제되는 법률문제에 그 재판이 좌우되어야 하고, 제청 결정에서 제청법원이 선례와 다른 견해에 따를 경우에는 다른 재판에 도달할 것임이 나타나야 한다고 하면서, 이 사건의 경우에는 어떤 견해에 따르는가에 따라 고등법원이 승인신청의 적법성에 대하여 상이한 판단을 하게 된다고 한다. 두 견해 어느 것에 따르더라도 승인신청은 기각되지만, 제청법원의 견해에 따를 때에는 승인신청은 적법하지만 그 승인신청을 인용하지 않은 사법관청의 견해가 확인되게 되는 반면, 반대의 견해에 따를 때에는 승인 신청 자체가 부적법하므로 기각된다는 것이 되며, 양자는 상이한 사정범위를 가지므로 이 제청신청은 적법하다고 하였다.[28]

또한 연방대법원 1992. 2. 19. 결정[29]에서는 민사소송법 제541조에 따른 고등법원의 제청의 적법성이 문제되었다. 이 사건에서는 독일 민법 제541b조 제1항 제3문의 "일반적으로 통상적인(allgemein üblich)"의 해석이 문제되었다.[30] 제청법원인 Karlsruhe 고등법원은 거래관념상 주택경제적으로 객관적으로 필요하고 경제적으로 합리적인 기본설비에 해당하는 것을 통상적인 것으로 보려고 하였으나 베를린 고등법원(KG)의 판례에 저촉된다고 보아 연방대법원에 제청한 것이다. 연방대법원은, 임차인인 이 사건의 피고가 인상되는 차임을 주택보조금(Wohngeld)에 의하여 전부 또는 부분적으로 충당할 수 있으면, 독일 민법 제541b조 제1항의 "기대할 수 없는 가혹함"은 부인되어야 하고, 그렇게 된다면 베

---

28) 연방대법원은 본안에 있어서는 제청법원의 견해가 옳다고 하였다.

29) NJW 1992, 1386.

30) 독일 민법 제541b조 제1항: 임차인은 건물의 임차공간이나 기타 부분의 개량 또는 난방에너지나 물의 절약 또는 새로운 주거공간의 조성을 위한 조치를 인용하여야 하지만, 그 조치가 임대인 및 건물의 다른 임차인의 정당한 이익을 평가하더라도 정당화되지 아니하는 임차인이나 그 가족에 대하여 가혹한 것이라고 인정되는 경우에는 그러하지 아니하다. 특히 그에 있어서는 실시되는 작업, 건축상의 효과, 임차인이 이미 지출한 비용 및 예상되는 차임인상이 고려되어야 한다. 단지 건물의 임차공간이나 기타 부분을 일반적으로 통상적인(allgemein üblich) 상태로 만드는 것일 뿐인 경우에는 차임인상은 고려되지 아니한다.

를린 고등법원의 판례에 관계없이 재판을 할 수 있게 되지만, 기록상 피고가 받을 수 있을지도 모를 주택보조금의 액수에 관하여 충분히 나와 있지 않으므로 제청의 적법성은 인정된다고 하였다.

그리고 연방대법원 1999. 12. 14. 결정[31])에서는 법원조직법 제121조에 의한 고등법원의 제청의 적법성이 문제되었다. 이 사건에서는 수형자가 CD 플레이어를 보유할 수 있는가가 문제되었는데, 제청법원인 뮌헨 고등법원은, 수용시설의 안전과 질서의 위험은 납으로 봉하면 부정될 수 있다고 할 수는 없고, 각각의 수용시설의 실태와 수형자의 인격을 조사하여 보아야 하는데, 이러한 판단에는 프랑크푸르트 암 마인 고등법원의 판례가 장애가 된다고 하여 제청하였다. 그러나 연방대법원은 사건을 뮌헨 고등법원에 되돌려 보냈다.

연방대법원에 의하면 뮌헨 고등법원은 자신이 따르지 않으려고 하는 법률문제가 자신의 재판을 지탱한다는 점을 밝히지 않고 있는데, 이는 뮌헨 고등법원이 신청인의 신청을 기각하려고 하는데 프랑크푸르트 고등법원의 판례 때문에 그렇게 할 수 없는 경우에만 그러하다고 하였다. 고등법원이 자신의 법률적 견해의 근거제시에 있어서만 다른 고등법원의 견해를 따르지 않을 뿐 결과에 있어서는 그렇지 않을 때에는 제청 사유가 되지 못한다고 하였다.[32])

이 점에 관하여 학설상으로는 재판의 전제성(Entscheidungserheblichkeit)을, 당해 재판부가 다른 근거에 의하여 제청 없이도 동일한 결과를 얻을 수 있다는 이유만으로 부정할 수는 없다고 하는 주장이 있다.[33)34])

나. 최고법원 내에서의 제청

(1) 학설상의 논의

학설상으로는 재판의 결과에는 영향이 없어도 무방하다는 견해가 유력하다.

---

31) NStZ 2000, 222.
32) 뿐만 아니라 프랑크푸르트 고등법원의 견해도 CD 플레이어의 보유의 적법성이 구체적인 수용시설의 실태와 구체적인 신청인에 관계없이 결정되어야 하는 것으로 해석될 수도 없다고 하였다.
33) Kissel(주 12), §121 4.3.3(RdNr. 22).
34) 한편 기본법 제100조 제1항, 연방헌법재판소법 제80조에 의하여 법원이 연방헌법재판소에 법률의 위헌 여부에 관하여 제청하는 경우에도 재판의 전제성(entscheidungserheblichkeit)이 요구되는데, 이 경우의 재판의 전제성은 원칙적으로 재판의 주문이 달라지는 경우에만 인정된다. K. Schlaich, Das Bundesverfassungsgericht, 4. Aufl., 1997(정태호 역, 독일헌법재판론, 2001), RdNr. 138 ff.; Maunz/Schmidt-Bleibtreu/Klein/Ulsamer, Bundesverfassungsgesetz, 8. Lfg., 1985, §80 RdNr. 242 ff. 등 참조.

이에 관하여 비교적 상세하게 설명하고 있는 문헌[35]은 다음과 같이 설명한다. 즉 상고의 허가 내지 적법성에 관한 규정들은, 사실심 법원의 재판이 최고법원의 판례 위반(Abweichung)에 근거할(beruhen) 것을 요구하고 있으므로,[36] 최고법원 내의 제청에 있어서도 의도된 재판과 종전의 재판이 결과에 있어서 상이한 답변에 근거할 것이 요청되며, 그 답변이 한 재판이나 다른 재판에 있어서 원인이 되지 않았으면 제청은 불필요하고 부적법하다고 주장할 수도 있다고 한다. 그러나 위의 규정들로부터 정반대의 결론을 이끌어낼 수 있다고 한다. 대재판부에의 제청에 관한 규정들은 근거할 것(Das Beruhen)을 요구하고 있지 않은데 그에는 상당한 이유가 있다는 것이다. 상고허가에 관한 규정은, 사실심 법원 재판의 결과가 다른 이유로 올바르다면 그 법률적인 설시에서 최고법원의 판례와 모순되는 부분이 포함되어 있는 것을 의도적으로 감수하고 있다. 그러나 상고심 법원 내부에서의 상이한 법률적 견해의 경우에는 사정이 다르다고 한다. 연방최고법원의 재판 이유는 모든 법률적 관계자에게 방향을 제시하는 의미를 가지고 있기 때문에, 하나의 법률문제에 대한 상이한 답변은 다른 이유로 동일한 결과에 이르더라도 용인되어서는 안 된다고 한다. 물론 재판의 전제성이라는 표지를 전혀 포기할 수는 없지만, 이러한 것이 재판의 종국적 결과에 관한 것이 아니라, 제청된 법률문제에 대한 답변이 재판하는 재판부의 사고의 연쇄 가운데 불가결한 부분에 관련되기만 하면 된다고 한다.[37]

(2) 판 례

이 문제에 관하여 아직 연방최고법원의 대재판부나 연방최고법원 공동재판부의 판례가 나온 것 같지는 않다. 그러나 연방대법원 제11민사부의 1999. 6.

---

35) May(주 13), 309 f.

36) 가령 독일민사소송법 제546조 제1항은 분쟁의 가액이 6만 DM 이하인 재산법상의 청구에 관한 분쟁 및 비재산권상의 청구에 관한 분쟁에 있어서는 항소심 판결을 한 고등법원이 그 판결에서 상고를 허가한 때에만 상고가 허용되는데, 그 허가 사유의 하나로 판결이 연방대법원이나 연방최고법원 공동재판부의 판례에 어긋나고, 이 어긋남에 근거하였을 때를 들고 있다. 그리하여 통설은 두 개의 재판이 그 법률문제에 달리 답변함으로써 주문이 달라졌을 때에만 전제성이 인정된다고 한다. MünchKommZPO/Walchshöfer, 1992, §546 RdNr. 43 ff. 등 참조. 그에 대하여 반대설은, 그 법률문제가 고등법원의 재판에는 영향을 주어야 하지만, 연방대법원이나 연방최고법원 공동재판부의 재판의 결과에 영향을 주었을 것까지는 필요로 하지 않는다고 한다. Stein/Jonas/Grunsky, Kommentar zur Zivilprozeßordnung, 21. Aufl., 1994, §546 RdNr. 16 f. 참조.

37) 같은 취지, MünchKommZPO/Manfred Wolf, §132 RdNr. 8; Baumbach/Lauterbach/Albers/Hartmann, Zivilprozeßordnung, 55. Aufl., 1997, GVG §132 RdNr. 5.

29.자 민사대재판부에의 제청결정[38]에 대한 제9민사부의 2000. 2. 15.자 의견[39]이 이 점과 관련하여 참고가 될 수 있으므로 그에 관하여 살펴본다. 위 제청은 법원조직법 제132조 제2항의 판례변경을 위한 것이 아니고, 제132조 제4항의 근본적인 의미 있는 사건에 관한 제청이지만,[40] 재판의 전제성이 문제된다는 점에서는 마찬가지이다.

제11민사부의 제청결정은 다음과 같은 사건에 관한 것이다. 즉 이 사건 원고는 1981년에 당시 자신의 남편이었던 사람(1993년 이혼)이 피고 은행으로부터 36만 DM을 대여받을 때 남편과 함께 은행에 대하여 무제한의 연대채무를 부담하였다. 그 후 이혼한 전 남편이 돈을 갚지 못하게 되자 피고 은행은 원고에 대하여 확정판결에 의한 5,000DM의 일부 채무명의를 취득하였고, 그에 대하여 원고는 위 채무명의의 반환 및 채무부존재 확인청구 소송을 제기하였다. 원고의 주장은 원고의 위 연대채무 부담계약은 선량한 풍속 위반으로 무효이고(독일 민법 제138조),[41] 아니더라도 이혼 후에는 행위기초의 상실(Wegfall der Geschäfts-grundlage)에 의하여 소멸하였다는 것이다.

1심판결은 원고의 채무부존재확인청구는 인용하였고 나머지 청구는 기각하였으며 항소심도 피고의 항소를 기각하였다. 항소심은 아래에서 살펴볼 제9민사부의 판례에 따라, 위 원고와 피고 사이의 계약이 선량한 풍속 위반으로 무효인 것은 아니지만, 행위기초의 상실의 원칙에 따라 원고가 피고에 대하여 채무의 이행을 거부할 수 있다고 판단하여 피고의 항소를 기각하였다. 이에 다시 피고가 상고하였는데, 상고사건을 맡게 된 제11민사부는 민사대재판부에 법원조직법 제132조 제4항에 의하여 제청을 하였다.

그 주된 제청 이유는 다음과 같다. 즉 제9민사부의 종전의 판례는 부부 사이의 보증과 부모와 자녀 사이의 보증을 구별하여, 부모의 채무에 대하여 재산이 없는 자녀가 보증을 선 경우에는 쉽게 선량한 풍속 위반을 인정하는 반면, 부부

---

38) MDR 1999, 1208 mit Anm. Hahn = NJW 1999, 2584.

39) MDR 2000, 530 mit Anm. Schauwienold/Kennert = NJW 2000, 1185.

40) 법원조직법 제132조 제2항은 판례 변경을 위한 대재판부에의 제청을 규정하고 있음에 반하여, 동조 제4항은 근본적인 의미를 가지는 문제(Frage von grundsätzlicher Bedeutung)에 관한 대재판부에의 제청을 규정하고 있다. 즉 재판부는 법의 형성이나 통일적인 판례의 확보를 위하여 필요하다고 재판부가 판단하면 근본적인 의미를 가지는 문제를 대재판부에 제청할 수 있다는 것이다.

41) 이 문제에 관한 독일에서의 논의에 관하여는 윤진수, 주석민법 총칙(2), 제3판, 2001, 465면 참조.

사이의 보증의 경우에는 보증인인 배우자가 재산이 없더라도 거의 선량한 풍속 위반을 인정하지 않고 다만 계약의 해석 또는 신의성실의 원칙에 의하여 보증인인 배우자에게 일시적인 이행거절권을 인정하며, 부부 사이의 혼인이 해소되었으면 행위기초 상실의 원칙에 따라 보증채무로부터의 면책을 인정하는 반면, 제11민사부의 종전의 판례는 선량한 풍속 위반 여부의 판단기준이 모든 보증인 또는 공동채무자의 집단에 관하여 통일적이어야 한다고 보고 있으므로 그 조정을 위하여 민사대재판부의 판단이 필요하다는 것이다.

그러자 제9민사부는 결정 형식으로 위 제청결정에 대한 의견을 표명하였다. 우선 제9민사부는, 제11민사부가 제청을 하면서 제9민사부의 의견을 듣지 않은 데 대하여 이는 법률에 어긋난다고 주장하였다. 그리고 위 제청결정은 재판의 전제성이 없기 때문에 부적법하다고 하였다. 연방대법원은 다른 법원이 제청한 경우[42]에 있어서는, 제청법원의 견지에서 볼 때 재판이 문제되는 법률문제에 당해 재판이 달려 있다는 것, 즉 제청법원이 종전의 판례와 다른 견해를 따를 때에는 다른 결과에 도달한다는 의미로 재판의 전제성을 이해하고 있고, 연합대재판부도 이와 반대되는 견해를 표명하지는 않았다고 한다. 법원조직법 제132조는 제청법원의 판단에 따르면 법률문제에 대한 답변이 구체적인 사건의 재판을 위하여 필요하다고 인정되는 한도 내에서 대재판부에게 다툼이 있거나 근본적인 의미가 있는 법률문제에 대한 답변권을 부여한 것이라고 한다. 그러므로 그 문제에 대한 답변이 그 재판의 이유의 방식에만 영향을 미칠 뿐 결과에는 영향을 미치지 못할 때에는 제청은 허용될 수 없다고 한다.

그런데 위 사건에서는 항소법원이 공동책임의 약정(Mithaftungsvereinbarung)이 선량한 풍속에 위반되지는 않지만 행위기초 상실의 원칙에 따라 종국적으로 채무의 이행을 거부할 수 있다고 판단하였고, 제청 이유에 따르면 제9민사부도 피고 은행의 상고를 기각하려고 하면서도 그 이유를 항소심과는 달리 공동책임의 약정이 선량한 풍속 위반을 이유로 처음부터 무효라고 하는 데서 찾으려고 하고 있으나, 이는 결과에는 영향을 주지 못한다는 것이다.

제9민사부의 위와 같은 의견 표명이 있은 후 당해 사건의 피고 은행이 상고를 취하함으로써 민사대재판부의 결정은 나오지 못하게 되었다.[43]

---

42) 예컨대 비송사건절차법 제28조 제2항, 부동산등기법 제79조 제2항, 민사소송법 제541조 등.
43) MDR 2000, 532의 편집자의 설명 참조.

Ⅳ. 우리 법에의 시사

1. 주론과 방론의 구별

이 글의 주된 목적은 독일법에 관한 정보를 제공하는 것이지만, 이제까지의 논의를 참고로 하여 우리 법에 대하여 한두 마디 언급하고자 한다.

우선 우리나라에서도 판례의 의미를 논함에 있어서 주론과 방론의 구별은 필요하다. 여기서 주론과 방론을 어떻게 구별할 것인가 하는 점은 반드시 쉬운 문제가 아니지만, 그 판단 기준은 문제되는 판시 부분이 판례에 직접적으로 영향을 미쳤는가, 독일의 학설이 설명하는 바에 따른다면 그 결론에 이르는데 필수불가결한 부분인가 아닌가, 그 부분을 제외하더라도 여전히 논리적이고 이해될 수 있는가 아닌가에 따라 결정되어야 할 것이다.[44]

이러한 경우에 문제의 판시부분이 아닌 그 재판에는 나타나 있지 않은 다른 이유로 위 재판과 동일한 결과에 도달할 수 있었다고 하여 그 판시부분이 주론이 아니라고 할 수는 없다. 어느 재판의 한 판시부분이 주론인가 아닌가는 그 재판 자체를 놓고 결정되어야 한다. 그렇지 않고 다른 이론 구성에 의하여 그 재판과 동일한 결과에 도달할 수 있었는지 여부를 가지고 주론인지 여부를 결정한다면 주론인지 아닌지 여부가 매우 불명확하게 된다.

현실적으로도 판례가 하급심이나 일반 국민들에게 미치는 기능을 고려한다면 주론을 이와 같이 파악할 필요가 있다. 예컨대 동일한 사안에서 서로 이론을

---

44) ratio decendi와 obiter dictum의 구별이 처음 비롯된 영국에서도 대체로 이와 같이 이해되고 있다고 보인다. 즉 "한 사건의 주론이란 한 법관이 그에 의하여 채택된 일련의 이유와 관련하여 그 자신의 결론에 이르는데 필요한 단계 또는 그의 배심원에 대한 지시 중의 필요한 부분이라고 명시적 또는 묵시적으로 취급된 어떤 법의 원칙이다(The ratio decindi of a case is any rule of law expressly or impliedly treated by a judge as a necessary step in reaching his conclusion, having regard to the line of reasoning adopted by him, or a necessary part of his direction to the jury)(Cross, Precedent in English Law, 3rd ed., 1977, p. 76)." 또는 "주론은 한 사건에서 당사자들의 변론에 의하여 이슈로서 제기된 논점을 해결하기 위하여 충분한 것으로서 법관에 의하여 명시적 또는 묵시적으로 주어진 판단으로서, 이 논점은 그 점에 대한 판단이 그 사건의 결론에 대한 그의 정당화(또는 대체적인 정당화)에 필요한 것이어야 한다(MacCormick, 'Why Cases Have Rationes and what These Are', in Goldstein(ed.), Precedent in Law, 1991, p. 170)." 다만 이러한 정의는 그 재판을 한 법원의 관점을 기초로 한 것이고, 후에 재판을 하게 되는 법원의 관점을 기초로 한 것은 아니다. G. Marshall, 'What is Binding in a Precedent', in MacCormick and Summers(ed.)(주 1), p. 512 참조.

달리하면서도 결론은 같은 두 가지의 판례가 병존하고 있다고 하는 경우에, 이 다른 이론을 다른 사안에 적용하면 결론 자체가 달라질 수 있다. 따라서 위와 같은 경우에 판례의 저촉이 없다고 하여 대법원이 명확한 판례 변경 절차를 취하지 않고 있으면 하급심이나 일반 국민으로서는 혼란에 빠지게 된다.

그런데 우리나라에서도 이와는 달리, 법원의 판단을 결론명제와 이유명제로 구분하고, 당해 사건의 구체적 사실, 그 중에서도 중요한 사실(material facts)을 전제로 하여 그 법률적 효과를 설시하는 형태의 명제인 결론명제만이 판례이며, 그 외의 이유명제는 그것이 다른 경우에도 적용될 수 있는 일반화된 법명제라 하여도 이는 판례, 즉 주론이 아니라고 하는 견해가 있다.[45] 이러한 견해는 거슬러 올라가면 영국의 굿하트(Goodhart)에게로 소급할 수 있다.[46]

그러나 오늘날 영국에서도 이러한 굿하트의 견해는 많은 비판을 받고 있다. 이 견해는 당해 재판을 한 법관이 중요한 사실이라고 본 것을 중요한 사실로 보고 있다. 그러나 어떤 사실을 중요한 사실로 보았는가를 알기 위하여는 당해 법관이 어떠한 법을 염두에 두고 있는가를 알아야 한다.[47] 또한 어느 법관의 이유나 선례의 분석은 결정적이 아닌 반면 그가 어떤 사실을 중요한 것으로 본 것은 왜 결정적인 것으로 취급하여야 하는지가 불분명하다는 비판도 있다.[48]

다른 한편 주론이 당해 재판에서 반드시 명시적으로 표명되어 있어야 할 필요는 없다.[49] 그리고 어느 재판의 주론이 어느 부분인가 하는 것은 당해 재판을 한 법원이 결정할 문제는 아니고, 그 재판을 따라야 할 것인가 아닌가를 결정하여야 하는 법원이 결정할 문제이다.[50]

다만 주론 여부를 판단함에 있어서 그 결과가 달라질 것을 반드시 요구할 필요는 없다고 하더라도, 하급 법원의 재판이 대법원의 판례에 위반되었는가가 문제되는 경우에는 그 결과가 달라질 것을 고려하여야 할 것이다. 예컨대 상고심 절차에 관한 특례법 제4조 제1항 제3호가 규정하고 있는 심리불속행의 예외사

---

45) 이광범, "『대법원 판례』의 의미", 2001. 6. 11. 민사실무연구회 발표 원고, 6-12면.

46) 위 글에서는 주로 中野次雄 外, 判例とその讀み方, 1999, 29면 이하를 인용하고 있는데, 위 책, 43, 54면 등에서는 Goodhart, Determining the Ratio Decendi of a Case, in: Essays in Jurisprudence and the Common Law, 1931을 주된 근거로서 인용하고 있다.

47) Cross(주 44), p. 73.

48) Marshall(주 44), p. 511.

49) 위 주 44)의 Cross 및 MacCormick의 설명 참조.

50) 위 독일연방헌법재판소 1997. 11. 12. 결정(주 22) 참조. 또한 Marshall(주 44), p. 506도 참조할 것.

유로서의 원심판결의 판례위반에 해당하려면 원칙적으로 그 판례위반이 재판의 결과에 영향을 주었어야 한다. 상고심 절차에 관한 특례법 제4조 제3항 제2호는 이 점을 명백히 밝히고 있으나, 이러한 규정이 없더라도[51] 해석상 그와 같이 보아야 할 것이다.

이러한 경우에도 국민들의 혼란을 방지하기 위하여는 대법원이 원심의 재판은 잘못되었지만 결과에 영향이 없다는 점을 명백히 밝히는 것이 필요하다는 주장도 있을 수 있다. 그러나 하급심 판례와 대법원의 판례가 서로 상반될 때 일반 국민으로서는 대법원 판례에 의존하여 행동할 것이고 따라서 별다른 혼란의 우려는 없는 것이다.

다만 이처럼 하급심의 판례위반이 결과에는 영향이 없더라도 그에 대하여 대법원이 심리불속행 판결을 함으로써 판례가 바뀐 것이 아닌가 하는 오해를 가져올 우려는 있다. 이 경우에는 상고기록을 송부받은 날로부터 4월이 경과한 후에 이유를 붙인 판결에 의하여 상고를 기각함으로써 그러한 오해를 불식시킬 수 있을 것이다.

2. 구체적인 사례

위와 같은 주장을 구체적인 사례, 즉 대판(전) 2001. 2. 15., 96다42420[52]에 비추어 검토하여 보기로 한다. 이 판결에 앞에서 살펴본 논점들이 대체로 다 나타나 있다고 생각된다.

이 사건에서는 민간인과 직무집행중인 군인 등의 공동불법행위로 인하여 직무집행중인 다른 군인 등이 피해를 입은 경우, 민간인의 피해 군인 등에 대한 손해배상의 범위 및 민간인이 피해 군인 등에게 자신의 귀책부분을 넘어서 배상한 경우 국가 등에게 구상권을 행사할 수 있는지 여부가 문제되었다.

종래의 대법원 판례[53]는, 국가배상법 제2조 제1항 단서에 의하면 군인, 군무원 등이 직무집행과 관련하는 행위 등으로 인하여 전사·순직 또는 공상을 입은 경우에 다른 법령의 규정에 의하여 재해보상금, 유족연금, 상이연금 등의 보상을 지급받을 수 있을 때에는 국가배상법 또는 민법의 규정에 의한 손해배상청구

---

51) 예컨대 소액사건심판법에는 이와 같은 규정이 없다.
52) 공 2001상, 699.
53) 대판 1983. 6. 28., 83다카500(공 1983, 1142); 1992. 2. 11., 91다12738(공 1992, 985); 1993. 10. 8., 93다14691(공 1993, 3046); 1994. 5. 27., 94다6741(공 1994, 1822) 등.

를 할 수 없도록 규정하고 있으므로 이들이 직접 국가에 대하여 손해배상청구권을 행사할 수 없음은 물론 국가와 공동불법행위책임이 있는 자가 그 배상채무를 이행하였음을 이유로 국가에 대하여 구상권을 행사하는 것은 허용되지 않는다고 하였다.

그런데 위 전원합의체 판결의 다수의견은, 헌법 제29조 제2항 및 국가배상법 제2조 제1항 단서의 입법취지를 관철하기 위하여는 국가배상법 제2조 제1항 단서가 적용되는 공무원의 직무상 불법행위로 인하여 직무집행과 관련하여 피해를 입은 군인 등에 대하여 위 불법행위에 관련된 민간인이 공동불법행위책임, 사용자책임, 자동차운행자책임 등에 의하여 그 손해를 자신의 귀책부분을 넘어서 배상한 경우에도, 국가 등은 피해 군인 등에 대한 국가배상책임을 면할 뿐만 아니라 나아가 민간인에 대한 국가의 귀책비율에 따른 구상의무도 부담하지 않는다고 하여야 할 것이라고 하여 민간인의 국가에 대한 구상청구를 배척하였다. 그러면서 위와 같은 경우, 민간인이 피해 군인 등의 손해 전부를 배상할 책임을 부담하도록 하면서 국가 등에 대하여는 귀책비율에 따른 구상을 청구할 수 없도록 한다면 부당한 결과가 되고, 이러한 부당한 결과를 방지하면서 위 헌법 및 국가배상법 규정의 입법 취지를 관철하기 위하여는, 공동불법행위자 등이 부진정연대채무자로서 각자 피해자의 손해 전부를 배상할 의무를 부담하는 공동불법행위의 일반적인 경우와 달리 예외적으로 민간인은 피해 군인 등에 대하여 그 손해 중 국가 등이 민간인에 대한 구상의무를 부담한다면 그 내부적인 관계에서 부담하여야 할 부분을 제외한 나머지 자신의 부담부분에 한하여 손해배상의무를 부담하고, 한편 국가 등에 대하여는 그 귀책부분의 구상을 청구할 수 없다고 해석함이 상당하다고 하여, 이와 달리 국가배상법 제2조 제1항 단서에 해당하는 사건의 공동불법행위자로 된 민간인도 피해 군인 등에 대한 부진정연대채무자로서 그 손해 전부를 배상할 의무가 있다고 한 취지의 종전의 대법원 판례는 변경하였다.

이러한 다수의견에 대하여 반대의견은, 이 사건에서는 민간인의 국가 등에 대한 구상권의 존부가 쟁점일 뿐이고 그 민간인의 피해 군인 등에 대한 배상의무의 범위가 쟁점이 된 것은 아니고, 다수의견에서 배상의무감축이론이 국가 등의 구상의무가 부정되는 논리적인 전제로 사용된 것도 아니므로 이 사건에서 군이 쟁점도 아니고 선결문제도 아닌 민간인의 배상의무의 범위 문제를 스스로 제기하여 불법행위에 관한 기존의 일반이론과 판례를 변경까지 할 필요성은 없고, 배상의무의 범위에 관한 기존의 일반이론과 판례의 변경은 그것이 쟁점이 된 다른 사건에서 일반론의 제시와 함께 결정할 문제이지 이 사건에서 시도하는 것은 적절하지 않다고 비판하였다.

이러한 반대의견에 대하여 다수의견의 보충의견은, 민간인의 피해 군인 등에 대한 손해배상의무가 제한된다고 하는 것은 다수의견의 이론구성의 중요부분으로서 이를 밝히지 않는 것은 다수의견을 민간인의 국가 등에 대한 구상권을 인정하지 않으면서 민간인의 피해 군인 등에 대한 손해배상의무의 제한 또한 인정하지 않는 다른 견해[54]와 구별할 수 없게 하여 결국 다수의견을 올바르게 나타내지 않는 것이 되므로 다수의견이 이 판결에서 민간인의 피해 군인 등에 대한 손해배상의무가 제한된다고 하는 법리를 밝히지 않을 수 없는 이유가 여기에 있다고 다수의견을 비판한다.

이러한 판례의 반대의견과 보충의견을 앞에서 살펴본 것에 비추어 설명하여 본다.

첫째, 종래의 대법원 판례는 보충의견이 설명하는 것처럼 민간인의 국가 등에 대한 구상권을 인정하지 아니한다고 판시하고 있을 뿐 민간인의 피해 군인 등에 대한 손해배상의무의 제한 여부에 대하여는 밝히지 않고 있다. 그런데 위 보충의견에서는 종래의 대법원 판례가 민간인의 피해 군인 등에 대한 손해배상의무가 제한되지 않는 것으로 보고 있다. 다시 말하여 위 보충의견에서는 종래의 판례에서는 명시적으로 밝히지 않고 있던 내용이 묵시적으로 종래 판례에 포함되어 있다고 본 것이다.[55]

둘째, 가장 중요한 점은, 민간인의 피해 군인 등에 대한 손해배상의무가 제한

---

54) 여기서는 종래의 대법원 판례는 민간인의 피해 군인 등에 대한 손해배상의무의 제한 여부에 대하여는 밝힘이 없이 민간인의 국가 등에 대한 구상권을 인정하지 아니한다고 판시한 것이나, 이들은 공동불법행위자의 손해배상의무에 관한 종래의 대법원의 입장에 비추어 보면 이 사건의 다수의견과 달리 민간인의 피해 군인 등에 대한 손해배상의무의 제한을 인정하지 않는 입장을 전제로 한 것이었다고 보고 있다.

55) 그런데 다수의견에서는 변경 대상 판례로서 "국가배상법 제2조 제1항 단서에 해당하는 사건의 공동불법행위자로 된 민간인도 피해 군인 등에 대한 부진정연대채무자로서 그 손해 전부를 배상할 의무가 있다고 한 취지의 종전의 당원 판결"을 들고 있을 뿐 민간인의 국가에 대한 구상권이 인정되지 않는다고 한 종전의 판례는 직접 명시하고 있지 않다. 그러나 판례의 전취지에 비추어 보면 판례가 변경한 것은 민간인의 국가에 대한 구상권이 인정되지 않는다고 한 종전의 판례 가운데 묵시적으로 포함된 민간인도 피해 군인 등에 대하여 손해 전부를 배상할 의무가 있다는 판시 부분이라고 생각된다.

되는가가 종전 판례 및 위 전원합의체 판결의 주론에 포함되는가 하는 것이다. 반대의견이 지적하는 것처럼 종전 판례 및 위 전원합의체 판결에서 직접적인 쟁점은 다 같이 민간인의 국가에 대한 구상권이 인정되는가 여부뿐이었고, 이에 관하여는 종전 판례 및 위 전원합의체 판결이 다 같이 구상권이 인정되지 않는다고 하고 있다. 또 위 전원합의체 판결의 이유 설시를 보면, 우선 헌법 제29조 제2항 및 국가배상법 제2조 제1항 단서를 들어 민간인의 국가에 대한 구상권이 인정되지 않는다고 한 다음, 이어서 민간인의 피해 군인 등에 대한 손해배상의무가 제한된다고 하고 있으므로, 위 뒷부분의 설시는 구상권이 인정되지 않는다는 결론에 반드시 필요한 것이 아니고,[56] 따라서 단순한 방론에 불과한 것처럼 보인다.[57]

　그러나 위와 같은 이해는 위 전원합의체 판결의 다수의견의 진의와는 거리가 있다고 생각된다. 다수의견이 위와 같이 헌법 및 국가배상법의 규정으로부터 민간인의 국가에 대한 구상권이 인정되지 않는다는 결론을 이끌어내면서도 민간인의 피해 군인에 대한 손해배상의무가 제한된다고 설시하고 있는 것은, 거꾸로 민간인의 피해 군인에 대한 손해배상의무가 제한되지 않는다면 민간인의 국가에 대한 구상권이 인정되어야 한다는 생각을 바탕에 깔고 있기 때문이라고 여겨진다. 이 점은 위 반대의견이나 헌법재판소 1994. 12. 29. 선고 93헌바21 결정[58]이, 민간인의 피해 군인에 대한 손해배상의무가 제한되지 않는다는 것을 전제로 하여 민간인의 국가에 대한 구상권이 인정되어야 한다고 설시하고 있는 것을 보면 쉽게 알 수 있다. 그러므로 민간인의 피해 군인에 대한 손해배상의무가 제한된다는 것은 위 전원합의체 판결의 결론을 이끌어내는 데 불가결한 부분으로서 주론에 해당된다고 하겠다.

〈법조 2002. 1 = 판례실무연구 Ⅵ, 2003〉

〈추기〉
　이 문제에 대한 또 다른 글로서는 심준보, "판례 변경의 의의", 민사판례연구 제36권, 2014가 있다.

---

56) 반대의견이 민간인의 손해배상의무감축이론이 국가 등의 구상의무가 부정되는 논리적인 전제로 사용된 것은 아니라고 보고 있는 것은 이 때문이라고 여겨진다.
57) 이광범(주 45), 23면 주 73)은 그러한 취지이다.
58) 헌법재판소 판례집 6권 2집, 379면 이하.

3. 판례의 무게*

― 판례의 변경은 얼마나 어려워야 하는가? ―

I. 서   론

이번 발표가 민사실무연구회 400회 월례회에서 이루어지는 것인 만큼, 제4
대 민사실무연구회 회장을 역임하신 이재성 전 대법관님의 말씀을 인용하면서
시작하고자 한다. 이재성 전 대법관님은 대법관 재직 당시 민사실무연구회 월
례회에서 다음과 같은 취지로 말씀하셨던 것으로 기억한다. 즉 대법원에서 부
합의를 할 때, 주심 대법관으로서 법리가 이러이러한 것 같다고 보고를 하면,
다른 대법관들이 모두 그렇겠다고 동의를 하는데, 그에 저촉되는 판례가 있다
고 이야기하면, 다른 분들이 태도가 바뀌어서 웬만하면 판례대로 하시지요라고
한다는 것이다.[1]

실제로 판례의 변경이 쉽지 않다는 것은 법률가나 법학자라면 모두 느끼는

* 이 글은 2018. 9. 10. 민사실무연구회 제400회 월례회, 같은 달 12. 서울대학교 법학전문대학
  원 법과 문화 포럼 및 2018. 10. 27. 법철학회 월례회에서 발표하였던 것을 수정·보완한 것
  이다. 이미 법철학연구 제21권 3호, 2018에 공간되었으나, 표현을 다소 바꾸었다. 이 글의 초
  고를 읽고 검토해 주신 서울대 박 준, 김도균, 송석윤, 고학수, 최준규, 이동진, 김현섭 교수와,
  민사실무연구회에서 지정토론을 맡아주신 서울대 권영준 교수, 장상균 변호사, 이미선 부장판
  사(현 헌법재판관), 법철학회 월례회에서 지정토론을 맡아주신 원광대 이계일 교수, 헌법재판
  연구원 강일신 박사, 그 밖에 여러 지적을 해 주셨던 참가자 여러분에게 감사의 뜻을 표한다.
1) 이재성 전 대법관은 그 회고록에서는 다음과 같이 서술하였다. "많은 대법관들이 판례의 변경
   에 대하여는 매우 소극적이었고 심지어는 그 판례가 잘못된 것이라거나 지금의 실정에는 맞
   지 않는다는 사정 설명에는 동의하면서도 지금까지 그렇게 하여 왔는데 지금 당장 바꿀 필요
   까지는 없지 않느냐는 등 하여간 판례는 준수하여야 한다는 식으로 나오는 경우가 많았기 때
   문이다." 이재성, 彼岸, 한국사법행정학회, 1998, 315면.

일이다. 그러나 다른 한편으로는 우리나라의 판례 변경이 적다고는 할 수 없다. 한 연구에 의하면, 1957년부터 2012년까지 대법원에서 기존의 판례를 변경한 것이 188건이고, 이러한 판례 변경은 근래 더 늘어나는 추세라고 한다.[2] 이를 다른 나라와 비교한다면, 영국의 귀족원(House of Lords)[3]은 판례 변경이 허용되기 시작한 1966년부터 재판기능이 대법원(Supreme Court)으로 이관된 2009년까지 21개의 판례변경만을 하였다.[4] 우리나라와 법원 조직이 비슷한 일본에서는 최고재판소가 생긴 1947년부터 1992년까지 총 48개의 판례변경이 있었다고 한다.[5] 반면 독일의 경우에는 판례의 변경이 잦은 편이다. 한 조사에 의하면, 1995년부터 2001년까지 사이에 명시적 판례변경을 한 것은 연방헌법재판소 8건, 연방대법원 146건, 연방행정법원 45건이었다고 한다.[6][7]

이처럼 판례의 변경이 한편으로는 어려우면서도 다른 한편으로는 자주 행해진다면, 판례의 변경은 어떤 경우에 허용될 수 있는가, 그 한계는 없는가 하는 점을 생각해 볼 필요가 있다. 아래에서 보는 것처럼 다른 나라에서는 이 점을 둘러싸고 많은 논의가 있다. 그러나 우리나라에서는 이제까지 이 문제가 별다른 관심의 대상이 되지 못하다가, 근래에 이르러서야 이에 대한 논의가 시작되고

2) 고학수·최준규, "법경제학적 관점에서 본 판례의 변경", 『민사판례연구』 제36권(박영사, 2014), 1037면 이하 참조. 여기서는 모순 또는 저촉되는 기존의 판례를 대법원에서 통일시킨 판례는 별도로 분류하였는데, 이는 위 기간 동안 102개였다고 한다. 다른 한편 위 글 1038면 주 52)는 대법원 2008. 11. 20. 선고 2007두18154 전원합의체 판결을 판례의 변경필요성이 있는지 자체가 문제된 특수한 사안이라고 하여 판례 변경에서 제외하였는데, 위 판결의 다수의견은 판례를 변경하여야 한다고 보았고, 그러한 다수의견은 타당하다고 여겨진다.
3) 엄밀히 말하면 귀족원 상소위원회(Appellate Committee of House of Lords). 이하에서는 귀족원이라고만 한다.
4) Louis Blom—Cooper, "1966 and All That: The Story of the Practice Statement", in, Louis Blom—Cooper, Brice Dickson and Gavin Drewry (ed.), *The Judicial House of Lords 1876–2009* (Oxford University Press, 2009), p. 136. 이 글 143면 이하는 변경한 판례의 목록을 부록에 실었다.
5) 西野喜一, 『裁判の過程』(判例タイムズ社, 1995), 221–222면.
6) Lorenz Kähler, *Strukturen und Methoden der Rechtsprechungsänderung* (2. Aufl., Nomos, 2011), S. 504 ff. 참조. 다만 독일에서는 상고심 법원의 각 재판부(Senat)는 자신이 한 판례는 스스로 변경할 수 있고, 다른 부가 한 판례를 변경하려는 경우에만 대재판부(Großer Senat)에 사건을 제청(Vorlage)하여 그 대재판부의 결정에 따라서 재판하여야 하므로, 상대적으로 판례 변경이 용이하다. 윤진수, "독일법상 「판례」의 의미", 「법조」 2002. 1, 82–84면 참조.
7) 한편 미국 연방대법원은 1789년부터 2004년 재판기까지 모두 133개의 사건에서 208개의 판례를 변경하였다고 한다. Michael J. Gerhardt, *The Power of Precedent* (Oxford University Press, 2008), pp. 9 f. 위 책은 부록으로 변경된 판례의 목록을 싣고 있다. 그러나 미국 연방대법원의 관할은 한정되어 있다는 점에 유의하여야 한다.

있다. 특히 대법원 2013. 2. 21. 선고 2010도10500 전원합의체 판결에서 이상
훈, 김용덕 대법관의 별개의견은, 축적된 판례의 견해를 바꾸기 위해서는 그와
같은 견해가 시대와 상황의 변화에 따라 정의관념에 크게 어긋나게 되었거나 해
당 법률 규정의 취지를 현저히 벗어나게 되는 등 이를 바꾸는 것이 그대로 유지
하는 것에 비하여 훨씬 우월한 가치를 가짐으로써 그로 인하여 법적 안정성이
희생되는 것이 정당화될 정도의 사정이 있어야 하고, 단순히 새로운 법적 견해
가 다소 낫다거나 보다 합리적으로 보인다는 이유만으로 축적된 판례의 견해를
바꾸는 것은 능사가 아니라고 하였다.[8]

이 글에서는 먼저 이 문제에 관한 외국의 논의를 소개하고, 우리나라에서 어
떤 논의가 있었는가를 살펴본 다음, 필자의 견해를 밝히려고 한다. 그리고 그에
비추어 우리나라의 판례에 대하여도 논평하고자 한다.

Ⅱ. 외국의 논의

여기서 살펴볼 나라는 미국, 영국, 독일 및 일본의 네 나라이다. 그런데 먼저
명확히 해 둘 것이 있다. 첫째, 영미법계에서는 선례구속의 이론(doctrine of stare
decisis)이 인정되는 반면, 우리나라를 포함한 이른바 대륙법계에서는 그러한 원
칙이 인정되지 않는다. 따라서 판례 변경에 관하여도 차이가 있을 것처럼 생각
될 수도 있다. 그러나 영미법상의 판례구속의 원칙에 따르더라도, 하급심 법원
은 상급심의 판례를 따라야 하지만,[9] 최고법원은 자신의 판례에 구속되지 않으
므로, 여기서 다루고자 하는, 최고법원 자신의 판례 변경에 관하여는 선례구속
의 이론을 따르는가 아닌가는 그다지 중요하지 않다.

둘째, 다른 나라에서는 헌법 판례의 변경과 그 외의 판례 변경을 구분하여
논의하기도 한다. 바로 아래에서 살펴볼 브랜다이스 대법관의 의견이 그러하다.
그러나 여기서는 원칙적으로 이를 구분하지 않고 소개하고자 한다. 이에 대하여
는 아래 Ⅳ. 바. 참조.[10] 한편 우리나라에서는 대법원 판례 변경뿐만 아니라 헌

---

8) 또한 대법원 2013. 5. 16. 선고 2012도14788, 2012전도252 전원합의체 판결에서 이상훈, 김용
덕 대법관의 반대의견도 같은 취지이다.

9) 이를 수직적 선례구속(vertical stare decisis)이라고 한다. Richard M. Re, "Narrowing
Supreme Court Precedent from Below", 104 Georgetown Law Journal 921 ff. (2016);
Hutto *v.* Davis, 454 U.S. 370, 375 (1982) 등 참조.

10) 다른 나라에서 이 문제를 다룬 비교법적 연구에서도 특별히 이를 구분하지 않고 있다. 예컨

법재판소의 판례 변경도 문제되는데, 기본적으로는 대법원의 판례 변경을 다룬다. 다만 이론적으로는 헌법재판소의 판례 변경도 큰 차이가 없을 것이다.

1. 미　　국

이 문제에 관하여는 미국에서 일찍부터 논의가 있었고, 이를 다룬 판례와 문헌도 많다.

(1) 판　　례

1) 버넷(Burnet) 판결

미국 연방대법원에서 판례를 얼마나 자유롭게 변경할 수 있는가를 본격적으로 다룬 것은 1932년 선고한 Burnet v. Coronado Oil & Gas Co. 판결[11]에서 반대의견을 낸 브랜다이스(Brandeis) 대법관이었다. 이 이전까지는 연방대법원 자신에 대한 선례구속(stare decisis)은 그다지 중요하게 다루어지지 않았고, 이를 언급한 판례들도 단순한 수사학적인 기능만을 하였다고 한다.[12]

이 사건에서는 오클라호마 주로부터 유전을 임차한 회사의 수입에 대하여 미국 연방정부가 세금을 징수할 수 있는가가 문제되었다. 회사는, 회사에 대한 주의 임대는 공립학교의 유지를 위한 토지 사용을 위한 수단인데, 이 임대로부터의 수익에 대하여 세금을 물리는 것은 그러한 학교 유지라는 정부 기능의 수행에 장애를 주므로 허용될 수 없다고 주장하였고, 종전의 미국 연방대법원의 판례[13]는 그와 같은 취지였다. 다수의견은 위 판례에 따라 연방정부의 세금 징수는 허용되지 않는다고 판시하였다. 그런데 여기에는 4사람의 반대의견이 있었는데, 선례구속의 원칙과 관련하여서는 브랜다이스 대법관이 상세하게 의견을 개진하였다.

브랜다이스 대법관은, 선례구속의 원칙은 기판력의 규칙처럼 보편적으로 움직일 수 없는 명령이 아니고, 선례를 따를 것인가, 아니면 벗어날 것인가는 전적

대 Kähler, 위의 책(주 6) 참조.

11) 52 S.Ct. 443, 76 L.Ed. 815.

12) Colin Starger, "The Dialectic of Stare Decisis Doctrine", in Christopher J. Peters (ed.), *Precedent in the United States Supreme Court* (Springer, 2013), pp. 22 f. 미국 연방대법원의 선례구속 원칙의 초기 역사에 대하여는 Thomas R. Lee, "Stare Decisis in Historical Perspective: From the Founding Era to the Rehnquist Court", 52 Vanderbilt. Law Review 647 ff. (1999) 참조.

13) Gillespie v. Oklahoma, 257 U.S. 501, 42 S.Ct. 171, 66 L. Ed. 338 (1922).

으로 법원의 재량에 속하는 것이라고 하였다. 선례구속은 통상적으로는 현명한
정책인데, 왜냐하면 대부분의 경우에는 적용될 수 있는 법의 규칙이 올바로 정
립되는 것보다는 정립되는 것 자체가 중요하기 때문이라는 것이다. 오류가 중요
한 것인 때에도, 입법자는 이를 교정할 수 있다고 하였다. 그렇지만 입법자의 교
정이 실질적으로 불가능한 연방헌법에 관한 사건에서는 연방대법원은 자주 판례
를 변경하였다고 하면서, 연방대법원은 물리학에서 성과가 있었던 시행착오의
과정이 사법적 기능에 관하여도 적절하였다는 것을 인식하고, 경험과 더 나은
논증을 존중하였다고 하였다. 그런데 이 사건에서 일반 소득세를 임대한 것으로
부터 올린 소득에 대해 연방정부가 부과하는 것이 주 정부의 기능에 실질적으로
장애를 가져오는가 하는 점은 1차적으로 사실 인정의 문제이고 법적 명제의 결
정이 아니며, 선행 판례는 당시에 지배적이었지만 지금은 포기된 경제정책 또는
사회정책에 관한 견해에 영향을 받았을 수도 있다고 보았다. 그러므로 이러한
성격을 가진 헌법적 이슈에 관하여는 연방대법원은 건전한 결론에 이르기 위하
여 그 의견을 경험과 새로 확인된 사실에 부합하도록 하는 자유를 가져야 한다
고 주장하였다.[14]

그 후 연방대법원은 1938년에 브랜다이스 대법관의 의견과 같이 문제되었던
판례들을 변경하였다.[15] 뿐만 아니라 브랜다이스의 반대의견은 그 후의 연방대
법원 판례들에 의하여 인용되면서, 일종의 표준적인 권위(canonical authority)를
가지게 되었다고 이야기된다.[16]

그런데 근래에는 헌법 판례도 함부로 바꾸어서는 안 된다는 주장이 유력하게
제기되어, 현재는 선판례가 잘못되었다는 것만으로 이를 변경할 수는 없고, 변
경하기 위하여는 특별한 이유(정당화, special justification)가 필요하다는 주장과,
그러한 특별한 이유는 필요하지 않다는 주장이 첨예하게 대립되고 있고, 판례도
일관성을 잃고 있다. 여기서는 전자를 강한 선례구속 이론이라고 하고, 후자를
약한 선례구속 이론이라고 부르기로 한다.[17]

---

14) 52 S.Ct. 443, 446 ff.

15) Helvering *v.* Mountain Producers Corp., 303 U.S. 376, 387 (1938).

16) Starger, 위의 글(주 12), pp. 28 f.

17) Caleb Nelson, "Stare Decisis and Demonstrably Erroneous Precedents", 87 Virginia Law
Review 1, 52 f. (2001)는, 법원이 선례가 잘못되었다는 것이 논증될 수 있어도 그것만으로는
선례를 변경할 수 없고, 선례가 작동할 수 없거나 다른 문제를 야기하지 않는 한 선례를 따
라야 한다는 주장을 더 강한 선례구속형("stronger" version of stare decisis)이라고 하고, 반

2) 케이시(Casey) 판결과 디커슨(Dickerson) 판결

판례를 변경하기 위하여 특별한 정당화(special justification)가 필요하다는 표현은 1984년에 오코너(O'Connor) 대법관이 처음 사용하였고,[18] 마샬(Marshall) 대법관도 1991년에 반대의견에서 이 표현을 사용하였다.[19] 그러나 강한 선례구속 이론이 많은 주목을 받게 된 것은 케이시(Casey) 판결에서였다.[20] 이 사건에서는 임신한 여성이 임신 중절을 할 수 있는 기본권을 가진다는 로우(Roe) 판결[21]을 변경할 것인가가 다투어졌다. 로우 판결에서는 임신한 여성의 사생활에 관한 권리(right of privacy)를 헌법상 기본권으로 인정하고, 임신 기간을 3분기로 나누어, 첫 3분기는 임신한 여성이 의사와 상의하여 독자적으로 낙태를 결정할 수 있고 두 번째 3분기는 임산부의 건강을 보호하기 위한 주의 필요불가피한 이익이 있으며, 임신 마지막 3분기는 태아의 잠재적 생명에 대한 주의 필수불가결한 이익이 있다고 하였다.

그런데 케이시 판결에서는 임신 중절을 규제하는 펜실베니아 주 법의 합헌 여부가 문제되었는데, 기본적인 대립은 임신한 여성이 임신 중절을 할 수 있는 기본권을 가지는가 하는 점이었다. 렌퀴스트(Rhenquist) 대법원장 등 4인의 대법관은 이러한 기본권 자체를 유지할 수 없다고 하여 로우 판결을 전면적으로 폐

면 선례가 허용될 수 있는 재량적 판단이라면, 비록 그것이 현재의 법원이 내렸을 것과는 다른 것이어도 이를 변경하여야 할 실질적 이유가 없는 한 이를 따르지만, 선례가 잘못되었음이 논증될 수 있으면, 선례를 따를 실질적 이유가 없는 한 이를 변경하여야 한다는 주장을 더 약한 선례구속형("weaker" version of stare decisis)이라고 부른다. Starger, 위의 글(주 12), p. 29는 변경 대상인 판례의 논증이 잘못되었다면 이를 변경할 수 있다는 주장을 약한 선례구속 관념("weak" conception of stare decisis)이라고 하고, 선례를 변경하기 위하여는 변경 대상인 판례가 잘못 결정되었다는 단순한 믿음 이상의 특별한 정당화를 필요로 한다는 주장을 강한 선례구속형("strong" version of stare decisis)이라고 부른다. 한편 강일신, 『헌법재판소 선례변경에 관한 연구』(헌법재판소 헌법재판연구원, 2017), 36면 이하는 전자를 '오류 교정 접근방법'(mistake approach) 또는 교정이론이라고 하고, 후자를 형량이론이라고 한다.

18) Arizona *v.* Rumsey, 467 U.S. 203, 212 (1984).

19) Payne *v.* Tennessee, 501 U.S. 808, 849 (1991).

20) Planned Parenthood of Southeastern Pennsylvania *v.* Casey, 505 U.S. 833 (1992). 이 판결에서는 Marshall 대법관의 Payne 판결 반대의견(주 19)은 인용하지 않았고, 또 "특별한 정당화"라는 표현도 쓰지 않았으며, 다만 "신중하고 실용주의적인 고려(prudential and pragmatic considerations)"라는 말을 썼다. 그리하여 Steven J. Burton, "The Conflict Between Stare Decisis and Overruling in Constitutional Adjudication," 35 Cardozo Law Review 1687, 1693 ff. (2014)는 위 케이시 판결의 공동의견을 신중한 접근방법(The Prudential Approach)이라고 하여 특별한 정당화 접근방법(The "Special Justification" Approach)과 구별하고 있다. 그러나 양자는 큰 차이가 없는 것으로 보인다.

21) Roe *v.* Wade, 410 U.S. 113 ff. (1973).

기하고자 하였고, 이에 반하여 블랙먼(Blackmun) 대법관과 스티븐스(Stevens) 대법관은 기본적으로 로우 판결을 유지하려고 하였다. 그런데 결론을 좌우한 것은 오코너(O'Conner), 케네디(Kennedy), 수터(Souter) 세 대법관의 공동의견이었다. 이 공동의견은 임신한 여성이 임신 중절 여부를 결정할 수 있는 기본권을 가진다는 로우 판결의 기본 전제는 유지하면서도, 로우 판결의 3분기 구분 대신에, 임신중절에 대한 규제가 여성에게 과도한 부담(undue burden)을 주는 것인가 아닌가에 의하여 위헌 여부를 결정하여야 한다고 보았다.[22]

이 3인의 공동의견은 로우 판결의 기본 전제를 유지하여야 한다는 중요한 논거로서 선례구속을 들었다. 즉 연방대법원이 종래의 판례를 재검토할 때에는 신중하고 실용적인 고려에 의하여야 하고, 종래 판례를 재확인하는 것과 변경하는 것의 각각의 비용을 측정하여야 하는데, 예컨대 종래의 규칙이 실용적인 작동가능성을 무시하였기 때문에 참을 수 없는 것으로 판명되었는지, 그 규칙이 이를 번복하면 그 결과가 특별히 가혹하고, 변경의 비용에 불공정을 더할 정도로 신뢰의 대상이 되었는지, 이전 규칙이 이미 포기된 이론의 잔재 이상이 아니게 될 정도로 관련된 법의 원칙이 발전하였는지, 또는 이전 규칙이 의미 있게 적용되거나 정당화될 수 없을 정도로 사실관계가 변화하거나 달리 보이게 되었는지를 따져야 한다고 하였다. 그런데 이 사건에서 로우 판결의 기본 규칙은 그와 같이 변경되어야 할 정도가 아니라는 것이다.[23]

반면 렌퀴스트 대법원장의 반대의견은, 버넷 판결에서의 브랜다이스 대법관의 반대의견을 인용하면서,[24] 연방대법원의 헌법적 시계는 이전에 이 문제에 대하여 판단한 일이 있다고 하여 멈추는 것이 아니고, 종전의 헌법해석이 건전하지 못하였다면 연방대법원은 이 문제를 재검토해야 한다고 하였다.[25]

---

22) 505 U.S. 833, 844 ff.
23) 505 U.S. 833, 854 ff. 이 공동의견은 "변경하려는 재판은 전의 사건이 잘못 결정되었다는 믿음을 넘어서는 특별한 이유에 근거하여야 한다"라고도 설시하였다. 505 U.S. 833, 864. 다른 한편 이 공동의견은 당면한 문제는 로우 판결의 문제 해결책이 건전한가가 아니라, 그 판시의 선례로서의 효력이라고 하여(505 U.S. 833, 870), 로우 판결이 잘못되었을 수도 있다는 것을 암암리에 시인한 것처럼 보이기도 한다. 렌퀴스트 대법원장의 반대의견(505 U.S. 833, 953 f.)은 이 점을 지적하고 있다. 또한 Larry Alexander, "Did Casey Strike Out? Following and Overruling Constitutional Precedents in the Supreme Court", in Peters (ed.), 위의 책(주 12), p. 57 참조.
24) Burnet *v.* Coronado Oil & Gas Co., 285 U.S. 393, 405 (1932).
25) 505 U.S. 833, 954 ff.

그리고 디커슨 판결[26]에서 렌퀴스트 대법원장이 작성한 다수의견은, 진술거부권을 고지하여야만 피의자의 진술을 증거로 쓸 수 있다는 미란다 판결[27]을 변경하여서는 안 된다고 하면서, 헌법 사건에서도 선례 구속의 원칙은 설득력을 가지기 때문에 연방대법원은 선례에서 벗어나기 위하여는 어떤 특별한 정당화 (special justification)에 의하여 뒷받침될 것을 요구하여 왔다고 하였다.[28)29)]

3) 시티즌스 유나이티드(Citizens United) 판결

다른 한편 2010년 연방대법원이 선고한 시티즌스 유나이티드 판결[30]에서는 다수의견과 반대의견 사이에 선례구속의 중요성에 관하여 논쟁이 벌어졌다. 이 사건에서는 기업 등이 후보자를 당선시키거나 낙선시키기 위하여 기업 등의 일반 재정자금을 독립적으로 지출하는 것을 금지하는 연방법 규정이 기업 등의 정치적 표현의 자유를 침해하여 위헌인지 여부가 문제되었다. 종전의 연방대법원 판례[31]는 이러한 규제가 합헌이라고 하였으나, 이 판결에서는 이를 변경하여 위헌이라고 하였다.

다수의견을 집필한 케네디 대법관은 선례구속에 관하여 다음과 같이 판시하였다. 즉 연방대법원의 선례는 가장 설득력 있는 근거가 선례를 따르는 것이 틀림없이 잘못된 길로 인도한다는 것을 보여주지 않는 한 존중되어야 하는데, 선례구속의 원리를 따를 것인지를 결정하는 요소는 작동가능성 외에 선례가 얼마나 오래된 것인가, 당해 신뢰의 이익 그리고 물론 그 결정이 잘 논증되었는가 (well reasoned)와 같은 것을 포함한다고 하였다.[32] 또한 연방대법원은 경험이

---

26) Dickerson *v.* United States, 530 U.S. 428 (2000).

27) Miranda *v.* Arizona, 384 U.S. 436 (1966).

28) 530 U.S. 428, 443.

29) 또한 Alleyne *v.* United States 판결[133 S.Ct. 2151 (2013)]에서 소토마요르(Sotomayor) 대법관의 다수의견에 대한 별개의견도, 연방대법원은 종전 선례의 건전성에 대해 의문을 품더라도 일반적으로는 이를 존중하는데, 왜냐하면 그것이 공평하고 예측할 수 있으며, 일관성이 있는 법원리의 발전을 촉진하고, 법원의 재판에 대한 신뢰를 증진시키며, 사법절차에 대한 현실적이고 인식되는 통합성에 기여하기 때문이라고 하면서, 이러한 중요한 가치를 보호하기 위하여는 선례를 벗어나기 위하여 특별한 정당화가 필요하다고 하고(위 디커슨 판결을 인용하였다), 이 사건에는 그러한 사유가 존재하므로 종전의 판례(Harris *v.* United States, 536 U.S. 545)를 변경할 수 있다고 하였다. 133 S.Ct. 2151, 2164 (2013).

30) Citizens United *v.* Federal Election Commission, 558 U.S. 310, 130 S.Ct. 876, 175 L.Ed.2d 753 (2010).

31) Austin *v.* Michigan Chamber of Commerce, 494 U.S. 652 (1990).

32) 이는 Montejo *v.* Louisiana, 556 U.S. 778, 792−793, 129 S.Ct. 2079, 2088−2089, 173 L.Ed.2d 955 (2009) 판결에서 스칼리아(Scalia) 대법관의 다수의견을 인용한 것이다.

선례의 단점을 보여주었는가 하는 점을 검토하였다고 하였다. 그런데 이러한 고려에 따르면 종전의 선례인 오스틴 판결은 변경되어야 하는데, 이는 잘 논증되지 않았고, 그 후의 경험에 의하여 권위가 약화되었으며, 기술의 급속한 변화와 자유로운 표현의 개념에 내재하는 창조적 역동성은 특정한 미디어나 특정한 발화자의 정치적 표현을 제약하는 법을 유지하는 데 부정적으로 작용한다고 하였다. 그리고 이 사건에서는 중대한 신뢰 이익이 걸려 있지도 않은데, 재산과 계약 사건에서는 당사자들이 거래를 수행함에 있어 당시의 법적 규칙에 맞추어 행동하였을 수 있지만, 이 사건에서는 그러하지 않다고 하였다.[33]

반면 반대의견을 집필한 스티븐스 대법관은 선례구속의 원칙에 대하여 상세하게 의견을 개진하였다. 그는 선례구속의 원칙이 법의 지배를 뒷받침하는 의미 있는 기능을 수행하려면 확립된 선례를 변경하기 위하여는 다섯 대법관의 선호를 넘어서는 중요한 정당화를 요구한다고 하면서, "변경하려는 재판은 전의 사건이 잘못 결정되었다는 믿음을 넘어서는 특별한 이유에 근거하여야 한다"고 하는 케이시 판결에서의 판시[34]를 인용하였다. 그리고 이 사건에서 다수의견이 들고 있는, 선례를 변경하여야 한다는 근거는 모두 타당하지 않다고 하였다.[35]

다른 한편 로버츠(Roberts) 대법원장의 다수의견에 대한 별개의견은, 연방대법원은 오랫동안 선례로부터 벗어나는 것은 "특별한 정당화"가 없는 한 부적절하다는 것을 인정하였다고 하면서도, 선례구속의 원칙은 정책의 원리(principle of policy)이고, 이전의 잘못된 판시를 재검토함에 있어서는 헌법 문제가 결정되었다는 것의 중요성과, 이를 올바르게 결정하게 한다는 것의 중요성을 비교 형량하여야 한다고 보았다.[36]

4) 킴블(Kimble) 판결

미국연방대법원이 2015년에 선고한 킴블 판결[37]에서는 특허권 사용료 지급 계약 중 특허권의 존속기간이 경과하여도 특허권 사용료를 지급하여야 한다는

---

33) 558 U.S. 310, 362 ff. 다만 케네디 대법관의 다수의견이 문언 그대로라면 약한 선례구속 이론이라고 할 수 있는지는 다소 의심스럽다. Burton, 위의 글(주 20), 1692 f.는 케네디 대법관이 이 사건에서 묵시적으로는 오류교정 접근방법(mistake approach)을 지지하였다고 하면서도 주장에 상호 모순이 있다고 한다.

34) Planned Parenthood of Southeastern Pennsylvania. v. Casey, 505 U.S. 833, 864 (1992).

35) 558 U.S. 310, 408 ff.

36) 558 U.S. 310, 377 ff.

37) Kimble v. Marvel Entertainment, LLC, 135 S.Ct. 2401, 192 L.Ed.2d 463 (2015).

부분은 효력이 없다는 종전의 판례[38]를 변경할 것인지가 다투어졌다. 종전의 판례는, 이러한 부분까지 효력을 인정하는 것은 그 자체 위법하고(unlawful per se), 특허권이 소멸하였음에도 불구하고 특허권 사용료를 징수하는 것은 특허가 공공 영역(public domain)이 되었음에도 불구하고 특허권 소멸 기간에도 독점권을 주장하는 것이 되어 허용할 수 없다고 하였다.[39]

킴블 판결에서는 특허권자인 킴블이 위 판례는 변경되어야 한다고 주장하였다. 그러나 연방대법원의 다수의견은 이를 거부하였다. 6인의 대법관을 대표하여 다수의견을 집필한 케이건(Kagan) 대법관은, 선례구속의 원칙을 존중하는 것은 잘못된 판례를 유지하는 것이고, 선례 구속은 이것이 부정확한 판례를 존속시키는 한도 내에서만 의미가 있으며, 올바른 판례는 이를 뒷받침하기 위하여 선례구속에 의존할 필요가 없다고 하였다. 또한 우리가 잘못 판결했다고 하는 것은 그 자체만으로는 확립된 판례를 폐기하는 것을 정당화하지 못하고, 판례가 잘못되었다고 하는 것을 넘어서는 "특별한 정당화(special justification)"를 필요로 한다고 하였다. 또한 선례구속은 성문법규를 해석하는 경우에 더 강화된 힘을 가지는데, 헌법 사건과는 달리 의회는 판례의 잘못을 시정할 수 있음에도 불구하고, 의회는 이러한 판례를 내버려두었다고 하였다.[40]

반면 알리토(Alito) 대법관이 집필한 3인의 반대의견은, 종전의 판례는 특허법 조항의 해석에 근거한 것이 아니라 경제이론에 근거한 것이었는데, 이 경제이론은 잘못된 것임이 드러났으며, 선례 구속의 원칙은 이러한 근거 없고, 손해를 끼치는 선례를 유지할 것을 요구하지 않는다고 하였다. 선례구속의 원칙은 법의 지배를 위하여 중요하지만, 올바른 법원의 재판도 마찬가지로 중요하고, 판례의 변경이 기대를 교란시키지 않고, 선례가 법관에 의하여 만들어진 규칙이며, 경험이 선례의 결점을 가르쳐줄 때에는 선례의 재검토가 특히 적절하다는 것이다. 그런데 종전 선례의 판시는 법상 아무런 근거가 없고, 그 논거는 철저하

---

38) Brulotte *v.* Thys Co.,379 U.S. 29, 85 S.Ct. 176, 13 L.Ed.2d 99 (1964).

39) 85 S.Ct. 176, 179 f.

40) 135 S.Ct. 2401, 2409. 이 사건에서 문제된 특허는, 손바닥에서 만화의 캐릭터인 스파이더맨처럼 거미집과 같은 거품 줄을 내뿜을 수 있는 스파이더 맨 장난감에 관한 것이었는데, 케이건 대법관은, 우리가 결정할 수 있는 것은 결정하지 않을 수도 있지만, 선례구속의 원칙은 우리가 그러한 권한을 절제하여 행사하여야 한다는 것을 가르쳐 준다고 하면서, "이 세계에서는 큰 힘을 가지면 큰 책임도 있어야 한다("[I]n this world, with great power there must also come－great responsibility)"고 하는 스파이더맨 만화의 한 귀절{S. Lee and S. Ditko, Amazing Fantasy No. 15: "Spider－Man," p. 13 (1962)}을 인용하였다.

게 반박되었으며, 이는 혁신을 막는 경제적 장벽이 되었고, 계약상의 기대를 흔든다고 하였다. 그리고 의회가 종전 선례를 바꿀 수 있었다는 것도 결정적인 것은 아닌데, 선례가 의회가 통과시킨 것이 아니라 법원이 만든 규칙에 근거한 것일 때에는, 법원 자신의 오류를 바로잡는 모든 부담을 의회의 어깨에 올려놓은 것은 적절하지 않다고 하였다. 뿐만 아니라 의회가 침묵하는 것이 규율하는 법원칙을 채택한 것이라고 보기는 어렵고, 의회가 종전 선례를 뒤집는 입법을 검토하였으나 채택하지 않았다고 하여도 의회가 입법을 하지 않은 것이 판례를 승인한 것으로 추론할 수는 없다는 것이다. 그리고 법률안을 통과시키는 것은 쉬운 일이 아닌데, 연방법률은 양원제(bicameralism)와 대통령에의 송부(presentment)라는 정교한 절차를 거쳐야 한다는 것이다.[41]

5) 웨이페어(Wayfair) 판결

마지막으로 연방대법원이 최근인 2018. 6. 21. 선고한 웨이페어 판결[42]을 살펴본다. 여기서는 주가 그 주에 사업장 등을 가지지 않고 우편이나 인터넷 등에 의하여 물품을 판매하는 업체에 대하여 판매세(sales tax 또는 use tsx) 징수 의무를 부과할 수 있는가가 문제되었다. 이에 관하여는 이미 두 개의 선례가 있었다. 처음 선고된 것은 1967년의 벨라스 헤스 판결[43]이다. 이 판결은, 주가 판매업체로부터 판매세를 징수하기 위하여는 그 판매업체가 그 주 내에 사업장 등을 가져야 하고, 판매업체와 주 내의 고객 사이의 관계가 우편이나 배달업체(common carrier)를 통한 것일 뿐일 때에는, 그 판매업체로부터 판매세를 징수하는 것은 연방헌법상의 적법절차조항(due process clause)[44]과 통상조항(commerce clause)[45]에 위반되므로 허용되지 않는다고 하였다.

그리고 1992년에 선고된 퀼 판결[46]에서는 노스 다코타 주가 그 주에 소재하

---

41) 135 S.Ct. 2401, 2415 ff.

42) South Dakota *v.* Wayfair, Inc., 138 S.Ct. 2080, 201 L.Ed.2d 40386.

43) National Bellas Hess, Inc. *v.* Department of Revenue of Ill., 386 U.S. 753.

44) 미국연방헌법 수정 제5조는 누구도 형사사건에서 자신에게 불리한 증인이 되도록 강요될 수 없으며, 생명 자유 또는 재산을 적법한 절차 없이 박탈당하지 않는다(nor shall be compelled in any criminal case to be a witness against himself, nor be deprived of life, liberty, or property, without due process of law)고 규정한다.

45) 미국 헌법 제1조 제8항 제3호는 연방 의회가 외국과 각 주 사이 및 인디안 부족과의 통상을 규제할 권한을 가진다고 규정하고 있다. 미국 연방대법원은 이 조항으로부터, 각 주가 주간 통상을 규율하는 권한에는 다음과 같은 한계가 있다고 보고 있다. 즉 주의 규율은 주간 통상을 차별하여서는 안 되고, 또 주는 주간 통상에 대하여 부당한 부담을 부과하여서는 안 된다는 것이다. South Dakota *v.* Wayfair, Inc., 138 S.Ct. 2080, 2090 f. (2018).

지 않는 우편판매 회사에 대하여 판매세를 징수하도록 명할 수 있는가가 문제되
었다. 여기서는 위 벨라스 헤스 판결을 변경할 것인가가 문제되었다. 퀼 판결의
다수의견은, 벨라스 헤스 판결이 주 내의 물리적 실재(physical presence)가 없는
업체에 대하여도 판매세 징수 의무를 부과하는 것은 적법절차 조항에는 어긋나
지 않는다고 하여, 이 한도 내에서는 위 판결을 변경하였지만, 통상조항에 어긋
난다는 판시는 그대로 유지하였다. 다수의견을 집필한 스티븐스(Stevens) 대법관
은 벨라스 헤스 판결을 유지하여야 한다는 이유의 하나로서, 이 문제에 관하여
는 연방의회가 더 잘 해결할 자격이 있을 뿐만 아니라, 해결할 궁극적인 권한을
가지고 있고, 연방대법원이 판매세가 주간 통상에 얼마나 부담을 준다고 평가하
는가와 관계없이, 연방의회는 연방대법원의 결론과 의견을 달리할 수 있다는 것
이다.[47] 그리고 스칼리아 대법관이 집필하고, 케네디 대법관과 토마스 대법관이
동조한 별개의견은, 벨라스 헤스 판결을 유지하여야 하는 근거를, 그 판결 자체
가 타당하다는 점에서가 아니고, 선례구속에서 찾았다. 연방의회는 주간 통상의
규제에 관하여 최종적인 권한을 가지고 있고, 벨라 헤스 판결의 규칙을 언제든
지 바꿀 수 있으며, 의회가 연방대법원의 판례를 자유롭게 바꿀 수 있을 때에는
선례구속의 원칙은 특별한 힘을 가지며, 신뢰이익이 관련되어 있을 때에는 선례
구속의 원칙이 가장 강력하게 요구되고, 연방대법원의 명확하고 폐기되지 않은
판시를 신뢰하는 것은 언제나 정당한 신뢰라고 하였다.[48][49]

그러나 웨이페어 판결은 벨라스 헤스 판결과 퀼 판결을 전면적으로 변경하였
다. 여기서는 사우스다코타 주 내에 물리적 실재가 없는 회사에 대하여도, 매년
10만 달러 이상의 재화나 용역을 주 내에 공급하거나, 200회 이상의 거래를 하
는 경우에는 판매세의 징수 의무를 부과하는 사우스다코타 주 법의 위헌 여부가
문제되었다.[50]

---

46) Quill Corp. *v.* North Dakota, 504 U.S. 298 (1992).
47) 504 U.S. 298, 318 f.
48) 504 U.S. 298, 320 f.
49) 그러나 단독으로 반대의견을 주장한 화이트 대법관은 주 내에 물리적 실재가 없는 우편판매
업체에 대하여 판매세 징수 의무를 부과하는 것은 통상조항에 어긋나지 않는다고 하면서, 선
례구속의 원칙과 관련하여서는, 확립된 기대를 흔들어서는 안 된다는 선례구속의 전형적인
근거는 이 사건에서 특히 약한데, 당사자인 퀼도 신뢰이익이 있다고 주장하지 않았을 뿐만
아니라, 가령 퀼이 종전 판례에 대하여 신뢰를 하였다고 하더라도, 노스 다코다 주 의회가 제
정한 법을 준수하지 않았으므로 그러한 신뢰는 비합리적이라고 하였다.
50) 위 법은 소급 적용을 배제하였을 뿐만 아니라, 위 법의 합헌성이 명확하게 될 때까지는 적용

5인의 대법관을 대표하여 다수의견을 집필한 케네디 대법관은, 퀼 판결은 그 자체로(on its own terms) 잘못이 있다고 하였다. 즉 물리적 실재라는 규칙은 주 세금이 세금을 부과하는 주와 실질적인 연관이 있는 활동에 부과되어야 한다는 요건에서 필연적으로 나오는 해석이 아니고, 퀼 판결은 시장의 왜곡을 해소하기보다는 이를 만들어내며, 이 판결은 연방대법원의 근래의 통상 조항 판례가 받아들이지 않고 있는 자의적이고 형식적인 종류의 구별을 하고 있다는 것이다.[51] 그리고 선례 구속은 더 이상 주가 그 주권을 정당하게 행사하는 것을 법원이 금지하는 근거가 되지 못한다고 하였다. 법원이 스스로 만든 잘못된 헌법적 전제를 의회가 바로잡도록 법원이 의회에 요청한다는 것은 법원의 정당한 역할과는 합치하지 않으며, 의회가 대응을 하든지 아니든지 법원의 원리가 정확하고 논리적인가가 중요하고, 현재 주의 적법한 권한 행사를 막고 있는 것은 법원이고 의회가 아니라고 하였다. 그리고 신뢰이익은 이전의 잘못된 판례를 유지할 것인가를 판단할 때 중요한 고려사항이기는 하지만,[52] 퀼 판결에 의한 물리적 실재 규칙은 명확하거나 쉽게 적용할 수 있는 것이 아니어서 신뢰를 낳기에 부적합하고, 선례 구속은 "정당한 신뢰이익"만을 보호하는데, 조세 포탈의 기대를 보호할 이유는 없다고 하였다.[53]

반면 로버츠 대법원장이 4인을 대표하여 쓴 반대의견은, 벨라 헤스 판결이 잘못된 것이기는 하지만, 이를 변경하여서는 안 된다고 하였다. 이 반대의견은 주로 퀼 판결의 다수의견과 마찬가지로, 의회가 이 문제를 해결할 수 있다는 점을 강조하였다.[54]

여기서 주목하여야 할 것은, 대법관들이 반드시 일관성을 유지하고 있지는 않다는 것이다. 가령 케네디 대법관은 케이시 판결에서는 강한 선례구속 이론을

이 중지되도록 하였다. 138 S.Ct. 2080, 2089 참조.

51) 138 S.Ct. 2080, 2092 ff. 케네디 대법관은 퀼 판결은 주 내의 기업과 주 내에 물리적 실제가 있는 많은 주간 기업을 원격 판매자에 비하여 불리한 위치로 만들었다고 지적한다. 138 S.Ct. 2080, 2094. 고서치(Gorsuch) 대법관도 별개의견에서, 연방대법원의 잠복 통상 판례(dormant commerce cases)는 보통 주 내의 기업과 주 외의 기업을 주가 차별하는 것을 방지하는데, 벨라 헤스 판결과 퀼 판결은 정확히 그 반대였다고 하였다. 138 S.Ct. 2080, 2100.

52) 여기서 킴블 판결(주 37)을 인용하였다.

53) 138 S.Ct. 2080, 2096 ff. 케네디 대법관은 퀼 판결이 그 자체로 잘못된 것일 뿐만 아니라, 그 이후의 인터넷 혁명은 이러한 초기의 잘못을 더욱 터무니없고 해로운 것으로 만들었다고 하였다. 138 S.Ct. 2080, 2097.

54) 138 S.Ct. 2080, 2101 ff.

지지하였지만, 시티즌스 유나이티드 판결에서는 그렇지 않았으며, 렌퀴스트 대법원장은 케이시 판결에서는 약한 선례구속 이론을 지지하였지만, 디커슨 판결에서는 강한 선례구속 이론을 채택하였다.[55]

(2) 학자들의 논의

이 문제에 관하여 미국에서는 약한 선례구속 이론을 지지하는 학자들과 강한 선례구속 이론을 지지하는 학자들이 있다.[56] 많은 문헌이 있으나, 여기서는 일부만을 골라 살펴본다.

파버(Farber)는, 판례는 강력한 근거가 없이는 변경되어서는 안 되고, 자신이 "기초적(bedrock)"이라고 부르는 판례[57]는 불가피한 이유가 아닌 한 변경되어서는 안 된다고 한다. 그는 선례를 존중하여야 하는 이유로서 효율(efficiency)과 겸양(humility) 그리고 동등한 취급이 도덕적으로 바람직하다는 것(moral desirability of equal treatment) 등을 든다. 우선 선례에 의존하는 것은 시간과 수고를 절약하고, 우리의 모든 약속과 실무를 매일 매일 재검토해야 한다면 마비를 가져올 것이라고 한다. 또한 우리만이 지식에 접근할 수 있다고 생각하는 것은 교만이고, 이전에 결정을 내렸던 사람들의 견해는 이 이유만으로도 경청할 가치가 있다고 한다. 그리고 올해에는 이렇게 결정하고, 내년에는 똑같은 사건에서 담당 재판부가 바뀌었다고 하여 반대로 결정하는 것은 자의적인데, 이러한 균일성의 요구는 흔들릴 수 없는 명령은 아닐지라도, 선례를 너무 쉽게 벗어나는 것에 대해 경고한다고 한다.[58]

그는 또한 기초적인 판례에 대하여는 선례의 구속력을 일반적으로 부정하는 원의주의 신봉자들(believers in originalism)도 구속력을 인정한다고 하면서, 이러한 판례들을 번복하는 것은 다른 법보다 더욱 헌법이 회피하려고 하는 불확실성과 불안정성을 초래한다고 한다. 그 한 예로서 지폐의 발행을 허용한 법률이 합헌이라고 한 사건[59]을 들면서, 헌법 제정자가 어떻게 생각하였든지 간에, 금속

---

55) Stager, 위의 글(주 12), pp. 43 f.도 같은 취지의 지적을 하고 있다.

56) Randy J. Kozel, *Settled versus Right, A Theory of Precedent* (Cambridge University Press, 2017), pp. 34 ff.는 각 주장의 주요한 논거를 요약하여 설명하고 있다.

57) 이는 중요한 이론의 많은 영역에서 기초가 된 판례를 말한다.

58) Daniel A. Farber, "The Rule of Law and the Law of Precedents", 90 Minnesota Law Review, 1173, 1177 ff. (2006). 그는 또한 선례의 논증을 따라야만 법원이 장래를 위한 지침을 줄 수 있고, 재판이 선례로써 기능한다는 사실을 아는 것이 재판에 규율(discipline)을 부과할 수 있다고 한다. 위 논문 1179 f.

59) Legal Tender Cases, 79 U.S. (12 Wall.) 457 (1871).

화폐만이 교환 수단으로 사용될 수 있다고 한다면 현대 경제가 존속할 수 없을 것이고, 즉각적인 경제적 위기가 닥칠 것이라고 한다.[60]

한편 버튼(Burton)은 선례구속의 근거를 미국 연방헌법 수정 제5조의 적법절차(due process of law)[61]에서 찾는다. 그에 의하면 헌법화된 적법절차는 다음과 같은 것을 요구한다고 한다. (1) 법과 선례가 행동을 지시할 수 있어야 하는데, 그러기 위하여는 이들이 법원 안에서나 밖에서 투명하고 정합성이 있으며, 신뢰할 수 있고 작동할 수 있어야 하며, (2) 적어도 최소한 또는 그럴듯하게라도 현재와 미래에 계속적으로 정당화될 수 있어야 한다. 그런데 판례가 들고 있는 특별한 정당화(special justification)는 대체로 이러한 헌법화된 적법절차에 부합한다고 한다. 그리하여 선례가 헌법화된 적법절차를 크게 손상시키지 않으면 선례가 구속력이 있지만, 그렇지 않으면 선례구속은 종료된다고 한다. 그러므로 선례구속과 판례변경의 충돌은 사라진다고 한다.[62]

그리고 코젤(Kozel)은 차선(次善)의 이론(the theory of second-best)에 의하여 선례의 구속력을 설명하려고 한다. 차선의 이론이란, 어느 체계에 결함이 있다면, 이를 위하여 다른 불완전성을 도입함으로써 그 문제에 대응하는 것은 말이 된다는 것이다. 그에 의하면 연방대법원의 대법관들은 서로 다른 해석의 철학(interpretive philosophy)을 가지고 있기 때문에 해석적 다원주의(interpretive pluralism)의 세계라고 할 수 있는데, 이때 서로 다른 해석 철학을 가진 대법관들이 결론에 도달할 수 있도록 하는 것이 선례 구속이라고 한다. 다른 말로 한다면, 선례는 분열이 아니라 통합을 가져오는데, 대법원의 제도로서의 과거에 대한 존중의 공유를 나타낸다고 한다. 물론 이는 오류를 의식적으로 영구화한다는 비용(cost)을 수반하지만, 이러한 차선의 선례 구속은 개별 법관의 정체성을 초월하는 방식으로 선례를 해석 이론으로부터 분리시키고, 안정성, 계속성 및 사법적 몰개성성(impersonality)[63]을 증진시키는 이익을 가져온다고 한다. 이 이론에 따르면, 종전에 선례를 따를 것인가에 관하여 고려되었던 요소 중 절차적 작동가능성(procedural worlability), 사실에의 정확성(factual accuracy), 신뢰이익과 같은

---

60) Farber, 위의 글(주 58), 1180 ff.

61) 위 주 44) 참조.

62) Burton, 위의 글(주 20), pp. 1701 ff. 참조.

63) 이는 법원의 인적 구성이 바뀌더라도 판례는 바뀌지 않는다는 것을 의미하는 것으로 이해된다. Kozel, 위의 책(주 56), p. 103 참조.

요소는 여전히 고려되어야 하지만, 법이론적 정합성(jurisprudential coherence), 오류의 중대성 및 선례의 유해성과 같은 것은 고려에서 제외되어야 한다는 것이다.[64]

반면 넬슨(Nelson)은 약한 선례구속 이론을 지지하면서 다음과 같이 주장한다. 약한 선례구속 이론은 법원에 의하여 집행되는 법이 우리의 대표가 권위적으로 내린 집단적 판단에 더 가깝게 만드는 민주적인 가치(democratic value)를 증진시키는데, 약한 선례구속 이론에 의하면 강한 선례구속이론보다 판례가 더 많이 변경될 것이고, 이러한 변경에는 비용이 따르지만,[65] 그 비용이 변경으로 인한 편익을 능가한다는 것을 증명하기는 어려운데, 왜냐 하면 양자는 통약불가능한 가치(incommensurable values)와 관련되어 있기 때문이라고 한다. 그리고 강한 선례구속 이론에 따르더라도, 법원은 오류가 있는 선례를 적용하는 것에 적극적이 아닐 것이므로, 선례의 충격을 줄이기 위하여 선례를 구별(distinction)하려고 할 것인데,[66] 이는 선례와 명확히 결별하는 것보다 더 많은 불확실성을 가져온다고 한다. 그리고 판례를 자주 변경하면 법원 재판을 일반이 받아들이는 것을 위협하게 된다는, 사법적 정당성(judicial legitimacy)의 우려에 대하여는, 법원이 잘못된 선례를 변경하는 이유를 제대로 설명할 수 있으면 그러한 문제는 해소된다고 한다. 다른 한편 강한 선례구속 이론의 지지자들이 제기하는, 법원의 해석이 잘못되었으면 의회가 이를 교정하는 법을 통과시킬 수 있다는 주장에 대하여는, 의회가 이러한 법을 통과시키지 않았다는 것을 판례를 묵인하는 것으로 이해하기는 어려울 뿐만 아니라, 만일 약한 선례구속 이론에 따라 변경된 판례가 의회의 마음에 들지 않는다면 의회는 이를 변경할 수 있으므로 이러한 주장은 두 이론에 모두 적용될 수 있다고 한다.[67]

---

64) Kozel, 위의 책(주 56), pp. 99 ff.; Randy J. Kozel, "Stare Decisis in the Second-Best World", 103 California Law Review 1139, 1158 ff. (2015); Randy J. Kozel, "Special Justification", 33 Constitutional Commentary, 471 ff. (2018).

65) 이러한 비용에는 공적 및 사적 당사자가 새로운 규칙을 이해하고 그에 따르기 위하여 해야 하는 투자, 새로운 규칙을 명확히 하기 위한 소송에 소요될 돈과 같은 이행비용(移行費用, transition cost)뿐만 아니라 불확실성이 증가함으로써 당사자들이 특정한 유형의 장기간의 계획에 주의를 기울이지 않고, 법원이 한 번 결정한 문제에 대하여 다시 소송을 제기하기 위하여 너무 많은 돈을 지출하는 것과 같이 비효율적인 자원의 분배를 가져오는 전체적 비용도 포함된다. Nelson, 위의 글(주 17), 63.

66) 선례를 구별(distinguish)한다는 것은 선례와 문제되고 있는 사례가 다르다고 함으로써 선례를 문제되고 있는 사례에 적용하지 않는 것이다. 이에 대하여는 예컨대 Neil Duxbury, *The Nature and Authority of Precedent* (Cambridge University Press, 2008), pp. 113 ff. 참조.

67) Nelson, 위의 글(주 17), 52 ff.

2. 영   국[68]

(1) 종전의 상황

영국에서는 귀족원이 1898년 선고한 런던 스트리트 트램웨이즈 판결[69] 이래 귀족원의 판례는 귀족원 자신도 구속한다고 하여 판례 변경이 허용되지 않았다. 그러나 이러한 상황은 1966. 6. 26. 당시의 수석대법관(Lord Chancellor)[70]이었던 가디너 경(Lord Gardiner)이 다른 대법관들을 대표하여 판결 선고에 앞서서 발표한 실무 성명(practice statement)에 의하여 바뀌게 되었다.[71] 이 실무 성명은 앞으로는 판례의 변경이 허용된다고 하였다. 그 내용을 옮겨 본다.

"대법관들은 선례의 사용이 무엇이 법이고, 이를 개별 사건에 적용하는 것을 결정하기 위한 불가결한 기초라고 본다. 이는 적어도 개인이 자신의 문제에 관한 행동에서 의존할 수 있는 어느 정도의 확실성뿐만 아니라 법적 규칙의 질서 있는 발전의 근거를 제공한다.

그렇지만 대법관들은 선례에 너무 엄격하게 집착하는 것은 특정한 사건에서 부정의를 가져오고, 법의 정당한 발전을 부당하게 제한할 수 있다는 것을 인식한다. 그러므로 대법관들은 현재의 실무를 수정하여, 종전의 귀족원의 판례는 통상적으로 구속력이 있지만, 종전의 선례에서 벗어나는 것이 옳은 것으로 보일 때에는 그렇게 하고자 제안한다.

이 맥락에서 대법관들은 계약, 소유권의 이전 그리고 재정적 처리의 기초를 소급적으로 교란시키는 것의 위험과, 형법에서의 확실성에 관한 특별한 필요를 유념할 것이다.

이 성명은 귀족원 아닌 다른 곳에서의 선례의 사용에 영향을 줄 것을 의도하지 않는다."[72]

---

68) 영국의 판례 변경에 관한 국내 문헌으로는 제철웅, "영국의 선례 변경", 위의 책(주 2), 1179 면 이하가 있다.

69) London Street Tramways Co Ltd v London CC, [1898] AC 375. 이 판결에서 할스버리 백작 (Earl of Halsbury)은, 귀족원의 법률문제에 대한 재판은 최종적이고, 의회의 입법만이 귀족 원의 재판에서 잘못된 것을 바로잡을 수 있다고 하였다.

70) 당시의 Lord Chancellor는 귀족원의 의장이자 행정부 내각의 일원이고 사법부의 수장을 겸하 였다. 안경환, "영국법과 미국법의 비교연구 (Ⅱ) — 법관", 서울대학교 법학 제32권 1·2호 (1991), 79면 주 3) 참조. 여기서는 사법부의 수장임을 중시하여 수석대법관이라고 하였다.

71) Practice Statement [1966] 3 All ER 77. 이 실무 성명이 나오게 된 배경에 대하여는 Louis Blom-Cooper, 위의 글(주 4); Neil Duxbury, 위의 책(주 66), pp. 123 ff. 참조.

72) Their Lordships regard the use of precedent as an indispensable foundation upon which to decide what is the law and its application to individual cases. It provides at least some degree of certainty upon which individuals can rely in the conduct of their affairs, as well

이 실무 성명은 앞으로는 귀족원이 자신의 판례를 스스로 변경할 수 있음을
밝히면서도, 종전의 선례는 원칙적으로 존중되어야 하며, 특히 계약이나 소유권
의 이전 등의 문제에 관하여는 판례 변경으로 인한 소급효를 경계하고, 또 형법
에서는 판례 변경에 신중할 것임을 밝히고 있다.

(2) 판   례

위 실무 성명으로부터도 짐작할 수 있는 것처럼, 그 후 영국 귀족원은 제한
적으로만 판례 변경을 행하였다. 앞에서도 언급한 것과 같이, 영국 귀족원에 의
한 판례 변경은 2009년까지 21번에 그쳤다. 스카만(Scarman) 대법관은, 실무성
명에 의하면 판례를 변경하기 위하여는 선례를 따르는 것이 부정의 위험을 내포
하고, 법의 정당한 발전을 방해할 뿐만 아니라, 귀족원에 의한 선례로부터의 이
탈이 부정의에 대한 구제와 법의 발전을 위한 안전하고 적절한 수단이어야 하
고, 입법이 더 나은 수단일 수 있는 가능성은 실무 성명이 언급하고 있지는 않
지만, 귀족원은 간과하여서는 안 된다고 하였다.[73] 2009년부터 귀족원 대신 최
고법원의 기능을 수행하고 있는 대법원(Supreme Court)도 이러한 실무 성명의
태도를 유지하고 있다.[74]

여기서는 대법관 다수가 선례가 잘못되었다고 하면서도 선례를 변경하지 않
은 칸살 판결[75]을 소개하고자 한다. 이 사건에서는 1998년 제정되어 2000년부
터 시행된 1998년 인권법(Human Rights Act 1998)[76]이 이 법 시행 전의 사건에

---

as a basis for orderly development of legal rules. Their Lordships nevertheless recognise
that too rigid adherence to precedent may lead to injustice in a particular case and also
unduly restrict the proper development of the law. They propose therefore, to modify
their present practice and, while treating former decisions of this house as normally
binding, to depart from a previous decision when it appears right to do so. In this
connection they will bear in mind the danger of disturbing retrospectively the basis on
which contracts, settlement of property, and fiscal arrangements have been entered into
and also the especial need for certainty as to the criminal law. This announcement is not
intended to affect the use of precedent elsewhere than in this House.

73) R v Secretary of State for the Home Department, ex parte Khawaja and Khera, [1984] AC
74, para. 45. 이 사건에서 귀족원은 불법입국자의 추방에 대한 사법심사의 한계에 관한 R v
Secretary of State, ex parte Zamir [1980] AC 930을 변경하였다.

74) Austin v Mayor and Burgesses of the London Borough of Southwark, [2010] UKSC 28,
paras 24, 25. 대법원 판례 변경의 실제에 관하여는 James Lee, "Fides et Ratio: Precedent in
the Early Jurisprudence of the United Kingdom Supreme Court", European Journal of
Current Legal Issues(2015), Vol.21, pp. 1 ff. 참조.

75) R v Kansal (No. 2) [2001] 3 WLR 1562.

76) 이 법은 유럽인권협약을 국내법으로 수용하는 것을 주된 내용으로 한다. 이 법 전에는 영국

어디까지 소급적용될 수 있는가가 문제되었다. 이 사건 피고인은 1992년에 사기 등으로 유죄판결을 받았는데, 그 유죄판결의 증거로는 피고인이 파산절차에서 위증의 제재가 따르는 심문에서 진술한 내용이 포함되어 있었다. 그런데 형사사건검토위원회(Criminal Cases Review Commission)가 피고인의 상소를 지시하여 피고인이 항소법원(Court of Appeal)에 항소를 제기하였다. 한편 유럽인권재판소는 1996년에 피고인이 허위진술에 대한 제재가 따르는 행정절차에서 한 진술을 유죄의 증거로 사용하는 것은 유럽인권협약에 어긋난다고 하였다.[77] 그런데 귀족원의 다수의견은 2001년에, 유죄판결이 1998년 인권법 시행 전에 내려졌다면, 그 상소심 절차에서는 위 법이 소급적용되지는 않는다고 하였다.[78]

그리하여 위 판결을 변경할 것인가가 문제되었다. 대법관 5인 중 3인[79]은 종전 판례는 잘못이고, 인권법은 상소심 절차에도 소급적용된다고 보는 것이 맞다고 보았다. 그러나 그들 중 두 사람이 종전 판례를 변경할 필요는 없다고 하여 결국 종전 판례는 유지되었다. 로이드 대법관은, 종전 판례를 변경하려면 5인 아닌 7인의 대법관으로 구성된 재판부에서 하여야 하는데 제때에 그것이 이루어질 수 없기 때문에 5인의 대법관으로 구성된 재판부에서는 판례 변경을 할 수 없다고 하였다. 그리고 스타인 대법관은, 최근에 귀족원이 명확한 결정을 내린 과도기적인 규정에 대하여는 판례를 변경하는 것이 잘못이라고 하였다. 반면 호우프 대법관만 판례를 변경하여야 한다고 하였다. 그는 1998년 인권법에 관한 판례의 발전은 이제 막 시작되었고, 새로운 문제점이 매주 나타나고 있으므로, 귀족원이 종전 판례의 다수의견에 스스로 구속된다고 본다면, 이것이 중대한 이상이나 명백히 만족스럽지 못한 결과를 가져오는 한 인권법의 이익에 부합하지 않는다고 하였다.

(3) 학   설

영국에서는 이 문제에 관하여 매우 활발한 토론이 있는 것으로는 보이지 않

에는 기본권에 관한 규정이 없었으나, 이 법이 시행됨으로써 영국 법원도 유럽인권협약에 따른 기본권 보호를 할 수 있게 되었다. 이에 대하여는 윤진수, "영국의 1998년 인권법(Human Rights Act 1998)이 사법관계에 미치는 영향", 『민법논고 제1권』(박영사, 2007), 1면 이하 참조(처음 발표: 2002).

77) Saunders v United Kingdom (1996) 23 EHRR 313. 1998년 인권법 제2조 제1항은 협약상의 권리와 관련된 문제에 관하여 재판함에 있어서는 유럽인권재판소의 판례, 유럽인권재판소 위원회(Commission)의 의견 등을 고려하여야 한다고 규정하고 있다.

78) R v Lambert [2001] 3 WLR 206.

79) 로이드(Lloyd), 스타인(Steyn), 호우프(Hope) 대법관.

으나, 판례를 지지하는 문헌과 이에 반대하는 문헌을 찾아볼 수 있다. 판례를 지지하는 문헌은, 입법이 대법원의 논증에 대하여 가지는 중요성을 이해하여야 하고, 법원으로서는 극적인 변화는 입법자에게 맡기는 것이 정당할 수도 있다고 한다.[80]

반면 판례를 비판하는 주장은, 잘못된 선례는 특정한 선례구속의 고려가 선례의 준수를 정당화하지 않는 한, 변경되어야 하는 것으로 추정해야 한다고 본다. 예컨대 많은 법영역에서 신뢰 이익(reliance interests)은 잘못된 선례를 바로잡는데 장애가 될 수 있는 고려사항이 아니라고 한다.[81] 만일 상고심에서 선례를 정립한 후 다음의 재판부가 앞의 재판부의 법리적 결정에 얽매이게 된다면, 상소심 법원에 자의적인 요소(an element of arbitrariness)가 존재하게 되는데, 앞의 재판부는 그 재판부가 당해 문제에 관하여 선례를 남길 수 있는 첫 번째 재판부였다는 우연한 사정만으로, 자신의 법리적 결정을 영속화시킬 수 있고, 이는 다음의 법원이 정의의 질이 개선되게 하는 것을 막아버리게 된다는 것이다.[82]

3. 독   일

(1) 판   례

독일의 판례는 확고한 판례를 변경하기 위하여는 특별한 이유가 있어야 한다는 태도를 보이고 있다.

많이 인용되는 것은 독일연방대법원 민사대재판부(Großer Senat für Zivilsachen)의 1982. 10. 4. 결정[83]이다. 이 사건에서는 정기금의 지급을 명하는 소송상 화해에 대한 변경(Abänderung)을 구하는 청구[84]를 변경의 소 제기 전의 시점에 대하여도 할 수 있는가가 문제되었다. 독일 민사소송법 제323조 제3항은 정기금지급을 명하는 판결에 대한 변경은 변경이 소가 제기된 때부터만 가능하다고 규정

---

80) Lee, 위의 글(주 74), p. 6.
81) B.V. Harris, "Final appellate courts overruling their own "wrong" precedents: the ongoing search for principle", Law Quarterly Review Vol.118, 2002, p. 408, 424 f.
82) Harris, 위의 글(주 81), p. 419. Andrew Burrows, "The relationship between common law and statute in the law of obligations", Law Quarterly Review, Vol. 128, 2012, pp. 232, 258 은, 성문법이 존재한다는 것은 보통법의 자연스러운 발전을 거부하는 데 좋은 이유가 되기 어렵고, 입법이 좀 더 적절하다는 이유만으로 보통법의 발전을 거부하는 것은 적어도 채무법 (law of obligations)의 영역에서는 판사의 사법적 책임을 포기하는 것이라고 한다.
83) BGH NJW 1983, 228.
84) 우리 민사소송법 제252조 참조.

하고 있다. 그런데 이 사건에서는 정기금의 지급을 명하는 집행권원이 판결이 아니라 소송상 화해였다. 사건을 담당한 연방대법원 4b 민사부는 제323조 제3 항에 근거하여 소가 제기되기 전의 부분에 대한 변경은 불가능하다고 보았으나, 종래 다른 재판부 판례[85]는 재판상 화해에 대한 변경의 소는 이러한 시기적 제한을 받지 않는다고 하였으므로,[86] 판례 변경을 위하여 민사대재판부에 제청을 하였다.[87]

그러나 민사대재판부는 이러한 판례변경은 허용될 수 없다고 하였다. 즉 기본법에 따르면 법관은 단순히 입법자의 지시를 문언의 한계 내에서 개별 사건에 적용하는 것에 그치는 것이 아닌데,[88] 이는 특히 시간이 경과하면서 확립된 판례에 의하여 형성된 오래된 법규정의 해석에 관하여 그러하다고 하였다. 그러한 경우에는 법적 안정성과 신뢰보호라는 법적 가치가 매우 중요하며, 이러한 법적 가치는 일반적으로 일단 일어난 법적 발전을 고수할 것을 요구하는데, 판례의 연속성으로부터 벗어나는 것은 명백하게 우월하거나 또는 완전히 불가피한 이유가 있을 때에만 감수될 수 있다고 하였다. 그러면서 제청 재판부가 변경하려고 하는 판례는 그 후의 후속 판례나 연방사회법원(Bundessozialgericht)의 판례가 이를 따르고 있어서 이러한 확립된 판례에 해당하는데, 제청결정에는 확립된 최고법원의 판례로부터 벗어나야 할 명백히 우월하거나 불가피한 사정이 나타나 있지 않고, 또 이를 찾아볼 수도 없다고 하였다.[89)90]

---

85) 제6민사부 1963. 7. 9. 판결(NJW 1963, 2076).

86) 당시의 독일 민사소송법 제323조 제4항은 판결 외의 집행권원에 관하여도 판결에 대한 변경의 소에 관한 규정을 준용하고 있었으나, 이 판결은 제323조 제3항의 제한은 소송상 화해에는 준용되지 않는다고 보았다. 현재는 판결 외의 집행권원에 대한 변경의 소에 관하여는 독일 민사소송법 제323조의a가 별도로 규정하고 있다.

87) 독일의 판례변경 절차에 대하여는 윤진수, 위의 글(주 6), 81면 이하 참조.

88) 이른바 일반적 인격권 침해에 대하여 법원이 법의 명문 규정 없이도 정신적 손해의 배상을 명할 수 있다고 한 연방헌법재판소의 소라야(Soraya) 판결(BVerfGE 34, 269, 287 = NJW 1973, 1221)을 인용하였다.

89) 이 이외에도 민사대재판부는 다음과 같이 설시하였다. 민사소송법 제323조 제4항은 1919년에 신설되었는데, 이는 제1차대전 후에 정기금 급여에 대한 통화가치 증액을 위한 것이었으나, 1920년에 당시의 제국법원이 사정변경의 이론(clausula rebus sic stantibus)에 의하여 통화가치의 폭락 문제를 해결하였으므로, 이러한 행위기초론에 의하여 제323조 제4항이 제1항에서 제3항까지를 준용하는 것은 실체법상 변경의 가능성을 확대하는 것이 아니라 오히려 이를 좁히는 것이 되었고, 이러한 중대한 사정의 변경에 의하여 법관의 법률에 대한 구속이 완화되며, 법형성에 의하여 신중하고 승인된 법적 평가에 맞추어 구제수단을 부여하는 것은 법원의 정당한 임무라고 하였다. 이러한 점에서 법문이나 제323조 제4항의 성립사는 판례를 변경한 충분한 근거가 되지 못한다는 것이다. 또한 이 결정은 제청법원이 판례변경이 필요하다

그리고 독일연방노동법원 제2부 1984. 3. 29. 판결[91]은 이 점에 대하여 비교
적 상세하게 설시하고 있다. 이 사건에서는 사용자가 근로자를 경영상 이유로
해고할 때 종업원평의회(Betriebsrat)[92]에 대하여 해고 대상자의 선정 원칙인 사
회적 선발(soziale Auswahl)[93]을 설명하지 않은 것이 해고 무효사유인가가 문제
되었다. 제2부는 전에는 종업원평의회의 요청이 있을 때에만 경영상의 이유로
하는 해고에서 사회적 선발의 근거를 통지하여야 한다고 보고 있었다.[94] 그런데
위 재판부는 위 판결에서 이러한 판례를 변경하여, 종업원평의회의 요구가 없어
도 당해 근로자가 왜 해고대상자로 선정되었는지에 대하여 통지하여야 한다고
판시하였다. 위 판결은 자신이 판례를 변경하는 이유에 대하여 상세하게 설명하
고 있는데, 판례 변경 일반에 관하여는 다음과 같이 설시하였다. 즉 이 사건에서
는 종전 판례의 해석에 대한 의문이 불가피하기 때문에, 법적 안정성이나 신뢰
보호라는 근거에 의하더라도 종전 판례를 고수할 수 없다고 하였다. 성문법이
적용되는 경우에는 선례는 법률과 동일한 구속력을 가지지 않고, 법원은 새로운
법적 분쟁에서 자신의 종전 재판에서 이탈할 수 있지만, 법적 실제는 확립된 최
고법원의 판례를 고려하는 것을 유의하여야 한다는 것이다. 그리하여 연방노동
법원은 종전에 종전 판례나 그와 다른 견해에 각각 괜찮은 이유가 있다면 최고
의 연방법원은 종전 판례로부터 벗어나서는 안 된다고 보았고, 연방대법원도 이
러한 견해에 찬동하여 확립된 최고법원의 판례에는 특별한 의미가 있고, 그러한
경우에는 법적 안정성과 신뢰보호라는 법적 가치가 매우 중요하며, 이러한 법적
가치는 일반적으로 일단 일어난 법적 발전을 고수할 것을 요구하는데, 판례의
연속성으로부터 벗어나는 것은 명백하게 우월하거나 또는 완전히 불가피한 이유

고 열거한 사유에 대하여도 반박하고, 판례의 유지가 필요한 이유에 대하여도 자세히 설시하
였다. 이 결정에 대한 국내의 소개로는 정선주, "정기금판결에 대한 변경의 소", 비교사법 제
11권 2호, 2004, 423면이 있다.
90) 현재 독일의 학설도 대체로 소송상 화해에 대한 변경의 소에 대하여는 이러한 판례의 태도를
수긍하고 있는 것으로 보인다. *Münchener Kommentar zur ZPO/ Gottwald* (5. Auflage,
C.H. Beck, 2016), Rdnr. 12 참조.
91) BAG AP Nr. 31 zu §102 BetrVG 1972.
92) 독일의 종업원평의회에 대하여는 권 혁, "독일 노동법상 근로자대표제도", 노동법논총 제22집
(2011), 37면 이하 참조. 이는 우리나라에서 경영협의회, 사업장협의회, 종업원협의회, 근로자
대표위원회 등 다양한 용어로 번역되고 있다. 박귀천, "독일 노동법상 근로조건 결정시스템",
노동법연구 제41호(2016), 43면 주 3) 참조.
93) 이에 대하여는 권 혁, "해고법 규율의 유추적용 가능성에 대한 법학방법론적 검토", 안암법학
제24호(2007), 115면 이하 참조.
94) 연방노동법원 1978. 7. 6. 판결(AP Nr. 16 zu §102 BetrVG 1972).

가 있을 때에만 감수될 수 있다고 하였다.[95] 당 재판부도 그러한 견해를 지지하
므로, 그와 같이 불가피한 사유가 없었다면 판례를 변경하지 않았을 것이라는
것이다.

그렇지만 다른 한편 신뢰보호라는 논거는 매우 중요하므로, 필요한 판례 변
경인 경우에도 이를 고려하여야 하고, 따라서 판례를 고려하여 종업원평의회에
사회적 선발의 관점을 통지하지 않은 자는 판례 변경으로 인하여 불이익을 입지
않아야 된다고 하여, 법치국가의 근거에서 이 판례가 수립한 원칙은 과거에 연
방노동법원의 판례를 신뢰하여 이루어진 해고에는 적용되지 않는다고 하였다.
즉 이 판결은 판례를 변경하면서도 이 판례 변경에 소급효 아닌 장래효만을 인
정한 것이다.[96]

(2) 학 설

오스트리아의 학자인 비들린스키는 여러 가지의 해결책이 모두 거의 동등하게
주장될 수 있어서(vertretbar) 어느 것을 적용하여야 할지 불분명할 때("non
liquet")에는 선례를 따라야 하고, 이러한 의미에서는 판례의 구속력이 제한적으로
인정되며(보충적 구속력, subsidiäre Verbindlichkeit), 이러한 선례의 구속력은 법
치주의에 기반을 둔 법적 안정성의 유지와 비례적 평등을 근거로 한다고 주장한
다. 따라서 법적 논증이 동등한 가치가 있을 때에는 판례의 유지가 법적 안정성에
이바지하고, 같은 것은 같게 취급할 수 있다고 한다. 다시 말하여 판례가 잘못되
었다는 것이 명백하게 밝혀지지 않았을 때에는 판례를 따라야 한다는 것이다.[97][98]

라렌츠는 법원이 판례로부터 벗어나고자 할 때에는, 판례의 계속에 대한 신
뢰를 고려하여야 하고, 이러한 신뢰가 상당한 정도로 존재한다면, 정당한 판결

---

95) 위 연방대법원의 민사대재판부 결정(주 83)을 인용하였다.
96) 판례의 소급효와 장래효에 대하여는 윤진수, "상속회복청구권의 소멸시효에 관한 구관습의
   위헌 여부 및 판례의 소급효", 『民法論攷 제5권』(박영사, 2011), 190면 이하(처음 발표:
   2004); 이동진, "판례변경의 소급효", 위의 책(주 2) 등 참조.
97) Franz Bydlinski, *Juristische Methodenlehre und Rechtsbegriff* (2. Aufl., Springer‒Verlag,
   1991), S. 505 ff. 독일연방노동법원 판결(주 91)도 그 근거로서 1981년에 나온 비들린스키의
   위 책 초판 501면 이하를 인용하였다.
98) 이계일, "법관법의 대상영역과 규범적 힘에 관한 연구", 연세대학교 법학연구 제26권 3호
   (2016), 228면은 Bydlinski, *Grundzüge der juristischen Methodenlehre* (2. Aufl., Facultas.
   wuv, 2012), S. 129 ff.를 인용하면서, 비들린스키는 새로운 법리의 선택이 지지될 수 있기 위
   해 요구되는 새 법리의 설득력의 정도는 기존 선례의 설득력보다 '명백히 나을 것'을 요구함
   으로써 그런 수준에 이르지 않는 한 선례와 새로운 법리의 설득력은 어느 쪽이 나은지 확실
   치 않은 것으로 처리하려 했다고 한다.

을 하기 위하여 불가피한 이유가 있을 때에만 판례로부터 이탈하여야 한다고 주장한다.[99)100)]

라렌츠의 법학방법론 교과서 학생판(Studienausgabe)을 이어받은 카나리스는 비들린스키의 주장에 동의하면서, 법관이 이용할 수 있는 법발견의 유일한 수단은 자신의 고유한 판단일 뿐이지만, 이는 매우 취약한 기준이고 응급수단으로서, 선례 구속의 근거인 법적 안정성과 평등 취급의 가치보다 후퇴해야 하는데, 왜냐하면 나중에 재판을 하는 법관이 자신의 선례와 다른 판단을 관철시킬 수 있다는 것만으로 선례로부터의 이탈을 허용한다는 것은 이러한 가치의 서열 및 중요성과 합치하지 않는다고 한다. 이는 특정한 해결책에 대한 근거와 반대근거가 거의 동등한 무게를 가지고 있어서 꼼짝할 수 없는 상황인 경우뿐만 아니라, 반대근거가 매우 취약한 경우에도 그러한데, 왜냐하면 법률적 논증은 오류에 빠지기 쉽기 때문에 그러한 상황에서의 선례로부터의 이탈은 대부분 필연적으로 나중에 재판하는 법원의 스스로의 판단에 의존할 것이기 때문이라고 한다.[101)]

스위스의 학자인 프롭스트는 판례를 변경할 것인가를 결정함에 있어서 다음의 3가지 요소를 고려하여야 한다고 주장한다. (1) 종래 판례의 견해에 반대되는 근거 (2) 새로운 견해를 지지하는 근거 (3) 종래의 판례로부터 새로운 판례로 옮겨가는 손실. 그리하여 (1) + (2) > (3)일 때에만 판례 변경을 허용하여야 한다는 것이다. 그리고 (3)에 관하여는, 주로 문제되는 것은 법적 평등과 법적 안정성인데, 법적 평등은 판례 변경에 반대되는 근거일 뿐만 아니라 이를 지지하는 근거도 된다고 한다. 그렇지만 법적 안정성은 현재의 판례를 고수하여야 하고, 판례 변경에 대립된다고 한다. 그러므로 판례 변경은 이러한 법적 안정성의 침해가 (1)과 (2)에 의하여 보상될 수 있을 것을 전제로 하며, 그렇지 않으면 판례를 유지하여야 한다고 주장한다.[102)]

반면 켈러는 이처럼 판례 변경에 특별한 근거가 있어야 한다는 주장을 거부

---

99) Karl Larenz, *Methodenlehre der rechtswissenschaft* (6. Aufl., Springer Verlag, 1991), S. 434. 독일연방노동법원의 판결(주 91)은 1983년에 나온 위 책의 제5판 417면을 인용하였다.
100) Hans‒Martin Pawlowski, *Methodenlehre für Juristen* (3. Aufl., C.F.Müller, 1999), Rdnr. 103(S. 103)도 그와 같이 주장하면서 그 근거로서 평등 대우의 원칙을 든다.
101) Karl Larenz/Claus‒Wilhelm Canaris, *Methodenlehre der Rechtswissenschaft* (3. Aufl., Springer, 1995), S. 256. 라렌쯔와 카나리스의 견해 차이에 대하여는 이계일, 위의 글(주 98), 234면 주 53) 참조.
102) Thomas Probst, *Die Änderung der Rechtsprechung* (Helbing & Lichtenhahn, 1992), S. 662 ff.

한다. 그는 그 근거를 상세하게 열거하는데, 평등의 원칙은 법 앞의 평등을 보장하며 모든 종류의 평등을 보장하는 것은 아니고, 신뢰 보호도 개별적인 경우(예컨대 형법상 금지착오의 규정)에 보호될 수 있을 뿐 잘못된 판례 변경을 막을 수는 없다고 한다. 또한 과도기의 어려움도 판례 구속의 근거로 들지만, 잘못된 견해를 항구적으로 유지하는 것과 1회적인 변경을 비교하여야 한다고 본다.[103]

마우러는, 판례 변경을 위하여 명백하게 우월하거나 또는 완전히 불가피한 이유가 있어야만 한다는 판례는 적어도 오해를 불러일으킬 수 있고, 판례의 발전은 특별한 관점에 의존하는 것이 아니라 법 자체에 의하여 지시된다고 한다. 법원이 더 나은 통찰이나 새로운 인식에 근거하여 종래의 법률의 해석이나 법률의 흠결 보충이 타당하지 않거나 또는 더 이상 타당하지 않다는 결론에 이르렀다면, 법원은 그에 따라 판례를 변경하여야 하고, 부가적으로 중요하거나 불가피한 이유가 있을 것은 필요하지 않으며, 신뢰보호와 계속성의 유지라는 원칙도 법원이 법률에 구속된다는 것으로부터 해방시키지는 못한다는 것이다. 다만 법원은 쉽게 판례를 포기하여서는 안 되고, 조심스러워야 하며, 확실한 자료가 있을 때에만 판례를 변경하여야 하고, 특히 판례가 왔다갔다 하는 것을 막기 위하여 새로운 판례가 유지될 것인가를 탐구해야 하며, 신뢰 보호는 판례 변경의 장애는 아니고, 판례 변경을 위한 지침을 줄 수는 있다고 한다.[104]

4. 일   본

(1) 판   례

일본의 판례상 이 문제가 자주 논의되고 있는 것 같지는 않다. 그러나 다음의 두 판례는 주목할 필요가 있다.

우선 일본 최고재판소 1973(昭和 48). 4. 25. 대법정 판결[105]에서는 국가공무원의 쟁의행위를 금지하는 국가공무원법의 합헌성이 문제되었다. 이 사건에서는 1958. 10. 8. 정부가 경찰관직무집행법 개정안을 중의원에 제출하자, 그 내용이 노동자의 단체 운동을 억압할 위험이 크다고 하여 전국 규모로 반대 운동이 전

---

103) Kähler, 위의 책(주 6), S. 342 ff.
104) Hartmut Maurer, "Kontinuitätsgewähr und Vertrauensschutz', in Josef Isensee/ Paul Kirchhof (hrsg.), *Handbuch des Staatsrechts*, Bd. 3, (C.F.Müller, 2. Aufl., 1996), §60 Rdnr. 105(S. 272).
105) 刑集 27－4－547.

개되었는데, 당시 농림성에 근무하는 공무원으로 구성된 농림노동조합의 간부들인 피고인들이 노조원들에 대하여 위 개정을 반대하는 직장대회에 참가하고, 출근은 오후 12시에 할 것을 종용하는 등의 행위를 한 것이 공무원의 쟁의행위를 금지하는 당시의 국가공무원법에 위반되는가가 문제되었다. 그런데 최고재판소는 1969(昭和 44). 4. 2. 대법정 판결[106]에서 위 국가공무원법을 한정해석하는 한 위헌이 아니라고 하였다. 그러나 위 1973년 판결은 공무원의 쟁의행위를 금지하는 것은 헌법상 허용되고, 한정해석할 필요도 없다고 하여 위 1969년 판결을 변경하였다.[107] 이에 대하여 다나카 지로(田中二郎) 재판관 등 5인의 재판관은 반대의견을 냈는데, 특히 판례 변경에 관하여는 다음과 같이 주장하였다. 즉 최고재판소가 최종심으로서 전에 내린 헌법해석과 다른 견해를 가지고 선례를 변경하여 새로운 해석을 하려면, 그 필요성 및 상당성에 관하여 특단의 음미, 검토 및 배려를 베풀지 않으면 안 된다고 하였다. 헌법 해석의 변경은 실질적으로는 헌법 자체의 개정에도 필적할 뿐만 아니라, 최고재판소가 한 헌법해석은 그 성질상 그 이유 자체가 설득력을 통하여 다른 국가기관이나 국민 일반의 지지와 승인을 획득하는 것에 의하여 비로소 권위 있는 판단으로서 구속력과 실효성을 가질 수 있고, 그러한 권위를 보지하고 헌법질서의 안정을 도모하기 위하여는 헌법 판례의 변경은 가볍게 할 것이 아니며, 그 시기 및 방법에서 신중을 기하여야 하고, 그 내용에서도 참으로 설득력 있는 이유와 근거를 보일 준비를 필요로 한다는 것이다.

다른 한편 일본 최고재판소 2013(平成 25). 9. 4. 대법정 결정[108]에서는 비적출자(非嫡出子, 혼인 외에서 태어난 자녀)의 상속분을 적출자의 상속분의 1/2로 한다는 당시의 일본 민법 제900조 4호의 규정이 위헌인지 여부가 문제되었다. 이 점에 관하여는 최고재판소 1995(平成 7). 7. 5. 대법정 결정[109]은 위 규정이 위헌이 아니라고 하였고, 그 후 여러 차례에 걸쳐 마찬가지로 판시하였다.[110] 그런데 위 2013년의 대법정 결정은 위 규정이 위헌이라고 하면서도, 종전의 판례

---

106) 刑集 23-5-305.
107) 이에 대한 간단한 소개는 노상헌, "일본 공무원의 노동기본권과 노동조합", 노동법포럼 제21호(2017), 83면 이하 참조.
108) 民集 67-6-1320.
109) 民集 49-7-1789.
110) 가장 나중의 판례는 최고재판소 2009(平成 21). 9. 30. 결정(家庭裁判月報 61권 12号 55頁)이다.

를 변경하지는 않았다. 다시 말하여 위 판례들은 그 당시에는 합헌이었지만, 그후 여러 가지의 사회적, 법률적 변화가 있었으므로 적어도 위 사건에서의 상속이 개시된 2001년 7월 당시에는 적출자와 적출이 아닌 자녀의 법정상속분을 구별하는 합리적 근거를 잃어버리게 되었다고 하면서, 그 사건 상속 개시 시부터 위 결정이 있기까지 개시된 다른 상속에 관하여는, 위 결정의 위헌판단은 위 규정을 전제로 하여 이루어진 유산의 분할 심판 그 밖의 재판, 유산의 분할의 협의, 그 밖의 합의 등에 의하여 확정적으로 된 법률관계에는 영향을 미치지 않는다고 보았다.[111] 이 결정은 형식적으로는 판례 변경이 아니라고 하였지만, 실질적으로는 위헌 판단으로 인한 소급효를 우려하여, 판례를 변경하면서 그 소급효가 미치는 시적 범위를 제한한 것이다.[112]

　(2) 학　　설

　일본에서는 주로 헌법 판례의 변경과 관련하여 판례 변경을 어느 경우에 할 수 있는가가 논의된다. 한 논자는 헌법 판례의 변경은 최고재판소의 권위의 궁극적 근거인 객관성과 공평성에 대한 일반의 신뢰를 잃을 위험이 존재하므로, 선례를 변경하는 판결은 이를 참으로 필요로 하는 이유를 명확히 하지 않으면 안 된다고 한다.[113] 그는 이러한 이유로서 ① 시간의 경과에 따라 사정이 변경되었다는 이유, ② 경험의 교훈에 비추어 조절이 필요하다는 이유, ③ 선례의 잘못이 지극히 명확하다는 이유를 들고 있다. 그리고 이러한 판례 변경의 조건에 적절한 배려를 게을리 한다든지, 재판관의 교체가 원인이 되어 판례가 변경되었다고 생각되는 경우에는 그 판례 변경은 부당하다고 하지 않으면 안 되고, 판례 변경에는 적어도 그러한 한계가 있다고 한다.[114] 다른 논자는 실제적 경험과 정의의 관념에 비추어 판례를 변경할 것인가 아닌가는 재판소의 재량에 속하는 것이지만, 법적 안정성의 희생 위에 성립하는 것이므로, 판례를 변경하는 것은 전의 판결이 잘못되었다든가, 정의의 여러 목적으로부터 그 변경이 요구된다는 것

---

111) 이에 대하여는 윤진수, "상속관습법의 헌법적 통제", 헌법학연구 제23권 2호(2017), 186면 및 같은 면 주 82)에 소개된 문헌 참조.

112) 같은 취지, 白水　隆·宇野文重, "非嫡出子相續分最高裁違憲決定", 法學セミナ No. 731 (2015), 42−43면. 水野紀子, "婚外子相續分差別違憲決定", 法律時報 85권 12호(2013), 2−3면은 위 결정이 소급효를 제한한 점을 비판하고 있다.

113) 芦部信喜, 『憲法訴訟の理論』(有斐閣, 1973), 28−29면.

114) 芦部信喜, 『憲法訴訟の現代的展開』(有斐閣, 1981), 11면[高橋一修, "先例拘束性と憲法判例の變更", 芦部信喜 編 『講座憲法訴訟 第3卷』(有斐閣, 1987), 181면에서 재인용].

을 거의 합리적 의심을 넘어서 납득할 수 있는 경우에 한정된다고 한다.[115] 그리하여 헌법 판례의 변경이 타당한 경우를 변경의 필요성의 관점에서 정당화되는 경우와 반드시 변경이 필요하다고 할 수는 없지만 정당하다고 관념되는 경우로 나누어 설명한다. 전자의 경우에는 모순되는 선례를 선택할 필요가 있는 때, 선례의 해석이 실행불능 내지 중대한 곤란을 가져오는 때, 선례에 명백한 잘못이 있는 때, 명시적 변경이 이전의 사실상의 변경의 선언에 그치는 때가 포함되고, 후자의 경우에는 서로 대립하는 철학에 따를 것인가를 선택하지 않으면 안 되는 때, 선례가 그 후의 시대적 요청에 대응하지 않는 때, 신중한 재검토에 기하여 선례와 다른 해석의 타당성을 확신하기에 이른 때가 포함된다고 한다. 반면 판례의 변경이 부당한 경우에는 변경되는 판례의 추론과 분석에 적정한 고려를 기울이지 않은 때, 판례의 계속성이라는 고유한 가치에 적정한 배려를 보이지 않고, 특히 국민의 권리와 자유에 큰 악영향을 미치는 때, 판례 변경이 재판소의 구성원의 변동에만 유래한 때가 포함된다고 한다.[116][117]

Ⅲ. 우리나라의 논의

1. 판 례

우리나라의 판례 가운데에는 위 대법원 2013. 2. 21. 선고 2010도10500 전원합의체 판결 및 대법원 2013. 5. 16. 선고 2012도14788, 2012전도252 전원합의체 판결에서의 이상훈, 김용덕 대법관의 별개의견과 반대의견 외에는 판례 변경이 어느 경우에 가능한가를 논하고 있는 것은 찾아보기 어렵다. 그러나 종래의 판례 가운데에도 이에 관한 생각을 엿볼 수 있는 것들이 있다.

(1) 대법원 1977. 1. 11. 선고 76다81 판결 및 1996. 3. 8. 선고 95도2114 판결

위 두 판결에서는 하급심이 판례에 도전한 데 대하여, 대법원은 판례를 변경할 필요가 없다는 이유만으로 이를 물리쳤다. 먼저 대법원 1977. 1. 11. 선고 76다81 판결에서는 부당하게 확정판결을 얻고 이를 집행하는 것이 불법행위가 되

---

115) 佐藤幸治, 『現代國家と司法權』(有斐閣, 1988), 353-354면.
116) 佐藤幸治, 위의 책(주 115), 370-374면.
117) 君塚正信, "判例の拘束力", 横濱法學 제24권 1호(2015), 96면도 이 두 사람의 견해를 지지하는 것으로 보인다.

는가가 다투어졌다. 원심은, 확정판결 변론종결 이전에 그 소송에서 그 실제상 채권의 전부 및 일부가 부존재함에도 판결이 확정된 경우에, 그 판결이 위와 같이 확정된 이상 그 판결이 재심 등의 법정절차에 따라 취소되지 않는 한 가사 당사자가 위 판결이 부당한 판결이라는 것을 알고서 강제집행을 하였다고 해도 민법상의 불법행위가 될 수 없다고 하여 원고의 손해배상청구를 배척하였다.

그러나 대법원은, "원심의 위와 같은 사실인정 자체는 적법하고 또 그 설시 이유도 상당한 설득력을 가진 이론이라고 인정한다. 그러나 이와 같은 법이론은 아직 이와 정반대 취지의 본원판례(1968. 11. 19. 선고 68다1624 판결, 1960. 11. 3. 선고 4292민상856 판결)가 있고 이 판례의 정신은 아직도 변경할 단계라고는 볼 수 없으므로 결국 원판결은 위 판례의 정신에 위반한다"고 하여 원심판결을 파기하였다.[118)]

또한 대법원 1996. 3. 8. 선고 95도2114 판결에서는 부정수표단속법 제2조 제2항의 죄, 즉 "수표를 발행하거나 작성한 자가 수표를 발행한 후에 예금부족, 거래정지처분이나 수표계약의 해제 또는 해지로 인하여 제시기일에 지급되지 아니하게 한" 죄가 언제 성립하는가가 문제되었다. 종래의 판례[119)]는 위 죄는 예금 부족 등으로 인하여 제시기일에 지급되지 아니할 것이라는 결과 발생을 예견하고 발행인이 위 수표를 발행한 때에 바로 성립되고, 수표소지인이 그 제시기일에 지급을 위한 제시를 하여 수표금의 지급이 되지 아니한 때에 성립하는 것은 아니라고 보고 있었다. 그런데 위 사건 원심 판결은, 다음과 같은 이유로 위 죄는 수표를 발행한 때가 아니라 제시기일에 지급되지 아니하게 한 때 비로소 성립하는 것으로 보아야 한다고 판시하였다. 즉 위 제2조 제2항은 "수표를 발행하거나 작성한 자가 수표를 발행한 후에 예금부족, 거래정지처분이나 수표계약의 해제 또는 해지로 인하여 제시기일에 지급되지 아니하게 한 때에도 전항의 형과 같다"고 규정하여 "다음 각호의 1에 해당하는 부정수표를 발행하거나 작성한 자는 5년이하의 징역 또는 수표금액의 10배이하의 벌금에 처한다"라고 규정하는 동조 제1항과는 규정형식을 달리하고 있고, 1966. 2. 26. 법률 제1747호로 개정되기 전의 부정수표단속법 제2조는 현행법 제2조 제1항과 제2항을 구별함이 없

---

118) 이 문제에 대하여는 윤진수, "확정판결의 부정이용에 대한 구제의 요건과 방법," 『이십일세기 민사소송법의 전망; 하촌정동윤선생 화갑기념』(법문사, 1999), 343면 이하 참조. 다만 이 글은 대법원 1997. 9. 12. 선고 96다4862 판결의 평석인데 사건번호를 95다4862로 오기하였다.
119) 대법원 1979. 9. 25. 선고 78도2623 판결 등.

이 "부정수표라 함은 다음 각 호의 1에 해당하는 것을 말한다"고 하여 제4항에서 "예금부족으로 제시기일에 지급되지 아니한 수표"를 들고 있고, 동법 제4조 제1항은 단순히 "부정수표를 발행 또는 작성한 자는 2년 이하의 징역 또는 수표금액의 2배 이상 10배 이하의 벌금에 처한다"고 규정하여 있었는데 위 법의 개정으로 현재와 같은 규정형식을 취하게 되었다는 것이다.

그러나 위 대법원 판결은 부정수표단속법 제2조 제2항 위반의 범죄는 예금부족 등으로 인하여 제시기일에 지급되지 아니할 것이라는 결과 발생을 예견하고 발행인이 위 수표를 발행한 때에 바로 성립되고, 수표소지인이 그 제시기일에 지급을 위한 제시를 하여 수표금의 지급이 되지 아니한 때에 성립하는 것은 아니라는 것은 대법원의 확립된 견해이고, 원심이 들고 있는 논거들을 감안하여 보더라도 위 견해를 변경할 필요성이 없다고 하여 원심판결을 파기하였다.

이 판결들은 원심에서 판례가 변경되어야 할 이유를 적시하여 판례변경을 촉구하였음에도 불구하고, 그에 대하여 직접적으로 답변하지는 아니한 채, 판례가 있다는 이유만으로 원심판결을 파기한 것이다.

(2) 대법원 1999. 7. 15. 선고 95도2870 전원합의체 판결의 반대의견

대법원 1999. 7. 15. 선고 95도2870 전원합의체 판결에서는 구 건축법 제57조의 양벌규정이 위반행위의 이익귀속주체인 업무주에 대한 처벌규정임과 동시에 행위자의 처벌규정인지가 문제되었다. 종래의 판례는, 위 규정은 행위자 처벌규정은 아니므로 위 규정을 근거로 실제의 행위자를 처벌할 수 없다고 하였다.[120] 그러나 위 전원합의체 판결의 다수의견은, 위 규정은 행위자의 처벌규정임과 동시에 그 위반행위의 이익귀속주체인 업무주에 대한 처벌규정이라고 하여 판례를 변경하였다.

이에 대하여 반대의견은, 위 규정은 행위자 처벌규정이라고 할 수 없고, 판례를 변경하여서는 안 된다고 주장하면서, 그 이유 중 한 가지로 다음과 같은 이유를 들었다.

"우리 법제와 같은 성문법주의 아래서는 최고법원의 판례라고 하더라도 이것이 바로 법원(法源)이 되는 것은 아니지만, 실제의 법률생활에 있어서는 특히 최고법원 판례의 경우 사실상 구속력을 가지고 국민에 대하여 그 행동의 지침을

---

120) 대법원 1990. 10. 12. 선고 90도1219 판결; 1992. 7. 28. 선고 92도1163 판결; 1993. 2. 9. 선고 92도3207 판결.

부여하는 역할을 수행하는 한편 당해 사건을 최종적인 판단에 의하여 해결하는 기능뿐만 아니라 법령해석의 통일이라는 제도적 기능도 아울러 가지고 있음을 고려할 때, 종래 대법원 1990. 10. 12. 선고 90도1219 판결 등 다수의견이 변경하고자 하는 대법원판례가 구 건축법의 양벌규정이 행위자 처벌의 근거 규정이 될 수 없다고 일관되게 해석하여 옴으로써 국민의 법의식상 그러한 해석이 사실상 구속력이 있는 법률해석으로 자리잡게 되었다고 할 수 있음에도 불구하고 단지 다른 법률의 양벌규정과 해석을 같이 하려는 취지에서 국민에게 불이익한 방향으로 그 해석을 변경하고 그에 따라 위와 같은 대법원판례들을 소급적으로 변경하려는 것은 형사법에서 국민에게 법적안정성과 예측가능성을 보장하기 위하여 소급입법 금지의 원칙을 선언하고 있는 헌법의 정신과도 상용될 수 없는 것이다."

즉 위 반대의견은 판례 변경에 반대하는 이유로서, 국민의 법의식상 대법원판례의 해석이 사실상 구속력이 있는 법률해석으로 자리잡게 된 경우에는 국민에게 불이익한 방향으로 그 해석을 변경하고 위와 같은 대법원판례들을 소급적으로 변경하려는 것은 형사법에서 소급입법 금지의 원칙을 선언하고 있는 헌법의 정신과 맞지 않는다고 한 것이다.

(3) 대법원 2013. 2. 21. 선고 2010도10500 전원합의체 판결의 별개의견과 대법원 2013. 5. 16. 선고 2012도14788, 2012전도252 전원합의체 판결의 반대의견

위 두 판결에서의 별개의견과 반대의견은 명시적으로 판례 변경의 한계에 관한 일반론을 전개하였다.

우선 위 2010도10500 전원합의체 판결에서는, 타인의 부동산을 보관 중인 자가 불법영득의사를 가지고 그 부동산에 근저당권설정등기를 경료함으로써 일단 횡령행위가 기수에 이른 후에 같은 부동산에 별개의 근저당권을 설정하거나 해당 부동산을 매각하는 행위를 처벌할 수 있는가가 문제되었다. 종래의 판례[121]는 위와 같은 경우에 나중의 행위는 불가벌적 사후행위로서 처벌할 수 없다고 하였다. 그러나 위 전원합의체 판결의 다수의견은 이러한 행위도 처벌할 수 있다고 하여 판례를 변경하였다.

이에 대하여 이상훈, 김용덕 대법관의 별개의견은 결과에 있어서는 처벌에

---

121) 대법원 1996. 11. 29. 선고 96도1755 판결; 1997. 1. 20. 선고 96도2731 판결; 1998. 2. 24. 선고 97도3282 판결; 1999. 4. 27. 선고 99도5 판결; 1999. 11. 26. 선고 99도2651 판결; 2000. 3. 24. 선고 2000도310 판결; 2006. 8. 24. 선고 2006도3636 판결; 2006. 11. 9. 선고 2005도8699 판결.

동의하면서도, 위 판례 변경에는 반대하였다. 그 이유로서는 여러 가지를 들고 있는데, 판례 변경에 관하여는 일반론으로 다음과 같이 설시하였다.

"판례는 그 변경에 신중을 기하여야 한다. 비록 판례의 변경 가능성이 제도적으로 열려 있고 국민이 그에 따른 법률관계의 변화를 감수할 것이 예정되어 있더라도 그렇다. 그래야 법적 안정성이 확보되고 국민이 판례를 의사결정이나 행동의 지침으로 삼을 수 있어 판례가 진정한 규범력을 가지게 된다. 법률 규정에 변동이 없는 상태에서 그 해석과 관련하여 오랜 기간 동안 일정한 방향으로 대법원 판례가 축적된 경우에는 그 판례 변경에 더욱 신중을 기하여야 한다. 축적된 판례의 견해를 바꾸기 위해서는 그와 같은 견해가 시대와 상황의 변화에 따라 정의관념에 크게 어긋나게 되었거나 해당 법률 규정의 취지를 현저히 벗어나게 되는 등 이를 바꾸는 것이 그대로 유지하는 것에 비하여 훨씬 우월한 가치를 가짐으로써 그로 인하여 법적 안정성이 희생되는 것이 정당화될 정도의 사정이 있어야 하고, 단순히 새로운 법적 견해가 다소 낫다거나 보다 합리적으로 보인다는 이유만으로 축적된 판례의 견해를 바꾸는 것은 능사가 아니다. 특히 형사사건에서 종래 처벌대상이 아니라고 보아 오던 행위를 법률 해석을 통하여 새로 처벌대상에 포섭하는 내용의 판례 변경은 이미 종료된 행위까지 소급입법을 통하여 처벌하는 것과 다름없는 효과를 가져오므로 형벌불소급의 원칙이 갖는 취지나 의미에 비추어 더욱 삼갈 필요가 있고, 당해 행위의 반사회성이 분명하여 가벌성이 충분히 인정되고 통상의 수범자라면 기존의 판례에도 불구하고 그에 대한 처벌을 감수함이 마땅하다고 여길 만큼 예외적인 경우에 한하여 행해지는 것이 바람직하다고 본다. 나아가 불가피한 필요에 따라 기존의 판례를 바꾸는 경우에도 그 범위는 되도록 제한적으로 하여야 하고, 가볍게 원칙과 예외를 뒤바꾸거나 전면적으로 변경하는 것은 곤란하다."

그리고 위 2012도14788 등 전원합의체 판결에서는 혼인관계가 실질적으로 유지되고 있더라도 남편의 아내에 대한 강간죄가 성립하는가가 문제되었다. 대법원 1970. 3. 10. 선고 70도29 판결에서는 실질적인 부부관계가 유지되고 있을 때에는 설령 남편이 강제로 아내를 간음하였다고 하더라도 강간죄가 성립하지 아니한다는 취지로 판시하였는데, 위 전원합의체 판결의 다수의견은 혼인관계가 실질적으로 유지되고 있는 경우에도 남편의 아내에 대한 강간죄가 성립할 수 있다고 하여 판례를 변경하였다.

이에 대하여 이상훈, 김용덕 대법관의 반대의견은 판례 변경에 반대하였는데, 여러 가지 법 해석론상의 반론 외에도 다음과 같이 판례 변경에 신중하여야 한다는 주장을 폈다.

"그뿐 아니라 40여 년간 유지되어 온 종전 대법원판결을 변경하여 부부관계를 강간죄의 적용 대상으로 보아 형사처벌을 확대하는 것에는 신중을 기하여야 한다.

국민에게 법적 안정성과 예측가능성을 부여하기 위해서 헌법 제13조 제1항은 행위 시의 법률에 의하여 범죄를 구성하지 아니하는 행위로 소추되지 않도록 함으로써 죄형법정주의 및 형법불소급의 원칙을 선언하고 있다. 그런데 장기간 유지되면서 강간죄의 구성요건 해석에 관하여 실질적인 규범력을 형성하였던 종전 대법원판결을 변경하면 그 변경 전에 이루어졌던 행위가 모두 처벌 대상에서 벗어날 수 없게 된다(대법원 1999. 7. 15. 선고 95도2870 전원합의체 판결 참조). 즉 다수의견과 같이 판례를 변경하여 부부관계를 강간죄의 적용 대상으로 확대하면 강간죄 관련 범죄의 공소시효 범위 내에서는 그 변경 전의 모든 강제적인 부부관계가 강간죄 등에 의한 처벌 대상이 되므로, 그 결과 부부관계의 특수성 및 혼인생활의 지속 등으로 인하여 이미 묻힌 사실관계까지 새롭게 들추어내어 형법적 규율 대상으로 삼게 되고 매우 무거운 형에 의한 처벌이 가능하게 된다. 이는 종전 대법원판결을 규범으로 삼아 행위를 하였던 사람들의 예측가능성에서 벗어나는 결과에 이르게 되고, 이미 오래 전에 이루어진 행위에 대하여 사회적 평가의 변경을 근거로 사후적으로 처벌하는 것과 마찬가지라고 할 수도 있으므로, 실질적으로 죄형법정주의나 형벌불소급의 원칙에 어긋나는 것은 아닌지 심각히 살펴보아야 할 것이다.

따라서 그와 같은 결과를 감내하면서까지 판례를 변경하려면 그 행위를 처벌하지 아니하면 국민의 권리 보호나 정의관념에 현저히 반하거나 오히려 해당 규정의 기본취지에 반하는 등의 불가피한 사정이 있어야 할 것이다(대법원 2013. 2. 21. 선고 2010도10500 전원합의체 판결 반대의견 참조)."[122]

2. 학   설

국내에서 이 문제를 다루고 있는 문헌은 그다지 많지 않다.

우선 김시철은 이 문제에 관한 미국 연방대법원의 판례를 소개하면서, 헌법

---

122) 그런데 2010도10500 전원합의체 판결 반대의견은 별개의견의 오기로 보인다.

재판소의 헌법에 대한 사법적 유권해석은 입법자가 이를 수정, 번복할 수 없다는 점을 충분히 인식해야 하고, 따라서 ① 헌법의 명문규정 내지 이미 확고하게 정립된 헌법이론 및 헌법상 권리 등에 근거하여 심판대상 법률의 위헌성 여부를 판단하는 사안과 달리, 현재까지 인정되지 않았던 헌법적 차원의 법규범을 인정하는 사건에서는 그러한 헌법적 규범을 뒷받침할 만한 구체적 헌법논거를 매우 신중하게 검증할 필요가 있고(original precedent), ② 다른 한편으로 위와 같이 엄격한 논증과정을 거쳐서 형성된 헌법해석에 관한 기존 선례를 변경하고자 할 경우에는, 종전에 이루어진 헌법해석에 대하여 개인적으로 찬성하는지 여부에 대한 논의와 함께 선례변경을 정당화할 수 있는 구체적인 사유가 있는지 여부에 대해서도 함께 검토해야 한다고 하면서 미국 연방대법원의 디커슨 판결(주 26)을 인용하였다.[123]

또한 윤진수는 이 문제에 관한 독일과 미국의 판례를 소개하고, 위 대법원 1999. 7. 15. 선고 95도2870 전원합의체 판결의 반대의견도 언급하였다.[124]

그리고 고학수와 최준규는 판례변경에 따른 편익이 그로 인한 비용보다 크다면 판례변경은 사회적으로 효율적인 것이라고 평가할 수 있겠지만, 그 반대로 판례변경 자체의 취지가 매우 정당한 것이라 하더라도 그로 인해 많은 비용이 발생하는 경우라면 판례의 변경은 사회적으로 비효율을 초래할 것이고, 따라서 종래의 판례법리에 문제가 있다고 해도 판례변경이 반드시 사회적으로 바람직한 결과를 가져온다고 단정할 수는 없다고 한다. 판례변경과 관련하여 발생하는 사회적 비용으로는 크게 기존 판례에 따라 이해관계를 형성해 온 사람들이 변경된 판례에 맞춰 새롭게 이해관계를 형성하는 데 드는 조정비용(adjustment costs), 그리고 ② 변화된 법률관계에 따라 당사자 및 법원이 부담하게 되는 소송비용(litigation costs)을 들 수 있고, 또 판례를 변경하기까지 많은 비용이 들 수 있다는 것이다. 그리하여 판례변경에 따라 발생하는 비용들의 합보다 판례변경에 따른 편익이 클 때(즉, 판례변경에 따른 편익 > 조정비용 + 소송비용), 비로소 판례의

---

123) 김시철, "헌법해석에 관한 결정이유와 선례구속의 원칙", 헌법논총 제17집(헌법재판소, 2006), 91면.

124) 김용담(집필대표), 『주석민법 총칙』(제4판, 사법행정학회, 2010), 124−125면(윤진수 집필 부분). 같은 필자는 2018년 발표한 논문에서 이른바 담보신탁의 도산절연을 인정하는 판례를 변경하여야 한다고 주장하면서 이 문제에 대하여도 언급하였다. 윤진수, "담보신탁의 도산절연론 비판", 비교사법 제25권 2호(2018), 738면 이하. 이에 대하여는 아래에서 다시 살펴본다.

변경이 사회적으로 효율적이라고 평가할 수 있다고 한다.[125]

한편 이계일은, 최고법원 선례가 엄격한 의미에서 규범적 구속력을 갖지 못하지만, 최고법원의 선례로부터 벗어나고자 하는 법관의 경우 판결시 그에 대해 충분한 법적 논증을 할 것을 요청받게 되는데, 이는 법치국가 원리 그 자체에서 끌어낼 수 있다고 한다.[126] 그리고 선례를 벗어나는 것을 정당화할 수 있는 근거 제시의 수위로서 '명백히 더 나아야 벗어날 수 있다'는 관점은 그만큼 법원의 선례에 동반되는 법적 안정성, 신뢰보호, 동등대우의 독자적 가치를 크게 보기 때문에 이를 지키는 것이 '내용적으로 조금 더 설득력 있는 법리'를 위한 판례변경 시도보다도 가치 있다고 보는 반면, '새로운 법리의 근거가 조금이라도 더 나을 경우에 판례변경이 정당화될 수 있다'는 관점은 법적 안정성, 신뢰보호, 동등대우의 가치를 상대적으로 낮게 잡지만, 그럼에도 그 가치를 일정부분 인정하기 때문에 선례와 새로운 법리의 설득력이 대등한 정도의 상황이라면 선례를 고수하는 것이 차라리 더 낫다는 관점을 전제한다고 볼 수 있다고 한다. 그리하여 선례를 완전히 파기하는 경우에는 기존 법리에 대한 정향 안정성과 신뢰보호, 동등대우 원칙과 정면으로 부딪치므로, 선례와 차별화하는 경우와 비교하여 기존의 법리보다 자신의 법리가 타당하다고 보는지에 대한 설득력 있는 논증이 보다 강하게 요구되고, 법관은 파기가 왜 필요한지에 대해 논증할 때, "자신이 주장하는 새로운 법리의 설득력 강도"와 "법적 안정성, 신뢰보호, 동등보호원칙의 침해 정도"를 "형량"할 것을 요구받게 된다고 한다.[127]

또한 강일신은, 헌법 선례의 변경은 정당성의 측면에서 이익이 되는 관점을 법의 예측가능성, 즉 법적 안정성의 측면에서 손실이 되는 관점과 저울질해 보아야 하므로, 선례 변경은 헌법재판소의 견해에 비추어 기존의 선례를 고수하지 않아야 할 절차적, 논증적 근거가 존재할 때에만 허용된다고 한다. 그리하여 선례변경이 이루어지는 계기는 선행결정 내지 선례의 법판단에 원시적으로 규범적 오류가 있는 경우와, 사실상태, 법상태 변화로 인하여 다른 법판단이 필요하게 된 경우로 나누어 볼 수 있다고 한다. 그리고 더 나은 (헌)법 해석·적용이 존재

---

125) 고학수·최준규, 위의 글(주 2), 1020면 이하.
126) 이계일, 위의 글(주 98), 231면 이하.
127) 이계일, 위의 글(주 98), 237면 이하. 한편 그는 파기의 효과를 미래로만 향하는 판결형식을 취한다면, 파기의 정당화에 요구되는 논증강도는 상대적으로 낮아질 수 있다고 한다. 위 논문 241면.

한다고 하더라도, 선례에 명백한 법리적 오류가 있지 않는 한, 이 점만으로는 선
례변경을 정당화시키기에 불충분하다고 하면서, 국가기관의 공적 견해표명에 위
반하는 행태와 관련하여서는, 법치국가원리의 핵심가치로서 평등원칙과 신뢰보
호원칙이 문제되는데, 이는 선례 변경에 대한 규범적 제약조건을 설정하는 것이
라고 한다.[128)]

끝으로 송민경은, 판례는 비록 법규범은 아니지만, 통합성의 이념과 평등원
칙을 매개로 법관에게 원칙적 존중을 요구하는 일종의 규범적 힘을 갖는다고 한
다. 그리하여 후속 사건을 맡게 된 이성적이고 사려 깊은 법관이라면 자신의 견
해가 판례가 취하는 견해에 비해 '보다 정확하다'는 신념만으로 판례를 따르는
것을 거부하지 않을 것이며, 판례의 제약에서 벗어나기 위해서는 예외적인 정당
화 사유가 필요하다고 여길 것이라고 한다. 즉, 판례가 법을 다소 부정확하게 왜
곡하여 이해하였다는 판단만으로는 충분하지 않고, 보다 근본적인 차원에서 파
악된 '법의 불일치'라는 사태가 존재한다는 신념이 요구되는데, 이러한 법의 불
일치는 ① 판례의 견해가 법에 관한 명백하게 잘못된 이해라고 평가될 수 있을
때(인식적 측면) 또는 ② 비록 판례의 견해가 잘못되었다고 분명하게 단정할 수
는 없지만 적어도 자신의 관점에서 볼 때 그 견해가 잘못되었다고 판단되고, 판
례의 잘못된 견해로 인하여 광범위한 법익 침해나 부정의 등 중대한 결과가 초
래된다고 여겨질 때(결과적 측면)라고 한다.[129)]

Ⅳ. 검 토

1. 선례 존중과 경로의존성(path dependence)

앞에서도 언급한 것처럼, 최고법원의 판례는 대체로 존중되고, 그것이 변경
되는 것은 예외적인 일이다. 왜 이처럼 판례는 존중될까?

우선 재판을 하는 법관의 처지에서는 선례를 존중하는 것에 여러 가지 이점
이 있다. 첫째, 법관이 모든 법률문제에 대하여 처음부터 다시 검토한다면 엄청
난 시간과 노력을 소비하게 될 것이고, 시간과 자원이 제한되어 있는 상황에서
는 그에게 주어진 모든 사건을 처리하기 어려울 것이며, 사실상 법원의 기능은

---

128) 강일신, 위의 책(주 17), 43면 이하.
129) 송민경, "판례의 규범력에 관한 연구", 저스티스 제167호(2018), 252면 이하.

마비되게 될 것이다. 그런데 경험적으로 선례가 잘못될 확률이 그리 크지 않다면, 선례에 의존하는 것은 경제적으로 매우 효율적인 방법이다.[130] 이는 하급심 법원의 법관뿐만 아니라 대법원이나 헌법재판소에도 마찬가지로 적용된다.

또 다른 이유는 겸양(humility)이다. 즉 나중에 재판을 하는 법관은 전의 판례는 잘못되었고, 자신의 견해가 올바르다고 생각은 하지만, 자신도 틀릴 수 있고, 전의 판례도 나름대로 근거가 있을 수 있으므로, 판례를 변경하기 위하여는 신중할 필요가 있다는 것이다.[131)132]

또한 법원으로서는 잦은 판례의 변경이 일반 국민의 공적 기관으로서의 법원에 대한 신뢰를 떨어뜨린다고 우려할 수도 있다. 즉 법원을 구성하는 법관이 변동되면 법원의 판례가 흔들린다면, 법관이 헌법과 법률에 의하여서가 아니라 자신의 세계관에 따른 것이 되어 자의적인 재판을 하는 것으로 비추어질 수 있다는 것이다.[133] 케이시 판결에서 3인의 공동의견은, 잦은 판례 변경은 법원의 정당성(legitimacy)을 손상시키고, 연방대법원의 선의(good faith)에 대한 믿음에 과중한 짐을 지울 우려가 있다고 하였다.[134] 또 일본 최고재판소 1973(昭和 48). 4.

---

130) 이 문제를 다루는 많은 문헌들이 이 점을 들고 있다. 예컨대 Farber, 위의 글(주 58), 1177; Oona A. Hathaway, "Path Dependence in the Law: The Course and Pattern of Legal Change in a Common Law System", 86 Iowa L. Rev. 601, 626 f. (2001); Thomas R. Lee, "Stare Decisis in Economic Perspective: An Economic Analysis of the Supreme Court's Doctrine of Precedent", 78 North Carolina Law Review 643, 648 ff.(2000) 등. 나중에 미국 연방대법원 대법관이 되었던 카도조 판사의 다음과 같은 말은 자주 인용된다. "모든 과거의 사건이 모든 사건에서 다시 열리게 된다면, 법관의 일은 거의 한계점에 이르기까지 증가될 것이고, 누구든지 자기 앞에 갔던 사람들이 세워 놓은 확고한 길의 바탕 위에 자신의 벽돌 길을 놓을 수 없을 것이다." Benjamin N. Cardozo, *The Nature of the Judicial Process* (Yale university press, 1921), p. 149.

131) Farber, 위의 글(주 58), 1178. Karl Larenz/Claus–Wilhelm Canaris, 위의 책(주 101), S. 256도 그러한 취지로 보인다. 송민경, 위의 글(주 129), 256면이 '법 – 인식론적 위험'이 판례 존중 원칙의 부수적인 근거가 된다고 하는 것도 같은 의미로 이해된다.

132) Deborah Hellman, "An Epistemic Defense of Precedent", Peters (ed.)(주 12), pp. 63 ff.는 선례를 존중하는 데에는 절차적 및 실체적인 인식론적 근거가 있다고 한다. 절차적 근거는, 선례를 존중하는 것이 앞의 법원의 의견과 논증을 심각하게 받아들이도록 하고, 자신의 견해가 선례와 다를 때에는 선례로부터 벗어나기 위하여 특별히 좋은 이유를 갖도록 강제하는데, 그럼으로써 법관의 지나친 확신(overconfidence)을 견제할 수 있다고 한다. 실체적 근거는, 선례들은 지혜의 저장고일 수 있고, 선례가 어느 한 법관이나 법원의 고정된 판단이 아니라, 보통법상의 전통에 따라 앞의 사례들로부터 정밀화되고, 비판을 받고, 확장되거나 구별됨으로써 진화한 것이고, 이러한 통찰의 증가는 오늘날의 특정인이나 특정 그룹의 결정보다 우월한 판단을 가져올 수 있다고 한다.

133) Farber, 위의 글(주 58), 1196 f.

134) 505 U.S. 833, 864 ff.

25. 대법정 판결(주 97)에서 다나카 지로(田中二郎) 재판관 등의 반대의견은, 이 사건에 있어서처럼 근소한 차의 다수에 의하여 이전의 헌법해석을 변경하는 것은 최고재판소의 헌법판단의 안정에 의념(疑念)을 품게 하고 그 권위와 지도성을 떨어뜨릴 우려가 있다는 비판을 받게 된다고 하였다.

그리고 선례를 존중하는 데에는 다음과 같은 이유가 있을 수 있다. 즉 어느 법관이 선례를 경시하여 이를 쉽게 번복하게 되면, 자신이 만든 선례도 동료나 뒤의 법관에 의하여 쉽게 번복될 우려가 있다는 것이다.[135]

다른 한편 판례의 존중은 법관 아닌 일반인들에게도 중요한 의미를 가진다. 우선 판례가 존중되지 않는다면, 동일한 법률문제에 대하여 매번 무엇이 맞는가를 가지고 당사자들이나 그들의 대리인이 다투게 될 것이다. 뿐만 아니라 확립된 판례는 일반인들이 어떻게 행동할 것인가를 결정함에 있어서 영향을 미칠 수 있다. 그런데 판례가 변경되면, 이러한 판례에 대한 신뢰가 깨어지고, 그들이 손해를 입을 수 있다. 법원으로서는 이러한 당사자들의 신뢰를 고려하게 된다. 대법원이 종래 판례가 처벌할 수 없는 것으로 보던 행위를 처벌할 수 있다는 것으로 변경한 것에 대한 반대의견도 이 점을 우려하고 있다.[136] 이러한 점에서 선례 존중은 법적 안정성과 예견가능성을 높이는 데 기여한다. 뿐만 아니라 판례가 바뀌게 되면, 그에 따라 당사자들도 행동을 조정하여야 하고, 여기에는 비용이 수반된다.[137]

이러한 현상은 이른바 경로의존성(path dependence)이라는 개념에 의하여 잘 설명할 수 있다. 경로의존성이란, 어떤 결과나 결정은 그에 이르게 된 경로에 의하여 영향을 받는다는 것이다. 다시 말하여 일단 하나의 경로나 제도가 선택되면, 선택될 수 있었던 다른 경로나 제도는 그것이 더 합리적인 경우에도 더 이상 선택되지 않고, 사람들은 이미 선택된 경로나 제도에 따르게 된다는 것이다.[138] 물론 일단 선택했던 경로에서 벗어나는 수도 있으나, 그렇게 되려면 그만한 이유가 있어야 한다.

법과 관련하여서는 우리나라에서 토지 외에 건물을 독립된 부동산으로 하고

---

135) Hathaway, 위의 글(주 130), 625.
136) 위 Ⅲ. 1. 나, 다. 참조.
137) 고학수·최준규, 위의 글(주 2), 1020면 이하.
138) 손 열, "기술·제도·경로의존성", 한국정치학회보 40집 3호(2006), 241면; 김연수·이명석, "한국 행정개혁의 경로의존성 분석", 한국행정학회·한국정책학회 2007년도 하계공동학술대회 발표논문집(5)(2007), 43면 등.

있는 것을 들 수 있다. 원래 서구에서는 "지상물은 토지에 따른다(superficies solo cedit)"고 하여 집합건물이나 지상권자가 건립한 건물과 같은 예외를 제외하고는 건물은 토지의 일부로 보고 있을 뿐 독립된 부동산으로 취급하지 않는 것이 원칙이었다. 그러나 일본에서는 건물을 독립된 부동산으로 인정하였고, 우리 법도 그에 따랐다. 그렇지만 이는 여러 가지로 비효율적이다. 우선 언제 독립한 건물로 성립하는가를 판단하기가 쉽지 않고, 법정지상권을 둘러싼 분쟁도 많이 생긴다. 또한 타인의 토지 위에 세운 건물은 대지 사용권이 없는 한 철거되어야 하므로 경제적으로 효율적이 아니다. 그러므로 입법론으로서는 집합건물이나 지상권자가 축조한 건물 등의 예외를 제외하고는 건물은 독립된 부동산으로 하지 않는 것이 합리적이다.[139] 그러나 이미 건물에 관하여 권리를 취득한 자가 많을 뿐만 아니라, 그와 같은 입법을 시행함에 소요될 많은 비용을 고려하면 그러한 입법은 쉽지 않을 것이다.[140]

선례 구속이나 선례 존중은 법에서 경로의존성의 전형적인 예라고 할 수 있다.[141] 일단 어떤 판례가 만들어지면, 그 후에는 법원은 특별한 사정이 없는 한 그 판례를 따르게 되는 것이다. 그런데 이러한 법원의 경로의존성은 물론 위와 같은 이점을 가지지만, 반면에 단점도 있다. 즉 판례를 변경하는 것이 합리적이고 효율적임에도 불구하고 이를 변경하는 것이 어려워서 변경에 장애가 되는 것이다.

---

139) 엄동섭, "토지와 건물을 별개의 부동산으로 취급하는 현행 민법의 태도에 대한 비판적 고찰", 법조 1993. 8, 34면 이하; 정우형, "토지와 건물에 대한 이원적 소유권 체계에 관한 연구", 한국지적학회지 제22권 1호(2006), 101면 이하 참조.

140) 미국에서 토지거래 공시제도의 개혁이 이루어지지 않고 있는 것도 이러한 예로 들 수 있을 것이다. 미국에서의 토지거래 공시제도는 등록제도(recording system)로서, 토지거래에 관한 증서를 등록하는 것이나, 공시방법으로서는 불완전하여 진정한 소유자를 확인하는 권원조사(title search)가 필요하고, 또 잘못된 거래로 인한 손실을 전보하기 위한 권원보험(title insurance)가 발달되어 있다. 이러한 것은 거래비용을 증가시키므로 우리나라의 등기제도와 유사한 토렌스 시스템(Torrens system)을 도입하려는 노력이 있으나, 권원보험업계와 변호사들의 반대와, 제도 시행에 따르는 경비 문제 때문에 토렌스 시스템의 도입은 극히 일부에 그치고 있다. 이동명, "미국의 부동산물권변동에 따른 공시방법", 재판자료 제73집(법원도서관, 1996), 22면 이하; 박홍래, "미국의 레코딩 시스템과 토렌스 시스템", 민사법연구 제11집 2호(2003), 205면 이하; 홍봉주, "미국의 부동산 등기제도", 토지법학 제25-2호(2009), 31면 이하 등 참조.

141) Hathaway, 위의 글(주 130)은 경로의존성을 수익 체증 경로의존성, 진화적 경로의존성, 배열 경로의존성(increasing returns path dependence, evolutionary path dependence and sequencing path dependence)으로 나누어 선례구속의 원칙을 분석하고 있다. 또한 Francesco Parisi & Vincy Fon, *The Economics of Lawmaking* (Oxford University Press, 2008), pp. 78 ff.도 참조.

다시 말하여 잘못된 판례를 바로잡는 법원의 자기교정을 가로막을 수 있다.

2. 규범적 분석

(1) 고찰의 전제

위에서 살펴본 것은 왜 법원이 선례를 존중하는가에 대한 사실적인 진술이다. 그러면 규범적인 측면에서 법원은 얼마나 선례를 존중해야 하는가를 따져본다.

먼저 여기서 다루려고 하는 것은 기본적으로 종전의 선례보다, 이를 대체하려는 새로운 법적 견해가 법률적으로 또는 실제에 있어서 우월하다는 것을 전제로 한다. 만일 종전의 선례와 새로운 법적 견해가 다 같이 근거를 가지고 있고, 어느 것이 우월한지를 판가름하기가 어렵다면, 판례를 변경하여야 할 근거는 박약하게 된다. 그러한 경우에는 판례 변경으로 인한 비용 지출만이 생겨날 뿐, 판례 변경으로부터 얻게 되는 이익은 없을 것이기 때문이다.

그러나 실제로는 판례 변경을 주장하는 사람들은 당연히 종전의 판례보다 자신들의 견해가 법적으로 우월하다고 주장할 것이므로, 위와 같은 주장은 별로 실제적인 의미가 없다. 또 새로운 법리가 종전의 법리보다 명백히 더 나아야 한다고도 이야기하지만, 새로운 법리가 종전의 법리보다 조금 더 나은지, 명백히 더 나은지를 구별할 수 있는 방법은 없다. 판례 변경을 주장하는 사람들은 새로운 법리가 종전의 법리보다 명백히 더 낫다고 이야기할 것이다.[142]

그러므로 문제는 앞에서 살펴본 미국 연방대법원의 킴블 판결(주 37)이나 영국 귀족원의 칸살 판결(주 75)과 같이 법원 스스로가 선례가 잘못되었다고 판단하면서도 판례 변경을 거부할 수 있는 경우가 있는가 하는 점이다.

(2) 강한 선례존중론의 근거

앞에서 본 것처럼, 우리나라에서도 종전의 판례를 변경하려면 특별한 이유가 있어야 한다는 주장이 있다. 즉 새로운 법리가 종전의 법리보다 명백히 더 나아야 하거나 선례에 명백한 법리적 오류가 있어야 한다는 주장, 또는 비록 판례의 견해가 잘못되었다고 분명하게 단정할 수는 없지만 판례의 잘못된 견해로 인하여 광범위한 법익 침해나 부정의 등 중대한 결과가 초래된다고 여겨질 때 판례

---

142) Randy J. Kozel, "Stare Decisis as Judicial Doctrine", 67 Washington & Lee Law Review 411, 419 (2010)도 같은 취지이다.

를 변경하여야 한다는 것이다. 위 2010도10500 전원합의체 판결의 별개의견은, 단순히 새로운 법적 견해가 다소 낫다거나 보다 합리적으로 보인다는 이유만으로 축적된 판례의 견해를 바꾸는 것은 능사가 아니라고 하였다. 여기서는 이를 강한 선례존중론이라고 부르고, 반대로 새로운 법리가 종전의 판례보다 낫다면, 원칙적으로 판례를 변경하여야 한다는 주장을 약한 선례존중론이라고 부르기로 한다.

그런데 앞에서 살펴본, 법관이 판례를 존중하는 사실상의 이유가 모두 강한 선례존중론의 근거가 될 수는 없다. 우선, 선례를 존중하는 것이 법관의 노력을 덜어준다는 점은 명백하지만, 판례에 대하여 의문이 제기되었을 때, 법관이 그에 대하여 재검토하고 답변하는 것은 당연한 의무에 속하므로, 그것이 판례 변경을 거부할 이유는 될 수 없다.

그리고 겸양(humility)이라는 것도 당연히 판례를 존중하여야 하는 이유로는 충분하지 못하다. 실제로는 나중에 재판하는 법관이, 종전 선례는 잘못되었고, 다른 법적인 견해가 더 낫다고 생각하면서도, 자신의 견해가 반드시 맞는 것인지 자신이 없어서 판례 변경을 주저하게 되는 경우가 많기는 하겠지만, 이러한 사정은 판례 변경을 주장하는 사람에 대하여 판례를 변경하여서는 안 된다는 논거로 사용될 수는 없을 것이다.

또한 잦은 판례의 변경이 일반 국민의 공적 기관으로서의 법원에 대한 신뢰를 떨어뜨린다고 우려하는 것도 타당하지 않다. 일반 국민이 법원의 재판에 대하여 불신을 가질 수도 있겠지만, 그것은 재판의 내용 또는 결론에 달린 것이지, 종전 판례를 변경하였다는 이유만으로 법원에 대한 신뢰가 떨어지리라고는 생각되지 않는다. 오히려 잘못된 판례를 계속 고수하는 것이야말로 법원에 대한 신뢰를 떨어뜨릴 수 있다.[143]

그리고 어느 법관이 선례를 경시하여 이를 쉽게 번복하게 되면, 자신이 만든 선례도 동료나 뒤의 법관에 의하여 쉽게 번복될 우려가 있다는 것도, 규범적인 논거로서 사용할 수는 없다.

강한 선례존중론의 근거로 거론되는 것은 우선 통합성의 이념과 평등원칙이다.[144] 그런데 이는 강한 선례존중론의 근거가 되기 어렵다. 여기서 말하는 통합

---

143) Nelson, 위의 글(주 17), 68 ff. 참조.
144) 송민경, 위의 글(주 129), 252면 이하.

성이란 법철학자 드워킨이 사용하는 integrity를 가리키는 것인데,[145] 통합성이 종전의 잘못된 판례가 있더라도 이를 유지하여야 한다는 논거가 될 수는 없다. 오히려 잘못된 판례는 법체계의 통합성에 장애가 되므로, 이를 변경하는 것이 통합성을 증진하는 방법일 것이다.[146] 평등원칙도 마찬가지이다. 평등원칙을 내세워서 잘못된 재판이라도 이를 유지하여야 한다는 것은 이른바 불법의 평등을 주장하는 것에 다름 아니다.[147)148]

그러므로 강한 선례존중론의 근거가 될 수 있는 것은 주로 법적 안정성이라고 할 수 있다. 여기서 말하는 법적 안정성이란, 종전의 판례를 신뢰하여 어떠한 조치를 취하였거나 또는 취하지 않았는데, 판례의 변경으로 인하여 손해를 입었다거나, 판례의 변경으로 인하여 새로운 조치를 취하여야 하는 부담을 지게 된다는, 신뢰보호 내지 예견가능성의 문제로 귀착된다. 이러한 법적 안정성 내지 신뢰보호도 법치주의의 원리에서 파생되는 헌법상의 원리이다.[149] 헌법재판소 2004. 12. 16. 선고 2003헌마226·270·298·299 결정은, 일반적으로 국민이 어떤 법률이나 제도가 장래에도 그대로 존속될 것이라는 합리적인 신뢰를 바탕으로 하여 일정한 법적 지위를 형성한 경우, 국가는 그와 같은 법적 지위와 관련된 법규나 제도의 개폐에 있어서 법치국가의 원칙에 따라 국민의 신뢰를 최대한 보호하여 법적 안정성을 도모하여야 한다고 판시하였다.

(3) 판례의 변경으로 인한 법적 안정성

판례에 대한 신뢰란 구체적으로 무엇을 말하는가? 미국의 코젤(Kozel)은 선

---

145) 로널드 드워킨 지음, 장영민 옮김, 『법의 제국』(아카넷, 2004), 255면 이하 참조. 송민경은 이를 "국가가 모든 시민들에게 원리적이고 정합적인 방식으로 하나의 목소리로 말할 것을 요구하는 이념"이라고 이해한다.

146) 이동민, 『영미법상 판례변경의 법리』(서울대학교 법학박사학위 논문, 2012), 특히 107면 이하는 드워킨의 이론을 원용하여 영미법상의 판례변경을 설명하고 있다.

147) 타인이 법에 어긋나는 행위에 의하여 이익을 받았다는 이유로 자신도 그렇게 대우받아야 한다는 이른바 불법의 평등(Gleichheit im Unrecht)은 인정되지 않는다는 것은 일반적으로 받아들여지고 있다. *BeckOK Grundgesetz*/Kischel, (37. Ed., C. H. Beck, 2018. 5. 15.), GG Art. 3 Rn. 115 참조. 독일연방헌법재판소 판례는, 불법의 평등이란 존재하지 않는다고 하면서, 어떤 형벌법규가 그와 마찬가지인 불법적인 사실관계는 포섭하고 있지 않다고 하는 이유만으로 위헌이 될 수는 없다고 하였다. BVerfG NJW 1979, 1445, 1449.

148) Kähler, 위의 책(주 6), S. 342 ff. 참조. Probst, 위의 책(주 102), S. 668은 법적 평등은 판례변경을 지지하는 근거도 될 수 있고, 이에 반대하는 근거도 될 수 있다고 한다.

149) 헌법재판소 1996. 4. 25. 선고 94헌마119 결정은, 신뢰보호의 원칙은 법치국가원리에 근거를 두고 있는 헌법상의 원칙이라고 하였고, 대법원 1994. 10. 25. 선고 93다42740 판결은, 법적 안정성의 유지나 당사자의 신뢰보호를 위하여 불가피한 경우에 위헌결정의 소급효를 제한하는 것은 오히려 법치주의의 원칙상 요청된다고 하였다.

례 구속에서 문제되는 것은 주로 신뢰이익이라고 하면서,[150] 신뢰를 다음의 4가지로 분류하였다.[151]

첫째, 특정 개인, 집단 또는 조직의 신뢰(specific reliance). 즉 개인이나 집단이 판례가 법이고 또 법으로 남아 있을 것이라고 하는 전제에서 특정한 방식으로 행동하는 것.

둘째, 정부의 신뢰(governmental reliance). 즉 입법부나 행정부가 판례를 전제로 하여 법을 만들거나 법을 집행하는 것.

셋째, 법원의 신뢰. 이는 어느 판례가 다른 판례의 기본이 되고, 다른 판례는 또 다른 판례의 기본이 되는 식으로 법리적 구조(doctrinal structure)가 만들어져서, 기본이 되는 판례가 변경되면, 전체 구조가 흔들리거나 전복되어, 확립된 기대를 뒤흔들고, 법의 상태에 관하여 광범한 불확실성을 가져올 수 있는 것을 말한다.[152]

넷째, 사회적 신뢰(societal reliance). 이는 판례가 특정한 행동에 관련된 것이 아니라, 정부 및 시민의 권리에 대한 사회적 인식을 형성하는 것을 말한다. 연방대법원의 판례가 미국인의 의식에 깊이 스며들었다면, 법원으로서는 판례를 변경하는 것의 사회적 영향을 고려하여야 한다는 것이다. 다만 그는 이를 법원의 정당성(legitimacy)과 관련시키는 것은 거부한다. 법원이 합리적인 설명에 의하여 결정을 뒷받침한다면, 법원으로서는 시민들이 이를 받아들일 것으로 믿어야 하고, 법원이 선례를 유지할 것인지 여부를 결정할 때, 그 행동의 정당성 여부에 대한 인식은 부적절하다고 한다.[153]

이러한 분류는 상당히 유용하다고 생각된다. 우선 일반인들로서는 종전 판례를 신뢰하고 그에 따라 행동하였는데, 판례가 변경되면 손해를 입는 경우는 쉽게 생각할 수 있다. 예컨대 대법원 1989. 12. 26. 선고 88다카16867 전원합의체 판결은, 일반 육체노동자의 가동연한이 만 55세라는 종전의 판례를 변경하여, 만 55세를 넘어서도 가동할 수 있다고 보는 것이 경험칙에 합당하다고 하였다. 그런데 보험회사들은 책임보험의 보험료를 산정할 때, 피해자의 가동연한이 55세임을 전제로 하였을 것이고, 따라서 변경된 판례에 따르면 징수한 보험료보다

---

150) Kozel, 위의 글(주 142), 411 ff.
151) Kozel, 위의 글(주 142), 452 ff.
152) 그는 이를 법리적 신뢰(doctrinal reliance)라고 부른다. Kozel, 위의 글(주 142), 459.
153) Kozel, 위의 글(주 142), 462 ff. 이에 대하여는 위 Ⅳ. 2. (1) 참조.

지급하여야 할 보험금이 더 많게 된다. 나아가 대법원 2019. 2. 21. 선고 2018다 248909 전원합의체 판결은 위 88다카16867 전원합의체 판결을 다시 변경하여 일반 육체노동자의 가동연한을 65세로 올렸다.

또 부동산 실권리자 명의 등기에 관한 법률은, 부동산 명의신탁이 그 자체로 는 무효가 아니라고 하는 판례를 전제로 하여 만들어진 것이다. 그런데 만일 명 의신탁은 허위표시이므로 무효인 것으로 판례가 변경된다면,[154] 위 법률은 그 의미를 대부분 상실할 것이다. 그리고 판례가 변경되면, 그에 따라 법원이 새로 운 판례를 정립하여야 하므로 법원의 부담이 늘어나게 되는 것은 당연하다.

다른 한편 판례 변경으로 인하여 사회적 비용이 증가할 수도 있다. 가령 당 사자들은 종래의 판례를 받아들여 분쟁이 없었는데, 판례가 변경되면 그에 따라 법적 지위가 유리하게 바뀐 당사자들은 새로이 소송을 제기하는 등 분쟁이 늘어 나게 된다.[155] 예컨대 상속에서 여자를 남자보다 불리하게 대우하고 있던 민법 시행 전의 관습법이 헌법에 어긋난다고 판례가 변경되게 되면, 종래 불이익을 입었던 여자들이 소송을 제기하는 일이 빈발할 것이라고 예측할 수 있다.[156] 이 또한 법적 안정성을 깨뜨리는 것이라고 할 수 있다.

다만 이러한 판례 변경으로 인하여 행정부나 입법부 또는 법원에 대한 관계 에서 신뢰보호 또는 비용의 지출 등이 문제되더라도, 이는 일반 국민과의 관계 에서 문제되는 것과는 다소 다르다. 법치주의의 원칙에 신뢰보호가 포함된다고 하더라도, 일반 국민이 아닌 행정부나 입법부 그리고 법원에 대한 관계에서까지 헌법상 신뢰보호가 요구된다고는 할 수 없을 것이다.

다른 한편 사회적 신뢰라는 것도 판례 변경 여부의 결정에서 고려하여야 할 요소가 될 수 있을까? 이 점은 의문이다. 국민의 의식에 깊이 스며든 판례라고 말할 때 과연 어떤 것이 그러한 것일까 하는 점도 객관적으로 판정하기 어렵 다.[157] 또 그러한 판례가 있다고 하더라도, 이를 변경한다면 그럴 만한 이유가

---

154) 이 점에 관한 논의의 소개는 윤진수, "한국민법학에 대한 서울대학교의 기여", 서울대학교 법학 제58권 제1호 별책(2017), 62면 이하 참조.

155) 고학수·최준규, 위의 글(주 2), 1020면 이하는 판례변경과 관련하여 발생하는 사회적 비용 에 기존 판례에 따라 이해관계를 형성해 온 사람들이 변경된 판례에 맞춰 새롭게 이해관계 를 형성하는 데 드는 조정비용(adjustment costs)과, 변화된 법률관계에 따라 당사자 및 법 원이 부담하게 되는 소송비용(litigation costs)을 포함시키고 있다.

156) 이에 대하여는 윤진수, "관습상 분재청구권에 대한 역사적, 민법적 및 헌법적 고찰", 민사재 판의 제 문제 제22권(사법발전재단, 2013), 242면 이하; 윤진수, 위의 글(주 111), 149면 이 하 등 참조.

있기 때문일 것이다. 중요한 것은 그러한 판례를 변경하여야 하는 이유에 대하여 충분히 근거를 들어 설명할 수 있는가 하는 점이지, 판례를 변경한다는 것 자체가 문제일 수는 없다. 법원의 판례 변경 자체가 법원에 대한 신뢰를 떨어뜨린다고 할 수 없음은 앞에서 설명하였다.

그런데 여기서 짚고 넘어갈 것은 모든 판례 변경에 신뢰보호의 문제가 생기는 것은 아니라는 점이다. 우선 사람들이 모두 판례에 따라 행동을 결정하는 것은 아니다. 예컨대 대법원 2018. 3. 22. 선고 2012다74236 전원합의체 판결은, 금액이 다른 채무가 서로 부진정연대 관계에 있을 때 다액채무자가 일부 변제를 하는 경우 이는 소액채무자의 과실비율에 상응하는 만큼 소액채무자와 공동으로 채무를 부담하는 부분에서 변제된 것으로 보아야 한다는 종래의 판례를 변경하여, 다액채무자가 단독으로 채무를 부담하는 부분으로 보아야 한다고 하였다. 이 경우에 채권자나 복수의 채무자 누구도 종전의 판례를 알고 그에 따라 행동하였다고 보기는 어렵다.

또 일반인이 판례를 신뢰하였다고 하더라도, 그러한 신뢰가 보호가치가 없는 경우도 있다. 예컨대 대법원 2013. 5. 16. 선고 2012도14788, 2012전도252 전원합의체 판결에서는 혼인관계가 실질적으로 유지되고 있더라도 남편의 아내에 대한 강간죄가 성립한다고 하였다. 이 경우에 아내를 강간한 남편이 설령 아내에 대한 강간죄가 성립하지 않는다고 믿었다고 하여도, 이러한 믿음이 보호가치가 있다고 하기는 어려울 것이다. 위 판결의 반대의견은 이는 종전 대법원판결을 규범으로 삼아 행위를 하였던 사람들의 예측가능성에서 벗어나는 결과에 이르게 된다고 비판하였다. 그러나 위 반대의견도 강제적인 부부관계에 대하여 현행 형법상의 강간죄가 성립되지 않는다는 견해를 취한다고 하여, 마치 부부 강간 행위를 범죄로 보지 않는다거나 성적 자기결정권 보호를 외면하는 견해로 오해하여서는 안 된다고 하였다.[158]

---

157) Alexander Lazaro Mills, "Reliance by Whom: The False Promise of Societal Reliance in Stare Decisis Analysis", 92 New York University Law Review 2094, 2119 ff. (2017)는, 사회적 신뢰라는 것을 객관적으로 측정할 수 없다는 등의 이유로 사회적 신뢰를 판례 변경 여부를 결정함에 있어서 고려하여서는 안 된다고 주장한다.

158) 이 점에 관하여 참고가 될 수 있는 것은 영국에서의 배우자 강간 법리이다. 원래 영국에서는 18세기 이래, 여자는 혼인함으로써 남편과의 성교에 동의하였고, 이러한 동의는 철회할 수 없으므로 남편의 처에 대한 강간은 처벌될 수 없다고 보고 있었다. 그러나 실제로는 영국의 법원은 여러 가지 예외를 인정하여 남편의 처에 대한 강간을 처벌하고 있었다. 그러다가 드디어 1991년 영국 귀족원의 Regina v R. 판결, [1992] 1 A.C. 599는 배우자 강간은 원

⑷ 판례 변경으로 인한 이익과 손실의 비교

그렇다면 판례 변경 여부를 결정함에 있어서 이러한 법적 안정성의 문제는 어떻게 고려하여야 할까? 여기서 기본적인 전제는, 판례 변경으로 인한 이익이 판례 변경으로 인한 손실보다 크다면 판례는 변경되어야 하고, 그 반대라면 판례는 변경되어서는 안 된다는 것이다.[159] 그러므로 여기서 비교하여야 할 것은 판례 변경으로 인한 이익과, 변경으로 인한 법적 안정성의 침해이다.

판례 변경으로 인한 이익은, 결국 법에 어긋났던 잘못된 판례를 바로잡음으로써 법원의 재판이 법에 합치되게 된다는 것이다. 그렇다면 이러한 이익과 손실은 어떻게 비교하여야 하는 것일까? 양자의 비교는 반드시 쉽지는 않다. 판례 변경으로 인한 법적 안정성의 침해는 원리적으로는 경제적인 손실로 환산할 수 있다.[160] 그러나 판례 변경으로 인한 이익은 반드시 그와 같이 경제적인 이익으로 환산할 수 있다고 하기는 어렵다. 경제적 효율은, 법이 특별히 효율을 고려하지 말라고 명하지 않는 한 항상 고려되어야 할 중요한 요소이다. 그러나 항상 그러한 것은 아니고, 법이 효율 외의 다른 가치를 추구할 수도 있다.[161] 효율이 법이 추가하여야 할 중요한 가치임에는 틀림없지만, 그것만이 법이 추구하는 목적이라고는 할 수 없다. 그러므로 양자는 통약불가능(incommensurable)한 경우가 많다.[162]

그렇다면 여기서 어떤 원칙을 세워야 할 필요가 있다. 필자의 생각으로는 종래의 판례가 법적으로 잘못된 것이라면 이는 원칙적으로 변경되어야 하고, 아주 예외적인 경우에만 법적 안정성의 침해가 판례 변경에 장애가 될 수 있다는 것

칙적으로 처벌되어야 한다고 판결하였다. 이는 엄밀한 의미에서의 판례의 변경은 아니지만, 실질적으로는 common law를 변경한 것이다. 이에 대하여 위 판결 전에 배우자 강간을 범했던 사람이 이는 유럽인권협약 제7조에 규정된 형벌불소급의 원칙에 위반된다고 주장하였으나, 유럽인권재판소는 이 주장을 받아들이지 않았다. Case of S.W. *v.* the United Kingdom, [1995] 21 EHRR 363(1995. 11. 22.).

159) Probst, 위의 책(주 102), S. 663 ff.; 고학수·최준규, 위의 글(주 2), 1020면 이하 등. Lee, 위의 글(주 130), 657 f.는 판례를 유지함으로써 생기는 오류 비용(expected error costs, EC)이 판례 변경으로 인하여 예상되는 소송 비용(expected litigation costs, LC)과 조정 비용(expected adjustment costs, AC)보다 클 때에만 판례를 변경하여야 한다고 주장한다.

160) Nelson, 위의 글(주 17), 63.

161) 윤진수, "법의 해석과 적용에서 경제적 효율의 고려는 가능한가?", 『민법논고 제6권』(2015), 4면(처음 발표, 2009) 참조.

162) Nelson, 위의 글(주 17), 61. 윤진수, 위의 글(주 161), 36-37면은 비례의 원칙에서 말하는 법익의 균형성을 따짐에 있어 통약불가능성의 문제가 존재한다고 한다.

이다. 다시 말하여 종전의 판례가 잘못되었다면 이는 원칙적으로 변경되어야 하고, 예외적으로 이를 변경하여서는 안 될 특수한 사정이 있는 경우에만 판례를 변경하여서는 안 된다는 것이다. 즉 판례 변경으로 인한 이익은 일반적으로 판례 변경으로 인한 손실보다 크다고 추정하여야 하고, 그 손실이 이익보다 크다는 점은 판례 변경을 반대하는 측에서 논증책임(Argumentationslast)을 부담하여야 한다는 것이다.

다만 여기서 명백히 해 둘 것이 있다. 판례 변경을 주장하는 사람은, 왜 종전의 판례가 변경되어야 하는지를 충분히 논증하여야 한다. 따라서 법원으로서는 판례를 변경하고자 할 때 그 변경 이유를 상세하게 설시하여야 한다.[163] 이계일의 주장처럼,[164] 이는 법치국가 원리 그 자체에서 도출할 수 있는 결론이다. 과거 대법원이나 헌법재판소의 판례 가운데에는 판례 변경의 이유를 제대로 설시하지 않거나, 심한 경우에는 판례 변경임을 밝히지 않고 사실상 판례 변경을 하는 경우가 있는데, 이러한 것은 지양되어야 한다.[165]

이처럼 판례 변경으로 인한 손실이 그로 인한 이익보다 크다는 점은 판례 변경을 반대하는 측에서 논증책임(Argumentationslast)을 부담하여야 한다고 보는 이유는 다음과 같다.

첫째, 법원의 재판은 법에 합치하여야 한다. 법관은 헌법과 법률에 의하여 그 양심에 따라 독립하여 심판하여야 하는 것이다(헌법 제103조). 그러므로 법원으로서는 법에 합치하는 재판을 하여야 한다는 것이 법의 명령이고, 종전의 판례가 법에 어긋난다면 이는 변경되어야 하는 것이 원칙이라고 하지 않을 수 없다. 따라서 종전의 판례가 법에 어긋남에도 불구하고 법적 안정성을 고려하여 이를 유지한다는 것은 예외일 수밖에 없다.

둘째, 실제로 판례 변경을 주저할 만큼 법적 안정성이 침해되는 사례는 많지 않을 것이다. 여기서는 대법원이 판례를 변경하면서 법적 안정성을 이유로 판례 변경의 소급효를 제한한, 제사주재자의 결정에 관한 대법원 2008. 11. 20. 선고 2007다27670 전원합의체 판결을 살펴본다. 종래의 판례는, 공동상속인 중 종손이 있다면, 그에게 제사를 주재하는 자의 지위를 유지할 수 없는 특별한 사정이 있는 경우를 제외하고는 관습법에 따라 종손이 제사주재자가 된다고 보고 있었

---

163) 같은 취지, 이계일, 위의 글(주 98), 233면 이하; 강일신, 위의 책(주 17), 77면 이하.
164) 위 주 126)의 본문 참조.
165) 강일신, 위의 책(주 17), 77면 이하 참조.

다. 그런데 위 전원합의체 판결의 다수의견은, 공동상속인들이 있는 경우에는
그 공동상속인들 사이의 협의에 의해 제사주재자가 정해져야 하고, 공동상속인
들 사이에 협의가 이루어지지 않는 경우에는, 제사주재자의 지위를 유지할 수
없는 특별한 사정이 있지 않은 한 망인의 장남(장남이 이미 사망한 경우에는 장남
의 아들, 즉 장손자)이 제사주재자가 되고, 공동상속인들 중 아들이 없는 경우에
는 망인의 장녀가 제사주재자가 된다고 보는 것이 상당하다고 하여 종래의 판례
를 변경하였다. 그러면서도 만일 새로운 법리를 소급하여 적용한다면 종래 대법
원판례를 신뢰하여 형성된 수많은 제사용 재산 승계의 효력을 일시에 좌우하게
됨으로써 법적 안정성과 신의성실의 원칙에 기초한 당사자의 신뢰 보호에 반하
게 되므로, 위 새로운 법리는 이 판결 선고 이후에 제사용 재산의 승계가 이루
어지는 경우에만 적용된다고 봄이 상당하고, 다만 이 사건에 대하여는 새로운 법
리가 소급하여 적용되어야 한다고 보아, 이른바 당해 사건에 대하여만 변경된 판
례의 법리를 소급 적용하는 선택적 장래효(selective prospectivity)를 인정하였다.

　우선 이러한 판례의 장래효를 인정할 수 있는가 하는 점은 별론으로 하더라
도,[166] 위 사건과 같은 경우에 과연 새로운 법리가 소급적용된다고 하여 법적 안
정성이나 신뢰 보호를 크게 해친다고 할 수 있을까? 대법원이 염려한 것은, 아마
도 이 판결 선고 전에 개시된 상속에 관하여 이 판결 선고 후에 새로운 법리를
원용하는 소송이 많이 제기되지 않을까 하는 점이었던 것으로 보인다. 그러나
많은 경우에는 제사 주재자가 누구인가에 대하여는 가족들 사이에 종전의 판례
를 기초로 하는 합의가 이루어졌을 것으로 보이고, 이 판례가 소급적용된다고
하여 제사주재자에 관하여 분쟁이 생기는 경우는 많지 않았을 것이다. 당해 사
건의 경우에는 피상속인이 처와 자녀를 떠나 다른 여자와 동거하면서 자녀를 낳

---

166) 필자는 이러한 장래효 내지 선택적 장래효를 인정하는 것은 허용될 수 없다고 생각한다. 원
래 재판이란 과거에 일어난 사건을 대상으로 하는 것이므로, 판례에 대하여 장래효만을 인
정한다는 것은 사법의 본질과는 맞지 않고, 국회 아닌 법원은 이러한 권한을 가지지 않는다
고 보아야 할 것이다. 뿐만 아니라, 판례의 변경을 이끌어낸 당해 사건의 당사자마저도 새로
운 판례의 혜택을 입지 못하게 되는 불합리가 있다. 이러한 문제점을 회피하기 위하여 선택
적 장래효를 인정하는 것은 평등의 원칙에 어긋난다. 윤진수, "형사사건 성공보수 약정 무효
판결의 장래효에 대한 의문", 법률신문 2015. 8. 5.자; Jinsu Yune, "The Decision of the
Korean Supreme Court on the Contingent Fee Agreement in Criminal Cases: General
Clauses, Judicial Activism, and Prospective Overruling", Journal of Korean Law, Vol.
16(2016), pp. 190 ff. 참조. 미국 연방대법원은 한동안 판례 변경에 장래효를 인정할 수 있
다고 하였으나, 1980년대 이후로는 이러한 장래효를 원칙적으로 인정하지 않고 있다. 윤진
수, "미국법상 판례의 소급효", 저스티스 제28권 1호(1995), 118면 이하 참조.

은 후 사망하자, 본처와의 사이에서 출생한 장남이 다른 여자와의 사이에서 출생한 동생을 상대로 피상속인의 유체인도를 청구한 특수한 경우였다. 뿐만 아니라 설령 위 판례가 소급적용되어 소송사건이 증가한다고 하더라도, 그것이 법원이 감당하기 어려운 수준의 것이었을까?[167]

셋째, 판례 변경이 당사자의 신뢰를 깨뜨린다고 하더라도, 이러한 신뢰를 보호할 수 있는 다른 방법들이 있다. 가령 형사법에서 종전의 판례가 어느 행위가 죄가 되지 않다고 보다가, 이를 처벌하는 것으로 판례가 변경되는 경우에는 그 행위자가 자기의 행위가 법령에 의하여 죄가 되지 아니하는 것으로 오인하였고, 그 오인에 정당한 이유가 있었다면 처벌되지 않는다(형법 제16조). 또 민사사건이나 행정사건에서는 신의칙이나 사정변경의 원칙, 실효의 법리 등에 의하여 신뢰를 보호할 수 있다.[168]

여기서 한 가지 구체적인 예를 들어 본다. 대법원의 판례는, 1960년 민법 시행 전에는 당시의 관습상 여호주가 사망하거나 출가하여 호주상속이 없이 절가(絕家)되면 경우, 유산은 그 절가된 가(家)의 가족이 승계하고, 가족이 없을 때는 출가녀(出嫁女)가 승계한다고 보고 있다.[169] 그런데 이러한 관습이 위헌인지 여부가 다투어진 헌법재판소 2016. 4. 28. 선고 2013헌바396, 2014헌바394 결정에서, 2인의 재판관은 위 관습법이 혼인과 가족생활에서 개인의 존엄과 양성의 평등에 관한 국가의 보장의무를 규정한 헌법 제36조 제1항에 위반된다고 한 반면, 4인의 재판관은 이것이 위헌이 아니라고 하였다.[170] 4인의 합헌의견은 합헌이라는 이유 중 하나로서, 민법 시행 전까지 효력이 있던 구 관습법은 상당수가 현행 헌법을 기준으로 보면 평등원칙에 어긋나는 것일 수 있지만, 이미 폐지된 구 관습법에 대하여 현행 헌법을 기준으로 소급적으로 그 효력을 모두 부인할 경우 이를 기초로 형성된 모든 법률관계가 한꺼번에 뒤집어져 엄청난 혼란을 일으킬 수 있고, 구 관습법의 적용을 기초로 순차 형성된 무수한 법률관계를 불안

---

167) 이 점은 선택적 장래효를 인정한 최초의 판례인, 여성도 종중원이 될 수 있다고 한 대법원 2005. 7. 21. 선고 2002다1178 전원합의체 판결에 대하여도 적용될 수 있다. 윤진수, "변화하는 사회와 종중에 관한 관습", 위의 책(주 161), 59면 이하 참조.

168) 윤진수, "미국법상 판례의 소급효"(주 166), 119면 이하. 또한 위헌결정의 소급효에 관한 윤진수, "헌법재판소 위헌결정의 소급효"(재판자료 제75집, 법원도서관, 1997), 705면 이하도 참조.

169) 대법원 1979. 2. 27. 선고 78다1979, 1980 판결; 2012. 3. 15. 선고 2010다53952 판결.

170) 나머지 3인의 재판관은 관습법은 헌법재판소의 위헌법률심판이나 헌법재판소법 제68조 제2항에 따른 헌법소원심판의 대상이 될 수 없다고 하였다.

정하게 함으로써 국가 전체의 법적 안정성이 무너지는 결과를 초래할 수도 있다고 하였다. 그러나 위 관습이 위헌으로 선언되어 효력을 잃는다고 하더라도, 그러한 법적 안정성이 흔들리는 사태는 막을 수 있는 방법이 있다. 즉 이러한 경우에 출가녀나 그 후손이 절가된 가의 가족에게 상속권을 주장한다면, 실효(Verwirkung)의 원칙을 적용함으로써 그러한 상속권의 주장을 막고, 따라서 법적 안정성을 유지할 수 있다. 실효의 원칙이란, 권리자가 권리를 장기간 행사하지 아니하여 상대방이 권리자가 더 이상 권리를 행사하지 않으리라고 신뢰하고 그에 따라 행동하였는데, 그 후 권리자가 권리의 행사를 주장하는 것이 신의성실의 원칙에 반한다는 이유로 허용되지 않는 것을 말한다.[171] 그런데 위와 같은 관습법의 경우에는 그에 따라 상속을 받은 상속인들로서는 관습법의 유효를 믿었을 것이고, 따라서 출가한 딸이 상속권을 주장하리라고는 전혀 생각하지 못하였을 것이다. 따라서 이러한 상속인들로서는 보호할 만한 정당한 기대를 가진 것으로 보아야 할 것이다.[172]

그렇다면 법적 안정성을 이유로 판례를 변경하여서는 안 될 경우란 없을까? 그렇게 단정할 수는 없을 것이다. 판례 변경으로 인하여 큰 혼란이 야기되고, 거래가 마비될 정도라면 이는 판례 변경을 하여서는 안 될 사유가 될 수 있을 것이다. 미국의 문헌에서는 그러한 예로서 연방정부가 지폐(paper money)를 발행할 권한이 있다고 한 미국연방대법원의 법정통화 사건(Legal Tender Cases)(주 59)을 거론한다. 이 사건에서 연방대법원은, 지폐를 발행하는 것이 허용된다고 하면서, 이와 반대되는 선례[173]를 변경하였다. 그런데 헌법 제정자들의 의사는 지폐의 사용을 금지하려는 것이었다고 한다.[174] 그러나 지금은 지폐의 사용이 너무나 당연시되고 있고, 지폐의 사용을 금지하는 것은 경제를 마비시키는 것이 될 것이다. 그리하여 미국에서 약한 선례구속 이론을 지지하는 학자도, 이 판례를 변경하는 것은 불가능하다고 한다.[175]

---

171) 대법원 1988. 4. 27. 선고 87누915 판결; 1992. 1. 21. 선고 91다30118 판결 등.
172) 다만 위 사건에서는 출가한 딸과 종전의 상속인들 사이에 누가 진정한 상속인인가에 관하여 분쟁이 생긴 것이 아니고, 출가한 딸의 상속인이 제3자를 상대로 하여 상속권을 주장한 것이므로, 실효의 원칙은 적용될 여지가 없다고 보인다. 상세한 것은 윤진수, 위의 글(주 111), 188면 이하 참조. 또한 윤진수, 위의 글(주 156), 262면 이하도 참조할 것.
173) Hepburn *v.* Griswold, 75 U.S. (8 Wall.) 603 (1870).
174) Kenneth W. Dam, "The Legal Tender Cases", 1981 Supreme Court Review 367, 389.
175) Alexander, 위의 글(주 23), pp. 50 ff.; Charles J. Cooper, "Stare Decisis: Precedent and Principle in Constitutional Adjudication", 73 Cornell Law Review 401, 410 (1988). 또한

우리나라에서 이와 유사한 사례가 있는지는 쉽게 떠오르지 않는다. 그러나 이러한 경우가 전혀 없다고 단정할 수는 없다. 그렇지만 그러한 경우는 극히 예외적으로만 인정될 수 있을 것이다.

위에서 서술한 것을 다시 한 번 말한다면, 종래의 판례가 법적으로 잘못된 것이라면 이는 원칙적으로 변경되어야 하고, 다만 판례의 변경으로 인한 법적 안정성의 침해가 심각하여, 큰 혼란이 야기되고 경제가 마비될 정도에 이르러야만 판례의 변경에 장애 사유가 된다는 것이다.

(5) 헌법 판례의 변경과 그 외의 판례 변경을 구분할 것인가

앞에서 본 것처럼, 브랜다이스 대법관은 헌법 판례의 변경과 그렇지 않은 경우를 구분하여, 헌법이 아닌 다른 법률의 해석에 관한 판례는 선례를 존중하여야 하지만, 헌법 판례의 경우에는 그렇지 않다고 주장하였다. 그 근거는 헌법이 아닌 경우에는 판례가 잘못되었다면 입법자가 법률에 의하여 이를 바로잡을 수 있다는 것이다. 이러한 브랜다이스 대법관의 주장은 여전히 많은 영향을 미치고 있다.[176)]

그러나 적어도 우리나라에서는 이러한 주장은 타당하지 않다. 국회가 대법원의 판례를 입법에 의하여 변경하는 일이 없다고는 할 수 없지만, 실제로 그러한 입법이 행해지는 것은 반드시 쉽지 않다.[177)] 따라서 국회가 법을 개정하지 않았다고 하여, 종전의 판례를 묵시적으로 승인했다고 말할 수는 없다.[178)] 뿐만 아니라, 판례가 잘못되었다는 것을 판단하는 데 일반적으로 법원보다 국회가 더 낫다고 할 수는 없다. 나아가 설령 국회에 의한 수정입법이 가능하다고 하더라도, 그것이 법원 스스로가 판례를 변경하는 것보다 효율 면에서 더 나은 것도 아니다.

물론 국회가 법을 변경하는 것은 판례 변경에 비하여 여러 가지 이점이 있다. 우선 국회의 개정 법률은 원칙적으로 법 개정 후의 사안에 대하여만 적용되므로 소급효가 없고, 따라서 원칙적으로 소급효를 가지는 판례 변경에 비하여 법적 안정성에 미치는 충격이 별로 없다. 또 국회는 법원에 비하여 더 많은 정

주 42)의 본문 참조.

176) 예컨대 William N. Eskridge, Jr., Philip P. Frickey, Elizabeth Garrett, *Legislation and Statutory Interpretation* (2nd ed., Foundation Press, 2006), pp. 284 ff. 참조.

177) Eskridge et al., 위의 책(주 176), p. 288은, 강력한 이익집단이 판례의 변경을 지지하지 않는 한 입법자에 의한 판례 변경은 실질적으로 불가능하다고 한다.

178) Nelson, 위의 글(주 17), pp. 76 ff.; Eskridge et al., 위의 책(주 176), p. 287 등 참조.

보를 가질 수도 있고, 법원의 판례보다 더 자세한 규율을 둘 수도 있다. 따라서 이러한 경우에는 법원이 입법에 맡겨 두는 것도 한 방법일 수 있다.[179)180)] 그러나 그렇지 않은 경우에도 법원이 입법자에게 문제의 해결을 미룬다면, 이는 법원이 그 책임을 포기하는 것이다.[181)]

(6) 헌법재판소의 판례변경에 관한 정족수

그런데 이와 관련하여 헌법재판소법 제23조 제2항 제2호가 헌법재판소의 판례변경에 관하여 가중된 정족수를 요구하고 있는 것을 검토할 필요가 있다. 헌법재판소법 제23조 제2항의 규정은 다음과 같다.

"재판부는 종국심리(終局審理)에 관여한 재판관 과반수의 찬성으로 사건에 관한 결정을 한다. 다만, 다음 각 호의 어느 하나에 해당하는 경우에는 재판관 6명 이상의 찬성이 있어야 한다.

1. 법률의 위헌결정, 탄핵의 결정, 정당해산의 결정 또는 헌법소원에 관한 인용결정(認容決定)을 하는 경우

2. 종전에 헌법재판소가 판시한 헌법 또는 법률의 해석 적용에 관한 의견을 변경하는 경우"

여기서 제2항 제1호, 즉 법률의 위헌결정, 탄핵의 결정, 정당해산의 결정 또는 헌법소원에 관한 인용결정의 정족수는 헌법 제113조 제1항이 규정하고 있는 것을 다시 되풀이하고 있는 것이다. 그런데 제2호는 헌법재판소의 판례 변경에

---

179) 이 점에 대하여는 Jinsu Yune, 위의 글(주 166), pp. 182 ff. 참조.

180) 대법원 2006. 6. 22. 자 2004스42 전원합의체 결정의 다수의견은 호적상 여성으로 등재되어 있으나, 성장기부터 여성에 대한 불일치감과 남성으로의 귀속감을 나타내면서 성인이 된 후에는 오랜 기간 동안 남성으로서 살다가 성전환수술을 받아 남성의 외부 성기와 신체 외관을 갖춘 사람의 여성에서의 남성으로의 호적정정 및 개명을 허가할 수 있다고 하였다. 이는 실질적으로는 대법원 1996. 6. 11. 선고 96도791 판결을 변경한 것이다. 그러나 이 결정의 반대의견은, 현 단계에서 법원으로서는 이 사건과 같은 사안에서 당사자의 성을 적절한 기준에 따라서 변경할 수 있는 법적·제도적인 보완이 절실하다는 점을 충분히 지적하면서, 현행 호적법 제120조의 호적정정의 방법으로는 이 문제를 해결할 수 없다는 점을 선언하고, 국민의 대의기관인 국회가 사회적 여론을 수렴하여 구체적인 요건과 절차, 효과 등을 담은 입법조치를 하기를 강력히 촉구함으로써 당사자들에게 근본적이고 효과적인 구제가 가능한 여건을 조성하는 데에 일조하는 것이 더욱 중요하다고 하였다. 이에 대하여는 윤진수(김수인 역), "성전환자의 인권 보호에 있어서 법원의 역할 — 한국과 독일·영국의 비교", 『민법논고 제7권』(박영사, 2015), 88면 이하(한국어 처음 발표, 2011) 참조.

181) Burrows, 위의 글(주 82), p. 258.

관하여도 재판관 과반수 아닌 6인의 찬성을 요구하고 있다. 실제로 헌법재판소 1998. 5. 28. 선고 97헌아1 결정에서는 헌법재판소 결정에 관하여는 판단유탈의 주장은 재심사유가 되지 않는다는 헌법재판소의 판례[182]는 변경되어야 한다는 의견이 5인으로 과반수였으나, 6인에 이르지 못하여 종전 판례는 변경되지 않았다.[183] 그리고 위 규정을 근거로 하여, 헌법재판소 판례의 구속력을 인정하여야 한다는 견해도 있다.[184]

그러나 위 규정의 합헌성에 관하여는 심각한 의문이 있다. 국가배상법 제2조 제1항 단서를 위헌이라고 한 유명한 대법원 1971. 6. 22. 선고 70다1010 전원합의체 판결에서는, 법률·명령 또는 규칙이 헌법에 위반함을 인정하기 위하여는 대법원판사 전원의 3분의 2 이상의 출석과 출석인원 3분의 2 이상의 찬성으로 결정한다고 규정하고 있던, 당시의 법원조직법 제59조 제2항 단서의 위헌 여부가 문제되었다.[185] 이 사건에서는 원래 군인·군무원 등이 직무 집행과 관련하여 전사(戰死)·순직(殉職)하거나 공상(公傷)을 입은 경우에 재해보상금·유족연금·상이연금 등의 보상을 지급받을 수 있을 때에는 손해배상을 청구할 수 없다는, 당시의 국가배상법 제2조 제1항 단서의 위헌 여부가 문제되었다. 그런데 대법원판사 16명 중 9명이 위 국가배상법이 위헌이라고 하였으므로, 당시의 법원조직법에 따르면 대법원 판사 11명이 위헌이라고 하지 않는 한 대법원이 위헌이라고 선고할 수 없게 되었다. 그러나 위 법원조직법 규정에 대하여는 대법원판사 16명 중 11명이 위헌이라고 하였으므로 결국 위 법원조직법과 국가배상법은 모두 위헌으로 선고되었다.

위 법원조직법이 위헌이라고 한 다수의견은, 법관의 과반수로써 재판하여야 함은 재판의 근본원칙이고, 당시의 헌법이 정당해산을 명하는 판결은 대법원 법관정수의 5분의 3 이상의 찬성을 얻어야 한다고 제한한 외에는 합의정족수를 제한하지 않고 있으므로, 합의정족수는 일반법률로써는 제한할 수 없다고 하였다. 반면 대법원판사 5인의 반대의견은, 헌법에 평결방법의 규정이 없는 것은 그 스스로가 평결방법을 규정하지 아니하였다는 것뿐이고 법률로서 평결방법을 규정

---

182) 헌법재판소 1995. 1. 20. 선고 93헌아1 결정; 1998. 3. 26. 선고 98헌아2 결정.
183) 그러나 그 후 헌법재판소 2001. 9. 27. 선고 2001헌아3 결정은 7인의 재판관의 찬성의견으로, 판단유탈도 재심사유가 된다고 하여 판례를 변경하였다.
184) 허완중, "헌법재판소결정의 선례적 구속력", 저스티스 통권 제110호(2009), 7–8면.
185) 위 판결은 단서를 단행이라고 하였다.

3. 판례의 무게 **117**

하는 것을 금하는 취지는 아니라고 하였다.[186]

　헌법재판소 1994. 6. 30. 선고 92헌바23 결정에서 5인의 다수의견도 위 대법원 판결을 인용하면서, 재판관이 재판을 함에 있어서 과반수로써 재판하여야 함은 재판의 기본원칙이기 때문에 헌법상 특칙규정이 없다면 헌법은 재판관의 과반수에 의한 재판이라는 일반원칙을 승인한 것이 되므로 법률로서는 재판의 합의정족수를 달리 규정할 수 없게 된다고 하였다.

　그러므로 위와 같이 판례 변경에 재판관 6인의 찬성을 요구하는 헌법재판소법의 규정은 위헌이라고 볼 여지가 많다.[187] 입법론으로도 이러한 헌법재판소의 판례변경에 요구되는 가중다수는 헌법재판소의 법해석권에 불필요한 제한을 가해 현실에 맞지 않는 (헌)법의 화석화를 초래할 위험성이 적지 않다는 비판이 있다.[188][189]

3. 구체적인 두 가지 쟁점에 대한 논평

　이제까지 서술한 것을 바탕으로 하여, 종래 판례 가운데 두 가지에 대하여 논평하고자 한다. 하나는 부정수표단속법 제2조 제2항의 범죄 성립 시기에 관한 것이고, 다른 하나는 이른바 담보신탁의 도산절연에 관한 일련의 판례이다.

(1) 부정수표단속법 제2조 제2항의 범죄 성립시기

　앞에서 설명한 것처럼, 대법원 1996. 3. 8. 선고 95도2114 판결은, 부정수표단속법 제2조 제2항 위반의 범죄는 예금부족 등으로 인하여 제시기일에 지급되지 아니할 것이라는 결과 발생을 예견하고 발행인이 위 수표를 발행한 때에 바로 성립된다고 하면서, 원심이 수표소지인이 그 제시기일에 지급을 위한 제시를 하여 수표금의 지급이 되지 아니한 때에 성립하는 것은 아니라고 한 데 대하여

---

186) 위 다수의견을 지지하는 것으로는 전광석, "국가배상법 제2조 제1항 단서 및 법원조직법 제59조 제1항에 대한 위헌판결", 헌법재판연구 창간호(2014), 167-168면이 있다.
187) 박찬주, "헌법재판의 정족수", 외법논집 제34권 2호(2010), 43면 이하는 위 헌법재판소법의 규정이 위헌이라고 한다.
188) 헌법재판소 헌법재판연구원, 『주석 헌법재판소법』(2015), 291면(정태호).
189) 나아가 위 규정에 대하여는, 헌법재판소가 종전에 법률이 위헌이라고 하였던 판례를 변경하려고 하는 경우에, 합헌 의견이 5인이고 위헌의견이 4인이라면, 판례 변경을 하지 못하여 여전히 위헌이라고 하여야 하게 된다면, 위헌 결정을 위하여는 6인의 찬성을 얻어야 한다는 헌법 및 헌법재판소법의 규정과 모순된다는 지적도 있다. 공진성, "반복입법금지에 관한 소고", 헌법학연구 제16권 4호(2010), 382면 이하 참조. 이 글은 이러한 경우에는 위헌이라고 하여서는 안 된다고 주장한다.

는, 대법원의 확립된 판례를 변경할 필요성이 없다고 하였다. 대법원은 이 후에
도 이러한 견해를 유지하고 있다.[190]

그러나 이러한 판례는 설득력이 없고, 위 판례는 변경되어야 한다. 원래 처음
제정된 부정수표단속법[191] 제2조는 다음과 같이 규정하고 있었다.

> 제2조(정의) 본법에서 부정수표라 함은 다음 각호의 1에 해당하는 것을 말한다.
>   1. 가설인의 명의로 발행한 수표
>   2. 은행과의 당좌예금계정의 약정없이 발행하거나 은행으로부터 거래정지처분을 받
>   은 후에 발행한 수표
>   3. 은행에 등록된 것과 상위한 서명 또는 기명날인으로 발행한 수표
>   4. 예금부족으로 정시기일에 지급이 되지 아니한 수표

그리고 동법 제4조 제1항은 "부정수표를 발행 또는 작성한 자는 2년 이하의
징역 또는 수표금액의 2배 이상 10배 이하의 벌금에 처한다"고 규정하고 있었다.

그런데 당시의 대법원 판례는, 제2조 제4호의 수표가 지급거절된 경우에 관
하여, 부정수표를 발행 또는 작성한 사람의 범죄는 같은 법 제2조 각호의 사유
를 인식하고 수표를 발행한 때에 성립한다고 하고,[192] 이러한 경우에는 수표발
행자가 그러한 결과 발생을 예견하고 이를 발행하였다는 주관적인 요건이 있어
야 한다고 하여,[193] 발행 당시에 지급거절을 예견하지 않았다면 나중에 지급거
절이 된 것만으로는 처벌할 수 없게 되었다. 그러자 국회는 1966. 2. 26. 법률
제1747호로 부정수표단속법을 일부 개정하여, 제2조와 제4조를 합하여 다음과
같이 제2조를 규정하였다.

> 제2조(부정수표발행인의 형사책임) ① 다음 각호의 1에 해당하는 부정수표를 발행하
> 거나 작성한 자는 5년 이하의 징역 또는 수표금액의 10배 이하의 벌금에 처한다.
>   1. 가설인의 명의로 발행한 수표

---

190) 대법원 1996. 5. 10. 선고 96도800 판결; 2003. 9. 26. 선고 2003도3394 판결; 2007. 3. 30.
　　　선고 2007도523 판결; 2010. 9. 30. 선고 2010도6490 판결 등.
191) 법률 제645호, 1961. 7. 3. 제정. 시행 1961. 9. 1.
192) 대법원 1965. 2. 23. 선고 64도669 판결.
193) 대법원 1965. 9. 21. 선고 65도627 판결.

2. 금융기관(郵遞局을 포함한다. 이하 같다)과의 수표계약없이 발행하거나 금융기관
　으로부터 거래정지처분을 받은 후에 발행한 수표

3. 금융기관에 등록된 것과 상위한 서명 또는 기명날인으로 발행한 수표

② 수표를 발행하거나 작성한 자가 수표를 발행한 후에 예금부족·거래정지처분이나 수표
계약의 해제 또는 해지로 인하여 제시기일에 지급되지 아니하게 한 때에도 전항과 같다.[194]

이는 판례가 수표가 지급거절된 경우의 범죄 성립시기를 발행시로 보기 때문에 처벌 범위가 좁아지는 것을 막기 위하여, 범죄의 성립 시기를 지급거절시로 바꾼 것이다.[195]

그럼에도 불구하고 그 후의 판례는 개정 전과 마찬가지로, 부정수표단속법 제2조 제2항 위반의 범죄는 예금 부족으로 인하여 제시일에 지급되지 아니할 것이라는 결과 발생을 예견하고 발행인이 위 수표를 발행한 때에 바로 성립된다고 보고 있다.[196] 그리하여 위 95도2114 판결은 이러한 판례를 원용하면서, 판례를 변경할 필요성이 없다고 하였다.

그렇지만 이러한 부정수표단속법의 개정경위나 그 문언, 특히 지급 거절을 범죄의 구성요건으로 규정한 점에 비추어 보면, 적어도 부정수표단속법 개정 후에는 수표가 지급거절된 때에는 범죄의 성립 시기는 발행시가 아닌 지급거절시임이 명백하다.[197] 따라서 이와 같은 종전의 판례는 변경되어야 하고, 위 95도

---

194) 이외에도 "과실로 인하여 전2항의 죄를 범한 자는 3년이하의 금고 또는 수표금액의 5배이하의 벌금에 처한다"라는 제3항이 추가되었다. 현행 부정수표단속법 제2조는 다소 표현이 바뀌었고, 반의사불벌에 관한 제4항이 추가되었으나, 제2항에 관하여는 "전항"을 "제1항"으로 바꾼 외에 실질적인 변경은 없다.

195) 최광률, "부정수표단속법의 개정과 그 해석상의 문제점", 법정 1966. 4, 17면 이하; 조용호, "부정수표단속법 제2조 제2항의 문제점", 『재판자료 제31집』(법원도서관, 1986), 707-708면 참조.

196) 대법원 1979. 9. 25. 선고 78도2623 판결; 1986. 3. 11. 선고 85도2640 판결; 1990. 3. 27. 선고 89도1480 판결. 다만 대법원 1966. 9. 27. 선고 65도324 판결은 부정수표단속법이 개정된 후에 선고된 것이기는 하지만, 개정 전 법이 적용되는 사안에 관한 것이다.

197) 같은 취지, 최광률, 위의 글(주 195), 19면; 이현종, "부정수표단속법 제2조 제2항 위반죄의 구성요건에 대하여", 서울지방법원 실무논단 1997(1997), 457-458면; 김대웅, "부정수표단속법 제2조 제2항 및 제4조 범죄에 관하여", 청연논총 제7집(2010), 264면 이하; 하상제, "부정수표 발행인의 형사책임", 재판자료 제123집(법원도서관, 2012), 244면 이하. 필자는 그와 같이 판시한 위 95도2114 판결의 원심인 수원지법 1995. 8. 3. 선고 95노990 판결의 재판장이었다. 반면 경우를 나누어, 수표를 발행할 당시에 발행인이 제시일에 예금부족등으로 인하여 지급되지 아니할 것이라는 결과의 발생을 예견하고 있었다면, 위 수표를 발행한 때에 바로 범죄가 성립하지만, 수표를 발행할 당시에는 충분한 예금잔고가 있었고 부도에

2114 판결이 종전의 판례만을 내세워 판례 변경을 거부한 것은 설득력이 없다.

(2) 담보신탁의 도산절연 여부

담보신탁이란 채무의 담보를 위하여 위탁자가 채권자를 수익자로 하여 신탁 목적물을 수탁자에게 양도하고, 채무자가 채무를 이행하지 않으면 수탁자가 신탁 목적물을 매각하여 그 매매대금으로 채권자인 수익자에게 변제하며, 잔여가 있으면 위탁자에게 반환하는 것을 내용으로 하는 신탁을 말한다.[198] 그런데 판례는, 담보신탁에 의하여 담보되는 채권은 채무자회생 및 파산에 관한 법률(이하 '채무자회생법'이라고만 한다)이 규정하는 회생담보권[199]에 해당하지 않고, 담보신탁의 수익자는 회생담보권자가 아니라고 보고 있다.[200] 따라서 담보신탁의 위탁자인 채무자에게 회생절차가 개시되더라도 담보신탁의 수익권은 그에 영향을 받지 않고, 수탁자는 신탁 목적물을 매각하여 채무 변제에 충당할 수 있게 되는, 이른바 도산 절연의 효과를 얻을 수 있게 된다.[201] 판례가 그와 같이 보는 근거는 담보신탁에 의한 수익권은 정리회사 또는 채무자 이외의 제공한 담보이라른 점 또는 정리절차개시 내지 회생절차 개시 당시 정리회사 또는 채무자의 재산이 아니라는 점이다. 현재 우리나라의 압도적인 통설은 이러한 판례를 지지하고 있다.[202]

그러나 담보신탁은 채무자회생법 제141조 제1항의 양도담보권에 관한 규정

대한 범의도 없었는데, 수표를 발행한 뒤에 이르러 수표계약의 해제등 원인행위를 일으켜 그로 말미암아 지시기일에 지급거절이 되게 되는 경우에는 위 원인행위를 실행한 때에 실행의 착수가 되고, 부도의 결과가 발생한 때에 범죄가 완성되어 기수가 된다고 하는 견해도 있다. 정동윤, "부정수표단속법상의 문제점", 대한변호사협회지 제58호(1980), 35면; 조용호, 위의 글(주 195), 715−716면. 그러나 이러한 견해는 법이 지급거절을 구성요건으로 규정하고 있는 것을 제대로 설명하지 못한다. 위와 같이 경우를 나눌 필요가 없이, 수표 발행인으로서는 수표의 제시기일까지 수표가 지급될 수 있도록 충분한 잔고를 보유하고 있어야 하고, 지급거절이 되면 이 의무를 위반하였으므로 처벌된다고 설명하는 것이 옳을 것이다. 한편 판례를 지지하는 견해로는 이창현, "부정수표단속법에 대한 처벌 및 특별규정 검토", 경기법학논총 제2호(경기대학교, 2003), 247면; 안성조, "부정수표단속법상 과실범 처벌의 정당성", 경찰법연구 제12권 2호(2014), 120−121면 등이 있다.

198) 윤진수, 위의 글(주 124), 699면 참조. 대법원 2017. 6. 22. 선고 2014다225809 전원합의체 판결의 다수의견도 같은 취지이다. 다만 이 판결은 담보신탁의 목적물을 부동산이라고 하였으나, 목적물이 부동산에 한정되지는 않는다.

199) 과거의 회사정리법에서는 정리담보권.

200) 대법원 2001. 7. 13. 선고 2001다9267 판결; 2002. 12. 26. 선고 2002다49484 판결; 2003. 5. 30. 선고 2003다18685 판결; 2017. 11. 23. 선고 2015다47327 판결 등.

201) 대법원 2018. 4. 12. 선고 2016다223357 판결은, 채권자는 담보신탁을 통하여 담보물권을 얻는 것이 아니라 신탁이라는 법적 형식을 통하여 도산 절연 및 담보적 기능이라는 경제적 효과를 달성하게 된다고 하였다.

202) 상세한 것은 윤진수, 위의 글(주 124), 708면 이하 참조.

을 유추하여 회생담보권으로 보아야 한다. 담보신탁은 양도담보와 동일한 기능
을 수행할 뿐만 아니라, 이러한 유추를 인정하는 것이 회생제도의 목적에 부합
한다. 즉 계속기업가치가 청산가치보다 큼에도 불구하고 담보권자가 담보권을
회생절차와 관련없이 행사할 수 있다고 한다면 이는 회생의 기회가 있는 기업의
회생기회를 박탈하는 것일 뿐만 아니라, 담보권자에게도 유리한 결과를 가져오
지 못한다. 그리고 담보신탁에서 신탁재산이 위탁자의 재산으로부터 분리되는
것은 피담보채무의 변제를 해제조건으로 하는 잠정적인 것에 불과하고, 또 피담
보채무가 변제되지 아니하여 수탁자가 신탁재산을 처분하여 피담보채무의 변제
에 충당하는 경우에도, 위탁자는 그로 인하여 피담보채무의 소멸이라는 이익을
얻는 것이므로, 위탁자는 신탁재산에 대하여 여전히 이해관계를 가진다. 이 점
에서 신탁재산이 위탁자와 수탁자의 고유재산으로부터 분리된다는 신탁재산의
독립성만으로는 담보신탁의 도산절연을 인정할 충분한 근거가 되지 못한다. 그
리고 도산법에서는 법적 구성 내지 형식보다는 실질을 중시할 필요가 있는데,
채무자와 일부 채권자가 어떤 담보제도를 선택하는가에 따라 다른 채권자의 이
익까지 침해된다는 것은 도산제도의 목적에도 부합하지 않는다. 다른 나라에서
도 담보신탁에 무조건적인 도산절연을 인정하는 입법례는 찾을 수 없다.[203] 따
라서 담보신탁의 일률적 도산절연을 인정하는 현재의 판례는 도산법의 체계와
정합적이지 못하고, 이러한 부정합성은 담보신탁의 수익자를 회생담보권자로 인
정하는 유추에 의하여 해소되어야 한다.[204]

그런데 여기서 이 문제를 다루는 것은, 설령 담보신탁의 도산절연을 인정하
는 판례에 문제가 있다고 하더라도, 이 문제는 입법에 의하여 해결하여야 하고,
판례를 변경하여서는 안 된다는 주장이 있기 때문이다. 즉 우리나라에서 담보신
탁이 많이 이용되는 이유는 판례가 담보신탁의 도산절연성을 인정하기 때문인
데, 거래의 신뢰 측면에서 대법원이 판례를 바꿀 수 없을 것이라는 것이다.[205]

확실히 대법원이 담보신탁의 위탁자는 회생담보권자가 아니라고 하다가 이

203) 다만 프랑스에서 신탁재산을 위탁자가 사용하거나 그로부터 이익을 얻는 경우가 아닌 때에
한하여 도산절연을 인정하고 있는 정도이다.
204) 윤진수, 위의 글(주 124), 723면 이하 참조.
205) 좌담회, "자산유동화 10년의 회고와 전망", BFL 제31호(2008), 21면(김용호 발언). 또한 함
대영, "신탁형 자산유동화에서의 전정양도 판단", BFL 제44호(2010), 78면도 참조. 이혜원,
"담보신탁의 도산절연성에 관한 연구", 서울대학교 법학석사학위논문(2014), 136-137면도
이 문제는 입법에 맡겨야 한다고 주장한다.

를 바꾼다면, 종래의 판례를 신뢰하여 담보신탁계약을 체결하고 거래를 하였던 채권자들에게는 혼란을 가져올 수 있다. 가령 채권자가 담보신탁에는 도산절연이 인정될 것으로 믿고, 담보신탁의 수익자가 되어 채무자에게 낮은 이율로 금전을 대여하여 주었는데, 대법원이 종전의 판례를 변경하여 도산절연을 부정한다면 채권자에게 예상하기 어려웠던 불이익을 주는 것이 된다. 그러나 다른 한편 종전의 판례를 그대로 유지하는 것은 도산에 빠진 채무자의 회생을 어렵게 하는 것이 된다. 양자를 비교한다면, 판례 변경이 있기까지 종전의 판례를 신뢰하고 거래를 한 제한된 숫자의 채권자의 보호보다는 현재뿐만 아니라 장래에도 도산절연을 인정하지 않음으로써 채무자의 회생을 용이하게 한다는 이익이 훨씬 크다고 보인다.[206]

V. 결 론

우리나라 대법원에서 판례 변경을 반대하는 경우에, 영국의 칸살 판결처럼 종전 판례가 잘못되었지만, 변경하여서는 안 된다고 하는 의견이 나올 것 같지는 않다. 그보다는 법리적으로 종전 판례를 유지하여야 한다고 하면서, 아울러 판례 변경에는 특별한 이유가 있어야 한다는 점도 부가적으로 주장될 수 있을 것이다. 앞에서 언급한 이상훈, 김용덕 두 대법관의 의견도 이와 같다. 그러나 실제로는 서론에서 소개한 이재성 전 대법관의 술회와 같이, 내심으로는 판례가 잘못되었다고 하더라도 굳이 이를 바꿀 필요는 없다는 고려가 작용할 수도 있을 것이다.

과연 판례의 무게는 어느 정도일까? 판례의 변경은 매우 신중하여야 하므로, 매우 무거운 것은 틀림없다. 그러나 판례가 잘못되었음에도 불구하고 특별한 사

---

206) 윤진수, 위의 글(주 124), 737면 이하 참조. 이 문제에 관하여는 역시 도산법상의 담보에 관한 영국 귀족원의 National Westminster Bank v. Spectrum Plus Ltd. 판결, [2005] UKHL 41이 참고가 된다. 이 사건에서는 채권자가 채무자에게 대출을 하면서 채무자의 은행계좌에 대해 담보권을 취득하였는데, 채무자는 계좌로부터 자유롭게 인출하는 것이 허용되는 경우에, 그러한 담보권이 부동담보권(floating charge)인가 확정담보권(fixed charge)인가가 문제되었다. 도산절차에서 조세채권과 같은 우선채권은 부동담보권에 대하여는 우선권을 가지지만 확정담보권에 대하여는 우선하지 못하기 때문이다. 귀족원은 위 판결에서 이를 확정담보권으로 보고 있던 항소법원(Court of Appeal)의 판례를 변경하였으며, 이러한 판례 변경에 장래효를 인정하여야 한다는 주장도 검토하였으나, 당해 사건에서는 장래효를 인정하지 않았다. 윤진수, 위의 글(주 124), 739-740면 참조.

정이 있어야만 판례를 변경하여야 한다고는 볼 수 없고, 판례가 그 정도로 무거워서는 안 될 것이다. 여기서 민사실무연구회 제3대 회장을 역임하신 박우동 전 대법관의 의견을 인용함으로써 이 글을 마치고자 한다. 박우동 대법관은 대법원 1991. 12. 24. 선고 90다5740 전원합의체 판결의 반대의견에서, "그동안 집적된 전원합의체판결을 비롯한 대법원판례는 외경스러우나 지금에 와서 수정해석을 위하여 흠집을 낼 수밖에 없는 이유를 이해하였으면 한다"고 하였다.

〈법철학연구 제21권 3호, 2018〉

〈추기〉

법철학연구에 이 논문이 공간된 후 이 문제에 관하여 선고된 우리나라 헌법재판소와 미국 연방대법원의 판례를 소개한다.

1. 헌법재판소 2018. 12. 27. 선고 2015헌바77, 2015헌마832 결정은 재판관 7인의 다수의견으로, 즉시항고 제기기간을 3일로 제한하고 있는 형사소송법 제405조가 재판청구권을 침해한다는 이유로 헌법불합치결정을 선고하면서, 위 조항이 헌법에 위반되지 아니한다고 판시한 종전의 선례(헌재 2011. 5. 26. 2010헌마499; 헌재 2012. 10. 25. 2011헌마789)를 변경하였다. 이에 대하여 이은애, 이종석 두 재판관의 반대의견은 선례 변경에 관하여 다음과 같이 설시하면서 선례 변경에 반대하였다.

"헌법재판소법 제23조 제2항 제2호는 재판관 6명 이상의 찬성이 있으면 종전에 헌법재판소가 판시한 헌법 또는 법률의 해석 적용에 관한 의견을 변경할 수 있도록 하고 있다. 그러나 선례를 변경하기 위해서는 위와 같은 가중정족수라는 형식적 요건 외에도, 선례의 입장을 변경해야만 할 필요성이 인정되어야 한다. 헌법재판소도 위헌 여부를 이미 한 번 판단한 바 있는 법률조항 또는 그와 실질적으로 동일한 법률조항의 위헌 여부를 판단함에 있어 '선례와 달리 판단하여야 할 사정의 변경(헌재 2009. 3. 26. 2008헌바52등; 헌재 2009. 4. 30. 2007헌마589; 헌재 2015. 11. 26. 2013헌마805등 참조)', 또는 '선례들의 판단에 법리상 잘못이 있다거나 이와 달리 판단하여야 할 만한 사정변경(헌재 2018. 5. 31. 2016헌바384등 참조)'이 있는지 여부를 판단하여 왔다. 그리고 예측가능성, 법적 안정성 및 신뢰보호의 이념에서 보았을 때, 선례의 입장을 변경해야만 할 필요성, 즉 사회제도나 문화의 변화, 국민의 법감정 또는 의식의 변화, 다른 법률의 내용이나 그에 관한 법리 변경 등과 같은 규범상태 또는 사실상태의 변화가 있었고, 이로 인하여 선례의 입장이 변경되어야 한다는 점이 논증되어야 한다.”

2. 미국 연방대법원이 2019. 6. 17. 선고한 Gamble *v.* United States[207] 판결에서는 주 법원에서 처벌받은 사람을 동일한 범죄로 연방법원에 기소하는 것이 미국 헌법수정 제5조가 보장하는 이중위험금지(double jeopardy)에 저촉되는가가 문제되었다. 연방대법원의 확립된 판례는 주 법원과 연방법원은 서로 다른 법원이므로 이중위험금지에 저촉되지 않는다는 것이었다. 위 판결은 7 : 2의 다수의견으로 종전의 판례를 유지하였다. 알리토(Alito) 대법관이 쓴 다수의견은 종래 판례를 유지하여야 하는 이유의 하나로서 선례구속(stare decisis)의 원칙을 들었다. 그런데 토마스(Thomas) 대법관이 쓴 별개의견은, 결론을 같이하면서도, 선례구속의 원칙에 대하여는 다른 취지이다. 즉 판례를 변경하기 위하여는 종전의 선례가 잘못되었다고 하는 믿음을 넘어서는 특별한 이유(special reason)가 있어야 한다는 것은 받아들일 수 없고, 명백하게 잘못된 판례, 즉 문언상 허용될 수 없는 해석을 만나게 되면 다른 선례구속을 지지하는 근거에 관계없이 오류를 바로잡아야 한다고 하였다.

---

207) No. 17−646, 139 S.Ct. 1960; 204 L.Ed. 2d 322.

판례의 무게

II. 공 법

4. 위헌법률의 효력
   — 헌법재판소법 제47조 제2항의 헌법적 검토 —

5. 헌법재판소 위헌결정의 소급효

6. 보존음료수의 판매제한조치의 위헌 여부
   — 대법원 1994. 3. 8. 선고 92누1728 판결
   (법원공보 967호 1197면 이하) —

7. 접견불허처분에 대한 헌법소원심판청구 후
   접견이 이루어진 경우 심판청구의 적법 여부
   — 대상결정: 헌법재판소 1991. 7. 8. 선고 89헌마181 결정 —

8. 장물취득죄의 기판력이 강도상해죄에 미치는지 여부
   — 대법원 1994. 3. 22. 선고 93도2080 전원합의체 판결 —

4. 위헌법률의 효력

— 헌법재판소법 제47조 제2항의 헌법적 검토 —

1. 서 론

헌법 제107조 제1항은 "법률이 헌법에 위반하는 여부가 재판의 전제가 된 경우에는 법원은 헌법재판소에 제청하여 그 심판에 의하여 재판한다"라고 하여 헌법재판소에 의한 이른바 구체적 규범통제를 규정하고 있다. 그러나 헌법에 위반하는 법률의 효력이나 헌법재판소의 심판의 효력에 관하여는 헌법에 아무런 직접적인 규정이 없다. 다만 헌법 제113조 제1항에 근거하여 제정된 헌법재판소법 제47조 제2항은 "위헌으로 결정된 법률 또는 법률의 조항은 그 결정이 있는 날로부터 효력을 상실한다. 다만, 형벌에 관한 법률 또는 법률의 조항은 소급하여 그 효력을 상실한다"라고 규정하고 있는데, 이 규정은 헌법에 위반되는 법률도 일단 유효하고 위헌결정에 의하여 그 효력을 상실하는데 위헌결정에는 원칙적으로 소급효가 없고 다만 형벌에 관한 법률의 경우에만 소급효가 인정된다는 뜻으로 풀이된다.

그러나 헌법재판소법의 위 규정에 대하여는 소박하게 생각하더라도 여러 가지의 의문을 제기할 수 있다. 우선 헌법에 위반되는 법률은 당연무효이고, 따라서 위 규정은 의미가 없는 것이 아닌가라는 의문이 있을 수 있다.

또한 헌법에 위반되는 법률의 효력이 이와 같이 헌법과는 관계없이 법률에 의하여 결정될 수 있는 것인지도 문제된다. 즉 하위법규가 상위법규에 저촉되는 경우에 그 하위법규의 효력은 상위법규에 의하여 결정될 성질의 것이지 동격의 하위법규에 의하여 결정될 수는 없지 않는가 하는 점이다.

그리고 위헌법률의 효력에 관하여 헌법에는 아무런 규정이 없으므로 그 효력은 법률에 의하여 규정할 수 있다는 입장에 서더라도, 헌법재판소법이 위헌결정에 원칙적으로 소급효를 인정하지 않는 것은 헌법의 효력을 지나치게 약화시키는 것이므로 헌법상 문제가 있다는 견해도 있을 수 있다.

이 글에서는 이와 같은 여러 가지 문제를 염두에 두고 위헌법률의 효력에 관하여 살펴보고자 한다. 서술의 순서로서는 우선 헌법재판소법 제47조 제2항의 규정이 어떻게 해석되고 있는지를 살펴보고 이어서 외국의 예를 알아본 다음 우리 헌법의 해석상 이 문제를 어떻게 해결해야 할 것인지를 생각하여 본다.

2. 헌법재판소법 제47조 제2항의 해석론

가. 헌법재판소의 판례

헌법재판소법 제47조 제2항의 해석에 관한 헌법재판소의 입장은 헌법재판소 1989. 9. 8. 선고 88헌가6 결정을 통하여 어느 정도 짐작할 수 있다.

이 사건의 제청신청인은 13대 국회의원 선거에 지역구 후보자로 등록하면서 국회의원선거법 제33조에 의하여 돈 1,000만원을 기탁하였으나 선거에서 낙선되었고, 그 득표수가 유효득표수의 3분의 1에 미달하여 같은 법 제34조에 의하여 그 기탁금 중 선거비용을 제외한 나머지 금액이 국고에 귀속되었다. 이에 제청신청인은 국회의원선거법의 위 각 규정이 위헌임을 이유로 대한민국을 상대로 위 기탁금의 반환을 구하는 부당이득금반환청구소송을 제기하였고, 그 소송에서 법원이 헌법재판소에 위 각 규정의 위헌제청을 하였다.

위 결정의 다수의견은 위 각 규정이 위헌임을 인정하면서도 주문에서는 직접 "헌법에 위반된다"라고 하지 아니하고 "국회의원선거법 제33조 및 제34조는 헌법에 합치되지 아니한다. 위 법률조항은 1991년 5월 말을 시한으로 입법자가 개정할 때까지 그 효력을 지속한다"라는 이른바 헌법불합치의 변형결정을 하였다. 이에 대하여는 그와 같은 변형결정은 불가능하다는 변정수 재판관 및 김진우 재판관의 반대의견이 있었으나 헌법재판소법 제47조의 해석과 관련하여서는 그보다는 변정수 재판관의 보충의견이 중요한 의미를 갖는다.

위 보충의견은, 헌법재판소법 제47조 제2항은 장래효만을 인정하고 있어서 국회의원선거법의 위 각 규정이 위헌결정 이전에는 유효한 법률로서 법률상 원인의 근거를 제공하게 되므로 기탁금의 국고귀속이 부당이득이 될 수 없고, 따라서 위 각 법률규정의 위헌여부가 과연 당해사건의 재판의 전제가 될 수 있는지의 문제가 생기며 이는 이 경우뿐만 아니라 원상회복을 위한 위헌법률심판의 전제성 유무에 관하여 공통으로 생기는 문제라고 설명한 다음,

"헌법재판소법 제47조 제2항의 문리해석만으로는 위헌법률심판이 제청된 법률에 대하여 위헌결정이 내려지더라도 형벌법규를 제외하고는 장래효밖에 없으므로 그 법률에 의하여 부과된 의무를 이미 이행하였거나 집행이 종료된 경우 부당이득반환 등 원상회복은 불가능하다는 것이 된다. 그러나 이 원칙만을 고수한다면 당해사건이 형사사건 이외의 사건인 경우 법원이나 당사자가 위헌제청이나 소원청구를 할 필요가 없게 되어 구체적 규범통제제도는 그 실효성이 크게 감소될 것이므로 적어도 당해사건에 대하여만은 형벌법규가 아니더라도 위헌결정의 소급효를 인정하여야 할 것이다. 이와 같이 당해사건에 대하여 위헌으로 결정된 법률의 적용을 배제할 수 있는 길을 열어 줌으로써 당해사건에 대한 재판의 전제성을 확보하여 주는 것이, 법률이 헌법에 위반되는 여부가 재판의 전제가 된 경우에는 법원은 헌법재판소에 제청하여 그 심판에 의하여 재판하도록 한 헌법 제107조 제1항의 정신이나, 위헌심사를 구하는 헌법소원이 인용된 경우에는 당해 헌법소원과 관련된 소송사건(당해사건)이 이미 확정된 때에는 당사자는 재심을 청구할 수 있도록 규정한 헌법재판소법 제75조 제7항의 입법취지에 부합된다고 할 것이다"라고 주장한다.

요컨대 원상회복을 위한 위헌법률심판의 경우에는 당해사건에 한하여 위헌결정의 소급효를 인정하여야 재판의 전제성이 인정되어 구체적 규범통제 제도의 실효성을 확보할 수 있다는 것이다. 이처럼 당해사건에 한하여 소급효를 인정하는 것은 뒤에서 보는 바와 같이 오스트리아 법의 영향을 받은 것으로 추측되나 원상회복을 위한 위헌법률심판의 경우에 한정하는 근거가 무엇인지 불분명하다.

위 결정의 다수의견이나 김진우 재판관의 반대의견은 다같이 국회의원선거법에 대하여 위헌결정이 내려지더라도 이는 소급효가 없어 이미 치러진 선거에는 영향이 없음을 인정하고 있을 뿐, 재판의 전제성 내지 당해사건에의 소급효에 관하여는 언급이 없으나 위 보충의견을 암묵적으로 인정하는 것이 아닌가 추측된다.

참고로 덧붙인다면 위 사건의 제청법원인 서울민사지방법원에서는 위와 같은 변형결정이 있자 제청신청인의 청구를 기각하였으나(1990. 1. 25. 선고 88가합 46330 판결), 항소심인 서울고등법원에서는 변정수 재판관의 위 보충의견과 같

이 적어도 당해사건에 한하여는 위헌결정의 소급효를 인정하여야 한다고 해석한 다음, "이러한 해석론은 이 사건에 있어서와 같이 헌법재판소가 실질적으로 위헌결정을 하면서도 위헌법률의 효력상실시기만을 일정기간 뒤로 미루고 있는 경우에도 마찬가지로 적용된다고 보여지므로 위헌심판의 대상이 된 위 법조항들 역시 당해사건인 이 사건에 있어서는 소급하여 그 적용이 배제된다"고 하여 제청신청인의 청구를 일부 인용하였다(1990. 7. 20. 선고 90나13408 판결).

나. 대법원 판례

이 문제를 직접 다룬 대법원의 판례로는 대법원 1989. 11. 6. 자 89그19 결정(법원공보 867, 445)을 들 수 있다.

이 사건의 사안은 다음과 같다. 즉 금융기관이 신청한 부동산임의경매사건에서 1989. 5. 11 경매법원(수원지방법원 성남지원)의 경락허가결정이 내려지자, 그 사건 특별항고인들은 같은 달 16. 그에 대하여 항고를 제기하였으나, 위 성남지원은 그 다음날인 같은 달 17. 금융기관의 연대대출금에 관한 특별조치법 제5조의2를 적용하여 그 항고장을 각하하였다. 위 조문의 내용은 다음과 같았다.

"① 연체대출금에 관한 경매절차에 있어서 경락허가결정에 대한 항고를 하고자 하는 자는 담보로서 경락대금의 10분의 5에 해당하는 현금 또는 금융기관이 발행한 자기앞수표 및 대통령령으로 정하는 유가증권을 공탁하여야 한다.

② 항고의 제기에 있어서 그 항고장에 제1항의 규정에 의한 담보의 공탁이 있는 것을 증명하는 서류를 첨부하지 아니한 때에는 원심법원은 그 항고장을 접수한 날로부터 7일 내에 결정으로 이를 각하하여야 한다.

③ 제2항의 결정에 대하여는 즉시항고를 할 수 없다."

그런데 헌법재판소는 위 각하결정이 있은 직후인 같은 달 24. 위 조문 전체가 헌법에 위반된다는 결정을 내렸다(헌법재판소 1990. 5. 24. 선고 89헌가37, 96 결정). 그러자 위 특별항고인들은 그 다음날인 같은 달 25. 위 항고장 각하결정에 대하여 대법원에 특별항고를 제기하였다. 그에 대하여 대법원은 다음과 같이 판시하여 특별항고를 기각하였다.

"한편 헌법재판소가 1989. 5. 24. 89헌가37, 96 사건(제청신청인 박문송, 박동섭)에서 특별조치법 제5조의2가 헌법에 위반된다는 결정을 한 바 있음은 소론과 같으나 그와 같이 위헌으로 결정된 법률 또는 법률의 조항은 헌법재판소법 제47조 제2항에 의하여 형벌에 관한 것이 아닌 한 그 결정이 있는 날로부터 효력을 상실하는 것이다.

그리고 특별항고는 불복을 신청할 수 없는 결정이나 명령에 대하여 재판에 영향을 미친 헌법 또는 법률의 위반이 있음을 이유로 하는 때에 한하여 제기할 수 있는 것으로서 재판확정 후의 비상불복방법인 것이지 통상의 불복방법으로서의 상소가 아닌 것이므로 그 결정이나 명령에 영향을 미친 헌법이나 법률의 위반이 있는지의 여부는 그 결정이나 명령 당시의 헌법이나 법률의 규정에 따라서 판단되어져야 할 것이다.

그런데 특별조치법 제5조의2에 의한 항고장각하결정에 대하여는 즉시항고를 할 수 없는 것으로서(제3항) 그 결정과 동시에 일단 확정되는 것이므로 위 위헌결정이 있기 전에 특별조치법 제5조의2를 적용하여 한 위 항고장각하결정에 대하여는 위 조항의 효력이 있음을 전제로 하여 그 적법여부를 판단하여야 할 것이고, 특별항고인들은 위 항고장이 각하되어 확정된 후 특별항고이유로써 위 법률조항이 헌법위반임을 주장할 수는 없다고 할 것이다."

그리고 대법원 1990. 3. 2. 고지 89그26 결정(법원공보 875, 1223)은 원심법원이 위 위헌결정이 선고된 1990. 5. 24.에 위 조문을 적용하여 항고장을 각하한 사안에서 원심이 효력이 상실된 위 조문을 적용하여 항고장을 각하한 것은 위법이라 하여 특별항고를 인용하였다. 위의 판례가 갖는 의미에 대하여는 뒤에서 살펴보기로 한다(후술 라. 참조).

다. 학   설

국내에서는 이 문제에 대하여 박일환 판사가 가장 상세하게 주장을 펴고 있다.[1] 그에 따르면 우리나라의 제도는 위헌판결로 인한 법률폐지의 효과는 원칙적으로 그 판결이 공고되는 때부터 장래에 향하여 발생하고 그때까지 법적 요건이 충족된 사건에 대하여는 종래의 법률이 계속 적용되며, 다만 당해 위헌심사의 전제가 된 사건(Anlaßfall, 당해소송사건)에 대하여는 종래의 법률이 적용될 수 없다는 오스트리아의 제도와 흡사하고,[2] 다만 장래효의 원칙을 규정하면서도 당해사건에 대한 효력에 관하여는 아무런 규정을 두고 있지 아니하나, 헌법의 규

1) "위헌판결의 효력"(상)(하), 인권과 정의 제151, 152호(1989. 3, 4); "법률의 시적 효력범위", 법조 제38권 11호; "위헌법률의 효력상실시점", 인권과 정의 제165호(1990. 5); "헌법재판실무자료" (1)-(3), 법조 제39권 5-7호.
2) "위헌법률의 효력"(하)(주 1), 39-43면.

정과 당해사건에 대한 재심의 규정을 종합해보면 당해사건에 관한 한 소급효가 미친다는 것은 입법이 당연히 예상하고 있는 것이라고 한다.[3]

그러나 다른 한편으로는 위헌심사절차에 관한 헌법 제107조 제1항의 규정은 위헌무효설을 취하고 있는 독일기본법 제100조와 비슷하여, 헌법은 독일과 같이 마치 소급무효설을 취하고 있는 듯 규정하고 있는 데 반하여 헌법재판소법은 오스트리아와 같이 폐지무효설의 입장을 채택하고 있는 듯 보여져 상호모순되는 것처럼 보이지만, 이 문제는 하나의 원칙에 의하여 해결될 수 있는 것이 아니며 당해법률의 내용에 따라 개별적으로 해결할 수밖에 없고,[4] 또한 우리나라에서 당해소송사건에 대하여만 예외를 인정하는 것은 헌법상의 평등권을 해치는 위헌인 규정이라는 비판을 면치 못할 것이므로, 우리나라에서도 처벌법규 이외의 법규라 하여도 법적 안정성을 해하지 않는 범위 내에서 소급효를 인정하는 것이 타당한 경우에는 소급적 효력을 인정하는 것이 마땅하며, 최소한 위헌법률의 적용을 거부하고 소송으로 당해법률의 적용배제를 청구한 자에게는 어떠한 이론구성을 하든지 위헌법률의 적용을 배제하는 길을 열어주는 것이 마땅하다고 한다.[5]

그 외에 국내의 헌법 교과서 등에는 이 문제에 대하여 별로 자세한 설명이 없다. 가령 허영 교수는 "이론적으로 法律에 대한 위헌결정의 효력을 언제부터 발생시킬 것인가에 대하여는 遡及無效(ex－tunc－Wirkung)・向後無效(ex－nunc－Wirkung)・未來無效(ex－post－Wirkung)의 세 가지 憲法政策的 方法이 고려될 수 있겠지만, 그 세 가지 方法이 모두 장단점이 있다. 우리 현행법은 法的 安定性을 중요시해서 원칙적으로 向後無效의 입장을 따르면서도 실질적 정의실현의 관점에서 刑罰에 관한 조항만은 遡及無效의 방법을 따르고 있다."라고 설명하고 있을 뿐이다.[6]

한편 대한변호사협회에서는 1990. 4. 18. 헌법재판소법 개정건의안을 국회 및 법무부 등에 제출하였는데 이에 따르면 동법 제47조 제2항 단서의 "다만 형벌에 관한 법률 또는 법률의 조항은 소급하여 그 효력을 상실한다"라는 부분을, "다만 다음 각호의 1에 해당하는 경우에는 소급하여 그 효력을 상실한다.

1. 형벌에 관한 법률 또는 법률의 조항에 대한 위헌결정

---

3) "법률의 시적 효력범위"(주 1), 50면.
4) "헌법재판실무자료(3)"(주 1), 181면.
5) "위헌법률의 효력(하)"(주 1), 42－44면.
6) 한국헌법론, 1990, 813면.

2. 헌법상 보장된 기본권을 제한하는 법률 또는 법률의 조항에 대한 위헌결정. 그러나 이 경우에는 그 결정 당시 법률 또는 법률의 조항의 적용에 관하여 쟁송 중에 있는 자와 쟁송제기의 결정기간 내에 있으면서 후에 적법한 쟁송을 제기한 자에 한한다"라고 개정하도록 되어 있어 기본권을 침해하는 법률의 경우에까지 소급효를 확대하였다.[7]

라. 소 결

헌법재판소법 제47조 제2항에 대한 뒤에서 보는 바와 같은 헌법상의 문제점을 염두에 두지 않는다면, 동조항의 해석론으로는 변정수 재판관의 보충의견이나 박일환 판사의 설명과 같이 위헌으로 결정된 법률은 형벌에 관한 법률 이외에는 소급효가 없이 장래에 향하여서만 효력을 상실하므로 그 이전에 이루어진 법률관계에 대하여는 위헌으로 결정된 법률을 계속 적용하고, 다만 당해사건에 한하여서만 소급효를 인정하여 그 법률의 적용을 배제하는 것이 법문 및 구체적 규범통제제도의 취지에 부합하는 것으로 보인다.

좀더 구체적으로 설명한다면 법규범의 시적 적용범위의 문제는 첫째 어떤 구성요건적 사실이 어느 시점까지 충족되어야 하느냐 하는 문제, 즉 구성요건 발생의 시점에 관한 문제(오스트리아에서는 이를 시적 조건범위, zeitlicher Bedingungs-bereich라고 부르기도 한다)와, 둘째 이미 발생한 구성요건적 사실에 대하여 법적효력을 국가가 강제적으로 부여하는 문제, 즉 적용의 시점에 관한 문제(오스트리아에서는 이를 시적 법률효과의 범위, zeitlicher Rechtsfolgenbereich라고 부르기도 한다)로 나눌 수 있는데, 소급효의 문제는 첫째의 문제와만 관련이 있는 것이다.[8]

따라서 어떤 법률이 실효되었다 하더라도 그 실효에 소급효가 없으면 그 법률은 그 이전에 그 법률의 구성요건이 충족된 법률관계에 대하여는 여전히 적용되어야 하는 것이다. 예컨대 민법 시행일인 1960. 1. 1. 전에 개시된 상속에 대하여는 민법시행 후에도 구법의 규정을 적용하는 것과 같다(제정 민법 부칙 제25조 제1항 참조). 그러므로 위헌결정을 받은 법률이 효력을 잃더라도 형벌에 관한 것이 아니면 소급효가 없으므로, 그 결정이 있기까지 구성요건이 충족된 법률관

---

7) 인권과 정의 제165호, 48면 및 제166호, 123면.
8) 박일환(주 3), 41면; R. Walter/H. Mayer, Grundriß des österreichischen Bundesverfassungs-rechts, 6. Aufl. 1988, S. 167.

계에 대하여는 위헌결정 이후에도 여전히 위헌으로 결정된 법률이 계속 적용되어야 한다는 결론이 된다. 그러나 위헌제청이 있은 당해사건에 대하여도 위헌으로 결정된 법률이 적용된다면 위헌제청을 할 아무런 실익이 없어 구체적 규범통제의 제도 자체의 존재의의가 없게 되므로, 당해사건에 한하여는 위헌결정에 소급효를 인정할 필요가 생기게 된다.

다만 위헌으로 결정된 법률이 절차법일 때에는 실체법의 경우와 약간 다른 결과가 생긴다. 실체법의 경우에는 법률이 실효되고 이에 소급효가 없으면 적용 법률을 결정하는 기준시점이 재판시 이전의 법률요건 충족시가 되는 반면, 절차법의 경우에는 재판시 외에 법률요건 충족시를 따로 생각할 필요가 없으므로 그 기준시점은 항상 재판시가 되고 재판이 있기 전에 위헌결정이 있으면 소급효의 유무에 관계없이 그 위헌결정의 취지에 따라 재판하여야 할 것이다.[9] 위 대법원 1990. 3. 2. 자 89그26 결정은 이런 취지로 이해하여야 할 것이다. 그런데도 위 대법원 1989. 11. 6. 자 89그19 결정이 특별항고를 받아들이지 아니한 것은, 위 특별조치법 제5조의2 제3항이 항고장 각하결정에 대하여 즉시항고를 하지 못하도록 규정하여 그 결정이 바로 확정된 것으로 본 때문이다. 즉 위 조항이 나중에 위헌으로 결정되었어도, 그 결정에는 소급효가 없기 때문에 위 조항에 의하여 이미 발생한 결정 확정의 효력은 영향을 받지 않는다는 것이 위 대법원 결정의 논리적인 전제가 되어 있다.

그러나 위 조항의 연혁을 살펴보면 이와 같이 위헌결정이 있은 후라도 그 이전의 법률관계에 대하여는 위헌으로 결정된 법률을 계속 적용하여야 한다는 해석에 의문의 여지가 없는 것도 아니다. 원래 현행 헌법재판소법 제47조 제2항의 규정은 제1공화국 당시의 헌법위원회법(1950. 2. 21. 법률 제100호) 제20조에서 유래한 것이다. 동조는 "헌법위원회의 위헌결정은 장래에 향하여 효력을 발생한다. 그러나 형벌조항은 소급하여 그 효력을 상실한다."라고 규정하고 있었고, 이 규정이 제2공화국 당시의 구 헌법재판소법(1961. 4. 17. 법률 제601호) 제22조 제2항, 유신헌법 당시의 헌법위원회법(1973. 2. 16. 법률 제2,350호) 제18조 제1항을 거쳐 현행 헌법재판소법 제47조 제2항에까지 답습된 것이다.

그러나 다른 한편으로는 위 법률 제100호의 헌법위원회법 제10조 제2항은 헌법위원회가 법원의 위헌제청을 수리하였을 때에는 대법원으로 하여금 각급법

---

9) 박일환, "위헌법률의 효력상실시점"(주 1), 106면.

원에 있어서 당해법률을 적용하여야 할 사건의 심리를 중지시켜야 한다고 규정하고 있었고, 구 헌법재판소법 제9조 제1항, 법률 제2350호의 헌법위원회법 제13조 제2항 등도 비슷한 취지이다. 이처럼 당해사건 이외의 사건의 심리가 중지(정지)된다는 것은 위헌결정이 있으면 그러한 사건에 있어서도 위헌으로 결정된 법률은 적용되지 않는다는 것을 전제로 한 것이므로, 형벌법규 이외의 경우에도 사실상 소급효를 인정한 것이 된다.[10] 뿐만 아니라 위의 각 법률들에는 현행 헌법재판소법 제47조 제3항과 같이 위헌으로 결정된 형벌법규에 근거한 유죄의 확정판결에 대하여 재심을 청구할 수 있다는 규정도 없다.

이러한 각 규정을 종합하여 본다면, 적어도 과거의 위와 같은 법률들의 경우에는 입법자가 소급효의 의미를 단순하게 받아들여, 법률에 대하여 위헌결정이 있으면 그 결정에 소급효가 없더라도 그 법률은 위헌결정 이전의 법률관계에 관하여도 더 이상 재판규범으로서 적용될 수 없고, 형벌법규의 경우에 소급효가 있다는 것은 재심이 가능하다는 취지로 이해한 것이 아닌가 추측된다.[11]

그러나 현행 헌법재판소법은 이러한 당해사건 이외의 사건에 관한 재판의 정지에 관한 규정을 두지 아니하였고.,[12] 또 형벌법규에 관한 소급효의 규정 이외에 별도로 재심사유가 된다는 규정을 두었으므로 현재에도 이러한 해석이 가능한지는 의문이다.

3. 비교법적 고찰

비교법적으로 고찰한다면 위헌법률심사의 권한을 어느 기관에 부여하느냐에 따라 크게 비집중형과 집중형으로 나눌 수 있다.[13] 전자는 미국이나 제3공화국 시절의 우리나라와 같이 모든 법원이 위헌법률심사권을 갖는 것인데 반하여, 후자는 현재의 우리나라나 독일 등과 같이 독립한 헌법재판기구를 두어 그 기구가 위헌법률심사의 권한을 독점하는 것이다. 어떤 방법을 택하느냐에 따라 이론상으로는 위헌심판의 효력이 당해 사건의 당사자에게만 국한되느냐(inter partes),

---

10) 박일환, "위헌법률의 효력상실시점"(주 1), 110면은 실체법규의 경우에는 이러한 정지(중지) 규정이 아무런 의미가 없는 것이라고 한다.
11) 후술할 미국연방대법원의 Linkletter v. Walker 사건 판결(1965) 참조.
12) 현행 헌법재판소법 제정 당시 다른 사건에 관한 재판의 정지 문제는 주로 제정절차에 관하여 대법원의 통제를 인정할 것인가와 관련하여 논의되었다. 안대희, "헌법재판소법 제정 거론사항", 헌법재판제도, 법무자료 제95집, 1988, 64-65면 참조.
13) M. Cappelletti/W. Cohen, Comparative Constitutional Law, 1979, pp. 73 ff.

아니면 일반적인 효력을 갖느냐(erga omnes) 하는 등의 차이가 생길 수 있으나, 실제로는 비집중형의 국가에서도 선례구속의 원칙(principle of stare decisis) 때문에 최고법원의 판결은 일반적으로 존중되는 등 양자의 접근 현상이 나타나고 있다.[14] 여기서는 집중형에 속하는 오스트리아 및 독일과 비집중형에 속하는 미국의 경우를 간단히 살펴보기로 한다.

가. 오스트리아

오스트리아 헌법 중 위헌법률의 효력에 관한 규정은 다음과 같다.

오스트리아 헌법 제 140조 제1항: 헌법재판소는 행정법원, 최고법원(Oberster Gerichtshof) 또는 항소심 법원의 신청에 의하여 연방법 또는 주법의 헌법위반 여부에 대하여 판결하며, 헌법재판소가 그러한 법률을 이미 계속중인 사건에 적용하여야 하는 한 직권으로 판결할 수 있다(이하 생략).

제4항: 법률이 헌법재판소가 판결할 시점에 이미 효력을 상실하였고 절차가 직권에 의하여 개시되었거나 법원 또는 법률의 위헌성에 의하여 직접 권리를 침해받았다고 주장하는 자의 제청이 있으면, 헌법재판소는 법률이 헌법에 위반하였는지의 여부에 관하여 선고한다. 제3항의 규정은 이에 준용된다.

제5항: 법률을 위헌이라 하여 폐지하는 헌법재판소의 판결이 있으면 연방총리나 관할 주지사는 그 폐지를 지체없이 공고하여야 할 의무를 부담한다. 이는 제4항에 따른 선고의 경우에도 준용된다. 그 폐지는 헌법재판소가 실효의 기한을 정한 경우가 아니면 공고일로부터 효력을 발생한다. 위 실효의 기한은 1년을 초과하지 못한다.

제6항: 헌법재판소의 판결에 의하여 법률이 위헌으로 폐지되면, 판결이 달리 정하지 않는 한 그 폐지의 효력발생일에 헌법재판소에 의하여 위헌으로 인정된 법률에 의하여 폐지된 법률이 다시 효력을 회복한다. 법률 폐지의 공고에 있어서는 법률의 규정이 효력을 회복하는지 여부 및 어느 법률의 규정이 효력을 회복하는지를 아울러 공고하여야 한다.

제7항: 법률이 위헌이라 하여 폐지되거나 또는 헌법재판소가 제4항에 의하여 법률이 위헌이라고 선고한 경우에 모든 법원과 행정기관은 헌법재판소의 판결에 기속된다. 헌법재판소가 폐지판결에서 달리 정하지 않는 한 폐지 이전에 실현된

---

14) Cappelletti/Cohen(주 13), pp. 95 ff.

구성요건에 대하여는 당해사건을 제외하고는 그 법률이 계속 적용된다. 헌법재판소가 그 폐지판결에서 제5항에 따라 기한을 정한 경우에는 그 기한이 경과하기까지 실현된 구성요건에 대하여는 당해사건을 제외하고는 그 법률이 계속 적용된다.

위의 규정에 의하면 오스트리아 헌법은 법률이 위헌이라고 하여도 당연무효는 아니고 헌법재판소의 판결에 의하여 폐지(Aufheben)할 수 있는 것으로 정하고 있다. 그리고 그 폐지의 효력은 원칙적으로 폐지가 공고된 날(판결에서 기한을 정한 경우에는 그 기한이 경과한 날)부터 효력을 발생하고, 소급효가 없으므로 그 폐지 이전에 실현된 구성요건에 대하여는 여전히 위헌으로 판결된 법률이 계속 적용된다. 다만 위헌판결에 이르게 한 당해사건(Anlaßfall)에 대하여는 위헌법률의 적용이 배제되므로 그 한도에서는 소급효가 인정되는 셈이다.

이처럼 위헌판결에는 당해사건을 제외하고는 소급효가 없는 것이 원칙이지만 헌법재판소는 예외적으로 소급효가 있는 폐지 판결을 할 수 있다. 그 근거는 위 제140조 제7항의 "헌법재판소가 폐지판결에서 달리 정하지 않는 한(sofern der Verfassungsgerichtshof nicht in seinem Erkenntnis anderes auspricht) 폐지 이전에 실현된 구성요건에 대하여는 당해사건을 제외하고는 그 법률이 계속 적용된다."라는 규정이다.[15] 위 규정은 1975년의 헌법개정에 의하여 비로소 신설된 규정으로서 그 이전에는 이처럼 소급효를 가지는 위헌판결은 불가능하였다.

헌법재판소가 이 규정에 따라 소급효를 가지는 위헌판결을 하는 경우에는 주문에 "폐지된 법률은 폐지 전에 실현된 구성요건에 대하여도 더 이상 적용될 수 없다."라고 판시한다.[16]

이와 같이 오스트리아 헌법이 위헌의 법률이라도 일단 유효하고 다만 헌법재판소의 판결에 의하여 폐지되도록 규정한 것은 오스트리아의 헌법 제정 과정에서 큰 영향을 미친 한스 켈젠(H. Kelsen)의 이론에 근거를 둔 것이다.[17] 켈젠에 의하면, 입법자는 법률을 헌법에 규정된 방식으로 제정하거나 또는 임의의 절차에 의하여 제정할 수 있는 선택권을 가지며, 헌법합치적인 규범뿐만 아니라 헌법에 위배되는 규범도 제정할 수 있는데, 헌법합치적인 규범의 효력은 상위의

---

15) W. Schreiber, Die Reform Der Verfassungsgerichtsbarkeit in Österreich, 1976, S. 56; K. Heller, Outline of Austrian Constitutional Law, 1989, p. 24.
16) 예컨대 1978. 1. 26 판결, Vfslg. 8233.
17) K. Schlaich, Das Bundesverfassungsgericht, 1985, S. 162 참조.

생산규범(Erzeungsnorm)과의 일치에 근거하는 반면 헌법위배적인 규범의 효력
은 대안적 규정(Alternative – Bestimmung, alternative character)에 근거한다고 한
다. 즉 입법을 규율하는 헌법의 규정에 합치하지 않는 법률을 폐지할 수 있다는
헌법의 규정은 이러한 법률도 헌법에 규정된 방식으로 폐지되지 않는 한 유효하
다는 의미를 가진다고 본다.[18)]

그리고 실정법이 법률이 헌법에 위반되는지의 심사를 특정 기관에 맡긴다
면, 비록 법이 그 효과를 무효(Nichtigkeit)라고 하고 있더라도 그 결정이 있기까
지는 무효가 아니라는 결정이 내려질 가능성을 배제할 수 없으므로 무효라고 통
용될 수 없고, 따라서 그 기관의 결정은 필연적으로 창설적 성격(konstitutiven
Character)을 가지게 되며, 이 경우 무효라는 것은 소급효를 가진 취소(Vernichtung
mit rückwirkender Kraft)라고 한다.[19)] 그러나 법적 안정성의 견지에서는 원칙적
으로 일반적 규범 아래서 실현된 구성요건에 대하여는 그 취소 후에도 그 규범
에 따라서 판단하여야 한다는 의미에서 취소의 소급효를 인정하지 않아야 하고,
다만 그 구성요건에 대하여 취소 전에 공적인 행위(behördlicher Akt)가 행해지
지 않은 경우에까지 취소된 법률을 적용할 필요는 없다고 한다.[20)]

한편 오스트리아 헌법재판소의 판례는 위헌판결에 있어서 예외적으로 소급
효가 인정되는 당해사건의 범위를 해석에 의하여 점차 확대하고 있다. 즉 최초
에는 당해 법률심사절차를 개시하는 계기가 된 구체적인 사건만을 의미하였으
나,[21)] 1984. 6. 22.의 판결(Vfslg. 10067)에서는 당해사건의 위헌법률심사절차의
구두변론의 공고가 있을 때까지 이미 헌법재판소에 계속중인 사건은 당해사건과
동일하게 취급하여 그 사건에서도 위헌법률을 적용하면 안 된다고 하였다. 이어
서 1985. 10. 9.의 판결(Vfslg. 10617)에서는 당해사건의 위헌법률심사절차의 구
두변론 시점이나 구두변론이 없었을 때에는 비공개의 합의가 개시된 시점에 계

---

18) H. Kelsen, Reine Rechtslehre,2. Aufl., 1960. S. 276 ff.(J. Ipsen, Rechtsfolgen der
  Verfassungswidrigkeit von Norm und Einzelakt, 1980, S. 54 f.에서 재인용-); Pure Theory of
  Law(transl. by M. Knight), 1967, pp. 271 ff. "이른바 헌법위배의 법률은 헌법에 합치되지만
  특별한 절차에 의하여 폐지될 수 있는 법률이다(Die sogenannte verfassungswidrige Gesetze
  sind verfassungsmäßige, aber in einem besonderen Verfahren aufhebbare Gesetze)"라는
  켈젠의 말은 위헌법률의 효과를 논함에 있어서 자주 인용된다.

19) H. Kelsen, "Wesen und Entwicklung der Staatsgerichtsbarkeit", 1929 in: Die Wiener
  Rechtstheoretische Schule, Bd. 2, 1968, S. 1829 f.

20) Kelsen(주 19), S. 1855 f. 또한 Pure Theory of Law(주 18), p. 276 f. 참조.

21) 예컨대 1978. 1. 26. 판결(Vfslg. 8234).

속중인 사건은 당해사건과 동일시하여야 한다고 하고, 나아가서 1986. 12. 10.의
판결(Vfslg. 11190)에서는 폐지된 법률은 구두변론의 공고가 있을 때에 항소심에
계속중인 사건 및 구두변론의 개시 시점에 연방행정법원에 이의를 제기한 사건
에는 더 이상 적용될 수 없다고 하였다.

나. 독   일

(1) 당연무효설과 취소설

독일에서는 위헌인 법률의 효과에 관하여 당연무효설(Theorie der ipso－iure
Nichtigkeit)과 취소설(Vernichtbarkeitstheorie)가 대립한다. 원래 연방헌법재판소
법의 기초자의 의도는 Weimar 헌법 당시의 통설인 당연무효설을 따른다는 것
이었고,[22] 현재도 당연무효설이 통설이고 취소설은 소수설에 불과하다.

당연무효설은 위헌인 법률은 법률과 헌법 사이의 충돌이 생긴 시점부터 당연
무효이고, 그 효력을 부정하기 위한 특별한 조치를 필요로 하는 것이 아니며, 따
라서 연방헌법재판소의 위헌판결도 형성적인 효과를 갖는 것이 아니라 확인적인
효과를 갖는 데 불과하다고 한다.

당연무효설의 주된 논거는 다음과 같다.[23]

첫째, 법질서의 통일성(Einheit der Rechtsordnung) 및 헌법의 우위성(Vorrang
der Verfassung) 때문에 헌법과 상충되는 법률은 무효일 수밖에 없다(Kollsions-
modell).

둘째, 헌법규범은 그보다 하위의 법규범에 대한 법효력규범(Rechtsgeltungs-
norm)으로서 그보다 하위의 법률이 법적 효력을 가지기 위한 조건(Rechts-
geltungsbedingungen)이므로, 헌법에 위반되는 법률은 이러한 효력조건을 갖추
지 못한 것으로서 당연무효이다(Rechstgeltungsmodell).

셋째, 독일 기본법 제100조 제1항은 "재판이 어느 법률의 효력에 따라 좌우
되는 경우에 법원이 그 법률을 헌법에 위반된다고 여길 때에는 절차를 중지하
고, 주 헌법의 위반이 문제될 때에는 헌법분쟁을 관할하는 주 법원의 결정을, 이
기본법의 위반이 문제될 때에는 연방헌법재판소의 결정을 요청하여야 한다."라
고 규정하고 있는데, 위 조항이 법률의 효력(Gültigkeit)이라고 하고 있는 것은
헌법에 위반되는 법률은 무효임을 전제로 하고있는 것이다.

---

22) Ipsen(주 18), S. 69 ff.
23) 이하는 Ipsen(주 18), S. 72 ff, 153 ff. 참조.

넷째, 독일 기본법 제123조 제1항은 "연방의회 성립 이전 시기의 법률은 기본법에 위배되지 아니하는 한 효력이 지속된다."라고 규정하고 있는데, 이 규정 또한 기본법에 위배되는 전헌법적 법률(vorkonstitutionelles Recht)은 기본법의 시행과 함께 효력을 상실한다는 것을 명시한 것이다.

그리하여 독일의 통설은 위헌법률이 당연무효라는 것은 헌법차원(Verfassungs-rang)의 문제이므로, 오스트리아에 있어서와 같은 장래효의 규정은 헌법상의 근거가 있어야만 가능하다고 본다.[24]

이에 반하여 취소설은 헌법의 우위로부터 위헌법률이 무효라는 결론이 논리적으로 당연히 도출되는 것은 아니고, 헌법의 우위는 헌법규범이 침해된 경우 그 규범의 충돌을 가능한 한 빨리 최적의 방법으로 모든 헌법적인 규범계획(Normprogramme)을 고려하여 제거할 것을 요구할 뿐이라고 주장한다.[25] 오히려 당연무효설은 법률이 개별 헌법규범에 위반된다는 점에만 집착할 뿐 헌법이 하나의 체계라는 점은 간과하고 있는 바, 즉 법률이 헌법의 한 조문에 위배되면 당연히 무효라고 하는 것은 오히려 헌법의 다른 규정과의 관계에서 더 헌법에 합치하지 않는 결과를 가져올 수 있으므로, 위헌인 법률도 연방헌법재판소의 위헌판결이 있기까지는 유효하고 위헌판결에 의하여 비로소 효력을 상실하며 이러한 의미에서 위헌판결은 형성적인 효력을 가지고, 법률의 효력을 상실시키는 것이 법적 혼란이나 헌법적인 제도를 위태하게 할 때와 같은 경우에는 비록 위헌이라 하더라도 법률의 효력을 상실시켜서는 안 된다고 한다.[26]

취소설은 실정법상의 주된 근거로서 당연무효설과는 다른 의미에서 독일 기본법 제100조 제1항을 든다. 즉 위 조항에 따르면 위헌인 법률이라 하여도 법원은 연방헌법재판소 또는 주헌법재판소에 제청할 의무를 부담하는데, 이는 위헌인 법률이라도 당연무효는 아니므로 위헌판결 전에는 법원이 그 적용을 거부할 수 없고 위헌판결에 의하여 비로소 효력을 상실한다는 것을 묵시적인 전제로 하고 있는 것이며, 위 조항이 "재판이 어느 법률의 효력(Gültigkeit)에 따라 좌우되는 경우"라고 하고 있는 것은 재판의 전제가 되는 법률을 나타내기 위한 것임에 불과하다고 한다.[27]

---

24) Schlaich(주 17), S. 162 f. 참조.

25) C. Moench, Verfassungswidriges Gesetz und Normenkontrolle, 1977, S. 114 ff., 142 ff. 참조.

26) Moench(주 25), S. 160 ff. 참조.

27) Moench(주 25), S. 121 ff. 당연무효설의 입장에서는 취소설이 위 조항을 근거로 내세우는 데

(2) 독일연방헌법재판소법의 규정

독일연방헌법재판소법(das Bundesverfassungsgerichtsgesetz)도 원칙적으로 위헌법률이 무효라는 전제에 서 있다. 즉 동법 제78조는 "연방헌법재판소는 연방법이 기본법과 합치하지 않거나 또는 주법이 기본법이나 기타의 연방법과 합치하지 않는다는 확신에 이르게 되면 그 법률이 무효라고(nichtig) 선언한다. 동일한 법률의 그밖의 규정이 같은 이유에서 기본법 또는 기타의 연방법과 합치하지 않는 경우에는 연방헌법재판소는 마찬가지로 당해규정의 무효를 선언할 수 있다"고 규정하고, 제79조 제1항은 "기본법과 합치하지 않는다고(unvereinbar) 선언되거나 제78조에 의하여 무효로 선언된 규범 또는 연방헌법재판소에 의하여 헌법과 합치하지 않는 것으로 선언된 규범의 해석에 근거한 확정된 형사판결에 대하여는 형사소송법의 규정에 따라 재심이 허용된다"라고 규정하여, 위헌법률에 대하여는 원칙적으로 무효를 선언하여야 하는 것으로 하고 있다.

다만 위 제79조 제1항은 위헌법률에 대하여 무효선언 이외에 불합치(unvereinbar)의 선언을 할 수 있음을 인정하고 있는데, 이는 후술하는 바와 같이 연방헌법재판소가 원래 규정되어 있었던 무효의 선고 이외에 법률에 규정이 없었던 불합치선언이라는 주문을 선고하는 일이 늘어나자 1970년에 연방헌법재판소법을 개정하면서 이를 추가한 것이다.[28]

이러한 원칙에 따르면 위헌인 법률은 처음에 소급하여(ex tunc) 다른 형성적인 조치가 없이도 법률상 당연히(ipso iure) 효력이 없는 것이다.[29] 엄밀히 말한다면 소급적으로 효력이 없다는 것은 일단 유효하였던 것이 취소 등으로 인하여 효력을 잃는 경우에 그 효력이 과거로 거슬러 올라간다는 것을 말하므로, 법률상 당연무효(ipso iure Nichtigkeit)와는 다른 개념이지만,[30] 일반적으로는 이를 구별하지 않고 동의어처럼 사용하고 있다.

그러나 다른 한편으로 동법은 법적 안정성을 위하여 일정한 범위 내에서 소

대하여 이는 법률의 효력의 문제와 위헌여부의 결정권한을 헌법재판소에 독점시킨 것을 혼동하는 것이라고 비판한다. Ipsen(주 18), S. 168 참조.

28) 동법 제31조 제2항의 경우도 같다. Schlaich(주 17), S. 168.

29) Schlaich(주 17), S. 161; C. Pestalozza, Verfassungsprozeßrecht, 2. Aufl., 1982, S. 175. 허영, "서독에 있어서의 헌법재판", 공법연구 제9집, 1981, 50면은 "規範에 대한 聯邦憲法裁判所의 無效宣言은 원칙적으로 未來에 한해서만(ex nunc) 그 효력을 발생하기 때문에 無效宣言된 規範을 근거로 한 모든 確定된 法律行爲의 효력에는 영향을 미치지 아니한다."라고 서술하나, 부정확한 설명이다.

30) Ipsen(주 18), S. 150 f.

급효를 제한하고 있다. 즉 동법 제79조 제2항은 특별한 법률규정이 있는 경우를 제외하고는 더 이상 취소할 수 없게 된 처분(nicht mehr anfechtbaren Ent-scheidungen)의 효력은 무효선언에 의하여 영향을 받지 않는다고 하고, 또한 무효선언에 기한 부당이득반환청구도 배제하고 있다. 여기서 더 이상 취소할 수 없게 된 처분이라 함은 이미 확정된 판결이나 행정처분을 말한다.[31] 그러나 이와 같은 취소될 수 없는 처분에 기한 강제집행이 아직 이루어지지 않았으면 그 강제집행은 허용되지 않는다.

(3) 독일연방헌법재판소의 판례

연방헌법재판소는 초기에는 법률이 헌법에 위반되었을 때에는 원칙적으로 무효라는 입장을 견지하였다.

그러나 그 후 점차 연방헌법재판소가 법률의 위헌성을 인정하면서도 그 위헌성만을 확인하고 무효의 선고를 하지 않는 이른바 불합치선언(Unvereinbarer-klärung) 내지 단순한 위헌선언(Verfassungswidrigerkläung)만을 하는 예가 늘어나게 되었는데, 이러한 불합치선언을 할 수 있는 근거 및 그 효과에 대하여 많은 논란이 생기게 되었다.[32]

연방헌법재판소가 불합치선언을 하는 이유는 여러 가지가 있으나[33] 그중 두 가지 경우가 특히 중요하다.

그 첫째는 법률이 평등원칙에 위반하는 경우이다. 즉 어느 법률이 특정인에게 이익을 부여하는 경우, 그 자체는 문제가 없으나 그러한 이익을 받지 못하게 된 제3자와의 관계에서는 평등원칙에 위반되는 경우에 입법자가 평등원칙을 준수하기 위하여는 두 가지의 선택 가능성이 있다. 그 하나는 그 제3자에게도 이익을 부여하는 것이고 다른 하나는 아무에게도 이익을 부여하지 않는 것이다.

예컨대 소득세법이 공휴일 및 야간근무에 대한 법률상 및 단체협약상의 수당만을 비과세대상으로 하는 것은 다른 개별계약에 의한 수당을 비과세대상에서

---

31) Pestalozza(주 29), S. 176. 다만 형사판결의 경우 및 헌법소원의 경우와 같은 예외가 인정된다.

32) 이러한 불합치선언은 이른바 변형판결(Entscheidungsvariante)의 일종으로서 그 외에도 촉구판결(Appellentscheidung)이나 헌법합치적 법률해석에 의한 한정합헌의 판결 등이 변형판결의 예가 된다. 뒤의 것들도 실질적으로는 위헌판결을 회피하는 수단이기는 하지만 직접적으로는 법률의 위헌성을 인정하는 것이 아니기 때문에 여기서는 다루지 않는다. Schlaich(주 17), S. 181 ff.; 박일환, 헌법재판실무자료(2)(주 1), 법조 1990. 6, 190면 이하 참조.

33) 상세한 것은 C. Pestalozza, "Noch verfassungsmässige" und "bloss verfassungswidrige" Rechtslagen, in: Bundesverfassungsgericht und Grundgesetz, Bd. 1, 1976, S. 519 ff. 참조.

제외하는 점에서 평등원칙에 어긋난다.[34] 이 경우 불평등을 제거하기 위하여는 다른 모든 수당을 비과세대상으로 하거나, 아니면 반대로 모든 수당을 비과세대상에서 제외하여야 한다. 그 선택은 권력분립의 원칙상 입법자에게 맡겨져야 하고, 연방헌법재판소가 무효선언을 통하여 그 중 한 가지 방법을 택하는 것은 입법자의 형성의 자유(Gestaltungsfreiheit)를 침해하는 것으로서 허용되어서는 안되므로 연방헌법재판소로서는 소득세법이 헌법에 불합치한다는 선언에 그쳐야 한다는 것이다.[35]

두 번째는 무효선언으로 말미암아 법률의 공백 내지 혼란이 일어나는 경우이다. 가령 공무원의 봉급에 관한 법률(Beamtenbesoldungsgesetz)이 직업공무원제도에 관한 기본법 제33조 제5항에 위배되는 때에도 연방헌법재판소는 무효선언을 회피하였는데, 왜냐하면 위 조항 자체가 공무원의 봉급에 관한 사항은 법률로 규율될 것을 요구하고 있으므로, 종래의 법률의 무효선언은 그러한 법률을 전혀 존재하지 않게 하여 헌법합치적인 질서에 더욱 부합하지 않는 상태를 초래할 것이기 때문이다.[36]

또 다른 사례로는 함부르크 대학법(hamburgisches Universitätsgesetz)에 관한 1972. 7. 18의 판결(BVerfGE 33, 303)을 들 수 있다. 이 판결에서 연방헌법재판소는 대학입학의 허가에 관한 규정을 대학의 학사위원회(akademischer Senat)에서 결정하도록 한 위 법 제17조는 법률에 의하여야 할 사항을 포괄적으로 위임한 것으로서 위헌이라고 하면서도, 이를 무효로 선언하면 대학이 아무런 법적 근거 없이 입학허가를 처리하여야 할 긴급권한(Notkompetenz)을 가져야 하게 되어 종래의 입학규정이 헌법합치적으로 적용될 수 있는 현재의 상태보다 더욱 헌법합치적인 질서에서 멀어지게 되므로, 입법자에게 위헌상태의 제거를 위하여 상당한 기간을 부여하여야 한다고 하여, " … 대학법 제17조는 기본법과 합치되지 아니한다 … 그렇지만 이 규정은 새로운 법률적 규율이 있을 때까지, 늦어도 1973년 여름학기가 시작할 때까지 적용될 수 있다"라고 선고하였다.

이러한 불합치선언이 그 효과 면에 있어서 무효선언과 어떻게 다른지에 관하

---

34) BVerfGE 25, 101 참조.
35) 그밖의 예로서는 BVerfGE 8, 28; 31, 1; 37, 154; 52, 369 등. 다만 Ipsen(주 18), S. 213 f.는 이러한 경우에는 규범 그 자체가 아니라 규범들의 관계(Normenrelation)가 위헌이라는 점에서 법이 예정하고 있는 다른 경우와는 구별된다고 한다.
36) BVerfGE 8, 1, 19f.

여도 불분명한 점이 많다. 우선 당해사건(Anlaßfall)에 관하여는 위헌인 법률이
더 이상 적용될 수 없고, 재판을 정지하였다가 법률이 개정되면 개정된 법률에
따라 새로이 재판하여야 한다.[37]

　　반면 당해사건 이외의 병행사건(Parallelfälle)의 경우에는 어떠한가? 이 경우
에도 연방헌법재판소가 위헌인 법률의 계속적용을 명하는 등의 특별한 사정이
없는 한 법원으로서는 재판을 중지하고 새 법률을 기다려야 한다는 것이 일반적
인 견해이다.[38]

　　다. 미　　국

　　미국에서는 독일이나 오스트리아처럼 어느 법률이 위헌이라고 판결이 된 경
우 그 판결에 소급효가 있는가뿐만 아니라 종래의 수사상의 관행 등을 위헌이라
고 판시하는 등 연방대법원이 헌법 해석에 관한 새로운 원칙을 정립한 경우에
그 원칙에 소급효(rectroactivity)가 있느냐도 아울러 문제된다.[39]

　　미국에서의 전통적인 견해는 블랙스톤(Blackstone)의 설명과 같이 법원의 임
무는 새로운 법을 선언하는 것이 아니라 옛 법을 유지하고 해설하는 것으로서,
위헌인 행위(unconstitutional action)는 아무런 권리나 의무를 부여할 수 없으며
이는 성립하지 않은 것과 마찬가지라고 하는 것이었으므로,[40] 헌법문제에 관한
판례의 소급효는 당연한 것이었다. 그러나 그 후 오스틴(Austin)과 같이 법관이
단순히 법을 발견하는 것 이상의 역할을 한다는 견해가 유력해지면서 소급효에
관한 생각도 점차 달라지게 되었다. 특히 연방대법원이 1960년대의 "형사법 혁
명(criminal law revolution)"에서 형사절차에 관한 헌법상의 원칙들을 새로이 정
립하면서 이러한 원칙들이 소급하여 적용되느냐 하는 점이 쟁점으로 등장하게
되었다.

　　1965년의 Linkletter v. Walker사건 판결(주 40)이 이 문제를 본격적으로 다

---

37) Schlaich(주 17), S. 172; Pestalozza(주 33), S. 562. 다만 Moench(주 25), S. 174 ff.는 연방헌
　　법재판소가 규범의 계속 적용을 명한 경우에는 평등원칙 때문에 당해사건에 대하여서도 예외
　　를 인정하여서는 아니된다고 주장한다.
38) Schlaich(주 17), S. 173 f.; Pestalozza(주 33), S. 563; Moench(주 25), S. 172 ff. 등
39) 이에 관하여는 Cappelletti/Cohen(주 13), pp. 105 ff.; K.F. Ripple, Constitutional Litigation,
　　1984, pp. 354 ff.; Tribe, American Constitutional Law, 2. ed., 1988, pp. 26－32; 이승우,
　　"미국위헌법률심사제도의 연구", 헌법재판소, 헌법재판제도의 제문제, 1989, 291면 이하(최초
　　발표는 연세법학 1983. 4) 참조.
40) Norton v. Shelby County, 118 U.S. 425 (1886). 이 문제에 관한 역사적 검토로는 Linkletter
　　v. Walker, 381 U.S. 618 (1965)에서의 클라크(Clark) 대법관의 설명이 상세하다.

론 최초의 판결이라고 할 수 있다. 이 사건의 배경은 다음과 같다. 연방대법원은
1961. 6. 19에 선고한 Mapp *v.* Ohio, 사건 판결(367 U.S. 643)에서 헌법수정 제
4조의 압수수색에 관한 규정에 위반하여 수집된 증거가 배제되어야 한다는 원칙
은 연방뿐만 아니라 주에게도 적용된다고 판시하여, 증거배제의 원칙이 주에는
적용되지 않는다는 종래의 판례를 변경하였다. 그러자 그 이전에 이미 확정판결
을 받아 복역하고 있던 링클레터(Linkletter)가 자기에 대한 위 확정판결이 위의
원칙에 위배된 것이라고 주장하면서 인신보호영장(habeas corpus)을 발부하여줄
것을 신청하였다.[41]

　다수의견을 집필한 클라크 대법관은, 헌법은 소급효를 금지하는 것도 아니고
이를 요구하는 것도 아니며 헌법은 이 문제에 관하여 아무런 대답을 하지 않고
있다고 전제하면서, 어떤 원칙이 소급적으로 적용될 것인가는 법원이 개별적인
사건에 있어서 문제의 원칙의 역사 내지 그 목적과 효과를 살펴보고 또한 소급
적용이 그 작용을 촉진할 것인가 아니면 저해할 것인가를 살펴봄으로써 그 장점
과 단점을 형량하여 결정할 문제라고 하였다. 구체적으로 이 사건에 있어서는
폐기된 판례에 대한 신뢰에 상당한 이유가 있는 반면 확정된 사건에까지 소급효
를 인정하는 것이 경찰의 위법행위를 억제한다는 Mapp 판결의 목적에 기여하
는 것도 아니고, 또한 소급적용은 재판절차에 매우 큰 부담을 준다는 이유를 들
어 Mapp 사건의 원칙은 그 선고 당시 아직 계속 중인 사건에는 적용되지만 그
당시 이미 확정된 사건에까지 소급하여 적용되지는 않는다고 판시하였다. 다만
블랙(Black) 대법관과 더글라스(Douglas) 대법관은 Mapp사건 판결의 원칙이 이
사건에도 소급적용되어야 한다는 소수의견을 제출하였다. 이 판결의 의의는 종
전에는 새로운 판례는 당연히 확정된 사건에도 적용된다고 보던 것을 수정한 데
있다.

　이어서 연방대법원은 1967. 6. 12.에 선고한 Stovall *v.* Denno 사건 판결(388
U.S. 293)에서 소급효에 관한 원칙을 좀더 발전시켰다. 이 사건도 인신보호영장
을 청구한 사건인데, 연방대법원은 같은 날 선고한 United States *v.* Wade, 388

---

41) 인신보호영장은 피구금자가 앞으로도 계속 구금되어야 하는가만을 다루는 것이므로 소급효
　의 문제와는 관계가 없다는 주장도 있으나 이는 실제로는 유죄의 확정판결의 효력을 다루는
　것으로서 우리 법상 재심제도와 유사한 기능을 하는 것이므로 소급효의 문제라고 보아야 할
　것이다. S. R. Shapiro, "Annotation, Linkletter v. Walker", U.S. Supreme Court Reports,
　Lawyer's Edition, Vol. 14, pp. 998 ff. 참조.

U.S. 218 판결 및 Gilbert *v*. California, 388 U.S. 263 판결에서의 원칙, 즉 범인
인지의 여부를 확인하기 위하여 변호인 없이 피고인을 피해자와 대질한 경우에
그로 인한 증거는 증거능력이 없다는 원칙을 이 사건에도 적용할 것인지의 여부
를 다루었다. 브레넌(Brennan) 대법관이 집필한 법정의견은 소급적용의 여부를
정하기 위하여는, (a) 새로운 원칙이 추구하는 목적, (b) 법집행 당국이 종래의 원
칙에 대하여 가졌던 신뢰의 정도, (c) 새로운 원칙의 소급적용이 법의 집행에 미
치는 효과의 세 가지 기준을 따져보아야 한다고 하면서, 이러한 기준을 적용한
결과 Wade 및 Gilbert 사건은 그 사건 및 그 사건이 선고된 1967. 6. 12. 이후
에 행해진 대질의 경우에만 적용되고 그 이전의 사건에는 적용되지 않으며 이
경우에는 확정된 사건인지 아닌지를 구별할 필요가 없다고 하였다.

  이 사건 이후에는 후술하는 U.S. *v*. Johnson 사건 판결에 이르기까지 연방대
법원이 형사사건에 있어서 새로운 헌법상의 원칙을 정립하여도 대체로 위
Stovall 사건 판결이 제시한 원칙에 따라 당해사건에 대하여만 소급하여 적용되
는 방향으로 처리되었다. 그러나 이처럼 당해사건에 대하여만 소급효를 인정하
고 그 이외의 사건에는 소급효를 인정하지 않는 데 대하여는 비판적인 견해도
유력하였다.[42] 특히 Desist *v*. U.S. 사건 판결(394 U.S. 244)에서 할란(Harlan) 대
법관의 소수의견은, 법원은 특정 사건을 그 사건 자체에 의하여 판단하는 것이
원칙인데, Stovall 사건에 있어서처럼 한 사건만을 구제하고 유사한 다른 사건에
있어서는 구제를 거부하는 것은 이러한 원칙에 어긋나므로, Linkletter 사건에
있어서처럼 새로운 원칙은 연방대법원이 심사하는 모든 사건에 다 같이 적용되
어야 하고 다만 확정판결이 있은 후 인신보호영장이 청구된 경우에만 이와 달리
취급되어야 한다고 주장하였다.

  이러한 할란 대법관의 의견은 결국 1982년의 U.S. *v*. Johnson 사건 판결(457
U.S. 537)에서는 다수의견이 되었다. 이 사건에서는 1980년의 Payton *v*. New
York 사건 판결(445 U.S. 573)에서 판시한 원칙, 즉 헌법수정 제4조에 의하여 경
찰관이 중죄(felony) 혐의자를 구속하기 위하여 영장 없이 상대방의 동의도 받지
않고 용의자의 집에 들어가는 것이 금지된다는 원칙이 그 판결선고 전에 피고인
이 구속된 경우에도 적용되는가 하는 것이 문제되었다. 블랙먼(Blackmun) 대법
관이 집필한 다수의견은 위 할란 대법관의 의견을 인용하면서, 헌법수정 제4조

---

42) Cappelletti/Cohen(주 13), pp. 108 ff. 참조.

에 관한 연방대법원의 판례는 Stovall 사건 판결과 같은 종전의 선례에 의하여 규율되는 경우[43]를 제외하고는 그 판결이 선고될 당시 아직 확정되지 않은 모든 사건에 소급하여 적용된다고 판시하였다.

나아가서 연방대법원은 Shea *v.* Lousiana, 470 U.S. 51(1985) 사건 판결에서는 헌법수정 제5조 및 제14조에 관한 Edwards *v.* Arizona, 451 U.S. 477(1981) 사건 판결의 원칙도 아직 확정되지 않은 모든 사건에 소급적으로 적용된다고 판시하였다.

이처럼 미국 판례의 대세는 이미 확정된 사건에까지는 소급효가 미치지 않는다고 하는 것이지만 예외적으로 확정된 사건에까지도 소급효를 인정하는 경우도 있다. 즉 새로운 헌법상의 원칙의 주된 목적이 진실의 발견이라는 형사재판의 기능이 손상되고 과거 재판에 있어서의 유죄판결이 정확하였는지에 관하여 중대한 의문이 제기되는 것을 막는 데 있을 때에는 완전한 소급효(complete retroactive effect)가 인정된다.[44] 구체적으로 이에 해당하는 예로서는 배심원의 전원일치가 아니어도 유죄판결을 할 수 있다는 주 법률이 헌법위반인 경우[45] 등이 이에 해당한다.[46]

한편 민사사건에 있어서의 소급효의 문제에 관한 리딩케이스는 1971년의 Chevron Oil *v.* Huson 사건 판결(404 U.S. 97)이다. 이 판결에서 연방대법원이 제시한 기준은 첫째, 비소급적으로 적용되어야 하는 판결은 과거의 선례를 뒤집거나 아니면 그 결론을 예견할 수 없었던 새로운 문제에 관한 것으로서 새로운 법원리를 정립하는 것이어야 하고, 둘째, 첫째의 요건이 갖추어졌더라도 문제의 원칙의 역사 내지 그 목적과 효과를 살펴보고 또한 소급적용이 그 작용을 촉진할 것인가 아니면 저해할 것인가를 살펴봄으로써 그 장점과 단점을 형량하여야 하며 셋째, 소급적용이 실질적으로 부당한 결과를 가져오므로 부당함을 피하기 위하여 비소급적 적용이 요청되는 경우라야 한다는 것이었다. 이 사건에서는 새로운 선례를 소급적용하면 원고의 손해배상청구권이 제소기간법(statute of limitation)에 걸리게 되는 경우였으므로, 연방대법원은 이를 회피하기 위하여 새로운 선례의 소급 적용을 부정하였다.

---

43) 이는 주로 새로운 판례가 과거의 원칙과의 명백한 단절(clear break)이 있는 경우이다.
44) Williams *v.* U.S., 401 U.S. 646, 653(1971).
45) Brown *v.* Louisiana, 447 U.S. 323(1980).
46) 상세한 것은 위의 U.S. *v.* Johnson 사건 판결(457 U.S. 537, 550) 참조.

4. 위헌법률의 효력에 관한 해석론

가. 문제의 정리

위헌법률의 효력에 관하여 우선 문제되는 것은 헌법에 위반된 법률은 당연무효인가 아니면 당연무효는 아니고 헌법재판소 기타의 권한 있는 기관에 의하여 위헌이라는 판정이 있음으로써 비로소 효력을 상실하는가 하는 점이다. 그렇지만 위헌판정이 있기 전의 법률관계에 대하여 위헌인 법률이 적용될 수 있는가 아닌가의 여부가 위헌법률이 당연무효인가의 여부에 의하여 자동적으로 결정되는 것은 아니다. 즉 위헌법률이 당연무효라면 위헌법률은 위헌판정이 있기 전의 법률관계에 대하여 적용될 수 없는 것이 원칙이겠지만, 위헌법률이 당연무효가 아니라면 위헌판정 이전의 법률관계에 적용될 법률은 위헌판정의 소급효 여부에 따라 달라지게 된다.

바꾸어 말하자면 이론적으로는 위헌법률의 효력에 관하여 세 가지의 모델을 생각할 수 있다. 첫째 모델은 위헌법률은 당연무효로서 그 무효를 주장하기 위하여 별도의 조치를 필요로 하지 않는다는 것이고, 둘째 모델은 위헌법률이라 하더라도 일단 유효하고 위헌이라는 판정에 의하여 효력을 상실하지만 그 판정의 효력은 위헌인 상태가 발생한 때로 소급한다는 것이며, 셋째 모델은 위헌법률이 위헌의 판정에 의하여 효력을 상실한다는 점에서는 둘째 모델과 같지만 그 판정의 효력은 당해사건을 제외하고는 장래에 향하여만 미치므로 과거에로 소급하지는 않는다는 것이다(위헌판정 후 일정기간이 경과한 후의 장래에 향하여만 미치는 경우도 여기에 포함시킬 수 있다).

위헌법률이 당연무효인가 아닌가의 면에서만 본다면 첫째 모델과 둘째 및 세째의 모델이 대립하는 관계에 있지만, 그 실제의 효과 면에서 본다면 첫째 모델과 둘째 모델은 위헌판정이 있은 후에는 위헌법률이 적용될 수 있는 경우가 없다는 점에서 공통되고, 위헌판정이 있기 전의 법률관계에 대하여는 여전히 위헌으로 판정된 법률을 적용하여야 한다고 하는 셋째 모델과는 차이가 있다.

앞에서 살펴본 각국의 예를 여기에 대입한다면, 독일은 첫째의 모델에 속하고, 오스트리아는 셋째의 모델에 속하며, 미국은 위 세 모델 중 어느 하나에 속한다고 하기 어려우나 최근 판례의 경향은 둘째 모델에 가깝다고 할 수 있을 것이다. 물론 이는 어디까지나 원칙적인 경우를 말하는 것이고 어느 경우이든 예외를 인정하고 있음은 앞에서 본 바와 같다.

　우리나라에서의 위헌법률의 효력의 문제를 살펴봄에 있어서도 위헌법률이 당연무효인가의 문제와 그 실제의 효과 내지 위헌결정의 소급효의 문제를 나누어 살펴볼 필요가 있다.

나. 위헌법률의 당연무효 여부

　우리 헌법상 위헌법률은 당연무효라고 보아야 할 것인가 아니면 일단 유효하고 헌법재판소의 결정에 의하여 비로소 효력을 상실한다고 보아야 할 것인가? 사견을 먼저 말한다면 헌법은 이 문제에 관하여 아무런 대답을 하고 있지 않다고 보인다.

　우선 명백히 하여야 할 것은 위헌법률이 당연무효인가 아닌가의 문제는 1차적으로 개별 헌법에 의하여 결정될 문제이지 헌법 이전의 선험적인 논리에 의하여 해결될 성질의 것은 아니라는 점이다.[47] 독일의 당연무효설의 논거 중 하나는, 헌법의 우위 내지 법질서의 통일성 또는 헌법이 하위규범의 법효력규범임을 이유로 하여 상위규범인 헌법에 저촉되는 하위규범인 법률이 당연무효라는 것은 논리상 당연하다는 것이다. 그러나 헌법의 우위 내지 법질서의 통일성은 위헌법률이 당연무효라고 하여야만 보장되는 것은 아니다. 헌법의 우위 내지 법질서의 통일성은 헌법에 저촉되는 법률이 존재하는 경우에 그 적용을 배제하고 헌법규범이 관철될 수 있는 제도적 장치에 의하여서도 충분히 보장될 수 있는 것이다. 즉 취소설에 의하더라도 이러한 목적은 충분히 달성할 수 있는 것이다(전술 3. 나. ⑴ 참조).

　또한 입법기관이 헌법에 위배되는 법률을 제정한 경우에 이는 입법권의 한계를 벗어난 것이라고는 할 수 있겠지만 그러한 경우에도 그 법률이 당연무효라고 보아야 할 필연적인 이유가 있는 것은 아니다. 이는 사법권의 경우와 비교하면 이해가 쉬울 것이다. 즉 법관은 헌법과 법률에 의하여 재판할 의무가 있으나 이에 위반된 재판이라 하여도 당연무효는 아니고 상소 또는 재심 등의 방법에 의하여 효력이 부정될 수 있을 뿐인 것이다. 일반적으로 어느 규범에 위반한 행위에 어떠한 효력을 인정할 것인가는 어떤 것이 가장 합리적인가 하는 관점에서 다룰 문제이지, 이러한 행위는 원칙적으로 당연무효이고 특별한 규정이 있어야

---

47) 독일에서 당연무효설을 따르는 학자들도 이를 인정한다. Schlaich(주 17), S. 162; Ipsen(주 18), S. 313 참조.

만 예외를 인정할 수 있다는 식으로 경직되게 생각할 필요는 없는 것이다.

그러면 과연 우리 헌법상 이에 관하여 아무런 규정이 없는 것인지 구체적으로 검토하여 보자. 우선 구체적 규범통제를 규정한 헌법 제107조 제1항은 어떠한가? 이에 관하여 지적할 것은 독일헌법과의 문언의 차이이다. 위 조항은 "법률이 헌법에 위반되는 여부가 재판의 전제가 된 경우에는 … "이라고만 하고 있을 뿐 독일 기본법 제100조 제1항과 같이 "재판이 어느 법률의 효력(Gültigkeit)에 따라 좌우되는 경우에 … "라고 하지 않고 있어 반드시 당연무효설의 근거가 되기 어렵고, 이 규정은 취소설과도 조화될 수 있는 것이다(전술 3. 나. ⑴ 참조).

다음 헌법부칙 제5조는 "이 헌법 시행당시의 법령과 조약은 이 헌법에 위배되지 아니하는 한 그 효력을 지속한다"라고 규정하고 있어 논자에 따라서는 독일 기본법 제123조 제1항과 같이 당연무효설의 논거가 될 수 있는 것처럼 보인다. 그러나 위 헌법부칙이 이 헌법 시행 이전의 법률로서 이 헌법에 위배되는 것은 당연무효라는 취지인지는 반드시 명백하지 않다. 적어도 헌법재판소는 현행 헌법 시행 전의 법률이라 하여도 그 시행 이후의 법률과 동일하게 취급하여 위헌심판의 대상으로 하고 있는 것이다.[48]

이처럼 우리 헌법에 위헌법률의 유효 여부에 관하여 직접적인 규정이 없고 달리 이에 관하여 판단의 근거가 될 만한 규정도 없다면, 위헌법률이 당연무효인지 아니면 헌법재판소의 결정에 의하여 비로소 그 효력을 상실하는지의 여부는 결국 헌법보다 하위의 법률이 정하는 바에 따라야 할 것이다. 그런데 헌법재판소법 제47조 제2항의 규정은 후자, 즉 위헌법률은 헌법재판소의 위헌결정에 의하여 효력을 상실한다는 입장을 취하고 있으므로 우리 법의 해석으로서는 이에 따라야 할 것이다. 또한 연혁적으로 보더라도 이것이 우리 헌정사의 한 전통이 되었다고 말할 수 있는 것이다(전술 2. 라. 참조).

정책적인 관점에서 보더라도 당연무효설보다는 이와 같은 취소설이 여러 가지 다양한 사례에 있어서 탄력적인 해결을 가능하게 한다는 점에서 오히려 우수하다고도 할 수 있다(후술 바. 참조).

다만 이미 폐지된 법률의 경우에는 취소할 대상이 없게 되므로 취소설이 적용될 여지가 없는 것이 아닌가가 문제된다. 이 문제는 위헌결정에 소급효를 인

---

48) 이에 관하여는 이임성, "법률의 지속효에 관한 시론", 인권과 정의 제164호(1990. 4), 59면 이하 및 그곳에 소개된 각 문헌 참조.

정하느냐 아니냐에 따라 다소 차이가 있으나 결과적으로는 폐지된 법률도 위헌심사의 대상이 될 수 있다는 점에서는 같다. 위헌결정에 소급효가 인정되지 않더라도 당해사건에 한하여는 소급효를 인정한다면 폐지된 법률도 위헌심사의 대상으로 할 필요가 있음을 부인할 수 없다. 오스트리아에 있어서는 이 점이 문제가 되어 1975년의 헌법개정 당시에 헌법 제140조 제4항에서 이미 효력을 상실한 법률도 위헌심사의 대상이 됨을 명백히 하였다. 우리나라에는 이 점에 관한 명문의 규정이 없으나, 헌법재판소의 판례는 형벌법규가 아니어서 소급효가 인정되지 않는 경우에도 폐지된 법률이 위헌심사의 대상이 됨을 인정하고 있다.[49)]

반면 위헌결정에 소급효가 인정되는 경우에는 다시 법률의 폐지가 소급효를 가지는 경우와 그렇지 않은 경우를 구별하여야 한다. 법률의 폐지가 소급효를 가지는 경우에는 그 법률은 재판규범으로 적용될 여지가 없으므로 위헌심사의 대상이 될 수도 없고 따라서 그를 따로 취소할 필요도 없다.[50)]

그러나 법률의 폐지에 소급효가 없는 경우에는 폐지에도 불구하고 그 법률은 폐지 전의 법률관계에 대하여는 여전히 재판규범으로 적용되게 되므로 이는 위헌심사의 대상이 된다고 보아야 할 것이다. 이 경우 위헌결정의 효과는 소급효가 없는 폐지에 대하여 소급효를 부여하는 것이 될 것이다.

다. 위헌결정의 소급효

위와 같이 위헌법률이 당연무효인지의 여부가 법률에 의하여 결정되는 것이라면, 위헌결정이 어떤 효력을 가지는지의 여부도 법률에 의하여 결정될 수 있는 성질의 것일까? 여기서도 결론부터 말한다면 헌법상 가능한 선택은 위헌법률이 당연무효이거나(위의 첫째 모델) 아니면 위헌결정이 원칙적으로 소급효를 가지는 경우(위의 둘째 모델)에 국한되고 위헌결정이 원칙적으로 소급효를 가지지 않는 경우(위의 셋째 모델)는 헌법에 저촉된다고 보아야 할 것이다. 그런데 위헌법률이 당연무효인 경우는 헌법재판소법에 의하여 배제되었으므로 결국 남는 것은 위헌결정이 원칙적으로 소급효를 가지는 경우만이 남게 된다.

이처럼 위헌결정에 원칙적으로 소급효를 인정하여야 한다는 헌법상의 근거

---

49) 헌법재판소 1989. 12. 18. 선고 89헌마32, 33 결정; 1990. 6. 25. 선고 89헌마107 결정 등.
50) 그러나 소급입법에 의한 처벌이 금지되는 형벌법규와 같은 경우에는 소급효가 있는 신법이 적용되기 위하여서는 구법이 합헌이어야 할 필요가 있으므로, 이 한도에서는 구법이 위헌심사의 대상이 될 수 있는지가 문제된다. 구 사회보호법에 관한 헌법재판소 1989. 7. 14. 선고 88헌가5, 8, 89헌가44 결정 및 박일환(주 3), 51면 이하 참조.

로는 헌법 제103조, 제27조 제1항 및 제10조 후단을 들 수 있다.

먼저 헌법 제103조는 "법관은 헌법과 법률에 의하여 그 양심에 따라 독립하여 심판한다."라고 규정하여 법관이 헌법과 법률에 구속됨을 명시하고 있다. 그렇다면 법률이 헌법에 위반되는 때에는 어느 것을 따라야 하는가가 문제되는데, 헌법이 법률에 우선한다는 점을 인정한다면 당연히 법관으로서는 헌법에 위반되는 법률을 적용하여서는 안 된다는 결론이 나온다. 그런데 위헌결정에 원칙적으로 소급효가 없다면 법관으로서는 위헌결정 이후에도 그 이전에 성립한 법률관계에 대하여는 여전히 위헌인 법률을 적용하여야 하는데, 이는 헌법 제103조와 정면으로 모순된다고 하지 않을 수 없다.

물론 법관이 위헌인 법률을 적용하여서는 안 된다고 하는 원칙이 아무런 예외도 인정할 수 없는 절대적인 원칙이라고는 할 수 없고, 뒤에서 보는 바와 같이 그에 대한 예외를 인정할 필요도 있을 수 있다(후술 바. 참조). 그러나 위의 원칙은 헌법상의 원칙인만큼 그에 대한 예외도 헌법상의 근거가 있어야 할 것이고 단순히 법률에 의하여 예외를 인정할 수는 없는 것이다.

다음 헌법 제27조 제1항은 "모든 국민은 헌법과 법률이 정한 법관에 의하여 법률에 의한 재판을 받을 권리를 가진다."라고 하여 국민의 기본권으로서의 재판청구권을 인정하고 있다. 그런데 여기서 말하는 "법률에 의한 재판"이라 함은 재판절차가 법률에 의하여야 하는 것만을 의미할 뿐만 아니라 그 재판의 내용 또한 법률에 의하여야 한다는 것을 말한다.[51] 나아가서 이러한 법률은 합헌적인 법률만을 의미한다고 보는 데에도 이설이 없다.[52] 이 점도 헌법의 최고법규성에 비추어 볼 때 당연한 것이라고 하여야 할 것이다. 만일 법률에 의한 재판을 받을 권리라는 것이 형식적으로 법률에 의한 재판이면 족하고 그 법률이 헌법에 합치되는지의 여부는 묻지 않는다고 한다면, 이는 재판청구권을 형해화하는 결과밖에 되지 않는다.

따라서 국민으로서는 재판청구권에 기하여 위헌인 법률의 적용을 거부할 권리가 있다고 하여야 할 것이다.[53] 한걸음 더 나아가서는 위헌법률심사제도 자체가 법질서의 통일성을 보장하기 위한 것일 뿐만 아니라 국민의 재판청구권을 보

---

51) 권영성, 신정판 헌법학원론, 1988, 486면; 김철수, 보정판 신고 헌법학신론, 1989, 387면; 허영(주 6), 356면 등.
52) 주 51의 각 문헌 참조.
53) 허영(주 6), 357면은 이를 명언하고 있다.

장하기 위한 하나의 수단이라고도 말할 수 있는 것이다.[54] 그렇다면 위헌결정의 소급효를 부정하는 것은 이러한 재판청구권을 부인하는 결과가 되어 허용될 수 없을 것이다.

물론 재판청구권도 기본권의 일종으로서 국가안전보장, 질서유지 또는 공공복리를 위하여 제한될 수 있는 것이기는 하지만, 이러한 기본권의 제한은 비례의 원칙에 의하여 필요한 경우에 한하여 가능한 것이므로(헌법 제37조 제2항), 단순히 법적 안정성만을 내세워서 당해사건 이외에는 소급효를 전면적으로 부정하는 것은 헌법 제37조 제2항의 규정에도 어긋나는 것이라고 아니할 수 없다. 더군다나 앞에서 본 것처럼 헌법 제103조와의 관계에 있어서 위헌인 법률을 적용하기 위하여는 헌법상의 근거가 있어야 한다면 더욱 그러하다.

마지막으로 헌법 제10조 후단은 "국가는 개인이 가지는 불가침의 인권을 확인하고 이를 보장할 의무를 가진다."고 하여 국가의 기본권보장의무를 규정하고 있다. 그런데 법률이 위헌인 이유가 기본권의 침해라는 데 있다면 위헌결정의 소급효를 제한하여 위헌인 법률의 계속적용을 인정하는 것은 이러한 국가의 기본권보장의무에 정면으로 반하는 것이 될 것이다. 이는 위헌심판절차뿐만 아니라 법률을 대상으로 하는 헌법소원의 경우에도 중요한 의미를 갖는다. 왜냐하면 이 경우에는 기본권침해가 헌법소원제기의 요건이 되기 때문이다(헌법재판소법 제68조 제1항 참조). 위헌판결에 원칙적으로 소급효를 인정하지 않는 오스트리아에서도 이 점이 기본권침해에 대하여 자국 법원에 구제를 신청할 수 있다고 규정한 유럽인권협약(Europäische Menschenrechtskonvention) 제13조와는 상충된다는 비판이 있다.[55]

라. 헌법재판소법 제47조 제2항의 문제점

위에서 살펴본 바에 의하여 헌법재판소법 제47조 제2항의 문제점은 대체로 드러났다고 할 수 있다. 즉 위 조항이 형벌법규를 제외하고는 위헌결정의 소급효를 부정하고 있는 부분은 헌법 제103조, 제27조 제1항 및 제10조 후단에 위반되므로 위헌이라고 하지 않을 수 없다.

뿐만 아니라 위 조항에 대하여는 추가적으로 다음과 같은 문제점을 지적할

---

54) 허영(주 6), 357면 참조.
55) Walter/Mayer(주 8), S. 370. 이 부분은 직접적으로는 법규명령(Rechtsverordnung)의 심사에 관한 것이지만 법률의 위헌심사에 관하여도 그대로 적용될 수 있을 것이다. 위 책, S. 381 참조.

수 있다. 첫째, 위헌으로 결정된 조항이 당해사건에 대하여만 적용이 배제되고 그 이외의 위헌결정 이전 사건에 대하여는 그대로 적용된다면 이는 헌법상의 평등의 원칙과는 어긋나는 것이라고 하지 않을 수 없다.[56]

둘째, 어느 법률이 위헌심사절차를 거쳐 일단 위헌으로 결정되었다 하더라도 그 법률이 다른 사건에서는 여전히 적용된다면, 그 다른 사건을 다루는 법원은 다시 그 법률에 대하여 위헌제청을 하여 위헌결정을 받아 그 법률의 적용을 배제할 수 있고 또 그와 같이 하여야 한다는 문제가 생긴다. 물론 이는 위헌결정에 소급효를 인정하지 않는 것과는 모순되는 것이지만, 이러한 결론을 부정할 수 있는 방법이 없다. 오스트리아에서는 위헌판결에 원칙적으로 소급효를 인정하지 않는다는 것이 헌법의 규정에 의한 것이므로 일단 위헌으로 결정된 법률에 대하여는 또다시 위헌제청을 하지 못한다고 할 수 있겠지만, 우리나라에는 그러한 헌법의 규정이 없으므로 그러한 경우에는 위헌제청을 하지 못한다고는 할 수 없다. 만일 그러한 경우에도 헌법재판소법 제47조 제2항에 의하여 위헌결정에는 소급효가 없으므로 위헌제청을 하지 못한다고 한다면, 위헌심사의 대상이 되는 법률을 법률로써 제한하는 결과가 되어 역시 헌법위반이라고 하지 않을 수 없는 것이다.

그러나 위와 같이 위헌으로 결정된 법률에 대하여 다시 위헌제청을 하여야만 그 법률의 적용이 배제된다는 것은 불필요한 절차를 거듭하는 것밖에 되지 않으며, 그럴 바에야 위헌결정에 소급효를 인정하는 것이 문제를 직접적으로 해결하는 방법이 될 것이다.

마. 소급효의 범위

위와 같이 위헌결정에 소급효가 있다고 할 때 그 소급효가 어디까지 미친다고 할 것인가가 문제된다. 가장 문제가 되는 것은 위헌인 법률을 적용한 판결이 이미 확정된 경우에까지 소급효가 미쳐서 재심 등의 방법으로 다툴 기회가 보장되어야 하는가라는 점이다.

만일 소급효를 완전하게 관철하려고 한다면 이 경우에도 재심을 인정하여야 할 것이다. 그러나 앞에서 살펴본 각국의 예에 의하면 재심은 형사판결의 경우 등 예외적으로만 인정되고 있음을 알 수 있다. 위헌결정의 소급효를 인정하여야

---

56) 주 5 참조. 또한 오스트리아 및 미국에 관하여 같은 취지의 비판으로는 Cappelleti/Cohen(주 13), pp. 102 ff. 참조.

한다는 것이 헌법적 요청이라면 확정판결의 경우에 소급효를 제한하여 재심을 인정하지 않는 데에도 헌법적 근거가 필요할 것이다.

생각건대 확정판결에 기판력을 인정하여 특별한 사유가 없는 한 그 효력을 존중하고 재심도 극히 제한적으로만 인정하는 것은 법적 안정성을 유지하기 위한 것이다. 이러한 확정판결에 있어서의 법적 안정성의 요구는 단순한 소송법적 차원의 문제라고만은 할 수 없다. 독일의 판례 및 학설은 기판력의 존중 내지 법적 안정성의 요청도 법치국가의 원리(Rechtsstaatsprinzip)에서 나오는 헌법 차원의 문제라고 보고 있다.[57] 우리 헌법에서도 법치국가의 원리 내지 법치주의는 헌법의 기본원리로서 승인되고 있으므로,[58] 이러한 이론은 우리나라에서도 그대로 적용될 수 있을 것이다.

그렇다면 위헌결정의 소급효가 헌법차원의 문제라고 하여도 그 적용범위에 있어서 한계가 없는 것이라고는 할 수 없고, 법적 안정성에 의하여 어느 정도 제한을 받는 것도 헌법상 용인되는 것이라고 할 수 있다. 물론 위헌결정의 소급효와 법적 안정성을 어떻게 조화시키느냐 하는 것은 일률적으로 말할 수 없고 이는 기본적으로는 입법자의 재량에 속하는 문제이다.[59] 그러나 예컨대 형사판결에서는 위헌의 법률에 의하여 처벌받는 사람이 있어서는 안 된다는 구체적 타당성이 기판력의 존중이라는 법적 안정성의 요구보다 더 중대한 의미를 가진다고 할 수 있으므로, 이 경우에는 위헌결정에 기한 재심을 허용하는 것이 보다 더 정의에 합치한다고 할 수 있을 것이다.

위헌결정의 소급효가 제한되는 것은 반드시 기판력의 경우에 한하지 않고 그외에도 행정처분의 공정력이라든지 민사법상의 다른 법리에 의하여도 가능할 것이나, 여기서는 언급을 생략한다.

바. 위헌결정에 의한 소급적 취소의 예외

보다 어려운 문제는 어느 법률을 위헌이라고 인정하면 반드시 위헌결정을 함으로써 그 법률을 소급적으로 취소하여야 하는가, 아니면 그에 대한 예외를 인정할 수 있는가 하는 점이다.

---

57) Maunz/Dürig/Herzog, GrundGesetz Kommentar, Art.20 Ⅶ. Rdnr. 60 f.; BVerfGE 15, 313, 319 f. Maunz/Dürig/Herzog에 의하면 기판력의 존중은 권력분립의 원리에서도 도출된다고 한다.

58) 권영성(주 51), 116면; 김철수(주 51), 133면; 허영(주 6), 143면; 헌법재판소 1990. 4. 2. 선고 89헌가113 결정 등.

59) BVerfGE 15, 313, 319 f.

앞에서 살펴본 바에 의하면 비소급적 폐지를 원칙으로 하는 오스트리아의 경우나 소급효의 유무를 판결에 의하여 결정하는 미국의 경우에 비소급적 취소(폐지)가 인정되고 있음은 물론이고, 위헌법률이 당연무효라고 하는 독일에 있어서도 불합치선언 등의 방법에 의하여 법률이 당초부터 무효라고 하는 데 대한 예외를 인정하고 있음을 알 수 있다.

이론적으로도 어느 법률이 헌법의 특정 조문에 모순된다 하여 이를 소급적으로 취소한다면 더 불합리한 사태가 생기는 경우에는 이를 제한하는 것이 오히려 헌법적으로 요청되는 경우도 있을 수 있다. 독일의 학설은 이를 헌법의 효력조건의 유지, 헌법적 제도의 보전, 법적 안정성의 유지, 현존하는 헌법위배의 심화의 회피 및 기능적 한계 등으로 유형화하고 있다.[60]

물론 구체적으로 어느 경우가 이에 해당하는지를 판단하는 것이 반드시 용이하지는 아니하다. 그렇지만 알기 쉬운 예를 한 가지 든다면 국회의원의 선거구 획정에 관한 법률이 선거인의 배분에 있어서 평등의 원칙을 심각하게 침해하여 위헌인 경우에, 그 법률을 소급적으로 취소시킨다면 그 법률에 의하여 구성된 국회 자체가 해체되어야 하고, 따라서 위헌인 위 법률을 개정할 기관 자체가 없어지게 된다는 모순에 직면하게 된다. 따라서 이러한 경우에는 법률의 소급적 취소 내지 그로 인한 국회의 해체는 불가능하다고 할 수밖에 없다. 독일연방헌법재판소는 이러한 경우에 위헌성은 인정하면서도 지난번 선거 당시에는 아직 이 점이 명백하지 않았다고 하여 입법자에게 개정을 명하는 데 그쳤고,[61] 일본 최고재판소는 행정사건소송법 제31조 제1항(우리 행정소송법 제28조 제1항에 해당) 소정의 사정판결의 법리를 원용하여 선거무효소송의 청구를 기각하면서 주문에서 선거의 위법함을 확인하는 데 그쳤다.[62]

다만 이처럼 위헌인 법률에 대하여 소급적인 취소가 제한되기 위하여는 헌법적 근거를 필요로 하기 때문에 실제로 이에 해당하는 경우는 그다지 많지 않을 것이다.[63]

이처럼 위헌인 법률이라 할지라도 소급적인 취소가 불가능할 때에는 단순히

60) Moench(주 25), S. 160 ff.
61) BVerfGE 16, 145 ff.
62) 日本最高裁判所 1976. 4. 14 大法廷判決(民輯 30권 4호 223면 이하).
63) Ipsen(주 18), S. 211 ff.; Schlaich(주 17), S. 177 ff.는 독일연방헌법재판소가 한 대부분의 불합치선언도 불필요한 것이었다고 비판한다.

위헌임의 확인에 그치든지 또는 일정기간이 경과하면 실효된다는 등의 결정을 하는 수밖에는 없을 것이다. 그런데 문제는 이와 같은 결정을 함에 있어서는 법률상의 근거가 있어야 하지 않겠는가 하는 점이다. 특히 위헌결정의 소급효 가 재판청구권의 문제라면 이를 제한함에는 헌법 제37조 제2항의 규정에 의하여 법률의 근거가 필요할 것이기 때문이다. 그러나 현행법상은 이러한 직접적인 근거가 될 만한 것이 없다. 유일하게 생각될 수 있는 것은 행정소송법 제28조 제1항의 사정판결에 관한 규정이나 행정소송법은 헌법재판절차 가운데 헌법소원절차에만 준용될 뿐 위헌심판절차에는 준용되지 않는다(헌법재판소법 제40조 제1항).

이 점에 관하여는 다소 문제는 있으나 소급효의 제한이 헌법상의 요청에 의하여 이루어지는 것이라고 한다면 헌법 그 자체가 근거가 되므로 별도로 법률의 규정은 필요로 하지 않는 것이라고 볼 수 있지 않을까 한다. 만일 그와 같이 보지 않는다면 법률의 규정이 없어서 해결하기 어려운 사태가 생길 수 있기 때문이다. 그러나 입법적으로 이에 관한 명문의 규정을 두는 것이 바람직할 것이다.

5. 결   론

이제까지 논한 것을 요약한다면, 위헌인 법률이 당연무효인가 아닌가에 관하여는 헌법상 결정된 바 없고 따라서 헌법재판소법이 정하는 것처럼 일단 유효였다가 위헌결정에 의하여 취소되는 것으로 보아야 하지만, 이처럼 위헌결정에 의하여 취소될 때에는 그 결정이 소급효를 가져야 함이 헌법상 요구된다는 것이다.

헌법재판제도는 우리나라에 있어서는 아직 초창기에 있다 하여도 과언은 아니다. 따라서 이에 관한 여러 가지 문제에 관하여도 학설이나 판례상 아직 충분한 논의가 없다. 이 글이 앞으로의 논의에 다소나마 도움이 되기를 바랄 뿐이다.

〈헌법논총 제1집, 1990 = 헌법재판연구 제1권(헌법재판연구회 편),
한국사법행정학회, 1993〉

〈추기〉

이 글이 발표된 후에 달라진 점에 관하여는 이 책에 같이 실린 "헌법재판소 위헌결정의 소급효" 및 그 추기 참조.

5. 헌법재판소 위헌결정의 소급효

I. 서 론

지난 1988년 헌법재판소가 문을 열면서 헌법재판이 활성화된 이래, 헌법재판에 관하여 여러 가지의 쟁점이 부각되게 되었다. 그 중에서도, 헌법재판소의 위헌결정에 소급효가 있는가 하는 점은 가장 활발하게 토론된 주제의 하나였고, 또 실무상으로도 자주 문제되는 중요한 쟁점이라고 할 수 있다.

잘 알려진 것처럼 이 문제는 우리 헌법재판소법 제47조 제2항(이하 "법"이라고 할 때에는 헌법재판소법을 가리킨다)이, "위헌으로 결정된 법률 또는 법률의 조항은 그 결정이 있는 날로부터 효력을 상실한다. 다만, 형벌에 관한 법률 또는 법률의 조항은 소급하여 그 효력을 상실한다."라고 규정하고 있는 데에서 비롯되었다. 위 규정을 문자 그대로 해석한다면 형벌에 관한 법률 또는 법률의 조항[1]에 대한 위헌결정만이 소급효를 가지고, 그 이외의 법률에 대한 위헌결정은 소급효가 없는 것으로 될 것이다. 그러나 현재 이처럼 해석하는 견해는 찾아보기 어렵고, 대체로는 위헌결정이 형벌에 관한 법률에 대한 것이 아니더라도 소급효를 인정할 수 있다고 보고 있으나, 어느 경우에, 어떤 범위에서 소급효를 인정할 수 있는가에 대하여는 여러 가지의 견해가 대립하고 있고, 또 헌법재판소의 결정례와 대법원의 판례도 이 점에 관하여는 서로 다른 태도를 보이고 있다.

위헌결정의 소급효가 어느 범위에 미친다고 보는가에 따라 어떠한 차이가 있는가를 구체적인 실례를 들어서 설명한다면 다음과 같다. 예컨대 어떤 과세처분의 근거가 되는 법률이 위헌으로 선고되었다 하더라도, 그 소급효를 인정하지

---

1) 이하에서는 "법률 또는 법률의 조항"이라는 법문상의 표현을 "법률"이라고만 줄여 쓴다.

않는다면, 그 위헌결정이 있은 다음에 과세처분을 받은 사람은 위헌결정이 있음을 들어 과세처분의 효력을 다툴 수 있지만, 위헌결정이 있기까지 이미 과세처분을 받은 사람에 대하여는 위헌결정의 효력이 미치지 아니하고, 따라서 그 과세처분의 근거법률이 위헌이라는 사유로는 그 과세처분의 효력을 다툴 수 없게 되는 것이다. 물론 뒤에서 보는 것처럼 위헌결정의 소급효를 원칙적으로 부인하는 논자도, 위헌결정이 있은 당해사건 내지는 위헌결정이 있은 당시에 법원에 계속중인 사건에 대하여는 예외적으로 위헌결정의 소급효가 미친다고 보고 있으나, 이렇게 본다고 하더라도 가령 위헌결정 직전에 과세처분을 받아서 위헌결정 당시에 아직 소송을 제기하지 못한 사람은 위헌결정의 혜택을 받지 못하게 되는 것이다.

반면 위헌결정의 소급효를 원칙적으로 인정하는 입장에서는, 위와 같은 과세처분이 언제 있었는가를 불문하고 과세처분의 근거법률이 위헌이라고 주장하여 그 효력을 다툴 수 있게 된다. 다만 이 경우 그 과세처분이 당연무효인가 아니면 취소할 수 있는 것에 불과한가는 별개의 문제이다(후술 Ⅵ. 3. 참조).

이 글에서는 헌법재판소법도 명문으로 소급효를 인정하고 있는 형벌에 관한 법률에 대한 위헌결정[2]은 일단 논외로 하고, 그 이외의 법률에 대한 위헌결정의 소급효에 관하여 살펴보기로 한다.

서술의 순서로서는 우선 이 문제에 관한 국내의 판례와 학설을 살펴보고, 이어서 외국의 예를 알아본 다음, 사견을 밝히고자 한다.

---

2) 형벌에 관한 법률이 위헌으로 결정된 때에는 그 법률에 근거한 유죄의 확정판결에 대하여는 헌법재판소법 제47조 제3항에 의하여 재심을 청구할 수 있다. 그런데 여기서 한 가지 유의할 것은, 위 조항에 의하여 재심을 청구할 수 있는 것은 형사실체법이 위헌으로 결정된 경우에 한하고, 형사절차법이 위헌으로 결정된 경우는 이에 해당하지 않는다. 헌법재판소 1992. 12. 14. 선고, 92헌가8 결정에서의 한병채, 이시윤, 김문희 재판관의 보충의견(헌법재판소판례집 제4권, 887면 이하. 이하 헌법재판소판례집은 헌판집이라고만 표시한다) 참조. 우리 헌법재판소법 제47조 제3항과 같은 취지인 독일 연방헌법재판소법 제79조 제1항의 해석도 이와 같다. BVerfGE 11, 263(265); Benda/Klein, Lehrbuch des Verfassungsprozeßrechts, 1991, Rdnr. 1171 fn.53.) 등. 미국의 판례도 ― 다소 예외는 있으나 ― 기본적으로는 같다. Teague v. Lane, 103 L.Ed. 2d 334(1989) 등. 이에 대하여는 윤진수, "미국법상 판례의 소급효", 저스티스 제28권 제1호(1995), 104면 참조. 그러나 보안처분의 근거법률이 위헌으로 결정된 경우에는 재심을 청구할 수 있다. 실제로 구 사회보호법상의 이른바 필요적 감호처분에 관한 구 사회보호법 제5조 제1항이 위헌으로 결정되자(헌법재판소 1989. 7. 14. 선고, 88헌가5, 8, 89헌가44 결정, 헌판집 제1권, 69면 이하) 위 조항에 기하여 보호감호처분을 선고한 확정판결에 대하여는 재심개시결정이 내려진 사례가 있다. 대법원 1991. 7. 26. 선고, 91재감도58(법원공보 1991, 2280면. 이하 법원공보 또는 판례공보는 공보라고만 표시한다) 참조.

II. 국내의 학설과 판례

1. 전사(前史)

그러면 법 제47조 제2항은 원래 어떤 의도에서 제정된 것일까? 이 점에 관하여 참고가 될 수 있는, 서로 상반된 내용의 자료가 두 가지 있다.

가. 제1공화국 당시의 판례

현행 법 제47조 제2항의 규정은 연혁적으로는 제1공화국 당시의 헌법위원회법(1950. 2. 21 법률 제100호) 제20조에서 유래한 것이다. 동조는 "헌법위원회의 위헌결정은 장래에 향하여 효력을 발생한다. 그러나 형벌조항은 소급하여 그 효력을 상실한다."라고 규정하고 있었고, 이 규정이 제2공화국 당시의 구 헌법재판소법(1961. 4. 17 법률 제601호) 제22조 제2항, 유신헌법 당시의 헌법위원회법(1973. 2. 16 법률 제2,350호) 제18조 제1항을 거쳐 현행 헌법재판소법 제47조 제2항에까지 답습된 것이다.

따라서 위 제1공화국 당시의 헌법위원회법 제20조가 어떻게 해석되었는가는 현행법의 해석에 관하여도 중요한 참고가 될 수 있다. 이에 관한 자료로서는 대법원 1953. 1. 13. 선고 4285민상62 판결[3]이 있다. 위 판결에서는, 농지개혁법 제24조 제1항, 제18조 제1항이 최종심을 대법원이 아니라 고등법원으로 규정한 것은 위헌이라고 한 헌법위원회 1952. 9. 9. 선고, 4285헌위1 결정[4]의 효력과 관련하여, 1952. 10. 26. 위 위헌결정의 공고가 있기 전인 1952년 4월 17일에 제1심 판결에 대하여 직접 대법원에 상고를 제기한 것이 적법한 것인가가 문제되었다.

대법원은 다음과 같이 판시하였다. "그러나 헌법위원회법 제20조에 의하면 위헌규정은 형벌조항을 제외하고는 장래에 향하여 효력을 발생한다 하였으므로 전시 농지개혁법 제18조 제1항 후단 및 동 제24조 제1항 후단의 규정은 전시 공고일인 단기 4285년 10월 26일부터 위헌무효의 법률이라 할 것이요, 그 전에 있어서는 위헌성을 대유한다 할지라도 유효하여 이를 준수하여야 할 것으로 해석

---

3) 김철수, 판례교재 헌법, 1975, 605면 이하.
4) 김철수(주 3), 428면 이하.

함이 타당하다 할 것이요, 또 전시 공고일 이후에 있어서는 농지개혁법 제18
조·제24조의 소송은 법원조직법의 원칙에 따라 삼심제로 복귀하였다 할 것이
다." 그리하여 위 위헌결정의 공고 이전에 직접 대법원에 한 위 상고는 부적법
하다고 하였다.

즉 위 대법원 판결은, 위 헌법위원회법 제20조를, 위헌인 법률이라도 헌법위
원회의 위헌결정의 공고가 있기까지는 여전히 유효하고, 위헌결정의 공고가 있더
라도 이는 소급효가 없고 장래효만을 가진다고 규정한 것으로 해석한 것이다.[5]

나. 헌법재판소법 제정자의 의도

그러면 현행 헌법재판소법의 제정자는 이 문제에 관하여 어떤 의도를 가졌는
가? 이에 관하여, 당시 헌법재판소법의 제정에 관여하였던 실무자의 다음과 같
은 진술이 있다. 즉 당시 제정작업의 전반부에는 제47조의 문제는 특별히 검토
되지 못하였으나, 후반기에 와서는 제47조의 표현과 해석에 문제가 있음이 발견
되었지만, 당시 실무위원들의 의견은 대부분 현행 헌법은 위헌법률에 대하여는
당연무효라는 입장을 전제하고 있었다고 보았고, 따라서 법 제47조 제2항의 문
제에 대하여도 당연무효설을 취하고 있는 서독기본법과 서독연방헌법재판소법
이 참고되었을 뿐 근래 자주 인용되고 있는 오스트리아 헌법 등은 거의 고려되
지 않았다고 한다. 다만 실무위원들은 당연무효설이 가지고 있는 법적 불안정성
을 제거하기 위하여 서독연방헌법재판소법 제79조 제1항·제2항과 동일한 규정
을 두어, 확정된 재판이나 행정처분 등은 무효결정에 의하여 영향을 받지 않도
록 하고, 부당이득반환청구권도 배제되며 무효인 법률에 기한 집행은 더 이상
허용되지 않도록 하고 형사판결에 대하여만 재심을 허용하는 초안까지 작성하였
으나, 그 당시로서는 예외적 열거의 어려움과 조심스러움 때문에 결국 서독법
제79조 제1항·제2항을 포괄하는 개념으로서 종래 헌법위원회법 등에서 실정적
으로 계속 사용하여 오던 표현을 그대로 사용하기로 하여 초안이 작성되었고 국
회의 심의를 거쳐 현행법에 이르게 된 것이라고 한다. 따라서 법 제47조 제2항
은 연혁적으로나 시간적으로 보아 일부 논자들이 주장하는 바와 같이 오스트리

---

5) 다만 위 판결에 대하여는 다음과 같은 의문을 제기할 수 있다. 즉 위 판결이 그 다음 부분에서
설시하고 있듯이, 민사소송법상 제1심 판결에 대하여 항소를 제기하지 아니하고 대법원에 직
접 상고를 제기하는 것은 원칙적으로 허용되지 아니하므로, 대법원으로서는 이 점만을 들어
상고가 부적법하다고 할 수 있었을 것이고, 따라서 위헌결정의 효력에 관한 설시는 불필요한
사족이 아닌가 하는 점이다.

아 헌법의 영향을 받은 것이 아니라 거의 전적으로 서독법의 영향을 받아 조문화되었다고 보아도 좋으며, 동항에서 "위헌으로 결정된 법률조항은 그 결정이 있은 날로부터 효력을 상실한다"는 취지도 오스트리아 헌법과 같이 장래효를 규정한 것이 아니라, 서독법 제79조 제1항·제2항의 소급효 제한규정을 종래 우리 실정법상의 표현을 차용하여 규정한 것에 불과하다고 한다.[6]

2. 판   례

가. 헌법재판소의 결정례

헌법재판소는 헌법재판소 1993. 5. 13. 선고 92헌가10, 91헌바7, 92헌바24, 50(병합) 결정[7]에서 이 문제에 대한 헌법재판소의 태도를 구체적으로 밝혔다. 물론 헌법재판소는 이 이전에도 다른 사건에서 보충의견 등의 형식으로 법 제47조 제2항은 원칙적으로 소급효를 인정하지 아니한다고 하는 언급이 있었으나[8] 헌법재판소는 위 결정에서 헌법재판소의 태도를 명확히 하였다. 위 결정은 법 제47조 제2항이 형벌법규 이외의 법률에 대한 위헌결정은 소급효가 없다고 규정한 것은 위헌이라는 취지의 법원의 위헌제청 및 법 제68조 제2항의 헌법소원에 관하여 선고된 것인데, 헌법재판소는, 위헌결정은 원칙적으로 소급효가 없지만 예외적으로는 소급효를 인정할 수 있고, 따라서 법 제47조 제2항은 위헌이 아니라고 하였다. 이 부분의 요지를 약술하면 다음과 같다[9]

(1) 우리나라 헌법은 헌법재판소의 법조항에 대한 위헌결정의 효력에 관하여 직접적으로 규정하고 있지 않으며, 법 제47조가 이에 관하여 규정하고 있는데, 이는 원칙적으로 헌법재판소의 위헌결정에 장래효만을 인정하면서도 위헌결정이 난 형벌법규에 한하여서는 소급효를 인정하고 있다.

(2) 어떤 법률이 헌법에 위반되는 경우에도 그 모습에는 여러 가지가 있을 수 있는데, 제정 당시에는 합헌이었으나 후발적인 사정변경으로 인하여 위헌인 법률로 되는 경우에는 위헌선언을 하여도 장래에 향하여 효력을 잃는 장래효를 가

---

6) 이강국, "위헌법률의 효력", 심천계희열박사화갑기념 공법학의 현대적 지평, 1995, 377면 이하.
7) 헌판집 제5권 제1집, 226면 이하.
8) 예컨대 헌법재판소 1989. 9. 8. 선고 88헌가6 결정에서의 변정수 재판관의 보충의견(헌판집 제1권, 263면 이하) 및 헌법재판소 1992. 12. 14. 선고 92헌가8 결정에서의 한병채, 이시윤, 김문희 재판관의 보충의견(헌판집 제4권, 887면 이하).
9) 헌판집 제5권 제1집, 240면 이하.

질 수밖에 없고 제정당시로 소급효를 인정하여서는 안 될 것은 물론 인정할 필요도 없다.

그리고 법률의 조항 자체에는 위헌성이 없으나 평등의 원칙 위반이나 체계부조화 등으로 말미암아 재조정하지 않으면 위헌을 면할 수 없는 경우에도 제정당시로 소급하여 효력을 상실시키면 법의 공백이 생기고, 이러한 경우에는 소급적 법폐지가 아니라 입법자에게 새로운 입법을 할 것을 촉구하고 새로 법을 제정하기까지 경과적 조치로서 그 법률의 효력을 지속시키고 있다.

또한 제정 당시부터 원시적으로 위헌인 법률의 경우에도 일률적으로 소급효를 관철시킬 수는 없다. 먼저 당사자의 권리구제보다도 법적 안정성에 치명적인 침해를 주는 경우(위헌인 선거법의 규정들에 의하여 선거가 치루어진 경우)에는 소급효를 인정할 수 없고, 소급효로 말미암아 합헌인 법률로 믿은 선의의 국민의 신뢰 내지 기득권을 동요시키고 이미 형성된 법률관계의 안정을 해치는 경우에는 소급효를 인정한다면 국민의 신뢰이익이 침해될 것은 물론 법치주의의 원리에도 배치된다.

또 위헌결정의 효과에는 법률폐지의 법규적 효력이 따르므로, 위헌결정에 함부로 소급효를 인정하게 되면 소급입법에 의하여 재산권이 박탈당하는 결과가 되어 헌법 제13조 제2항의 규정에 저촉될 수도 있다.

그리고 위헌결정의 소급효를 엄격하게 관철시킨다면 기판력 있는 판결로 종결된 사안 전반에 걸쳐 재고하여 백지화하여야 하므로, 재심은 비단 유죄판결의 경우만이 아니라 모든 확정판결사건 일반에까지 확대시켜야 한다.

(3) 헌법재판제도의 기능과 본질을 생각하여 볼 때, 헌법재판이란 구법질서를 송두리째 뒤집어 과거를 백지화하는 사회혁명적인 파장을 일으키는 것이 아니고 하위법규를 헌법질서에 맞추는 전향적인 법체계의 형성이 원칙이고 다만 정의와 형평상 도저히 묵과되어서는 안 될 경우에 최소한도로 기존의 질서를 허무는 것으로 이해되므로, 위헌결정의 소급효의 원칙적 제한은 헌법재판제도의 본질적인 속성이다. 소급효의 전면적 인정은 위헌선언을 주저하는 억제효과를 빚고 헌법에 보장된 국민의 재판청구권의 파생인 헌법재판을 받을 권리를 오히려 제약하는 결과가 될 것이므로, 장래효를 인정한 법 제47조 제2항의 규정은 미래지향적인 법규정의 재정비라는 헌법재판의 본질적 기능과 무관하지 않다.

(4) 외국의 입법례에 비추어 보더라도 법 제47조 제2항은 세계에 유래가 없

는 특수입법례가 아니고, 위헌결정에 장래효만을 인정하면서 부분적으로 소급효를 인정하는 입법례에 속한다.

(5) 우리나라 헌법은 헌법재판소에서 위헌으로 선고된 법률 또는 법률의 조항의 시적 효력범위에 아무런 규정을 두지 아니하고 하위법규에 맡겨놓고 있는바, 그렇다면 헌법재판소에 의하여 위헌으로 선고된 법률 또는 법률의 조항이 제정 당시로 소급하여 효력을 상실하는가 아니면 장래에 향하여 효력을 상실하는가의 문제는 헌법적합성의 문제라기보다는 입법정책의 문제이다. 즉 위헌결정에 소급효를 인정할 것인가를 정함에 있어서 "법적 안정성 내지 신뢰보호의 원칙"과 "개별적 사건에 있어서의 정의 내지 평등의 원칙"이라는 서로 상충되는 두 가지 원칙이 대립하게 되는데, 정의 내지 평등의 원칙이 헌법상의 원칙임은 물론 법적 안정성 내지 신뢰보호의 원칙도 법치주의의 본질적 구성요소로서 수호되어야 할 헌법적 가치이므로 이 중 어느 원칙을 더 중요시할 것인가에 관하여는 입법자가 자유롭게 선택할 수 있도록 일임된 사항으로 보여진다.

결국 우리의 입법자는 법적 안정성을 더 높이 평가하는 방안을 선택하였는바, 이에 의하여 구체적 타당성이나 평등의 원칙이 완벽하게 실현되지는 않더라도 헌법상 법치주의의 원칙의 파생인 법적 안정성 내지는 신뢰보호의 원칙에 의하여 정당화되고 이로써 헌법이 침해되는 것은 아니다.

위헌법률의 효력상실시기에 관한 명문의 규정이 없는 우리 헌법상 자유민주적 기본질서를 규정한 헌법 전문과 헌법 제10조, 제11조 제1항, 제13조 제2항, 제23조, 제27조 제1항, 제37조 제2항, 제103조 등을 근거로 위헌법률이 일률적으로 소급하여 효력을 상실한다는 헌법상의 명제를 도출할 수 없다.

(6) 다만 효력이 다양할 수밖에 없는 위헌결정의 특수성 때문에 예외적으로 법 제47조 제2항의 적용을 배제시켜 부분적인 소급효의 인정을 부인해서는 안 될 것이다.

우선 생각할 수 있는 것은 헌법재판소에 법률의 위헌결정을 위한 계기를 부여한 당해 사건, 위헌결정이 있기 전에 이와 동종의 위헌 여부에 관하여 헌법재판소에 위헌제청을 하였거나 법원에 위헌제청신청을 한 경우의 당해 사건, 그리고 따로 위헌제청신청을 아니하였지만 당해 법률 또는 법률의 조항이 재판의 전제가 되어 법원에 계속 중인 사건에 대하여는 소급효를 인정하여야 한다.

또 당사자의 권리구제를 위한 구체적 타당성의 요청이 현저한 반면에 소급효

를 인정하여도 법적 안정성을 침해할 우려가 없고 구법에 의하여 형성된 기득권
자의 이익이 해쳐질 사안이 아닌 경우로서 소급효의 부인이 오히려 정의와 형평
등 헌법적 이념에 심히 배치되는 때에는 소급효의 인정은 법 제47조 제2항 본문
의 근본취지에 반하지 않는다. 어떤 사안이 이에 들어가는가에 관하여는 헌법재
판소가 위헌결정을 하면서 직접 그 결정주문에 밝혀야 하나, 헌법재판소가 밝힌
바 없으면 일반 법원이 대처할 수밖에 없다.

요컨대 헌법재판소 위헌결정의 소급효는 원칙적으로 위헌결정 당시 법원에
계속 중인 사건에 미치고, 예외적으로 소급효의 부인이 정의와 형평에 심히 배
치될 때에는 소급효가 전면적으로 미친다는 것이다.

나. 대법원의 판례

반면 대법원의 판례는 위헌결정의 소급효가 미치는 범위를 점차 확대하여 왔
으면서도, 다른 한편으로는 확정판결의 기판력이나 행정처분의 확정력 등의 법
리에 의하여 위헌결정의 소급효를 제한하고 있다.

(1) 위헌결정의 소급효가 미치는 범위

대법원의 판례에서는 ① 위헌결정을 위한 계기를 부여한 이른바 당해사건
② 위헌결정 당시 법원에 계속중인 사건 ③ 그 이외의 모든 사건 중 어느 범위
까지 소급효를 인정할 것인가가 문제되었는데, 처음에는 ①의 사건에 소급효가
미친다고 하였다가, 이어서 ②의 사건에도 소급효가 미친다고 하였고, 드디어는
모든 사건에 소급효가 미친다고 하였다.

(개) 당해사건에 미친다는 판례

우선 대법원 1991. 6. 11. 선고 90다5450 판결[10]과 대법원 1991. 6. 28. 선고
90누9346 판결[11]은 다 같이 헌법재판소의 위헌결정은 법원의 제청 또는 헌법소
원의 청구 등을 통하여 헌법재판소에 법률의 위헌결정을 위한 계기를 부여한 구
체적 사건, 즉 당해사건에 대해서는 장래효원칙의 예외로서 소급효를 인정하여
야 한다고 판시하였다.[12]

---

10) 공보 1991, 1895면.
11) 공보 1991, 2056면.
12) 다만 위 대법원 1990. 6. 11. 판결(주 10)에서는 문제된 헌법재판소의 결정(헌법재판소 1989.
   9. 8. 선고, 88헌가6 결정)이, 구 국회의원선거법 제33조 및 제34조에 대한 이른바 헌법불합
   치 결정으로서, 위 결정의 주문에서 "위 법률조항은 1991년 5월 말을 시한으로 입법자가 개
   정할 때까지 그 효력을 지속한다"고 명언하고 있음에도 불구하고(헌판집 제1권, 201면), 위

(나) 위헌결정 당시 법원에 계속중인 사건에 미친다는 판례

그 후 대법원 1991. 12. 24. 선고 90다8176 판결[13]은, 장래효원칙의 예외로서 소급효가 미치는 범위는 위와 같은 경우의 당해사건뿐만 아니라 위헌결정이 있기 전에 이와 동종의 위헌 여부에 관하여 헌법재판소에 위헌여부심판제청이 되어 있거나 법원에 위헌여부심판제청신청이 되어 있는 경우의 당해사건과 별도의 위헌제청신청 등은 하지 아니하였으나 위헌여부가 쟁점이 되어 법원에 계속중인 모든 일반사건에까지 확대하여야 한다고 판시하였다.

그리고 대법원 1992. 2. 14. 선고 91누1462 판결[14]도 이와 같은 취지이나 이와 약간 표현을 달리하여 위헌여부가 쟁점이 된 경우라고 하지 않고, 당해 법률 또는 법조항이 재판의 전제가 되어 법원에 계속된 모든 사건에 미친다고 하였다.

(다) 위헌결정 이후에 제소된 사건에 미친다는 판례

그러다가 대법원 1993. 1. 15. 선고 92다12377 판결[15]은 헌법재판소의 위헌결정의 효력은 위헌결정 이후에 제소된 일반사건에도 미친다고 하여 전면적으로 소급효를 인정하였고, 대법원 1993. 1. 15. 선고 91누5747 판결[16]도 같은 취지이다.

대법원은 그 뒤에 헌법재판소가 1993. 5. 13. 위헌결정은 원칙적으로 소급효가 없다고 선고한 뒤에도(주 7 참조), 여전히 위헌결정의 효력은 그 결정 이후에 당해 법률 또는 법률의 조항이 재판의 전제가 되었음을 이유로 법원에 제소된 사건의 경우에도 미친다고 하였다.[17] 특히 대법원 1994. 10. 25. 선고 93다

판결은, 위 헌법불합치결정은 헌법재판소법 제45조 본문 및 제47조 제1항 소정의 위헌결정임이 틀림없고, 다만 같은 법 제47조 제2항 본문의 예외로서 위헌결정으로 인한 법률의 효력상실시기만을 일정기간 뒤로 미루고 있음에 지나지 아니한다고 하여 적어도 당해사건에 한하여는 위헌결정의 소급효를 인정하여야 한다고 판시하였다. 이는 후술하는 것처럼 위헌결정의 장래효를 원칙으로 하면서도 당해사건에 대하여는 소급효를 인정하는 오스트리아의 예를 참조한 것으로 보이나, 오스트리아에서는 이러한 헌법불합치선언과 같은 제도가 따로 존재하지 않으므로 이는 반드시 위 결정을 뒷받침할 근거가 되지 못한다. 오히려 헌법불합치결정이 있으면 법원으로서는 위헌적 법률이 헌법에 합치하는 규정으로 대체될 때까지 재판절차를 정지하여야 하고, 이는 헌법불합치결정을 이끌어낸 계기가 된 이른바 당해사건(Anlaßfall)에도 타당하다고 보아야 할 것이다. 이 점에 관하여는 한수웅, "헌법불합치결정의 헌법적 근거와 효력", 헌법논총 제6집, 1995, 522면 이하 참조.

13) 공보 1993, 640면.
14) 공보 1992, 1065면.
15) 공보 1993, 698면.
16) 공보 1993, 735면.
17) 대법원 1993. 7. 16. 선고 93다3783 판결(공보 1993, 2290) 등.

42740 판결[18]은, 원심판결이 대체로 위 헌법재판소 1993.5.13. 자 결정(주 7)의 이유를 원용하여 위헌결정의 소급효를 부정한 데 대하여, 종래의 태도를 견지하여 "헌법재판소의 위헌결정의 효력은 위헌제청을 한 당해 사건, 위헌결정이 있기 전에 이와 동종의 위헌여부에 관하여 헌법재판소에 위헌여부심판제청을 하였거나 법원에 위헌여부심판제청신청을 한 경우의 당해 사건과 따로 위헌제청신청은 하지 아니하였지만 당해 법률 또는 법률의 조항이 재판의 전제가 되어 법원에 계속중인 사건 뿐만 아니라 위헌결정 이후에 위와 같은 이유로 제소된 일반사건에도 미친다"고 하면서도, 다른 법리에 의하여 소급효를 제한할 수 있다고 하여 원심의 이유설시에는 다소 미흡한 점이 있으나 그 결론은 정당하다는 이유로 상고를 기각하였다.

(2) 다른 법리에 의한 소급효의 제한

그러나 대법원은 다른 한편으로는, 확정판결의 기판력이나 행정처분의 확정력 등의 법리에 의하여 위헌결정의 소급효를 제한하고 있다.

(가) 확정판결의 기판력에 의한 제한

우선 대법원 1993. 4. 27. 선고 92누9777 판결[19]은, 확정판결이 내려진 사건은 위헌결정의 소급효에 영향을 받지 않는다는 취지로 판시하였다.

이 사건의 내용은 다음과 같다. 즉 원고는 자신의 모친으로부터 부동산 지분을 증여받았는데, 세무관서가 원고에 대하여 증여세를 부과함에 있어 구 상속세법 제29조의4 제2항에 근거하여 증여자로부터 인수한 채무를 공제하지 않고 과세가액을 산정하여 증여세를 부과하자, 원고가 그 과세처분의 취소소송을 제기하였으나 패소하였고 그 패소판결이 확정되었다. 그러자 원고는 다시 위 과세처분의 무효확인청구 소송을 제기하였고, 그 소송에서 원고의 신청에 따라 법원이 헌법재판소에 위 상속세법 조항에 대한 위헌제청을 하였으며, 헌법재판소는 그 사건과 다른 사건을 병합심리한 끝에 위 상속세법 조항에 대하여 위헌결정을 하였다.[20] 그러나 위 위헌결정이 있은 후에 위헌제청을 하였던 법원[21]은 위 위헌결정에도 불구하고, 이 사건 과세처분 당시 위 상속세법 조항이 헌법에 위배되

---

18) 공보 1994, 3076면.
19) 집 41권 1집, 617면.
20) 헌법재판소 1992. 2. 25. 선고 90헌가69, 91헌가5, 90헌바3(병합) 결정(헌판집 제4권, 114면 이하).
21) 위헌제청 후에 법원의 인적 구성이 바뀌었다.

는 무효의 규정이라는 점을 인식하지 못한 하자는 행정처분의 무효사유인 중대하고 명백한 하자라고는 볼 수 없다는 이유로 원고의 무효확인청구를 기각하였고, 이에 대하여 원고가, 위헌결정은 당해 사건에는 소급효가 있다는 등의 이유로 상고를 하였다.

이에 대하여 대법원은 우선, 원고가 제기한 과세처분취소청구를 기각한 판결의 기판력은 같은 원고가 또다시 동일한 과세처분에 대하여 제기한 무효확인청구소송에도 미친다고 하면서,[22] 과세처분무효확인청구가 기판력에 저촉되는 경우에는 법원은 직권으로 이를 심리판단하여 기각하여야 하고, 이러한 경우에 그 과세처분의 근거가 된 법률이 위헌인지의 여부는 재판의 전제가 될 수 없으므로 그 법률에 대한 위헌결정이 있더라도 기판력 저촉을 이유로 청구를 기각하여야 한다고 하면서, 원심이 비록 그 이유는 다르나 원고의 청구를 기각한 결론에 있어서는 정당하다고 판시하여 원고의 상고를 기각하였다.[23]

(나) 행정처분의 확정력에 의한 제한

이어서 대법원 1994. 10. 28. 선고 92누9463 판결[24]은, "어느 법률에 근거하여 행정처분이 발하여진 후에 헌법재판소가 그 법률을 위헌으로 결정하였다면 결과적으로 위 행정처분은 법률의 근거가 없이 행하여진 것과 마찬가지가 되어 하자가 있는 것이 된다고 할 것이다. 그러나 하자 있는 행정처분이 당연무효가 되기 위하여는 그 하자가 중대할 뿐만 아니라 명백한 것이어야 하는데, 일반적으로 법률이 헌법에 위반된다는 사정이 헌법재판소의 위헌결정이 있기 전에도 객관적으로 명백한 것이라고 할 수는 없으므로 당사자가 위와 같은 행정처분에 대하여 취소소송을 제기하는 것이 법률상 불가능하였다는 등의 특별한 사정이 없는 한 이러한 하자는 위 행정처분의 취소사유에 해당할 뿐 당연무효사유는 아니라고 봄이 상당하다"고 하여 위헌결정의 소급효도 이미 확정된 행정처분에는 미치지 않음을 명백히 하였고,[25] 같은 날 선고된 대법원 93다41860 판결[26] 및

---

22) 이 점에 대하여는 이미 선례가 있었다. 대법원 1992. 12. 8. 선고 92누6891 판결(공 1993상, 469) 참조.

23) 이 판결에 대한 해설로는 윤진수, "행정처분 무효확인청구가 기판력에 저촉되는 경우 근거법률의 위헌결정이 무효확인청구에 미치는 영향", 대법원판례해설 제19-2호, 126면 이하 참조.

24) 공1994하, 3139면.

25) 이 판결의 해설로는 윤진수, "위헌인 법률에 근거한 행정처분의 당연무효 여부", 대법원판례해설 1994년 하반기(통권 제22호), 447면 이하 참조.

26) 공보 1994, 3109면.

그 후의 대법원 1995. 3. 3. 선고 92다55770 판결[27]도 같은 취지이다. 위 92누 9463 판결은 소송에서 당사자가 행정처분의 근거법률이 위헌이라고 주장하여 그 위헌제청신청을 하였으나 위 법률의 위헌 여부가 재판의 전제가 되지 않는다는 이유로 받아들여지지 않은 사건에 관한 것이었고, 위 93다41860 판결은, 헌법재판소의 위헌결정이 내려지자 당사자가 민사소송에 의하여 이미 납부한 세금의 반환을 청구한 사건에 관한 것이었다.

  ㈐ 기   타

  그리고 대법원 1994. 10. 25. 선고 93다42740 판결(주 18)은, 위헌결정의 소급효는 위헌결정 이후에 제소된 일반사건에도 미친다고 하면서도, "그 미치는 범위가 무한정일 수는 없고 법원이 위헌으로 결정된 법률 또는 법률의 조항을 적용하지는 않더라도 다른 법리에 의하여 그 소급효를 제한하는 것까지 부정되는 것은 아니라 할 것이며, 법적 안정성의 유지나 당사자의 신뢰보호를 위하여 불가피한 경우에 위헌결정의 소급효를 제한하는 것은 오히려 법치주의의 원칙상 요구되는 바라 할 것이다"라고 판시하였다.

  위 사건의 내용은, 헌법재판소 1990. 9. 3. 선고 89헌가95 결정[28]이, 국세는 그 납부기한 전 1년 이내에 설정된 전세권·질권·저당권에 의하여 담보된 채권에도 우선하여 징수한다는 취지인 구 국세기본법(1974.12.21. 법률 제2679호) 제35조 제1항 제3호 중 "으로부터 1년"이라는 부분은 헌법에 위반된다고 선고하자, 금융기관인 원고가, 그 결정이 있기 전인 1985년 10월부터 1989년 12월까지 사이에 피고 대한민국이 원고가 근저당권을 취득한 부동산의 경매절차에서 위 위헌으로 선고된 부분에 근거하여 원고의 근저당권 설정 이후에 납부기한이 도래한 국세 상당을 경락대금으로부터 교부받은 것이 부당이득이라 하여 그 반환을 청구한 것이다. 위 사건에서 원심은, 위 헌법재판소 1993. 5. 13. 결정(주 7)의 이유를 원용하여 위 위헌결정에는 소급효는 위 사건에 미치지 않는다고 한 반면, 대법원은 위 위헌결정의 소급효는 이 사건에도 미치지만 다른 법리에 의하여 그 소급효가 제한된다고 하여 결국 원고의 청구를 받아들이지 않았으나, 구체적으로 어떤 법리에 의하여 소급효가 제한되는 것인지는 명백히 밝히지 않았다.

---

27) 공보 1995, 1550면.
28) 헌판집 제2권, 245면 이하.

(3) 소　　결

결국 대법원의 판례는, 위헌결정의 소급효가 미치는 범위를 점차 확대하여, 현재에는 위헌결정은 제한된 범위에서만 소급효가 있다는 헌법재판소의 태도와는 달리, 위헌결정의 소급효는 모든 사건에 미치고 다만 확정판결의 기판력이나 행정처분의 확정력 등의 법리에 의하여 그 소급효를 제한할 수 있을 뿐이라는 태도를 견지하고 있다고 할 수 있다.[29]

3. 학　　설

학설은 위헌결정의 소급효에 관하여 그 결론이나 근거에 있어 여러 가지로 다양한 태도를 보이고 있으나, 현재로서는 소급효를 전혀 인정하지 않는 것은 부당하다는 데에는 견해가 일치되어 있다. 다만 그 소급효를 인정하는 범위에 있어서, 우선 위헌결정의 소급효는 제한적으로만 인정된다는 설과, 반대로 위헌결정의 소급효는 원칙적으로 인정된다는 설로 크게 나누어 볼 수 있다. 이 두 설은 다 같이 기본적으로는 위헌인 법률도 당연무효는 아니고 헌법재판소의 위헌결정에 의하여 그 효력을 상실하는 것뿐이라는 전제에 서 있는데 반하여, 제3의 설은 위헌법률은 당연무효이므로 결과에 있어서는 위헌결정의 소급효가 인정된다고 주장한다.[30]

가. 소급효를 제한적으로만 인정하는 설

이 설을 주장하는 논자들도 그 구체적인 근거나 소급효 인정의 범위에 있어서는 다소 차이가 있다.

---

29) 그러므로 남복현, "헌법재판소 결정의 효력에 관한 쟁점 및 해결방안", 헌법재판소결정의 효력에 관한 연구(헌법재판소, 헌법재판연구 제7권), 1996, 235면 이하가, 대법원이 헌법재판소법 제47조 제2항의 비형벌법규의 효력상실을 장래효원칙을 규정한 것으로 이해하면서 규범통제의 실효성을 보장하기 위하여 예외적으로 소급효를 인정한다고 하고{남복현, "법률의 위헌결정의 효력에 관한 연구", 한양대학교 법학박사학위논문(1994), 226면 등도 같은 취지이다}, 대법원 1994. 10. 25. 선고 93다42740 판결(주 18)이 헌법재판소의 결정취지에 접근하는 것이라고 하는 것(이 점에 관하여는 이기중, "행정처분의 근거법령이 무효로 된 경우 그 행정처분의 효력", 판례연구 제6집, 부산판례연구회, 592면도 같은 취지이다)은 받아들이기 어렵다.

30) 아래에서 소개하는 학설들 외에, 손용근, "위헌결정의 소급효가 미치는 범위에 관한 비판적 고찰", 사법논집 제24집, 1993, 41면 이하는 대법원 재판연구관들의 여러 가지 견해를 소개하고 있으나, 이는 대법원 내부의 비공식적 토론과정에서 제기된 것으로, 공간된 것도 아닐 뿐만 아니라 확정적인 것인지에 관하여도 의문이 있으므로 이에 대하여는 따로 언급하지 않는다.

(1) 소급효 제한에 관한 최초의 논의

헌법재판소의 소급효가 원칙적으로 인정되지 않는다고 최초로 주장한 논자는 다음과 같이 주장한다.[31]

즉 우리나라의 제도는 위헌판결로 인한 법률폐지의 효과는 원칙적으로 그 판결이 공고되는 때부터 장래에 향하여 발생하고, 그때까지 법적 요건이 충족된 사건에 대하여는 종래의 법률이 계속 적용되며, 단지 당해 위헌심사의 전제가 된 사건(Anlaßfall, 당해소송사건)에 대하여는 종래의 법률이 적용될 수 없다는 오스트리아의 제도와 흡사하고[32] 다만 장래효의 원칙을 규정하면서도 당해사건에 대한 효력에 관하여는 아무런 규정을 두고 있지 아니하나 헌법의 규정과 당해사건에 대한 재심의 규정을 종합해보면 당해사건에 관한 한 소급효가 미친다는 것은 입법이 당연히 예상하고 있는 것이라고 한다.[33]

그러나 다른 한편으로는 위헌심사절차에 관한 헌법 제107조 제1항의 규정은 위헌무효설을 취하고 있는 독일기본법 제100조와 비슷하여 헌법은 독일과 같이 마치 소급무효설을 취하고 있는 듯 규정하고 있는 데 반하여, 헌법재판소법은 오스트리아와 같이 폐지무효설의 입장을 채택하고 있는 듯 보여져 상호모순되는 것처럼 보이지만, 이 문제는 하나의 원칙에 의하여 해결될 수 있는 것이 아니며, 당해법률의 내용에 따라 개별적으로 해결할 수밖에 없고,[34] 또한 우리나라에서 당해소송사건에 대하여만 예외를 인정하는 것은 헌법상의 평등권을 해치는 위헌인 규정이라는 비판을 면치 못할 것이므로, 우리나라에서도 처벌법규 이외의 법규라 하여도 법적 안정성을 해하지 않는 범위 내에서 소급효를 인정하는 것이 타당한 경우에는 소급적 효력을 인정하는 것이 마땅하며, 최소한 위헌법률의 적용을 거부하고 소송으로 당해법률의 적용배제를 청구한 자에게는 어떠한 이론구성을 하든지 위헌법률의 적용을 배제하는 길을 열어주는 것이 마땅하다고 한다.[35]

---

31) 박일환, "위헌판결의 효력"(상)(하), 인권과 정의 제151, 152호(1989. 3, 4); 동, "법률의 시적 효력범위", 법조 제38권 11호; 동, "위헌법률의 효력상실시점", 인권과 정의 제165호(1990. 5); 동, "헌법재판실무자료"(1)−(3), 법조 제39권 5−7호.
32) "위헌판결의 효력"(하)(주 31), 39−43면.
33) "법률의 시적 효력범위"(주 31), 50면.
34) "헌법재판실무자료"(3)(주 31), 181면.
35) "위헌판결의 효력"(하)(주 31), 42−44면.

(2) 소급효 차등화론

이 설에서는, 위헌결정의 효력에 관하여 장래효주의를 취하느냐, 소급효주의를 취하느냐는 헌법적으로, 헌법이 공백이면 입법적으로 선택이 가능한 문제인데, 우리나라의 경우는 소급효의 문제에 관한 한 헌법은 공백이고 이는 입법에 위임되어 있으며, 위 위임에 따라 입법자는 형벌법규가 아닌 한 장래효주의를 취하는 입법을 하였음이 명백하다고 한다. 다만 순수한 장래효주의만을 고집할 경우 위헌의 소지가 부분적으로 존재하므로, 굳이 입법자가 의도적으로 위헌입법을 할 이유가 없다는 점에서 부분적인 예외를 묵시적으로 인정하는 입법을 하였다고 보고, 따라서 법 제47조 제2항의 해석과 적용에 있어서는 장래효주의의 바탕 위에서 예외적으로 소급효주의를 가미하는 입장을 취하여야 하며, 소급효가 지나치게 확장되어 장래효주의를 무의미하게 만드는 견해는 법이 바뀌지 않는 한 받아들이기 어렵다고 한다.[36]

그리고 어떤 경우에 예외적으로 소급효를 인정할 것인가에 관하여는, A＝「법적 안정성 내지 신뢰보호의 원칙」보다 B＝「구체적 타당성 내지 정의, 형평」이 더 크면 소급효 인정의 필요성이 인정된다고 한다. 그리하여 A＝49＜B＝51이면 당해 사건에만 소급효가 미치도록 하고, A＝39＜B＝61 정도면 법원계속 사건까지 소급효가 미치도록 하며, A＝9＜B＝91 정도면 장래에 제기되는 모든 사건까지 소급효가 미치도록 하는 식으로 경우에 따른 소급효 인정범위를 차등화하여야 한다고 한다.[37]

(3) 헌법재판소 판례를 지지하는 설

그리고 위 1993. 5. 13.의 헌법재판소 판례(주 7)를 지지하는 설도 있다. 즉 소급효 전면부정설은 형식적인 법률조문에 얽매여 실질적 정의와 형평의 문제를 너무 쉽게 포기하고 있으며, 소급효전면확장론에 대하여는 기존의 법률관계가 파괴되는 충격효과를 가볍게 여길 것이 아니라고 비판하고, 위헌결정 선고 전의 법률은 결정선고 전까지는 유효한 행위규범이면서 재판규범이고 결정선고 후의 재판에서라도 위헌결정 선고 전의 시점에서 발생한 사안을 판단할 때 유효한 재판규범으로서 작용할 수 있다고 보아야 한다고 하여, 법적 안정성과 실질적 정의를 조화롭게 수용하고 있는 제한적 소급효설(위헌결정의 효력이 결정 당시 법원

---

36) 손용근(주 30), 94–95면.
37) 손용근(주 30), 95–96면.

이나 헌법재판소에 계속중인 동종의 사건에 대하여 미친다는 설)이 현실적인 면에서 가장 적합하고, 헌법재판소의 견해는 종래의 제한적 소급효이론보다 한발 더 앞서서 재판에 계속되지 않았다 해도 소급효의 부인이 정의와 형평의 이념에 어긋날 때, 소급효를 인정한다는 입장을 취하고 있어 훨씬 더 유연하고 융통성 있는 입장을 보이고 있다고 한다.[38]

나. 원칙적으로 소급효를 인정하여야 한다는 설

반면 헌법재판소의 위헌결정에 원칙적으로 소급효를 인정하여야 한다는 설도 그 근거에 있어서는 여러 가지로 갈라져 있다.

(1) 법 제47조 제2항이 위헌이라는 설

이 설은, 헌법재판소 위헌결정의 소급효는 헌법상 당연한 것이고, 따라서 법 제47조 제2항이 위헌결정의 장래효를 규정한 것은 위헌이라고 한다.

이 설은 먼저, 위헌인 법률이 당연무효인지, 아니면 헌법재판소의 결정에 의하여 비로소 그 효력을 상실하는지의 여부에 관하여는 헌법에 직접적인 규정이 없고 달리 이에 관하여 판단의 규정이 될 만한 규정도 없으므로, 이에 관하여는 법 제47조 제2항의 규정에 따라 위헌법률은 헌법재판소의 위헌결정에 의하여 효력을 상실하는 것으로 보아야 한다고 설명한다.[39] 그렇지만 위헌결정이 소급효를 가지는가의 여부는 법률에 의하여 결정될 수 있는 성질의 것은 아니고, 헌법상 가능한 선택은 위헌법률이 당연무효이거나 아니면 위헌결정이 원칙적으로 소급효를 가지는 경우에 국한되고, 위헌결정이 원칙적으로 소급효를 가지지 않는 경우는 헌법에 저촉되는데, 위헌법률이 당연무효인 경우는 헌법재판소법에 의하여 배제되었으므로 결국 남는 것은 위헌결정이 원칙적으로 소급효를 가지는 경우라고 한다.

이처럼 헌법상 위헌결정에 소급효가 인정되는 근거는 다음과 같다. 우선 헌법 제103조는 "법관은 헌법과 법률에 의하여 그 양심에 따라 독립하여 심판한다."라고 규정하고 있는데, 헌법과 법률이 서로 모순되는 경우에 위헌결정의 소급효를 부정하는 것은 법원이 위헌인 법률에는 따라야 하지만 헌법에는 따르지 않아도 좋다는 결과가 되어 헌법이 법률에 우선한다는 것을 전제로 한다면 헌법

---

38) 조배숙, "위헌결정의 소급효", 취봉 김용철선생 고희기념 법학논집, 1993, 206면 이하, 특히 228−229면.
39) 윤진수, "위헌법률의 효력", 헌법논총 제1집, 1990, 308−310면.

제103조와는 모순된다.

또한 헌법 제27조 제1항은 "모든 국민은 헌법과 법률이 정한 법관에 의하여 법률에 의한 재판을 받을 권리를 가진다."라고 규정하고 있는데, 여기서 말하는 "법률에 의한 재판"이라는 것은 재판의 내용도 법률에 의하여야 하고, 나아가서 이러한 법률은 헌법에 합치하는 법률만을 의미하므로 위헌결정의 소급효를 부정하는 것은 이러한 국민의 재판청구권을 부정하는 결과가 된다.

그리고 헌법 제10조 후단은 "국가는 국민이 가지는 불가침의 인권을 확인하고 이를 보장할 의무를 진다."라고 하여 국가의 기본권보장의무를 규정하고 있는데, 법률이 기본권을 침해하는 것이라는 이유로 위헌으로 선고되었다면 법원이 이와 같이 위헌인 법률을 계속 적용하는 것은 이러한 국가의 기본권보장의무에 위반된다.

마지막으로 위헌으로 결정된 법률이 당해사건에 대하여만 적용이 배제되고 그 이외의 위헌으로 결정되기 이전의 사건에 대하여는 여전히 적용된다면 이는 평등의 원칙에 위반되고, 또한 위헌결정 이전의 사건을 다루는 법원은 위헌으로 결정된 법률에 대하여 또다시 위헌제청을 하여야 한다는 불합리가 생긴다.

그러므로 헌법재판소법 제47조 제2항이 형벌에 관한 법률 이외의 법률에 대한 위헌결정의 소급효를 부정하고 있는 부분은 위헌이라고 하지 않을 수 없다고 한다.[40)]

(2) 재판설(Entscheidungstheorie)에 의하여 소급효를 인정하려는 설

이와는 달리 오스트리아에서 논의되는 이른바 재판설(Entscheidungstheorie)에 의하여 결과적으로 위헌결정의 소급효를 인정하려고 하는 설도 있다.

이 설은, 헌법은 위헌으로 결정된 법률의 효력에 대하여 침묵하고 있고, 법 제47조는 이러한 헌법상의 문제를 부분적으로 그리고 그 대강만을 정하고 있으므로 위헌으로 결정된 형벌법 이외의 법률에 관하여 장래효를 규정한 법 제47조 제2항 본문을 위헌으로 볼 것은 아니라고 하면서도, 오스트리아에서 논의되고 있는 구체화설(Konkretisierungstheorie), 즉 폐지된 법률은 폐지효 발생 이전에 성립된 사안에 대하여 적용되므로 당해사건을 제외하고는 법률을 위헌으로 폐지하는 헌법재판소의 판결은 폐지의 효력이 발생한 날로부터 장래에 향하여 적용

---

40) 윤진수(주 39), 312–316면. 이승우, "위헌법률의 효력에 관하여", 법률신문 1993. 3. 1.자, 15면도 대체로 같은 취지이다.

되고 따라서 법원과 행정청은 위헌으로 법률을 폐기한 판결에도 불구하고 폐기의 효력발생 전에 존재하는 요건에 관하여 당해 법률을 적용할 권한과 의무가 있다는 설에 대하여, 이는 우리 헌법상으로도 의문이 있다고 비판한다.

첫째 효력을 상실한다는 의미는 문언상으로도 법률의 구속적인 효력이 종료되는 것을 뜻하고 이는 법원 기타 국가기관을 기속하며, 더욱이 법원은 헌법과 법률에 의하여 양심에 따라 독립하여 심판하는데(헌법 제103조), 왜 법관이 헌법에 위반하기 때문에 효력을 상실한 법률에 효력상실 이후에도 구속되어야 하는지가 의문이며, 기본권침해를 이유로 위헌실효된 법률을 법원이 계속 적용한다는 것은 또 다른 기본권 침해를 야기하게 된다.

둘째로 이 이론에 따르면 같은 날 구체화된 사건이 왜 하나는 당해사건으로 구제받고 나머지는 배제되는지 이론상 설명이 안 되며, 또한 위헌법률이 효력상실하기 이전에 발령된 명령, 규칙은 근거법률이 실효됨에 따라 당연히 위헌으로 되는 법리를 설명할 수 없고, 또한 절차법에 있어서는 이미 구체화된 사안에도 실효된 법률을 더 이상 적용하지 아니하는 이유도 설명하지 못한다고 한다.

따라서 원칙적으로는 법률의 위헌결정시 헌법재판소가 장래효의 의미를 구체적으로 정하여 경과규정에 관한 혼란을 막아야 할 것이나, 헌법재판소가 이에 관하여 침묵하는 경우에라도 법원 기타의 국가기관으로서는 구체화설을 취할 것이 아니라 재판설(Entscheidungstheorie)[41] 또는 이탈리아의 법례에 준한 해석[42]을 함이 옳다는 것이다.[43]

(3) 위헌결정의 기속력을 근거로 소급효를 인정하려는 설

다른 한편 법 제47조 제1항 소정의, 위헌결정의 국가기관에 대한 기속력을 근거로 하여 소급효를 인정하려는 설도 있다.

이 설은, 위헌결정은 당해 법률 또는 법률의 조항을 법령집에서 제거하는 효력이 있고 이를 제거효라고 부르는데, 형벌에 관한 법률 또는 법률의 조항의 경

---

41) 이는 폐지(Aufheben)라는 표현은 위헌법률을 법질서로부터 완전히 배제함을 의미하는 것이므로 법원과 행정청은 위헌으로 폐지라는 판결의 효력이 발생하는 때로부터 이 시점 이전에 구체화된 요건에 대하여도 폐지된 법률을 더 이상 적용할 수 없고, 따라서 이미 구체화된 요건에 대하여서라도 위헌으로 선언되고 법질서에서 배제된 법률에 따라 재판할 수 없다는 주장이다. 황우여, "위헌결정의 효력", 금랑김철수교수 화갑기념 헌법재판의 이론과 실제, 1993, 321면; 동, "위헌결정의 효력", 사법논집 제21집, 1990, 25면 참조.

42) 이에 대하여는 후술 Ⅲ. 4. 가. ⑷ 참조.

43) 황우여, 헌법재판의 이론과 실제(주 41), 320–324면 참조.

우 제거효는 소급하여 효력이 있고 그 외의 법률 또는 법률의 조항의 경우 제거
효는 위헌결정이 선고된 날 오전 0시부터 생긴다고 하면서도, 이러한 위헌결정
은 법원 기타 국가기관 및 지방자치단체를 구속하는 기속력이 있고(법 제47조 제
1항), 이러한 기속력은 위헌결정의 제거효가 발생하기 전에 생긴 사실에 대하여
도 미친다고 하여, 결과적으로 소급효를 인정하고 있다. 그리고 그 근거로서는,
"법관은 헌법과 법률에 의하여 그 양심에 따라 독립하여 심판한다"라고 하는 헌
법 제103조에 의하면 법관이 재판을 함에 있어서 적용될 법률이 헌법에 위반된
다고 판단할 때에는 그 법률의 적용을 거부할 수 있어야 한다는 것과, 법관의
위헌제청에 관한 헌법 제107조 제1항의 규정에 의하면 위헌결정이 선고되면 당
해법률을 헌법재판소에 제청한 법원은 반드시 당해 법률의 적용을 거부하지 않
으면 안 되고, 제청한 법원 이외의 법원도 제청의무에서 해방되어 위헌결정의
선고 전에 발생한 사실에 대한 사건의 재판에 있어서도 당해 법률이 위헌이 아
니라는 이유로 이를 적용해서는 안 된다는 점을 들고 있다.[44]

다. 위헌법률은 당연무효라는 설

앞에서 살펴본 학설들은 위헌인 법률도 일단은 유효하고 헌법재판소의 위헌
결정에 의하여 비로소 효력을 상실한다는 것을 전제로 하여 그 위헌결정의 소급
효가 있는가를 논하는 데 반하여, 위헌인 법률은 당연무효라고 주장하는 설도
있다.

이 설에서는, 위헌인 법률이 헌법재판소의 위헌결정에 의하여 비로소 효력을
상실한다는 견해를 폐지무효설이라고 부르면서,[45] 이러한 견해는 법 제47조 제2
항의 효력상실의 개념을 오해한 것이고, 동법 제47조 제1항의 기속력을 무시한
것이며, 주관적 권리구제를 기본적인 전제로 하고 있는 구체적 규범통제제도의
기능을 제대로 인식하지 못하고 있다고 비판하고, 위헌인 법률을 당연무효로 보
아야 하는 근거로서 헌법 제27조 제1항, 제103조, 제107조, 제111조 외에 헌법
의 최고규범성과 법질서의 단계적 구조를 든다. 즉 위헌법률이 잠정적으로라도
그 효력이 유효한 것으로 인정되어 적용된다고 한다면 이는 헌법이 지닌 최고규

---

44) 장윤기, "헌법재판소에서 위헌으로 결정된 법률의 효력", 민사재판의 제문제 제7권, 1993, 713면 이하.
45) 이는 독일어인 Vernichtbarkeitstheorie의 역어로서, 이러한 명칭은 국내에서는 계희열, "법률에 대한 위헌판결의 효력", 법률의 위헌결정과 헌법소원의 대상(헌법재판소, 헌법재판연구 제1권), 1989, 174면이 처음 사용한 것으로 보인다.

범성을 부인하는 것이 되며, 헌법이 스스로 위헌법률의 적용을 허용한다면 이는 실질적으로는 입법권자로 하여금 헌법위반의 입법행위를 용인하는 것이 되어 헌법의 최고규범성과 법질서의 단계적 구조는 붕괴되고 말 것이라고 한다.[46] 이 설에 따른다면 위헌법률은 법률상 당연히(ipso jure) 무효이므로 결과적으로 위헌결정에는 소급효(ex-tunc-Wirkung)가 인정되는 셈이다.[47]

이 설은, 법 제47조 제2항의 해석에 관하여는, 동 조항이 규정하는, 위헌으로 결정된 법률의 효력상실은 위헌으로 확인된 법률의 일반적인 적용배제(allgemeine Anwendungssperre)로 파악할 수 있고, 이러한 측면에서 효력상실은 법적용자에게 일반적인 적용배제의무를 부과하는 것이며, 위 조항이 형벌법규의 경우에는 소급하여 효력을 상실한다고 규정하는 것은, 위헌법률이 적용된 법률관계가 이미 확정되어 있다고 하더라도 이것조차 부인하여야 한다는 의미이고, 비형벌법규의 경우에는 위헌결정시점 당시에 이미 확정된 법률관계는 법적 안정성의 측면을 고려하여 적용배제의 대상에서 제외하는 것이며, 그 이외에 위헌결정 당시 아직 확정력이 발생하지 않은 법률관계에 대하여는 당연히 위헌법률의 적용이 배제되어야 한다고 주장한다.[48]

이 이외에도 우리 헌법 제107조 제1항이 "법률이 헌법에 위반되는 여부가 재판의 전제가 된 경우에는 … "이라고 규정하는 것은 서독기본법 제100조 제1항과 유사한 표현을 하고 있고, 부칙 제5조에서 "이 헌법 당시의 법령과 조약은 이 헌법에 위배되지 아니하는 한 그 효력을 지속한다"고 하는 것은 서독기본법 제123조 제1항과 거의 같은 표현을 하고 있는데, 서독에서는 당연무효설이 정설로 되어 있고 그 근거로서 위 기본법 제100조 제1항 및 제123조 제1항을 들고 있는 점에 주목한다면, 우리 헌법도 당연무효설을 그 전제로서 받아들이고 있다고 보아야 하고, 따라서 위헌인 법률은 위헌상태가 발생한 시점에 소급하여 법률상 당연히 무효로서 효력을 가지지 않는다는 주장도 있다.[49]

---

46) 남복현(주 29의 박사학위논문), 216-219면, 227-242면. 또한 남복현(주 29의 헌법재판연구), 238-253면 참조.

47) 엄밀히 말하면 소급적으로 효력이 없다는 것은 일단 유효하였던 것이 효력을 잃는 경우에 그 효력이 과거로 거슬러 올라간다는 것을 말하므로 처음부터 당연무효인 경우와는 구별되는 개념이지만, 독일에서도 이는 엄밀히 구별되지 않고 사용되고 있다. 윤진수(주 39), 297면 참조.

48) 남복현(주 29의 헌법재판연구), 253-257면.

49) 이강국(주 6), 376면. 또한 계희열(주 45), 232면도, 폐지무효설이 문제를 해결하는 대안이 되지 못하고, 독일의 대다수 학자들이 폐지무효설을 반대하는 기본적인 이유 중의 하나는 그것이 법실증주의적 사고의 산물이라는 데 있으며, 법실증주의적 관점에서는 법학의 전반에 걸

Ⅲ. 비교법적 고찰

이론적으로는 위헌법률의 효력에 관하여 크게 위헌법률을 당연무효로 보는 입장과, 당연무효는 아니고 위헌의 선고에 의하여 비로소 효력을 잃는다는 입장으로 나누어 볼 수 있다. 위헌법률이 당연무효라면 그 무효의 효과는 당연히 소급적으로 발생하고, 위헌의 선고는 단순한 확인적인 의미만을 가지게 된다. 반면 위헌법률이 위헌선고에 의하여 비로소 효력을 상실한다는 입장에서는 그 소급효와 관련하여 그 효력상실이 소급하는가(소급효, ex tunc), 아니면 위헌선고 있은 때로부터 장래에 향하여서만 효력이 상실되는가(즉시효, ex nunc) 나아가서 위헌선고 있은 때로부터 일정기간 경과 후의 장래에 향하여서만 효력이 상실되는가(장래효, pro futuro)의 세 가지 가능성이 모두 존재한다.[50] 비교법적으로도 소급효를 인정하는 나라와 인정하지 않는 나라를 모두 찾아볼 수 있으나, 대개는 어느 한 가지 원칙을 절대적으로 고집하지는 아니하고 넓은 범위에서 예외를 인정하고 있다고 말할 수 있다.[51]

1. 오스트리아

오스트리아는 1975년 헌법개정이 있기까지는 헌법 제140조 제3항과 제4항에서 헌법재판소의 위헌선고는 위헌인 법률을 폐지(Aufheben)하는 것으로 규정하고 있었는데, 이 폐지의 의미에 관하여 통설과 판례는 폐지된 법률은 폐지효 발생 이전에 성립된 사안에 대하여는 당해 사건(Anlaßfall)을 제외하고는 그대로 적용된다고 보는 이른바 구체화설(Konkretisierungstheorie)의 입장을 취하고 있

쳐 문제를 개선하고 발전시키는 데 많은 제약을 받는다고 하여 당연무효설을 지지하는 태도를 보이고 있다.

50) J. Ipsen, Rechtsfolgen der Verfassungswidrigkeit von Norm und Einzelakt, 1980, S. 313.

51) 개괄적인 것으로 A. Weber, "Verfassungsgerichtsbarkeit in Westeuropa", in: C. Starck/A. Weber(Hrsg.), Verfassungsgerichtsbarkeit in Westeuropa, Teilband 1, 1986, S. 114 ff.; José Manuel Cardoso da Casta, Constitutional Juridistiction in the Context of State Powers, as Regards the Modalities, Contents and Effects of the Dicisions on the Constitutionality of Judicial Rules, 1987(제7회 유럽헌법재판소장 회의의 종합보고서 중 영문번역무분), pp. 186 ff.; M. Cappelletti/W. Cohen, Comparative Constitutional Law, 1979, pp. 98 ff. 참조. 그리고 이에 관한 각국의 헌법 및 헌법재판소법규정은 주로 C. Starck/A. Weber(Hrsg.), Verfassungsgerichtsbarkeit in Westeuropa, Teilband 2, 1986에서 인용하였다.

었다. 그러나 이에 대하여는 법원이나 행정청은 위헌으로 폐지라는 판결의 효력이 발생하는 때로부터 이 시점 이전에 구체화된 요건에 대하여도 폐지된 법률을 더 이상 적용할 수 없다는 이른바 재판설(Entscheidungstheorie)도 있었다.[52]

그러나 1975년 개정헌법은 이 점에 관하여 명문의 규정을 두고 있다. 즉 법률이 위헌이라는 헌법재판소의 판결에 의한 법률의 폐지는 원칙적으로 그 판결이 공고된 날로부터 효력을 발생하고 다만 헌법재판소는 1년의 범위 내에서 그 실효의 기한을 정할 수 있으며(제140조 제5항), 헌법재판소가 폐지결정에서 달리 정하지 않는 한 폐지 이전에 실현된 구성요건에 대하여는 당해사건을 제외하고는 그 법률이 계속 적용되고, 헌법재판소가 실효의 기한을 정한 때에는 그 기한이 경과하기까지 실현된 구성요건에 대하여는 당해사건을 제외하고는 그 법률이 계속 적용된다(제140조 제7항).

위 개정헌법의 규정에 따르면, 위헌인 법률은 원칙적으로 위헌판결이 공고된 날로부터 실효되고 당해사건에 한하여서만 소급효를 가진다. 그러나 헌법재판소는 1년의 범위 내에서 장래에 향하여 실효의 기한을 정할 수 있고 이때에도 당해사건에 한하여는 소급효가 인정되며, 반대로 위헌법률을 소급적으로 실효시킬 수도 있다. 특히 소급적 실효는 위 헌법개정에 의하여 비로소 가능하게 된 것으로 그 이전에는 불가능한 것이었다.[53]

그런데 오스트리아의 헌법재판소 판례는 이처럼 원칙적으로 소급효가 인정되지 않는 경우에도 예외적으로 소급효가 인정되는 당해사건의 범위를 해석에 의하여 점차 확대하고 있다. 먼저 1984. 6. 22.의 판결(Vfslg. 10067)에서는 헌법소원 청구인이 1978. 10. 24.에 재정형법(Finanzstrafrecht)의 규정에 기하여 행정청으로부터 벌금형과 그에 부수하여 몰수(Verfall)에 갈음하는 추징(Wertersatz)을 선고받아 불복절차를 거친 다음 1980. 2. 12.에 헌법소원을 제기하였다. 그런데 헌법재판소는 1983. 12. 14. 이와는 별개의 사건에서 위 몰수의 근거가 되는 재정형법의 규정이 평등원칙에 위반된다는 이유로 폐지를 선고하고, 그 폐지의 효력은 1984. 11. 30.부터 발효한다고 선고한 바 있다(Vfslg. 9901). 따라서 원칙대로라면 이 사건에는 위 폐지결정의 소급효가 미치지 않아야 할 것인데, 헌법재판소는, 위 폐지결정의 구두변론의 공고시까지 헌법재판소에 계속중인 사건은

---

52) 황우여(주 41의 사법논집), 24–25면.
53) 윤진수(주 39), 288–290면 참조.

위 폐지결정의 당해사건과 동일하게 취급하여야 한다고 판시하여, 소급효의 범위를 확대하였다. 그 이유로서는 헌법재판소에 계속중인 헌법소원 사건이 원래의 당해사건과 마찬가지로 법률심사절차의 계기가 될 수 있는가는 사무처리의 경과와 당시 다루어지고 있는 사건의 양 및 종류라는, 전적으로 헌법재판소 내부의 우연한 사정에 달려 있고, 다른 사건에서 심사대상인 규범이 이 사건에서도 전제문제가 된다는 사실은 구두변론과정이나 그 후의 합의과정에서 비로소 밝혀지는 수도 많은데, 이러한 관련성이 뒤늦게 밝혀졌다는 이유만으로 이미 계속중인 사건에 대하여 당해사건으로서 받을 수 있는 이익을 부정하는 것은 옳지 않다는 점을 들었다.

그리고 1985. 10. 9.의 판결(Vfslg. 10616)에서도 위 헌법소원사건 계속 중이던 1985. 3. 13.에 별개의 사건에서 그 헌법소원의 대상이 된 과세처분의 근거가 된 법률이 1986. 2. 28.의 기한을 정하여 폐지되는 것으로 선고되었다. 헌법재판소는 이 사건에서는 헌법재판소법이 구두변론을 열지 않아도 되도록 개정되었음을 근거로 하여, 위헌결정이 있은 원래의 당해사건에서 구두변론이 열린 경우에는 구두변론이 열린 날(구두변론의 공고가 있은 날이 아니다), 구두변론이 열리지 않은 경우에는 비공개의 합의가 개시된 날을 기준으로 하여 그때까지 헌법재판소에 계속중인 사건은 당해사건으로 취급하여야 한다고 하여, 이 사건도 원래의 당해사건의 구두변론이 있을 당시에 이미 헌법재판소에 계속중이었으므로 원래의 당해사건과 동일하게 취급하여야 한다고 판시하였다.

나아가서 1986. 12. 10.의 판결(Vfslg. 11190)은 부동산취득세법의 일부 조항을 헌법에 위배된다고 하여 폐지하고 그 폐지의 시한을 1987. 11. 30.으로 정하면서도, 주문에서 위 폐지된 규정은 1986. 11. 22.(위 사건의 구두변론의 공고가 있은 날)까지 전심절차로서의 항고절차(Berufungsverfahren)에 계류중인 사건 및 1986. 12. 5. 10 : 30(구두변론이 개시된 시간)까지 행정법원에 항고소송을 제기한 사건에는 더 이상 적용되어서는 안 된다고 판시하였다. 이 판결은 그 이유로서, 전심절차에 계속중인 사건에 대하여 행정청이 위 당해사건의 결과를 기다리기 위하여 결정을 미루고 있어 당사자가 당해사건으로서의 혜택을 입을 수 없게 되었을 뿐만 아니라, 행정법원에도 위 문제된 조항의 위헌제청신청이 4건이나 접수되어 있는데, 이 사건을 병합심리하는 것은 소송의 진행상태에 비추어 불가능하므로, 이와 같이 앞에서 열거한 사건들에 대하여는 위 폐지된 법률조항을 더 이상 적용할 수 없다고 선고하는 것이라고 판시하고, 구두변론 개시시에 이미 헌법재판소에 계속중인 사건을 당해사건과 동일하게 취급하여야 한다는 것은 판례로서 확립되어 있으므로 따로 선고할 필요가 없다고 하였다.

2. 독   일

(1) 무효설과 취소설

독일에서는 헌법의 해석론으로서 위헌인 법률은 당연무효라는 당연무효설과, 연방헌법재판소의 재판에 의하여 취소할 수 있을 뿐이라는 취소설(Vernicht-barkeitstheorie, 폐지무효설이라고도 번역된다)이 대립하는데,[54] 통설 및 판례는 당연무효설의 입장이지만 취소설도 상당히 유력하다.[55] 이러한 당연무효설의 입장에 설 때에는 위헌인 법률은 위헌상태가 발생한 시점에 소급하여(ex tunc), 연방헌법재판소의 위헌선고가 없이도 법률상 당연히(ipso jure) 효력을 가지지 아니하며, 연방헌법재판소의 위헌선고는 단순히 확인적인 의미만을 가질 뿐이다.

(2) 연방헌법재판소법의 규정

연방헌법재판소법 제78조도 원칙적으로 위헌인 법률은 무효(nichtig)임을 전제로 하고 있다. 다만 같은 법 제79조는 이러한 위헌선고의 소급효를 제한하고 있다. 즉 형사판결의 경우에는 재심이 허용되지만 그 이외에는 위헌의 선고는 더 이상 다툴 수 없게 된 처분(nicht mehr anfechtbaren Entscheidungen. 이는 확정된 재판이나 행정처분을 의미한다)의 효력에는 영향을 미치지 않는다고 하고, 이러한 처분에 어긋나는 부당이득반환청구소송도 금지하고 있다.[56] 그러나 이처럼 취소할 수 없게 된 처분에 대한 강제집행이 아직 이루어지지 않고 있으면 그 강제집행은 허용되지 않는다.

독일연방헌법재판소는, 이처럼 연방헌법재판소법이 더 이상 취소할 수 없게

---

54) 독일에서의 논의에 대하여 자세한 것은 Ipsen(주 50); K. Schlaich, Das Bundesverfassungs-gericht, 2.Aufl.(1991), Rdnr. 343 ff. 참조. 또한 윤진수(주 39), 293 – 300면; 계희열(주 45), 173면 이하; 남복현(주 29의 박사학위논문), 107면 이하 참조.

55) 근래에 발간된 Ch. Pestalozza, Verfassungsprozeßrecht, 3. Aufl., 1991, §20 Ⅰ 15(S. 278 f.); Benda/Klein(주 2), Rn. 1158 ff.(S. 483 ff.)는 다 같이 위헌법률은 헌법상 당연히 무효로 되는 것은 아니라고 하여 취소설(Vernichtbarkeitstheorie)을 지지하고 있다.

56) 우리나라에서는 위 규정이 모든 부당이득의 반환을 금지하는 것으로 이해하는 경우도 있으나, 이는 어디까지나 더 이상 취소할 수 없게 된 처분의 효력을 다투어 부당이득의 반환을 청구하는 것만을 금지한다. Benda/Klein(주 2), Rn.1174(S. 489); Pestalozza(주 55), §20 Ⅴ 80(S. 318) 등 참조.

된 처분에 대하여는 소급효를 제한하고 있는 것은 헌법에 위배되지 않는다고 판시하였다. 즉 법규범의 위헌선언이 그 규범에 근거하였으나 더 이상 취소할 수 없게 된 처분에 어떤 효과를 미치는가 하는 문제를 법률적으로 규율함에 있어서는 법적 안정성의 요청과 개별적 사건에 있어서의 정의라는 두 가지 원칙이 대립하게 되는데, 헌법재판소법의 입법자는 법적 안정성을 더 높이 평가하였고, 그로 인하여 헌법이 침해되는 것은 아니라고 한다. 왜냐하면 법적 안정성의 원칙이나 개별적 사건에서의 정의라는 원칙은 다 같이 법치국가원리의 본질적인 구성요소로서 헌법적인 지위를 가지고 있으므로, 입법자로서는 어느 원칙을 더 중요시할 것인가에 관하여 자유롭게 선택할 수 있다고 한다. 그리고 이것이 당사자들을 달리 취급하는 결과가 된다고 하더라도 이는 법적 안정성의 필요 때문에 정당화되고, 따라서 평등원칙에 위배되는 것도 아니라고 한다.[57)]

그런데 독일연방헌법재판소 1972. 3. 14.의 결정[58)]은 이보다 한 걸음 더 나아갔다. 이 사건의 내용은 대학의 조교로 근무하던 사람이 사법관시보(Refendar)를 겸직하게 되면서 법률의 규정에 의하여 봉급이 감액된 바 있었는데, 그 후 조교를 그만둔 지 약 2년이 지나서야 위 법률의 규정이 위헌이라고 주장하면서 위 감액된 돈 상당액의 지급을 구하는 소를 제기한 것이었다. 법원은 위 법률이 위헌이라면 원고의 청구를 인용할 수 있다고 보아 연방헌법재판소에 위헌심판의 제청을 하였다. 그러나 연방헌법재판소는, 비록 위 법률의 규정이 위헌이라고 하더라도 원고의 청구를 인용할 수는 없으므로 위 위헌제청이 부적법하다고 하여 이를 각하하였다. 연방헌법재판소는 그 이유로서, 연방헌법재판소법 제79조 제2항의 규정, 특히 같은 조항 제4문의 부당이득반환청구는 배제된다는 규정으로부터 연방헌법재판소의 위헌결정은 이미 청산된 법률관계(abgewickelte Rechtsbeziehungen)에는 아무런 영향을 미치지 않아야 한다는 일반적인 법률원칙을 도출할 수 있고, 따라서 법률의 위헌결정이 이미 청산된 민법상의 계약관계에 행위기초의 결여 내지 상실 등을 근거로 하여 영향을 미치게 된다면 이는 위 규정의 의의에 어긋난다고 하였다.

그러나 이에 대하여는 위 연방헌법재판소법이 부당이득을 배제하고 있는 것

---

57) BVerfGE 7, 194, 195 ff. 같은 취지로 BVerfGE 2, 380, 403; 11, 263, 265; 20, 230, 235 등이 있다.
58) BVerfGE 32, 387 ff.

은 다툴 수 없게 된 처분에 기하여 재산의 이동이 이루어진 경우에 한하는 것으로서, 위 연방헌법재판소법 제79조의 규정을 일반적인 법원칙의 표현으로 이해하고 있는 것은 종래의 연방헌법재판소의 판례가 위 규정을 입법자의 선택에 의한 것이라고 판시하던 것과도 배치되며 또한 설득력도 없다고 하면서, 특별한 법률규정이 없는 한 이미 완결된 법률관계라 하여 규범의 무효선언의 효과에 영향을 받지 않는다고 할 수는 없다는 비판이 있다.[59] 이 입장에서는 규범의 위헌무효를 민법체계에서 어떻게 다룰 것인지는 민사법해석학의 문제라고 한다.[60]

(3) 연방헌법재판소에 의한 무효선언의 회피

그러나 연방헌법재판소는 많은 경우에 이러한 소급효가 있는 위헌무효의 선고를 하지 아니하고 그 대신 단순한 헌법불합치선언(Unvereinbarerklärung)을 함으로써 위헌무효의 선고에 따른 혼란을 회피하려고 하고 있다.[61]

(4) 취소설의 입장

위헌법률이 당연무효는 아니고 연방헌법재판소의 위헌선고에 의하여 효력을 상실할 뿐이라고 하는 취소설의 입장에서도 대부분은 위헌인 법률은 소급적으로 취소될 수 있다고 본다.[62] 그러나 취소설을 지지하는 학자들은 일단 발생한 법률효과를 소급적으로 제거한다는 것은 현실적으로 불가능한 일종의 의제(Fiktion)에 불과하다는 이유로 이러한 소급효의 개념 자체에 대하여 다소 비판적이다.[63]

1설은 아직 청산되지 않은 미해결의 법률관계에 관하여는 그 법률관계가 위헌선고 이전에 발생한 것이라 하여도 위헌으로 선고된 법률은 더 이상 적용될 수 없는 반면 이미 완결된 법률관계에 대하여는 소급효가 미치지 아니하고, 이미 발생한 법률효과를 존중하여야 한다고 주장한다.[64] 반면 이미 완결된 법률관계에 대하여도 각 문제되는 개별 법영역상의 원칙(예컨대 이행불능, 행위기초론, 시효 등)에 의하여 규율되어야 하고 이를 법적 안정성 등의 막연한 헌법원칙을

---

59) U. Steiner, "Wirkung der Entscheidungen des Bundesverfassungsgerichts auf rechtskräftige und unanfechtbare Entscheidungen", in: Bundesverfassungsgericht und Grundgesetz, Bd. 1, 1976, S. 655 ff. Pestalozza(주 55), §20 VI 137(S. 358)도 참조.

60) Steiner(주 59), S. 658 f.

61) 독일에서의 헌법불합치선언에 대하여 상세한 것은 한수웅(주 12), 481면 이하 참조. 또한 윤진수(주 39), 298면 이하도 참조할 것.

62) Ipsen(주 50), S. 260 참조.

63) C. Böckenförde, Die sogenannte Nichtigkeit verfassungswidriger Gesetze, 1966, S. 119 ff.; C. Moench, Verfassunswidriges Gesetz und Normenkontrolle, 1976, S. 147 ff.

64) Moench(주 63), S. 150.

내세워 판단할 수는 없다고 한다는 입장도 있다.[65]

3. 미　국

미국에서는 법률이 위헌이라고 하는 연방대법원의 판례에 소급효가 있는가 하는 문제는 판례의 소급효 일반의 문제의 일부로서 다루어진다.[66] 연방대법원 은 초기에는 위헌인 법률은 당연무효이므로 법률이 위헌이라고 하는 연방대법원 의 판례에는 당연히 소급효(retroactivity)가 있다고 하였다.[67]

그러나 그 후에는, 헌법은 소급효를 금지하는 것도 아니고 이를 인정하는 것 도 아니라고 하여, 연방대법원이 판례에 의하여 새로운 기준을 정립하거나, 법 률을 위헌으로 판단한 경우에 그 판례가 소급효가 있는가의 문제에 관하여 개별 적으로 판단하려는 경향을 보였다.[68]

그리하여 형사분야에서는 1980년대 초에 이르기까지는 판례의 소급적용의 여부를 살펴보기 위하여는 (a) 새로운 기준(판례)이 추구하려는 목적, (b) 법집행 당국이 옛 기준에 대하여 가졌던 신뢰의 정도 및 (c) 새로운 원칙의 소급적용이 사법운영에 미치는 효과의 세 가지 기준을 따져 보아야 한다는 이론하에, 새로 운 판례는 원칙적으로 당해 사건 및 그 판결 선고 후에 발생한 사건에만 적용하 려는 태도를 보였다.[69] 이는 결과적으로 당해사건에만 소급효를 인정하는 셈이 된다.

그러나 이처럼 당해사건에 대하여만 소급효를 인정하는 것은 부당하다는 비 판도 계속되다가[70] 1982년에는 형사사건에 관한 새로운 판례는 "과거와의 명백 한 단절(a clear break with the past)"에 해당하지 않는 한 원칙적으로 그 판결의 선고 당시 아직 확정되지 않은 모든 사건에 적용된다고 하였다.[71] 이어서 1987 년에는 이러한 "과거와의 명백한 단절"의 예외도 포기하고, 확정되지 않은 유죄

---

65) Pestalozza(주 55), §20 Ⅵ 137(S. 358).

66) 판례의 소급효에 관한 미국의 판례에 대하여는 윤진수(주 2) 참조.

67) Norton v. Shelby County, 118 U.S. 425(1886).

68) Linkletter v. Walker, 381 U.S. 618.

69) 대표적인 판례로서 Stovall v. Denno, 388 U.S. 293, 18 L.Ed. 2d 1199, 87 S Ct. 1967(1967) 을 들 수 있다.

70) 특히 Desist v. United States, 394 U.S. 244, 22 L.Ed. 2d 248, 89 S Ct. 1030(1969)및 Mackey v. United States, 401 U.S. 667, 28 L.Ed. 2d 404, 91 S Ct. 1160(1971)에서의 할란(Harlan) 대법관의 반대의견 및 별개의견이 대표적이다.

71) U.S. v. Johnson, 457 U.S. 537, 73 L.Ed. 2d 202, 102 S Ct. 2579(1982).

판결에 대한 상고사건에는 모든 경우에 소급효를 인정한다고 하였다.[72]

다만 우리 법상의 형사재심에 해당하는 인신보호영장(writ of habeas corpus) 사건에서는 원칙적으로 소급효를 인정하지 않는다. 즉 이 경우에는 판결의 확정성(finality)에 대한 고려가 민사판결뿐만 아니라 형사판결에서도 중요한 의미를 가지므로 인신보호사건에 있어서는 소급효가 적용되지 않고, 다만 특정한 종류의 기본적이고 사적인 개인의 행동을 형사입법자의 권한 밖에 두는 새로운 원칙 및 그 새로운 원칙에 의하지 않으면 유죄판결의 정확성이 매우 감소되는 그러한 원칙은 소급적용되어야 한다고 한다{Teague v. Lane, 103 L.Ed. 2d 334(1989)}.

이처럼 소급효를 전면적으로 확장하는 움직임은 민사분야에서도 마찬가지이다. 과거에는 민사분야에서 한동안 소급효를 원칙적으로 인정하지 않는 Chevron Oil Co. v. Huson[73]이 리딩 케이스였다. 위 판결에서는 새로운 판례가 비소급적으로 적용되어야 하는 기준은 첫째, 새 판례가 과거의 선례를 뒤집거나 아니면 그 결론을 예측할 수 없었던 새로운 문제에 관한 것으로서 새로운 법원리를 정립하는 것이어야 하고 둘째, 이러한 요건이 갖추어졌다 하더라도 문제의 원칙의 역사 내지 그 목적과 효과를 살펴보고 또한 소급적용이 그 작용을 촉진할 것인가의 여부를 살펴봄으로써 그 장점과 단점을 형량하여야 하며 셋째, 소급적용이 실질적으로 부당한 결과를 가져오므로 부당함을 피하기 위하여 비소급적 적용이 요청되는 것이라야 한다는 것이다.

그러나 이 또한 1990년대에 들어서는 변화를 보이게 되었다. 우선 American Trucking Associations,Inc. v. Smith[74]에서는 4인의 반대의견이, 공평과 법적 절차의 기본적인 관념은 동일한 원칙이 모든 미확정 판결에 대한 상고사건에 적용되어야 할 것을 요구한다고 하여, 기판력 및 제소기간 등의 제한을 받지 않는 한 소급효가 일반적으로 인정되어야 한다고 하였고, 1인의 별개의견도, 판례의 장래효(prospectivity)는 허용될 수 없다고 하여, 소급효 문제에 관하여는 반대의견과 같은 태도를 보였다.

이어서 James B. Beam Distilling Co., v. Georgia[75]에서는, 법원이 새로운 원칙을 그 원칙을 선언하는 사건에는 적용하고, 사실관계가 그 판례 이전의 것

---

72) Griffith v. Kentucky, 479 U.S. 314, 93 L.Ed. 2d 649, 107 S Ct. 708(1987).

73) 404 U.S. 97, 30 L.Ed. 2d 296, 92 S Ct. 349(1971).

74) 496 U.S. 167, 110 L.Ed. 2d 148, 110 S Ct. 2323(1990).

75) 115 L.Ed. 2d 481(1991).

인 다른 모든 사건에는 옛 원칙을 적용하는 수정된 또는 선택적인 장래효 (modified, or selective, prospectivity)는 허용될 수 없으며, 법원이 한 번 새로운 원칙을 선언하였으면 평등 및 선례구속의 원칙에 따라 이는 다른 사건에도 소급 적용되어야 하고, 다만 소급효를 적용하더라도 이는 확정성의 요구(the need for finality)에 의하여 제한을 받아야 하고 따라서 기판력이나 제소기간의 제한에 따라 이미 종결된 사건을 다시 개시하게 할 수는 없다고 한다.

이어서 Harper *v.* Virginia Department of Taxation[76]에서는 이와 같이 선택적 장래효는 인정될 수 없다는 것을 다시 재확인하였다.

그러나 미국의 판례가 이러한 선택적 장래효 외에 순수한 장래효(pure prospectivity)까지 허용하지 않을 것인지는 아직 미해결로 남아 있다.

4. 다른 나라

가. 원칙적으로 소급효를 인정하는 나라

⑴ 스위스

스위스에서는 연방법률에 대한 위헌심사는 헌법적으로 부정된다(스위스 헌법 제113조). 그러나 연방법률에 어긋나는 하위법규는 처음부터 무효이고, 그 외의 각 주(Kanton)의 상위규범에 어긋나는 하위법규는 연방법원의 판결에 의하여 소급적으로 효력을 상실한다고 보는 것이 통설이지만, 근래에는 연방법원의 판결은 즉시효만을 갖는다는 설도 주장되고 있다.[77]

⑵ 스페인

스페인 헌법재판소조직법 제40조 제1항은 헌법재판소가 선고한 위헌판결의 소급효를 인정하면서도 형사사건과 경범죄사건의 경우를 제외하고는 확정판결에 대한 재심을 인정하지 아니하고 있다.[78]

---

76) 113 S Ct. 2510(1993).

77) A. Auer, Die Schweizerische Verfassungsgerichtsbarkeit, 1984, S. 33, 271 ff.

78) Francisco Rubio Llorente, "Die Verfassungsgerichtsbarkeit in Spanien", in: C. Starck/ A. Weber(주 51), Teilband 1, S. 257; A. Weber, "Richterliche Normenkontrolle in Spanien", in: H.−R. Horn/A. Weber(Hrsg.), Richterliche Verfassungskontrolle in Lateinamerica, Spanien und Portugal, 1989, S. 73. 다만 José Manuel Cardoso da Casta(주 51), p. 187은, 법률상으로는 위헌판결이 "무효선언(declaration of nullity)"을 포함하도록 규정하고 있음에도 불구하고, 그러한 판결의 효과를 어떻게 분류할 것인지에 관하여는 다소 의문이 있다고 하고, 조병륜, "포르투갈 헌법재판소의 사후적·추상적 규범통제에 있어서 위헌성과 위법성 심사권", 남하 서원우교수화갑기념 현대행정과 공법이론, 1991, 247면은 스페인 헌법재판소

(3) 포르투갈

포르투갈 헌법 제282-1조도 스페인과 유사한 입장을 취하고 있다. 즉 헌법재판소의 위헌 또는 위법의 선언은 위헌 또는 위법으로 선언된 규범의 발효시(상위의 헌법 또는 법률이 심사대상인 규범 이후에 발효된 것이면 그 상위규범 발효시)로 소급하여 효력을 발생한다. 그러나 기판력 있는 재판에 의하여 확정된 사건에는 그 소급효가 미치지 아니하고 예외적으로 형사사건, 징계사건 및 경범죄사건에서 위헌 또는 위법의 선고가 당사자에게 유리할 때에는 확정된 사건에도 소급효가 미친다. 다만 법적 안정성이나 형평 기타 특별한 공익상의 필요가 있을 때에는 헌법재판소는 위와 같은 소급효를 제한할 수 있다.[79]

(4) 이탈리아

이탈리아 헌법 제136조는 헌법재판소가 법규의 위헌성을 확정하면 그 법규는 재판이 선고된 다음날부터 효력을 잃는다고 규정하고 있어 마치 즉시효를 규정하고 있는 것처럼 보이지만, 학설과 판례는 위헌선고에 소급효가 있는 것으로 이해한다. 그리하여 헌법재판소법 제30조는 위헌으로 선고된 법규는 판결의 공고 다음날부터는 더 이상 적용되지 않고, 위헌으로 선고된 법률에 기한 확정된 형사판결은 집행과 그 외의 모든 형벌효과가 중지된다고 규정하고 있다.[80]

(5) 벨기에

벨기에의 중재법원법(다른 나라의 헌법재판소법에 해당한다) 제6조는 추상적 규범통제절차에 해당하는 무효소송(Des recours en annulation)에서 무효의 청구가 이유있으면 중재법원은 그 규범이 무효라고 선언하여야 하지만, 중재법원이 필요하다고 인정한 경우에는 무효로 선언된 규범을 종국적인 것으로 취급하거나 아니면 일정한 기간 잠정적으로 그 효력을 유지할 수 있도록 선고할 수 있다고 규정하고 있다.

그러나 그 외에 무효선언의 세부적인 효과에 관하여는 근래에 이르기까지 아

조직법 제38조가 장래효(effet ex nunc)만을 가지도록 하고 있다고 서술한다.

79) José Manuel Cardoso da Casta, "Die Verfassungsgerichtsbarkeit in Portugal", in: C. Starck/A. Weber(주 51), Teilband 1, S. 304; Jorge Miranda, "Die Verfassungsgerichtliche Kontrolle in Portugal", in: H.-R. Horn/A. Weber(주 78), S. 98 f.; 조병륜(주 78), 247면 등.

80) T. Ritterspacher, "Die Verfassungsgerichtsbarkeit in Italien", in: C. Starck/A. Weber(주 51), Teilband 1, S. 235; 정종섭, "주요 국가 헌법재판제도에 대한 비교적 연구", 헌법재판 및 제도의 활성화에 관한 연구(헌법재판소, 헌법재판연구 제2권)(1991), 64면; 남복현(주 29의 박사학위논문), 192면 이하 참조.

직 법률이 제정되지 않고 있다고 한다.[81]

나. 원칙적으로 소급효를 부정하는 나라

(1) 그리스

그리스 헌법 제100조 제4항에 의하면 최고특별법원에 의하여 위헌으로 선고된 법률은 그 재판의 선고가 있는 시점 또는 그 재판이 정하는 시점부터 효력을 상실한다. 여기서 재판이 정하는 시점이라 함은 일반적으로 그 선고 전의 시점으로 이해되고 있다. 그리하여 최고특별법원법 제51조 제4항은 최고특별법원은 위헌으로 결정된 법규가 재판의 선고 전에도 효력이 없는 것으로 선고할 수 있도록 규정하였다. 그리고 위 법 제5항 및 제6항은 이처럼 위헌선고의 소급효가 미치는 경우에 위헌인 법규가 적용된 확정재판에 대하여는 위헌선고가 있는 날부터 6월 내에 재심을 청구할 수 있으며, 위헌인 법규에 근거한 행정청의 행위는 위헌선고가 있는 날로부터 6월 내에 의무적으로 철회하여야 하도록 규정하고 있다. 따라서 그리스에서는 원칙적으로 즉시효이지만 예외적으로 소급효가 허용될 수 있다.[82] 다만 위 그리스 최고특별법원법 제51조 제2항은 소급효가 없는 위헌결정이 내려진 후에 이에 반하는 재판과 행정청의 행위에 대하여는 상소나 재심으로 다툴 수 있다고 규정하고 있는데, 이 경우에도 사실상 소급효가 인정되는 것인지는 불분명하다.

(2) 터   키

1982년의 터키 헌법 제153조 제3항은 위헌으로 선고된 법률 등은 그 재판이 공고된 날로부터 효력을 상실하고, 다만 필요한 경우에는 헌법재판소가 그 효력 상실의 시점을 위헌공고일로부터 최장 1년까지 연기할 수 있다고 규정한다. 그리고 동조 제5항은 위헌의 재판은 소급효가 없음을 명문으로 선언하고 있다.[83] 이러한 터키 헌법의 규정은 1975년의 헌법개정 전까지의 오스트리아 헌법과 같다고 볼 수 있다.

이처럼 헌법상 장래효가 명문으로 규정되어 있음에도 불구하고 해석상으로

81) F. Delpérée, "Die Verfassungsgerichtsbarkeit in Belgien", C. Starck/A. Weber(주 51), Teilband 1, S. 358 f.

82) P. Podromos, "Die Verfassungsgerichtsbarkeit in Griechenland", in: C. Starck/A. Weber(주 51), Teilband 1, S. 374, 386.

83) 터키 헌법 중 중요부분의 독일어 번역은 Europäische Grundrechte, Vol. 17, 1990, S. 164 참조.

는 일정 범위 내에서 소급효를 인정하고 있다. 즉 형벌법규의 경우에는 확정판결이 있어도 당사자를 위한 소급효가 인정되고, 또한 위헌선고 당시 아직 계속 중인 사건에도 소급효가 미친다고 한다.[84]

Ⅳ. 위헌법률의 효력

위헌결정의 소급효에 대하여 살펴보기 전에 먼저 위헌인 법률이 당연무효인지 여부를 따져본다.

1. 전제적 고찰

위헌법률의 효력을 논함에 있어 먼저 몇 가지 확인하고 넘어갈 점이 있다.

그 하나는, 위헌법률이 당연무효인지의 여부는 법률이 위헌이라고 결정할 수 있는 권한을 누가 행사하는가, 다시 말하여 이러한 권한을 우리나라나 독일, 오스트리아에서와 같이 헌법재판소 등의 특정 기관이 독점하고 있는가(이른바 집중형) 아니면 미국에 있어서처럼 그러한 권한이 모든 법원에 주어져 있는가(이른바 비집중형)하는 제도적 차이와는 필연적인 관련은 없다는 것이다.

주로 위헌인 법률이 당연무효가 아니라고 주장하는 설에서는, 위헌법률의 효력을 이와 같은 위헌법률심사기관의 제도적 차이와 결부시켜, 법률의 위헌결정권을 일반 법원이 아닌 헌법재판소와 같은 특정 기관만이 가지고 있는 경우에는 그 기관의 위헌결정에 의하여 비로소 위헌인 법률이 효력을 상실하고, 그 이전에는 위헌인 법률이라도 유효한 것처럼 설명하는 예가 있다. 예컨대 한스 켈젠 (H. Kelsen)은, 실정법이 법률이 헌법에 위반되는지의 심사를 특정 기관에 맡긴다면, 비록 법이 그 효과를 무효(Nichtigkeit)라고 하고 있더라도 그 결정이 있기까지는 무효가 아니라는 결정이 내려질 가능성을 배제할 수 없으므로 무효라고 통용될 수 없고, 따라서 그 기관의 결정은 필연적으로 창설적 성격(konstitutiven Character)을 가지게 되며 이 경우 무효라는 것은 소급효를 가진 취소(Vernichtung mit rückwirkender Kraft)라고 한다.[85] 그리고 독일의 취소설은, 독일기본법 제

---

84) C. Rumpf, "Das Türkische Verfassungsgericht und die Grundzüge seiner Rechtsprechung", Europäische Grundrechte, Vol. 17, 1990, S. 134; Cardoso da Casta(주 51), p. 188.

85) H. Kelsen, "Wesen und Entwicklung der Staatsgerichtsbarkeit"(1929) in: Die Wiener Rechtstheoretische Schule, Bd. 2, 1968, S. 1829 f.

100조 제1항에 따르면 위헌인 법률이라 하여도 법원은 연방헌법재판소 또는 주 헌법재판소에 제정할 의무를 부담하는데, 이는 위헌인 법률이라도 당연무효는 아니므로 위헌판결 전에는 법원이 그 적용을 거부할 수 없고 위헌판결에 의하여 비로소 효력을 상실한다는 것을 묵시적인 전제로 하고 있는 것이라고 설명한다.[86]

그러나 이러한 설명이 반드시 정당하다고는 할 수 없다. 독일의 당연무효설은 취소설의 이와 같은 주장에 대하여, 이는 법률의 효력의 문제와 위헌여부의 결정권한을 헌법재판소에 독점시킨 것을 혼동하는 것이라고 비판한다.[87]

반대로 비집중형을 채택하고 있는 국가라고 하여 위헌법률이 당연무효임을 전제로 하는 것이라고 할 수도 없다. 비집중형의 대표적인 나라인 미국에서는 초기에는 위헌법률은 당연무효라는 주장이 없었던 것은 아니지만, 근래에는 이러한 논의는 별로 찾아볼 수 없고, 단지 판례의 소급효 문제의 일부로서, 위헌판결이 소급효를 가지는가만이 다투어지고 있을 뿐이다.[88]

다른 하나는, 위헌법률을 당연무효라고 보는가 아닌가가 필연적으로 실제 결론에 있어서 차이를 가져오는 성질의 것은 아니라는 것이다. 물론 예컨대 위헌법률이 당연무효라고 본다면 헌법재판소의 위헌결정은 실제로 소급효가 인정되는 것과 마찬가지가 되는 반면,[89] 위헌결정의 소급효를 부정하려면 위헌법률이 당연무효는 아니라고 하는 전제에 서야만 가능하다. 그러나 위헌법률이 헌법재판소의 위헌결정에 의하여 비로소 효력을 상실한다고 보더라도, 위헌결정에 소급효가 인정된다면 결과에 있어서는 위헌법률이 당연무효라고 보는 것과 큰 차이는 없다.

원래 독일에서는 당연무효설과 취소설의 대립이, 행정청도 법률이 위헌이라는 의문이 있는 경우에 그 법률의 적용을 거부할 수 있는가 하는 문제에 의하여 촉발되었고, 당초의 취소설은 이를 부정하는 입장을 취한 반면,[90] 연방헌법재판소는 행정처분에 대한 이의의 제기가 있을 때에는 행정청은 그 집행을 중지할 수 있다는, 조세기본법(Abgabenordnung) 제251조의 규정과, 과세처분의 적법성

---

86) Moench(주 63), S. 121 ff.
87) Ipsen(주 50), S. 168 참조.
88) 상세한 것은 윤진수(주 2) 참조.
89) 당연무효와 소급효의 개념상 차이에 대하여는 주 47 참조.
90) Ipsen(주 50), S. 75 ff.; 남복현(주 29의 박사학위논문), 125면 이하.

에 대하여 중대한 의문이 있을 때에는 행정청은 그 처분의 집행을 중지하여야 한다는, 일반 법원에 의하여 확립된 원칙에 따라 이 문제를 해결하였으나,[91] 이것이 반드시 당연무효설을 전제로 하여서만 가능한 결론이라고는 볼 수 없다.

2. 당연무효설에 대한 비판

가. 헌법 제107조 제1항 및 부칙 제5조와 관련하여

독일에서 위헌법률이 당연무효라고 하는 논자는 그 직접적인 헌법상 근거로서, 독일 기본법 제100조 제1항("재판이 어느 법률의 효력에 따라 좌우되는 경우에 법원이 그 법률을 헌법에 위반된다고 여길 때에는 절차를 중지하고, 주 헌법의 위반이 문제될 때에는 헌법분쟁을 관할하는 주 법원의 결정을, 이 기본법의 위반이 문제될 때에는 연방헌법재판소의 결정을 요청하여야 한다") 및 제123조 제1항("연방의회 성립 이전 시기의 법률은 기본법에 위배되지 아니하는 한 효력이 지속된다")을 들고 있는데, 우리나라에서도 위헌법률이 당연무효라고 하는 근거로서 위 독일기본법 제100조 제1항에 상당하는 헌법 제107조 제1항("법률이 헌법에 위반되는 여부가 재판의 전제가 된 경우에는 법원은 헌법재판소에 제청하여 그 심판에 의하여 재판한다") 및 위 독일 기본법 제123조 제1항에 해당하는 헌법 부칙 제5조("이 헌법시행 당시의 법령과 조약은 이 헌법에 위배되지 아니하는 한 그 효력을 지속한다")를 들기도 한다.[92]

그러나 독일에서도 위 기본법 제100조 제1항은 동 조항이 법원에 대하여 위헌인 법률의 적용 거부가 아니라 헌법재판소법에의 제청의무를 부과하고 있다는 점에서 당연무효설 아닌 취소설의 근거로도 인용되고 있을 뿐만 아니라, 우리 헌법 제107조 제1항은 독일 기본법 제99조 제1항이 "재판이 어느 법률의 효력(Gültigkeit)에 따라 좌우되는 경우에"라고 하지 않고 다만 "법률이 헌법에 위반되는 여부가 재판의 전제가 된 경우"라고만 하고 있어 위헌인 법률이 반드시 무효임을 전제로 하였다고 보기는 어려운 점이 있으며, 헌법 부칙 제5조도 반드시 이 헌법 시행 전의 법률로서 이 헌법에 위배되는 것은 당연무효라는 취지인지는 반드시 명백하지 않으므로, 위 두 조항이 당연무효설의 근거가 되기는 어렵다.[93][94]

---

91) BVerfGE 12, 180, 186 f.
92) 이강국(주 6), 376면.
93) 윤진수(주 39), 309－310면.

나. 구체적 규범통제제도와 관련하여

다른 한편 당연무효설을 주장하는 논자 가운데에는, 우리 헌법이 채택하고 있는 구체적 규범통제제도는 국민 개개인의 주관적 권리의 (사후적) 구제기능을 기본적인 전제로 하고 있는데, 폐지무효설에 있어서는 소급효를 예외적으로만 인정하므로 이러한 주관적 권리구제기능이 부수적이고 예외적으로 인식되고 있다고 하는 주장이 있다.

위 주장이 우리 헌법상의 구체적 규범통제는 국민의 주관적 권리의 사후적 구제기능을 기본적인 전제로 한다고 지적하고 있는 점은 수긍할 수 있다.[95] 그러나 위와 같은 비판의 핵심은 위헌결정의 소급효를 부정하는 데 대한 것이고, 따라서 이는 취소설(폐지무효설)이 곧바로 소급효 부정과 연관된다고 하는 전제에 설 때에만 취소설을 비판하는 근거가 될 수 있을 뿐인데, 취소설의 입장에 서면서도 위헌결정의 소급효를 인정하는 견해도 얼마든지 가능하므로 위의 주장은 논리적으로는 반드시 취소설 부정과 연결될 수 있는 것은 아니다.

다. 헌법의 불가침성과 관련하여

아마도 위헌법률이 당연무효라고 하는 주장의 밑바탕에 있는 것은 이른바 헌법의 불가침성(Unverbrüchlichkeit der Verfassung)이라는 생각일 것이다. 다시 말하여 헌법은 무조건적이고, 지속적이며, 자신이 인정하는 예외만을 허용하는 효력을 가지는 것으로서, 무조건적이고 예외없는 준수를 요구하는 것인데, 위헌인 법률이 잠정적으로라도 유효한 것으로 인정된다면 이는 이러한 헌법의 불가침성에 어긋나는 것이라는 것이다.[96]

그러나 위헌인 법률이 잠정적으로 유효하다고 하는 것이 과연 헌법의 불가침성 내지 헌법의 우위(Vorrang der Verfassung)에 어긋나는 것인가? 이 점에 관하여는 취소설의 다음과 같은 지적이 적절하다고 생각된다. 즉 헌법의 우위로부터 위헌법률이 무효라는 결론이 논리적으로 당연히 도출되는 것은 아니며, 헌법의 우위는 헌법규범이 침해된 경우 그 규범의 충돌을 가능한 한 빨리 최적의 방법

---

94) Pestalozza(주 55), §20 Ⅰ16 (aa) (S. 279)는, 독일 기본법 제123조 제1항은, 계속되는 두 법질서 사이의 관계에 관한 것일 뿐, 위 조항으로부터 동일한 법질서의 서로 서열을 달리하는 규범들 사이의 관계에 대하여 어떤 결론을 이끌어낼 수는 없다고 주장한다.

95) 후술 Ⅴ. 4. 주 151 및 그 본문 참조.

96) 남복현(주 29의 박사학위논문), 219면. 또한 Ipsen(주 50), S. 159 ff. 참조.

으로 모든 헌법적인 규범계획(Normprogramm)을 고려하여 제거할 것을 요구할 뿐이라는 것이다.[97]

라. 법실증주의와의 관계

한편 위헌법률이 당연무효라고 주장하는 학자들 중 일부는, 폐지무효설은 법실증주의를 이론적 근거로 삼고 있고, 따라서 위헌무효설에 따르면 사후적 규범통제를 채택하고 있는 모든 헌법체계는 법실증주의에 따라서만 파악되어야 하는데 이는 논리상 중대한 오류라고 비판한다.[98]

그러나 법실증주의적이라는 것 자체가 비판의 근거가 될 수 있는지도 의문일 뿐만 아니라, 위헌법률의 효력 문제가 반드시 법실증주의/자연법론의 구분과 결부될 이유는 없다.[99] 아마도 위의 주장은 위헌법률의 효력이 개별 헌법 내지 법률에 의하여 결정될 문제라고 하는 점에 관련된 것으로 보이지만, 이는 위헌법률이라도 일단은 유효한 것이라고 보는 견해에서만 그와 같이 주장하는 것은 아니다. 당연무효설을 지지하는 독일의 학자도, 위헌법률이 당연무효라는 것이 선험적이거나 초헌법적인 법률명제는 아니며, 그 결정은 실정법의 과제라고 설명하고 있다.[100]

3. 취소설의 근거

위헌인 법률이 당연무효인가 아닌가 하는 점은, 단순히 헌법의 개별 조문의 해석에 의하여서는 결정될 수 없는 문제이다. 이는 독일에서의 당연무효설과 취소설이, 동일한 독일 기본법 제100조 제1항을 서로 자설의 근거로 내세우는 것을 보아도 알 수 있다.

사견으로서는 이 문제는 어떤 견해가 헌법 전체와 더 잘 조화되는가 하는 관점에서 결정하여야 한다고 생각한다. 좀더 구체적으로 말한다면, 이른바 헌법불

---

97) Moench(주 63), S. 114 ff., 142 ff.; 윤진수(주 39), 294-295면 참조. 같은 취지로 Benda/Klein(주 2), Rn. 1161(S. 484 f.).

98) 남복현(주 29의 박사학위논문), 235면. 계희열(주 45), 232면도 같은 취지로 보인다.

99) 위헌인 법률이라도 일단은 유효하다는 견해의 주창자인 한스 켈젠이 대표적인 법실증주의자인 것은 잘 알려진 사실이다. "이른바 헌법위배의 법률은 헌법에 합치되지만, 특별한 절차에 의하여 폐지될 수 있는 법률이다(Die sogenannte verfassungswidrige Gesetze sind verfassungsmäßige, aber in einem besonderen Verfahren aufhebbare Gesetze.)."라는 그의 말은 위헌법률의 효과를 논함에 있어서 자주 인용된다. 윤진수(주 39), 291면 주 18 참조.

100) Ipsen(주 50), S. 313.

합치결정, 즉 법률이 위헌임은 확인하면서도 바로 그 효력을 상실시키지는 않는 결정의 근거는 당연무효설로서는 충분히 설명하기 어렵고, 취소설에 의하여서만 무리 없는 설명이 가능하다는 것이다.

이른바 헌법불합치결정이 허용되는가 하는 점에 대하여도 반대의 견해가 전혀 없는 것은 아니지만[101] 우리나라에서도 헌법불합치결정이 인정될 수 있다고 보는 것이 일반적인 견해이다.[102] 헌법불합치결정이 과연 허용되는가, 허용된다면 과연 어느 경우에 허용되는가 하는 문제를 본격적으로 다루는 것은 이 글의 주제를 벗어나는 것이 될 것이나, 위헌법률이 당연무효인가 하는 쟁점과 관련하여서는 다음의 점을 지적할 수 있다. 즉 헌법불합치결정이 허용될 수 있는 근거의 하나는, 법률이 위헌이라 하여도 그 효력을 잠정적으로 유지함으로써 위헌적인 상태를 감수하는 것이, 그 법률의 효력을 상실시킴으로써 법적 공백 내지 혼란이 생기는 것보다는 더 헌법에 가깝다고 하는 데 있다.[103] 이 점은 독일에서의 예에서 보는 것과 같이, 헌법재판소가 헌법불합치의 선언을 하면서도 불합치로 선언된 법률의 잠정적인 적용을 명하는 경우에 더욱 뚜렷이 드러난다.[104]

그런데 당연무효설에 따른다면 헌법불합치선언이 허용되는 예 가운데 이른바 평등원칙 위반의 경우에 단순위헌의 선언이 입법자의 형성의 자유를 해치는 경우를 제외하고는[105] 왜 법률이 위헌인데도 당연무효가 아니고 그 효력이 존속되며, 나아가 경우에 따라서는 그 법률의 계속 적용이 허용되는가를 설명하기가 어렵다.[106] 이는 당연무효설을 지지하는 논자도 어느 정도 시인하는 점이다.[107]

이를 다른 말로 표현한다면, 위헌법률은 당연무효라는 명제를 관철할 때에는 헌법적으로 용인할 수 없는 상태가 일어날 수 있으므로, 헌법적으로도 위헌법률은 당연무효라고 보아서는 안 된다는 것이다. 독일의 취소설이, 당연무효설은

---

101) 예컨대 헌법재판소 1989. 9. 8. 선고 88헌가6 결정에서의 변정수 재판관의 반대의견(헌판집 제1권 265면 이하) 등.

102) 황우여, "위헌결정의 형식", 법률의 위헌결정과 헌법소원의 대상(주 41), 139면 이하; 문광삼, "헌법재판소 변형결정의 유형과 그 문제점", 헌법재판소결정의 효력에 관한 연구(주 29), 103면 이하; 한수웅(주 12), 481면 이하 등 참조.

103) 윤진수(주 39), 299면 이하; 한수웅(주 12), 518면 이하 등 참조.

104) 이 점에 관한 독일의 판결례의 소개는 한수웅(주 12), 513면 이하 참조.

105) Ipsen(주 50), S. 213 f.는 이러한 경우에는 규범 그 자체가 아니라 규범들의 관계(Normenrelation)가 위헌이라는 점에서 법이 예정하고 있는 다른 경우와는 구별된다고 한다.

106) Pestalozza(주 55), §20 I 16 (aa)(S. 279)도 같은 취지이다.

107) 남복현(주 29의 박사학위논문), 289면, 290면.

법률이 개별 헌법규범에 위반된다는 점에만 집착할 뿐 헌법이 하나의 체계라는 점은 간과하고 있는바, 즉 법률이 헌법의 한 조문에 위배되면 당연히 무효라고 하는 것은 오히려 헌법의 다른 규정과의 관계에서 더 헌법에 합치하지 않는 결과를 가져올 수 있으므로 위헌인 법률도 연방헌법재판소의 위헌판결이 있기까지는 유효하고 위헌판결에 의하여 비로소 효력을 상실하며 이러한 의미에서 위헌판결은 형성적인 효력을 가지고, 법률의 효력을 상실시키는 것이 법적 혼란이나 헌법적인 제도를 위태하게 할 때와 같은 경우에는 비록 위헌이라 하더라도 법률의 효력을 상실시켜서는 안 된다고 하는 것[108]은 바로 이러한 의미인 것이다.[109]

이 이외에도 위헌인 법률에 근거한 행정처분이 당연무효가 아니라는 점에 관하여도 당연무효설보다는 취소설이 더 자연스러운 설명을 제공할 수 있다고 생각한다.[110]

독일에서 당연무효설이 통설인 것은 사실이나, 이는 단순한 실정법의 해석이라는 측면 외에도 독일기본법의 제정 이전인 바이마르 헌법 당시에 이미 당연무효설이 지배적인 견해였고, 독일기본법 제정 당시에도 제정자들이 이에 대하여 의문을 품지 않고 있었다는 역사적인 전통에 기인하는 것으로서, 이러한 전통이 없는 우리나라에서도 당연히 독일의 당연무효설을 받아들일 이유는 없는 것이다.

V. 위헌결정의 소급효와 헌법

1. 헌법명제로서의 위헌결정의 소급효

여기서 먼저 명백히 하여 둘 필요가 있는 것은, 위헌결정의 소급효를 인정할 것인가 여부는 명백한 헌법문제라는 것이다. 헌법재판소의 위헌결정의 소급효에 관한 논의 가운데에는, 우리 헌법은 위헌결정의 소급효에 관하여 아무런 규정을 두지 않았으므로, 위헌결정의 소급효를 인정할 것인가 하는 점은 결국 법률에

---

108) Moench(주 63), S. 160 ff. 참조.
109) 필자는 이전에, 우리 헌법에 위헌법률의 유효 여부에 관하여 직접적인 규정이 없고 달리 이에 관하여 판단의 근거가 될 만한 규정도 없다면 위헌법률이 당연무효인지 아니면 헌법재판소의 결정에 의하여 비로소 그 효력을 상실하는지의 여부는 결국 헌법보다 하위의 법률이 정하는 바에 따라야 할 것이라고 설명한 적이 있었으나(주 39, 310면), 반드시 적절한 설명은 아니었다고 생각되며, 당시에도 필자의 진의는 본문에서의 설명과 같은 것이었다. 주 39, 310면 및 318면 이하 등 참조.
110) 후술 VI. 3. 가. 참조.

위임되어 있는, 입법정책의 문제라고 하는 주장이 많다.[111] 그러나 위헌결정의 소급효에 관하여 헌법에 명문의 규정이 없는 것은 사실이지만, 그것만으로 바로 이는 법률에 위임되어 있는 문제라고 단정할 수는 없다. 다시 말하여 헌법에 직접적인 규정은 없더라도, 우선 헌법의 개별 규정의 해석 내지 헌법의 전체체계에 비추어 헌법에서 위헌결정의 소급효에 관하여 어떤 해답을 찾을 수 있는지를 살펴보고, 정말 헌법으로부터는 아무런 해답을 얻을 수 없을 때에만 이는 법률에 위임되어 있는 문제라고 할 수 있는 것이다.

뿐만 아니라 위헌결정의 소급효 문제는 결국 상위의 법규범인 헌법과, 하위의 법규범인 법률이 충돌하는 경우에 어느 것이 우선하는가 하는 문제라고 할 수 있는데, 이 문제를 충돌하는 하위의 법규범과 동일한 차원의 법규범인 법률이 결정할 수 있는 것이라고 한다면, 결국 상위의 법규범의 적용 범위를 하위의 법규범이 결정하는 것이 되나, 이는 헌법상의 근거가 없는 한 불가능하다.

그런데 우리 헌법의 해석에 의하면 위헌결정은 소급효를 가져야 한다는 점은 헌법상의 명제라고 하지 않을 수 없다.[112] 그 근거는 다음과 같다.

첫째, 헌법 제103조는 법관은 헌법과 법률에 의하여 심판하도록 규정하고 있어 법관이 헌법과 법률에 구속됨을 명언하고 있는데, 법률이 헌법에 위반되는 때에는 어느 것을 따라야 하는가가 문제되고, 헌법이 법률에 우선한다는 점을 인정한다면 당연히 법관으로서는 헌법에 위반되는 법률을 적용하여서는 안 된다는 결론이 나오며, 만일 위헌결정에 소급효가 없다면 법관으로서는 위헌결정 이후에도 그 이전에 성립한 법률관계에 대하여는 여전히 위헌인 법률을 적용하여야 하는데, 이는 헌법 제103조와 모순된다.

둘째, 헌법 제27조 제1항은 "모든 국민은 헌법과 법률이 정한 법관에 의하여 법률에 의한 재판을 받을 권리를 가진다"라고 규정하고 있는데, 여기서 말하는 법률에 의한 재판이라 함은 그 재판의 절차와 내용이 법률에 의하여야 하고, 나아가 이러한 법률은 합헌적인 법률만을 의미하며, 국민으로서는 재판청구권에 기하여 위헌인 법률의 적용을 거부할 헌법적인 권리가 있다고 보아야 하고, 위헌법률심사제도 자체가 국민의 재판청구권을 보장하기 위한 수단이라고 말할 수

---

111) 손용근(주 30), 94면; 황우여(주 41의 김철수화갑기념논문), 316면; 헌법재판소 1993. 5. 13. 선고 92헌가10, 91헌바7, 92헌바24, 50(병합) 결정(주 7) 등.
112) 위 Ⅱ. 3. 다. (2) (가) 참조.

있는데, 위헌결정의 소급효를 부정하는 것은 이러한 재판청구권을 부인하는 결과가 된다.

셋째, 헌법 제10조 후단은 "국가는 개인이 가지는 불가침의 인권을 확인하고 이를 보장할 의무를 진다."라고 규정하고 있는데, 법률이 기본권을 침해하여 위헌인 경우에 위헌결정의 소급효를 제한하여 위헌인 법률의 계속 적용을 인정하는 것은 이러한 국가의 기본권 보장의무에 정면으로 위반된다.

넷째, 위헌결정의 소급효가 인정되는 범위를 당해사건 또는 위헌결정 당시 법원에 계속중인 사건 등으로 한정하는 경우에는 이는 헌법상의 평등의 원칙에 어긋난다.

그러므로 법원이 위헌으로 결정된 법률을 적용하여서는 안 된다는 것은 헌법상의 요청이고, 이와 달리 위헌결정된 법률에 대하여 소급효를 부정하여 위헌결정 이전의 법률관계에 대하여는 계속 적용하도록 하기 위하여는 헌법에 그와 같은 근거가 있어야 하며, 그러한 헌법상의 근거가 없는 이상 위헌결정의 소급효가 원칙적으로 인정된다고 보는 것이 헌법상 당연한 해석이다.

뿐만 아니라 이러한 개별 조문을 떠나서라도 헌법과 법률은 어떠한 관계에 있는가 하는 점을 생각하여 보면 소급효 문제에 대한 해답을 얻는 것은 그리 어렵지 않다. 오늘날 헌법이 법률보다 상위에 있는 법규범으로서 헌법과 법률이 충돌할 때에는 헌법이 우선한다고 하는 헌법의 우위(Vorrang der Verfassung)에 대하여는 아무도 의문을 제기하는 사람이 없다.[113] 위헌법률심사제도라는 것도 기본적으로는 이러한 헌법의 우위를 확보하기 위한 제도적 장치라고 이해될 수 있으며,[114] 앞에서 살펴본 헌법 제103조 제1항, 제27조 제1항, 제10조 후단 등도 이와 같은 헌법의 우위라는 원칙을 나타내고 있는 것이라고 할 수 있다.

이러한 관점에서 볼 때 어느 법률이 헌법재판소의 위헌결정에 의하여 위헌이라고 확정되었다면 법원으로서는 위헌으로 확정된 법률을 더 이상 적용하여서는 안 된다는 것은 헌법의 우위라는 명제에서 나오는 논리적인 결론이라고 하지 않을 수 없다. 그러므로 앞에서 열거한 헌법의 개별조문이 존재하지 않는다 하더라도, 위헌결정의 소급효는 이를 부정하는 명백한 헌법상의 근거가 없는 한 원

---

113) Moench(주 63), S. 142 ff. 참조. 이 점에 관한 국내의 문헌으로는 이강혁, "「헌법의 우위」에 관한 고찰", 금랑김철수교수화갑기념 현대법의 이론과 실제(1993), 52면 이하 참조.
114) 이강혁(주 113), 64면 이하 참조.

칙적으로 인정되어야 한다. 앞에서 살펴본 다른 나라의 법제도[115]도 이를 뒷받침한다. 즉 위헌판결의 소급효를 부정하는 나라(오스트리아, 그리스, 터키 등)는 헌법에 그에 관한 직접적인 근거규정을 두고 있고, 단순히 법률에 의하여 위헌판결의 소급효를 부정하고 있는 경우는 없으며, 반대로 헌법에 이에 관한 명문의 규정이 없는 경우에는 대체로 위헌결정의 소급효를 인정하고 있다고 말할 수 있다.[116] 우리 헌법 제103조 제1항 등의 조항에 상응하는 규정을 가지고 있지 않는 미국 헌법하에서의 위헌판결의 소급효에 관한 논의도 대체로 소급효를 인정하는 방향으로 귀착되어 가고 있다.[117]

이처럼 헌법재판소 위헌결정의 소급효는 헌법상의 요청이므로, 이를 법 제47조 제1항의 기속력에 의하여 설명하려는 견해[118]는 그 결론의 타당성은 별론으로 하더라도, 그 논증과정에서 헌법상의 문제를 그보다 하위인 법률의 규정에 의하여 해결하려고 한다는 비판을 면할 수 없다. 뿐만 아니라 위헌결정의 기속력은 과거의 사건에 대하여는 위헌결정의 소급효가 미치는 범위 내에서만 인정되는 것이므로, 위헌결정의 소급효가 미치는 범위의 문제는 위헌결정의 기속력보다 논리적으로 전단계의 문제이고 따라서 위헌결정의 기속력이 있다고 하여 위헌결정의 소급효가 원칙적으로 인정된다는 것은 논리적으로도 반드시 정당하다고 하기 어렵다.

2. 불합치결정과 소급효

이처럼 위헌결정의 소급효가 헌법상 원칙적으로 인정되어야 한다면, 이른바 헌법불합치결정은 어떻게 설명되어야 할 것인가 하는 의문이 생길 수 있다. 즉 이 경우에는 헌법재판소가 법률이 위헌이라는 것을 인정하면서도, 그 법률의 효력을 상실시키는 것이 아니라 잠정적으로나마 위헌인 법률의 존속을 인정하므로, 이는 위헌결정에는 당연히 소급효가 인정되어야 한다는 명제와는 모순되는 것이 아닌가 하는 점이다. 그러나 깊이 따져보면 양자 사이에 모순은 존재하지 아니하고, 오히려 헌법불합치결정이 인정된다는 점이 위헌결정은 원칙적으로 소급효가 인정되어야 한다는 것을 뒷받침하는 또 하나의 근거가 된다.

---

115) 위 Ⅲ. 참조.
116) 예컨대 스페인. 위 Ⅲ. 4. ㈎. ⑵. 참조.
117) 위 Ⅲ. 3. 참조.
118) 위 Ⅱ. 3. 나. ⑶ 참조.

헌법불합치결정이 있으면 입법자는 위헌적인 상태를 조속한 시일내에 제거하여야 할 입법개선의무를 부담하게 된다는 점에 대하여는 대체로 별다른 이론이 없다.[119] 따라서 입법자로서는 헌법에 불합치하는 법률을 폐지하거나, 아니면 이를 헌법에 합치하는 내용으로 개선할 의무를 지게 된다. 그런데 여기서 중요한 것은, 입법자가 개선입법을 하는 경우에는, 원칙적으로 종전의 사건에 대하여도 소급효를 인정하여야 한다는 것이다. 다시 말하여, 입법자가 개선입법을 하면서 그 개선입법 이전의 사건에 대하여는 개선입법의 효력이 미치지 않는 것으로 규정한다면 위 개선입법도 불합치로 선언된 법률과 마찬가지로 종전의 사건에 대하여는 여전히 위헌성을 면할 수 없게 된다.[120]

우리 헌법재판소도 토지초과이득세에 관한 헌법불합치결정[121]의 효력과 관련하여 이 점을 인정하고 있다. 즉, 헌법재판소가 헌법불합치라는 변형결정주문을 선택하여 위헌적 요소가 있는 조항들을 합헌적으로 개정 혹은 폐지하는 임무를 입법자의 형성재량에 맡긴 이상 그 당연한 논리적 결과로, 위 결정의 효력이 소

---

119) BVerfGE 55, 100, 110; 86, 369, 379 f.; 한수웅(주 12), 522면 등. 그러한 의무의 근거로서는, 법치주의의 원칙에 비추어 입법자로서는 헌법재판소의 기속력 있는 결정에 따라 위헌으로 확인된 법률을 제거하고 합헌인 상태를 회복할 헌법상의 의무를 부담한다는 점을 들 수 있다. P. Hein, Die Unvereinbarerklärung verfassungswidriger Gesetze durch das Bundes-verfassungsgericht, 1988, S. 168 ff. 특히 S. 171 f. 참조.

120) 이를 명시한 것으로 독일연방헌법재판소 1980. 10. 8. 결정(BVerfGE 55, 100 f.)이 있다. 이 사건의 내용은 다음과 같다. 즉 독일연방헌법재판소는 이 사건 이전인 1975. 5. 6. 결정에서, 공제조합 연금법이 피부양아동이 있는 연금수급권자에 대하여는 그 아동에 대한 추가지급(Kinderzuschuß)을 인정하면서도, 연금수급권자의 손자에 대한 추가지급은, 그 손자가 보험사고(즉 연금청구권의 발생) 이전에 부양자의 가계에 편입된 경우에 한한고 규정한 것은, 보험사고 전에 손자가 가계에 편입된 조부모를 실질적인 이유 없이 보험사고 후에 편입된 조부모와 달리 취급하는 것이어서 평등원칙에 위반된다고 하면서 불합치선언을 하였다. 그러자 입법자는 1976. 6. 3. 위 법률을 개정하면서 아예 손자에 대하여는 추가지급을 인정하지 않는 것으로 하고, 이 법률은 1976. 7. 1.부터 시행한다고 하였고 그 결과 1976. 6. 30.까지는 종전의 상태가 그대로 유지되게 되었다. 그러자 각 법원에서 위 신법이 위 신법시행 전의 사건에 대하여는 종전과 마찬가지로 처리하도록 한 것이 위헌이라는 이유로 위헌제청을 하였다. 연방헌법재판소는, 그 주문에서 위 개정법률은 1976. 6. 30. 까지는 보험사고 전에 가계에 편입되어야 한다는 결과를 가져오는 한 헌법에 위반되어 무효라고 선언하였다. 그리고 그 이유에서는, 연방헌법재판소의 불합치선언이 있으면 무효선언과 마찬가지로 법원과 행정부가 불합치선언된 법규범을 더 이상 적용할 수 없게 되는 효과를 가져오고, 입법자로서는 헌법에 부합하는 법률상태를 만들 의무를 부과하는 것인데, 그 불합치선언이 평등권 위반이라고 하는 경우에는 입법자는 그 불합치선언 전의 기간에 대하여도 이러한 평등권에 합치하여야 한다는 요구를 충족하여야 한다고 하면서, 위 개정법률은 1976. 6. 30. 이전의 기간에 관한 한 위 불합치선언된 조항과 마찬가지로 평등권에 위반되고, 이 사건에 있어서는 불합치선언을 할 이유도 없다고 하여 그 부분에 한하여 무효선언을 하였다.

121) 헌법재판소 1994. 7. 29. 선고 92헌바49, 52(병합) 결정(헌판집 제6권 2집, 64면 이하).

급적으로 미치게 되는 소위 "당해 사건" 또는 "병행 사건"에 관하여는 위 결정 이후 입법자에 의하여 개정된 법률조항이 적용되어야 할 것인바, 이는 헌법불합 치결정이 의도하는 효력의 본질적 부분의 하나이기도 하다고 한다.[122)123)]

그런데 헌법재판소는, 이처럼 헌법불합치결정에 따른 개선입법이 소급효를 가져야 하는 이유로서, 헌법불합치결정은 그 결정에 따라 구법 조항들 중 무효 로 될 부분의 구체적인 범위의 획정을 입법자의 형성의 자유에 맡겨 두는 결과, 입법자가 헌법재판소의 결정취지에 맞추어 해당조항을 개정할 때에야 비로소 그 결정에 의하여 무효로 될 부분을 구체적으로 획정할 수 있는 것이므로, 소위 "당해 사건" 등에 대하여는 구법 조항들 중의 위헌부분이 제거된 것으로 보아야 할 개정법률조항들을 적용할 수밖에 없기 때문이라고 설명한다.[124)] 아마도 위의 설명은, 법 제47조 제2항이 위헌결정의 소급효를 원칙적으로 인정하지 않고 있 지만, 헌법불합치결정의 경우에는 이와는 달리 개선입법의 소급효가 인정되어야 한다는 근거를 제시한 것으로 여겨진다.[125)]

그러나 이러한 설명에도 불구하고, 만일 위헌결정의 소급효가 법적 안정성을 고려하여 원칙적으로 인정되지 않는 것이라면, 왜 법적 안정성이 더욱 중시되어 단순위헌결정이 아닌 헌법불합치결정이 선고된 때에는 역으로 더 넓은 범위에서 소급효가 인정되는지가 잘 이해되지 않는다. 만일 법적 안정성의 고려 때문에 위헌결정에 원칙적으로 소급효가 인정되지 않는 것이라면, 위헌결정의 원칙적 장래효를 인정하는 한 헌법불합치결정은 허용할 필요가 없다는 반론[126)]이 오히 려 설득력이 있다고 하겠다.

122) 헌법재판소 1995. 7. 27. 선고 93헌바1, 3, 8, 13, 15, 19, 22, 37, 38, 39, 52, 53(병합) 결정 (헌판집 제7권 2집, 246면). 같은 취지로 한수웅(주 12), 524-527면.
123) 그러나 위 결정이, 이러한 개선입법의 소급효는 입법자의 개선입법이 이루어지기만 하면 그 개선입법의 내용에 관계없이 바로 인정될 수 있다고 본 것{한수웅(주 12), 525-526면도 같 은 취지라고 여겨진다}은 찬성하기 어렵다. 즉 헌법불합치결정은, 입법자에 대하여 소급효 가 있는 개선입법의 의무를 부담시키는 것일 뿐이며, 만일 입법자가 이러한 소급적인 개선 입법의 의무를 이행하지 아니하였으면 위 개선입법 자체가 위헌성을 띠게 되어 위헌으로 선언되어야 하거나(주 119의 BVerfGE 55, 100 ff. 참조), 경우에 따라서는 구법이 소급적으 로 폐지된 것으로 이해할 수는 있을지언정 헌법재판소의 결정이 입법을 대신할 수 있는 것 은 아니기 때문이다. Hein(주 119), S. 176 ff.; 남복현(주 29의 헌법재판연구), 362-363면 참조.
124) 위 주 122의 결정(헌판집 제7권 2집 247면).
125) 한수웅(주 12), 525면 주 68 참조.
126) 헌법재판소 1989. 9. 8. 선고 88헌가6 결정에서의 변정수 재판관의 반대의견(헌판집 제1권, 268면).

그러므로 헌법불합치결정에 따른 개선입법에 소급효가 인정되어야 하는 근거는, 앞에서 살펴본 것처럼 위헌결정에 원칙적으로 소급효가 인정되어야 하는 것과 궤를 같이 한다고 보아야 한다. 즉 위헌결정의 소급효는 헌법에 따라 원칙적으로 인정되어야 하는데, 헌법불합치선언의 경우에는 법적 안정성을 고려하여 헌법재판소의 결정에 따라 바로 소급효를 인정하는 것이 아니라 입법자의 대체입법을 기다려 소급적인 구제가 이루어진다는 것이다. 이렇게 본다면 위헌결정의 원칙적 소급효와 헌법불합치결정 사이에는 어떤 모순이 있다고 할 수 없고, 오히려 헌법불합치결정이 허용되는 것 자체가 위헌결정의 원칙적 소급효를 뒷받침하는 또 다른 근거가 되는 것이다.

3. "법의 발견"이라는 관점에서 본 위헌결정의 소급효

가. "법의 발견"인가 "법의 창조"인가

이제까지는 주로 헌법 조문과의 관련 하에서 위헌결정의 소급효 문제를 살펴보았다. 그런데 이 문제는 보다 일반적으로는 위헌결정 뿐만 아니라 법률문제 일반에 관하여 판례가 소급효를 가지는가 하는 것으로 일반화할 수 있고,[127] 또 판례가 소급효를 가지는가 하는 문제는, 법원이 단순히 기존의 법을 발견하고 이를 확인하는 것인가, 아니면 법원이 새로운 법을 창조하는가 하는, 법이론상의 근본문제와 관련시켜서 생각하여 볼 수 있다.[128] 다시 말하여 법원이 기존의 법을 발견하는 데 그친다면 판례는 기존의 법을 적용하는 데 불과하므로 그 소급효는 당연한 것인 반면, 법원이 새로운 법을 창조하는 것이라면 그 소급적용이 반드시 논리필연적으로 요청되는 것은 아니라는 결론을 이끌어낼 수 있는 것이다.

예컨대 판례의 선택적 장래효(selective prospectivity)가 허용된다고 주장하는 미국연방대법원의 오코너(O'Connor) 대법관은, 법원은 법이 무엇인지를 말하는 권한을 가졌으므로, 법원이 그 마음을 바꾸면, 그에 따라 법이 바뀌는 것이고, 법원이 민사사건에서 법을 바꾸기로 결정하였으면 그 법을 바꾸는 재판 전의 사

---

127) 실제로 미국에서는 위헌판결의 소급효가 그 자체로서만 따로 다루어지기보다는 판례의 소급효 문제의 일부로서 다루어지고 있다. 주 66)의 본문 참조.

128) Linkletter *v.* Walker 사건에서의 클라크(Clark) 대법관의 설명이다. 381 U.S. 622 ff., 14 L.Ed. 2d 622 ff. (1965). 또한 R. H. Fallon Jr. and D. J. Meltzer, "New Law, Non-Retroactivity, and Constitutional Remedies", 104 Harvard Law Review 1758 ff.(1991).

건에 대하여 구법을 적용할 것인가, 신법을 적용할 것인가는 법원이 다시 결정할 문제라고 주장한다.[129] 반면 순수한 소급효를 주장하는 스칼리아(Scalia) 대법관은, Marbury *v.* Madison 사건 판결에서의 마샬 대법원장이나 그 후 여러 세대의 생각은, 사법부의 임무와 직무는 법이 무엇인가를 말하는 것이지 법이 무엇이어야 하는가를 결정하는 것은 아니라고 하면서 오코너 대법관의 주장을 비판하고 있다.[130]

우리나라에서 정면으로 법원은 법을 발견하는 것이 아니라 법을 창조한다고 하는 주장을 펴는 사람은 별로 없는 것 같으나, 앞에서 살펴본 위 헌법재판소 1993. 5. 13. 결정(주 7)은 암암리에 이러한 생각을 밑바탕에 깔고 있는 것으로 여겨진다. 또 헌법재판의 본질은 순수한 사법작용이 아니고, 제4의 국가작용으로 보아야 하므로 헌법재판소가 얼마든지 부분적인 법개폐의 기능을 담당할 수 있다는 논리가 가능하다는 주장[131] 또한 이러한 논리와 맥을 같이하는 것으로 보인다.

생각건대 판례가 법을 창조하는 것인가, 아니면 법을 발견하는 것인가의 획일적 구분이 반드시 적절한 것은 아니라고 생각된다. 판례의 법창조적 기능을 전혀 부정하는 견해는 오늘날 거의 없는 것으로 생각되지만, 판례의 법창조적 기능을 인정하더라도 그것이 판례가 성문법과 동일한 성질 내지 기능을 가지는 것이라는 취지는 아니기 때문이다.[132] 그러나 헌법상의 권력분립의 원리를 전제로 한다면 적어도 규범적으로는, 법원은 법을 창조하는 것이 아니라 이미 존재하는 법을 적용하는 것이고, 그 적용하는 법이 새로운 내용의 것이라 하여도, 이는 법원이 법을 만들어내는 것이 아니라 이제까지 알려지지 않았지만 기왕에 존재하던 법을 발견하는 것이라고 보지 않을 수 없다. 법률의 제정권한은 국회에 속하는 것이고, 법원이 이러한 입법권을 위임받은 바는 없기 때문이다.[133]

---

129) James B. Beam Distilling Co., *v.* Georgia, 115 L.Ed. 2d 498(1991).

130) Harper *v.* Virginia Department of Taxation, 113 S Ct. 2523(1993).

131) 손용근(주 30), 63면.

132) 최대권, 헌법학(1989), 7면은, 법을 적용한다는 것은 실은 법을 창조하는 것이고, 법을 창조한다는 것은 실은 상위의 법을 적용하는 것에 불과하므로 법을 발견한다는 것이나 법을 창설한다는 것은 동일한 것에 귀결된다고 설명한다. 또한 최대권, 법사회학, 1983, 51-52면도 참조.

133) 최대권(주 132의 헌법학), 7면은, 법지배의 원리, 특히 사법부 독립의 원칙을 위하여는 법원이 법을 창설하는 기능이 있다는 주장보다 법을 발견할 뿐이라는 주장이 훨씬 유리할 수 있다고 믿는다고 주장한다.

나. 드워킨의 이론에 비추어 본 소급효의 문제

이 점과 관련하여 미국의 드워킨(Dworkin)의 이론[134]을 살펴볼 필요가 있다. 그의 이론이 단순한 것은 아니지만,[135] 여기서는 이 글의 주제와 관련하여 그의 이론을 필요한 한도 내에서 인용하여 보고자 한다.

드워킨은 먼저, 법실증주의자들이 법률의 적용상 모호한 영역에서는 재량(discretion)을 행사하는데, 이때 법관의 재량의 기준은 법이 아니라고 보는 것[136]을 비판하면서, 종전의 법이나 선례로는 해결할 수 없는 어려운 사건(hard case)에서는 법원은 법실증주의자들이 법이라고 인정하는 규칙(rule) 이외에 원리(principle)에 따라 재판하는데, 이러한 원리도 법에 포함된다고 한다. 그리하여 상속인이 될 자가 피상속인인 자신의 조부를 살해한 사건에서, 위 손자의 상속권을 인정할 것인가가 문제된 사건[137]에서 뉴욕 주 대법원이, 성문법의 규정이 없음에도 불구하고, "누구도 자신의 불법으로부터 이익을 얻을 수 없다"는 원리에 의거하여 살인자의 상속권을 부정한 것과 같은 사례를 예로 들면서, 이 경우에 위의 원리가 법이 아니라면, 당사자는 법원의 재량에 의하여 사후입법(ex post facto law)에 의하여 재산을 박탈한 것이라고 할 수밖에 없다고 한다.[138]

그리고 명백한 규칙이 없는 어려운 사건에서도 일방의 당사자는 승소할 권리(right to win)를 가지며, 이러한 사건에서도 법원의 임무는 당사자의 권리가 무엇인지를 발견하는 것이지 새로운 권리를 소급적으로 발명해내는 것이 아니라고 한다. 법관은 대리 입법자(deputy legislator)가 아니며, 법관이 입법을 한다는 생각은, 원리논증(argument of principle)과 정책논증(argument of policy)을 구별하지 못하는 것이라고 한다. 여기서 정책논증은, 어떤 정치적 결정이 전체로서의 사회의 집단적인 목적을 증진시키거나 보호하는 것이라는 이유로 그 결정을 정당화하는 것인 반면, 원리논증은, 정치적 결정이 개인이나 집단의 권리를 존중

---

134) Taking Rights Seriously(1977).
135) 드워킨의 이론을 소개한 국내의 문헌으로서는 장영민, "드워킨의 원리와 권리의 법철학, 현대법철학의 흐름", 1996, 48면 이하가 있다. 또한 김대휘, "법원론에 관한 연구", 서울대학교 법학박사학위논문, 1992, 186면 이하도 참조. 헌법의 해석과 관련하여 드워킨의 이론을 소개한 글로서는 양건, "헌법해석의 기본문제", 헌법재판의 이론과 실제(주 41), 22면 이하, 특히 33면 이하가 있다.
136) 드워킨은 그 예로서 H.L. Hart, The Concept of Law, 1961, Ch. 7을 들고 있다. Dworkin(주 134), p. 22.
137) Riggs *v.* Palmer, 115 N.Y. 506, 22 N. E. 188(1889).
138) Dworkin(주 134), pp. 22−31.

하거나 보장하는 것이라는 이유로 그 결정을 정당화하는 것인데, 입법자로서는 당연히 정책논증을 추구할 권한이 있지만, 법원의 재판은 정책에 의하여 탄생한 법률을 시행하는 것이라 하여도 언제나 원리논증에 의하여야 하며, 이는 확립된 규칙이 없는 어려운 사건에서도 마찬가지라고 한다.[139]

　재판은 법률에 따라야 한다는 주장은, 재판이 창조적인 것이어서는 안 된다는 두 가지의 이유, 즉 첫째, 사회는 선출되고 다수에 대하여 책임을 지는 사람들에 의하여 다스려져야 하고, 둘째, 법관이 새로운 법을 창조하여 이를 소급적으로 적용한다면 패소하는 당사자는 사후의 법률에 의하여 처벌을 받는 것이라는 주장에 의하여 뒷받침된다. 그런데 법을 정책으로 생각한다면, 정책의 결정은 고려되어야 할 서로 다른 이익을 정확하게 나타낼 수 있는 정치적 절차에 의하여 행하여져야 하고, 이를 위하여는 법관보다는 대의민주주의제도가 더 낫다는 것이다. 또한 위 둘째의 소급적용이 부당하다는 주장도 정책에 의한 결정에 대하여 적용될 수 있다.

　그러나 법관이 어려운 사건에서의 결정을 정책적인 근거가 아니라 원리적인 근거에 의하여 정당화할 수 있다면 위의 두 가지 반대이유는 모두 적용될 수 없게 된다고 한다. 왜냐하면 정책논증은 여러 가지의 사회적인 필요와 관심의 성격과 정도에 대한 가정에 의존하는 것이 아니라, 권리를 주장하는 자가 제기하는 특정한 이익을 목표로 하므로, 정치적 다수의 요구로부터 절연된 법관이 이를 위하여 더 적절하고, 또 원리논증에 따를 때에는 일방 당사자의 권리에 상응하여 상대방은 의무(법원에 의하여 새로이 만들어진 것이 아닌)를 부담하게 되고, 이 의무가 그에게 불리한 재판을 정당화하는데, 이는 그 의무가 명시적인 선행의 입법에 의한 것이 아니었다고 하여 더 부당한 것이라고는 할 수 없는데, 일방의 권리가 불확실할 때에는 법원은 어차피 일방 아니면 상대방 당사자에게 예상화지 못했던 재판을 하여야 하고, 법원이 원고의 주장이 더 타당하다고 본다면, 법원으로서는 원고의 기대가 더 정당하다고 결정할 것이기 때문이라고 한다.[140]

　그는 법관도 정치적 공무원과 마찬가지로 정치적 책임의 원칙을 지켜야 하고, 이 원칙은 분명한 일관성을 요구하지만, 정책이 문제될 때에는 이러한 요구는 비교적 미약한데, 입법자가 어느 달에 한 항공기 제조업자에게 보조금을 주

---

139) Dworkin(주 134), pp. 81 f.
140) Dworkin(주 134), pp. 84−86.

었다고 하여 그 다음 달에 다른 제조업자에게도 보조금을 주어야 한다는 결론이 나오지는 않는다고 한다. 그러나 원리가 문제될 때에는 사정은 이와 다르다고 한다. 예컨대 공무원이 어떤 종류의 성적(性的)인 자유가 개인의 권리라고 믿는다면, 그는 그러한 권리를 가지고 있다고 생각되는 집단의 사람들에게 평등하게 이익이 분배될 수 있는 방법으로 그 자유를 보호하여야 하고, 따라서 그가 한 쌍의 남녀에게는 이러한 권리의 침해를 방지하기 위하여 피임약의 사용을 허용한다면 그는 그 결정을 취소하지 않는 한 다른 쌍에게도 그 자유를 허용하여야 하며, 첫 번째 결정이 사회가 필요로 하는 꼭 그만큼의 성적인 자유를 주었다는 이유로 더 이상의 자유는 필요하지 않다고 할 수는 없다는 것이다.[141]

이러한 드워킨의 이론은 판례의 소급효 내지 위헌결정의 소급효 문제에 관하여도 충분한 시사를 준다고 생각한다. 그가 말하는 "원리(principle)"를 "헌법"으로,[142] "승소할 권리(right to win)"를 재판청구권의 한 내용인 "위헌법률에 의하여 재판을 받지 않을 권리"로 바꾸어 놓는다면, 헌법재판에 있어서 헌법재판소로서는 헌법이 무엇인가를 선언하는 것이지, 새로운 헌법을 만들어 내는 것은 아니며, 위헌결정의 소급효는 당연히 인정되는 것이고, 정책적인 고려에 의하여 일부의 집단에게만 소급효를 인정하고 다른 집단에 대하여는 소급효를 부정할 수 있는 것은 아니라는 결론을 이끌어낼 수 있을 것이다.

다. 헌법재판의 성격과 관련하여

다른 한편으로 헌법재판의 성격을 어떻게 파악하는가에 따라 위헌결정의 소급효 여부에 관한 결론이 달라질 수 있는가? 헌법재판의 본질 내지 그 법적 성격에 대하여 주로 독일에서 사법작용설, 정치작용설, 입법작용설, 제4의 국가작용설 등의 학설이 주장되고 있고,[143] 국내에서도 헌법재판을 제4의 국가작용으

---

141) Dworkin(주 134), pp. 87 f.
142) 실제로 헌법의 많은 규정은 일반 법률보다는 훨씬 더 추상적이고 개방적이어서, 이를 구체화를 필요로 하는 원리의 선언으로 보더라도 큰 잘못은 없다고 생각된다. 최대권, "헌법의 해석", 헌법해석에 관한 연구(헌법재판소, 헌법재판연구 제5권), 1994, 58면 참조. 드워킨 자신은 헌법의 해석과 관련하여서는 예컨대 "공정(fairness)"과 같은 일반적인 개념인 concept와, 그 개념의 구체적인 적용례에 해당하는 conception을 구별하고 있다. Dworkin(주 134), pp. 134 ff. 참조.
143) 박승호, "헌법재판의 본질과 한계", 고려대학교 법학박사학위논문, 1991, 4면 이하; 이욱한, "헌법재판과 법과 정치", 헌법논총 제3집, 1992, 463면 이하; 허영, 신정판 헌법이론과 헌법, 1995, 1045면 이하 등 참조. 다만 그 분류는 반드시 일치되어 있지 않다. 예컨대 박승호, 위 논문, 5면 이하 및 허영, 위 책, 1046면은 정치작용설이라는 학설의 대표자로서 C. Schmitt

로 보는 견해가 있으나[144] 이를 입법작용으로 보는 견해는 없는 것 같다.[145]

위 제4의 국가작용설은, 헌법재판은 전통적인 입법작용, 사법작용 또는 행정작용의 어느 것에도 해당하지 않으므로 제4의 국가작용이라고 보아야 한다고 주장한다. 구체적으로는, 헌법재판을 구태여 '사법작용'이라고 보려면 '정치적인 사법작용(politische Rechtsprechung)'이라고 보아야 하나, 규범적인 합법성의 관점 이외에 정치적인 합목적성의 관점이 함께 작용한다는 점에서 이미 전통적인 의미의 사법작용과는 그 성질이 다르고, 헌법재판은 정치적인 관점뿐 아니라 법적인 관점을 함께 존중함으로써 정치적인 사고의 영역에서 흔히 강조되는 철학(목적이 모든 수단을 정당화한다)의 법리적 한계를 명시하고 정치라는 위성이 이탈하지 못하도록 그 궤도를 그려주는 제4의 국가작용이라고 한다.[146]

그러나 헌법재판은 어디까지나 사법작용이라고 볼 수밖에 없다. 헌법재판에 있어서는 정치적 문제가 대상으로 되는 경우가 많기 때문에 이를 정치적 사법작용이라고 부른다 하여도 잘못되었다고 할 수는 없지만 그렇다고 하여 헌법재판이 사법작용이 아니라고 할 수는 없다. 또 헌법의 해석에서는 그 일반적이고 추상적인 성격 때문에 다른 법의 해석보다 해석자 내지 법원의 창조적 기능이 더 많이 강조되지만, 헌법 아닌 다른 법의 해석에 있어서는 그러한 측면이 없는 것은 아니며, 헌법해석의 방법도 일반 법률의 해석과 질적으로 다른 것이라고는 할 수 없고,[147] 헌법재판이 어떤 새로운 가치나 규범을 새로 창조, 형성하는 것이 아니라 이미 존재하는 규범에 구속되어 해석되는 한, 비록 그것이 어떤 창설적인 요소를 갖는다고 하여도 이는 사법작용인 것이다.[148] 헌법재판이 정치적인 중요성을 가진다고 하여도, 헌법재판에 정치적인 관점이 아울러 작용한다고 말한다면 이는 헌법재판이 헌법 아닌 다른 정치적인 요소에 좌우될 수 있다는 의심을 자초할 우려가 있어 결코 바람직하다고 할 수 없는 것이다.[149]

를 드는 반면, 이욱한, 위 논문, 463면 이하는 C. Schmitt를 입법작용설의 지지자로 들면서 정치작용설에 대하여는 별도로 언급하고 있지 않고, 다만 위 논문 452면 이하에서 C. Schmitt는 헌법분쟁을 정치적 분쟁으로 보고 있다고 소개하고 있다.

144) 허영(주 143), 1045면 이하.

145) 다만 한상희, "헌법재판소의 결정례와 헌법해석", 헌법재판연구 제5권(주 142), 95면은 헌법재판은 정치작용, 입법작용 및 사법작용의 성질을 동시에 지닌다고 한다.

146) 허영(주 143), 1048-1049면.

147) 최대권(주 142), 55면 이하 참조.

148) 이욱한(주 143), 470-471면. 박승호(주 143), 36-37면도 참조.

149) 이욱한(주 143), 472면도 같은 취지라고 생각된다. 또한 주 133 참조.

그리고 헌법재판소의 위헌결정이 법률의 효력을 상실시킨다는 측면에서 이를 일종의 입법작용이라고 할지도 모르지만, 이는 어디까지나 헌법과 충돌하는 법률의 효력을 제거하는 것에 지나지 않으며, 헌법재판소가 적극적으로 새로운 법률을 제정하는 것은 아니므로 이를 입법작용이라고 할 수도 없다.

뿐만 아니라 이러한 헌법재판의 법적 성격에 관한 논의는 위헌결정의 소급효와 관련하여 큰 의미를 가지지도 못한다. 헌법재판을 제4의 국가작용이라고 본다고 하여, 그로부터 헌법재판소의 위헌결정의 소급효를 제한할 수 있다는 결론이 나오는 것도 아니다. 설사 백보를 양보하여, 헌법재판의 입법적 기능을 인정한다고 하더라도, 이는 위헌결정의 소급효를 부정하는 근거가 될 수 없는 것이다. 현재 위헌결정의 소급효를 원칙적으로 인정하지 않으려는 논자들도 일정한 범위의 사건에 대하여는 소급효를 인정하는, 이른바 선택적 소급효(selective retroactivity)를 긍정하고 있다. 그러나 과연 입법기관이라 한들, 예컨대 당해 사건에 대하여만 소급효를 인정하고, 나머지 사건에 대하여는 소급효를 부정하는 내용의 입법을 할 수 있을 것인가? 이는 헌법상 평등의 원칙에 명백히 어긋나고, 따라서 헌법재판소의 위헌결정에 이러한 선택적 소급효가 인정된다면 헌법재판소는 입법기관보다도 더 큰 권한을 가지고 있는 셈이다. 미국연방대법원의 할란 대법관이 선택적 소급효를 인정하는 연방대법원을 초입법부(super-legislature)라고 비판한 것[150]도 이러한 의미로 이해된다.

4. 헌법재판소 결정에 대하여

이제까지 살펴본 것만으로도 헌법재판소 위헌결정의 소급효를 부정하는 견해에 대하여는 어느 정도 반론이 이루어졌다고 생각되나, 여기서는 가장 상세하게 원칙적 부정론을 펴고 있는 위 헌법재판소 1993. 5. 13. 결정(주 7)에 대하여 다시 한 번 살펴본다.

첫째, 위 결정은, 우리나라 헌법은 헌법재판소에서 위헌으로 선고된 법률 또는 법률의 조항의 시적 효력범위에 관하여 직접적으로 아무런 규정을 두지 아니하고 하위법규에 맡겨놓고 있으므로 이는 입법자의 입법정책의 문제라고 하면서, 소급효긍정설이 그 근거로서 들고 있는 헌법 제103조 제1항. 제27조 제1항, 제10조 후단, 제11조 제1항 등의 규정들로부터 위헌법률이 일률적으로 소급하

---

150) Desist *v.* United States, 394 U.S. 259, 22 L.Ed. 2d 261. 윤진수(주 2), 99면 참조.

여 효력을 상실한다는 헌법상의 명제를 도출할 수는 없다고 한다.

이러한 서술에 대하여는 앞에서 충분히 반론을 폈다고 생각된다. 특히 위 결정이, 위의 각 헌법조항들로부터 위헌결정의 소급효를 도출할 수 있다는 주장을 받아들일 수 없다는 결론만을 제시하고 있을 뿐, 그러한 헌법의 해석이 어떤 점에서 잘못된 것인가에 대하여는 별다른 설명이 없는 점은 아쉽다고 하지 않을 수 없다.

둘째, 위 결정은 헌법재판의 본질적 기능이 미래지향적인 법규정의 재정비라고 전제를 하여 소급효의 제한은 이러한 헌법재판의 본질적 기능과 무관하지 않다고 하고 있으나, 과연 우리 헌법상 헌법재판의 본질적 기능이 이처럼 미래지향적인 법규정의 정비에 있다고 볼 수 있는 근거가 있는지 의문이다. 만일 우리 헌법이 법률의 발효·공포 전에만 위헌법률의 심사를 인정하는 이른바 사전적 규범통제제도만을 인정한다면 이러한 주장에 어느 정도 타당성이 있겠으나, 우리 헌법이 인정하고 있는 구체적 규범통제제도는 헌법재판의 제1차적인 기능은 위헌인 법률에 기하여 기본권을 침해당한 국민의 기본권 구제 내지 재판청구권의 보장에 있다는 것을 전제로 한 것이며, 법체계 자체의 정비라는 것은 그에 부수하는 것으로 보아야 할 것이다. 헌법소원제도도 국민의 기본권 침해를 전제로 하는 것이므로 이와 다를 바 없다.[151] 미국에서 법원이 장래효를 인정하는 것을 비판하는 견해가, 법원은 미국 헌법 제3조에 의하여 구체적인 "사건들(cases)"과 "분쟁들(controversies)"을 재판하도록 되어 있다고 주장하는 것도[152] 이러한 취지라고 이해된다.

위 결정은 소급효를 전면인정하면 위헌선언을 주저하는 억제효과를 빚을 것이며 그리하여 국민의 재판청구권의 파생인 헌법재판을 받을 권리를 오히려 제약하는 결과가 될 것이라고 설명하고 있다. 이러한 주장은 미국에서 장래효 판결을 사법적극주의와 결부시키는 것과 맥을 같이한다. 예컨대 미국연방대법원의 스칼리아 대법관은, 장래효 판결은 사법적극주의의 시녀(handmaid of judicial activism)이고 선례구속의 원칙에 대한 선천적인 대적(born enemy)이라고 하면서, 장래효 판결은 선례번복을 용이하게 만드는 수단으로서 형성되었다고 지적

---

151) 남복현(주 29의 박사학위논문), 232면 이하 참조.
152) James B. Beam Distilling Co., v. Georgia(1991)에서의 블랙먼(Blackmun) 대법관의 별개의견. 115 L.Ed. 2d 496.

한다.[153] 그러나 소급효의 긍정이 재판청구권을 제약하는 것이 된다는 설명은 본말이 전도된 것이 아닌가 생각된다. 오히려 소급효를 원칙적으로 부정한다면, 이는 예외적인 소급효 인정에 의하여 혜택을 받는 사람들을 제외하고는 그 나머지 사람들의 헌법재판을 받을 권리를 침해하는 결과를 가져오게 될 것이다.

셋째, 제정 당시에는 합헌이었으나 후발적인 사정변경으로 인하여 위헌인 법률로 되는 경우에는 성질상 위헌선언을 하여도 장래에 향하여 효력을 잃는 장래효를 가질 수밖에 없다고 하는 것도 반드시 적절하다고 할 수 없다. 이때에는 법률 제정 당시부터가 아니라 그것이 헌법과 합치되지 않게 된 시점부터 소급효를 인정하면 되는 것이지,[154] 이러한 경우라고 하여 논리상 당연히 위헌결정이 장래효밖에 가질 수 없는 것은 아니다. 위 결정에서 말하는 장래효라는 것이, 위헌결정의 계기를 부여한 당해사건에도 소급효가 미치지 않는 순수한 장래효를 의미하는 것인지는 불분명하나, 만일 그러한 의미라면 그 당해사건에 있어서의 위헌결정 자체가 재판의 전제성이 없어 불가능할 것이고, 당해사건에 한하여는 소급효가 인정된다면 왜 다른 사건에는 성질상 장래효밖에 인정될 수 없는 것인지 알 수 없다.

다만 법률이 후발적으로 위헌이 되는 경우에는 실제적인 문제점으로서 그 위헌으로 되는 시기를 확정하기가 어려울 가능성이 있기는 하나, 그것이 원리적인 차원에서 위헌결정의 소급효를 인정할 수 없다는 근거가 될 수는 없다. 독일 연방헌법재판소의 판례[155]는 일정한 업종의 상인에 대하여는 현금지급에 대하여 할인을 해 주는 것을 금지하는 법률이 위헌이라고 하면서도, 그 법률이 제정 당시부터 위헌이었는지는 명확하지 않고 달리 그 법률이 위헌으로 된 특정시점을 확정할 수도 없으므로, 이 경우에는 적어도 위 법률이 위헌이라고 하는 법원의 위헌제청이 있은 날인 1963. 7. 9.부터는 위헌으로 무효인 것으로 본다고 판시하였다.

넷째, 위 결정은 위헌결정의 소급효로 인하여 생기는 부작용을 지나치게 과대평가하고 있다. 우선 위 결정은 위헌결정에 소급효를 인정하게 된다면 소급입법을 인정하는 결과가 되어 부당하다고 한다. 즉 특정계층에 조세감면을 베푼 것이 위헌인 때에 소급효를 인정하여 원상회복시켜야 한다면 국민의 신뢰이익이

---

153) Harper *v.* Virginia Department of Taxation, 113 S Ct. 2522(1993).
154) Pestalozza(주 55), §20 Ⅵ 125(S. 351) 참조.
155) 독일연방헌법재판소 1967. 4. 11. 결정(BVerfGE 21, 297, 305).

침해될 뿐만 아니라, 그 시대의 법대로 이익을 향유하게 되는 법치주의의 원리에도 배치되고, 소급입법에 의하여 기히 취득한 재산권이 박탈당하는 결과가 되어 헌법 제13조 제2항의 규정에도 저촉될 수 있다고 한다. 그러나 이는 받아들이기 어려운 주장이다. 설사 위헌인 법률에 의하여 어떤 재산상의 지위를 취득했다고 하더라도 그 자체만으로는 소급입법 금지의 보호대상이 될 가치가 있는 것이라고는 할 수 없는 것이다. 이러한 경우에 그 당사자를 보호할 필요가 있다고 하더라도, 그 이유는 그의 위헌인 법률에 대한 신뢰 때문인 것이지, 그의 신뢰를 보호하지 않는 것이 곧바로 소급입법 금지에 해당하는 것은 아니다. 뿐만 아니라 위헌결정의 소급효 인정이 소급입법 금지에 저촉된다고 한다면, 당해사건에서도 소급효를 인정하여서는 안 될 것이고, 따라서 재판의 전제성 자체가 결여되어 법원의 위헌제청 자체가 이루어질 계기가 생길 수 없는 것이다.

독일에서는 이와 유사한 문제로서 판례의 변경이 있는 경우 이를 소급입법의 문제와 같이 취급할 것인가 하는 점이 논란의 대상이 되고 있다. 이를 긍정하는 학설이 없는 것은 아니나, 일반적인 견해는 법원은 법을 창조하는 것이 아니라 법을 발견하는 임무를 가지고 있으며, 판례의 변경으로 인하여 새로운 법이 창조되는 것이 아니고 종전의 잘못된 판례를 고치는 것에 불과하기 때문에 소급입법에 관한 원칙은 판례변경의 경우에 그대로 적용될 수 없다고 한다. 만일 판례변경을 초래한 사건에서는 판례변경의 소급효를 인정하여 새로운 판례를 적용하고, 그 이전의 다른 사건에 대하여는 옛 판례를 적용한다면[156] 이는 오히려 평등원칙에 어긋나고 재판청구권에도 반한다고 한다.[157]

그리고 위 결정은, 위헌결정에 소급효를 엄격하게 관철시킨다면 모든 확정판결에 대하여 재심을 허용하여야 한다고 설명하고 있으나, 이 또한 받아들이기 어렵다. 이는 일단 소급효를 인정하면 그에 대하여는 아무런 제한도 불가능함을 전제로 하는 것이나 그러한 전제는 성립할 수 없는 것이다. 소급효가 인정되더라도 확정판결의 기판력과 같이 다른 원리에 의하여 소급효를 제한하는 것은 얼마든지 가능한 것이다.[158] 다른 말로 바꾸어 말한다면 법적 안정성의 보장은 소

---

156) 우리나라에서 이와 같은 설을 주장하는 것으로는 김일수, "일인회사의 주주 겸 대표이사의 업무상 배임", 변호사 제17집, 서울지방변호사회, 1987, 326 – 328면 참조.

157) H. Maurer, "Kontinuitätsgewähr und Vertrauensschutz", in: J. Isensee/ P. Kirchhof(hrsg.), Handbuch des Staatsrechts, Bd. 3, 1988, Rdnr. 106 ff.

158) 후술 Ⅵ. 참조.

급효의 부정이 아니라, 법적 안정성을 고려한 다른 법리의 적용에 의하여 이루어져야 한다는 것이다.

다섯째, 외국의 입법례에 대한 설명도 반드시 적절하지 않다. 우선 오스트리아나 터키와 같은 경우에는 소급효를 원칙적으로 인정하지 않고 장래효(ex nunc Wirkung)를 원칙으로 하고 있음을 들어 우리의 입법례가 세계에서 입법례가 없는 특수입법례가 아니라고 하나, 위의 나라들에서는 헌법에서 직접 소급효를 제한하는 명문규정을 두고 있음에 반하여 우리나라에서는 헌법이 아닌 헌법재판소법의 규정을 근거로 삼고 있는 점에서 근본적인 차이가 있다. 그리고 소급효를 인정할 것인가를 구체적 사건마다 결정하는 예로서 미국의 경우를 들고 있는데, 이러한 설명은 종전의 미국 판례에 대하여는 어느 정도 타당성이 있겠으나 현재에는 더 이상 들어맞지 않는다.[159]

5. 법 제47조 제2항 본문의 문제

그렇다면 법 제47조 제2항 본문은 어떻게 해석하여야 할 것인가? 위 규정이 위헌결정의 소급효 아닌 장래효를 규정한 것이라면 위 규정은 위헌이 아닌가 하는 점이 문제로 된다.

위헌결정의 소급효를 인정하는 견해에서도 위 규정이 반드시 장래효를 인정한 것이 아니고, 소급효를 인정한 것이며 다만 독일 헌법재판소법 제79조와 같은 취지라고 보는 견해가 있음은 앞에서도 언급하였다.[160] 만일 그와 같이 해석할 수 있다면 이는 여러 가지로 바람직한 것이라고 생각된다. 특히 이러한 주장이 현행 헌법재판소법의 제정에 관여한 당사자의 진술이라는 점에서 상당한 의미가 있다고 할 수 있다.

그러나 우선 이는 동 조항 단서("다만, 형벌에 관한 법률 또는 법률의 조항은 소급하여 그 효력을 상실한다")와의 관계를 제대로 설명하지 못한다는 점에서 문제가 있다. 뿐만 아니라 연혁적으로도 위 규정은 제헌헌법 당시의 헌법위원회법 제20조에서 유래하는 것인데, 당시의 대법원 판례가 위 헌법위원회법 제20조 본문을 장래효를 규정한 것으로 해석하였다는 점에 비추어 보면,[161] 법 제47조 제2항의 해석은 현행 헌법재판소법 제정 당시의 상황만으로 결정될 성질의 것은

159) 윤진수(주 2) 및 전술 Ⅲ. 3. 참조.
160) 위 Ⅱ. 1. 나. 참조. 위 Ⅱ. 3. 다.도 참조할 것.
161) 위 Ⅱ. 1. 가. 참조.

아니다.

결국 위 조항은 헌법적으로 볼 때 문제가 있다고 하지 않을 수 없다.[162]

Ⅵ. 위헌결정의 소급효와 그에 따른 구제

1. 위헌결정의 소급효와 법적 안정성

앞에서 본 것처럼 위헌결정의 소급효를 원칙적으로 부정하려는 견해의 주된 근거는, 위헌결정의 소급효를 인정하는 것이 법적 안정성을 해친다는 점에 있다. 법적 안정성 자체도 법치국가의 원리에 근거를 둔 것으로서 헌법적 근거를 가지므로,[163] 위헌결정의 소급효가 헌법상의 요청이라 하더라도 그로 인하여 법적 안정성이 침해되는 결과를 가져온다면 이 또한 막아야 할 것이다.

그러나 이러한 법적 안정성의 추구라는 목적을 위헌결정의 소급효 그 자체를 부정함으로써 달성하려고 하는 것은 그 방법에 있어서 바람직하지 않다. 즉 이러한 방법에 의할 때에는 소급효 인정의 범위를 당해사건에 한정하는가, 아니면 위헌결정 당시 법원에 계속중인 사건에 한정하는가 하는, 사건의 내용 그 자체와는 관련이 없는 기준에 의존할 수밖에 없게 되고, 따라서 이러한 기준에 의할 때에는 당사자가 똑같은 처지에 있더라도 예컨대 위헌결정이 제기될 당시에 소송계속 중이었는가 아닌가 하는, 우연한 사정에 따라 위헌결정의 혜택을 받을 수 있는지 여부가 달라지는 것이며, 당사자가 실제로 보호를 받을 가치가 있는가 아닌가 하는 점은 제대로 고려되지 않게 된다.[164] 다른 말로 바꾸어 말한다면, 위와 같이 획일적인 기준에 의하여 위헌결정의 소급효 여부를 결정하는 것은, 법적 안정성의 이름 아래 구체적 타당성을 희생시키는 것으로서, 만일 위헌결정의 소급효를 인정함으로써 구체적 타당성을 추구하면서도 법적 안정성을 고

162) 윤진수(주 39), 315-316면 참조.
163) 윤진수(주 39), 317면 및 그곳의 주 57에서 인용하고 있는 문헌 참조. 주 7)의 헌법재판소 1993. 5. 13. 결정, 헌법재판소판례집 제5권 2집, 249면도 같은 취지이다.
164) 김건식, "부존재하는 주주총회결의에 기하여 선임된 대표이사와 거래한 제3자의 보호", 서울대학교 법학 제34권 1호(1993), 163면 이하는, 부존재하는 주주총회결의에 기하여 선임된 대표이사와 거래한 제3자의 보호를 결의부존재확인판결의 소급효를 부정함으로써 달성하려고 하는 것은 가장 거칠고 융통성없는 방안이고 이 방안으로는 회사나 제3자의 귀책사유를 책임결정에 반영하기 어려우며, 이 문제는 결국 표현대표이사법리나 부실등기의 공신력과 같은 외관책임법리로 해결하는 것이 정도라고 하고 있는 것은 위헌결정의 소급효에 관하여도 참고가 될 수 있을 것이다.

려할 수 있는 방법이 있다면 그러한 방법을 모색하여야 하는 것이다.

　그러면 과연 구체적 타당성과 법적 안정성을 아울러 고려할 수 있는 방법은 어떤 것이 있겠는가? 이는, 위헌인 법률에 근거하여 이루어진 법률관계에 대하여 어떠한 법률효과를 인정할 것인가 하는 문제로 바꾸어 생각하면 된다. 다시 말하여 위헌결정의 소급효로 인한 법적 안정성의 침해의 문제는 이를 법률의 변경(change of law)이라는 관점에서 소급효를 부정함으로써 해결할 것이 아니라, 구제의 틀(remedial framework)이라는 문맥에서 검토하여야 적절한 결과를 얻을 수 있는 것이다.[165]

　소급효의 문제를 구제의 문맥에서 검토한다는 것은 다음과 같은 의미로 이해될 수 있다. 즉 위헌인 법률에 의하여 권리를 침해당한 자가 법률의 위헌을 주장하여 권리구제를 받으려고 하는 경우에 그 구제의 범위는 구체적 타당성과 법적 안정성의 두 가지 원리를 다 같이 고려하여 결정하여야 하는데, 특히 기존의 법률을 신뢰하였던 당사자에게도 그 신뢰보호에 대한 적절한 구제가 주어져야 한다는 것이다.

　우선 위헌인 법률에 의하여 권리를 침해당한 자의 권리를 보호함에 있어서는 그 구제수단이 단지 명목적인 것이어서는 안 되지만, 그렇다고 하여 권리침해를 받은 자에게 무제한적인 권리구제가 주어져야 한다는 것이 반드시 헌법상의 요청이라고는 할 수 없고, 그에게 법적 안정성을 고려하여 실효적인 권리구제의 수단이 인정되기만 하면 그로써 충분하다고 보아야 할 것이다. 일반적으로 위헌 법률이 문제되는 경우가 아닌 다른 경우에 있어서도 법률이 권리를 침해당한 자에 대하여 무제한적인 권리구제를 인정하여 주고 있는 것은 아니다. 단적인 예로서, 위법한 행정처분에 의하여 권리를 침해당한 자라 하여도 언제까지나 그 행정처분의 효력을 다툴 수 있는 것은 아니고, 일정한 기간 내에 그 행정처분의 효력을 다투는 취소소송을 제기하여야만 구제를 받을 수 있는 것이다. 또 예외적으로 행정처분의 하자가 중대명백하여 당연무효인 경우라면 위와 같은 제소기간의 제한은 받지 않지만, 소멸시효기간이 경과하면 역시 구제를 받지 못한다. 이러한 제소기간의 제한이나 소멸시효제도의 취지는 근본적으로는 법적 안정성

---

165) Fallon and Meltzer(주 128), pp. 1764 ff. 또한 American Trucking Associations, Inc. v. Smith, 496 U.S. 167, 110 L.Ed. 2d 148, 110 S Ct. 2323(1990)에서의 스티븐스 대법관의 별개의견도 이러한 취지이다. 윤진수(주 2), 119면 참조.

에서 유래한다고 할 수 있다. 그러므로 법률의 위헌을 이유로 그 효력을 다투는 자에게도 법적 안정성의 견지에서 그 구제에 일정한 제한이 부여되는 것은 불가 피한 일이다.

다른 한편으로 위헌인 법률을 신뢰하고 어떠한 행동을 한 자는, 사후에 위헌 결정이 내려졌을 때에 그 법률 그 자체에 의하여 자신의 행동을 정당화할 수는 없지만, 자신이 그 법률을 신뢰한 것은 정당하였다고 주장할 수 있는 것이다.

이하에서 좀더 구체적으로 살펴본다.

2. 위헌결정의 소급효와 확정판결의 기판력

대법원 1993. 4. 27. 선고 92누9777 판결(주 19)은, 과세처분무효확인청구가 기판력에 저촉되는 경우에는 법원은 직권으로 이를 심리판단하여 기각하여야 하 고, 이러한 경우에 그 과세처분의 근거가 된 법률이 위헌인지의 여부는 재판의 전제가 될 수 없으므로 그 법률에 대한 위헌결정이 있더라도 기판력 저촉을 이 유로 청구를 기각하여야 한다고 하였다. 이는 위헌결정의 소급효가 인정되더라 도 확정판결의 기판력에는 영향을 미치지 않는다는 취지로 이해된다.

확정판결에 의하여 발생하는 기판력의 존중은 법적 안정성의 요구에 근거를 둔 것으로서, 이는 단순한 소송법의 차원에서만 인정되는 것은 아니며, 기판력 의 존중은 법치국가의 원리(Rechtsstaatsprinzip)에서 나오는 헌법 차원의 요청이 다.[166] 그러므로 어느 판결이 확정된 후에 그 판결의 전제로 된 법률이 위헌으로 결정되었다 하더라도 이것이 필연적으로 그 판결의 기판력에 영향을 미쳐야 하 는 것은 아니며, 이를 위하여는 특별한 근거를 필요로 하는 것이다. 우리 헌법재 판소법도 형벌에 관한 법률이 위헌으로 결정된 때(제47조 제4항)와 위헌제청신청 이 기각되어 제기한 헌법소원이 인용된 경우(제75조 제7항)의 두 가지 경우에만 위헌결정이 있음을 이유로 하는 재심을 인정하고 있어, 그 이외의 경우에는 위 헌결정의 효력이 확정판결의 기판력에는 영향을 주지 않는다는 전제에 서 있음 을 알 수 있다. 그렇다고 하여 위헌결정이 있었다는 사유를 기판력의 시적 범위 (민사소송법 제505조 제2항)의 문제로 파악할 것도 아니다. 재판의 근거가 된 법

---

166) 윤진수(주 39), 317면; Maunz/Dürig/Herzog, GG Kommentar, Art. 20 Ⅶ. Rdnr. 60 f.; BVerfGE 15, 313, 319 f. Maunz/Dürig/Herzog에 의하면 기판력의 존중은 권력분립의 원리 에서도 도출된다고 한다.

률이 위헌이라는 사유는 전의 소송에서 이미 주장할 수 있었던 것이기 때문이다.

다른 나라의 경우에도 대체로 형벌에 관한 법률이 위헌으로 결정된 때 이외에는 위헌결정의 효력이 확정판결의 기판력에는 영향을 미치지 않는 것으로 보고 있다.[167]

3. 위헌결정의 효력과 행정처분의 당연무효 여부

가. 당연무효가 아니라는 판례에 대하여

대법원은 1994. 10. 28. 선고 92누9463 판결(주 24) 이래 행정처분이 발하여진 후에 그 근거법률이 위헌으로 결정되었다는 사유는 원칙적으로 그 행정처분의 취소사유에 해당할 뿐 당연무효사유는 아니라고 보고 있다.[168][169] 이러한 판례는 이론적으로는 근거법률이 위헌이라는 하자가 중대하고 명백하지 않다는 점을 들고 있는데, 이러한 중대명백설 자체가 법적 안정성의 존중을 기초로 하고 있는 것이며, 이 또한 수긍할 수 있는 것이다.[170]

미국에서는 제도적으로 행정처분의 불가쟁력과 같은 개념을 인정하지 않고 있으면서도 대체로 이와 유사한 결과를 인정하고 있다. 즉 Harper v. Virginia Department of Taxation(주 76)은, 조세 징수의 근거가 된 버지니아 주의 법률이 연방법에 어긋나는 경우에도, 연방법이 반드시 당사자들에게 환급을 받을 권리를 인정하는 것은 아니며, 헌법은 다만 버지니아 주가 연방헌법상의 적법절차에 부합하는 구제를 마련하는 것만을 요구한다고 한다. 다시 말하여 버지니아 주가 조세징수 전에 납세의무자에게 납세를 거부하고 그 효력을 다툴 수 있는 징수 전의 청문절차를 부여하였다면 이는 적법절차를 충족하는 것이므로 반드시 사후 환급을 허용할 필요는 없고, 반면 그러한 징수 전의 절차가 없었다면, 헌법

---

167) 예컨대 미국연방대법원의 James B. Beam Distilling Co., v. Georgia(1991) 판결에서 수터(Souter) 대법관은, 민사사건에서의 소급효는 확정성의 요구(the need of finality)에 의하여 제한을 받아야 한다고 주장하면서, 공공의 정책은 소송에 끝이 있어야 한다는 것을 요구하고, 어떤 쟁점을 주장한 사람은 그 주장의 결과에 기속되어야 하며, 한 번 재판이 있었으면 이는 당사자들 사이에서는 영구히 완결된 것으로 보아야 한다고 하는 종전의 선례를 인용하고 있다. 115 L.Ed. 2d 492.
168) 위 II. 2. 나. (2) (다) 참조.
169) 조례가 상위법규에 어긋난 경우에 그 조례에 기한 행정처분의 효력에 관하여도 판례는 동일한 태도를 보이고 있다. 대법원 1995.7.11. 선고 94누4615 전원합의체판결(공보 1995, 2633면). 이에 대하여는 오진환, "조례의 무효와 그 조례에 근거한 행정처분의 당연무효 여부(하)", 인권과 정의 1996. 1(제233호), 138면 이하 참조.
170) 상세한 것은 윤진수(주 25), 447면 이하, 특히 464면 이하 참조.

수정 제14조의 적법절차는 주에게 위헌적인 재산권 박탈에 대한 사후의 소급적인 구제수단을 마련할 의무를 지운다고 한다.[171]

　다만 이에 대하여 반대의 견해가 없는 것은 아니다. 우선 헌법재판소 1994. 6.30. 선고 92헌바23 결정[172]의 다수의견은, 일반적으로는 행정처분의 근거가 되는 법규범이 상위 법규범에 위반되어 무효인가 하는 점은 그것이 헌법재판소 또는 대법원에 의하여 유권적으로 확정되기 전에는 어느 누구에게도 명백한 것이라고 할 수 없으므로 원칙적으로 행정처분의 당연무효사유에는 해당할 수 없다고 하면서도, 행정처분 자체의 효력이 쟁송기간 경과 후에도 존속 중인 경우, 특히 그 처분이 위헌법률에 근거하여 내려진 것이고 그 행정처분의 목적달성을 위하여서는 후행 행정처분이 필요한데 후행 행정처분은 아직 이루어지지 않은 경우, 그 행정처분을 무효로 하더라도 법적 안정성을 크게 해치지 않는 반면에 그 하자가 중대하여 그 구제가 필요한 경우에 대하여는 예외를 인정하여 이를 당연무효사유로 보아서 쟁송기간 경과 후에라도 무효확인을 구할 수 있는 것이라고 보아야 한다고 하였다.[173]

　또한 일반적으로 위헌인 법률에 근거한 행정처분은 무효로 보아야 한다는 주장도 있다. 즉 하자론에 있어서 명백성은 중대성에 대한 보충적인 입장의 것이고, 법률에 대한 위헌결정이 있는 경우에 그 위헌결정의 효력이 미치는 범위 내에서는 당해 법률은 효력면에서 무(無)의 상태에 있는 것이며, 설혹 유효한 법률인 것처럼 일시 시행된 일이 있었다고 하더라도 그 시행은 허상(虛像)의 시행에 불과하고, 위헌인 법률에 근거한 처분은 취소의 대상이 되는 데 그친다면 위헌인 법률에 의거한 행정처분을 시정할 수 있는 가능성은 매우 희박한 것이 되지 않을 수 없고 결과적으로 위헌적인 행정관계입법과 그 집행을 묵인하는 일이 되며, 위헌인 법률의 입법행위나 그 집행으로서의 행정처분은 모두 법치주의의 요구에 반하는 것임에 비추어 반법치주의적인 행위에 의한 국민의 권익침해에 대

---

171) 113 S.Ct. 2519(1993).

172) 헌판집 제6권 1집 592면 이하.

173) 이를 지지하는 견해로는 이석연, "현행 헌법재판제도와 헌법소송실무", 인권과 정의 1996. 1(제233호), 20면. 여기서는 그 근거로서, 행정처분 무효원인과 취소원인의 구별이 상대적이라는 점, 제소기간 및 행정행위의 공정력이 행정법적 안정성을 토대로 인정된 것이고 법적 안정성도 공공업무의 계속성 원칙으로 표현되는 공익목적 달성이라는 행정의 존재근거의 수단적 의미라는 점에서 볼 때 대법원의 판례이론은 중요한 헌법적 문제의 해명을 그 사명으로 하는 구체적 규범통제제도의 실효성 확보차원에서 재검토할 필요가 있다고 한다. 다른 한편 위 헌법재판소 결정에 대한 비판은 윤진수(주 25), 468–470면 참조.

한 구제의 관점에서 보더라도 위헌법률에 의거한 행정처분의 효력은 일반하자론과는 다른 차원에서 부정되어야 한다고 한다.[174]

이 이외에, 행정처분의 근거법률이 그 후 위헌결정으로 무효로 된 경우 당해 행정처분의 효력에 관해서 일률적으로 결정할 수는 없고, 법적 안정성과 구체적 타당성을 비교교량하여 구체적인 경우에 따라 결정하여야 할 것이라는 설도 있다.[175] 이 설은 그 근거로서, 위헌결정의 소급효 인정 여부는 구체적인 사건에 따라 법적 안정성과 구체적 타당성을 비교교량하자는 것이므로 당해 행정처분의 무효 여부도 동일하게 생각하여야 하고, 위헌결정의 소급효 여부는 이론적으로 결정될 문제는 아니고 정책적인 문제이며, 어떤 위헌결정이 나왔을 때 그것이 어떠한 법규정에 대하여 어떠한 근거에서 나온 것인가를 구별하여 위헌결정의 소급효 여부를 결정할 필요가 있고, 헌법의 규정은 다소 추상적이어서 법률의 조항이 위헌인지 여부를 명백히 알기 힘들기 때문에 하자의 명백성이라는 면에서 볼 때도 일률적으로 단정하기 어렵다는 점 등을 들고 있다.[176]

물론 위헌인 법률에 근거한 행정처분의 효력이 항상 취소할 수 있는 것에 불과하고, 당연무효인 경우는 배제된다고 할 수는 없다. 중대명백설에 의하여 행정처분의 당연무효 여부를 판단한다 하더라도, 위헌인 법률에 근거하였다는 하자가 항상 명백한 것이 아니라고 단정할 수는 없기 때문이다. 예컨대 법률에 대하여 위헌결정이 내려졌음에도 불구하고 그 법률에 근거하여 행정처분이 행하여진 경우라든지, 아직 위헌으로 결정되지는 않았지만 위헌으로 결정된 법률과 내용상 차이가 없어서 누구나 곧 위헌으로 결정될 것을 쉽게 알 수 있는 법

---

174) 이상규, "위헌법률에 의거한 행정처분의 효력", 판례연구 제9집, 서울지방변호사회, 1996, 25면 이하, 특히 30-33면 참조.

175) 이기중(주 29), 596면 이하.

176) 그러나 위헌인 법률에 기한 행정처분이 무효인지 여부는 위헌결정에 소급효가 인정됨을 전제로 하는 것이므로(그러나 나현, "위헌(위법)인 법률, 명령, 규칙(조례)에 근거한 행정행위의 효력", 사법연구자료 23(1996), 396면은 법률에 대한 위헌결정이 내려진 경우 그 위헌결정 이전에 그 법률에 근거하여 발하여진 행정행위의 효력을 어떻게 볼 것인지는 위헌결정의 소급효 인정 여부 등의 문제와 반드시 논리적 연관성이 있는 것으로 볼 수 없다고 한다} 위의 설명은 차원이 다른 문제를 동일한 평면에 놓고 해결하려 한다는 비판의 소지가 있다. 그리고 위 설에서는 행정처분의 근거가 된 명령, 규칙이 무효라고 선고된 경우 그 행정처분은 무효라고 보아야 한다고 주장하면서, 그렇게 보더라도 과세처분에 관한 명령, 규칙이 무효로 되는 많은 경우 이는 과세처분은 가능한데 과세표준의 산정이 잘못된 것이어서 하자의 중대성의 요건을 충족하는 것이 아니므로 법적 안정성을 해치는 경우는 그리 많지 않다고 하나, 과세표준의 산정이 잘못된 것이 일률적으로 하자의 중대성의 요건을 충족시키는 것이 아니라고 말할 수 있는지도 의심스럽다.

률[177)에 근거하여 행하여진 행정처분은 당연무효로 볼 수 있을 것이다. 그러나 이러한 극단적인 경우가 아닌 한 법적 안정성의 관점에서 위헌법률에 근거한 행정처분을 쉽게 무효라고 하여서는 안 될 것이다.

이러한 위헌인 법률에 근거한 행정처분의 효력 문제를 위헌인 법률의 효력에 관한 취소설과 관련시켜 설명한다면, 행정처분의 근거가 되는 법률이 위헌이라 하여도 그것이 위헌결정이 있기까지는 무효가 아니며, 행정청으로서는 위와 같이 유효한 법률의 집행을 거부할 수는 없으므로, 유효한 법률에 근거하여 이루어진 행정처분이 사후에 그 법률이 위헌으로 결정되었다는 이유로 당연히 무효로 되거나 또는 소급적으로 그 효력을 상실한다고 보기는 어려운 것이다.[178) 다만 앞에서 예로 든, 동일한 내용의 다른 법률에 대하여 이미 위헌결정이 있었다고 하는 것과 같이 위헌임이 명백하게 밝혀진 경우에는, 행정청으로서도 그러한 법률에 기하여 행정처분을 하는 것을 중지하여야 할 의무가 있다고 보아야 할 것이고, 따라서 이러한 의무에 위반한 경우에만 행정처분을 당연무효로 볼 수 있는 것이다.

반면 위헌인 법률은 당연무효라고 보는 견해에서는, 위헌법률에 기한 행정처분이 무효가 아닌 이유를 설명하기 위하여 이른바 "규범에 대한 개별행위 독자성의 원칙", 즉 규범은 무효라 하더라도 그에 기한 개별처분은 반드시 무효가 아닐 수 있다는 이론을 내세우고 있다.[179) 이에 따르면 서로 모순되는 내용의 두 가지 규범에 다 같이 효력을 인정하는 것은 법질서의 통일성을 부분적으로 파괴하는 것인 반면, 헌법에 모순되는 개별처분은 법질서에 모순되는 것이기는 하지만 개별처분의 효력근거가 규범과는 다르기 때문에,[180) 반드시 법질서의 통일성을 파괴하는 것은 아니라는 것이다.

위와 같은 개별행위 독자성의 원칙의 근거를 다음과 같이 설명하는 견해도 있다. 즉 사후적인 규범통제제도로서의 위헌법률심사제도의 특성상 위헌법률에 기한 행정처분이 발하여질 당시 근거법률은 당연무효이기는 하지만, 근거법률에

---

177) 이른바 병행규범(Parallelnorm).
178) 윤진수(주 25), 466면 참조.
179) Ipsen(주 50), S. 129, 177 ff., 276 ff.
180) 이 점에 대한 설명은 Ipsen(주 50), S. 177 ff., 특히 S. 188 ff. 참조. 이는 요컨대 법규범이 서로 모순되는 경우에는 법규범의 수령자(Adressat)는 서로 모순되는 규범의 명령을 받게 되지만, 개별처분의 경우에는 법규범이 개별처분을 통하여서만 구체화(전환, Umsetzung)되기 때문에, 개별처분의 수령자가 서로 모순되는 내용의 지시를 받는 것은 아니라는 것이다.

대한 위헌여부의 확인이 이루어진 상태가 아니었으므로 개별행위 독자성의 원칙이 적용되어야 함은 당연하고, 또 행정처분을 발한 행정청은 근거법률에 대한 독자적인 위헌결정권이나 적용배제권은 부여되지 않았으므로, 행정청은 근거법률의 위헌이 헌법재판소의 유권적인 절차에 의해 확정되었다 하더라도 당해 법률을 계속 적용해야 할 의무를 부담하므로, 행정처분이 근거법률의 위헌결정 이전에 발하여졌을 경우에도 당해 처분은 당연무효로 보아서는 안 되고 취소할 수 있는 것으로 보아야 한다는 것이다.[181]

그러나 이와 같은 설명이 반드시 설득력이 있는 것인지는 의문이다. 이러한 설명은 결국 위헌법률의 위헌 여부는 헌법재판소의 결정이 있어야만 판명되고 따라서 위헌인 법률이라도 위헌결정이 있을 때까지는 유효하다는 것과 큰 차이가 없기 때문이다.[182]

나. 판례의 저촉 여부

그런데 대법원 1993. 2. 26. 선고 92누12247 판결[183]은, 헌법재판소가 1989. 12. 28. 국가보위입법회의법 부칙 제4항 후단을 위헌이라고 결정한 경우에, 그 위헌결정의 효력은 위헌결정 이후에 제소된 다른 사건에도 미치므로 위헌결정된 위 법규정에 의하여 이루어진 원고에 대한 1980. 11. 16.자 면직처분은 당연무효의 처분이 된다고 하였다. 그리고 대법원 1991. 6. 28. 선고 90누9346 판결[184] 및 대법원 1993. 1. 15. 선고 91누5747 판결[185] 등도 모두 위 법조항에 근거하여 이루어진 면직처분이 당연무효임을 전제로 하여 판단하였으며, 위헌인 법률에 근거하여 이루어진 행정처분이 당연무효가 아니라고 한 위 대법원 1994. 10. 28. 선고 92누9463 판결(주 24) 이후에 선고된 위 대법원 1996. 7. 12. 선고 94다52195 판결(아래 주 192)도 위 국가보위입법회의법 부칙 제4항 후단에 기한

---

181) 남복현(주 29의 헌법재판연구), 274-277면.
182) 입젠은 개별처분과 직접적으로 효력을 가지는 기본권 사이의 충돌이 가능하지 않은가 하는 문제에 대하여, 기본권의 직접적 효력은, 그것이 법률에 의하여 매개될 필요가 없다는 것을 의미할 뿐, 행정법원의 판결이나 "내적 포섭(innere Subsumption)"과 같은 개별처분에 의한 전환필요성(Umsetzungsbedürftigkeit)을 배제하는 것은 아니기 때문에 그러한 충돌은 있을 수 없다고 주장하나(주 50, S. 191), 그러한 논리대로라면 헌법의 해석도 헌법재판소의 결정이라는 개별처분을 필요로 하기 때문에 헌법과 법률 사이의 충돌은 없는 것이라고 하여야 할 것이다.
183) 공보 1993, 1100면.
184) 공보 1991, 2056면.
185) 공보 1993, 735면.

면직처분을 당연무효라고 보았다. 그렇다면 위와 같은 판례들은 위헌인 법률에 근거한 행정처분이 당연무효가 아니라고 한 판례와는 서로 모순되는 것인가?

이러한 판례를 설명하는 한 가지 방법은, 판례는 처음에는 위헌인 법률에 근거한 행정처분이 당연무효라고 볼 경우의 생기는 문제점을 인식하지 못하여 이를 당연무효라고 하다가, 그 후 문제점을 인식하여 이러한 행정처분도 당연무효가 아니라고 그 태도를 바꾼 것이라고 하는 것이다. 그러나 이는 당연무효가 아니라고 한 판례들이 전원합의체에 의한 판례변경의 절차를 거치지 않았을 뿐 아니라, 당연무효가 아니라고 한 판례가 나온 후에 다시 당연무효라고 한 판례가 나타난 점을 제대로 설명하지 못한다.

그러므로 대법원은 위와 같은 판례들이 서로 모순되는 것이 아니라고 인식하고 있다고 설명할 수밖에 없다. 그러면 왜 대법원은 왜 국가보위입법회의법 부칙 제4항 후단에 의한 면직처분은 당연무효로 본 것일까? 이에 대한 한 가지 가능한 설명은, 위 국가보위입법회의법 부칙의 규정은 헌법 제7조 제2항이 규성하는 공무원의 신분보장에 어긋남이 명백하므로, 위 부칙에 근거한 면직처분 또한 그 하자가 중대 명백하여 당연무효라고 하는 것이다.[186]

또 다른 설명으로서는, 제5공화국 헌법 부칙 제5조 제2항은 "국가보위입법회의가 제정한 법률과 이에 따라 행하여진 재판 및 예산 기타 처분 등은 그 효력을 지속하며, 이 헌법 기타의 이유로 제소하거나 이의를 할 수 없다"고 규정하고 있어, 헌법 자체가 구 국가보위입법회의법 부칙을 위헌법률심사의 대상에서 재판에 의하여 그 효력을 다툴 수 없도록 하고 있었으므로 위 면직처분에 의하여 면직된 당사자들이 면직처분에 대한 취소소송을 제기하는 것 자체가 헌법적으로 불가능하였고, 위 구 헌법 부칙이 폐지된 이후에야 그 효력을 다툴 수 있었던 특수한 사정이 있었으므로 판례가 이러한 특수한 사정을 고려하여 예외적으로 위헌인 법률에 근거한 행정처분이 당연무효인 경우로 보았다는 것이다.

다. 위헌인 법률에 근거한 행정처분의 집행 문제

다른 한편 위헌인 법률에 근거한 행정처분이 당연무효는 아니라고 하면서도, 행정처분이 있은 후에 그 근거법률에 대하여 위헌결정이 내려졌으면 위 행정처분의 집행은 허용되어서는 안 되고, 위헌결정시점 이후에는 위헌법률에 근거한

---

186) 후술 주 195)의 본문 참조.

처분의 존속력을 부인하고 집행을 중지함이 타당하다는 견해가 있다.[187] 이는 대체로 독일 헌법재판소법 제79조 제2항의 규정취지를 그와 같은 규정이 없는 우리나라에서도 해석론으로서 인정하려는 것인데, 이 설은 그 근거로서, 그와 같이 보지 않으면 법률의 위헌결정은 법원을 비롯한 모든 국가기관을 기속한다는 법 제47조 제1항에 정면으로 배치되고, 법 제47조 제2항의 규정된 위헌결정의 결정일로부터의 효력상실의 의미도 결정일 이후에는 더 이상 위헌법률이 법률관계의 정당성을 제공하는 논거로 사용될 수 없음을 의미한다고 주장한다.

그러나 위와 같은 논거는 그 자체가 위 논자가 주장하는 개별행위 독자성의 원칙과는 잘 어울리지 않는다. 즉 위헌인 법률에 근거한 행정처분이라 하여도 일단 취소소송의 제소기간이 경과하여 불가쟁력을 쟁취하였다면 더 이상 다툴 수 없는데, 이는 행정처분의 확정력이라는 법리에 근거한 것으로서 근거법률이 위헌인지 여부와는 관계없는 것이다. 따라서 이러한 행정처분의 집행을 허용하는 것은 위헌결정의 기속력과는 관계없는 것이고, 그 정당성의 논거로서 위헌법률을 주장하는 것도 아닌 것이다. 물론 입법론적으로는 위헌으로 결정된 법률에 근거한 행정처분의 집행을 허용하지 않는 것이 바람직하겠으나, 해석론상으로는 명문의 규정이 없는 이상 그와 같이 해석할 수 있는지 의문이고, 이러한 경우의 구제는 위법성의 승계 이론의 범위 안에서 행해질 수밖에 없다.[188]

4. 기타의 문제

가. 일반론

앞에서 살펴본 것처럼 법원의 판결 또는 행정처분이 있는 경우에는, 위헌결정의 소급효로 인한 법적 불안정의 문제는 확정판결의 기판력이나 행정처분의 확정력 등 기존의 정비된 법리를 원용함으로써 해결될 수 있다. 그러나 이 이외의 경우에는 반드시 적용될 수 있는 법원칙이 명확하지 아니하다. 그렇지만 추상적으로는 독일에서 논하는 것처럼 이는 각 문제되는 개별 법영역상의 원칙에 의하여 규율되어야 하고,[189] 위헌인 법률에 대한 당사자의 신뢰보호가 문제되는 경우에는 당사자는 법원이 종전의 법률에 따라 재판할 것을 청구할 수는 없으

---

187) 남복현(주 29의 헌법재판연구), 280-283면.
188) 위헌법률에 기한 행정처분에 있어 위법성의 승계 이론에 대하여는 윤진수(주 25), 468-470면 참조.
189) Pestalozza(주 55), §20 Ⅵ 137(S. 358). 주 65 참조.

며, 다만 실체법상의 법률관계를 판단함에 있어서 이러한 신뢰를 고려하여야 한다고 말할 수 있다.

예컨대 어떤 행위에 대하여 형사적인 면책을 부여한 법률이 있었고 당사자는 그 법률을 신뢰하여 행동하였는데, 사후에 그 법률이 위헌으로 결정되었다면, 그 당사자는 결과적으로 형사처벌의 대상이 되는 행위를 한 것이 되겠지만, 그 당사자로서는 그 행위의 위법함을 알지 못한 데 정당한 사유가 있었다고 주장하여(형법 제16조 참조) 처벌을 면할 수 있는 것이다.[190]

또 다른 예를 든다면 위헌인 법률을 신뢰하고 행동한 자에 대하여 불법행위책임을 묻는 경우에도, 당사자로서는 그 법률을 신뢰한 데 과실이 없었다고 주장함으로써 불법행위책임을 면할 수 있는 것이다.[191] 다만 위헌인 법률을 제정한 데 대하여 국가에 대하여 불법행위책임을 물을 수 있는가 하는 점은 이와는 다소 다른 문제이다. 일반론으로서는 입법자가 헌법에 어긋나지 않는다고 믿고 법률을 제정하였는데 사후에 헌법재판소가 그 법률을 위헌으로 결정하였다고 하더라도 그것만으로 바로 입법자에게 과실이 있다고 하기는 어려울 것이나, 입법자가 위헌성이 명백함에도 불구하고 위헌인 내용의 법률을 제정하였다고 하는 예외적인 경우에까지 국가배상책임을 부정할 수는 없을 것이다.

대법원 1996. 7. 12. 선고 94다52195 판결[192]은, 공무원의 신분보장에 관한 헌법규정(구 헌법 제6조 제2항, 헌법 제7조 제2항)에 어긋나 위헌인[193] 국가보위입법회의법(1980.10.28. 법률 제3260호) 제4항 후단[194]에 근거하여 면직된 공무원들

---

190) 판례의 변경이 있는 경우에 관하여 Maurer(주 157) 및 김일수(주 156) 참조.

191) 정하중, "입법상의 불법에 대한 국가책임의 문제(특히 서울 민사지법 42부 판결 91가합 84035에 관련하여)", 사법행정 1993. 3(제387호), 11면은, 아주 예외적인 경우, 즉 명백히 위헌인 경우나 이미 위헌으로 헌법재판소에 의하여 판결된 경우를 제외하고는 법률을 집행하는 공무원은 해당 법률의 적용을 거부할 수 없으므로, 해당공무원이 특정 법률을 스스로 합헌이라고 생각하여 집행한 이후 당해 법률이 헌법재판소에 의하여 위헌으로 밝혀질 경우 집행공무원의 과실은 거의 인정되기 어렵다고 한다. 그리고 미국연방대법원의 Harlow v. Fitzgerald, 457 U.S. 800(1982)도 마찬가지로, 재량적 기능을 수행하는 정부의 공무원은, 합리적인 사람들이라면 당연히 알았을, 명백히 확립된 법률상 또는 헌법상의 권리를 침해한 것이 아닌 한 민사상 손해배상책임으로부터 보호된다고 한다. 이에 대한 분석으로서는 Fallon and Meltzer(주 128), pp. 1820 ff. 참조.

192) 공보 1996하, 2462면.

193) 이 점에 관하여는 이미 헌법재판소의 위헌결정이 있었다. 헌법재판소 1989. 12. 18. 선고 89헌마32, 33(병합) 결정(헌판집 제1권, 329면).

194) 제4항의 규정은 다음과 같다. "이 법 시행당시의 국회사무처와 국회도서관은 이 법에 의한 사무처 및 도서관으로 보며, 그 소속 공무원은 이 법에 의한 후임자가 임명될 때까지 그 직을 가진다."

이, 위 면직처분이 불법행위에 해당함을 이유로 국가를 상대로 하여 제기한 손해배상청구소송에서 국가의 국가배상책임이 인정됨을 전제로 하여, 그 소멸시효가 완성되었다고 본 원심판결을 파기하였다.

학설로서도, 명확성과 예측가능성에 있어서 다른 일반법률과 기본적 차이가 있고 개방성을 본질적 특성으로 하는 헌법의 해석상 어려움과 입법자의 폭넓은 형성의 자유를 감안하여 볼 때 위헌법률의 의결에 참여한 국회의원의 과실을 입증하기란 매우 어렵지만, 입법자의 형성의 자유는 비록 구체화하기는 어렵다 하더라도 엄연히 헌법이 설정한 한계 내에 있으며 특히 입법과정 중에 그 위헌성이 여론 또는 법안에 반대하는 국회의원들에 의하여 지적된 경우 또는 그 심각한 하자 때문에 명백한 위헌법률의 제정의 경우에는 과실을 인정할 수 있다고 하면서, 위 국가보위입법회의법 부칙 제4항은 헌법상 보장된 공무원의 신분보장을 본질적으로 침해하는 명백한 위헌인 법률로서 입법에 종사한 입법회의 의원들에게는 그 위헌성을 식별하는 데 아무런 어려움이 없었고 따라서 당시 국가보위입법회의법을 의결한 의원들의 과실은 쉽게 인정할 수 있다고 하는 주장이 있다.[195]

이밖에도 예컨대 민사법의 경우에는 행위기초론이나 권리남용과 같은 제도가 활용될 수 있다.[196]

이처럼 위헌인 법률의 소급효를 인정할 경우에 그에 어떠한 법률효과를 부여할 것인가 하는 점은 헌법문제라기보다는 법률문제이므로, 이는 기본적으로 헌법재판소 아닌 일반 법원의 임무라고 할 것이고, 이에 관한 직접적인 법률의 규정이 없는 경우라 하여도 법원으로서는 일반적인 법원리에 근거하여 이 문제를 해결하여야 하는 것이다.

나. 대법원 1994. 10. 25. 선고 93다42740 판결에 대하여

이러한 점에서 위 대법원 1994. 10. 25. 선고 93다42740 판결(주 18)을 주목할 필요가 있다. 이 판결은 헌법재판소가 구 국세기본법(1974. 12. 21. 법률 제2679호) 제35조 제1항 제3호 중 "으로부터 1년"이라는 부분은 헌법에 위반된다고 선고하자,[197] 금융기관인 원고가, 그 결정이 있기 전인 1985년 10월부터 1989년 12월까지 사이에 피고 대한민국이 원고가 근저당권을 취득한 부동산의

---

195) 정하중(주 191), 10-11면.
196) H. Maurer(주 157), S. 272 ff.; Oltzen, "Die Rechtswirkungen geänderter höchstrichterlicher Rechtsprechung in Zivilsachen", JZ 1985, 155 ff. 등.
197) 주 28) 참조.

경매절차에서 위 위헌으로 선고된 부분에 근거하여 원고의 근저당권 설정 이후
에 납부기한이 도래한 국세 상당을 경락대금으로부터 교부받은 것이 부당이득이
라 하여 그 반환을 청구한 것이다. 대법원은 위헌결정의 소급효는 일반적으로
인정된다고 하면서도, "법원이 위헌으로 결정된 법률 또는 법률의 조항을 적용
하지는 않더라도 다른 법리에 의하여 그 소급효를 제한하는 것까지 부정되는 것
은 아니라 할 것이며, 법적 안정성의 유지나 당사자의 신뢰보호를 위하여 불가
피한 경우에 위헌결정의 소급효를 제한하는 것은 오히려 법치주의의 원칙상 요
구되는 바라 할 것이다"라고 판시하여 결국 원고의 부당이득반환청구를 받아들
이지 않았으나, 그 사건에서 과연 구체적으로 어떤 법리에 의하여 위헌결정의
소급효를 제한하는 것인지를 밝히지 않고 있다.

추측컨대 위 판결은 신의성실의 원칙 내지 권리남용의 법리에 의거한 것이
아닌가 생각된다. 이 이외에는 이 판결을 뒷받침할 수 있는 다른 법리를 생각하
기 어렵기 때문이다. 그렇다면 이 판결은 어떠한 이유로 원고의 부당이득반환청
구를 신의칙위반 내지 권리남용에 해당된다고 보았을까? 이에 관하여는 다음과
같은 점을 생각하여 볼 수 있다.

우선 위 사건의 경우에는 국가가 위 위헌결정이 있기 전에 위헌으로 된 국세
우선권 규정에 의하여 받아간 금액이 막대할 것으로 짐작되는데, 이를 전부 반
환하여야 한다는 것은 국가 재정에 엄청난 부담을 주는 것이 되어 현실적으로
커다란 문제가 발생하게 된다. 또 법원에도 국가를 상대로 하는 부당이득반환청
구소송이 폭주하게 되어 소송사태가 벌어질 것이다.

다시 말한다면 위헌으로 선언된 위 국세기본법 규정과 동일한 내용의 법이
실시된 1949년[198]부터 수십 년간에 걸쳐 법원은 위 조항에 따라 국세의 우선권
을 인정하여 와서 국가도 이러한 법률의 규정 내지 법원의 태도를 신뢰하여 왔
고, 국가와는 이해가 상충되는 담보권자의 입장에서도 위 위헌인 법률에 근거하
여 형성된 사실관계가 정당한 것으로 믿어 별다른 권리행사를 하여오지 않았는
데, 이제 와서 그동안 국가가 받아간 것들이 모두 부당이득이라고 하여 반환을
명한다면 이는 당사자가 전혀 예상하지 못했던 사태로서 법적 안정성 내지 신뢰
보호의 원리에 어긋난다고 할 것이다.[199]

---

198) 주 28의 헌법재판소 결정(헌판집 제2권 250면) 참조.
199) Fallon and Meltzer(주 128), p. 1831은, 일반적으로는 새로운 헌법원칙에 근거한 세금의 반

그런데 원고는 이 사건에서, 이처럼 전면적인 반환을 인정한다고 하더라도 위 위헌결정이 있은 때로부터 5년 이전의 것은 소멸시효가 완성되었으므로 반환할 필요가 없고 따라서 그로 인한 법적 혼란을 크게 우려할 필요는 없다고 주장하나, 위와 같이 5년 이내의 것만의 반환을 인정한다고 하더라도 그것만으로도 문제는 매우 심각할 뿐만 아니라, 과연 위와 같은 부당이득반환청구권의 소멸시효가 국가가 배당금을 교부받은 때부터 진행하는가 하는 점도 의심스럽다.[200]

그러므로 대법원은 이처럼 쌍방이 모두 종전의 사실상태가 정당한 것으로 믿고 상당한 기간이 경과한 후에 위 위헌결정이 있음을 계기로 하여 국가에게 부당이득반환을 청구하는 것은 국가에 대하여 기대할 수 없는 것을 요구하는 것으로서 헌법상 법치주의의 원리에서 파생되는 법적 안정성 내지 신뢰보호의 원칙에 어긋난다고 하여 허용될 수 없다고 본 것이 아닌가 생각된다. 특히 피고인 국가의 입장에서 볼 때에는 위 위헌인 국세기본법의 규정에 의하여 국세를 징수하는 것은 단 1회로 끝나는 문제가 아니고 위 규정이 존재하는 한 계속하여 이루어지는 일이었고, 그 관계당사자도 제한된 범위에 국한되는 것이 아니므로 이러한 과거의 오랜 기간의 부당이득을 일시에 반환하라고 명하는 것은 도저히 기대할 수 없는 것으로서 신의성실의 원칙에 반한다고 할 여지가 있다.[201] 다시 말하여, 위와 같은 사정이 있는 경우에 위헌인 법률을 다투려는 자는 상당한 기간 내에 소송을 제기하는 등 구체적인 조치를 취하여야 하고,[202] 그러한 조치를 취

환청구를 인정하여야 하지만, 새로운 헌법원칙이 과거와의 명백한 단절(clear break with the past)인 경우에는 예외를 인정할 수 있다고 한다.
200) 후술 다. 참조.
201) 이 점에 관하여 앞에서 살펴본 독일연방헌법재판소 1972. 3. 14.의 결정(주 58)을 둘러싼 논의가 어느 정도 참고가 된다. 즉 위 결정에서는 연방헌법재판소법 제79조의 규정으로부터, 법률규정이 무효라고 하는 연방헌법재판소의 재판은 형사의 확정판결의 경우를 제외하고는 이미 청산된 법률관계(abgewickelte Rechtsbeziehungen)에는 영향을 미쳐서는 안 된다는 일반적인 법원칙을 이끌어낼 수 있다고 한다. 그러나 위 결정의 결론은 수긍할 수 있다 하더라도 그 논거에 대하여는 의문이 있고, 독일의 학설은 이러한 경우에는 위 연방헌법재판소법의 규정에 의하여 문제를 해결하려고 할 것이 아니라 민법의 해석에 의하여 문제를 해결하려고 하여야 한다고 주장한다. 예컨대 계속적인 법률관계의 경우에는 행위기초론의 원칙이나 계속적 법률관계의 해지 이론에 의하여 처리하여야 하므로 계약은 미래에 있어서 조정되어야 하고 과거의 청산은 원칙적으로는 배제되므로 부당이득 반환청구는 원칙적으로 허용되지 않는다고 한다. Sommerlad, NJW 1984, 1495, 1496; U. Battis, "Der Verfassungsverstoß und seine Rechtsfolgen", in: Handbuch des Staatsrechts, Bd. 7, 1992, S. 165 등 참조.
202) 주 28의 헌법재판소 결정의 계기가 된 사건에서는, 경매법원의 배당절차에서 법원이 구 국세기본법 제35조에 근거하여 경락대금을 국가에 우선배당하자, 근저당권자가 곧바로 배당

하지 않다가 위헌결정이 나자 뒤늦게 이에 편승하려는 것은 허용되지 않는다고 하는 것이다.

물론 이에 대하여는 위의 사건에서는 이러한 일반조항을 내세워 원고의 청구를 배척하는 것은 옳지 않다는 견해도 있을 수 있으나, 위 판결은 적어도 신의칙이나 권리남용의 이론에 의하여, 위헌결정의 소급효를 인정함으로써 일어날 수 있는 법적 불안정성을 방지할 수 있다는 가능성을 보여준 것으로 평가될 수 있다.

다만 이처럼 민법상의 원리인 신의성실의 원칙을 끌어들여 헌법문제인 위헌법률의 소급효를 제한하는 것은 이론적으로 맞지 않는다는 비판이 있을 수 있으나, 신의성실의 원칙도 그것이 헌법적 가치인 법적 안정성 내지 당사자의 신뢰보호에 기여할 때에는 이미 헌법적인 의의를 가지는 것이라고 보아야 할 것이다.[203]

다. 위헌결정의 소급효와 소멸시효

다른 한 가지 문제는 앞에서도 잠시 언급하였듯이, 위헌결정이 있은 경우에 위 법률의 위헌을 이유로 하는 권리의 소멸시효는 언제부터 진행하는가 하는 점이다.

독일에서도 이러한 경우에 일반적인 소멸시효의 규정이 적용될 수 있는 것처럼 설명하는 설이 있기는 하다.[204] 그러나 원칙적으로는 법률의 위헌을 이유로 하는 권리의 소멸시효는 위헌결정이 있을 때까지는 법률의 존재라는 법률상의 장애가 있어 진행하지 않다가 위헌결정이 있은 때에 비로소 이러한 법률상의 장애가 제거되어 그때부터 소멸시효가 진행하는 것으로 보아야 할 것이다.[205]

이 문제는 위헌결정의 성질이 법률이 헌법에 위배됨으로 말미암아 무효인 것을 확인하는 것에 불과한가, 아니면 유효하던 법률의 효력을 상실시키는 형성적인 재판인가 하는 점과도 관련이 있으나(전자의 견해를 취한다면 소멸시효는 위헌결정이 있기 전에도 진행한다고 할 여지가 있는 반면, 후자의 견해를 취할 때에는 소멸시효의 기산점은 행정처분이 취소된 경우와 마찬가지로 위헌결정이 있은 때라고 보게 될 것이다), 설사 위헌인 법률이 당연무효라 하더라도 이러한 당연무효의 법

이의의 소를 제기하고 위 법조항의 위헌을 주장하였다.

203) Maurer(주 157), S. 252 참조.
204) Pestalozza(주 55), §20 Ⅵ 137(S. 358).
205) 곽윤직 편, 민법주해 제3권, 1992, 464면(윤진수 집필) 참조.

률 또한 소멸시효의 진행에 장애가 되는 법률상의 장애에 해당하지 않는다고는 할 수 없다.

대법원 1996. 7. 12. 선고 94다52195 판결(주 166)도 같은 취지에서, "헌법재판소에 의하여 면직처분의 근거가 된 법률규정이 위헌으로 결정되어 위헌결정의 소급효로 인하여 면직처분이 당연무효가 되고 그 면직처분이 불법행위에 해당하는 경우라도, 그 손해배상청구권은 위헌결정이 있기 전까지는 법률규정의 존재라는 법률상 장애로 인하여 행사할 수 없었다고 보아야 할 것이므로 소멸시효의 기산점은 위헌결정일로부터 진행된다 할 것이고, 이러한 법리는 그 법률이 위헌결정 당시에는 실효되었다 할지라도 그 법률규정으로 인한 면직처분의 효력이 그대로 지속되는 경우에도 마찬가지라 할 것이다"라고 판시하였다.[206]

이 점에 관하여는 직접 소멸시효에 관한 것은 아니지만 독일연방헌법재판소 1980. 1. 16. 결정[207]도 참고가 된다고 생각된다. 이 사건의 내용은 다음과 같다. 즉 종전의 국가사회주의로부터 박해를 받은 피해자의 보상에 관한 연방법률(Bundesentschädigungsgesetz, BEG)은 그러한 피해자에 대하여 보상청구권을 인정하면서 그들이 보상을 받으려면 1958. 4. 1.까지 보상신청을 하여야 한다고 규정하고, 그 기간 내에 신청하지 못한 자에 대하여는 예외적으로 신청의 추완을 인정하고 있었다. 그런데 1965. 9. 14. 개정된 위 법률 제150조는 원래의 보상청구권자 중 일정부류에 속하는 사람들의 보상청구권은 위 법률의 최초 시행시기인 1953. 10. 1.까지 원래의 거주지역을 떠난 사람에게만 인정된다고 하여 그 이후에 원래의 거주지역을 떠난 사람들에 대하여는 보상청구권을 소급적으로 박탈하고, 한편 제190조a를 신설하여 그 이전에 유효한 신청을 한 자라도 1967. 3. 31.까지 그 신청서의 기재사항을 보완하지 않으면 권리를 상실한다고 규정하였다. 그러나 위 개정법률 제150조가 어처럼 보상청구권을 소급적으로 박탈한 것은 1971. 3. 23. 연방헌법재판소에 의하여 위헌무효로 선언되었다. 그러자 위

---

206) 다만 위 판결이 종전의 대법원 1991. 7. 12. 선고 90다11554 판결과 마찬가지로, 면직처분이 무효이면 불법행위를 이유로 일실보수 상당의 손해배상을 청구할 수 있다고 본 것이나, 일실보수와 일실퇴직금은 보수나 퇴직금을 지급할 날로부터 그 소멸시효가 진행한다고 한 것에는 다 같이 의문이 있다. 전자에 대하여는 박순성, "위법하게 해고된 근로자의 임금청구와 중간수입공제", 민사판례연구 XIV, 1992, 135면 주 1을, 후자에 대하여는 이재홍, "상급자의 지시에 의한 사직서 제출과 진의아닌 의사표시", 민사판례연구 XV, 1993, 42면 이하를 각 참조할 것.

207) BVerfGE 53, 115 ff.

개정전 법률에 따라 보상신청을 한 바 있으나 위 개정법률상으로는 보상청구권
이 인정되지 아니하여 위 개정법률 제190조a에 의한 보완을 하지 아니하였던
사람들(헌법소원청구인들)이 위 위헌선고가 있은 후에 신청서를 보완하고 보상청
구를 하였다. 주 고등법원이나 연방대법원은, 이들은 위 개정법률이 정한 기간
내에 보완을 하지 않았으므로 권리를 상실하였다고 하면서, 그들에 대하여 보상
청구권을 부정하는 법률이 있었어도 이 법률의 합헌성에 관하여는 의문이 많았
던 점 등을 감안하면 위헌인 법률에 의하여 보상청구권이 부정된 자라고 하여 위
보완기간을 준수하지 않아도 권리가 소멸하지 않는 것은 아니라고 판시하였다.

　이에 대하여 연방헌법재판소는, 법치국가의 원리에는 실효적인 권리보호와
신뢰보호의 원칙이 포함되어 있는데, 어떤 법률이 개인의 공권력에 대한 급부청
구권을 부당하게 박탈하여 위헌으로 선고되었다면 그 후에 실체적 청구권을 뒤
늦게 관철하는 것을 절차상의 장애로 어렵게 하는 것은 실효적인 권리보호의 요
청과는 부합되지 아니하고, 법률이 합헌이라고 신뢰한 자는 보호받아야 한나고
하면서, 위 개정된 법률 제150조가 소급적으로 위헌으로 됨으로써 헌법소원 청
구인들의 권리가 처음부터 존재하는 것으로 되었다고 하더라도 위헌선고 전에는
청구인들에게 요구할 수 없었던 것을 사후에 요구할 수는 없고, 실효적인 권리
보호가 이루어지려면 헌법재판소에 의하여 법률상황이 명확하게 된 후에 청구권
이 실현될 수 있어야 한다고 하였다. 그리고 청구인들로서는 위헌인 법률 때문
에 권리구제절차를 밟을 수 없었으므로 위헌적인 권리박탈에 불복하지 아니하고
있었다고 하여 기한도과의 결과를 수인하여야 하는 것도 아니라고 하면서, 주
고등법원과 연방대법원의 판결은 결과적으로 일반국민이 법률이 위헌임을 믿을
것을 요구하는 것이 되나 이는 법치국가의 원리에 부합하지 아니하고, 오히려
일반국민은 법률이 헌법에 합치한다고 신뢰하여야 하며 이는 그 법률이 사후에
위헌으로 밝혀졌어도 마찬가지이고, 확정된 재판이나 행정처분이 있는 경우나
완전히 종결된 법률관계의 경우에만 위헌결정의 효력이 미치지 않는 것인데 이
사건은 그러한 경우에 해당하지 않는다고 하여 헌법소원을 인용하였다.

　다만 이처럼 소멸시효의 기산점을 위헌결정이 있은 때라고 본다면 앞에서 본
것처럼 일정한 기간 내에 권리를 행사하지 않은 자의 권리행사를, 그것이 소멸
시효에 걸리지 않는데도 신의칙 위반 내지 권리남용에 해당한다고 하여 배척하
는 것과는 조화되지 않는가 하는 의문이 있을 수 있으나, 신의칙 위반 내지 권

리남용에의 해당 여부는 개별적 사정에 따라 예외적으로 인정되는 것이므로, 양자가 반드시 모순되는 것이라고는 할 수 없다.

Ⅶ. 결   론

1. 요   약

이 글의 결론에 갈음하여, 이 글의 중요한 요지를 다시 한 번 요약하여 본다.

가. 위헌인 법률이라 하여 당연무효인 것은 아니고, 헌법재판소의 위헌결정이 있어야만 그 효력을 상실한다(위 Ⅳ.).

나. 그러나 위헌결정의 소급효는 헌법 제103조, 제27조 제1항, 제10조 후단, 제11조 제1항에 의하여 당연히 인정되어야 하는 것이다. 이는 법원이 법을 만드는 것이 아니라 법을 발견한다는 관점에서도 뒷받침된다(위 Ⅴ.).

다. 이처럼 위헌결정의 소급효가 인정됨으로써 생길 수 있는 법적 불안정성은, 그 위헌결정으로 인한 법률관계에 어떤 법률효과를 인정할 것인가 하는 방법으로 해결될 수 있다. 특히 확정판결의 기판력, 행정처분의 확정력 등의 법리가 많은 경우에 해결책이 될 수 있다(위 Ⅵ.).

2. 순수장래효의 문제

그러나 이제까지 언급하지 않은 문제로는, 위헌결정의 순수한 장래효는 과연 허용되지 않는가 하는 점이 있다.[208] 여기서는 더 이상 이를 다룰 여유가 없으므로 이에 대하여는 다른 기회로 미루고자 한다.

〈재판자료 제75집, 법원도서관, 1997〉

〈추기〉

1. 헌법재판소는 이 글에서 언급한 1993. 5. 13. 선고 92헌가10 등 결정 외에도 2000. 8. 31. 선고 2000헌바6; 2001. 12. 20. 선고 2001헌바7, 14 결정;

---

208) Fallon and Meltzer(주 128), p. 1797 ff.도 비소급효(non-retroactivity)가 법원은 "사건과 분쟁(cases and controversies)"을 재판하도록 규정하고 있는 미국헌법 제3조에 의하여 금지되는 것은 아니라고 주장한다.

2008. 9. 25. 선고 2006헌바108 결정에서 모두 위 82헌가10 등 결정을 인용하면서 헌법재판소법 제47조 제2항 본문이 위헌이 아니라고 하였다. 그러나 위 2006헌바108 결정에서 조대현 재판관의 반대의견은, 위헌법률의 효력을 헌법재판소의 위헌심판이 선고된 이후부터 부인한다면, 위헌선고가 있기 전에는 헌법에 위반되는 법률의 규범력을 허용하는 셈이어서 헌법의 최고규범성을 해치게 되고, 헌법의 최고규범력을 보장하기 위해서는 법률의 위헌성이 생긴 때부터 위헌법률의 효력을 부정함이 마땅하므로, 위헌결정의 소급효를 제한하는 것은 위헌법률에 따른 법률관계가 확정되고 완결되어 그 법적안정성을 보호할 필요성이 헌법의 최고규범력을 확보할 필요성보다 더 중대한 경우로 제한되어야 한다는 이유로, 헌법재판소법 제47조 제2항 본문에 대하여 헌법불합치결정을 선고하여야 한다고 주장하였다.

2. 2014년 개정 전의 헌법재판소법 제47조 제3항은 형벌에 관한 법률 또는 법률의 조항이 위헌으로 선고된 경우에는 그에 근거한 유죄의 확정판결에 대하여는 재심을 청구할 수 있다고만 규정하고 있었다. 그런데 2014. 5. 20. 법률 제12597호로 개정된 헌법재판소법 제47조 제3항은, 형벌에 관한 법률 또는 법률의 조항은 소급하여 그 효력을 상실하지만, 해당 법률 또는 법률의 조항에 대하여 종전에 합헌으로 결정한 사건이 있는 경우에는 그 결정이 있는 날의 다음 날로 소급하여 효력을 상실한다고 규정하여, 소급효가 미치는 범위를 제한하였다. 헌법재판소 2016. 4. 28. 선고 2015헌바216 결정은 위 개정 조항이 위헌이 아니라고 하였다.

3. 위헌인 법률에 근거한 행정처분의 집행 문제(위 Ⅵ. 3. 다.)에 관하여, 대법원 2012. 2. 16. 선고 2010두10907 전원합의체 판결의 다수의견은, 조세 부과의 근거가 되었던 법률규정이 위헌으로 선언된 경우, 비록 그에 기한 과세처분이 위헌결정 전에 이루어졌고, 과세처분에 대한 제소기간이 이미 경과하여 조세채권이 확정되었으며, 조세채권의 집행을 위한 체납처분의 근거규정 자체에 대하여는 따로 위헌결정이 내려진 바 없다고 하더라도, 위와 같은 위헌결정 이후에 조세채권의 집행을 위한 새로운 체납처분에 착수하거나 이를 속행하는 것은 더 이상 허용되지 않고, 나아가 이러한 위헌결정의 효력에 위배하여 이루어진 체납처분은 그 사유만으로 하자가 중대하고 객관적으로 명백하여 당연무효라고 보아야 한다고 판시하였다. 반면 위 판결의 반대의견은, 과세처분의 근거규정에

대한 헌법재판소의 위헌결정이 있었다는 이유만으로 체납처분이 위법하다고 할
수는 없다고 하였다.

6. 보존음료수의 판매제한조치의 위헌 여부

— 대법원 1994. 3. 8. 선고 92누1728 판결

(법원공보 967호 1197면 이하) —

〈사건의 개요〉

1. 기본적 사실관계

이 사건의 개요는 대상판결의 앞부분에서 요약하고 있는 것과 같다. 즉 원고들 8개 회사는 피고인 보건사회부장관으로부터 1976. 1. 23.에서 1987. 6. 23.까지 사이에 전량수출 또는 주한외국인에 대한 판매에 한함이라는 조건(다만 원고 중 1인은 전량수출이라는 조건)하에 각 보존음료수의 제조허가를 받았다. 그런데 원고들은 1990. 7. 경 위 허가조건을 위반하여 각기 그들이 제조한 보존음료수를 내국인에게 판매하다가 적발되었고, 원고 중 2개 회사는 같은 해 6. 경 실시된 수질검사 결과 그 제조판매한 보존음료수에서 일반세균수가 허용기준치인 1ml당 100마리 이하보다 많이 검출되었으며, 이에 따라 피고는 1990. 8. 30. 원고들에 대하여 각 영업정지 4월에 해당하는 이 사건 과징금 부과처분을 하였고, 그에 대하여 원고들이 위 처분의 취소를 구하는 이 사건 소송을 제기하였다.

2. 원심판결의 요지

그러나 원심판결(서울고등법원 1991. 12. 12. 선고 90구20611 판결)은 대체로 다음과 같은 이유로 원고들의 청구를 기각하였다.

가. 피고가 위 보존음료수 제조업허가를 하면서 붙인 전량수출 또는 주한외

국인에 대한 판매에 한함이라는 위 허가조건은 법령이 직접 특정한 행정행위의 효과 또는 효력을 제한하기 위하여 부과한 이른바 법정부관으로서 허가관청의 재량으로 붙이는 부관과는 그 성질을 달리하므로 부관부과에 관한 목적한계, 비례·평등의 한계 일탈이라는 문제는 생기지 않는다.

나. 보존음료수를 내국인에게 무제한적으로 판매할 경우 국민으로 하여금 수돗물이 식수로 적합하지 아니하다는 불안감을 가지게 하고 나아가 식수공급행정에 상당한 혼란을 초래할 뿐만 아니라 계층간에 위화감을 조성하여 소득계층 간의 갈등을 심화시킬 가능성이 농후하며, 주한외국인이나 해외근로자에게 보존음료수를 공급하여야 할 필요성이 있고, 맑고 깨끗한 물을 마실 국민의 권리는 다른 방법에 의하여 추구할 수도 있어 보존음료수의 내국인에 대한 판매가 허용되지 않더라도 위 권리의 본질적인 내용이 침해당하는 것은 아니며 원고들의 영업의 자유의 본질적인 내용을 침해한다고는 볼 수 없고, 원고들이 정수기제조업자에 비하여 상대적으로 불이익한 대우를 받는 결과가 된다고 하더라도 그것이 합리적인 근거가 없는 것이라고 보기는 어려우며, 위와 같은 공공복리를 위한 법률상의 제한으로써 국민의 행복추구권, 소비자선택권 및 평등권의 본질적인 내용이 침해된다고도 볼 수 없어 위 허가조건은 헌법에 위배되지 않는다.

다. 원고들 2인이 제조판매한 보존음료수에서 공중위생법 제30조 제2항, 수도법 제4조 등의 규정에 근거하여 마련된 음용수의 수질기준 등에 관한 규칙(1984. 3. 31. 보건사회부령 제744호)에서 정한 일반세균의 허용기준치인 1ml당 100마리 이하를 초과하는 일반세균이 검출된 이상 이는 영업정지 등 행정처분의 대상이 되고, 피고가 위 원고들의 위와 같은 위반에 대하여 영업정지 4월에 갈음하는 과징금을 부과한 것이 재량권을 일탈하거나 남용한 것이라고는 볼 수 없다.

3. 대법원판결의 요지

그러나 대법원은 다음과 같은 이유로 원심판결을 파기환송하였다.

가. 이 사건 고시 및 허가조건의 성질

보건사회부장관의 고시인 식품영업허가기준은 보건사회부장관에게 공익상의 사유로 허가를 할 수 없는 업종에 관한 법률의 구체적 내용을 보충할 권한을 부여한 구 식품위생법 제23조의3 제4항 제4호과 결합하여 대외적 구속력이 있는 법규명령으로서의 효력을 가진 것으로서, 원고들이 받은 보존음료수 제조업 허가에 제품을 전량수출하거나 주한외국인에게만 판매하여야 한다는 내용의 허가조건이 붙어있는 것은 이른바 법정부관으로서 본래의 의미에서의 행정행위의 부관은 아니지만, 위 고시 자체가 위헌일 때에는 그 고시가 부과하는 의무를 위반하였다고 하여 과징금의 부과와 같은 제재적 행정처분을 하는 것은 위법한데, 위 고시가 국민의 기본권을 제한하는 것으로서 국가안전보장·질서유지·공공복리를 위하여 필요한 것이 아니거나 또는 이를 위하여 필요한 것이라 하더라도 다른 국민의 자유와 권리를 덜 제한하는 방법에 의하여 그러한 목적을 달성할 수 있든지, 아니면 그러한 제한으로 인하여 국민이 입게 되는 손실이 그 제한에 의하여 달성할 수 있는 공익보다 클 때에는 이러한 제한은 비록 자유와 권리의 본질적인 내용을 침해하는 것이 아니더라도 위헌임을 면할 수 없다.

나. 직업의 자유와 그 제한

헌법 제15조에 의하여 보장되는 직업선택의 자유 가운데에는 원래의 의미에서의 직업선택의 자유뿐만 아니라 직업활동의 자유도 포함되고, 자연인뿐만 아니라 법인도 직업의 자유의 주체가 될 수 있는데, 일반적으로 직업의 자유에 대한 제한이 직업의 선택 자체는 제한하지 않으면서 그 선택한 직업 활동의 태양만을 제한하는 것일 때에는 제한의 정도가 가벼워서 비교적 용이하게 제한의 필요성과 합리성을 긍정할 수 있으나, 형식적으로는 직업활동의 자유를 제한하는 것처럼 보이더라도 실질에 있어서는 직업선택의 자유를 제한하는 것과 다를 바가 없는 정도로 직업활동의 자유를 크게 제한할 경우에는 개인의 자유보다 우월한 매우 중요한 공공의 이익을 보호할 필요가 인정되는 경우에만 그 제한을 합헌적인 것으로 인정하여야 하며, 그 제한이 특정한 행위의 금지를 내용으로 하는 것일 때에는 그 금지가 그 금지의 예외를 인정하는 상대적인 것인지, 아니면 예외를 인정하지 않는 절대적인 것인지에 따라 제한의 정도가 다르므로 그에 따라 합헌 여부의 판단도 달라질 수 있다.

그런데 위 고시는 보존음료수의 잠재적인 판매시장의 거의 대부분을 폐쇄하는 것으로서 직업선택의 자유를 제한하는 것에 못지 않는 큰 제한이고, 국내판매를 완전히 금지하여 그 제한의 정도가 절대적인 것이어서 직업의 자유를 심하게 제한하고 있다.

다. 제한의 목적 및 그 필요성

(1) 위화감의 방지에 대하여

원심이 들고 있는 위화감이라는 것은 보존음료수를 마실 수 없는 사람들도 다른 사람들이 보존음료수를 마시게 되는 것을 보면 일종의 불이익을 입었다는 감정을 느끼게 된다는 일종의 상대적 박탈감(相對的 剝奪感)이라고 이해되는데, 이러한 현상은 그로 인하여 중대한 사회적 불안이 야기된다는 등의 특별한 사정이 없는 한 그 자체를 법률로서 규제할 성질의 것은 되지 못한다. 그렇다고 하여 이러한 상대적 박탈감의 방지를 헌법상 평등원칙에 의하여 정당화할 수도 없다.

(2) 식수공급행정에 대한 혼란의 방지에 대하여

보존음료수의 국내판매를 허용할 경우에는 대다수 국민으로 하여금 수돗물에 대한 불안감을 가지게 하고 나아가 수돗물을 식수로 사용하기를 기피하게 하여 결국 식수공급행정에 상당한 혼란을 초래한다는 것은 그 자체로서는 직업의 자유를 제한할 수 있는 정당한 목적에 해당하기는 하지만 수돗물에 대한 불안감이 보존음료수의 국내판매 그 자체에서 비롯되는 것이 아니라 수돗물의 질을 일반 국민이 믿지 못하는 데서 생긴다고 보아야 할 것이므로 보존음료수의 국내판매와 국민의 불안감 사이에 연관성이 있다고 인정되지 아니하고, 보존음료수의 국내판매와 수돗물에 대한 국민의 불안감 사이에 연관성이 인정된다고 하더라도 보존음료수의 국내판매를 금지하는 것이 수돗물에 대한 국민의 불안감을 해소시키기 위한 필요하고도 적절한 방법이라고 할 수도 없어 위와 같은 목적만으로 보존음료수의 국내판매를 금지하는 것은 직업의 자유를 침해하여 헌법에 위반되고, 이는 식품위생법의 목적에 비추어 보더라도 질서유지나 공공복리를 위하여 꼭 필요하고 합리적인 것이라고 볼 수도 없다.

라. 행복추구권의 침해 여부

인간이 자신이 먹고 싶은 음식이나 마시고 싶은 음료수를 자유롭게 선택할 수 있다고 하는 것은 행복을 추구하기 위한 가장 기본적인 수단의 하나로서 헌법 제10조가 보장하는 행복추구권의 중요한 내용을 이루므로 선택의 자유를 제한하기 위하여는 그럴만한 충분한 이유가 있어야 할 것인데, 위의 고시는 간접적으로 우리 국민이 음료수를 선택하여 마실 행복추구권을 제한하고 있으나, 수돗물에 대한 불안감을 해소시키고 식수공급행정의 혼란을 방지한다는 이유만으로 위와 같은 행복추구권을 제한할 수는 없을 뿐만 아니라, 수돗물에 대한 불안감 조성의 방지라는 정당한 목적을 위하여 보존음료수의 국내판매를 금지하는 것이 유효적절한 수단이라고 인정되더라도 이러한 공공의 목적과 행복추구권이 제한되는 결과를 비교하여 본다면 행복추구권이 제한되거나 침해됨으로 말미암아 국민이 입게 되는 손실이 더 커서 이 점에서도 보존음료수의 국내판매를 금지하는 것은 허용될 수 없다.

헌법 제35조 제1항은 모든 국민은 건강하고 쾌적한 환경에서 생활할 권리를 가진다고 하였으므로 국민이 수돗물의 질을 의심하여 수돗물을 마시기를 꺼린다면 국가는 수돗물의 질을 개선하는 등의 조치를 취함으로써 그러한 의심이 제거되도록 노력하여야 하고, 만일 그것이 단시일 내에 해소되기 어렵다면 국민으로 하여금 다른 음료수를 선택하여 마실 수 있게 하는 것이 국가의 당연한 책무임에도 불구하고 국가가 그와 같은 조치를 취하는 대신 보존음료수의 국내판매만을 금지하는 것은 국민의 환경권을 제한하는 결과가 되어 부당하다.

〈해 설〉

1. 이 사건의 주된 쟁점

이 사건의 첫 번째 쟁점은 우선 이 사건 원고들이 받은 보존음료수(이하 법률적인 용어는 아니나 일반적인 명칭인 "생수(生水)"라고 부르기로 한다) 제조업허가에서 제품을 전량수출 또는 주한외국인에 대한 판매를 목적으로 하도록 하여 내국인에 대한 국내에서의 판매를 금지하고 있는 부대조건을 붙인 것이 위 허가처분의 부관으로서 그 허가처분의 일부분을 이루는 것인가, 아니면 원심이 판시한 것처럼 법정부관으로서 허가처분과는 별개로 보아야 할 것인가 하는 점에 있다.[1] 이는 원고들이 위와 같은 부대조건의 적법 여부를 이 사건 소에서 주장할 수 있는가 하는 문제와 직접 연관이 있다. 그리고 이 점은 위 원고들에 대한 허가의 근거가 된 고시의 법적 성질을 어떻게 파악하는가에 따라 결론이 달라지게 된다.

이 사건의 두 번째 쟁점이자 가장 중요한 쟁점은, 과연 위와 같은 부대조건

---

1) 김성수, "생수판매제한고시의 성격", 법률신문 제2318호(1994. 6. 13), 15면은 이 사건 판결이 행정법적인 논점들을 간과하고 헌법에 의하여 직접 문제를 해결하려고 하고 있다고 비판하지만, 이 사건 허가조건의 성질이 무엇인가 하는 행정법상의 기본적인 논점에 대하여는 전혀 언급하지 않고 있다.

이 유효한 것이고 따라서 피고의 이 사건 과징금부과처분 내지 영업정지처분이 적법한 것인가 하는 점이다. 그 외에 일부 원고들에 대한 처분사유는 세균검출이 한 근거가 되고 있고 따라서 이 부분도 정당한 것인가가 문제될 수 있으나 이 점은 별로 중요한 것은 아닌 것으로 여겨지고 따라서 부수적으로만 언급한다.

2. 내수판매금지조건의 성질

가. 문제의 소재

위 내수판매금지조건의 성질은 1차적으로는 위 조건이 직접 행정쟁송의 대상이 되는가 하는 문제와 관련하여 논의될 수 있다.[2] 만일 이를 원심판결과 마찬가지로 법정부관으로 본다면 위 내수판매금지조건은 독립된 행정처분 내지 그 일부라고는 할 수 없고 따라서 그 취소나 무효확인을 구하는 것은 부적법할 것이고, 이와는 달리 이는 원래의 의미에서의 부관에 해당한다고 본다면 그 무효확인을 구하는 것의 적법 여부는, 그것이 독립된 행정쟁송의 대상이 될 수 있는가에 따라 달라질 것이다.

그러나 이 사건에서는 만일 위 조건이 위 허가처분의 한 내용을 이룬다면, 그 조건의 위법 여부는 그것이 당연무효가 아닌 한 원칙적으로 위 허가처분 당시에 다투거나 기타 다른 방법으로 이를 다투어야지, 위 허가처분을 전제로 하여 그 허가조건 위반을 이유로 하는 과징금부과처분이나 영업정지처분의 취소소송에서 위 부대조건의 위법을 다툴 수는 없다고 하게 될 것이다. 이 점은 판례가 과세처분의 하자가 당연무효가 아닌 한 그 과세처분을 전제로 한 체납처분절차에서 위 과세처분의 하자를 주장하여 체납처분의 효력을 다툴 수 없다고 하고 있는 점[3]에 비추어도 그러할 뿐만 아니라, 만일 위와 같은 허가조건의 위법을 후행의 과징금부과처분취소소송에서 다툴 수 있다고 한다면 허가를 받은 당사자는 결국에 있어서는 허가받은 것 이상의 것을 할 수 있다는 것이 되어 불합리한 결과를 가져오게 된다.

문제를 단순화시킨다면, 이 사건에서의 허가의 부대조건을 외국인에 대한 판

---

2) 이 사건 원고들은 이 사건 소와는 별도로 위 부대조건을 위 허가처분의 부관으로 보아 그 무효확인을 구하는 소송을 제기하였으나, 원심은 이는 법정부관이므로 행정소송의 대상이 될 수 없다고 보아 소를 각하하였고, 그에 대하여 원고들이 상고를 하여 대법원 92누1063 사건으로 계속중이었으나 이 사건 판결이 선고되자 상고를 취하하였다.

3) 대법원 1977. 7. 12. 선고 76누51 판결 등 다수.

매허가만을 받고 내국인에 대한 판매허가는 받지 못한 것과 같이 취급할 때에는, 가사 내국인에 대하여 판매허가를 해주지 않은 것이 위법이라고 하더라도 내국인에 대한 판매허가 없이 내국인에 대한 판매를 한 것은 식품위생법을 어긴 것이 되어 제재를 받아야 하는 것이라는 논리가 성립하는 것이다.

물론 근래의 판례는 동일한 행정목적을 달성하기 위하여 단계적인 일련의 절차로 연속하여 행하여지는 선행처분과 후행처분이 서로 결합하여 하나의 법률효과를 발생시키는 경우, 선행처분이 하자가 있는 위법한 처분이라면 비록 하자가 중대하고도 명백한 것이 아니어서 선행처분이 당연무효가 아니더라도, 후행처분도 선행처분과 같은 하자가 있는 위법한 처분으로 보아 항고소송으로 취소를 청구할 수 있다고 하고 있다.[4] 그러나 이 사건의 경우가 선행처분과 후행처분이 서로 결합하여 하나의 법률효과를 발생시키는 경우라고 보기는 어려울 것이다.

다른 한편 대법원 1994. 1. 25. 선고 93누8542 판결[5]은, 선행처분과 후행처분이 서로 독립하여 별개의 효과를 목적으로 하는 경우에도, 선행처분의 불가쟁력이나 구속력이 그로 인하여 불이익을 입게 되는 자에게 수인한도를 넘는 가혹함을 가져오며 그 결과가 당사자에게 예측가능한 것이 아닌 경우에는, 국민의 재판받을 권리를 보장하고 있는 헌법의 이념에 비추어 선행처분의 후행처분에 대한 구속력은 인정될 수 없다고 하여, 후행처분인 양도소득세부과처분에 대한 취소소송에서 선행처분인 개별공시지가결정의 위법을 주장할 수 있다고 한다. 그러나 이 사건의 경우가 위와 같은 범주에 속한다고 단정할 수 있는지도 의문이다. 즉 생수판매의 금지라는 효과가 선행처분인 생수판매허가에서 직접 나온다고 할 때에는 그 결과가 당사자에게 예측가능한 것이 아니라고 할 수는 없을 것이기 때문이다.

또 위 부대조건이 당연무효인 부관이라면, 당연무효인 부관이 붙은 행정처분은 원칙적으로 부관만 무효가 되어 전체로서는 부관 없는 단순행정행위가 된다는 것이 근래의 통설이므로,[6] 위 허가처분도 부대조건 없는 단순한 허가로 될

---

4) 대법원 1993. 2. 9. 선고 92누4567 판결, 공보 941, 986(안경사 국가시험의 무효처분과 안경사 면허취소처분); 1993. 11. 9. 선고 93누14271 판결, 공보 959, 101(대집행 계고처분과 대집행비용납부명령) 등. 특히 위 최후의 판례에 대하여는 윤영선, "대집행 실행이 완료된 이후 계고처분의 위법을 이유로 대집행비용납부명령의 취소를 구할 수 있는지 여부", 대법원판례해설 제 20호, 243면 이하 참조.
5) 법원공보 964, 849면.
6) 홍정선, 행정법원론(상), 제2판, 373면 참조.

것이나, 과연 위 부대조건이 당연무효라고 볼 수 있는가는 의심스럽다. 설사 위의 부대조건의 근거가 된 고시가 상위법규에 저촉되어 무효라고 하더라도 위 고시에 근거하여 한 행정처분 내지 부관 자체가 당연무효가 된다고 하기는 어려울 것이다. 나아가 위의 통설은 예외적으로 부관이 없었더라면 주된 행위를 하지 않았을 것이라고 인정되는 경우에는 행정행위 전체가 무효로 된다는 예외를 인정하고 있으므로, 이러한 예외에 해당하는지도 문제될 것이다.

그러나 만일 위 부대조건이 위 허가처분의 일부분이 아니고 보건사회부장관의 고시에 의하여 허가를 받은 자에게 직접 부과되는 법률적인 의무라고 본다면, 위 부대조건 자체는 이 사건 허가의 일부분은 아니고 따라서 원고들이 이 사건 과징금부과처분취소소송에서 위 고시의 효력을 다투는 것은 허용될 것이고, 나아가 위 고시가 상위법규에 저촉되어 무효라고 한다면 위 고시에 근거하여 한 이 사건 과징금부과처분 등의 제재적 처분은 위법한 것이 되어 취소되어야 할 것이다.

그러므로 위 부대조건의 성질을 가리기 위하여는 우선 이 사건 허가에 관하여 적용되는 보건사회부고시인 식품영업허가기준이 이처럼 직접 의무를 부과하는 성질을 가지는 것인지를 따져볼 필요가 있다.

나. 식품영업허가기준의 성질

1991. 3. 11. 대통령령 제13325호로 개정된 현행 식품위생법 시행령 제7조 제1호 너 목은 식품위생법(이하 "법"이라고 함) 제22조 제1항에 의하여 영업허가를 받아야 하는 종목의 하나로서 광천음료수제조업(지하 암반층 이하의 원수를 취수하여 음용에 적합하게 제조하는 영업. 위 개정 전에는 보존음료수제조업이라고 하였다)을 들고 있다. 그런데 다른 한편 법 제24조 제1항 제1호는 공익상 허가를 제한할 필요가 있다고 인정되어 보건사회부장관이 지정하는 영업 또는 품목에 해당되는 때에는 영업 또는 품목제조의 허가를 받을 수 없다고 규정하고, 그에 따라 보건사회부장관이 고시한 식품영업허가기준(1989. 12. 20. 고시 제89 – 70호)은 제1조 제6호에서 보존음료수제조업을 위 법의 규정에 의한 영업허가제한 대상업종으로 규정하면서 제2조 제4호에서는 위와 같이 허가를 할 수 없는 보존음료수제조업이라 하여도 제품을 전량수출하는 경우로서 허가신청시 수출신용장이 개설되어야 하는 등의 부대적 조건을 갖춘 경우에는 그 적용제외대상으로서 허가를 할 수 있도록 규정하고 있다.

위와 같이 보존음료수제조업에 대하여 예외적으로 허가를 할 수 있는 조건도 여러 차례 변천이 있었는데, 1975. 9. 1.자 고시에서는 "전량수출의 경우"에 한하여 허가를 할 수 있다고 하였다가, 1984. 5. 28.자로 개정된 고시에서는 "전량수출 또는 주한외국인에 대한 판매의 경우"에 한하여 허가할 수 있도록 하였으며, 1987. 7. 19.자 고시에서는 다시 "전량수출의 경우"에 한하여 허가할 수 있도록 개정하여 현재에 이르고 있다.

위와 같은 고시의 법적 성질에 관하여는 국세청장의 훈령형식으로 되어 있는 재산제세조사사무처리규정에 관한 판례를 참고로 할 필요가 있다. 판례[7]는 위 규정의 성격에 관하여, 법령의 규정이 특정행정기관에게 그 법령내용의 구체적 사항을 정할 수 있는 권한을 부여하면서 그 권한행사의 절차나 방법을 특정하고 있지 않은 관계로 수임행정기관이 행정규칙의 형식으로 그 법령의 내용이 될 사항을 구체적으로 정하고 있다면, 그와 같은 행정규칙은 법령규정의 효력에 의하여 그 내용을 보충하는 기능을 갖게 되고, 따라서 이와 같은 행정규칙, 규정은 당해 법령의 위임한계를 벗어나지 아니하는 한 그것들과 결합하여 대외적인 구속력이 있는 법규명령으로서의 효력을 갖게 된다고 하면서, 재산제세처리규정이 국세청장의 훈령의 형식으로 되어 있다 하더라도 이는 위와 같은 성질을 가지고 있고 따라서 과세처분의 법적 근거가 된다고 하였다.[8]

그리고 근래의 판례[9]는 이 사건에서 문제되고 있는 보건사회부장관의 고시와 유사한 상공부장관의 고시에 법규명령의 효력을 인정하고 있다. 즉 대외무역법시행령에 기한 상공부장관의 고시가 위 시행령과 결합하여 대외적인 구속력이 있는 법규명령의 효력을 가지기는 하나 그 자체가 법령은 아니고 행정규칙에 지나지 않으므로 적당한 방법으로 이를 일반인 또는 관계인에게 표시 또는 통보함으로써 그 효력이 발생한다는 것이다.

그러므로 이러한 선례들에 비추어 볼 때에는 이 사건 보건사회부장관의 고시는 위와 같은 식품위생법의 위임에 따라 그 효력을 보충하는 것으로서 대외적 구속력을 가지는 것이라 하여 법규명령적인 효력을 인정할 수 있을 것이다.

그러나 학설상으로는 이러한 판례의 태도에 대하여 찬반의 논쟁이 있다.

---

7) 대법원 1987. 9. 29. 선고 86누484 판결, 공보 812호, 1668면.
8) 같은 취지의 판결례로서는 대법원 1988. 3. 22. 선고 87누654 판결, 공보 823, 710면; 1988. 5. 10. 선고 87누1028 판결, 공보 826, 959면 등 여러 개가 있다.
9) 대법원 1993. 11. 23. 선고 93도662 판결, 공보 960, 224면.

1설은 판례가 규범(법령)의 내용을 구체화하는 행정규칙, 즉 이른바 규범구체화 행정규칙(Normkonkresierende Verwaltungsvorschriften)의 이론을 채택한 것으로 보아 판례의 태도를 지지한다.[10]

반면 이러한 법규명령 내지 위임입법은 헌법에 명시된 위임입법형식만 허용되므로 법규명령을 훈령에 위임하는 것은 헌법에 근거를 두지 않은 것이라고 하여 판례의 태도를 비판하는 견해도 유력하다.[11]

원래 이 문제는 행정규칙의 성질을 어떻게 파악할 것인가 하는, 매우 학설대립이 심한 문제와 연관된 것으로서 여기에서 충분히 논의하기에는 적절하지 아니하나, 이 사건의 경우처럼 법률이 직접 보건사회부장관의 고시에 위임하고 있는 경우에는 판례가 말하고 있는 것처럼 위 고시가 법률과 결합하여 대외적 구속력을 가진다고 인정하여도 큰 무리가 없다고 생각된다. 다만 위 고시 자체를 법규명령의 일종으로 보는 것이라면 이에 대하여는 비판의 소지가 있을 수 있으나, 위 대법원 1993. 11. 23. 판결(주 9)이 설시하고 있는 것처럼 위와 같은 고시 자체는 법령이 아니라고 본다면 큰 문제는 없다고 할 것이다.[12] 뒤에서 보는 바와 같이 이 판결이 전원합의체 아닌 소부에서 위 고시의 무효를 선언하고 있는 점에 비추어보면 이 판결도 위 고시 자체를 법규명령으로 본 것은 아니라고 이해된다.

다. 이 사건 부대조건이 법정부관인지 여부

다른 한편 위와 같이 위 고시가 대외적 구속력을 가진다고 하여도 이 사건 허가의 내수판매금지의 부대조건이 위 고시에서 직접적으로 생기는 것을 확인한 법정부관인지는 별도로 따져보아야 할 필요가 있다. 위 고시의 문언만을 본다면 이는 보존음료수제조업허가를 하기 위한 요건을 규정하고 있는 것으로서, 허가신청자가 전량수출 등의 조건으로 허가신청을 한 때에만 허가를 하라는 취지인 것으로 보이고, 위 허가를 한 경우에 아무런 부대조건이 없더라도 당연히 허가

---

10) 예컨대 김남진, "재산제세조사사무처리규정의 법적 성질", 법률신문 제1879호(1989. 10. 2), 11면; 석종현, "행정규칙이론의 재검토", 고시계 1991. 1, 142면 등. 다만 김남진 교수는 이러한 규범구체화 행정규칙 그 자체는 대외적 구속력을 가지기는 하지만, 법규명령은 아니라고 한다.

11) 김도창, "훈령(행정규칙)과 부령의 효력", 법률신문 제1790호(1988. 10. 20), 11면; 이전오, "조세훈령의 법적 성격과 효력에 관한 고찰", 인권과 정의, 1991. 9, 95–96면; 김성수(주 1) 등.

12) 이는 결과적으로 규범구체화적 행정규칙의 이론과 일치한다.

를 받은 자가 내국인에게는 판매할 수 없다는 의무를 부담한다는 점까지 명문으로 규정하고 있지는 않기 때문이다. 따라서 위 부대조건은 이를 허가청이 허가의 부대조건으로 삼은 경우에만 허가의 내용이 되고, 허가청이 허가의 부대조건으로 삼지 않은 경우에는 허가를 받은 자가 당연히 그러한 의무를 부담하는 것은 아니라고 볼 여지도 있다.

그러나 이러한 해석은 위 고시의 취지와는 어긋나는 것이고, 허가에서 그러한 부대조건을 붙이지 않았다 하더라도 허가를 받은 자는 전량수출 또는 주한외국인에게만 판매할 의무를 부담한다고 봄이 상당할 것이다. 만일 허가관청이 위 허가를 할 당시에는 전량수출 등의 조건이 갖추어졌는지를 심리하여 허가를 하였는데 실제 허가에 있어서는 그러한 부대조건을 빠뜨렸다고 하여 허가를 받은 당사자가 그러한 의무를 부담하지 않는다고 하는 것은 매우 불합리하고 따라서 위 허가를 받은 자는 그 허가에 그러한 부대조건을 명시하고 있는지 여부에 관계없이 그 부대조건과 같은 의무를 부담한다고 보아야 할 것이다.

그러므로 이 사건 허가에 있어서 허가관청이 전량수출 또는 주한외국인에게만 판매할 것 등의 조건을 붙였다고 하여도 이는 위 고시에 의하여 허가를 받음과 동시에 당사자가 부담하는 의무를 재확인하는 것에 불과하여 원래의 의미의 부관은 아니고 법정부관에 불과하다고 보아야 할 것이다.

라. 원고들이 위와 같은 부대조건을 사후에 다툴 수 있는지 여부

이처럼 이 사건의 내국인판매 금지조건이 법정부관에 불과하다고 한다면, 이는 이 사건 허가처분의 내용을 이루는 것은 아니고 허가를 받은 자에게 법령에 의하여 직접 부과되는 의무에 불과하며, 따라서 원고들이 위 허가처분 후의 후행 행정처분에서 이러한 의무의 존재 내지 그 근거가 된 고시의 효력을 다툰다고 하여도 그것이 위 허가처분의 공정력에 저촉된다고 할 수는 없다.

그러나 다른 한편으로는 이 사건 허가 당시에는 원고들도 위와 같은 내국인 판매를 하지 않는다는 것을 전제로 하여 신청하였을 것이고, 행정청도 이러한 점을 전제로 하여 허가를 하였을 것이므로, 나중에 가서 이러한 제한이 없어진다고 하는 것은 실제에 있어서는 원고들이 받은 허가의 내용을 확대하는 것으로서 허용되지 않는 것은 아닌가 하는 의문이 있을 수 있다. 이 사건 원심판결이, 원고들은 위와 같은 허가조건하에 이를 수인하여 보존음료수제조업의 허가를 받았거나 그 허가를 받은 자의 지위를 그대로 승계하였다고 설시하고 있는 것은 이러한 생각의 간접적인 표현이 아닌가 추측된다.

이러한 견해에 선다면 당사자가 위 고시의 효력을 다투기 위하여는 내국인에게도 생수를 판매할 수 있다는 내용의 제조허가를 신청하고 그에 대한 행정청의 거부처분이 있으면 그 거부처분의 취소소송을 제기하고 그 소송에서 위 고시의 효력을 다투어야 한다는 것이 될 것이다.

그러나 이는 현실적인 분쟁을 도외시한 간접적인 방법일 뿐만 아니라, 국민이 위헌 또는 위법인 법령에 의하여 불이익을 받고 있다면 그 위헌 또는 위법인 법령에 근거하여 행하여진 행정처분의 효력을 다툴 수 있어야 함은 법치주의의 원칙상 당연한 것이므로 위와 같은 견해는 타당하다고 할 수 없다.

3. 이 사건 고시의 적법 여부에 관한 쟁점의 소재

가. 문제되는 기본권

원고들은 이 사건 고시가 인간의 존엄과 가치 내지 행복추구권, 소비자기본권, 평등의 원칙, 직업선택의 자유 등을 침해하는 것으로서 위헌이라고 주장한다.

우선 이 사건 고시가 원고들의 직업의 자유를 제한하는 것임은 분명하다. 헌법 제15조는 직업선택의 자유만을 들고 있으나 여기에 직업수행의 자유 내지 직업활동의 자유도 포함된다고 하는 데에는 별 이견이 없다. 또 법인도 직업의 자유의 주체가 될 수 있다고 하는 것도 일반적으로 인정되고 있다. 그리고 이 사건에서 문제되는 것은 일반적으로 영업의 자유라고 부르는 것인데, 이러한 영업의 자유가 직업의 자유와 어떤 관계에 있는지에 관하여는 다소 의견이 갈리나, 이를 직업활동의 자유와 동일시하는 데 큰 문제점은 없다고 보인다.[13]

그리고 생수를 마실 권리 내지 음료수를 선택할 권리를 헌법상의 행복추구권으로 인정할 수 있을 것인가가 문제되는데, 이 점에 관하여 이제까지 학설상 별로 논의된 바가 없기는 하나 이론적으로는 충분히 긍정될 수 있을 것이다.

이러한 행복추구권을 다룬 종래의 선례가 많지는 않으나, 대법원 판례는 인격권으로서의 개인의 명예가 보호되는 근거를 구 헌법 제9조 소정의 행복추구권에서 찾고 있고,[14] 또 구속된 피고인의 제3자와의 접견권과 관련하여 "만나고 싶은 사람을 만날 수 있다는 것은 인간이 가지는 가장 기본적인 자유 중 하나로

---

13) 김철수, 전정신판 헌법학개론, 395면 참조.
14) 대법원 1988. 10. 11. 선고 85다카29 판결(대법원판례집 36권 3집, 1면).

서, 이는 헌법 제10조가 보장하고 있는 인간으로서의 존엄과 가치 및 행복추구
권 가운데 포함되는 헌법상의 기본권"이라고 하였다.[15]

그리고 헌법재판소의 판례는 간통죄의 위헌 여부와 관련하여 성행위 여부 및
그 상대방을 결정할 수 있는 성적 자기결정권이 행복추구권의 내용에 포함되어
있다고 하였다.[16]

한편으로 일본에서는 이 사건에 있어서 문제되고 있는 음료수를 선택할 권리
와 유사한, 자기소비를 목적으로 하는 주류제조는 일본헌법 제13조가 보장하는
행복추구권에 포함되고 따라서 그에 대하여도 면허를 받도록 하는 주세법의 규
정은 헌법에 위반된다는 주장이 있다.[17] 일본최고재판소의 판례[18]는, 주세법의
규정에 의하여 자기소비 목적의 주류제조의 자유가 제약된다고 하더라도 그것이
헌법 제13조의 규정 등에 위반되지 않는다고 하여, 과연 그러한 권리를 행복추
구권의 일종으로서 인정하고 있는가에 관하여 입장을 명확히 하지 않고 있으나,
이를 반드시 부정하는 취지는 아니라고 여겨진다.[19]

그러나 이러한 판례를 떠나서 상식적으로 생각하더라도, 마시고 싶은 음료수
를 선택할 권리는 먹고 싶은 음식을 선택할 권리와 마찬가지로 인간으로서의 행
복을 추구하기 위한 가장 기본적인 수단의 하나라고 할 것이므로 이를 행복추구
권에 포함시키는 데 별 의문이 없을 것이고, 따라서 대상판결이 이를 행복추구
권으로서 인정한 것은 정당하다고 하겠다.

뿐만 아니라 이 사건 고시에 의하여 직접적으로 제한되는 것은 생수제조업자
의 직업의 자유이고 생수를 마실 권리는 그에 의하여 간접적으로 제한되는 것일
뿐이기는 하나, 실질적으로는 이 사건에서는 제한된 수자의 생수제조업자의 직
업의 자유가 아니라 일반 국민의 생수를 마실 권리의 측면이 더 큰 중요성을 차
지한다고 할 수 있다.

다만 여기서 일반국민들의 행복추구권의 문제는 원고들 자신의 권리와는 관

---

15) 대법원 1992. 5. 8. 선고 91누7552 판결(공보 923, 1871면). 이 판결에 대하여는 윤진수, "미
   결수용자의 접견권의 성질과 그 제한", 대법원판례해설 1992년 상반기(통권 제17호), 763면
   이하 참조. 한편 일본최고재판소 1970(昭和 45). 9. 16. 판결(判例時報 605, 56)는 구속된 자
   의 끽연(喫煙)의 자유는 일본헌법 제13조(개인으로서의 존중·생명, 자유 및 행복추구의 권
   리)가 보장하는 기본적 인권의 하나라고 본다.
16) 헌법재판소 1990. 9. 10. 선고 89헌마82 결정(헌법재판소 판례집 제2권 306, 310면).
17) 戸波江二, "酒類製造の免許制の合憲性", 法學セミナー 1986. 9 (No. 381), 149면 등.
18) 1989(平成 元). 12. 14. 판결(刑集 43권 13호, 841면 이하).
19) 出田 孝二, 위 판결 해설, 法曹時報 43권 1호, 296−297면 및 299면의 주 21) 참조.

계가 없는데, 그럼에도 불구하고 원고들에 대한 행정처분의 적법 여부를 다투는
이 사건에서 이 점을 따져 볼 수 있는가 하는 의문이 있을 수 있으나, 이는 이
사건 행정처분이 무효인 고시에 근거하여 위법한 것인가 하는 재판의 본안에 관
한 사항이고 당사자적격의 문제는 아니므로 이를 따지지 못한다고는 할 수 없을
것이다.[20]

나아가 평등의 원칙과의 관계가 문제되는데, 이 사건 고시, 특히 종전의 주한
외국인에게만 판매를 허용하였던 고시가 내국인과 외국인을 차별하는 것임은 명
백하다. 그러나 가령 생수의 제조판매를 일체 불허한다 하더라도 위헌의 문제는
여전히 남는 것이므로 이 사건에서 평등의 원칙 문제는 주된 쟁점이라고는 할
수 없고, 이에 대하여는 부수적으로 언급하면 충분할 것이다.

이 이외에 원고들은 헌법 제10조 내지 제124조를 근거로 이른바 소비자기본
권이 행복추구권의 일부라고 주장하나, 아직 우리나라에서 이에 관한 논의가 충
분히 성숙되어 있지 않을 뿐만 아니라,[21] 과연 이러한 기본권을 인정할 수 있는
지 의문이고 또 이 사건에서는 이는 결국 음료수를 선택할 권리와 구별되지도
않으므로 굳이 이를 논할 필요는 없다고 보인다.

나. 기본권의 제한과 비례의 원칙

우리 헌법 제37조 제2항 전단은 "국민의 모든 자유와 권리는 국가안전보
장·질서유지 또는 공공복리를 위하여 필요한 경우에 한하여 제한할 수 있으며"
라고 규정하고 있는데, 이는 일반적으로 국가안전보장 등을 위하여 제한이 필요
한 경우에 한하여 제한할 수 있으며, 제한하는 경우에도 그 제한이 최소한으로
그쳐야 한다는 것을 의미한다고 이해되고 있다.[22]

구체적으로는 이것이 이른바 비례의 원칙(das Prinzip der Verhältnismäßkeit)
내지 과잉금지(Übermaßverbot)의 원칙을 의미한다고 한다. 다시 말하여 기본권
을 제한하기 위하여서는 그 제한의 목적이 정당하여야 할 뿐만 아니라 ① 적합
성(Geeignetheit), 즉 기본권 제한의 수단이 이 목적을 달성하는 데 적합할 것 ②
필요성(Erforderlichkeit), 즉 그 수단이 적합하더라도 다른 침해가 더 작은 방법

20) 헌법재판소 1990. 6. 25. 선고 89헌가98 내지 101 결정, 헌법재판소판례집 제2권, 142면 참조.
21) 학설상으로는 소비자운동을 법률이 정하는 바에 의하여 보장한다고 하는 헌법 제124조(구
   헌법 제125조)와 관련하여 소비자보호운동권이라고 하는 기본권이 인정된다는 주장도 있다.
   양 건, "헌법과 소비자보호", 공법연구 제10집, 1982, 95면 이하 참조.
22) 김철수(주 13), 289면.

에 의하여는 그 목적을 달성할 수 없을 것 ③ 협의에 있어서 비례의 원칙 내지 기대가능성(Zumutbarkeit), 즉 기본권 제한으로 인하여 당사자가 입는 불이익과, 그러한 제한으로 인하여 얻을 수 있는 공공의 이익을 비교하여 후자가 전자보다 커야 한다는 것을 의미한다.[23]

이하 이 사건에서 위의 고시가 이러한 비례의 원칙에 어긋나게 헌법상의 기본권을 침해하여 위헌인지에 관하여 살펴본다.

4. 직업의 자유 제한에 관한 일반론

우선 직업의 자유 제한 일반에 관하여 독일과 일본의 판례를 살펴본다.

가. 독일의 단계이론(Stufentheorie)

독일에서는 직업의 자유에 관하여 이러한 비례의 원칙을 적용한 결과로서 이른바 단계이론이라는 것이 판례상 확립되었다. 이를 간단히 말하자면 직업의 자유 제한에 관하여, ① 직업 행사의 자유 제한, ② 주관적 요건에 의한 직업 선택의 자유 제한, ③ 객관적 요건에 의한 직업 선택의 자유 제한의 3단계로 나누어, 앞의 단계에서 뒤의 단계로 갈수록 직업의 자유 제한이 엄격한 요건을 필요로 하고, 뒤의 단계에 의한 제한이 허용되기 위하여는 앞의 단계에 의하여서는 목적을 달성할 수 없을 것이 요구된다는 것이다.

이를 판례로서 확립한 것은 독일연방헌법재판소 1958. 6. 11. 판결[24]에서 비롯되었다. 위 판결은 약국개설의 허가를 제한하고 있는 바이에른 주 약사법이 위헌이라고 하였는데 이 사건에도 시사하는 바가 많으므로 좀 상세히 소개하고자 한다.

위 판결에서는 이러한 직업의 자유 제한에 관하여 다음과 같은 3단계를 구분하고 있다. 즉 제1단계는 직업행사의 자유의 제한이고, 제2단계는 직업을 선택하려는 자의 주관적 요건에 의한 직업선택의 자유의 제한이며, 제3단계는 그러한 개인의 주관적 요건과는 무관한 객관적인 사정을 이유로 하는 제한이다. 그리하여 제1단계에서는 제한할 수 있는 범위가 넓어지지만, 제2단계 및 제3단계로 갈수록 입법자가 제한할 수 있는 범위가 좁아지게 된다.

---

23) 김철수(주 13), 290면; 양삼승, "과잉금지의 원칙", 헌법논총 제1집, 1990, 126, 131, 138면 등 참조. 이에 관하여 언급하고 있는 헌법재판소의 판례도 많이 있으나 생략한다.

24) BVerfGE 7, 377. 이를 보통 약국판결(Apothekenurteil)이라고 한다.

위 판결 가운데 관련있는 부분을 간단히 요약하여 본다.

입법자가 직업의 자유를 규율할 수 있는 범위에 관하여는 다음과 같은 여러 단계가 있다. 입법자는 직업선택의 자유와 관계없이 단지 직업종사자가 그 직업 활동을 어떤 방식으로 수행할 것인가를 규정하는 순수한 직업행사의 규율에 있어서 가장 자유롭다. 이때에는 합목적성의 관점이 광범위하게 고려된다. 기본권의 보호는 과도하게 부담을 주고 기대가능성이 없어서 그 자체로 위헌인 법률적 부담의 방지에만 한정된다.

반면 직업에 종사할 수 있는지 여부 자체를 특정한 요건이 충족되었는가에 따라 정하고 따라서 직업선택의 자유를 제한하는 규율은 그에 의하여 개인의 자유에 우선하는, 우월적인 공공의 이익이 보호되어야 할 경우에만 정당화될 수 있다. 이 경우에도 교육 등의 주관적인 요건이 문제되는가 아니면 직업을 선택하려고 하는 자의 주관적인 자질과는 관계없고 따라서 그가 영향력을 가질 수 없는 객관적인 요건이 문제되는가에 따라 중요한 차이가 있다.

주관적 요건에 의한 제한은 그 자체로서 정당화될 수 있다. 이는 특정한 지식 등이 없이 직업을 수행하는 것이 불가능하거나 일반의 이익을 위하여 손해나 위험을 가져올 수 있다는 것에서 기인한다.

다른 한편 객관적 요건에 의한 제한은, 개인의 영향력이 미치지 않는 것이고 주관적인 요건을 모두 충족한 사람도 직업의 허가를 받을 수 없다는 점에서 기본권의 의미와는 상충된다. 자격을 갖춘 사람이 직업을 수행하는 것이 어떤 직접적인 불이익을 가져올 수 있는지가 명백하지 않으므로, 직업선택의 자유의 제한과 그에 의하여 얻어지는 결과 사이의 관련을 명확히 할 수 없는 경우가 많고, 그리하여 직접 관련이 없는 동기가 개입하거나 경쟁자를 보호하기 위하여 제한하는 경우가 많은데, 이러한 동기는 결코 정당화될 수 없다. 그러므로 그러한 자유의 제한을 위하여는 특별한 엄격성이 요구되며, 일반적으로는 우월적이고 중요한 공공의 이익에 대한 증명할 수 있거나 고도의 개연성이 있는 중대한 위험의 방지만이 제한을 정당화할 수 있다. 기타의 공공의 이익의 촉진은 그것이 다른 경우에는 정당한 사유가 될 수 있어도 이러한 경우에는 그것만으로 충분하지 않다.

입법자는 직업의 자유를 가장 덜 제한하는 규율부터 취하여야 하고 그것만으로는 불충분하다는 가능성이 고도로 밝혀진 경우에만 다음 단계를 밟아야 한다.

나. 일본의 판례 및 학설

⑴ 소극적 목적을 위한 규제 ― 약사법 위헌판결

직업의 자유 제한에 관한 일본의 중요 판례로는 일본최고재판소 1975(昭和 50). 4. 30. 대법정판결[25]을 들 수 있다.

이 사건도 위 독일의 판례에서와 마찬가지로 약국의 설치의 장소가 배치의 적정을 결하였다고 인정되는 경우에는 약국설치의 허가를 하지 않을 수 있다는 약사법의 규정의 위헌 여부가 다투어진 것인데, 최고재판소는 위 규정 및 그에 따라 제정된 조례가 직업선택의 자유를 침해한 것으로서 위헌이라고 하였다. 판결의 요지를 요약하여 본다.

㈎ 직업선택의 자유와 허가제에 관한 일반론

일본헌법 22조 1항은 협의의 직업선택의 자유뿐만 아니라 직업활동의 자유의 보장도 포함하고 있으나, 직업은 사회적·경제적 활동이므로 사회적 상호관련성이 커서 직업의 자유는 헌법이 보장하는 다른 자유에 비하여 공권력에 의한 규제의 요청이 강하다. 그러나 직업의 자유에 대한 규제조치는 사정에 따라 다종다양한 형태를 띠고 있기 때문에 그 헌법적합성을 일률적으로 논할 수는 없고, 구체적 규제조치에 관하여 규제의 목적, 필요성, 내용, 그것에 의하여 제한되는 직업의 자유의 성질, 내용 및 제한의 정도를 검토하여 이들을 비교교량한 후에 신중하게 결정하지 않으면 안 된다. 그리고 그러한 검토와 교량을 하는 것은 제1차적으로는 입법부의 권한과 책무이고, 재판소로서는 규제의 목적이 공공의 복지에 합치한다고 인정되는 이상 그를 위한 규제조치의 구체적 내용 및 그의 필요성과 합리성에 대하여는 입법부의 판단이 그 합리적 재량의 범위에 머무른 한 이를 존중하여야 하지만, 위 합리적 재량의 범위에 관하여는 사물의 성질상 자연히 넓고 좁은 차이가 있을 수 있으므로 재판소로서는 구체적인 규제의 목적, 대상의 방법 등의 성질과 내용에 비추어 이를 결정하여야 한다.

직업의 허가제는 단순한 직업활동의 내용 및 태양에 대한 규제를 넘어서 협의에 있어서의 직업선택의 자유 그 자체에 제약을 과하는 것이어서 직업의 자유에 대한 강력한 제한이므로, 그 합헌성을 긍정하기 위하여는 원칙적으로 중요한 공공의 이익을 위한 필요하고 또한 합리적인 조치일 것을 요하고, 또 그것이 사

_____

25) 民集 29권 4호, 572면.

회정책적 내지 경제정책상의 적극적인 목적을 위한 조치가 아니라 자유로운 직업활동이 사회공공에 대하여 가져올 폐해를 방지하기 위한 소극적이고 경찰적 조치인 경우에는, 허가제에 비하여 직업의 자유에 대한 보다 완만한 제한인 직업활동의 내용 및 태양에 대한 규제에 의하여서는 위 목적을 충분히 달성할 수 없다고 인정되는 것임을 요하고, 이러한 요건은 허가제 그 자체뿐만 아니라 그 내용에 있어서도 요구되는 것으로서 허가제의 채용 자체가 시인되는 경우라도 개개의 허가조건에 있어서는 또다시 개별적으로 그 적부를 판단하지 않으면 안된다.

㈜ 약사법의 경우

약사법 6조 1항이 정하고 있는 허가조건(약국의 구조설비, 약제사의 수, 허가신청자의 인적 결격사유 등)은 불량의약품의 공급의 방지라는 목적에 직결되는 사항으로서 비교적 용이하게 그 필요성과 합리성을 긍정할 수 있으나, 2항이 정하고 있는 것(설치장소의 배치의 적정)은 위와 같은 직접의 관련성은 없다.

위 2항의 입법목적은 1차적으로 과당경쟁에 의한 불량약품의 공급의 위험이 생기는 것을 방지하는 것이고, 2차적으로는 무약국지역 또는 과소약국지역에의 약국의 개설 등을 간접적으로 촉진하는 것인데, 이는 주로 국민의 생명 및 건강에 대한 위험의 방지라고 하는 소극적, 경찰적 목적을 위한 규제조치이고 약국 등의 과당경쟁 등의 방지라고 하는 것도 그 자체가 목적이 아니라 불량의약품의 공급의 방지라고 하는 수단에 지나지 않으므로, 소기업인 약국 등의 경영에 보호라고 하는 사회정책적 내지 경제정책적 목적이 위 규제의 의도는 아니다.

약국의 개설의 허가조건으로서 지역적인 배치기준을 정하는 목적은 그 자체로서는 중요한 공공의 이익이라고 할 수 있으나, 문제는 위의 배치규제가 그러한 목적을 위하여 합리적이고 필요성이 있는가 하는 데 있다.

개업장소의 지역적 제한은 개업 그 자체를 허용하지 않는 것은 아니지만, 특정장소에서의 개업의 불능은 개업 그 자체를 단념하게 할 수 있으므로 실질적으로는 직업선택의 자유에 대한 커다란 제약적 효과를 가진다.

피상고인(행정청)은 지역적 제한이 없으면 약국의 편재에 의한 과당경쟁으로 인하여 약품의 적정공급상 여러 가지 폐해가 생긴다고 하나, 현행법상의 약사관계 각종업자의 업무활동에 대한 규제로서 정한 바에 따라 불량의약품의 공급의 위험의 방지라고 하는 경찰상의 목적은 충분히 달성할 수 있다. 물론 이러한 위험을 방지하기 위한 예방적 조치를 강구할 필요성이 전혀 없다고는 할 수 없으나, 직업의 자유에 대한 커다란 제약인 약국의 개설 등의 지역적 제한이 헌법상 시인되기 위하여는 그러한 필요성이 없다고 할 수 없다는 것만으로는 부족하고, 그러한 제한을 실시하지 않으면 위 조치에 의한 직업의 자유의 제약과 균형을 잃지 않을 정도로 국민의 보건에 대한 위험이 생길 우려가 있다는 것이 합리적으로 인정될 것을 필요로 한다. 그런데 약국의 개설 등에 관하여 지역적 제한이 없으면 과당경쟁으로 인하여 일부 업자의 경영이 불안정하게 될 우려가 있다는 것은 용이하게 상정할 수 있고, 그러한 경영상의 불안정으로 인하여 양질의 의약품의 공급을 방해할 가능성을 관념상 부정할 수는 없으나, 과연 실제상 어느 정도나 그러한 위험이 있는지는 반드시 명백하지 않다. 불량의약품의 판매현상을 부정할 수는 없으나, 그것을 바로 일부 약국 등의 경영불안정에 직결시키는 것은 결코 합리적인 판단이라고 할 수 없다.

나아가 행정상의 감독체제의 강화 등의 수단에 의하여 유효하게 그러한 위험발생의 가능성을 방지하는 것이 불가능한가의 문제도 있다. 피상고인은 다수의 약국 등에 대한 감시를 철저하게 하는 것은 실제상 곤란하다고 주장하고 그러한 감시에 한계가 있다는 것은 부정할 수 없으나, 그러한 한계가 있다고 하여도 경쟁이 격화되는 일부지역에 한하여 중점적으로 감시를 강화하는 것에 의하여 그 실효성을 강화하는 방도도 있으며 기타 다른 방법도 얼마든지 생각할 수 있다.

피상고인은 의약품의 난매에 의하여 일반소비자에 의한 불필요한 의약품의 사용이 조장된다고 주장하고 그러한 폐해가 생길 수 있다는 것은 부정할 수 없으나, 그러한 폐해의 주요원인은 의약품의 과잉생산과 판매전, 그에 수반하는 과대한 광고 등에 있고, 일반소비자에 대한 직접판매단계에서의 경쟁격화는 그 종된 원인에 지나지 않으며, 위 경쟁격화만에 기한 난용조장(亂用助長)의 위험은 비교적 작은데 지나지 않다고 봄이 합리적이므로, 약국 등의 설치장소의 지역적 제한에 의하여 대처하는 것은 그 합리성을 인정하기 어렵다.

피상고인은 또한 약국 등의 적정분포에 의하여 간접적으로 무약국지역 또는 과소약국지역에의 진출이 촉진되어 분포의 적정화가 조장된다고 주장하나, 그러한 점을 부정할 수는 없다고 하더라도 그러한 효과를 어느 정도나 기대할 수 없는지는 큰 의문으로서, 그 실효성이 결여되었고 이를 위하여는 다른 방책이 있다고도 생각되므로, 무약국지역 등의 해소를 촉진할 목적을 위하여 설치장소의 지역적 제한과 같은 강력한 직업의 자유의 제한조치를 취하는 것은 목적과 수단의 균형을 현저히 잃는 것으로서 합리성을 인정할 수 없다.

　(2) **적극적 목적을 위한 규제의 경우**

　그런데 위 판결이 사회정책적 내지 경제정책상의 적극적인 목적을 위한 직업의 자유의 제한과, 직업활동이 사회공공에 대하여 가져올 폐해를 방지하기 위한 소극적이고 경찰적 조치에 의한 제한을 구별하여 전자의 경우에는 그 제한이 명백히 불합리한 경우에만 위헌이라고 하고 있는 것의 의미를 이해하려면 위 판결보다 3년 전에 선고된 일본최고재판소 1972(昭和 47). 11. 22. 대법정판결[26]을 참조할 필요가 있다.

　위 판결은 소매시장의 허가제를 규정하고 있는 소매상업조정특별조치법의 규정이 직업의 자유를 침해하는 것이 아니라고 하면서, 그 이유로서 다음과 같이 설시하였다.

　즉 직업의 자유와 같은 개인의 경제활동의 자유에 관하여는 개인의 정신적 자유등에 관한 경우와 달리 국가는 적극적으로 국민경제의 건전한 발달과 국민행활의 안정을 기하고 사회경제 전체의 균형있는 조화적 발전을 도모하기 위하여 사회경제정책의 실시의 한 수단으로서 합리적 규제조치를 강구할 수 있고, 이러한 경우에는 법적 규제조치를 강구할 필요가 있는가, 그 필요가 있어도 어떤 대상에 대하여 어떤 수단과 태양의 규제조치가 적절타당한가는 사회경제의 실태에 관한 정확한 기초자료가 필요하고, 따라서 이는 주로 입법정책의 문제로서 이러한 사항을 판단하는 것은 주로 입법부의 사명이고, 법원으로서는 입법부의 재량적 판단을 존중하는 것을 기초로 하되 다만 입법부가 그의 재량권을 일탈하여 당해 법적 규제조치가 현저히 불합리한 것임이 명백한 경우에만 이를 위헌이라고 하여 그 효력을 부정할 수 있다고 한다.

　(3) **일본의 학설**

　이처럼 일본의 판례가 직업의 자유를 제한에 관하여 이른바 목적이분론(目的二分論)을 채택하여, 사회경제정책적인 적극적 목적의 규제에 관하여는 입법부의 판단이 현저히 불합리한 것이 명백한 경우에만 법원이 이를 위헌이라고 할수 있고, 반대로 그 입법목적이 자유로운 직업활동이 사회공공에 대하여 가져올폐해를 방지하기 위한 소극적이고 경찰적 조치를 위한 것인 경우에는 허가제에

---

26) 刑集 26권 9호, 586면.

비하여 직업의 자유에 대한 보다 완만한 제한인 직업활동의 내용 및 태양에 대한 규제에 의하여서는 위 목적을 충분히 달성할 수 없다고 인정되는 것임을 요한다고 하고 있는 것에 대하여는 일본의 학설이 대체로 긍정적이다.[27]

그 근거로서는 ① 소극목적의 규제는 인권에 관한 내재적 제약이므로 필요최소한이 아니면 안 되는 반면, 적극목적의 규제는 경제적 자유만에 관한 정책적 제약이므로 사회권의 실현을 위하여는 대폭적인 제약도 부득이하다는 것, ② 법원의 능력에 비추어도 소극목적의 규제는 수단의 필요성과 합리성의 심사가 법원으로서도 용이한 반면 적극목적의 규제는 그러하지 아니하다는 것 및 ③ 심사기준의 객관화에 이바지한다는 것 등이다.

그러나 이에 대하여는 비판론도 유력한데 그 근거로서는 입법목적을 적극·소극의 두 가지로 분류하는 것이 항상 가능한 것은 아니고, 입법자가 이를 이용하여 위헌심사를 회피할 수 있다는 것 등 외에, 그 심사기준을 인권을 제한하는 측의 규제목적만으로 결정할 것은 아니고 제약되는 인권의 성질에 따라 결정하여야 하며 하나의 인권에는 하나의 심사기준이 대응하여야 한다는 것이다.[28]

그리하여 그 대안으로서는 독일의 단계이론을 따라야 한다고 하기도 하고[29] 또는 규제의 목적은 그것이 정당한가의 여부만을 따지고 그 목적의 차이에 따라 심사의 기준을 달리할 필요는 없으며, 그 수단의 심사에 있어서는 일본헌법 제13조로부터 필요최소한도의 기준을 이끌어낼 수 있다고 설명하기도 한다.[30]

⑷ 국내에서의 논의

국내에서도 직업의 자유 제한에 관하여 독일의 단계이론이 소개되고 있기는 하나,[31] 직업의 자유 제한에 관한 일반론이 판례상 직접 언급된 것으로서는 법무사법 시행규칙의 위헌 여부에 관한 헌법재판소 1990. 10. 15. 선고 89헌마178 결정[32]에서의 이성렬 재판관의 반대의견이 대표적이라고 할 수 있다. 여기서는 다음과 같이 서술하고 있다.

"그 제한의 범위 및 한계에 관하여 일반적으로 보면, 선택된 직업의 행사를

---

27) 工藤達朗, "經濟的自由の違憲審查基準", 法學敎室 No. 123 (1990. 12), 41면 참조.
28) 工藤(주 27), 42면 및 棟居快行, "營業の自由における違憲審查基準の再檢討", 神戸法學雜誌 35권 3호(1985), 720면 이하 등 참조.
29) 工藤(주 27), 42-43면.
30) 棟居快行(주 28), 721면 이하.
31) 예컨대 허 영, "직업의 자유", 고시연구 9권 3호(1982. 2), 39면 이하.
32) 헌법재판소판례집 제2권, 365면 이하.

제한하는 것은 직업의 선택을 제한하는 경우보다는 개성신장에 대한 침해의 진지성이 적다고 할 것이므로 직업선택에 대한 제한은 행사에 대한 제한보다 더 엄격한 제약을 받는다 할 것이고, 나아가 직업선택의 자유를 제한하는 경우에도 그 제한의 사유가 기본권 주체에 일정한 자격을 요구하는 주관적 사유를 이유로 하는 경우보다는 기본권 주체와는 전혀 무관하여 그 스스로는 요건을 충족시킬 수 있는 방법이 없는 객관적 사유를 이유로 하는 경우에는 직업의 자유에 대한 침해의 진지성이 가장 크다고 할 것이므로 매우 엄격한 요건을 갖춘 경우에만 이를 허용할 수 있다고 할 것이다.

　나아가 … 각각의 경우에 있어서 첫째로 제한의 목적 내지는 필요성, 둘째로 제한되는 직업의 성질과 내용, 그리고 셋째로 제한의 정도 및 방법 등을 종합적으로 비교·교량하여 신중히 결정하여야 할 것이지만, 제한의 목적이 사회·경제정책적인 것인 경우에는 그 타당성 여부의 판단은 1차적으로 입법기관의 권한 내지는 책무로서, 그 제한이 명백히 비합리적이고 불공정하지 아니하는 한 그 판단은 가급적 존중되어야 할 것인 바 … ”.

5. 이 사건에서의 직업의 자유 제한의 위헌 여부

가. 일반적 기준의 모색

　이제 위에서 살펴본 이론들을 참고로 하여 이 사건의 해결을 모색하여 보기로 한다. 위와 같은 외국의 이론들이 상당한 설득력이 있기는 하나 이를 그대로 우리나라의 해석론으로서 받아들일 필연성은 없다. 또 위의 이론들 자체도 하나의 추상적인 기준일 뿐 그것만으로 개별적인 사건들을 모두 해결할 수는 없다.

　그러나 대체로 다음의 몇 가지 점은 일단 인정할 수 있을 것이다.

　첫째, 다른 기본권에서와 마찬가지로 직업의 자유의 경우에도 그 제한이 합헌적인 것으로 인정될 수 있는가 하는 점은 그 제한의 정도에 따라 달라질 수밖에 없다. 우선 어떤 직업에 종사하는 것은 허용하면서 그 직업 행사를 제한하는 것은 그 직업의 종사 자체를 제한하는 것보다는 제한의 정도가 가벼우므로, 그 제한의 합헌 여부를 따짐에 있어서 반드시 엄격한 기준을 요구할 필요는 없을 것이다. 즉 그 제한의 목적이 일단 공익을 위한 것이라고 인정될 때에는 그 목적 달성을 위하여 필요하다고 합목적적으로 인정되는 범위 내에서는 명백히 불합리한 것이 아닌 한 합헌이라고 보아도 좋을 것이다.

이에 반하여 직업 선택의 자유 그 자체를 제한하는 것은 그 제한의 정도가 크고, 경우에 따라서는 당사자의 생존의 기반을 박탈하는 결과를 가져올 수도 있으므로, 그에는 보다 가중된 요건이 필요하다고 하지 않을 수 없다. 이는 독일의 판례가 말하는 것처럼, 개인의 직업선택의 자유를 제한하여서라도 보호되어야 할 중요한 공공의 이익이 문제될 경우에만 가능하고, 또 그러한 목적이 직업활동의 자유를 제한하는 방법에 의하여서는 달성할 수 없을 때에만 허용된다고 보아야 할 것이다.

그런데 여기서 주의할 점은 직업 선택의 자유와 직업 활동의 자유를 구별하는 것이 어려운 경우가 왕왕 있다는 것이다. 예컨대 이미 약국을 개업하고 있는 사람이 또 다른 약국을 개업하는 것을 제한하는 것은 직업활동의 자유 제한이고, 반면 변호사에 대한 업무정지명령은 직업선택의 자유의 제한이라고 하나, 그 구별은 반드시 명확한 것은 아니다.

그러므로 이러한 구별을 반드시 절대화할 필요는 없고, 형식적으로는 직업활동의 자유 제한으로 보이더라도 그 제한의 정도가 매우 커서 실질적으로는 직업 선택의 자유를 제한하는 것과 다를 바가 없다면 이는 직업선택의 자유를 제한하는 것과 마찬가지로 취급하여야 할 것이다(이 사건의 경우가 그러한 것으로 보인다).

다른 한편으로 그 제한의 방법 내지 정도에 관한 것도 고려하지 않을 수 없다. 즉 이 사건에서와 같이 직업의 자유 제한이 어떤 행위의 금지를 내용으로 하고 있을 때에도 그 금지에서 예외를 인정하고 있다면, 즉 일정한 요건을 갖춘 때에는 그러한 금지에서 벗어날 수 있다고 한다면 그 제한은 그 정도의 면에서 상대적인 것으로서 비교적 심한 것이 아니라고 할 수 있을 것이다. 그런데 그 금지가 아무런 예외를 인정하지 않고 있는 경우에는 이는 절대적인 제한으로서 그 제한의 정도가 극심하고, 따라서 이러한 경우에는 매우 중대한 공공의 이익이 문제될 경우에만 허용될 수 있을 것이다.

둘째, 그 제한의 요건 내지 사유도 문제로 된다. 독일의 단계이론은 직업선택의 자유 제한에 관하여는 주관적 요건에 의한 제한과 객관적 요건에 의한 제한을 구별하고 있는데, 이러한 구별도 충분히 의미를 가진다. 왜냐하면 주관적 요건에 의한 제한은 당사자의 노력에 의하여 그러한 제한을 벗어날 수 있는데 반하여 객관적 요건에 의한 제한은 당사자의 노력만으로 그러한 제한을 벗어날 수는 없기 때문이다.

이 사건에 있어서도 그러한 구별이 도움이 되지만, 다만 이 문제를 목적과 수단 사이의 연관성이라는 관점에서도 고려할 필요가 있다. 즉 어떤 직업을 수행한다는 사실 자체는 문제되지 않고, 다만 그 수행하는 사람이 객관적인 기준에 달하지 못하였다거나, 그 수행의 방법에 있어서 문제가 있어서 직업의 자유를 제한하는 경우(예컨대 제품의 안전성 등을 이유로 한 제한)에는 그 제한의 필요성 내지 제한의 수단과 제한의 목적 사이의 연관성이 비교적 명백한 반면, 그 제한을 하는 사유가 그 직업의 성질과는 직접 관계가 없고 다만 객관적인 상황에 기인한 제한일 때에는 과연 그러한 제한이 필요한지가 명백하지 않은 경우가 많고, 따라서 이러한 제한을 인정하기 위하여는 그 제한을 하는 측에서 그 제한의 필요성을 좀더 밝힐 필요가 있다.

독일의 판례도 객관적 요건에 의한 제한의 경우에는 자격을 갖춘 사람이 직업을 수행하는 것이 어떤 직접적인 불이익을 가져올 수 있는지가 명백하지 않으므로, 직업선택의 자유의 제한과 그에 의하여 얻어지는 결과 사이의 관련을 명확히 할 수 없는 경우가 많고, 그리하여 직접 관련이 없는 동기가 개입하거나 경쟁자를 보호하기 위하여 제한하는 경우가 많다고 지적하고 있고, 일본의 판례도 약국개설의 허가조건으로서 약국의 구조설비, 약제사의 수, 허가신청자의 인적 결격사유 등에 관하여 규정하고 있는 것은 불량의약품의 공급의 방지라는 목적에 직결되는 사항으로서 비교적 용이하게 그 필요성과 합리성을 긍정할 수 있으나, 설치장소의 배치의 적정과 같은 요건은 위와 같은 직접의 관련성은 없다고 언급하고 있음은 앞에서 본 바와 같다.

그러므로 이러한 경우에는 독일의 판례가 말하는 것처럼 우월적이고 중요한 공공의 이익에 대한 증명할 수 있거나 고도의 개연성이 있는 중대한 위험의 방지만이 제한을 정당화할 수 있다고 봄이 옳을 것이다.

그런데 이 사건 판결은 이 사건에 있어서 생수 국내판매의 제한이 주관적 요건에 기한 것인가 아니면 객관적 요건에 기한 것인가의 문제에 대하여는 직접 언급하고 있지 않은데, 추측건대 이는 이 문제에 대하여 언급하지 않더라도 그 전단계의 고찰만으로도 위의 제한이 위헌임이 밝혀질 수 있다고 본 때문이 아닌가 한다.

그리고 세 번째로는 일본의 판례와 같이 그 규제의 목적이 적극적인 것인가 아니면 소극적인 것인가를 고려할 필요가 있는가 하는 점인데, 이 점 자체는 특별히 고려할 요소가 되지 않는다고 봄이 옳다고 생각된다. 문제는 그 규제의 목적이 얼마나 중요한가 하는 점인데, 적극적 목적인가, 소극적 목적인가에 따라 반드시 그 중요성이 차이가 있다고 할 수는 없을 뿐만 아니라 그 구별도 애매한 경우가 많고, 또 제한을 받는 사람의 입장에서는 그 목적이 적극적인 것인가 아닌가에 따라 차이가 있는 것은 아니기 때문이다. 오히려 국민의 생명과 건강을 지키기 위한 목적의 규제가 그 규제의 필요성이 더 크고 중요할 경우도 상정할 수 있다.[33]

나. 이 사건의 경우

그러면 이 사건의 경우는 어떠한가?

(1) 제한되는 권리와 그 제한의 방법

우선 제한되는 권리에 관하여 본다. 얼핏 보기에는 이 사건에서는 생수판매 허가를 신청하는 자에게 국내판매금지의 의무만을 붙여 허가하는 것이고, 그러한 의무를 붙인 것만이 문제되는 것이므로 직업선택의 자유가 아니라 직업활동의 자유인 것처럼 보인다. 그러나 이는 피상적인 관찰이고 실질은 이와 다르다고 보아야 할 것이다.

이 사건 판결이 설명하고 있는 것처럼 이 사건 원고들은, 1987년 현재 생수의 해외 수출량이 총생산량의 1.3%밖에 차지하지 못하고 있다고 주장하고 있고, 그러한 주장이 사실과 다르다고 보이지는 않으며, 또 현재에 이르기까지 그러한 비율에 큰 변화가 있었으리라고 보이지는 않는다. 그 외에 국내의 외국인에 대한 판매분을 고려에 넣는다 하여도, 생수판매가 가능한 전체 시장의 거의 대부분은 내국인에 대한 판매일 수밖에 없는데, 이를 금지한다는 것은 실질에 있어서는 생수판매 허가를 전면적으로 허용하면서 다만 그 허가의 요건을 제한하는 것(이는 직업선택의 자유에 대한 제한에 해당할 것이다)보다 훨씬 더 큰 제한이고 따라서 이는 직업선택의 자유를 제한하는 것과 다를 바 없다.

그리고 그 제한의 정도에 있어서도 내국인에 대한 국내판매를 전면 금지하고 있고 일정한 요건을 갖추면 국내판매를 허용하고 있지도 않으므로, 그 제한의 정도가 절대적이어서 직업의 자유를 심하게 제한하고 있다고 하지 않을 수 없다.

---

33) 工藤(주 27), 42면 참조.

(2) 제한의 목적의 당부

피고측이 주장하였고, 원심이 인정한 제한의 목적은 주로 2가지이다. 그 하나는 생수의 국내판매를 허용할 경우에는 수돗물을 식수로 사용하는 대다수 국민으로 하여금 수돗물이 식수로 적합하지 아니하다는 불안감을 가지게 하고, 나아가 수돗물을 식수로 사용하기를 기피하게 하여 결국 식수공급행정에 상당한 혼란을 초래한다는 것이다. 다른 하나는 생수를 마시는 계층과 그렇지 아니한 계층간에 위화감을 조성하여 소득계층간의 갈등을 심화시킬 가능성이 농후하다는 것이다. 그 외에 원심판결은 수돗물에 적응하지 못하는 주한외국인이나 우리나라 해외근로자에게 식수로서 생수를 공급하여야 할 필요성이 있다고도 설시하고 있으나 이는 국내판매를 금지하는 직접적인 근거가 될 수는 없다.

그러나 우선 위 두 번째의 이유, 즉 위화감의 방지는 제한의 근거가 될 수 있는 공익이라고 인정할 수 없다. 위와 같은 위화감이라는 것은 다른 말로 바꾸면 일종의 상대적 박탈(相對的 剝奪, relative deprivation)의 감정을 의미한다고 이해된다. 즉 이 사건의 경우에 생수의 국내판매를 허용하게 되면, 그로 인하여 앞으로도 생수를 마실 수 없는 사람의 처지에 특별히 변화가 있는 것은 아니고 따라서 그 사람들에게 직접적으로 불이익이 가해지는 것은 아니지만, 종전에 자신들과 마찬가지로 수돗물을 마셨던 사람들이 앞으로는 생수를 마시게 되는 것을 보면 그들과의 비교에서 일종의 불이익을 입었다는 감정을 느끼게 되는 것을 말한다. 그러나 이러한 상대적 박탈감의 방지라는 것은 특별한 사정이 없는 한 기본권을 제한할 수 있는 사유인 공익에는 해당하지 않을 것이다.

얼핏 생각하기에는 이러한 상대적 박탈감의 방지도 헌법상의 평등원칙에서 나올 수 있는 것이 아닌가 생각될 여지도 있다. 그러나 헌법상의 평등이라는 것은 어디까지나 상향 평등(Gleichheit nach oben)을 의미하고 하향 평등 내지 불법에 있어서의 평등(Gleichheit in Unrecht)을 의미하는 것은 아니다.[34] 만일 평등의 의미를 이와 같이 잘못 이해한다면, 어떤 사람이 사법시험에서 건축공사로

---

34) Maunz-Dürig, Kommentar zum Grundgesetz, Art. 3. Abs. 1, Rdnr. 164 ff. 헌법재판소 1991. 2. 11. 선고 90헌가27 결정(헌법재판소판례집 제3권, 11면 이하)도, 헌법상 평등의 원칙은 국가가 언제 어디에서 어떤 계층을 대상으로 하여 기본권에 관한 사항이나 제도의 개선을 시작할 것인지를 선택하는 것을 방해하지 않으며, 그것이 허용되지 않는다면 모든 사항과 계층을 대상으로 하여 동시에 제도의 개선을 추진하는 경우를 제외하고는 어떠한 제도의 개선도 불가능하다는 결과에 이르게 되어 불합리하다고 함으로써, 헌법상 평등의 의미가 이러한 하향 평등을 의미하는 것은 아님을 명백히 하고 있다.

인한 소음 때문에 시험에 합격하지 못하였다면 다른 합격자들의 합격도 모두 취
소되어야 평등에 맞고, 내 주거환경이 열악하다면 국가가 지원하는 다른 더 나
은 주택도 지어져서는 안 된다는, 상식에 어긋나는 주장을 용인하는 것이 된다.

이 사건의 경우에도 이러한 위화감의 방지라는 것을 공익상의 목적으로 이
해한다면 모든 사람이 생수를 마실 수 있게 되기 전까지는 국가가 생수의 제조
판매를 금지할 수 있다는 것이 되나, 이러한 주장이 불합리함은 더 말할 것도
없다.

이를 다른 관점에서 본다면, 전에는 수돗물만을 음료수로 사용하여야 하였는
데 사정의 변화에 따라 일부 국민만이라도 생수를 음료수로 사용할 수 있게 되
었다면, 이는 국민의 선택의 폭이 커지고 국가 전체로 보아서는 공공의 복리가
증진되는 것이라고 할 수 있는데, 단순히 일부 국민들이 그에 대하여 상대적 박
탈감만을 느낀다고 하는 이유만으로 이를 제한할 수는 없는 것이다.

물론 예외적인 경우에는 이와 같은 상대적 박탈감이 극심하여 커다란 사회적
불안이나 폭동과 같은 사태를 불러올 수도 있을 것이고, 이러한 경우에는 상대
적 박탈감의 방지를 위한 긴급조치를 필요로 할 수도 있을 것이나, 생수 판매의
허용이 그러한 정도의 위험을 가지고 있다고는 누구도 말할 수 없을 것이다. 위
화감을 문제삼는다면 오히려 외국인에 대한 판매만을 허용하는 것이 더 위화감
을 조성하는 것으로서 평등의 원칙에 위배될 소지가 크다고 할 수도 있다.

이에 반하여 생수의 국내판매를 허용할 경우에는 대다수 국민으로 하여금 수
돗물에 대한 불안감을 가지게 하고 나아가 수돗물을 식수로 사용하기를 기피하
게 하여 결국 식수공급행정에 상당한 혼란을 초래한다는 것은 그 자체로서는 정
당한 공익상의 목적에 해당한다고 인정할 수 있을 것이다.

(3) 목적과 제한과의 관련성

그렇다면 위와 같이 수돗물에 대한 불신 방지라는 공익목적에 의하여 직업
의 자유를 제한하는 것은 정당하다고 할 수 있는가? 이 점은 인정되기 어려울
것이다.

우선 지적하여야 할 것은 생수국내판매의 제한 사유가 그 생수 자체의 품질
이 국민의 건강에 위해를 끼칠 우려가 있다는 등의 사정이 아니고, 그 국내판매
로 인하여 수돗물에 대한 불안감 내지 불신을 초래할 우려가 있다는 점에 있는
데, 과연 생수 국내판매와 수돗물에 대한 불안감 사이에 연관성이 인정될 수 있

는가는 의심스럽다고 하지 않을 수 없다. 수돗물에 대한 불안감이 생수 국내판매 그 자체에서 비롯된다면 별문제이나, 수돗물에 대한 불안감이 생기는 기본적인 원인은 수돗물 그 자체의 질을 믿지 못하는 데서 생기는 것이므로, 위와 같은 연관성은 반드시 명백하다고 할 수 없다. 물론 관념적으로는 정부 당국이 생수 국내판매를 허용한다면 이는 정부 스스로가 수돗물의 질이 나쁘다는 것을 자인하는 셈이 되어 기존의 불안감이 더욱 가중된다고 생각할 수도 있으나, 과연 그러할 것인지, 불안감이 가중된다면 그것이 어느 정도일 것인지 하는 점은 전혀 명확하다고 할 수 없다.

나아가 그러한 불안감 가중이라는 사유가 인정된다고 하더라도, 그것만으로 생수국내판매의 금지라는 강력한 직업의 자유 제한이 정당화될 수 있는지도 의문이며, 이 문제는 뒤에서 살펴보는 것처럼 그러한 목적과 국민들의 행복추구권 침해를 비교하여 볼 때 더욱 명백하게 드러난다고 하겠다.

따라서 위와 같은 목적에 의한 생수국내판매의 금지는 직업의 자유를 침해하는 것으로서 위헌이라고 하지 않을 수 없고, 이를 내용으로 하는 위 보사부고시는 무효라고 하여야 할 것이다.

그 외에 이러한 고시를 정당화하기 위한 근거로서, 생수의 국내판매를 허용하게 되면 지하수의 보존에 어려움이 초래될 것이라는 주장이 있을 수 있으나, 설령 그러한 문제점이 있을 수 있더라도 이는 제조나 판매 수량, 판매방법 등을 규율함으로써, 즉 직업 활동의 자유를 제한함으로써 해결될 수 있는 문제이고 판매 그 자체를 금지할 사유는 되지 못한다.

⑷ 세균 검출의 문제

다른 한편 이 사건에서는 원고들 중 일부의 생수에서 세균이 검출되었다는 것도 과징금 부과의 사유가 되었고, 원고는 이 점도 다투고 있으나 앞에서 살펴본 바에 의하면 이는 문제되지 않는다고 봄이 정당할 것이다. 이는 생수 그 자체의 품질에 의한 사유(일종의 주관적 요건)를 원인으로 하여 직업 활동의 자유만을 제한하는 것으로서 국민의 건강에 직결되는 사항이기 때문이다. 이러한 경우에는 그것이 명백히 합리성이 없다고 인정되지 않는 한 그 유효성을 인정함이 옳을 것이다. 이 사건 대법원 판결은 이 점에 대하여는 언급하지 않고 있으나 이 점을 부정하는 취지는 아니라고 여겨진다.

6. 행복추구권의 침해 여부

위에서 살펴본 바에 의하면 내수판매 금지의 고시가 간접적으로는 일반 국민의 음료수를 선택할 권리라는 행복추구권도 침해한 것임이 명백하여졌다고 생각한다.

특히 수돗물에 대한 불안감 조성의 방지라는 공공의 목적이 정당하고, 이를 위하여는 생수의 국내판매를 금지하는 것이 유효적절한 수단이라고 인정된다고 하더라도, 그 생수국내판매로 인하여 국민들이 입게 되는 행복추구권의 제한과 비교하여 본다면 위 행복추구권의 제한 내지 침해가 더 큰 손실이어서 생수국내판매의 금지는 허용될 수 없다고 보아야 할 것이다. 즉 국민들이 수돗물의 질에 대하여 의구심을 품고 있을 때에는 다른 음료수를 찾는 것이 당연한데, 이를 수돗물에 대한 불안감의 조성 방지라는 명목하에 금지하고 국민들로 하여금 질이 의심스러운 수돗물을 마시도록 강요한다는 것은 부당한 일이라고 하지 않을 수 없다.

특히 헌법 제35조 제1항은 모든 국민은 건강하고 쾌적한 환경에서 생활할 권리를 가진다고 하여 국민의 기본권으로서 환경권을 규정하고 있으므로, 수돗물의 질에 의심이 있어 국민들이 수돗물을 마시기를 꺼린다면 국가가 수질을 개선함으로써 그러한 의심을 제거하여야 하고, 만일 그것이 단시일 내에 이루어지기 어렵다면 국민으로 하여금 음료수를 선택하여 마시게 함으로써 그러한 의구심에서 벗어나게 하여야 하고, 이는 위와 같은 헌법규정에서 나오는 당연한 책무라고 할 것이다. 그럼에도 불구하고 국가가 이러한 조치를 취하는 대신 생수 국내판매만을 금지하는 것은 수돗물의 질에 대한 의심이 생기는 책임을 생수에 전가하는 것일 뿐만 아니라, 국민으로 하여금 질이 의심스러운 수돗물을 계속 마실 것을 간접적으로 강제하는 것이 되어 국민의 행복추구권을 침해하는 것임이 명백하다.

그리고 종래의 생수판매에 관한 논의 가운데 생수판매를 허용하게 되면 정부가 수돗물의 질개선을 위한 노력을 게을리하게 될 것이므로 수돗물의 질이 개선될 때까지는 생수의 국내판매를 허용하여서는 안 된다는 주장도 있었으나, 이는 말하자면 국민의 건강을 담보로 하여 수돗물의 질 개선을 꾀하겠다는 것으로서 위와 같은 국민의 환경권을 무시하는 것일 뿐만 아니라, 수돗물의 질 개선 자체가 국민의 건강 내지 환경권을 위하여 의미를 가진다는 것을 간과한 처사라고 하지 않을 수 없다.

따라서 위의 고시는 국민들의 행복추구권 자체를 침해하는 것이라고 하지 않을 수 없고, 이 점에 관한 위 대상판결의 판시는 지극히 타당하다고 하지 않을 수 없다.

다른 한편 원심은 위와 같은 행복추구권의 침해 여부에 관하여, 맑고 깨끗한 물을 마실 국민의 권리는 수돗물의 수질개선, 지하수나 약수음료의 사용, 청량음료의 사용, 정수기의 사용 등의 방법에 의하여 추구할 수도 있으므로 위 권리의 본질적인 내용이 침해당한다고는 보여지지 않는다고 설시하고 있으나, 이 사건 대법원 판결이 적절하게 지적하고 있는 것처럼, 그러한 방법이 보존음료수를 구입하는 것보다 더 용이하다고 단정할 수도 없을 뿐만 아니라, 국민의 기본권을 제한함에 있어서는 그 제한하는 측에서 기본권을 보다 덜 제한하는 다른 방법이 있는가를 모색하여야 할 것이지, 제한당하는 국민의 입장에서 볼 때 기본권 실현의 다른 수단도 있다고 하여 그것만으로 기본권 제한이 정당화되는 것은 아니라고 할 것이므로 위와 같은 원심의 논리는 앞뒤가 뒤바뀐 것이라고 하지 않을 수 없다.

7. 전원합의체의 심판을 거쳐야 하는지 여부

이 사건 판결은 위와 같은 이유로 위 고시가 헌법에 위반되어 무효라고 보아 원심판결을 파기환송하였다. 그런데 대법원이 위 고시를 무효라고 하려면 이는 "명령 또는 규칙이 헌법에 위반함을 인정하는 경우"에 해당하므로 법원조직법 제7조 제1항 제1호에 의하여 전원합의체에서 심판하여야 하지 않는가라는 의문이 있을 수 있다.

그러나 앞에서 설명한 것처럼 위 고시가 상위의 법규와 결합하여 대외적 구속력 내지 법규적 효력을 가지기는 하지만, 그 자체가 법규명령인 명령 또는 규칙에는 해당하지 않는다고 본다면 굳이 전원합의체의 심판을 거쳐야 할 필요는 없을 것이다.

종전의 선례로서 대법원 1990. 5. 8. 선고 89누8149 판결[35]은, 앞에서 본 것처럼 판례가 소득세법시행령을 보충하는 법규적 효력을 가졌다고 인정하는 재산제세조사사무처리규정이 조세법률주의에 위반되어 무효라고 인정하면서도 전원

---

35) 공보 875, 1285면.

합의체에서 선고하지 않고 소부에서 판결한 예가 있고, 이 사건 대법원판결도 이러한 선례에 따라 소부에서 판결한 것으로 보인다.

8. 이 판결의 의의

이 사건 대법원판결은 종래 합리적인 근거 없이 생수의 국내판매를 제한하여 온 위 고시를 위헌무효라고 판단함으로써 국민의 직업의 자유와 행복추구권 확보에 기여하였을 뿐만 아니라 그 이유 가운데에서 직업의 자유 및 행복추구권에 관하여 상세한 이론을 설시함으로써 다른 사건에 있어서도 참고가 될 수 있을 것이고, 이 점에서 헌법에 관한 중요한 선례가 되리라 생각된다.

〈인권과 정의 1995. 1.〉

〈추기〉

1. 이 글은 1994. 6. 27. 대법원의 특별소송실무연구회에서 발표했던 것을 보완한 것으로, "보존음료수의 판매제한과 헌법"이라는 제목으로 특별소송실무 특별법연구 제5권(1997)에도 게재되었다.

2. 이 판결을 계기로 하여 1995. 1. 5. 「먹는물관리법」이 제정되었다.

3. 진창수, "먹는샘물 판매와 수돗물", 헌법판례해설 Ⅰ, 대법원 헌법연구회, 사법발전재단, 2010, 548면은, 헌법에 구체적으로 열거된 기본권의 침해 여부가 문제되는 경우 보충적 기본권의 성격을 가지는 행복추구권은 심사대상 기본권에서 제외되는데, 이 사건 판결은 직업의 자유라는 기본권 침해와 직접적 관련이 있는 사안임에도 별도로 행복추구권의 침해 여부에 대한 판단까지 나아가 원고들의 청구를 받아들였다는 점에서 이채롭고, 원고들은 원칙적으로 자신의 법익침해를 이유로 하는 주장만을 제기할 수 있고, 예외적인 사정이 있는 경우만 제3자의 법익침해를 이유로 한 주장을 제기할 여지가 있는데, 이 사건 판결은 위와 같은 예외적인 사정이 존재하는지 등에 대하여 별다른 언급을 하지 아니한 채 제3자에 해당하는 일반 국민의 행복추구권이 침해되었다는 점을 이 사건 고시가 위헌이라는 근거 중 하나로 바로 설시한 것은 이론적으로 논란의 소지가 있다고 한다.

그러나 이 사건에서 원고들은 피고의 과징금 부과처분에 의하여 자신들의 법익이 침해되었으므로 당사자적격은 당연히 인정되고, 그 처분의 위법 여부를 다투는 본안 절차에서는 법원은 위 처분이 객관적으로 적법한지를 심사하여야 하며, 이때에는 위 처분이 원고들의 법익뿐만 아니라 다른 사람들의 법익을 침해하였는가도 당연히 심사 대상이 된다. 헌법재판소 1996. 12. 26. 선고 96헌가18 결정에서는 소주도매업자로 하여금 그 영업장소소재지에서 생산되는 자도(自道)소주를 의무적으로 총구입액의 일정비율 이상을 구입하도록 하는 자도소주 구입명령제도를 규정한 주세법의 규정이 위헌인가가 문제되었는데, 헌법재판소는 다음과 같이 판시하였다. 즉 헌법재판소는 위헌법률심판절차에서 규범의 위헌성을 모든 헌법적인 관점에서 심사하며, 따라서 이 사건에서의 헌법적 심사는 심판대상인 주세법 규정이 주류판매업자에 미치는 기본권제한적 효과에 한하지 아니하고, 그 외의 관련자인 주류제조업자나 소비자에 대한 심판대상규범의 효과까지 헌법적 관점에서 심사하여야 한다고 하였다. 그리하여 위 자도소주 구입명령제도는 주류판매업자 및 소주제조업자의 직업의 자유 및 평등권과 소비자의 행복추구권에서 파생된 자기결정권을 침해하여 위헌이라고 하였다.

또한 미국연방대법원의 Meyer v. Nebraska 판결(262 U.S. 390, 1923)은, 교사가 8학년을 마치지 않은 학생에게 영어 외의 다른 외국어를 가르치지 못하게 한 네브라스카 주 법에 위반하여 독일어를 가르쳤다는 이유로 기소된 사건에서, 위 법은 교사뿐만 아니라 헌법수정 제14조의 적법절차 조항에 포함된, 교사로 하여금 자녀를 가르치게 할 부모의 권리도 침해하여 위헌이라고 하였다. 헌법재판소 2000. 4. 27. 선고 98헌가16, 98헌마429 결정도, 과외교습을 금지하는 학원의 설립·운영에 관한 법률이 과외교습을 하려는 교습자의 기본권뿐만 아니라, 학습자의 위치에 있는 초·중·고등학생의 행복추구권과 부모의 자녀에 대한 교육권을 침해하여 위헌이라고 하였다. 위 사건의 직접적인 당사자들은 과외교습을 하려는 교습자였다.

그리고 행복추구권은 다른 개별적 기본권이 적용되지 않는 경우에 한하여 보충적으로 적용되는 기본권이므로, 다른 개별적 기본권의 침해 여부에 대하여 판단하는 이상 따로 행복추구권 침해 여부를 판단할 필요는 없다는 것은, 다른 개별적 기본권과 행복추구권의 주체가 동일한 경우에 그러한 것이고(헌법재판소 2008. 11. 27. 선고 2005헌마161·189 결정 등), 개별적 기본권과 행복추구권의 주체가 다른 경우에는 그러한 법리가 적용될 여지가 없을 것이다.

7. 접견불허처분에 대한 헌법소원심판청구 후 접견이 이루어진 경우 심판청구의 적법 여부

— 대상결정 : 헌법재판소 1991. 7. 8. 선고 89헌마181 결정 —

1. 사건의 개요 및 결정요지

가. 사건의 개요

이 사건의 청구인 문**, 고**는 1989. 7. 30 국가보안법 위반혐의로 국가안전기획부에 의하여 구속되었다. 이에 위 청구인들의 변호인인 변호사 김** 외 1인은 같은 해 8. 3. 국가안전기획부장에게 위 청구인들에 대한 접견신청을 하였으나 거부되었다. 그러자 위 변호인들은 같은 날 서울형사지방법원에 위 접견불허처분의 취소를 구하는 준항고를 제기하여 위 법원은 다음날 위 접견불허처분을 취소하는 결정을 내렸다. 그리하여 위 변호인들은 같은 달 5. 및 7. 국가안전기획부장에게 접견신청을 하였으나 여전히 접견이 이루어지지 아니하였다.

이에 위 청구인 문**, 고**는 같은 달 10. 헌법재판소에 국가안전기획부장을 피청구인으로 하여, 위 3회에 걸친 접견불허처분이 헌법에 위반됨의 확인을 구하는 헌법소원을 제기하였고, 위 변호사 김**은 같은 달 17. 위 접견불허처분이 변호인인 자신의 기본권을 침해한 것이라고 주장하여 추가로 헌법소원을 제기하였다.

한편 위 헌법소원 제기 후인 같은 달 11.에 이르러서 위 청구인 문**, 고**와 변호인간의 접견이 이루어졌고, 같은 달 18.에는 위 청구인들에 대한 피의사건이 검찰에 송치된 바 있다.

헌법재판소는 1991. 7. 8. 재판관 6인의 다수의견에 따라 위 헌법소원심판청구를 모두 각하하였으나 여기에는 재판관 3인의 반대의견이 있었다. 다수의견과 반대의견이 대립된 부분은 첫째, 청구인 문**, 고**의 위 8. 5. 및 같은 달 7.의 접견불허처분에 대한 헌법소원심판청구가 적법한 것인가. 둘째, 변호인이 제기한 위 헌법소원심판청구는 적법한 것인가 하는 점이었다.

나. 다수의견의 요지

(1) 수사기관의 접견불허처분에 대한 준항고절차에서 접견불허처분을 취소하는 법원의 결정이 있었다면, 위 처분에 대하여 거듭 취소를 구하는 헌법소원심판청구는 권리보호의 이익이 없다.

(2) 접견불허처분을 취소하는 법원의 결정에도 불구하고 수사기관이 다시 접견불허처분을 하였다면, 이에 대하여는 다시 준항고로 불복할 수 없으므로 보충성의 원칙의 예외로서 직접 헌법소원심판을 청구할 수 있다.

(3) 그러나 헌법소원 제기 후 접견이 이루어져 접견의 목적이 달성되었을 뿐만 아니라 사건이 수사기관의 관할을 떠남으로써 접견의 목적이 이루어질 수 없게 되었고, 구속피의자에 대한 접견이 상당한 기간이 경과되도록 허용되지 않고 있는 것은 기본권의 침해가 된다는 것이 판례나 학설을 통해 이미 밝혀져 헌법문제로서는 이미 해명되었으며, 청구인들의 기본권이 반복적으로 침해될 구체적 위험성이 존재하거나 그 위험성이 다른 국민보다 더 크다는 입증이 없다면 위 헌법소원에 대한 심판의 이익이 없다.

(4) 헌법 제12조 제4항에 기한 변호인과의 접견교통권은 체포 또는 구속당한 피의자 또는 피고인에게만 한정되는 권리이고 변호인 자신의 접견교통권은 헌법상의 권리는 아니므로, 변호인이 제기한 위 헌법소원심판청구는 부적법하다.

다. 반대의견의 요지

이 사건 반대의견 중 조규광, 변정수 두 재판관의 반대의견(이하 제1반대의견이라 한다)의 요지는 이 사건 헌법소원에는 헌법적인 해명을 필요로 하는 중대한 문제점이 있을 뿐만 아니라 그 침해행위의 일반적·개연적인 반복위험성이 있으므로 접견이 이루어졌다고 하여도 접견을 허용하지 아니한 조치가 위헌임을 확인할 이익이 상존하고, 변호인 자신의 접견교통권도 헌법 제12조 제4항에서 우러나오는 헌법상의 권리로서 변호인 자신이 제기한 헌법소원청구도 적법하므로 피청구인의 접견불허처분이 위헌이라는 확인선언을 하여야 한다는 것이다.

그리고 김양균 재판관의 반대의견(이하 제2반대의견이라 한다)의 요지는 접견이 이루어졌다고 하여도 헌법소원심판청구의 이익이 여전히 존재한다고 보는 점에서는 위 제1반대의견과 같으나(다만 그 구체적인 논거에 있어서는 다소 차이가 있다), 변호인 자신이 제기한 헌법소원심판청구가 적법한지에 대하여는 직접적인 판단을 유보하고 있다.

2. 문제의 소재

가. 쟁점의 한정

이 사건은 헌법소원절차에 관한 여러 가지 흥미있는 논점을 포함하고 있다. 접견이 이루어진 후에도 접견불허처분에 대한 헌법소원심판청구의 적법성이 그대로 유지되는가 하는 점이 이 사건의 가장 큰 쟁점이지만 그 외에도 변호인 자신의 접견교통권도 헌법 제12조 제4항 소정의 기본권에 포함되는지의 여부 및 이 사건이 이른바 보충성의 원칙의 예외에 해당하는지의 여부도 중요한 쟁점이라고 할 수 있다. 그러나 여기에서는 접견이 이루어진 후에도 접견불허처분에 대한 헌법소원심판청구의 적법성이 유지되는지에 관하여만 살펴보기로 한다.[1]

나. 사정변경과 권리보호의 이익

위의 쟁점은 다음과 같이 일반화할 수 있다. 즉 헌법재판소법 제75조 제3항은 공권력의 행사로 인한 기본권침해의 경우 헌법소원을 인용할 때에는 기본권침해의 원인이 된 공력권의 행사를 취소하도록 규정하고 있다. 그런데 일단 청구인이 주장하는 기본권침해라는 사태가 발생한 후에 그 기본권침해의 상태가 종료하거나, 또는 기타의 다른 이유로 인하여 공권력의 행사를 취소하더라도 기본권침해에 대한 직접적인 구제는 되지 못하는 사태가 있을 수 있다. 가령 이 사건에서는 접견불허처분에 대한 헌법소원 제기 후 이미 접견이 이루어졌을 뿐만 아니라, 피청구인측이 더 이상 접견을 시행할 수 있는 지위에 있지도 아니하므로 접견불허처분을 취소함으로써 접견이 이루어지는 것을 기대할 수는 없다. 또 다른 예를 든다면 검사의 불기소처분에 대하여 피해자가 헌법소원을 제기하

---

1) 변호인 자신의 헌법소원의 적법여부에 대하여는 독일연방헌법재판소 1978. 8. 1. 결정(BVerfGE 49, 24, 47ff.) 참조. 여기서는 접견불허처분에 대하여 피구속자의 변호인이 제기한 헌법소원이 부적법하다고 하였으나 변호인이 영업의 자유의 침해를 이유로 헌법소원을 제기할 수 있는 가능성을 완전히 배제하지는 아니하였다.

였으나 그 결정 전에 공소시효가 완성되어 버린 경우에는, 불기소처분을 취소하더라도 검사가 공소를 제기하는 것은 불가능하므로 결국 피해자의 기본권침해에 대한 구제는 불가능하게 된다. 이처럼 헌법소원의 대상이 된 공권력행사 이후에 사정변경이 있을 때에도 원래의 공권력행사를 대상으로 한 헌법소원심판청구를 적법한 것으로 볼 수 있는가 하는 점이 중요한 문제로 대두되게 된다. 이는 헌법소원의 적법요건 가운데 이른바 기본권침해의 현재성 내지 헌법소원의 이익에 관련되는 문제라고 할 수 있다. 뒤에서 보는 바와 같이 이 점은 외국에서는 일찍부터 헌법재판절차상의 중요한 쟁점으로 논의되고 있으나 우리나라에서는 이 사건 결정 이전에는 특별한 관심의 대상이 되지 못했던 것으로 여겨진다.

다. 이 사건 결정이유의 개관

그러면 이 사건 결정의 입장은 어떤 것인가? 이 사건 다수의견이나 반대의견은 다같이 기본권침해행위가 종료되면 헌법소원은 원칙적으로 부적법하게 되지만, 그러한 사정변경이 있더라도 해명되어야 할 헌법문제가 있거나 기본권침해가 반복될 위험성이 있으면 예외적으로 헌법소원의 이익은 인정된다는 입장을 취하고 있다(제1반대의견은 고차원적인 기본권이 침해당했을 때라는 사유를 더 추가하고 있다). 그러나 이 사건의 경우가 그러한 예외에 해당하는가에 관하여는 다수의견은 이를 부정하는 반면 반대의견은 이를 긍정하고 있어 서로 다른 결론을 내고 있다.

우선 해명되어야 할 헌법문제가 있는가에 관하여, 다수의견은 구속피의자에 대한 접견이 접견신청일로부터 상당한 기간이 경과되도록 허용되지 않고 있는 것은 접견불허처분과 동일시할 것으로 기본권침해가 된다는 것은 판례나 학설을 통해 이미 밝혀져서 헌법문제로서는 이미 해명된 것이라고 하였다. 반면 제1반대의견은 변호인의 접견교통권은 고차원적인 기본권이고, 접견불허처분의 위헌성이 법원의 재판에 의하여 확인된 이상 피청구인으로서는 이에 순종하여야 하였음에도 불구하고 이를 도외시한 것은 법치국가와 권력분립의 원칙에 위배된 것으로서 헌법재판소가 마땅히 지적·해명할 필요가 있다고 한다. 그리고 제2반대의견은, 비록 판례상으로는 접견신청일이 경과하도록 변호인과의 접견이 이루어지지 않은 것은 실질적으로 접견불허가처분이 있는 것으로 보고 있으나 접견신청 후 시간적으로 얼마가 경과하여야 기본권침해가 되는가에 관하여는 학설상 다소 차이가 있어 "즉시" 변호인의 조력을 받을 권리의 헌법적 의미가 의문의 여지없이 해명된 것으로는 보기 어렵다고 한다.

나아가 반복의 위험성에 관하여, 다수의견은 반복의 위험성이란 어디까지나 추상적이거나 이론적 가능성이 아니라 구체적인 것이라야 하는데 청구인들의 경우에 피청구인측에 의하여 청구인들의 기본권이 반복적으로 침해될 위험성이 존재하고 또 그 위험성이 다른 국민보다 크다 할 구체적 사정이 있다는 점에 관하여 입증이 없다고 한다. 반면 제1반대의견은, 반복위험성의 존부에 관하여는 증거에 기초를 둔 사실확정의 문제가 아니라 헌법재판관 스스로 제반상황을 살펴 예측판단에 의존하는 과제로서, 이 사건의 경우 변호인의 접견교통권 침해행위의 일반적·개연적 위험성이 장차 확정적으로 배제되었다고 할 수도 없다고 한다. 그리고 제2반대의견은 변호인 접견불허문제는 비단 이 사건에서만 문제될 수 있는 것이 아니고 장차 혹시 재발할지도 모를 모든 수사기관의 접견불허문제와 관련이 될 수 있는 것으로서 설사 피청구인에게는 이러한 사례가 반복될 우려가 전혀 없다고 할지라도 여타의 수사기관에서 이러한 사례가 재발하지 않는다는 확신이나 보장이 없는 한 침해의 반복에 대한 위험은 의연 있는 것으로 보는 것이 온당하다고 한다.

라. 서술의 순서

이하 우선 이 문제에 관한 국내에서의 상황을 살피고 다른 나라, 즉 미국과 독일에서는 이 문제를 어떻게 다루고 있는가에 관하여 언급한 후 이를 토대로 하여 이 사건 결정을 분석하여 보고자 한다. 한 가지 밝혀둘 것은 여기서 논의하는 것은 기본권침해를 이유로 한 헌법재판소법 제68조 제1항의 헌법소원에 관한 것이고 위헌제청신청이 기각된 경우에 제기할 수 있는 같은 법 제68조 제2항의 헌법소원에 관한 것은 아니라는 점이다.

3. 국내에서의 논의

가. 헌법재판소의 결정례

이 문제에 대한 헌법재판소의 결정례로서 전형적인 것은 헌법재판소 제1지정재판부의 1990. 1. 6. 선고 89헌마269 결정[2]이다. 이 사건에서 청구인은 법무부장관의 출국금지조치에 대하여 헌법소원을 제기하였는데, 헌법재판소는 위

---

2) 헌법재판소 판례집(이하 "헌판집"으로 약칭한다) 2권, 1면 이하.

출국금지조치가 결정선고 당시에는 이미 해제된 사실을 인정하고 청구인의 심판청구는 권리보호의 이익이 없는 부적법한 청구하고 판단하여 심판청구를 각하하였다.

또 다른 사례로는 역시 같은 헌법재판소 제1지정재판부의 1989. 9. 18. 선고 89헌마187 결정[3]을 들 수 있다. 이 사건의 내용은 청구인이 대법원에 상고허가신청을 하였으나 기각당하자, 헌법재판소에 상고허가제를 규정한 개정 전 소송촉진 등에 관한 특례법 제11조, 제12조에 대하여 헌법재판소법 제68조 제1항 소정의 헌법소원을 제기한 것이다. 헌법재판소는 권리구제를 받으려는 상고심 사건이 헌법소원을 제기할 당시 이미 종결되어 그 소송계속이 소멸되었고, 그렇다면 위 법규정에 대한 위헌결정이 나와도 청구인이 민사소송법의 규정에 의하여 상고심 사건에 관하여 심판받을 여지는 없으며, 달리 청구인에게 소원심판을 받을 이익이 있다고 볼 자료가 없다고 하여 역시 심판청구를 각하하였다.

그리고 검사의 불기소처분에 대하여 피해자가 제기한 헌법소원의 경우에 불기소처분 후 심판선고 당시까지 이미 공소시효가 완성되었으면 위 심판청구는 권리보호의 이익이 없어 부적법하다는 것은 헌법재판소의 확립된 판례이다.[4]

나. 학   설

국내에서의 이 문제에 관한 종래의 학설은 뒤에서 살펴볼 독일의 판례와 대체로 일치한다. 즉, 기본권침해가 이미 끝난 경우에도 첫째, 헌법적인 문제의 해명이 미결로 남게 되거나 주장된 침해가 특별히 중요한 기본권과 관련된 경우, 둘째, 침해행위의 반복성에 대하여 유의해야 할 필요가 있는 경우, 셋째, 이미 취소되었거나 소송의 목적이 없어진 침해행위이지만 아직 청구인에게 영향을 미치는 경우, 넷째, 짧은 유효기간 동안에 청구인이 구성요건을 충족할 수 없는 경우 등에는 헌법소원의 권리보호이익이 여전히 인정된다고 한다.[5]

그런데 이와는 달리 헌법소원의 적법성을 훨씬 더 넓은 범위에서 인정하려는

---

3) 헌판집 1권 280면 이하.

4) 헌법재판소 1989. 4. 17. 선고, 88헌마3 결정(헌판집 1권 31면 이하); 1989. 7. 28. 선고, 89헌마65 결정(헌판집 1권 170면 이하); 1989. 12. 22. 선고, 89헌마22 결정(헌판집 1권 407면 이하); 1990. 4. 2. 선고, 89헌마185 결정(헌판집 2권 120면 이하). 특히 나중 두 개의 결정은 검사의 불기소처분에 자의성이 있음을 인정하면서도 각하결정을 내렸다.

5) 이주흥, "우리나라의 헌법소원제도", 법률의 위헌결정과 헌법소원의 대상, 헌법재판연구 제1권, 1990, 376면 이하. 김학성, 헌법소원에 관한 연구, 서울대학교 박사학위논문, 1989, 249면 이하도 같은 취지로 보인다.

견해도 있다. 즉, 헌법소원은 그 본질상 권리보호수단임과 동시에 객관적인 헌법질서의 보장수단이므로, 헌법소원에서는 소송법상의 소의 이익과 같은 차원의 권리보호이익은 요구되지 않고, 위헌적인 공권력작용이 제거되거나 다툼의 대상이 소멸하여 심판청구인에게 실질적인 불이익을 주지 않더라도 헌법규범의 실효성을 확보하기 위하여 본안의 헌법판단을 하여야 한다는 것이다. 구체적으로는 이 사건처럼 수사기관에 의하여 변호인과의 접견교통권이 부당하게 제한되고 있음을 이유로 한 헌법소원이 계속 중 수사기관이 접견을 허용하더라도, 이미 침해된 접견교통권은 회복불가능하고 동일 또는 유사한 사건의 재발을 방지하기 위하여 위헌확인의 판단을 하여야 하며, 불기소처분에 대한 헌법소원 제기후에 검사가 불기소처분의 자의성을 스스로 인정하여 피의사실을 기소하거나 공소시효가 완성된 경우에도 불기소처분이 위헌이었음을 확인하는 주문을 선고하여야 한다고 주장한다.[6)]

다. 행정소송법 제12조와의 관계

이 문제에 관한 실정법상의 규정은 어떠한가? 헌법재판소법은 이에 관한 직접적인 규정을 두고 있지 않으나, 같은 법 제40조 제1, 2항에 의하여 헌법소원 심판절차에 준용되는 행정소송법 제12조는 행정처분 등의 효과가 소멸된 뒤에도 그 취소를 구할 수 있는 경우에 관하여 규정하고 있으므로, 위 조항과의 관계를 살펴볼 필요가 있다.

행정소송법 제12조는 "취소소송은 처분등의 취소를 구할 법률상 이익이 있는 자가 제기할 수 있다. 처분 등의 효과가 기간의 경과, 처분 등의 집행 그 밖의 사유로 인하여 소멸된 뒤에도 그 처분 등의 취소로 인하여 회복되는 법률상의 이익이 있는 자의 경우에는 또한 같다"라고 규정하여 행정처분 등의 효과가 소멸된 뒤라도 그 처분의 취소로 인하여 회복되는 법률상의 이익이 있는 경우에는 그 취소를 구할 수 있도록 하였다.

그러면 이와 같은 행정소송법 제12조의 규정에 의하여 헌법소원에 있어서 사정변경이 생긴 경우에도 모두 해결할 수 있을 것인가? 이 점에 관하여, 이 사건 결정의 제1반대의견은 위 조문에 관하여 언급하면서도 "그러나 헌법소원의

---

6) 이석연, 검사의 불기소처분에 대한 헌법소원연구, 서울대학교 박사학위논문, 1991, 138－140면 및 191－193면. 공소시효가 완성된 경우에 관하여 같은 취지, 신동운, "검사의 불기소처분에 대한 헌법소원", 판례월보 233호(1990. 2), 48－49면.

경우에 있어서는 행정소송법상의 법률상 이익 개념에 고착·구애될 것이 아니라 공권력의 행사 또는 불행사로 인하여 침해된 헌법상 보장된 기본권의 회복과 방어를 위한 헌법재판 본래의 목적, 기능에 알맞도록 소원제기의 이익범위를 확대하여야 할 것으로 본다"라고 판시하고 있으며, 다수의견이나 제2반대의견은 이 점에 관한 특별한 언급이 없으나 기본적으로는 위 제1반대의견과 마찬가지로 헌법소원에 있어서의 소원의 이익의 문제를 반드시 행정소송과 같은 차원에서 볼 것은 아니라는 취지로 보인다.

뒤에서 보는 바와 같이 헌법소원이 청구인 자신의 기본권침해에 대한 구제라는 기능뿐만 아니라 객관적인 헌법질서의 유지라는 기능도 아울러 담당하고 있다는 점을 고려하여 볼 때, 행정처분에 의하여 불이익을 입은 자의 권리구제에 주안점을 두고 있는 행정소송법의 규정만으로는 헌법소원절차에서 생기는 문제점을 충분히 해결할 수 없을 것이다. 그러나 다른 한편으로는 헌법소원도 청구인 자신의 기본권침해에 대한 구제라는 기능을 수행하고 있고, 이 측면에서 볼 때에는 행정처분 등의 효과가 소멸된 뒤에도 처분 등의 취소로 인하여 회복되는 법률상 이익이 있으면 그 취소를 구할 수 있다는 행정소송법의 규정이 헌법소원에서도 일정한 범위 내에서는 유용한 기준을 제시하여 줄 수 있다(후술 6. 나. 참조). 따라서 헌법소원에서 소원의 이익의 개념은 일단 위 행정소송법 제12조의 규정을 기초로 하면서 그 외에 헌법소원의 객관적 기능에 상응하여 그 범위를 확대할 필요가 있다.

다만, 종래의 우리나라 판례는 위 행정소송법 제12조에 있어서 법률상 이익의 개념을 지나치게 좁게 해석하고 있다는 학설의 비판을 받고 있으나,[7] 이러한 문제점은 위 조문의 합리적인 해석에 의하여 극복될 수 있는 성질의 것이다.

4. 미국법상 판단이익상실(Mootness)의 법리

가. 개　　념

미국에는 헌법소원제도는 존재하지 않으나, 이 글의 주제와 관련하여 살펴볼 필요가 있는 것이 이른바 판단이익상실(Mootness)[8]의 법리이다. 당사자가 제소

---

7) 이에 대하여는 이상규, 신행정쟁송법(전정판), 1988. 326–327면; 강창웅, "행정처분 후의 사정 변경과 소의 이익", 법조 1986. 1. 2; 김완섭, "운전면허정지기간 도과 후의 취소소송과 소의 이익", 사법행정 1989. 1. 2; 김남진, "처분의 소멸과 권리보호의 필요", 법률신문 2066호(1991. 10. 7), 15면 등 참조.

당시에는 당사자적격(standing)이 있었으나, 그 후의 사정변화로 인하여 당사자들 사이에 분쟁이 실질적으로 존재하지 않게 되어 본안에 관하여 재판을 하더라도 실질적인 효과를 기대할 수 없을 때 본안(merit)에 관한 판단이익이 상실되었다(become moot)고 말하며,[9] 이러한 경우에는 법원은 본안에 대하여 판단하지 아니하고 청구를 기각(dismiss)한다.[10]

이러한 사건이 본안심판의 대상에서 배제되는 근거는 이러한 사건은 사법권이 미치는 범위를 규정한 미국헌법 제3조 소정의 사건(case)이나 분쟁(controversy)에 해당하지 않는다는 것이다.[11]

그러나 다른 한편으로는 미국연방대법원은 통상적으로는 판단이익상실의 요건에 해당할 수 있는 경우에도 특별한 사정이 있으면 이러한 원칙의 예외로서 판단이익상실을 부정하고 본안에 관하여 판단하고 있다. 이러한 예외로서는 반복될 수 있으나 심사가 어려운 경우, 피고측의 자발적인 중단 및 부수적 효과가 있는 경우 등을 들 수 있다. 이하에서는 이러한 판단이익상실의 예외에 관하여 대표적인 판례를 중심으로 살펴보고자 한다.

나. 반복될 수 있으나 심사가 어려운 경우(capable of repetition, yet evading review)

판단이익상실 법리의 예외의 하나는 반복될 수 있으나 심사가 어려운 경우이다. 즉, 당사자 사이의 분쟁이 사정변화로 일단 종결된 것처럼 보이더라도 (1) 다투어지고 있는 행위가 시간적으로 너무 짧게 지속되어 그 행위가 종료되기 전

---

8) Mootness는 우리나라에서 실익소멸소송, 사법판단실익의 소멸, 의제성 등 여러 가지로 번역되고 있으나 여기서는 본안에 관하여 판단할 이익을 상실하였다는 의미에서 판단이익상실이라고 부르기도 한다.

9) K. F. Ripple, Constitutional Litigation, 1984. p. 90; G. Gunther, Constitutional Law, 11.ed., 1985, p. 1578. 때로는 아무런 사정변화가 없더라도 사안이 법원의 판단을 필요로 하는 것이 아닌 경우 일반을 지칭하기 위하여 moot라는 용어를 사용하기도 하나, 보통은 사정변화로 인하여 판단의 필요가 없게 된 경우를 의미한다. E. H. Schopler, Annotation, Van Lare v. Hurley, 44 L.Ed. 750 참조.

10) 판단이익상실의 법리 일반에 관하여는 Ripple(주 9), pp. 90 ff., 180 ff.; L. H. Tribe, American Constitutional Law, 2nd. ed., 1988. pp. 82 ff. 참조. 국내 문헌으로는 이승우, "미국위헌법률심사제도의 연구", 헌법재판제도의 제문제, 헌법재판자료 제1집, 1989(최초발표 연세법학 1983. 4.), 326면 이하; 안경환, "미연방사법권의 범위와 한계", 정만희(편), 미국의 헌법과 권력구조, 1988(최초발표 고시계 1986. 5.), 221면 이하가 있다.

11) 미국연방대법원은 이 점을 1964년에 선고한 Liner v. Jafco, Inc., 판결(375 U.S. 301, 306 n. 3)에서 명백히 하였다.

에 소송상 충분히 다루어질 수 없고, (2) 동일한 당사자 사이에 동일한 소송이 또다시 발생할 합리적인 가능성이 인정되는 경우에는 다투어지고 있는 행위가 실효되었더라도 여전히 본안에 관하여 판단을 하여야 한다.[12)]

이에 관한 전형적인 사례가 Roe *v.* Wade, 410 U.S. 113(1973)이다. 이 사건의 원고는 1970년 3월에, 자기는 임신한 여자인데 낙태를 금지하고 있는 텍사스 주의 법률이 위헌이라고 주장하여 연방지방법원에 그 위헌의 확인 및 그 조항의 시행을 금지하는 유지명령(Injunction)을 청구하는 소송을 제기하였다. 이 사건이 1, 2심을 거쳐 연방대법원에서 선고된 것은 1973. 1. 22.인데, 피고측에서는 원고가 더 이상 임신하고 있지 않다는 이유로 판단이익상실의 항변을 제출하였다. 연방대법원은, 266일이라는 통상의 임신기간은 너무 짧아서 상소절차가 완료되기 전에 임신상태가 종료하게 되고, 따라서 임신의 종료를 이유로 판단이익상실을 인정하게 되면 임신에 관계되는 소송은 상소심에서의 심리가 불가능하게 되지만, 한 여자가 여러 번 임신하는 것은 흔한 일이고, 일반적으로도 인류가 존속하려면 임신이 항상 존재하여야 하는 것이므로, 임신은 "반복될 수 있으나 심사가 어려운 경우"로서 판단이익상실에 해당하지 않는다는 결론을 내릴 수 있는 전형적인 근거가 된다고 판단하여 피고측의 항변을 배척하였다.[13)]

이와는 반대로 "반복될 수 있으나 심사가 어려운 경우"에 해당하지 않는다고 한 전형적인 사례는 Weinstein *v.* Bradford, 423 U.S. 147(1975)이다. 이 사건의 원고는 교도소에 수감되어 있는 수형자인데 가석방위원회를 상대로 하여 자기에게 가석방의 적격 여부를 결정함에 있어서 일정한 절차적인 권리를 부여하여야 한다는 소송을 제기하였다. 제1심에서는 원고가 패소하였으나 항소심에서는 승소를 거두었는데, 항소심판결이 있은 후에 원고가 소송과는 관계없이 가석방되었고, 그 후 보호관찰의 대상으로부터도 제외되었다. 연방대법원은, 원고는 더 이상 가석방절차를 다툴 이익이 없게 되었고, 피고측이 앞으로도 계속하여 종래의 가석방결정절차를 유지할 것이라고 하여도 원고가 그러한 절차의 대상이 될 수 있다는 가능성이 전혀 밝혀진 바 없으므로, 이 사건은 판단이익이 상실되었다고 하여 항소심판결을 파기환송하였다.

---

12) Weinstein *v.* Bradford, 423 U.S. 147, 149(1975). 이러한 예외는 Southern Pacific Terminal Co. *v.* ICC, 219 U.S. 498(1911)에서 처음으로 인정되었다고 한다.

13) 410 U.S. 124, 125.

위 판결에서 알 수 있는 것처럼 판단이익상실을 배제할 수 있는 요건인 반복의 가능성은 동일한 당사자를 기준으로 하여 판단하는 것이 원칙이다. 그러나 대표당사자소송(class action)[14]의 경우에는 그렇지 않다. 즉 이때에는 일정한 집단(class)을 대표하여 소송을 수행하는 원고 개인으로서는 소송을 계속 수행할 이해관계를 상실하였고 그 대표자에게는 반복의 가능성이 없다고 하더라도, 그 집단의 구성원들을 기준으로 하여 볼 때에는 반복의 가능성이 있다면 판단이익상실에 해당하지 않는다고 한다. 이 점을 최초로 명백히 한 판례가 Sosna v. Iowa, 419 U.S. 393(1975)이다. 이 사건의 원고는 다른 주에서 아이오와 주로 이사한 다음 달에 남편을 상대로 이혼소송을 제기하였으나, 주 지방법원은 이혼소송의 상대방이 아이오와 주에 거주하고 있지 않을 때에는 원고가 1년 이상 아이오와 주에 거주하고 있어야 이혼소송을 제기할 수 있다는 아이오와 주 법률을 적용하여 청구를 기각하였다. 그러자 원고는 이 판결에 대하여는 항소하지 아니하고, 동일한 처지에 있는 다른 사람들을 대표하여 연방법원에 위 아이오와 주 법률이 위헌임의 확인 및 그 법률의 적용을 금지하는 유지명령을 청구하는 대표당사자소송을 제기하였다. 1심판결은 위 법률이 합헌이라고 판시하여 원고의 청구를 배척하였는데, 그 당시에는 원고가 아이오와 주에 거주한 기간이 아직 1년이 되지 않았으나 상소단계에서는 원고의 거주기간이 1년을 초과하였을 뿐만 아니라 원고가 다른 주에서 이미 이혼판결까지 받은 바 있어, 원고가 계속 위 소송을 수행할 수 있는가 하는 의문이 생기게 되었다.

연방대법원의 다수의견은, 원고가 자기 자신만의 이익을 위하여 소를 제기한 것이라면 원고가 1년의 거주기간의 요건을 충족하였고 또 이미 이혼판결을 받았다는 사실에 의하여 판단이익이 상실되어 청구를 기각하여야 하겠지만, 이 사건은 대표당사자소송으로서 아이오와 주가 원고가 대표하는 집단의 다른 구성원들에게는 여전히 위 법률을 적용할 것이므로 이때에는 "반복될 수 있으나 심사가 어려운 경우"에 해당한다고 하여 판단이익상실 법리의 적용을 부정하고 본안에 관하여 판단하였다.[15] 다만 이에 대하여는 대표당사자소송이라고 하여 판단이익상실 법리의 적용에 있어 달리 취급할 이유가 없다고 하는 화이트(White) 대법관의 반대의견이 있었다.

---

14) 이에 대하여는 이시윤, 신판 민사소송법, 1990, 220-221면 참조.
15) 419 U.S. 397 ff.

위 사건은 대표당사자소송의 수행에 대한 법원의 허가(certification)가 있었던 경우였다. 그런데 United States Parole Commission *v.* Geraghty, 445 U.S. 388(1980)의 다수의견은, 이른바 개인적 이해관계(personal stake)가 있어야 한다는 요건을 대표당사자소송에서는 완화하여야 한다는 이유로, 법원의 대표당사자소송의 수행에 대한 허가가 거부되고 그 거부에 대하여 항소가 제기된 후에 대표당사자인 원고가 개인적인 이해관계를 상실하였더라도 그 항소가 판단이익상실로 되는 것은 아니라고 하였다. 그러나 대표당사자소송이라고 하여 개인적 이해관계의 요건을 적용하지 않을 근거가 없다고 하는 대법원 4인의 별개의견이 있었다.[16)]

그리고 미국의 헌법교과서 가운데에는 미국법원이 대표당사자소송이 아닌데도 원고의 개인적 이해관계 소멸에도 불구하고 관할을 인정한 사례가 있다고 설명하는 것이 있으나,[17)] 근거가 되는 판례는 제시하지 않고 있다.

다. 피고측의 자발적인 중단(voluntary cessation by the defendant)

이는 피고측에서 다투어지고 있는 문제의 행위를 스스로 중단한 경우를 말한다. 이 경우에 형식적으로는 분쟁이 종료된 것처럼 보이지만 미국의 판례는 이러한 자발적인 중단만으로 판단이익상실의 요건을 갖추었다고 할 수 없다고 한다. 그렇지 않으면 법원이 피고로 하여금 후에 종래의 방식을 다시 되풀이할 수 있도록 방임하는 것이 되기 때문이다. 따라서 문제의 행동이 되풀이될 가능성이 전혀 없어야만 판단이익상실에 해당할 수 있다.[18)]

그 전형적인 예로서 City of Mesquite *v.* Aladdins Castle, Inc. 사건 판결(주 18)을 들 수 있다. 이 사건에서는 오락장 영업신청에 대한 허가절차에 있어서 허가신청인이 범죄적 요소와 관련이 있는지 여부를 경찰서장이 조사하여 그러한 사실이 확인되면 허가를 거부할 수 있다고 규정한 시의 조례가 문제되었는데, 위 조례를 근거로 하여 허가가 거부된 원고가 위 조항의 적용을 금지하는 유지명령을 구하는 소송을 제기하였다. 그런데 위 소송 계속중에 피고시가 위 조례 가운데 문제된 구절을 삭제하였으나, 연방대법원은 문제되고 있는 행위를 피고

---

16) 445 U.S. 409 ff
17) Gunther(주 9), p. 1579.
18) City of Mesquite *v.* Aladdin's Castle, Inc., 455 U.S. 283, 289(1982) 및 그곳에서 인용하고 있는 판례 참조.

가 자발적으로 중단하였다는 것만으로는 법원이 그 행위의 적법 여부를 심사할 권한을 상실하는 것이 아니라는 것은 확립되어 있는 원칙이며, 이 사건에서 피고 시가 문제의 용어를 삭제하였다는 것만으로는 피고 시가 동일한 규정을 다시 시행하리라는 가능성이 배제되는 것이 아니라고 하여 판단이익상실 법리의 적용을 부정하였다.[19]

그러나 이러한 기준에 의하여 판단이익상실 법리의 적용 여부를 결정하는 것도 반드시 간단한 것은 아니다. DeFunis *v.* Odegaard, 416 U.S. 312(1974)가 이러한 점을 잘 보여준다. 이 사건의 원고는 워싱턴대학교의 법학대학원에 입학원서를 제출하였으나 입학이 거절되자, 그 입학거절이 불평등한 것이라고 하여 법원에 자기의 입학을 명하는 유지명령을 청구하였고, 제1심은 이 청구를 받아들여 원고가 1971년 9월에 위 법학대학원 1학년으로 입학하게 되었다. 위 사건이 상고심인 연방대법원에서 선고될 무렵에는 원고는 위 법학대학원의 마지막 학기에 등록을 한 상태였고, 위 소송에서 피고인 대학측은 위 재판의 결과에 관계없이 원고는 이미 등록한 학기는 마칠 수 있다고 답변하였다. 위 사건 판결에서 브레넌(Brennan) 대법관 등 4인의 대법관의 소수의견은, 위법이라고 다투어지는 행위를 피고가 단순히 자발적으로 중단하는 것만으로는 판단이익상실의 법리가 적용되지 않는다는 기준이 이 사건에 적용되어야 한다고 주장하였으나,[20] 다수의견은 이 사건에서는 그러한 기준이 적용되는 것이 아니고, 원고가 마지막 학기에 있고 원고가 등록한 학기를 마칠 수 있도록 허가하겠다는 피고측의 확립된 방침이 있기 때문에 판단이익상실이 인정된다고 하였다.[21]

라. 부수적 효과(collateral consequence)가 남아 있는 경우

판단이익상실에 해당하지 않는 또 다른 경우는 이른바 부수적 효과가 인정되는 경우, 즉 다투어지고 있는 행위 그 자체는 종료하였으나 그 행위가 당사자에게 미치는 불리한 부수적 효과는 여전히 남아 있는 경우이다. 이는 민사사건(civil case)에서도 적용될 수 있지만, 그보다는 형사사건(criminal case)에서 유죄판결을 받은 당사자가 원래의 형기를 다 복역하였다 하더라도 여전히 그 유죄판

---

19) 455 U.S. 288, 289.
20) 416 U.S. 349.
21) 416 U.S. 318. 위 다수의견은 "반복될 수 있으나 심사가 어려운 경우"의 법리도 이 사건에 적용될 수 없다고 하였다. 416 U.S. 319.

결에 불복할 수 있도록 하는데 주된 기능이 있다.

연방대법원의 판례는 형사사건에서는 다투어지고 있는 유죄판결에 기한 어떤 법률적인 부수적 효과도 부과될 가능성이 전혀 없다는 것이 증명된 때에만 판단이익의 상실이 인정된다고 하여,[22] 판단이익의 상실이 인정되는 범위를 지극히 좁게 보고 있다. 여기서 문제되는 부수적 효과란 공직취임이나 배심원으로 근무하는데 대한 장애가 된다는 것에서부터 장래의 유죄판결에서 양형에 불리하게 작용할 수 있다는 것 등 생각할 수 있는 거의 대부분의 것을 포함한다.[23]

5. 독일법상 헌법소원의 종료(Die Erledigung der Verfassungsbeschwerde)의 이론

가. 개   념

독일연방헌법재판소의 헌법소원절차에서 헌법소원이 제기되었으나 당사자가 주장하는 기본권의 침해가 헌법소원절차 밖에서의 소송외의 사유(ausser-prozessuales Ereignis)로 인하여 종료되는 경우가 자주 문제된다. 이러한 경우를 독일에서는 헌법소원의 종료(Die Erledigung der Verfassungsbeschwerde)라고 부르고 있다.[24] 독일연방헌법재판소는 이러한 경우 원칙적으로 헌법소원을 부적법한 것으로 보아 이를 각하한다(verwerfen). 예컨대 독일에 있는 한 외국인에 대하여 그의 본국에서 송환요청이 있었고 그 송환요청이 적법하다는 독일법원의 재판이 있자 그가 위 재판에 대하여 헌법소원을 제기하였는데, 그 헌법소원에 대한 재판이 있기 전에 독일정부가 그 외국인을 독일에서 재판하겠다는 이유로 외국정부의 송환신청을 거부한 경우에 연방헌법재판소는 위 헌법소원을 각하하였다.[25]

위와 같은 경우 헌법소원이 부적법하게 되는 근거를 권리침해의 현재성(Gegenwärtigkeit)이라는 관점에서 찾을 수도 있으나(이른바 지속적 관련성, Noch-Betroffenheit), 이를 권리보호이익(Rechtsschutzinteresse od.-bedürfnis)이라는 관점에서 설명하는 것이 보다 일반적이다.[26]

---

22) Sibron *v.* New York, 392 U.S. 40, 57(1968).

23) Tribe(주 10), p. 92 및 같은 페이지 n. 69에서 인용하고 있는 판례 참조.

24) M. Fröhlinger, Die Erledigung der Verfassungsbeschwerde, 1982. S. 21. 그 종료의 시점이 헌법소원 제기 후인 경우가 대부분이지만 제기 전인 경우도 포함된다. Ibid. S. 163 f.

25) BVerfGE 50, 244 ff.

26) Fröhlinger(주 24), S. 148 ff.; R. Zuck, Das Recht der Verfassungsbeschwerde, 2. Aufl., 1988. S. 275; K. Schlaich, Das Bundesverfassungsgericht, 2. Aufl., 1991, S. 150 등. 김학성

그런데 독일의 판례가 이처럼 기본권침해가 종료된 경우에 일률적으로 헌법
소원을 각하하는 것은 아니며, 상당히 넓은 범위에서 예외를 인정하여 이러한
예외에 해당하는 경우에는 헌법소원이 적법한 것으로 보고 본안에 관하여 판단
하고 있다. 이하에서는 어떠한 경우가 이러한 예외에 해당하는지에 관하여 간략
하게 살펴보기로 한다.[27]

나. 반복의 위험(Wiederholungsgefahr)

이러한 예외에 해당하는 경우의 하나는 이른바 반복의 위험이 있는 경우이
다. 즉 기본권침해의 상태가 일단 종료하였으나 또다시 그러한 기본권침해의 상
태가 되풀이될 가능성이 있는 때이다. 예컨대 연방헌법재판소는 정신병을 이유
로 금치산선고를 받은 자가 치료시설에 강제로 수용되자 헌법소원을 제기하였으
나 그 후 치료시설에서 출소한 사안에서, 이러한 때에 곧바로 헌법소원이 부적
법하게 된다고 하면 이는 기본법에 의한 자유의 보호에 부합하지 않을 뿐만 아
니라, 그가 금치산상태로 있는 이상 언제든지 다시 치료시설에 수용될 위험이
있다고 하여 헌법소원이 적법하다고 하였다.[28]

반면 연방헌법재판소는, 교도소에 미결구금중이던 피구속자가 텔레비전 수상
기의 보유가 거부된데 대하여 헌법소원을 제기하였으나 헌법소원 계속중 7년 6
월의 자유형이 확정되어 미결구금이 종료된 사안에서는, 위 헌법소원 청구인이
장기간의 자유형의 집행을 마친 후 또 다시 미결구금상태가 되어 텔레비전 수상
기의 보유가 거부될 가능성은 너무 작아서 반복의 위험이 존재하지 않는다고 하
였다.[29]

위의 판례들에서 알 수 있는 것처럼 반복의 위험이라는 요건은 청구인 자신
에게 갖추어져야 하고, 다른 제3자에 대하여 동일한 기본권침해가 반복될 위험
은 원칙적으로 고려되지 않는다.[30] 위 텔레비전 수상기 사건(주 29)의 경우에 청
구인은 이 사건이 다른 모든 미결구금자를 위하여 가지는 의미 때문에 헌법소원
을 취하하지 않는다고 하였으나,[31] 연방헌법재판소는 그러한 주장을 받아들이지

(주 5), 244면; 이주흥(주 5), 379면 참조.

27) Fröhlinger(주 24), S. 50 ff. 이하가 상세하다.

28) BVerfGE 10, 302, 308.

29) BVerfGE 35, 1, 4. 이 결정에서는 뒤에서 보는 바와 같은 헌법문제의 해명이라는 또 다른 예
외사유도 갖추어지지 않았다고 하였다.

30) Fröhlinger(주 24), S. 171 참조.

31) BVerfGE 35, 1, 3.

아니하였다. 다른 말로 표현하면 청구인 자신이 반복될 조치의 대상이 될 위험이 다른 사람에 비하여 더 높아야 한다. 즉, 금치산자는 그 개인적인 특성 때문에 앞으로도 자유를 박탈당할 위험이 높으나, 수형자나 미결구금자 등의 경우에는 그들이 상습범으로서 앞으로도 계속하여 형사처분의 대상이 된다는 특별한 사정이 없는 한 그들에게 또다시 형사처분이 행하여질 위험성이 특별히 높다고는 할 수 없을 것이다.[32]

다. 불리한 사후효과(belastende Folgewirkung)

헌법소원의 적법성이 인정되는 또 다른 예외는, 직접적인 기본권침해는 종료되었어도 그로 인하여 발생한 불리한 사후효과는 여전히 남아 있어 이를 제거할 필요가 인정되는 경우이다. 예컨대 특정한 형사재판에서 법원이 피고인의 변호인인 변호사를 사건에 관여하지 못하도록 결정한데 대하여 그 변호인이 헌법소원을 제기하였는데, 그 형사재판은 그 후 확정된 경우에도 변호인의 헌법소원이 권리보호의 이익을 상실하였다고는 할 수 없다. 왜냐하면 이러한 법원의 결정은 변호인 자신의 위신을 손상시키고 직업적인 활동에 장애를 가져오게 되기 때문이다.[33]

라. 기본권 보호의 실효성(Effektivität des Grundrechtsschutzes)

독일연방헌법재판소는 기본권침해의 종료에도 불구하고 헌법소원의 적법성을 인정하는 또 다른 근거로서, 본안판단을 거부하면 기본권의 보호가 참을 수 없을 정도로 약화된다는 것을 들고 있다. 이러한 판례도 다시 다음의 두 가지로 세분할 수 있다. 그 하나는 헌법소원절차에 소요되는 시간이 장기간이라는 것 (Lange Verfahrensdauer)이고, 다른 하나는 침해 여부가 문제되는 기본권이 특별한 의미를 가졌다는 것(Besondere Bedeutung des tangierten Grundrechts)이다.

전자의 예로서는 헤센(Hessen) 주의 촉진단계(Förderstufe) 사건을 들 수 있다. 헤센 주는 1969년에 초등학교(Grundschule)를 마친 학생들이 상급학교로 옮아가는 것을 용이하게 하기 위하여 5, 6학년 학생들을 대상으로 하여 곧바로 상급학교에 진학하지 않고 2년간의 촉진단계학급에 다니도록 하는 법률을 제정하였다. 이에 그 대상이 되거나 대상이 될 학생 및 그 학부모들이 위 법률에 대하

---

32) 같은 취지, Fröhlinger(주 24), S. 171 f.
33) BVerfGE 15, 226, 230; 22, 114, 118.

여 헌법소원을 제기하였는데, 위 사건에 대하여 선고를 내릴 즈음에는 학생들 일부가 이미 위 촉진단계를 마쳤으므로 그들에 대하여는 권리보호의 이익이 없 는 것이 아닌가 하는 의문이 생겼다. 그러나 연방헌법재판소는, 위 법률에 의한 부담은 이해관계인이 정상적으로는 헌법재판소의 재판이 내려지기를 기대할 수 없는 기간에 국한되어 있으므로 권리보호의 이익은 여전히 존속한다고 보아야 하고, 만일 이를 부정한다면 청구인들의 기본권보호가 참을 수 없을 정도로 약 화된다고 하였다.[34)]

후자의 예로서는 BVerfGE 41, 29 ff.의 판례를 들 수 있다. 여기서는 공립의 국민학교를 모두 기독교학교로 전환하려는 바덴－뷔르템베르크 주 헌법에 대하 여 학부모들이 헌법소원을 제기하였는데, 재판의 선고가 있은 것은 헌법소원이 제기된 때로부터 약 7년이 경과한 후였다. 여기서 연방헌법재판소는, "그 자녀 가 그동안 국민학교를 마쳤거나 다른 학교로 옮아간 청구인들의 경우에도 다투 어지고 있는 학교형태가 기본권을 침해하였음의 확인을 구할 이익이 소멸되는 것은 아니다. 바로 종교적이고 세계관적인 분야에서야말로 그러한 기본권침해의 영향이 특히 깊고 중대한 결과를 남길 수 있다. 이런 사례들에 있어서 권리보호 의 이익을 부정한다면 청구인들의 기본권보호는 참을 수 없을 정도로 약화되는 것이다"라고 하였다.[35)]

마. 중요한 의미를 가진 헌법문제의 해명(Die Klärung der verfassungsrechtlichen Frage von grundsätzlicher Bedeutung)

헌법소원의 적법성이 인정되는 또 다른 경우는 이른바 중요한 의미를 가진 헌법문제의 해명이 필요한 경우이다. 이는 당해사건에서 다투어지고 있는 쟁점 에 관하여 아직 판례가 없었고, 또 침해된 기본권이 특별히 중요한 것인 경우를 말한다.

예컨대 미결구금상태의 테러범죄 피의자들에 대한 접견이 법원의 결정에 의 하여 금지되어 미결구금자들이 그에 대한 헌법소원을 제기하였으나, 그 후 위 접견금지처분이 해제된 경우에 관하여, 연방헌법재판소는 이러한 접견금지처분 은 중대한 기본권의 제한으로서 이 경우 헌법소원을 부적법한 것으로 각하한다 면 기본권의 보호가 참을 수 없을 정도로 약화될 뿐만 아니라, 다른 장래에도 일

---

34) BVerfGE 34, 165, 180.
35) BVerfGE 41, 43.

어날 수 있는 접견금지의 사례를 고려한다면 이는 중요한 의미를 가진 헌법문제의 해명이 이루어지지 않게 되는 것이라고 하여 권리보호이익을 긍정하였다.[36]

그리고 일정한 날짜에 집단시위를 개최하기로 계획하였으나 행정청이 그 시위를 금지하였고, 법원도 이러한 행정청의 처분을 지지하자 시위주최자들이 위 시위금지처분 및 법원의 재판에 대하여 헌법소원을 제기한 사안에서, 연방헌법재판소는 위 계획된 시위의 일자가 이미 경과하였다는 이유로 권리보호의 이익을 부인하면 중대한 의미를 가진 헌법문제의 해명이 이루어지지 않게 되고, 특별히 중요한 기본권의 침해와 관계된다는 이유로 헌법소원의 적법성을 인정하였다.[37]

반면 연방헌법재판소는, 미결구금자가 텔레비전 수상기의 보유를 거절당한데 대하여 헌법소원을 청구하였으나 그 후 자유형이 확정된 사안(주 29의 판결)에서, 헌법소원이 부적법하다고 판시하면서 그 이유의 하나로 연방헌법재판소가 이미 정보의 자유라는 기본권은 미결구금에 의하여 상실되는 것이 아니라고 판시한 바 있어,[38] 헌법문제의 해명에 관하여 이익을 갖지도 않는다는 점을 들었다.

이처럼 중요한 의미를 가지는 헌법문제의 해명이 필요한 경우에 예외적으로 권리보호의 이익을 인정하는 근거를 독일연방헌법재판소는 헌법소원의 이중적 기능(Doppelfunktion)에서 찾고 있다. 즉, 헌법소원제도는 국민의 기본권을 보호하는 특별한 권리구제수단일 뿐만 아니라 객관적인 헌법을 유지하고 그 해석과 발전에 이바지하는 기능을 가지며, 이 점에서 헌법소원제도는 객관적인 헌법의 특별보호수단이라고 할 수 있다는 것이다.[39]

---

36) BVerfGE 49, 24, 52.

37) BVerfGE 69, 315, 341. 이 사건에서는 예정된 집회개최일은 1981. 2. 28.이었는데 연방헌법재판소의 선고일은 그로부터 4년 이상이 경과한 1985. 5. 14.이었다.

38) BVerfGE 15, 288, 293. 이 사건에서는 미결구금자가 라디오 수신기의 보유가 거부되자 헌법소원을 제기하여 인용되었다.

39) BVerfGE 33, 247, 258 ff. 이 사건의 내용은 특정한 청구권에 대하여 잠정적으로 권리의 행사를 금지한 법률에 기하여 소를 각하한 법원의 판결에 대하여 헌법소원을 제기하였으나 그 후 위 법률이 폐지된 사안인데, 연방헌법재판소는, 위와 같은 법률은 이미 폐지된 것으로서 이 법률의 합헌 여부는 더 이상 의미가 없고, 입법자가 유사한 입법을 되풀이할 것으로는 보이지 않는다 하여 헌법소원을 각하하였다.

6. 이 사건 결정이유의 분석

가. 헌법소원의 이익 개념의 필요성

앞에서 본 것처럼 헌법소원제도에서는 소송법상의 소의 이익과 같은 차원의 권리보호이익은 인정되지 않는다는 견해도 있기는 하나,[40] 헌법소원제도의 기능이 제대로 발휘되기 위하여는 헌법소원의 이익이라는 개념은 반드시 인정되어야 할 불가결의 요소이다.

헌법소원의 이익이라는 개념은 일반 소송법에서의 권리보호이익(Rechts-schutzinteresse od. − bedürfnis)의 개념에 상응하는 것인데, 일반소송법상 권리보호의 이익 개념의 기능은 법원과 소송 상대방의 부담을 필수적인 것에 국한시키고 불필요한 소송을 회피하는데 있다. 국가기관으로서의 법원은 최대한의 효율성을 발휘하여야 하므로, 불필요하고 의미 없는 소송에 시간을 빼앗겨서는 안 된다. 뿐만 아니라 불필요하고 무용한 소송을 방지하는 것은 일반적인 이익에도 이바지하는데, 왜냐하면 법원의 과다한 부담은 절차의 지연과 그로 인한 권리구제의 침해를 가져오게 되기 때문이다.[41]

헌법소원에서도 불필요한 헌법소원으로 인한 부담을 방지함으로써 헌법재판소가 효율적으로 기능을 발휘하여야 한다는 점은 일반소송법의 경우와 다를 바가 없다. 이 점에서 헌법소원절차에 있어서도 일반소송법에서의 권리보호의 이익에 대응하는 헌법소원의 이익이라는 개념을 인정할 필요가 있는 것이다.[42]

그러나 헌법소원의 목적 내지 기능은 일반의 민사소송이나 행정소송과 반드시 동일하다고 볼 수 없고, 따라서 일반소송법상 권리보호의 이익의 존부를 판단하는 기준이 그대로 헌법소원의 이익의 판단기준이 될 수는 없다. 뒤에서 보는 바와 같이 헌법소원에서는 헌법소원 청구인 자신의 주관적인 권리보호 외에도 그 헌법소원청구가 객관적 헌법질서의 유지를 위하여 가지는 의미를 고려하

---

40) 이석연(주 6), 138면. Fröhlinger(주 24), S. 159에 의하면 독일에서도 헌법소원의 객관적 기능을 강조하여 헌법소원에서의 권리보호의 이익의 개념을 부정하는 견해가 있기는 하나(H. Spanner, Verfassungsprozess und Rechtsschutzbedürfnis, FS Jahrreiss, 1964. S. 420 ff.; G. Schmitz, Die Bedeutung der Anträge für die Einleitung und Beendigung des Verfassungs-prozesses, Diss. München, 1968. S. 153 ff.) Spanner는 그 후 입장을 바꾸었다고 한다(Die Beschwerdebefugnis bei der Verfassungsbechwerde, in : Bundesverfassungsgericht und Grundgesetz, Bd. 1, 1976. S. 374 ff.).

41) Fröhlinger(주 24), S. 151 f. 및 그곳에서 인용하고 있는 문헌 참조.

42) Fröhlinger(주 24), S. 156 ff.

여야 하는 것이다.

　논자에 따라서는 헌법소원절차에 있어서도 헌법소원의 이익이라는 용어 대신 일반소송법과 마찬가지로 권리보호이익이라는 용어를 그대로 사용하는 예도 있으나 청구인 자신의 주관적인 권리보호만이 문제되는 경우는 별론으로 하더라도 헌법소원의 객관적인 헌법질서유지기능이 문제되는 경우까지 포괄적으로 지칭하기 위하여는 권리보호의 이익이라는 표현 대신 헌법소원의 이익 내지 심판의 이익이라는 용어를 사용하는 것이 적절할 것이다.[43]

나. 헌법소원의 주관적 기본권 보장기능과 헌법소원의 이익

　헌법소원이 기본적으로 국민의 기본권을 보호하기 위한 제도임에는 의문의 여지가 없다. 따라서 헌법소원의 이익 유무를 결정함에 있어서도 1차적으로는 이러한 헌법소원의 주관적 기본권 보장기능을 고려하여야 한다. 이러한 관점에서 본다면 청구인측이 주장하는 기본권 침해가 일단 종료된 뒤에도, 헌법소원의 본안에 관하여 헌법재판소의 판단을 받음으로써 청구인의 기본권 보호에 유리한 효과를 가져올 수 있는 경우에는 헌법소원의 이익을 인정할 수 있을 것이다. 행정소송법 제12조의 규정도 이러한 생각의 실정법적인 표현으로 볼 수 있다(전술 3. 다. 참조).

　구체적으로는 기본권침해의 반복의 위험이 있는 경우와 불리한 사후효과가 남아 있는 경우를 들 수 있다. 독일연방헌법재판소의 판례가 이러한 경우에 헌법소원의 이익을 인정하고 있음은 앞에서 본 바이고, 미국연방대법원의 판례도 이와 크게 다르지 않다. 그 외에 독일의 판례는 기본권의 고차원성이나 절차의 지연과 같은 사정을 기본권보호의 실효성이라는, 주관적 기본권보호의 관점에서도 고려하고 있으나, 반복의 위험성이나 불리한 사후효과 등이 존재하지 않는다면 기본권침해가 이미 종료된 경우에 본안판단을 한다고 하여 그것이 기본권보호의 실효성에 이바지한다고 보기는 어렵고,[44] 이는 후술하는 바와 같이 헌법소원의 객관적 헌법질서유지기능과 관련하여 고려될 수 있을 것이다.

　이 사건의 다수의견과 반대의견도 다 같이 반복의 위험성을 심판청구의 적법

---

43) Fröhlinger(주 24), S. 224 f. 참조. 여기서는 헌법소원의 객관적 기능이 문제되는 경우에는 권리보호의 이익(Rechtsschutzbedürfnis)보다는 객관적 통제의 필요(objektives Kontroll-bedürfnis)라는 용어가 적절하다고 제안한다.

44) 같은 취지, Fröhlinger(주 24), S. 188 f.

여부의 판단기준으로 들고 있으나, 이를 서로 상이하게 이해하고 있다. 즉, 다수의견은 청구인들 자신에게 반복의 위험성이 있는가 하는 점만을 심사하여 이를 부정한 반면 반대의견, 그중에서도 제2반대의견은 장차 혹시 재발할지도 모르는 모든 수사기관의 변호인 접견불허문제와 관련하여 반복의 위험성을 긍정하고 있다.

반복의 위험성이라는 요건을 청구인 자신의 주관적 기본권보호라는 측면에서만 본다면, 그 위험성의 주관적 범위도 청구인 자신으로 한정하여야 할 것이다. 미국이나 독일의 판례도 대표당사자소송의 경우를 제외하고는 당해 사건의 당사자에게 반복의 위험성이 있는 경우로 한정하고 있음은 앞에서 본 바와 같다. 이처럼 청구인 자신을 기준으로 할 때에는, 이 사건의 경우에는 다수의견이 설명하는 바와 같이 청구인들의 접견교통권이 반복적으로 침해될 위험성이 존재하고 또한 그 위험성이 다른 국민보다 더 크다고 보기는 어려울 것이다.

그럼에도 불구하고 이 사건 반대의견이 청구인 자신뿐만 아니라 그 외의 일반적인 반복의 위험성도 고려하고 있는 것은 헌법소원의 객관적 헌법질서유지기능을 아울러 고려하고 있는데 기인한 것으로 여겨진다. 이 점에 관하여는 뒤에서 다시 살피기로 한다.

다. 헌법소원의 객관적 헌법질서유지기능과 헌법소원의 이익

(1) 헌법소원의 객관적 헌법질서유지기능에 기한 헌법소원의 이익 인정의 필요성

헌법소원이 1차적으로는 국민의 기본권을 보호하기 위한 제도이지만 이 외에도 객관적인 헌법질서유지라는 기능을 수행하고 있다는 것(이른바 이중적 기능, Doppelfunktion)은 학설상 일반적으로 인정되고 있다.[45] 그러나 그 실정법적 근거를 제시하거나 이러한 객관적 기능과 주관적 기능의 관계는 어떤 것인가 하는 것은 그다지 설명이 용이한 문제가 아니다. 여기서는 기본권침해가 종료된 경우에, 이러한 헌법소원의 객관적 헌법질서유지기능에 기한 헌법소원의 이익을 인정하지 아니하고 단순히 개인적인 권리보호의 이익이 없다는 이유로 헌법소원을 각하하여 버린다면, 특히 그 지속기간이 짧은 기본권침해의 경우에는 헌법재판소가 제대로 심사를 할 수 없게 되는 통제의 부족(Kontrolldefizit)현상이 나타

---

45) 김학성(주 5), 38면 이하; 김철수, 보정판 신고 헌법학신론, 1989, 756면; 권영성, 신정판 헌법학원론, 979면 등. 독일에서의 논의에 관하여는 Fröhlinger(주 24), S. 199 ff.; Zuck(주 26), S. 17 ff. 등 참조.

나게 된다는 점만을 지적하고자 한다.[46]

그러면 어떤 경우에 이러한 헌법소원의 객관적 기능에 기한 헌법소원의 이익을 인정할 것인가? 앞에서 본 것처럼 헌법소원이 객관적인 헌법질서의 보장수단임을 근거로 하여, 가령 불기소처분에 대한 헌법소원 제기 후에 검사가 불기소처분의 자의성을 스스로 인정하여 피의 사실을 기소하거나 공소시효가 완성된 경우에도 불기소처분이 위헌이었음을 확인하는 주문을 선고하여야 한다고 주장하는 견해도 있기는 하지만(주 6의 본문 참조), 이러한 경우에까지 헌법재판소가 관여한다는 것은 그야말로 헌법재판소의 정력을 낭비하는 것에 불과하다. 일단 기본권침해가 있으면 그 후 어떤 사정변화가 있더라도 이를 고려함이 없이 헌법재판소가 기본권침해의 사실을 확인하여야 한다고 하여 그것이 반드시 헌법질서의 유지에 도움이 되는 것은 아니다. 청구인 자신의 기본권침해가 더 이상 문제되지 않는 경우에도 헌법질서의 유지라는 차원에서 헌법소원의 적법성이 인정되기 위하여서는 그 헌법소원에서의 판단이 당해 사건을 넘어서서 일반적으로 다른 사건에까지 의미를 가지는 중요한 경우에 한정되어야 한다.[47] 그런데 불기소처분에 대한 헌법소원에 있어서는 설사 그 처분이 자의적인 것이었다 하더라도 거의 대부분의 경우에는 이는 개별적인 사실관계하에서만 의미를 갖는 것이고, 이를 일반화하여 헌법적인 문제로 취급할 수 있는 경우란 매우 드물기 때문에, 특별한 사정이 없는 한 이처럼 당해사건을 넘어서서는 별다른 중요성이 없는 경우에도 헌법소원의 객관적 헌법질서 유지기능을 내세워 헌법소원의 이익을 긍정한다는 것은 무의미한 일이다.

(2) 중요한 헌법문제의 해명과 헌법소원의 이익

그렇다면 어떤 경우가 이처럼 그 헌법소원에서의 판단이 당해 사건을 넘어서서 일반적인 의미를 가지는 때에 해당하는가? 가장 명백한 것은 독일의 판례가 말하는 것처럼 중요한 헌법문제의 해명이 필요한 경우이다. 이때에는 청구인의 주관적 기본권보호의 필요에 관계없이 헌법소원의 이익을 긍정할 수 있을 것이

---

46) Fröhlinger(주 24), S. 193 ff. 참조.

47) 독일연방헌법재판소법 제93c조는, 헌법소원에 대한 재판에 의하여 헌법문제의 해명을 기대할 수 있거나, 재판의 거부가 청구인에 대하여 중대하고 피할 수 없는 손해를 가져오는 경우에는 헌법소원을 수리할 수 있다고 규정하여, 비록 이유 있는 헌법소원이라도 중요성이 없을 때에는 그 수리를 거부할 수 있게 하였는데, 학설은 이 규정이 헌법소원의 객관적 기능을 가장 잘 나타낸 것으로 보고 있다. Fröhlinger(주 24), S. 205 f.; Schlaich(주 26), S. 263 ff.

다. 즉 헌법소원절차에서 중요한 헌법문제가 쟁점이 되었는데, 종래의 판례상으
로는 이 문제가 해명이 되지 아니하고 있고 앞으로도 계속 동일한 성격의 헌법
적 분쟁이 되풀이될 것이 예견된다면, 비록 청구인 자신의 기본권침해는 종료되
었고 그 자신에 관하여는 반복의 위험성이나 불리한 사후효과가 존재하지 않더
라도 헌법소원의 적법성은 그대로 유지된다고 보아, 헌법재판소로서는 위 헌법
문제에 대한 판단을 내림으로써 분쟁의 재발을 방지하는 것이 객관적 헌법질서
의 유지에 이바지하는 것이 될 것이다. 그리고 헌법문제의 중요성을 판단함에
있어서는 위와 같은 일반적인 반복의 가능성 외에도 문제된 기본권이 고차원적
인 것인가 하는 점도 고려할 수 있을 것이다.[48]

(3) 다수의견의 입장

이 사건 다수의견은 구속피의자에 대한 접견이 접견신청일로부터 상당한 기
간이 경과되도록 허용되지 않고 있는 것은 접견불허처분과 동일시할 것으로 이
는 곧 기본권의 침해가 된다는 것은 판례나 학설을 통해 이미 밝혀져서 헌법문
제로서는 이미 해명된 과제라고 하였다. 그러므로 이 문제에 관한 판례와 학설
의 동향을 살펴볼 필요가 있다.

대법원 1990. 2. 13. 자 89모37 결정[49]은, "헌법 제12조 제4항 전문은 「누구
든지 체포 또는 구속을 당한 때에는 즉시 변호인의 조력을 받을 권리를 가진다」
라고 규정하고 있고, 형사소송법 제34조는 이와 같은 변호인의 조력을 받을 권
리를 실질적으로 보장하여 주기 위하여 변호인 또는 변호인이 되려는 자와 신체
구속을 당한 피고인 또는 피의자와의 접견·교통권에 관하여 규정하고 있는바,
이와 같은 변호인의 접견·교통권은 신체구속을 당한 피고인이나 피의자의 인
권보장과 방어준비를 위하여 필수불가결한 권리이므로, 법령에 의한 제한이 없
는 한 수사기관의 처분은 물론 법원의 결정으로도 이를 제한할 수 없는 것이다"
라고 판시하여, 피구속자들에 대한 접견이 접견신청일로부터 상당한 기간이 경
과하도록 허용되지 않고 있는 것은 접견불허처분이 있는 것과 동일시된다고 봄
이 상당하다고 하였다. 그리고 대법원 1991. 3. 28. 자 91모24 결정[50]은 이 사건

---

48) Fröhlinger(주 24), S. 230 f.는 헌법소원의 객관적 기능을 강조하여, 사건이 일반적인 의미를
   갖거나 고차원적인 기본권에 관한 것이 아니라도 모든 헌법적인 문제에 대하여 해명이 필요
   한 경우에는 적법성을 인정하여야 한다고 주장한다.
49) 법원공보 872호 1009면.
50) 법원공보 896호 1324면.

과 마찬가지로 국가안전기획부에 구속된 피의자의 변호인이 접견신청을 하였으
나 접견이 이루어지지 아니하자, 변호인이 형사소송법 제417조 소정의 준항고
절차에 의하여 접견불허취소결정의 취소를 구한 사안에 관한 것인데, 대법원은
위 1990. 2. 13. 자 결정과 마찬가지로, 접견신청일이 지나도록 접견이 이루어
지지 아니하고 있는 것은 실질적으로 접견불허가처분이 있는 것과 동일시된다
고 하였다.

또한 대법원 1990. 9. 25. 선고 90도1586 판결[51]은 "이와 같은 변호인과의
접견교통권은 헌법상 보장된 변호인의 조력을 받을 권리의 중핵을 이루는 것으
로서 변호인과의 접견교통이 위법하게 제한된 상태에서는 실질적인 변호인의 조
력을 기대할 수 없으므로 위와 같은 변호인의 접견교통권 제한은 헌법이 보장한
기본권을 침해하는 것으로서 그러한 위법한 상태에서 얻어진 피의자의 자백은
그 증거능력을 부인하여 유죄의 증거에서 배제하여야 하며, 이러한 위법증거의
배제는 실질적이고 완전하게 증거에서 제외함을 뜻하는 것이다"라고 하여, 변호
인과의 접견교통권이 위법하게 제한된 상태에서 얻어진 피의자의 자유의 증거능
력을 부인하고 있다.

이처럼 우리 대법원의 판례는 피구속자의 변호인과의 접견교통권이 헌법상
보장된 변호인의 조력을 받을 권리의 중핵을 이루는 것으로서, 명시적인 접견불
허가처분이 있는 경우뿐만 아니라 접견이 지연된 경우에도 기본권이 침해된 것
으로 보는 입장을 확립하고 있다.

학설상으로도 헌법 제12조 제4항 소정의 변호인의 도움을 받을 권리에 변호
인과의 접견교통권이 포함된다는데 이설이 없으며,[52] 나아가서 이러한 접견교통
권이 침해된 상태에서 작성된 피의자신문조서의 증거능력을 부인하여야 한다는
견해도 유력하게 주장되고 있다.[53]

이와 같은 판례와 학설에 비추어 본다면 이 사건의 경우에도 변호인측의 여
러 차례에 걸친 접견신청에도 불구하고 피청구인측이 접견을 허용하지 아니한
것은 구속된 피의자의 변호인의 조력을 받을 기본권을 침해한 것이 됨이 명백하

---

51) 대법원판례집 38권 3집 353면 이하.
52) 권영성(주 45), 360면; 허영, 한국헌법론, 1990, 352–352면; 이범렬, "변호인접견제도의 형사
　소송법상 의의", 인권과 정의 1989. 10, 9면; 이재상, "변호인의 접견교통권", 인권과 정의
　1989. 10, 12면; 신동운, "수사기관의 구금처분에 대한 준항고", 법률신문 제2037호(1991. 6.
　17), 15면 등.
53) 김용대, "변호인의 접견권침해와 자백법칙", 사법행정 1990. 8, 58면 이하 등.

다고 할 수 있다. 다수의견은 이러한 판례와 학설에 비추어 이 사건에서는 헌법문제가 이미 해명된 것이라고 보았다.

⑷ 반대의견의 입장

그런데 제1반대의견과 제2반대의견은 이 점에 대하여도 의견을 달리하고 있다. 우선 제1반대의견은 피청구인이 1989. 8. 4. 법원의 접견불허처분 취소결정이 있은 후에도 즉시 접견을 허용하지 아니함으로써 법원의 재판에 즉시 순종하지 아니한 것은 법치국가와 권력분립의 원칙에 위배된 것으로서 이 점은 마땅히 헌법재판소가 지적·해명할 필요가 있다고 한다.

그리고 제2반대의견은 위 대법원 1991. 3. 28. 자 결정(주 50)에 관하여 언급하면서도, 공안사범 관련 주무기관에서는 실체적 진실의 발견을 위하여는 피의자와 변호인간의 접견교통을 얼마 동안 합법적으로 지연시킬 수 있다는 확고한 견해를 갖고 있기 때문에 이에 대하여는 헌법적 해명이 필요하고, 또 헌법 제12조 제4항의 "즉시변호인의 조력을 받을 권리"가 시간적으로 얼마 동안을 의미하느냐에 대해서는 학설상 다소 차이가 있어 즉시 변호인의 조력을 받을 권리의 헌법적 의미가 의문의 여지없이 해명된 과제라고 보기는 어렵다고 한다.

위와 같은 반대의견의 주장 가운데서도 특히 수사기관이 법원의 재판이 있었음에도 불구하고 이에 즉시 순종하지 않을 뿐만 아니라 사법부의 판례를 수용하지 않고 앞으로도 계속 변호인과의 접견을 불허하는 태도를 취할 우려가 있다면 이는 헌법소원의 이익을 판단함에 있어 고려하여야 한다는 점은 헌법소원의 객관적 헌법질서유지기능과 관련하여 다시 한번 음미하여 볼 필요가 있다. 실제로 다수의견과 반대의견의 실질적인 대립은 바로 이 점에 기인하는 것이 아닌가 생각된다.

독일에서도 헌법소원의 객관적 헌법질서유지기능에 기하여 헌법소원의 이익이 인정되는 경우를 판례와 같이 헌법문제의 해명이 필요한 경우에 한정하지 않고 헌법의 관철을 필요로 하는 경우에도 헌법소원의 이익을 인정하여야 한다고 보아, 헌법재판소가 헌법문제를 이미 해명하였음에도 불구하고 일반법원이나 행정청이 이러한 판례를 오해하고 기본권침해의 행위를 되풀이하는 경우에는 그 기본권침해가 이미 종료되었더라도 헌법소원의 이익을 인정하여야 한다는 견해가 있다.[54] 다른 한편으로는 헌법문제가 해명되었다고 하려면 헌법재판소의 판

---

54) Fröhlinger(주 24), S. 226 ff. 구체적으로는 위 텔레비전 수상기 사건(주 29)에서는 헌법소원

례가 있어야 하는 것이지 일반법원의 판례만으로는 헌법문제가 해명되었다고 할 수 없지 않는가 하는 비판도 있을 수 있다.

이는 각자의 관점에 따라 다소 결론이 달라질 수 있는 문제라고 여겨진다. 가령 헌법문제가 이미 해명되었는데도 법원이 이를 오해하여 기본권침해에 대한 구제를 하지 못하고 있다면, 헌법소원 청구인 자신의 주관적 권리보호는 더 이상 문제되지 않는다고 하더라도 헌법재판소로서는 경각심을 불러일으키는 의미에서 다시 헌법문제에 대하여 본안판단을 하여야 한다고 생각할 수도 있고, 이한도 내에서는 반복의 위험성도 청구인 자신에게 한정하지 아니하고 널리 일반적으로 반복의 위험성이 있는지를 따져볼 필요도 있을 것이다. 그러나 이 사건에서와 같이 접견교통권의 침해에 대하여 법원에 의한 구제가 제대로 이루어지고 있는 경우에도 굳이 헌법재판소가 개입할 필요가 있는지는 의문이다. 물론 헌법소원의 헌법질서유지기능을 강조하여, 헌법재판소의 판례가 없으면 법원에 의한 구제가 이루어지고 있더라도 헌법재판소가 법원의 판례를 추인하는 의미에서 기본권침해를 확인하여야 한다는 견해도 있을 수 있다. 그러나 행정처분에 의한 기본권침해에 대한 구제의 책임은 1차적으로는 법원에 있음을 염두에 둔다면, 비록 헌법소원의 객관적 헌법유지기능을 강조하는 입장에 선다 하더라도 법원에 의하여 헌법질서가 제대로 유지되고 있는 이상 헌법재판소의 추인은 큰 의미를 가지기 어려울 것이다.

7. 헌법소원을 인용하는 경우의 주문

이 사건 다수의견은, 처분의 위헌확인은 헌법소원에서 허용하고 있지 아니하므로 청구인들이 처분의 위헌확인을 구하고 있더라도 이는 그 취소를 주장하는 것으로 받아들여야 한다고 판시하여 이 사건의 경우에 비록 헌법소원의 이익이 인정되더라도 주문에서는 처분의 위헌확인이 아닌 취소를 명하여야 한다는 취지인데 반하여 반대의견은 모두 이 사건에서 처분의 위헌확인을 명하여야 한다는 취지여서,[55] 이 점에서도 견해의 대립이 있다.

독일의 경우에는 기본권침해가 종료된 경우에도 헌법소원의 이익을 인정하여 헌법소원을 인용하는 경우에는 기본권침해 사실의 확인만을 명하는 것이 연

의 이익을 인정하였어야 한다고 비판한다.
55) 같은 취지, 이석연(주 6), 192면 이하.

방헌법재판소의 주류적인 판례이다.[56] 그러나 우리 헌법재판소법 제75조 제3항
은 공권력의 행사에 대한 헌법소원을 인용하는 경우에는 그 취소를 명하도록 규
정하고 있을 뿐만 아니라, 헌법소원절차에 준용되는 행정소송법 제12조는 처분
등의 효과가 소멸된 경우에도 그 취소를 명할 수 있는 것으로 규정하고 있어,
이러한 경우 당사자의 신청에 의하여 처분의 위법확인을 명할 수 있다고 규정하
고 있는 독일의 행정법원법(Verwaltungsgerichtsordnung) 제113조 제1항과는 상
이한 입장을 취하고 있다. 이 문제에 관하여는 좀더 연구가 필요할 것이다.

8. 결   론

이 사건 다수의견과 반대의견은 헌법소원의 이익의 존부를 판정함에 있어서
기본적으로는 비슷한 이론에서 출발하였으면서도, 이를 서로 다르게 이해한 결
과 실제로는 상이한 결론에 도달하였다. 그러나 이 사건 결정은 이러한 구체적
인 결론의 차이에도 불구하고 헌법소원에 있어서 소원의 이익의 문제를 부각시
키고 이를 헌법소원의 독자적인 관점에서 정립하여야 한다는 점을 강조하였다는
데서 중요한 의의를 가진다고 하겠다.

〈판례월보 1992. 1.〉

〈추기〉
1. 대상결정의 태도는 기본적으로 현재까지 유지되고 있다고 보인다. 대상결
정을 인용한 최근의 예로는 헌법재판소 2011. 12. 29. 선고 2011헌마88 결정이
있다.
2. 헌법재판소 2003. 3. 27. 선고 2000헌마474 결정; 2015. 7. 30. 선고
2012헌마610 결정; 2017. 11. 30. 선고 2016헌마503 결정은 변호인의 변호권은
헌법상 기본권으로서 보호되어야 한다고 판시하였다. 그러나 위 판례들이 대상
결정을 명시적으로 변경하지는 않았다. 다만 2012헌마610 결정에서 강일원, 조
용호 재판관의 반대의견은 대상결정을 원용하고 있다.
3. 헌법소원을 인용하는 경우의 주문(본문 7.): 대상결정 이후의 판례는 기본
권의 침해가 종료되더라도 헌법소원의 이익이 있다고 보아 이를 인용하는 경우

---

56) Fröhlinger(주 24), S, 63 ff. 참조.

에는 "위헌임을 확인한다"라는 주문을 선고한다. 헌법재판소 1992. 1. 28. 선고 91헌마111 결정; 1997. 11. 27. 선고 94헌마60 결정 등.

8. 장물취득죄의 기판력이 강도상해죄에 미치는지 여부

— 대법원 1994. 3. 22. 선고 93도2080 전원합의체 판결 —

〈사건의 개요〉

1. 기본적 사실관계

가. 피고인에 대한 장물취득죄의 확정판결

피고인은 1992. 11. 30. 서울형사지방법원에서 장물취득, 신용카드업법위반, 사기의 죄로 징역 장기 1년, 단기 10월의 징역형을 선고받고 항소하였다가 이 사건 공소가 제기된 후인 1993. 3. 18. 항소를 취하하여 위 형이 확정되었다.

위 확정판결의 범죄사실 가운데 장물취득의 내용은, 피고인이 공동피고인 甲, 乙과 공모하여 1992. 9. 24. 02:00 경 서울 서초구 방배동 소재 공중전화박스 옆에서 공소외 丙 등이 그 전날 23:40 경 서울 구로구 구로동 소재 노상에서 피해자 丁으로부터 강취한 피해자 소유의 국민카드 1매를 장물인 정을 알면서도 교부받아 이를 취득하였다는 것이다.

나. 이 사건 공소사실

그런데 이 사건 공소사실은, 피고인이 위와 같이 위 신용카드를 장물로 취득한 것이 아니라 위 丙 등과 공모하여 이를 강취하는 강도상해의 범행을 저질렀다는 것이다.

즉 피고인과 위 甲, 乙 및 戊(각 이 사건 원심공동피고인)는 위 丙, 공소외 己와 공모하여 1992. 9. 23. 23:40 경 서울 구로구 구로동 소재 번지불상 앞길에서 피고인 및 乙, 戊는 망을 보고 위 甲, 丙, 己는 피해자 丁에게 다가가 주먹과 발로 안면부 및 몸통을 수회 때리고 차 반항을 억압한 후 상, 하의 주머니에서 동인 소유의 국민카드 2매, 비씨카드 2매, 현금 6만원, 주민등록증이 들어있는 지갑 2개를 꺼내 가 이를 강취하고 피해자에게 치료일수 미상의 안면부타박상을 가하였다는 것이다.

2. 이 사건 재판의 경과

피고인과 피고인의 변호인은 제1심에서, 위 장물취득죄의 공소제기의 효과는 이 사건 공소사실에도 미친다고 주장하였으나, 제1심법원(서울형사지방법원 1993. 3. 23. 선고 93고합179 판결)은 피고인에게 징역 장기 2년 6월, 단기 2년의 징역형을 선고하였고, 그 선고조서에는 위 장물취득사건과 이 사건은 동일한 사건이 아니므로 공소를 기각할 것이 아니라고 설명한 것으로 기재되어 있다.

위 판결에 대하여 피고인은 항소하여 위 장물취득죄의 확정판결의 기판력은 이 사건에 미친다고 주장하였으나, 원심(서울고등법원 1993. 6. 30. 선고 93노1011 판결)은 위 장물취득 사실은 이 사건 강도상해 사실과 포괄일죄의 관계에 있지 아니하고 또한 범죄의 일시, 장소, 피해자 등이 모두 달라 공소사실의 동일성이 없어 위 장물취득에 관한 확정판결의 기판력이 이 사건 강도상해의 공소사실에 미치지 않는다고 판단하고 피고인의 항소를 기각하였다.

위 판결에 대하여 피고인이 상고를 제기하였다(다른 공동피고인들은 상고를 제기하였다가 취하하였다).

3. 피고인의 변호인의 상고이유 제2점

피고인은 본건으로 죄명은 달라도 장물취득 등으로 징역 장기 1년, 단기 10월을 선고받아 확정되었으므로, 동일한 사건에 대하여 2중으로 처벌할 수 없음에도 불구하고 원심이 공소사실의 동일성이 없다고 하였음은 기판력에 관한 법리를 오해한 위법이 있다.

〈대법원의 판결이유 요지〉

대법원은 피고인의 상고를 이유 없다고 하여 기각하였으나, 위 장물취득죄의 기판력이 이 사건에도 미치는가에 관하여는 다수의견과 반대의견의 대립이 있었다. 즉 7인의 다수의견은 위 장물취득죄의 기판력이 이 사건에 미치지 않는다고 한 반면, 6인의 반대의견은 위 장물취득죄의 기판력이 이 사건에 미치는 것으로 보아야 한다고 주장하였다.

1. 다수의견

가. 유죄로 확정된 장물취득죄와 이 사건 강도상해죄는 범행일시가 근접하고 위 장물취득죄의 장물이 이 사건 강도상해죄의 목적물 중 일부이기는 하나, 그 범행의 일시, 장소가 서로 다르고, 강도상해죄는 피해자를 폭행하여 상해를 입히고 재물을 강취하였다는 것인데 반하여 위 장물취득죄는 강도상해죄의 범행이 완료된 이후에 강도상해죄의 범인이 아닌 피고인이 다른 장소에서 그 장물을 교부받았음을 내용으로 하는 것으로서 그 수단, 방법, 상대방 등 범죄사실의 내용이나 행위가 별개이고, 행위의 태양이나 법익도 다르고 죄질에도 현저한 차이가 있어 이 장물취득죄와 이 사건 강도상해죄 사이에는 동일성이 있다고 보기 어렵고, 따라서 피고인이 위 장물취득죄로 받은 판결이 위와 같은 경위로 확정되었다고 하여 이 사건 강도상해죄의 공소사실에 대하여 면소를 선고하여야 한다거나 피고인을 강도상해죄로 처벌하는 것이 일사부재리의 원칙에 어긋난다고는 할 수 없다.

나. 위 장물취득죄와 이 사건 강도상해죄가 동일한 범죄 또는 동일한 사건인지, 위 장물취득죄의 확정판결의 기판력이 이 사건 강도상해죄에 미치는 것인지 여부는 그 기본적 사실관계가 동일한 것인가의 여부에 따라 판단하여야 하는데, 공소사실이나 범죄사실의 동일성은 형사소송법상의 개념이므로 이것이 형사소송절차에서 가지는 의의나 소송법적 기능을 고려하여야 하고 따라서 두 죄의 기본적 사실관계가 동일한가의 여부는 그 규범적 요소를 전적으로 배제한 채 순수하게 사회적, 전법률적(前法律的)인 관점에서만 파악할 수는 없고 그 자연적, 사회적 사실관계나 피고인의 행위가 동일한 것인가 외에 그 규범적 요소도 기본적

사실관계 동일성의 실질적 내용의 일부를 이루는 것이라고 보는 것이 상당하다.

다. 그러므로 피고인이 받은 장물취득죄의 확정판결의 기판력이 이 사건 강도상해죄의 공소사실에 미치는지 여부는, 사실의 동일성이 갖는 법률적 기능을 염두에 두고, 피고인의 행위와 그 사회적인 사실관계를 기본으로 하되 그 규범적 요소도 고려에 넣어 판단하여야 할 것이고, 피고인에 대한 법적 안정성의 보호와 국가의 적정한 형벌권행사가 조화가 이루어질 수 있도록 하여야 할 것인바, 그렇게 본다면 위 장물취득죄의 범죄사실과 이 사건 강도상해죄의 공소사실은 그 기본점인 점에서 같다고 할 수 없다.

2. 반대의견

가. 전후의 사건이 동일사건인지의 여부는 그 기본적 사실관계가 동일한 것인지 여부에 따라 판단하여야 하는데, 기본적 사실관계의 동일성 여부를 판단함에 있어서는 일체의 법률적 관점을 배제하고 순수하게 자연적, 전법률적(前法律的) 관점에서 범죄사실의 동일성을 판단하고자 하는 것이고 규범적 요소는 고려되지 아니함이 원칙이다.

나. 이 사건 강도상해죄 및 장물취득죄의 범행일시, 장소나 범행경위에 비추어 강도상해죄가 절도죄로 문제된 경우였다면 그 동일성이 인정되었을 것인데, 강도상해죄는 강도죄와 상해죄의 결합범이고 강도죄는 절도죄와 폭행 또는 협박죄의 결합범의 형태를 갖추고 있는 것으로서 실체적으로는 수개의 행위를 법률적 관점에서 하나의 행위로 파악하고 있는 것이므로 강도상해죄가 절도죄의 경우와는 달리 장물죄와의 사이에 피해법익이 다르고 죄질에 현저한 차이가 있다는 것만으로 이 사건 범죄사실의 동일성을 부정할 이유는 되지 못한다.

다. 기판력의 문제는 모든 국민은 동일한 범죄에 대하여 거듭 처벌받지 아니한다고 천명한 헌법규정(제13조 제1항 후단)을 구체화한 개념으로 받아들여지고 있음에 유념해 볼 때, 기판력의 한계를 설정하는 공소사실의 동일성 여부는 자연적, 전법률적 관점에서 사회 일반인의 생활경험을 기준으로 판단해야 하고, 이 사건에서처럼 금품을 강취한 후 그 장물을 분배하는 일련의 범죄행위는 이를 생활의 한 단면으로 보아야 할 것이며, 실제로 소추재판된 행위(장물죄)가 같은 단면 내의 다른 행위(강도죄)와 비교하여 피해법익에 있어서 완전히 겹쳐지지 않는 부분이 있다는 이유만으로 그 다른 행위에 대해 다시 논할 수 있다는 것은

방대한 조직과 법률지식을 갖춘 국가기관이 형사소추를 거듭 행함으로써 무용의
절차를 되풀이하면서 국민에 대해 정신적, 물질적 고통을 주게 하는 것이며, 한
편으로는 수사기관으로 하여금 사건을 1회에 완전히 해결하려 하지 않게 함과
아울러 이를 악용할 소지마저 있다.

　　라. 원래 장물죄는 본범 쪽에서 보면 본범의 범죄에 사후에 가공한 형태로 연
결되어 본범에 대한 범인비호적 성격을 띠고 있어 일찍부터 사후종범이라고 표
현되어 오는 한편 본범에 대한 불가벌적 사후행위에 해당하는 범죄로서 본범과
장물범의 관계는 시간적 종적으로 연결되는 인적 결합이라고 할 수 있으며 피고
인들이 공범들과 함께 금품을 강취한 후 그 도품을 분배받는 일련의 범죄행위는
생활의 한 단면인 하나의 자연적, 사회적인 사실관계를 이루는 것이고 이 경우
그 도취(盜取)행위가 절도인지 아니면 여기에 강취수단이 합쳐진 강도인지는 그
것이 잠시 후 이루어진 그 이익분배행위와 합쳐져서 하나의 자연적, 사회적 사실
관계를 이루는데 아무런 차이가 없음을 누구나 쉽게 느낄 수 있는 것이다.

〈해   설〉

　1. 문제의 소재

　　이 사건의 쟁점은 위 장물취득죄에 관한 확정판결의 기판력이 이 사건 강도
상해의 공소사실에도 미치는가 하는 점이다. 형사재판에 있어서 확정판결의 기
판력은 공소사실의 동일성이 인정되는 범위 내에서는 모두 미치고, 이 점에서
기판력의 객관적 범위는 공소장변경이 인정되는 범위와 같다고 보는 것이 일반
적인 견해이다(다만 뒤의 주 47 참조).

　　공소사실의 동일성의 인정기준에 관하여는 기본적 사실관계 동일설(기본적
사실동일설이라고도 한다), 죄질동일설, 구성요건 공통설, 소인의 주요부분 공통
설(사회적 혐의동일설, 형벌관심동일설, 총합평가설), 범죄행위 동일설 등 여러 가
지의 학설이 주장되고 있다.[1] 그러나 종래 우리 판례나 일본의 판례는 범죄사실
을 그 기초가 되는 사회적 사실로 환원하여, 양자 사이에 지엽말단의 점에서 다
소 차이가 있다 하더라도 기본적 사실관계에 있어서 동일성이 인정되면 공소사

---

　1) 학설의 소개는 신동운, 형사소송법, 1993, 533-536면 참조.

실의 동일성이 인정된다고 하는 기본적 사실관계 동일설을 따르고 있다. 이 설에서는 동일성 여부를 판단함에 있어서 일체의 법률적 관점을 배제하고 순수하게 자연적, 전법률적 관점에서 범죄사실의 동일성을 판단하려고 하는 데 특색이 있다.[2] 이 사건 판결의 반대의견도 이러한 관점에 서 있다.

그런데 이 사건 판결의 다수의견은 공소사실의 동일성 여부는 그 기본적 사실관계가 동일한 것인가의 여부에 따라 판단하여야 한다고 하면서도, 종래의 기본적 사실관계 동일설과는 달리 규범적 요소도 기본적 사실관계 동일성의 실질적 내용의 일부를 이루고 있다고 보고 있고, 반대의견과의 차이도 바로 이 점에 있다.

다른 한편 기본적 사실관계 동일설을 취한다 하더라도 기본적 사실관계가 무엇인가가 반드시 명백한 것은 아니며, 이를 논함에 있어서는 개별 사건의 구체적 사실관계가 중요한 의미를 가진다고 생각된다. 그런데 이 사건에서는 반대의견이 지적하고 있는 것처럼 확정판결의 대상이 되었던 장물취득죄와 이 사건 강도상해의 공소사실 사이에는 강도상해죄가 인정되면 장물취득죄는 이른바 불가벌적 사후행위(不可罰的 事後行爲)로서 별도로 성립하지 않는다는 관계가 있고, 이 점에 이 사건의 특수성이 있다. 다른 말로 하면 강도상해죄와 장물취득죄 사이에는 법률적으로 양자가 동시에 성립할 수는 없는 이른바 비양립(非兩立) 내지 양자택일적인 관계가 존재하고, 이러한 경우에 공소사실의 동일성이 인정될 수 있는가가 문제되는 것이다.

여기서는 이와 같은 점들을 염두에 두면서, 장물취득죄와 강도상해죄의 공소사실이 동일하다고 볼 수 있는가, 장물취득죄의 확정판결의 기판력이 강도상해죄에 미친다고 볼 것인가에 관하여 살펴보기로 한다.

2. 국내의 판례와 학설

가. 학   설

국내의 학설 가운에 특히 장물죄와 강도상해죄에 관하여 공소사실의 동일성 여부를 논의하고 있는 것은 별로 눈에 뜨이지 않는다. 그러나 기본적 사실관계 동일설을 주장하고 있는 이재상 교수는, 공소장에 기재된 범죄사실이 변경된 공소사실과 시간적·장소적으로 밀접한 관계에 있거나(밀접관계), 그것이 양립할

---

2) 신동운(주 1), 534면; 이재상, 전정판 형사소송법, 1991, 405, 409면 등.

수 없는 관계에 있는 때(택일관계)에는 기본적 사실이 동일하다고 하므로,[3] 이러한 설명을 따른다면 이 사건과 같은 강도상해와 장물취득의 경우에는 양자는 시간적·장소적으로 밀접한 관계에 있을 뿐만 아니라 택일관계에 있으므로 공소사실의 동일성을 인정할 수 있다고 하게 될 것이다.

그리고 범죄행위 동일설을 지지하고 있는 백형구 변호사는, 사회적 행위로서의 범죄행위가 동일하면 공소사실의 동일성이 인정된다는 전제 아래, 절도의 공소사실과 장물보관의 사실은 그 범죄의 일시·장소가 다르고 그 구성요건이 다르다 할지라도 동일인이 타인의 재물을 절취하여 이를 보관한 일련의 행위는 1개의 범죄행위이고, 재물의 절취행위와 그 절취물의 보관행위는 1개 범죄행위의 부분적 행위이므로 절취행위와 장물의 보관행위는 범죄사실의 동일성, 즉 공소사실의 동일성이 인정된다고 한다.[4]

다른 한편 불가벌적 사후행위의 관점에서, 주된 범행과 불가벌적 사후행위간에는 범죄사실로서는 사실상 양립가능하지만 일방이 유죄로 되면 타방은 그 불가벌적 행위로서 법률상 유죄로서의 성립이 부정되는 관계에 있는바, 그 양자간에는 공소사실의 동일성이 인정되므로 일방만이 기소의 대상이 되고 그에 대하여 확정판결이 있으면 그 판결의 효력(특히 기판력·일사부재리효)은 타방에 사실상·법률상 미치게 되어, 절도죄의 공소사실로 기소되어 무죄판결이 선고되고 확정된 후 동일한 사실에 대하여 소인을 달리 구성하여 횡령죄로 공소제기하였다면 이에 대하여는 면소판결이 선고될 수밖에 없다는 설명이 있다.[5]

나. 판   례

이 사건 판결의 반대의견이 인용하고 있는 대법원 1964. 12. 29. 선고 64도664 판결은, 장물양여죄와 절도죄의 관계에 관하여, "처음에 어느 물건을 장물인줄 알면서 남에게 양여하였다 하여 장물양여죄로 공소를 제기하였다가 나중에 그 물건을 절취한 사실을 이유로 야간주거침입절도나 절도로서 공솟장에 기재된 공소사실을 변경하는 것은 그 공소사실에 있어서 동일성을 해하는 것이라고 볼 수 없다"고 한다. 만일 여기서 절도죄와 장물죄의 관계를 강도죄와 장물죄의 관

---

3) 이재상(주 2), 409면.
4) 백형구, 주석형사소송법(중), 1986, 274–275면.
5) 김창종, "불가벌적 사후행위의 범위", 재판자료 제50집 형사법에 관한 제문제(하), 1989, 259–260면.

계와 마찬가지라고 본다면, 이 사건에서 장물취득죄의 확정판결의 기판력은 동일한 물건에 관한 강도죄의 공소사실에도 미친다고 하게 될 것이다.

그리고 대법원 1982. 12. 28. 선고 82도2156 판결[6]은, 검사가 1981. 1. 14.에 피해자의 뺨을 1회 때려 폭행하였다는 원래의 공소사실에서 그 일시만을 1979. 12. 중순경으로 바꾸어 공소장변경을 신청한 경우에 공소사실의 동일성 여부의 판단기준으로서 "두 개의 공소사실이 양립될 수 있는가"를 들고서, 일방의 범죄가 성립되는 때에는 타방의 범죄의 성립을 인정할 수 없다고 볼 정도로 양자가 밀접한 관계에 있는 경우에는 그간에 시간적 간격이 긴 경우라도 기본적 사실관계는 동일한 것으로 보아야 한다고 판시하였다.

3. 일본의 판례와 학설

가. 소인(訴因)의 비양립성에 관한 판례

일본의 판례도 우리나라의 판례와 마찬가지로 기본적 사실관계 동일설을 따르고 있으나 그러면서도 다른 한편으로는 「양 소인의 비양립성」을 가지고 공소사실의 동일성 여부를 판단하고 있는 경우가 있다. 다시 말하여 공소장 변경에 있어서 공소장 변경 전의 소인과 변경 후의 소인이 양립할 수 있는가 없는가를 따져서 양립할 수 없으면 동일성이 있다고 하는 것이다.

이 점에 관한 최초의 판례는 일본최고재판소 1954(昭和 29). 5. 14. 판결[7]이다. 이 사건에서는 검사가 처음에 피고인을 절도로 기소하였다가 예비적으로 장물알선으로 공소장을 변경하였는데 위 절도의 소인과 장물알선의 소인 사이에 공소사실의 동일성이 있는가가 다투어졌다.

여기서 주위적 소인인 절도의 점은 "피고인은 쇼와(昭和) 25년 10월 14일경 시즈오카 현 소재 호텔에서 투숙중인 A의 소유인 감색 신사복 상하의 1벌,신분증명서 및 정기권 1매 등을 절취하였다"는 것이었고, 예비적 소인인 장물알선의 점은 "피고인은 장물인 정을 알면서 10월 19일경 도쿄도 내에서 자칭 A으로부터 감색 신사복 상하의 1벌의 처분을 의뢰받고 같은 날 동경도 소재 B의 집에서 B로부터 4,000엔을 차용하고 그 담보로 위 신사복 1벌을 입질(入質)하여 장물을 알선하였다"는 것이었다.

---

6) 대법원판례집 제30권 4집 형 195면.
7) 刑集 8권 5호 676면.

최고재판소는, "위 2개의 소인은 모두 A가 절취당한 동인 소유의 신사복 1벌에 관한 것으로서 다만 그에 관한 피고인의 소위가 절도인가, 아니면 사후의 장물알선인가 하는 점에 차이가 있는 데 지나지 않는다. 그리고 양자가 죄질상 밀접한 관계가 있을 뿐만 아니라, 이 사건에 있어서는 사안의 성질상 양자간에 범죄의 일시, 장소 등에 있어서 상이가 생기는 것은 면할 수 없지만 그 일시의 선후 및 장소의 지리적 관계와 그 쌍방의 근접성에 비추어보면 일방의 범죄가 인정되는 때에는 다른 일방의 범죄의 성립을 인정할 수 없는 관계에 있다고 인정하지 않을 수 없으므로, 그러한 경우에는 양 소인은 기본적 사실관계가 동일하다고 해석함이 상당하고, 따라서 공소사실의 동일성의 범위 내에 속한다고 하지 않으면 안 된다. 이 사건과 같은 경우에 공소사실의 동일성이 없다고 한다면 일방에 관하여 이미 확정판결이 있더라도 그 기판력은 다른 일방에 미치지 않는다고 해석하지 않을 수 없게 되어 피고인의 법적 지위의 안정성은 이 때문에 매우 위협을 받게 되지 않을 수 없다"고 하여 공소사실의 동일성을 인정하였다.

이 판결 외에도 최고재판소 1959(昭和 34). 12. 10. 판결[8]은, 말 2필의 매각대금의 횡령이라는 소인과 위 말 2필의 절도의 소인은, 일방이 유죄로 되면 타방은 그 불가벌행위로서 불처벌로 되는 관계에 있어 그 사이에 기본적 사실관계의 동일성을 긍인할 수 있으므로 양자는 공소사실의 동일성을 가진다고 해석하여야 한다고 판시하였다.

그리고 최고재판소 1978(昭和 53). 3. 6. 결정[9]은, 피고인이 경찰관 2인과 공모하여 운전면허증 취득 희망자 13명으로부터 부정한 청탁과 함께 15만엔 내지 25만엔을 받았다는 수뢰의 주위적 소인과, 피고인이 운전면허 취득 희망자와 공모하여 위 경찰관 2인에 대하여 13회에 걸쳐 현금 4만엔 내지 5만엔을 공여하고 또 금 1만 6,666엔 상당의 주식 등의 향응접대를 하였다는 증뢰의 예비적 소인에 관하여, 양자는 양립할 수 없는 관계이고 또한 일련의 동일사상(同一事象)에 대한 법적 평가를 달리 하는 데 지나지 않는 것으로서 기본적 사실관계에 있어서는 동일하다고 할 수 있다고 판시하였다.[10]

---

8) 刑集 13권 13호 3195면.

9) 判例タイムズ No. 361, 230면.

10) 다만 이 판결에는 이러한 다수의견 외에 이른바 구성요건 공통설을 지지하는 團藤重光 재판관의 보족의견(補足意見)이 붙어 있는데, 위 주위적 소인과 예비적 소인은 기본적 사실관계의 동일성이 있을 뿐만 아니라, 주위적 소인에 있어서 수뢰죄의 구성요건에 해당하는 사실과 예비적 소인에 있어서 증뢰죄의 구성요건에 해당하는 사실은 중요한 부분에 있어서 겹쳐 있

나아가 최고재판소 1988(昭和 63). 10. 25. 판결[11]은 동일한 각성제 사용의 죄에 관하여 공소장 변경이 있었는데 그 범행의 일시 장소 등이 변경 전과 변경 후에 다소 차이가 있더라도 공소사실의 동일성이 유지되는가 하는 점이 문제된 사안에서, "기록에 의하면 검찰관은 쇼와(昭和) 60년 10월 28일 임의제출된 피고인의 오줌 중에서 각성제가 검출된 것과 수사단계에서의 피고인의 진술에 기초하여 위 기소장 기재의 소인과 같이 각성제의 사용일시, 장소, 방법 등을 특정하여 본건 공소를 제기하였으나, 그 후 피고인이 그 사용시간, 장소, 방법에 관한 진술을 변경하여 이를 신용할 수 있다고 생각하였기 때문에 새로운 진술에 따라 소인의 변경을 청구하기에 이른 것이라고 한다. 그렇다면 양 소인은 그 사이에 각성제의 사용시간, 장소, 방법에 있어서 다소의 차이가 있어도, 어느 것이나 피고인의 오줌 중에서 검출된 동일 각성제의 사용행위에 관한 것으로서 사실상의 공통성이 있고 양립하지 않는 관계에 있다고 인정되므로 기본적 사실관계가 동일하다고 할 수 있다"라고 판시하였다.[12]

그러면 위와 같은 판례들이 말하고 있는, 양 소인이 양립할 수 없다고 하는 것은 무슨 의미인가? 위 최고재판소 1978(昭和 53). 3. 6. 결정(주 9)에 대한 최고재판소 조사관의 해설[13]에 의하면 이에 관하여는 다음과 같은 3가지의 해석이 있을 수 있다고 한다.

제1의 해석은, 일방의 소인이 인정되면 다른 일방의 소인은 법률상 당연히 인정되지 않는 관계를 말한다고 하는 것이다. 이러한 해석에 따르면 양 소인 간에 공통성이 있는 경우는 물론, 행위의 일시, 장소 등이 현저하게 달라서 공통성이 없는 경우에도 동일한 물건에 관한 절도죄와 장물죄와 같이 법률상 양립할 수 없는 관계가 양 소인 사이에 존재하는 한은 공소사실의 동일성이 긍정된다고 하게 된다.

제2의 해석은, 양 소인의 기재사실만을 비교하여, 그것이 양쪽 모두 생길 수

으므로 구성요건적 공통성도 인정된다고 한다.

11) 刑集 42권 8호 1100면.

12) 이 외에도 최고재판소 1958(昭和 33). 5. 20. 판결(刑集 12권 7호 1416면)이 이러한 소인의 비양립성의 예로서 거론된다. 여기서는 회사의 대표이사가 회사의 자금으로 주식 1만주를 산 것에 대하여 업무상횡령의 소인과 회사의 자기주식 취득으로 인한 상법위반의 소인이 선택적으로 기소되었는데, 최고재판소는 양자가 동일사실의 표리를 이루는 것으로서 택일적 관계에 있다고 판시하였다.

13) 香城敏麿, "枉法收賄と贈賄の各訴因間に公訴事實の同一性が認められる事例", 法曹時報 32권 3호(1980), 149면 이하.

는 없는 경우를 말한다고 해석하는 것이라고 한다.

　제3의 해석은, 한 소인을 구성하는 행위가 다른 소인의 증거로 되는 경우와 같이 양자의 배후에 있는 사회적 사실이 합쳐져서 하나의 사회적 사실을 구성하므로 위 양 소인의 배후에 있는 사회적 사실이 합쳐져서 하나의 사회적 사실을 구성하는 경우에는 양 소인이 양립하지 않는 관계에 있다고 해석하는 것이다. 즉 동일한 사회적 사실에 대한 평가로서 양 소인의 어느 것 하나밖에 성립하지 않는 경우를 말한다는 것이다.

　그리고 위 해설에서는, 일반적으로는 판례의 입장을 위 제1의 해석으로 이해하는 경우가 많으나, 이러한 판례는 어디까지나 기본적 사실관계동일설을 채택하고 있는 판례의 흐름 중에서 생긴 것이고 이것들이 기본적 사실관계의 동일성과는 독립된 기준으로서 양 소인의 비양립성을 들고 있다고 해석되지는 않는다고 하면서, 자신은 제1의 해석과 같이 무한정한 전사회적 사실에 비추어 양 소인이 법률상 비양립관계에 있다고 인정하는 것만으로는 부족하고, 제3의 해석과 같이 1개라고 인정되는 범위의 사회적 사실에 비추어 양 소인이 비양립관계라고 인정하는 것이 필요하다고 한다.

　이를 다른 말로 말한다면 위와 같은 「양 소인의 비양립성」이라는 기준은 종래의 기본적 사실관계 동일성이라는 기준과 전혀 별개의 것은 아니라는 것이 된다.

나. 학   설

　일본의 학설 가운데에는 판례가 위와 같은 「양 소인의 비양립성」이라는 기준을 채택하고 있는 것을 비판하는 설도 있으나 이를 지지하는 설도 많다.

(1) 비판설

　1설은, 판례가 기본적 사실관계 동일설을 채택하고 있으면서도 그것이 슬로건 내지 레테르적인 것으로 변하고 있다고 한다. 즉 판례가 양 소인이 비양립적인 관계에 있으면 공소사실의 동일성이 인정된다고 하는 것은 기본적 사실관계의 동일이라고 하는 기준이 실체를 잃어버리는 것인데, 왜냐하면 두 개의 범죄가 양립할 수 없다고 하는 것과 그 기본적 사실관계가 동일하다고 하는 것과의 사이에는 본래 아무런 관계도 없기 때문이라고 한다. 그리고 판례는 두 개의 범죄의 시간적 및 지리적 근접성을 양죄가 양립하지 않는다는 것의 중요요소로 보고 있는 것 같으나, 동일 재물에 관하여 절도와 장물알선이 양립한다고 하는 것

은 있을 수 있다고 하더라도 실제문제로서는 희유한 일이고, 이는 양자가 시간
적 또는 장소적 관계에 있어서 매우 간격이 있는 경우에도 일반적으로는 양립이
부정되지 않으면 안 되는데 이러한 경우에 있어서도 양죄가 양립할 수 없다고
하여 공소사실의 동일성을 인정한다고 하면 이는 판례의 취지와도 모순될 뿐 아
니라 결론으로서도 타당하지 않고, 2개의 범죄 사이에 공소사실의 동일성이 인
정될 때에는 양자가 양립할 수 없게 되지만 그 역이 반드시 진실은 아니라고 한
다. 그리하여 최고재판소는 불필요하고 잘못된 기준을 세웠다고 평하지 않을 수
없다고 한다.[14]

다른 설도, 양립하지 않는 관계에 있으면 동일성이 있다고 하는 생각도 불가
능하지는 않겠으나 적당한지는 의문이고, 1개의 소송의 대상은 일시, 장소의 점
에 중점이 있고 아니면 그것이 매우 근접한 것이 아니면 안 되며 그렇지 못하다
면 별개의 소송으로 하는 것이 타당하다고 한다. 그리고 위 昭和 29년의 판결
(주 7)은 「일시장소의 근접성」이 있다는 것도 동일성을 인정하는 이유로 들고
있으나, 과연 근접한 것인가에 관하여 의문이 없다고는 할 수 없다고 한다.[15]

(2) 지지설

반면에 위와 같은 「양 소인의 비양립성」이라는 기준을 지지하고 있는 견해도
그 근거, 특히 기본적 사실관계의 동일이라는 기준과 관련하여서는 여러 가지로
나누어진다.

1설은, 판례가 말하고 있는 기본적 사실관계의 동일이라는 것은 실질에 있어
서는 「결과」 내지 「법익침해」의 동일이라고 하면서, 예컨대 재물죄에 있어서는
피해물건의 동일을 가지고 결과의 동일이라고 본다고 할 수 있다고 한다. 그런
데 판례는 범죄의 비양립성이라는 기준을 사용하고 있어 위와 같은 법익침해의
동일성이라는 기준과의 관계가 문제되는데, 양자는 별개의 기준이 아니고 소송
의 대상인 사회적 문제를 법익침해를 축으로 하여 파악하여 「일정한 법익침해에
있어서 피고인에 의한 범죄적 관여가 있었는가. 있었다고 한다면 이는 어떠한
범죄인가」라고 하는 사회적 문제의 동일성으로 파악함에 의하여 이론적으로 통
합할 수 있다고 한다. 따라서 1개의 법익침해에 관하여 동일인의 복수의 범죄의
성립을 인정하는 것은 범죄의 이중평가라고 하지 않으면 안 되며, 이는 일본헌

---

14) 高田卓爾, 注解刑事訴訟法 中卷, 全訂新版, 1982, 580−581면.
15) 平野龍一, 刑事訴訟法の基礎理論, 1964, 112−114면.

법 39조의 취지에 반한다고 한다.

　그러므로 공소사실의 동일성을 기초지우는 것은 「법익침해의 동일성」이지만 다른 한편 「범죄의 비양립성」도 공소사실의 동일성이 인정되기 위한 필요조건이고, 주장된 범죄사실이 양립하지 않는다고 하여 바로 공소사실의 동일성이 인정되는 것은 아니지만 적어도 양립하지 않는 범죄사실 사이가 아니면 공소사실의 동일성을 생각할 수 없다고 한다.[16]

　다른 설은 이른바 「형벌관심(刑罰關心)의 동일성」이라는 관점에서 소인의 양립가능 여부를 기준으로 채택할 수 있다고 한다. 즉 소인 변경을 법이 허용하는 근거는 공소사실의 동일성이 인정되는 범위에서는 국가가 1개의 형벌관심을 가지기 때문이고, 1개의 형벌관심에 대하여는 법은 1회의 소송을 의도하고 있다고 생각하여야 한다고 한다. 이와 같은 형벌관심의 동일의 밑바탕에 있는 것은 비교되는 소인과 소인이 양립할 수 있는가 어떤가 하는 택일의 관계가 기본적인 지표로 되지 않을 수 없다고 한다.[17]

　나아가 종래의 기본적 사실관계 동일설 대신에 비량립관계설을 전면적으로 채택하여야 한다는 견해도 있다. 즉 판례는 여전히 기본적 사실관계 동일설을 채용하면서 각 소인에 있어서 일시, 장소의 동일 내지 근접, 피해자, 피해품의 동일, 소인의 비양립관계 등을 기초로 하여 각 소인의 배후에 있는 사회적 사실을 살펴보고 이를 기본적 사실관계로 하여 그것이 동일할 때에는 공소사실이 동일하다고 하는 견해를 유지하고 있으나, 비량립관계설은 주된 소인으로서 기재되어 있는 범죄사실과 비양립의 관계에 있는 범위 내의 범죄사실을 공소사실로 생각하여 그 범위 내의 범죄사실은 동일성이 있다고 한다는 것이다. 이 설을 주장하는 논자에 의하면 최고재판소의 판례상 공소사실의 동일성을 인정한 사례는 모두 비양립관계설에 의하여 설명할 수 있다고 한다.[18]

　그 외에도 일본에서는 이러한 「양 소인의 비양립성」이라는 기준이 어떤 의미를 가지고 있는지, 그것이 적용되는 범위가 어디까지인지에 관하여 논의가 많다.[19]

---

16) 鈴木武嗣, 刑事訴訟の基本構造, 1979, 222면 이하. 특히 232－233면 참조.
17) 田宮 裕 編, 刑事訴訟法 Ⅰ, 1975, 606－607면.
18) 坂本武志, "公訴事實の同一性", 刑事訴訟法の爭點(新版), ジュリスト 增刊, 141－142면.
19) 근래의 자료로서는 田口守一, "公訴事實の同一性", 刑事訴訟法判例百選(제6판), 1992, 90면 이하 참조.

다. 장물운반죄와 강도죄의 공소사실의 동일성

다른 한편 이 사건과 유사한 장물운반죄와 강도죄의 공소사실의 동일성에 관하여는 일본 후쿠오카(福岡) 고등재판소 1952(昭和 27). 3. 26. 판결[20] 정도를 찾아볼 수 있다. 이 판결은 피고인이 공범들이 강도하는 데 망을 보아 강도죄의 공범이라는 공소사실에, 피고인이 위 공범들이 강취한 물건을 운반하였다는 장물운반죄의 공소사실을 예비적으로 추가한 것이 적법하다는 취지이다.

위 사건의 당초의 공소사실은, 「피고인은 공범 A, B와 공모하여 昭和 25. 5. 31. 오전 3시경 야와타(八幡)시 6田町 1丁目 C의 집에서 피고인은 망을 보고 공범들은 강취하였다」는 것이었는데 예비적으로 추가된 공소사실은 「피고인은 昭和 25. 5. 31. 오전 3시경 A, B로부터 장물인 정을 알면서 야와타 시 6田町 1丁目 D의 집 부근에서 위 강취한 물건을 받아 다른 곳으로 운반하였다」는 것이었다.

위 판결은, 위 예비적 소인은 피고인이 주된 소인의 공범자들이 다른 집에서 물건을 훔친다는 것을 알면서 위 강도의 피해자 집 부근에서 기다리다가 주된 소인의 공범자들이 강취한 물건을 피고인이 기다리는 곳으로 가져온 것을 받아 운반하였다는 것으로서, 위 주위적 소인과 예비적 소인을 대조하면 위 강도의 시기와 장물운반 개시의 시기는 서로 접하고, 그 범행장소도 위 강도의 범행장소와 피고인이 망을 보았다는 장소는 50미터 정도 떨어져 있어, 주위적 소인과 예비적 소인은 이러한 점들에 있어서 각각 지극히 밀접한 관계에 있음이 명백하다고 한다. 즉 양자가 그 구성요건이 전혀 죄질을 달리하고 구체적 사실은 지엽적인 점에 있어서 다소 상위하다 하더라도 기본적 사실관계에 있어 동일성이 있다고 인정하지 않으면 안 된다고 하였다.

이 판결은 일면 이 사건과도 유사한 점이 있기는 하나, 위 판결에서는 양 범죄사실의 일시 및 장소가 거의 같고, 그 행위의 유형에 있어서도 피고인의 행위를 강도의 망을 본 것으로 보는가, 아니면 강도의 정범이 강도를 하는 것을 기다렸다가 이를 운반한 것으로 보는가의 차이일 뿐 동일한 행위라고 볼 수 있는 점에서 이 사건과 반드시 같다고 하기는 어렵다.

---

20) 高裁刑集 5권 3호 436면.

4. 독일의 판례와 학설

가. 공소사실의 동일성에 관한 독일 형사소송법의 규정

독일 형사소송법은 이른바 직권주의적 소송구조를 택하고 있다. 그리하여 제264조 제1항은 "판결의 대상은 변론의 결과로서 나타난 공소장에 표시된 범행(Tat)이다"라고 규정하고, 동조 제2항은 "법원은 본절차 개시 결정(Beschluß über die Eröffnung des Hauptverfahrens)의 기초로 된 범행에 대한 판단에 기속되지 않는다"라고 규정하여, 범행의 동일성이 인정되는 범위 내에서는 검사의 특별한 요구가 없어도 법원이 유죄판결을 할 수 있도록 규정하고 별도의 공소장 변경제도를 인정하지 않고 있다. 다만 법원이 공소장에 표시된 형벌법규와 다른 죄로 피고인을 처벌하기 위하여는 피고인에게 법적 관점의 변경에 대하여 지적을 하고 그에 대한 방어의 기회를 주어야 하며, 이는 변론에서 비로소 나타난 처벌을 가중하게 하는 사정 또는 보안처분을 이유 있게 하는 사정이 있을 때에도 마찬가지이다(제265조).

여기서 범행의 동일성(이는 우리나라에서 말하는 공소사실의 동일성과 같은 개념이라고 할 수 있다. 이하 공소사실의 동일성이라고 한다)을 어떻게 파악할 것인가 하는 점이 문제인데, 판례와 통설은 이를 실체법상의 죄수개념과는 독립된 소송법상의 개념으로 보고, 「일상적 견해에 의하여 하나의 통일체를 이루는, 공소제기에 의하여 법원에 제시된 "역사적 사상"(den durch die Anklage dem Gericht unterbreiteten "geschichtlichen Vorgang", soweit er nach der Lebensauffassung eine Einheit bildet)」이라고 정의한다.[21] 이는 대체로 우리 판례가 말하는 기본적 사실관계 동일설과 큰 차이가 없다고 할 수 있다.

다만 그 구체적인 의미는 반드시 명확하지 않고, 종래에는 이를 우리나라의 기본적 사실관계 동일설과 마찬가지로 법적 평가 이전의 역사적인 사실로 파악하여야 한다는 견해가 일반적이었던 것 같으나 근래에는 뒤에서 보는 것처럼 사실적인 관점과 규범적인 관점을 결합시켜야 한다는 견해가 유력하여지고 있다.

나. 공소사실의 동일성에 관한 판례

독일에서도 공소사실의 동일성 여부에 관하여, 공소사실의 비양립성 내지 택

---

21) K. Roxin, Strafverfahrensrecht, 21. Aufl., 1991, §20 B. Ⅰ 2 a).

일성(Alternativität)을 기준으로 하여야 한다는 견해가 주장된 바 있다. 이 설에 따르면 소송경제의 필요상 법원의 심판권한은 양자택일적인 행동상황에 대한 하나의 소추가 가능한 범위에까지 확장되어야 하고, 그럼으로써 2개의 절차에서 모순된 판결이 선고되는 것을 방지할 수 있다고 한다.[22]

그러나 독일의 판례는 이러한 이론을 채택하지 않고 있다. 물론 독일의 판례도 우리나라나 일본과 마찬가지로 장물죄(Hehlerei)와 절도죄 사이에는 공소사실의 동일성을 인정하고 있으나[23] 일반적으로는 두 개의 범죄가 양자택일적인 관계에 있다는 것만으로 공소사실의 동일성을 인정하고 있지는 않고 오히려 대부분의 경우에는 이를 부정하고 있다.

(1) 장물취득죄와 강도죄에 관한 판례

이 사건과 가장 유사한 사례가 독일연방대법원(Bundesgerichtshof) 제4형사부 1987. 9. 29. 판결[24]인데 이 판결은 장물취득죄의 기판력이 강도죄에 미치는 것을 부정하였다.

이 사건의 공소사실은, 피고인이 1983. 12. 19.에 다른 공범자와 함께 어느 도시의 금융기관을 습격하여 권총으로 위협하고 종업원을 묶은 다음 두 장의 주권 등을 강취하였다는 것이고, 그로 인하여 피고인은 원심에서 6년 3월의 자유형을 선고받았다. 그런데 피고인은 위 사건으로 재판받기 전에 위 주권을 강취했거나 또는 장물로 취득하였다는 혐의로 구속되었다가 장물취득죄로 기소되어 다른 죄와 함께 1년 3월의 자유형(그 중에 장물취득죄에 해당하는 부분은 6월이었다)을 받고 확정되었다. 그 사건에서 유죄로 인정된 피고인의 장물취득 범죄사실은 1983. 12. 28. 오후에 위 도시의 식당에서 모르는 사람 2인으로부터 위 금융기관의 강도범행으로 획득한 주권 2장을 그 자리에서 빌려준 돈 1,200마르크의 담보로 취득하였다는 것이었다.

독일연방대법원은 위 장물취득죄로 인한 유죄판결과 이 사건 유죄판결은 독일 기본법(Grundgesetz) 제103조 제3항 소정의, 동일한 행위에 대한 이중처벌금지(ne bis in idem)의 원칙에 저촉되지 않는다고 하였으나, 양형상의 이유로

---

22) Schöneborn, MDR 1974, 529. Löwe − Rosenberg − Gollwitzer, StPO, 23. Aufl., 1976, § 264 Rdnr. 9 및 이상돈, "사건의 동일성에 관한 비판적 검증(하)", 고시연구 1985. 6, 241면에서 재인용.
23) 독일연방대법원 제1형사부 1987. 12. 22. 판결, BGHSt 35, 172, 174 등.
24) BGHSt 35, 60 ff.

원심판결을 파기하고 6월을 감형하였다.

연방대법원의 판결의 요지는 다음과 같다.

⑷ 종래의 판례는 절도죄와 장물죄의 공소사실의 동일성을 인정하여 왔고, 변호인과 연방검찰총장은 이러한 법리가 강도죄와 장물죄 사이에도 적용되어야 한다고 주장하나 그에는 따르지 않는다.

경우에 따라서는 절도죄와 장물죄 또는 강도죄와 장물죄가 하나의 역사적 사상(事象)을 이룰 수 있고, 이는 범인이 절도나 강도를 교사함에 있어 장물을 취득할 것을 약속하였을 때에도 그러하며, 나아가 피고인이 이러한 두 죄 중 하나에 해당한다고 선택적으로 기소되었을 때에도 그러하지만, 그렇지 않을 때에는 단지 하나의 사상이 다른 하나의 사상을 사실상 또는 법률상 배제한다는 단순한 양자택일성만으로는 항상 한 사상에 대한 기판력이 다른 사상에 미치는 것은 아니며 이는 개별적 사례에 따라 판단하여야 한다.

판례가 이제까지 장물죄와 절도죄의 공소사실의 동일성을 인정하여 왔던 것은, 두 가지의 재산범죄가 동일한 행위목적물에 관하여 행하여진 것이고 이러한 범행의 동일성을 근거 지우는 공통분모가 개별사안에 있어서의 범행시간과 장소에 있어서의 상위(相違)보다 우선한다는 고려에 기인한 것이다. 따라서 목적물의 동일성 때문에 경우에 따라서는 시간적으로나 공간적으로 멀리 떨어져 있고 범행의 형상에 있어서도 상당한 차이가 있는 사태가 소송법상으로는 하나의 범행으로 파악되었다. 이와 같이 소송상의 범행을 범행장소, 범행시간 및 범행의 형상에 따라 구별하는 것을 포기하는 것은, 공소장에 기재된 역사적 사상이 판결의 대상이 되는 것이 아니라, 범인이 그 범행의 목적물을 언제 어떻게 이를 취득하였는가는 묻지 않고 이를 소지하고 있는 것을 판결의 대상이 되게 하는 것이 된다. 그러나 이는 형사소송법 제254조가 규정하고 있는 범행의 개념에 부합하지 않는데, 왜냐하면 이 개념은 특정의 역사적으로 구별할 수 있는 생활상의 사상과 결부되어 있으며 범인이 어느 범행목적물에 관하여 범하였을 수 있는, 서로 배제하는 관계에 있는 상이한 행동사상들과 결부되어 있는 것은 아니기 때문이다.

장물취득죄의 유죄판결의 기초를 이룬 생활사상 ─ 2사람의 모르는 사람으로부터 1983. 12. 28에 주권을 받은 것 ─ 과 지금의 공소제기의 기초가 된 생활사상 ─ 1983. 12. 19의 주권의 강취 ─ 은 그 시간, 장소, 범행상황뿐만 아니라 침해된 법익에 있어서도 자연스러운 관찰방식에 의할 때에는 하나의 통일적인 역사적 사건의 경과로 볼 수 없을 정도로 서로간에 구별된다. 따라서 이는 소송법상의 의미에서의 동일한 범행이 아니고, 강도죄로 인한 형사기소는 장물죄로 인한 유죄판결에 의하여 소진되어 버린 것은 아니다.

㈏ 이 판결이 종래의 연방대법원의 다른 형사부의 판례와 저촉되는 것은 아니므로 대부(大部, Grosser Senat)의 소집이 필요한 것은 아니다.

㈐ 그러나 원심이 피고인이 장물취득죄로 인하여 이미 복역하였다는 사정을 고려하지 않은 것은 잘못이다. 피고인이 이와 같이 복역하였다는 사정은 양형에 있어서 고려되어야 하고, 이는 피고인이 장물죄로 받은 확정판결이 후에 재심에 의하여 취소되거나 또는 보상을 받을 수 있는가에 관계 없이 이루어져야 한다. 따라서 당재판부는 피고인에게 장물취득죄로 선고된 형만큼을 감형한다.

이 판결에 대하여 피고인은 연방헌법재판소에 헌법소원을 제기하였으나, 연방헌법재판소의 지정재판부(Kammer)는 위 판결에 헌법상 문제가 없다고 하여 그 헌법소원의 수리를 거부하였다.[25] 그 결정이유에서는, 기본법 제103조 제3항은 전헌법적(前憲法的)인 소송법상의 원칙을 인용하고 있는 것인데[26] 이러한 소송법상의 원칙에 따르면 소송법상의 범행은 자연적인 관찰에 따라 파악하여야 하는 통일적인 생활사상이 무엇인가에 따라 정해져야 하고, 범행은 그 생활사상의 기초가 되는 행위나 사건 자체에서 도출되어야 하는 것인데, 이러한 표준에 따르면 강도죄와 장물죄는 그 "시간, 장소 및 범행방식"에 있어서 구별되기 때문에 상이한 범행이라고 하였다.

그러자 위 피고인은 다시 이미 확정된 위 장물취득죄의 판결에 대하여 재심을 청구하여 1988. 8. 22. 자르브뤼켄(Saarbrücken) 지방법원에서 재심개시결정을 받았다. 위 지방법원은, 피고인이 실제로는 장물취득죄를 범한 것이 아니라 강도죄를 범하였다고 하는 사정이 밝혀졌다고 하더라도 그로 인하여 새로이 강도죄로 처벌할 수 없다고 한다면 재심이 허용될 수 없지만, 새로이 강도죄로 처

---

25) 이 결정은 Gillmeister, NStZ(Neue Zeitschrift für Strafrecht) 1989, 4에 소개되어 있다.
26) 이 점에 관하여는 이미 독일연방헌법재판소 1981. 1. 8. 결정(BVerfGE 56, 22, 27)이 동일한 취지로 판시한 바 있다. 이 사건은 범죄단체 가입죄(독일형법 제129조)에 대한 유죄의 확정판결의 기판력이 그와 상상적 경합관계에 있는 살인 등의 죄에 미치지 않는다고 한 독일연방대법원 1980. 6. 11. 판결(BGHSt 29, 288)에 대하여 헌법소원이 제기된 것인데, 연방헌법재판소는 위 연방대법원의 판결이 독일 기본법 제103조 제3항 소정의 이중처벌 금지에 저촉되지 않는다고 하여 헌법소원을 기각하였다.

벌하는 것이 가능하므로 재심은 허용되어야 한다고 판시하였다.[27]

(2) 그 외의 판례

이 이외에도 독일의 판례는 대체로 각 범행이 단순히 양자택일적인 관계에 있는 것만으로는 공소사실의 동일성이 유지되는 것은 아니라고 하는 입장을 유지하고 있다.

(개) 독일연방대법원 제1형사부 1983. 11. 3. 결정[28]

이 사건에서는, 피고인이 어떤 교통사고에 관하여 경찰에게는 사고 자동차를 소외 S.란 사람이 운전하였다고 고발하였다가, 법정에서는 선서는 하지 않은 채 위 S.가 운전한 것이 아니라 자신이 운전하였다고 종전의 진술을 번복한 데 대하여 검사가 허위진술의 죄[29]로 공소를 제기하였는데, 여기서는 법원이 위 진술이 허위가 아니라고 인정하는 경우에 위 경찰관에 대한 진술을 S.에 대한 무고라는 이유로 처벌할 수 있는가 하는 점이 문제되었다. 그런데 연방대법원은 위 허위진술죄와 무고죄 사이에는 범행의 동일성이 없다고 하여 이를 부정하였다.

(내) 독일연방대법원 제2형사부 1983. 12. 21. 판결[30]

여기서는 살인죄와 그에 대한 형벌방해죄(Strafvereitelung)[31] 사이의 동일성이 문제되었다. 이 사건에서 검사는 공동피고인 O.를 살인죄로 기소하고, 피고인은 위 O.의 부탁에 따라 그 시체를 숨기고 경찰관의 신문에 대하여도 사실을 밝히지 않았다 하여 형벌방해죄로 기소되었는데, 원심은 위 O.가 아니라 피고인이 살인죄를 범하였다고 하여 O.에 대하여는 무죄를 선고하고, 피고인에 대하여는 살인죄의 유죄판결을 하였다. 그러나 연방대법원은 위 판결은 기소된 것이 아닌 범행에 대하여 판단하였다고 판시하여 원심판결을 파기하였다.

연방대법원은, 공소사실의 동일성을 특징 지우는 표지에는 원칙적으로 사태가 일어난 시간, 장소, 행위자의 행동, 그 행동에 내재하는 방향성 및 그 목적물 등이 포함되는데 어느 점에 있어서나 이 사건에서는 공소제기와 판결 사이에 변화가 있었으며, 종래의 판례는 이러한 변화가 있는 경우에 그 변화가 본질적인

---

27) LG Saarbrücken, NStZ 1989, 546 m. Anm. Gössel.
28) BGHSt 32, 146.
29) 독일형법 제153조 소정의, 선서하지 않은 증인이나 감정인이 허위로 진술하는 죄이다.
30) BGHSt 32, 215.
31) 독일형법 제258조 소정의, 다른 사람이 형벌을 받거나 보안처분을 받는 것을 방해하는 죄이다.

가 아닌가를 기준으로 삼았는데, 이러한 변화가 있더라도 범인의 행동의 방향성 (특정한 범행목적물 또는 범행의 결과)이 동일하여야만 그 변화가 본질적이 아니라고 할 수 있고, 이러한 표지(방향성의 동일)가 동일성을 인정하기 위한 충분조건인가 아니면 필요조건에 불과한가 하는 점은 별론으로 하더라도 이 사건에 있어서는 그러한 방향성에 차이가 있음은 명백하다고 한다. 다시 말하여 사람의 생명에 대한 공격은 그로 인한 처벌을 면하려는 노력과 비교될 수 없고, 두 가지의 행동양식은 그 범행의 객체나 목적의 방향에 있어서 공통성이 없으며, 이러한 상이점은 범행의 동일성이 유지되었다고 보는 것을 배제한다.

(다) 독일연방대법원 제2형사부 1987. 10. 16. 결정[32]

이 사건에서는 절도죄와 이득보유방조죄(Begünstigung)[33] 사이에 공소사실의 동일성이 있는가가 문제되었다.

이 사건에서는 피고인이 1985. 12. 8.에 보석상에서 도난당한 보석을 훔친 범인이라고 기소되었는데, 원심법원은 다른 사람인 I.가 그날 밤에 피고인을 찾아와서 위 보석이 든 주머니를 맡겨 놓았고 피고인은 그 후에 위 주머니의 내용물이 도난당한 보석임을 알면서도 이를 그대로 보유하고 있었다는 사실을 확정하여 피고인에게 이득보유방조죄로 유죄를 선고하였다. 그러나 연방대법원은 절도와 이득보유방조죄의 동일성을 부정하여 원심판결을 파기하였다. 그 요지는 다음과 같다.

이 사건 공소장은 원심법원이 가벌적이라고 본 피고인의 행동(이득보유방조)은 서술하지 않고 그에 선행하는 주거침입, 절도의 사실만을 서술하고 있으며, 도난당한 보석이 피고인이 거주하고 있는 집에서 발견되었다고 언급하고 있는 것은 공소사실에 관한 것이 아니라 피고인이 절도죄에 관련되었다는 증거관계사항일 뿐이다. 공소장이 기초로 하고 있는 생활사상(보석상으로부터의 보석 절도)은 유죄판결의 대상으로 된 사실(보석이 든 주머니의 보관)과는 장소와 범행상황에 있어서 명백히 구별되고, 따라서 자연적인 관찰에 의하면 하나의 통일적인 역사적 사태의 전개를 이룬다고는 말할 수 없다. 더군다나 양자는 그 범인의 행동의 방향이 다른데, 전자의 경우에는 범인이 자신의 이익을 위하여 타인의 소

---

32) BGHSt 35, 80.
33) 독일형법 제257조 소정의, 다른 사람이 범죄로 인하여 얻은 이익을 유지하는 것을 돕는 죄이다.

유권을 침해한 반면, 후자에 있어서는 타인의 이익을 위하여 그 타인이 저지른 범행의 이익을 보호하려고 한 것이고, 이 점에서도 범행의 동일성이 유지되었다고 말할 수 없다.

㈑ 독일연방대법원 제2형사부 1987. 11. 11. 판결[34]

이 사건에서는 피고인 Z.는 공동피고인 D.와 함께 강도를 한 것으로 기소되었으나, 피고인이 공동피고인의 강도범행에 가담하였는지 여부는 불분명하고 다만 피고인이 그 장물 중 절반을 취득하고, 공동피고인이 구속된 후에 공동피고인이 취득한 부분도 소비하여 버린 것은 확실한 경우였는데, 원심은 피고인을 장물취득 및 절도죄로 처벌하였다. 그러나 연방대법원은 원심이 절도죄를 유죄로 인정한 것은 공소제기되지 아니한 것을 심판한 것이기 때문에 잘못이라고 하면서도, 원심이 장물취득을 유죄로 인정한 것은 정당하다고 판시하였다.

위 장물취득죄의 공소사실의 동일성에 관한 판단 부분의 요지는 다음과 같다.

장물죄에 대한 기초가 된 사태는 공소장에 묘사된 역사적 사건과 하나의 통일적인 사상(事象)을 이루는, 강도 범행 직후의 장물의 분배이다. 강도의 공범관계를 묘사하는 공소장에는 다른 내용과 함께 다음과 같이 서술되어 있다.

"피고인 D는 훔친 물건을 피고인 Z와 공동으로 사는 집에 가져왔는데, 피고인 Z는 강도의 범행 동안에 피고인 D의 2개월 된 유아를 돌보는 일을 맡았다. 훔친 물건의 주된 부분은 피고인 Z가 차지하였다 … "

다. 학   설

독일의 학설도 대체로는 공소사실이 서로 양립할 수 없다고 하여 그 동일성이 인정되는 것은 아니라고 하고 있는 것으로 보인다.

록신(Roxin)은 위 1987년의 두 판결(BGHZ 35, 60 ff.; 35, 80 ff.)에 대한 평석에서, 장물취득죄에 대한 유죄판결의 기판력이 강도죄에는 미치지 않는다는 앞의 판례는 지지하면서도, 절도죄와 이득보유방조죄의 공소사실의 동일성을 부정한 뒤의 판례에 대하여는 반대한다.[35] 그는 종래의 판례가 시간적 및 공간적으로 떨어진 사상에 있어서 공소사실의 동일성이 유지되는가 하는 데 대한 본질적인 기준으로서 "동일한 목적물에 대한 범행의 방향성(die Richtung der Tat auf dasselbe Objekt)"을 문제삼았고, 이에 따라 절도와 장물죄의 공소사실의 동일성

---

34) BGHSt 35, 86.
35) JZ(Juristenzeitung) 1988, 260 ff.

을 인정하여 왔으므로, 그에 따른다면 위 두 사건에 있어서도 실제의 판결과는 다른 결론이 나왔을 것이라고 한다. 그런데 위 강도죄에 관한 판결에서 재판부는 장물취득과 강도죄는 장소, 시간, 범행상황 및 침해된 법익에 있어서 구별되므로 공소사실의 동일성이 없다고 하였으나, 동일한 재판부가 이전에는 두 가지 사상이 시간적 및 공간적으로 구별되고 구성요건이 상이하다는 것만으로는 동일한 공소사실이라고 인정하는 데 지장이 되는 것은 아니라고 판시한 바 있으므로, 남는 것은 피침해법익의 상이성만인데, 이는 결과에 있어서 타당하다고 한다.

문제의 해결책은 법과는 관련이 없는 "자연적인 관찰방식"에 의할 것이 아니라 법률적인 평가에 의하여 얻어져야 하는데, 서로 양자택일적인 행위사상에서 동일성 여부는 피해목적물의 동일성 여부에 의할 것은 아니고 법익의 비교 내지 불법의 차원(Unrechtsdimension)에 의하여야 하고, 장물죄와 강도죄는 매우 상이한 의미를 갖는 범죄로서, 가중된 강도죄가 가벼운 장물죄에 대한 형으로 인하여 더 이상 소추될 수 없다고 하는 것은 실질적 정의에 심히 어긋난다고 한다. 나아가 피고인이 장물죄를 이유로 개시된 본심판절차에서 새로운 공소제기 없이도 그 이전에 다른 장소에서 범한 강도죄로 유죄판결을 받는다고 하는 것은 소추주의의 원칙을 공허화하는 것이라고 한다. 따라서 "동일한 목적물에 대한 방향성"이 아니라 법익침해의 유사성, 불법의 차원의 비교가능성이 서로 구별되는 행위사상에 있어서 하나의 소송상의 범행이라고 볼 수 있는지 여부를 결정한다고 한다.

반면 연방대법원이 절도죄와 이득보유방조죄의 공소사실의 동일성을 부정한 것은 이해하기 어려운데, 이 경우에는 범행의 목적물이 동일하고, 공격이 동일한 피해자의 소유권과 재산권에 관한 것이며, 이득보유방조죄는 사후종범의 일종으로서, 정범으로 기소되었으나 방조범으로 판명된 경우에도 공소사실의 동일성이 유지된다고 한다면 절도와 이득보유방조의 경우에도 마찬가지여야 하고, 자기의 이익을 위한 것인가, 타인의 이익을 위한 것인가는 불법의 차원과는 관계없고 단지 동기에만 관련된 문제라는 것이다.

괴셀(Gössel)도 위 장물취득죄에 대한 재심개시결정(주 27)에 대한 평석에서, 연방대법원은 검사나 법원이 자주 범하게 되는, 절도나 강도에 의한 물건의 취득을 장물에 의한 취득과 동일시한다는 오류를 다행히도 회피하였고, 범행목적물은 같지만 범행시간, 장소 및 상황에 있어서는 장물죄와 현저히 구별되는 강도죄가 형사소송법상 별개의 범행이라고 봄으로써 기판력이 미치지 않는다고 올바르게 선고하였다고 한다. 여기에서 범행의 개념은 "자연적인" 관찰방법이 아니라 록신이 말하는 바와 같이 법적인 평가(rechtliche Bewertung)의 결과라고 하는 것을 명백히 알 수 있다고 한다.[36]

그리고 볼터(Wolter)는 강도죄의 공범인지가 불명확한 경우에 장물죄를 인정한 판례(BGHSt 35, 86)에 대하여, 강도죄와 장물죄는 공격의 방향과 보호법익이 다르므로 소송법상 복수의 범행이라고 판단했어야 한다고 비판하면서, 위 사건에서처럼 범행의 가치도 다르고 공격의 대상도 다른 경우에는 비록 시간적으로나 공간적으로 밀접한 연관이 있고, 선행범죄와 후의 범죄 사이에 해석론상으로나 범죄학상으로 관련성이 있다고 하더라도 이는 소송상 범행이 복수라는 사실에 영향을 미칠 수 없다고 한다. 만일 사안이 위 BGHSt 35, 60(주 24)처럼 피고인이 장물죄로 기소되었는데 그 후 강도죄의 공범으로 드러났다고 한다면, 연방대법원은 소송법상의 범행이 복수라고 판단하는 데 주저하지 않았을 것이고, 따라서 반대의 경우에도 마찬가지로 보아야 한다고 주장한다.[37]

그 외에 형사소송법 주석서에서도 불가벌적 사전행위나 사후행위라고 하여 반드시 형사소송법 제264조의 의미에서의 동일한 역사적 사실이라고 할 수는 없다고 설명한다.[38]

다만 이와 달리 주장하는 설도 있다.

페터스(Peters)는, 범행의 동일성 여부를 판단함에 있어서는 범행의 과정뿐만 아니라 범행의 목적물도 중요하고, 그 목적물의 동일성이라는 관점에서는 행위의 양태가 시간적으로나 공간적으로 또는 그 수행방법에 있어서 차이가 난다 하더라도 하나의 범행으로 통합될 수 있으며, 목적물에 대한 방향은 사건의 태양이 문제되지 않을 정도로 사상을 강하게 특징지운다고 하면서 그 예로서 장물과 강도 또는 장물과 절도의 예를 들고 있다.[39]

그리고 길마이스터(Gillmeister)는, 위 1987년의 두 판결(BGHZ 35, 60 ff.; 35, 80 ff.)에 대하여 록신과는 반대로 판례가 장물죄의 기판력이 강도죄에 미치지 않는다고 본 것은 잘못이지만, 절도죄와 이득보유방조죄의 동일성을 부정한 것

---

36) Gössel, NStZ 1989, 547.
37) Wolter, NStZ 1988, 457.
38) Löwe−Rosenberg−Gollwitzer, StPO, 23. Aufl., 1976, § 264 Rdnr. 8.
39) K. Peters, Strafprozeß, 4. Aufl., 1985, S. 509.

은 정당하다고 한다. 그에 의하면 장물죄를 인정하기 위하여는 (절도죄와 같은) 선행의 범죄가 장물범 아닌 다른 사람에 의하여 저질러졌다는 것을 확정하여야 하므로, 장물범에 있어서 관련된 사정은 선행범죄에도 미치고, 장물죄의 공소사실과 함께 법원에 선행범죄도 아울러 제시된 것이라고 한다. 그러나 절도죄와 이득보유방조죄에 있어서는 양자는 외형적인 요소에 의하여 구분되고, 범인의 의사의 방향도 상이하다는 점에서 판례를 지지할 수 있다고 한다. 규범적인 관점에서 보더라도 공소가 제기된 절도의 범행은 그 목적물이 동일하다는 점 외에는 후속범죄인 이득보유방조죄와 사실상 또는 법률상 관련이 없으므로 양자는 별개의 범행이라고 한다. 그렇지만 반대로 공소가 이득보유방조죄로 제기되었는데 재판에서 절도죄가 밝혀진 경우에는, 이득보유방조죄를 확정하기 위하여는 피고인이 절도죄를 범하지 않았다는 것을 확정할 필요가 있으므로 그 공소제기의 효력은 절도죄에도 미친다고 한다.[40)]

5. 이 판결의 검토

가. 장물취득죄와 강도죄 사이의 공소사실의 동일 여부

사견으로서는, 장물취득죄와 절도죄 사이에는 공소사실의 동일성을 인정할 수 있으나, 장물취득죄와 강도죄 사이에는 공소사실의 동일성을 인정할 수 없고, 따라서 이 사건의 경우에는 장물취득죄에 대한 확정판결의 기판력은 이 사건에 미치지 않는 것으로 본 다수의견이 정당하다고 생각한다.

왜냐하면 공소사실의 동일성 여부를 판단함에 있어서는 종래의 기본적 사실관계 동일설이 주장하는 것처럼 전법률적(前法律的)이고 사실적인 관점에서만 파악할 것이 아니라 규범적인 면도 고려하지 않을 수 없고, 그러한 규범적인 면으로서 중요한 것 중 하나는 피침해법익이 동일한가의 여부인데, 위 장물취득죄는 피해자의 재산권을 침해하는 것인데 반하여 이 사건 강도상해죄는 피해자의 재산권 외에도 신체의 자유 및 그 완전성까지 아울러 침해하는 것으로서 그 죄질에 현저한 차이가 있으므로 양자 사이에 공소사실의 동일성을 인정하는 것은 실질적 정의에 어긋나는 것으로서 부당하다고 하지 않을 수 없기 때문이다.

우선 장물취득죄와 절도죄를 놓고 생각해 본다. 이 양자 사이에 공소사실의 동일성이 인정된다는 것은 우리나라나 일본 또는 독일에서 다 같이 인정되고 있

---

40) Gillmeister, NStZ 1989, 3 ff.

으나, 종래의 기본적 사실관계 동일설이 설명하는 것처럼 공소사실의 동일성을 전법률적이고 사실적인 관점에서만 파악하는 경우에 이러한 결론을 이끌어낼 수 있는지 의문이 있다.

　장물취득죄와 절도죄는 피해자 및 피해목적물은 동일할지 몰라도 그 외에 범행시기와 장소가 다를 수밖에 없음은 물론이고 그 행위의 태양도 현저하게 다르다. 뿐만 아니라 장물취득죄는 원래 선행의 절도죄 등이 완결된 다음에 그와는 별개로 절도범 등으로부터 장물을 취득한 것을 내용으로 하는 것이므로, 그 구성요건 자체에 있어서 선행의 절도죄 등의 존재를 전제로 한다고 하지 않을 수 없다. 그러므로 절도죄와 장물취득죄는 자연적 관찰방법에 의한다면 기본적 사실관계가 다르다고 하여야 할 것이다.[41]

　다른 한편 범죄행위동일설에서는 절도죄와 장물보관죄의 관계에 관하여, 동일인이 타인의 재물을 절취하여 이를 보관한 일련의 행위는 1개의 범죄행위이고, 재물의 절취행위와 그 절취물의 보관행위는 1개 범죄행위의 부분적 행위이므로 절취행위와 장물의 보관행위는 범죄사실의 동일성, 즉 공소사실의 동일성이 인정된다고 한다.[42] 그러나 엄밀히 말하면 절도죄는 타인의 물건을 자신의 점유로 옮김으로써 완료되는 것이고, 그 후의 장물보관은 별개의 사후행위이지만 그에 대한 법적 평가는 절도죄 가운데 포함되었다고 보아 벌하지 않는 것뿐이며, 양자를 1개의 범죄행위라고 볼 수는 없다.

　그럼에도 불구하고 이 경우에 절도죄와 장물취득죄 사이에 공소사실의 동일성을 인정하는 것은 기본적 사실관계가 동일하여서가 아니라 양 범죄행위로 인하여 침해되는 법익이 피해자의 소유권 내지 재산권으로서 동일하므로 규범적으로는 양자를 동등하게 취급하여도 무방하기 때문이라고 하여야 할 것이다.

　절도죄와 장물알선죄의 공소사실의 동일성을 인정한 1954년의 일본최고재판소 판례(주 7)도 양자가 죄질상 밀접한 관계가 있다는 것을 공소사실의 동일성을 인정하는 근거의 하나로 들고 있다.

　그렇지만 장물취득죄와 강도죄 내지 이 사건과 같은 강도상해죄의 경우에는 양 범죄를 동등하게 평가할 수는 없다. 장물취득죄는 순수한 재산범죄이지만, 강도죄나 강도상해죄는 단순한 재산범죄가 아니고, 폭행 또는 협박과 결부되어

41) 범죄행위 동일설을 지지하는 논자도 이 점을 지적하고 있다. 백형구(주 4), 272면 참조.
42) 백형구(주 4), 274면.

피해자의 신체의 완전성 내지 신체의 자유를 침해하는 피해를 수반하는 것이므로, 양자를 동등하게 취급하여서는 부당한 것이다. 그러므로 규범적으로 볼 때에는 절도죄와 장물취득죄와의 관계를 강도죄 내지 강도상해죄와 장물취득죄와의 관계와 같이 취급하여서는 안 될 것이다.

이 문제를 판례가 취하고 있는 기본적 사실관계동일설을 전제로 하여 설명한다면, 절도죄와 장물취득죄 사이에 공소사실의 동일성을 인정하는 것 자체가 규범적인 면을 고려하여 기본적 사실관계가 동일하지 않음에도 불구하고 양자를 동일하다고 평가하여 기본적 사실관계 동일설에 대한 예외를 인정하는 것인데, 강도죄와 장물취득죄 사이에는 기본적 사실관계가 동일하지 않을 뿐만 아니라 규범적인 면에서도 양자를 동일하다고 평가할 필요가 없으므로 공소사실의 동일성을 인정할 이유가 없고, 오히려 공소사실의 동일성을 인정하지 않는 것이 원래의 기본적 사실관계동일설에 충실한 것이 될 것이다.

나. 반대설의 검토

다만 기본적 사실관계 동일설의 입장에서도 강도죄와 장물취득죄의 동일성을 인정하여야 한다는 이론이 있을 수 있다. 그 하나는 양자는 피해자 내지 피해목적물을 같이하므로 기본적 사실관계가 동일하다는 주장이다.[43] 그러나 피해자 내지 피해목적물이 같다는 이유만으로 그 행위의 태양이나 침해되는 피해법익의 차이를 무시하고 공소사실의 동일성을 인정할 수는 없을 것이다. 이는 예컨대 동일한 목적물을 다른 시간에 여러 차례에 걸쳐 각 일부씩을 손괴하였다고 하는 경우에 그 목적물이 동일하다고 하는 이유만으로 공소사실의 동일성을 인정할 수 없음과 같다.

다른 한편 이 사건 반대의견은, 피고인들이 공범들과 함께 금품을 강취한 후 그 도품(盜品)을 분배받는 일련의 범죄행위는 생활의 한 단면인 하나의 자연적, 사회적인 사실관계를 이루는 것이라고 하고 있다.

이는 일본에서 주장되고 있는, 강도죄와 장물취득죄의 각 공소사실의 배후에 있는 사회적 사실이 합쳐져서 하나의 사회적 사실을 구성하는 경우에는 기본적 사실관계가 동일하다는 것과 같은 취지라고 여겨진다.[44] 그러나 강도죄와 장물취득죄의 경우에 공통된 하나의 사회적 사실이라고 하는 것은 피고인이 어떤 목

---

43) K. Peters(주 39), S. 509.
44) 香城(주 13) 참조.

적물을 소지하고 있다는 것뿐인데, 이를 가리켜 공소사실의 동일성 여부를 판정하는 기본적 사실관계가 동일하다고 할 수 있을지는 매우 의문이다. 이 점은 독일의 판례(주 24의 BGHSt 35, 60)가 적절하게 지적하고 있는 바와 같다. 즉 장물을 소지하고 있다는 것만으로는 아무런 범죄에도 해당하지 않고, 또 사후에 장물을 소지하고 있는가의 여부는 강도죄와는 직접 관련이 없기 때문이다.

강도죄와 장물취득죄 사이에 공소사실이 동일하다고 주장할 수 있는 또 다른 근거로서는 그 각 범행의 시간과 장소가 근접한 경우에는 기본적 사실관계가 동일하다고 하는 점에 있을지 모른다. 일본의 판례나 학설은 절도와 장물취득의 관계를 논함에 있어서 그러한 면을 고려하고 있는 것 같다. 그리고 이 사건과 같이 강도죄의 공소사실과 장물취득죄의 공소사실 사이에 약 3시간 정도의 간격밖에 없고 그 장소도 하나는 구로구 구로동이고 다른 하나는 서초구 방배동인 경우에는 위와 같은 의미에서의 근접성은 인정될 수 있을 것이다.

그러나 피해자 외에는 행위의 태양이나 피침해법익 등 사건을 특징지우는 다른 요소가 모두 다른 경우에, 시간과 장소가 동일한 것이 아니라 근접하다는 것만으로 기본적 사실관계가 동일하다고는 할 수 없을 것이다. 시간과 장소의 근접성은 공소장 변경 없이도 공소사실과 다른 일시, 장소에서의 범행을 인정할 수 있는가 하는 문제에 있어서 피고인의 방어권 행사의 난이와 관련하여 고려될 수 있는 사항일 수는 있겠으나, 그것이 근접하다는 것만으로는 기본적 사실관계가 동일하다고 말하기 어려울 것이다.

다. 기본적 사실관계 동일설에 대한 의문

보다 근본적으로는 다수의견이 지적하고 있는 것처럼 공소사실의 동일성은 형사소송법상의 개념이고 그에 관한 판단은 규범적인 판단임에 틀림없는데, 이를 종래의 기본적 사실관계동일설과 같이 규범적 요소를 배제하고 순전히 자연적이고 전법률적인 관점에서만 규정한다는 것이 과연 가능한지가 문제된다.

그리하여 독일에서는 근래에 규범적 측면을 고려하여 공소사실의 동일성에 관하여 새로이 정의를 하려는 시도가 있다.[45] 이에 의하면 종래의 통설이었던 존재론적 범행개념(ontologischer Tatbegriff)을 규범화하여야 하고, 따라서 두 개의 상이한 범행사실이 서로 동일한가 하는 점을 판단함에 있어서는 1차로 종래

---

45) E. Schlüchter, JZ 1991, 1057, 1060.

의 존재론적인 근거(통일적인 생활사상, 부자연스러운 분할 등)를 무시하여서는 안
되지만, 다른 한편으로는 양자 사이에 본질적(wesentlich)인 차이가 있는가를 살
펴보아야 한다고 한다. 그리고 위 본질성의 문제는 단순히 행위(Handlung)에 의거
하여서만 결정되어서는 안 되고 범행과 결과의 반가치(Tat - und Erfolgsunwert)도
고려하여야 한다고 하여, "법익의 관점에서 본, 행위의 목적물에 관련된 행위(die
auf das Handlungsobjekt bezogene Handlung, gesehen im Lichte des Rechtsguts)"
가 기준이 되어야 한다고 주장한다. 그러므로 단일한 사건으로서의 소송법상의
범행개념은 자연적인 관찰에 의하여만 이해되어서는 안 되고, 행위의 목적물에
의하여 파악되고 법익을 척도로 한 행위와 관련하여 이해되어야 한다는 것이다.

　이 판결의 다수의견은 그 문언상으로는 기본적 사실관계동일설을 유지하고
있기는 하나, 종래의 기본적 사실관계동일설과는 달리 규범적 요소도 아울러 고
려하여야 한다고 하고 있는 점에서 보는 관점에 따라서는 종래의 학설과는 다
른, 새로운 이론을 채택한 것이라고 할 여지도 있다.

라. 이른바 비양립성의 문제 ― 형벌권의 개수와 공소사실의 동일성

　다른 한편 일본에서 절도죄와 장물취득죄 등 상호간에 공소사실의 동일성을
인정하고 있는 설의 밑바탕에는, 위와 같은 기본적 사실관계의 동일 여부보다는
이처럼 양립할 수 없는 범죄에 있어서는 국가는 하나의 형벌권만을 가지므로,
문제되는 2가지의 범죄 중 하나로만 처벌하여야 한다는 생각이 깔려 있는 것이
아닌가 추측된다. 그러나 양립할 수 없는 범죄의 경우에 하나의 범죄로만 처벌
하여야 한다는 것은 실체법상의 문제이고, 이러한 실체법상의 문제가 바로 소송
법상 공소사실의 동일성을 인정하는 기준이 될 수 있는가는 별개의 문제이며 오
히려 이는 하나의 보조적인 기준밖에 될 수 없다고 봄이 옳을 것이다.

　위 독일의 판례(BGHSt 32, 146)에 나타난 것처럼, 고소인의 고소장의 내용과
그의 법정에서의 증언이 상반되는 경우에, 실체법상으로는 그 고소인은 무고죄
아니면 위증죄 중 하나로만 처벌하여야 하고 무고죄와 위증죄의 양자로 처벌할
수는 없다. 그렇다고 하여 위 무고죄와 위증죄의 공소사실이 동일하다고 할 수
는 없을 것이다. 일본에서도 이와 유사한 논의가 있는데, 교통사고의 경우에 사
고를 낸 운전자 아닌 다른 사람이 운전자 대신 업무상과실치사죄로 처벌받았다
가 그 후에 그 사실이 밝혀져서 범인도피죄가 문제로 되는 경우에, 업무상과실
치사죄와 범인도피죄는 양립할 수는 없는 관계이지만 일본의 통설은 양자의 공

소사실의 동일성을 부정하고 있다.[46) 일본의 학설은 이러한 경우에는 위법의 핵심적 내용이 공통되지 않는다고 하여 죄질동일설적 고려에서 공소사실의 동일성을 부정한다고 설명한다.

이러한 점에서 볼 때 실체법상 공소사실의 비양립성만으로는 공소사실의 동일성을 인정할 충분한 근거가 되지 못하고, 이는 하나의 보조적인 기준이 될 수 있음에 그친다고 하여야 할 것이다. 일본에서 「양 소인의 비양립성」을 공소사실의 동일성을 인정하는 기준으로 들고 있는 판례도 모두 굳이 그러한 기준을 들지 않더라도 기본적 사실관계의 동일 또는 피해법익의 동일 등의 면으로 설명할 수 있을 것으로 보인다.

물론 이처럼 실체법상 두 개의 공소사실이 양립하지 못하는 경우에도 공소사실의 동일성을 인정하지 않게 되면, 경우에 따라서는 피고인이 결과적으로 이중으로 처벌을 받게 되는 불합리가 생길 수 있다. 그러나 이러한 불합리는 앞의 확정판결에 대한 재심을 허용하고 그에 대한 형사보상을 인정하는 방법에 의하여 해결하여야 하며, 이 때문에 공소사실의 동일성을 긍정할 수는 없을 것이다. 이 경우 독일의 판례와 같이 강도상해죄로 처벌받게 될 형량에서 장물취득죄로 처벌받은 형만큼을 감형할 수 있는가 하는 점도 고려하여 볼 수는 있으나, 현행법의 해석상으로는 다소 어렵다고 여겨진다.

마. 예상되는 문제점

이처럼 장물취득죄와 강도죄 사이에 공소사실의 동일성이 인정되지 않는다고 할 때 실제에서는 몇 가지 문제점이 생길 것을 예상할 수 있다.

그 하나는 강도죄로 기소하였다가 나중에 장물취득죄로 공소장을 변경하거나 그 반대로 장물취득죄로 기소하였다가 나중에 강도죄로 공소장을 변경하는 것이 허용되지 않는다는 것이다. 그러나 이는 공소사실의 동일성을 부정하는 이상 불가피한 결론이고,[47) 장물취득죄를 처벌하기 위하여서는 추가로 이를 기소

---

46) 田口守一(주 18), 92-93면.

47) 공소장 변경이 가능한 범위와 기판력이 미치는 범위를 동일하게 보아야 한다는 데 대하여는 우리나라에서는 이설이 없는 것 같다. 다만 박찬주, "법원의 공소사실의 동일성을 벗어난 공소장변경 허가결정과 사후조치", 법조 1989. 8, 115면은 대법원 1989. 2. 14. 선고 85도1435 판결(공보 845, 439)을 공소사실의 동일성을 벗어났는데도 공소장변경을 인정한 사례로 들고 있으나, 이는 위 판결을 잘못 이해한 것으로 보인다. 일본의 통설이나 판례도 양자를 동일하게 보고 있으나, 青柳文雄, 新訂 刑事訴訟法通論, 1962, 310-311면: 同, 入門 刑事訴訟法, 1989, 281-282면, 286면은 양자가 반드시 일치할 필요는 없다고 주장한다. 그리고 독일의

하거나, 아니면 처음부터 예비적 또는 택일적으로 기소하는 수밖에는 없다. 현재의 판례는 예비적 또는 택일적 기소의 경우에는 공소사실의 동일성을 요하지 않는다고 보고 있기 때문이다.[48]

　다른 또 하나의 문제점은 일단 장물취득죄로 구속하여 유죄판결을 받은 경우에는 다시 강도죄로 구속하는 것이 재구속의 제한(형사소송법 제208조)에 저촉되지 않는가 하는 점이나, 구속영장의 효력이 구속영장에 기재된 사건을 단위로 하여서만 인정된다는 설(사건단위설)의 입장에 선다면, 장물취득죄와 강도죄를 별개의 사건으로 보는 이상 장물취득죄로 구속되었던 사람을 강도죄로 다시 구속하는 것은 원래의 의미에서의 재구속에는 해당하지 않는다고 보아야 할 것이다. 그리고 처음에 강도죄로 구속하였다가 기소는 장물취득죄로 한 경우라면 나중에 다시 강도죄로 구속하는 것은 재구속이라고 볼 여지가 있을 것이나, 이때에는 다른 중요한 증거가 발견된 경우일 것이므로 형사소송법 제208조에 의하더라도 재구속이 허용될 수 있을 것이다.

　다만 문제는 장물취득죄로 구속하여 기소한 후 다시 강도죄로 기소할 때 장물취득죄로 인한 미결구금기간을 강도죄의 본형에 산입하기가 이론적으로 곤란하다는 점이다. 그러나 이는 장물취득죄의 재판이 아직 계속중이면 변론을 병합하는 등의 방법에 의하여 장물취득죄의 미결구금일수를 강도죄에 산입할 수 있고, 그것이 불가능한 때에는 장물취득죄로 구속되어 복역하였다는 사실을 강도죄의 양형에 참작할 수밖에 없다. 다만 이 경우에는 강도죄의 형의 하한을 하회할 수는 없을 것이다.

　마지막으로 생각할 수 있는 문제는, 장물취득죄로 징역형이 확정된 후에 다

　페터스나 마르쎈(Marxen)과 같은 학자는 소송의 동적 성격(der dynamische Charakter des Prozesses)을 강조하면서, 소송계속과 기판력에 있어서는 그 기초로 된 犯行(Tat)의 개념이 서로 다른 것으로 보아야 한다고 주장한다(K. Peters(주 39), S. 279 ff.; K. Marxen, Strafverteidiger 1985, S. 476 ff.) 그리하여 페터스는, 살인죄의 피해자인 소녀의 시체를 숨겼다는 증거인멸죄로 기소되었으나 실제로는 그가 그 피해자를 죽인 것으로 판명된 경우에 법원이 살인죄로 유죄판결을 할 수 없다는 독일연방대법원의 판결(주 30의 BGHSt 32, 215)을 비판하면서, 이러한 경우에는 증거인멸죄로 기소된 경우에도 살인죄로 판결할 수 있으나, 증거인멸의 기판력이 사후에 밝혀진 살인의 사실로 인한 유죄판결을 배제하는 것은 아니라고 주장한다(주 39, S. 459). 이는 좀 더 연구가 필요한 문제이기는 하나, 공소장 변경이 가능한 경우에는 피고인으로서는 잠재적으로나마 공소장에 기재된 것과는 다른 공소사실에 의하여 처벌될 위험에 노출된 것이므로 이중위험의 금지라는 관점에서 역시 기판력도 공소장 변경이 가능한 범위에 미친다고 보는 것이 현재로서는 설득력이 있는 견해라고 생각된다.

48) 대법원 1966. 3. 24. 선고 65도114 전원합의체 판결 참조.

시 강도죄로 재판을 함에 있어서는 장물죄의 징역형이 확정된 것 때문에 집행유
예의 선고가 불가능하게 되지 않는가 하는 점이다. 이러한 문제는 실제상으로는
별로 생기지 않을 것으로 여겨지지만(후의 강도죄 재판에서 집행유예를 하여야 할
정도로 정상이 피고인에게 유리한 경우가 많지 않을 것이다), 현실적으로 그러한 문
제가 생긴다면 위의 장물취득죄의 징역형은 재심에 의하여 실효되어야 할 성질
의 것이므로 집행유예를 선고함에 있어 결격사유는 되지 않는다고 해석함이 상
당하다.

6. 결   어

이 판결은 공소사실의 동일성 여부를 결정함에 있어서는 규범적 요소도 고려
하여야 한다고 판시하여 종래의 판례와는 다른 새로운 판단기준을 제시하였고,
이 점에서 매우 중요한 의미를 가진다고 생각된다. 다만 여기서 고려되어야 할
규범적 요소가 어떤 것인가는 일률적으로 말할 수 없고, 이를 위하여는 앞으로
의 판례의 집적을 기대하여 볼 필요가 있을 것이다.

〈추기〉

이 판결에 대한 평석으로는 백형구, "공소사실의 동일성과 기판력", 법률신문
제2317호(1994. 6. 6.), 15면 및 법조 제454호(1994. 7), 126면 이하; 동, "공소사
실의 동일성과 일사부재리의 효력", 판례월보 제286호(1994. 7), 43면 이하가 있
고, 그 외에 이 판결에 대하여 언급한 것으로는 이재상, "공소장변경과 기판력이
미치는 범위", 고시계 1994. 12, 특히 85-87면; 임동규, "일사부재리의 원칙에
대한 연구", 서울대학교 박사학위논문, 1994, 178-179면 등이 있다. 이들은 모
두 이 판결의 다수의견에 반대하는 취지이다.

〈법조 1995. 5(통권 464호) = 형사재판의 제문제 제1권, 1997〉

〈추기〉

1. 판례는 이 이후에도 이 판결을 인용하면서 같은 태도를 유지하고 있다. 특
히 대법원 2017. 1. 25. 선고 2016도15526 판결은, '피고인이 피해자 A를 칼로
찔러 B와 공모하여 A를 살해하였다'는 내용으로 기소되었는데, 선행사건에서는

'피고인이 B가 범행 후 버린 칼을 집어 들고 나와 하수구에 버려 타인의 형사사건에 관한 증거를 인멸하였다'는 내용의 범죄사실로 유죄판결을 받아 확정된 사안에서, 위 판결을 인용하면서, 살인죄의 공소사실과 선행사건에서 유죄로 확정된 증거인멸죄 등의 범죄사실 사이에 기본적 사실관계의 동일성이 없다고 하였다.

2. 범죄사실의 동일성에 관한 미국연방대법원의 현재의 판례{United States *v.* Dixon, 509 U.S. 688 (1993)}는 대법원의 판례와 비슷하다고 한다. 김종구, "범죄사실의 동일성에 관한 대법원과 미국 연방대법원 판례의 비교 고찰", 형사법연구 제19권 3호, 2007, 715면 이하 참조.

판례의 무게

Ⅲ. 사 법

9. 토지임차인의 매수청구권 행사와 법원의 석명의무
  ─ 대법원 1995. 7. 11. 선고 94다34265 전원합의체 판결 ─

10. 확정판결의 부정이용에 대한 구제의 요건과 방법
  ─ 대법원 1997. 9. 12. 선고 96다4862 판결 ─

9. 토지임차인의 매수청구권 행사와 법원의 석명의무

— 대법원 1995. 7. 11. 선고 94다34265 전원합의체 판결 —

〈사건의 개요〉

1. 기본적 사실관계

이 사건의 원심판결(대구지방법원 1994. 6. 1. 선고 93나8823 판결)이 인정한 사실관계는 대체로 다음과 같다.

이 사건 대지는 원래 소외 A 소유였는데, 1971. 7. 경 피고 Y₁이 이를 매수하여 같은 달 26. 그 명의로 소유권이전등기를 경료한 후, 1979. 6. 경 원고 X로부터 돈 3,000만원을 차용하고 그 담보조로 같은 달 14. 경 이 사건 대지에 관하여 X 명의의 소유권이전등기청구권 보전을 위한 가등기를 경료하여 주었고, Y₁이 위 대여금을 변제하지 못하자 X가 1983. 10. 13. 위 가등기에 기하여 소유권이전의 본등기를 경료하여 이 사건 대지의 소유권을 취득하였다. 한편 Y₁ 및 나머지 피고 Y₂, Y₃는 이 사건 대지가 위 A의 소유이던 당시부터 그 지상에 각 건물들을 소유하면서 그 대지를 점유하고 있었는데,[1] Y₁, Y₂, Y₃는 각 위 A에게 위 각 건물에 의한 점유대지에 대하여 연간 벼 1가마니씩의 임료를 지급해 오다가, Y₁이 이 사건 대지를 매수한 다음부터는 나머지 피고들이 Y₁에게 같은 액수의 임료를 지급해 왔고, 그 후 X가 이 사건 대지의 소유권을 취득하자 Y들은 위 각 건물에 의한 점유대지에 대하여 평당 연간 돈 3,000원 내지 5,000원씩의 임

---

1) 정확하게는 Y₁의 아버지와 Y₂의 아버지 소유였다가 Y₁과 Y₂가 상속한 것으로 보이고, 또 건물도 헐고 신축되거나 증개축되었으나 편의상 위와 같이 설명한다.

료를 지급하여 오다가 1990년부터는 위 임료를 평당 연간 돈 10,000원으로 인상하여 이 사건 소송제기 전까지 지급하여 왔다.

그런데 X가 Y들을 상대로 하여 1992년경 이 사건 대지의 소유권에 기하여 위 각 건물의 철거 및 그 점유대지의 인도를 구하는 이 사건 소송을 제기하였다.

2. 소송의 경과

제1심은 원고의 청구를 전부 인용하였다. 그러나 원심은 반대로 원고의 청구를 전부 기각하였다.

원심은, X와 Y들 사이에는 묵시적으로 위 각 건물의 소유를 목적으로 하여 기간의 정함이 없는 대지임대차계약이 각 체결되었다고 봄이 상당하고, 원고가 위 각 건물의 철거 및 이 사건 대지의 인도를 구하는 이 사건 소장 부본이 Y들에게 송달된 날인 1992. 11. 23. 경부터 6개월이 경과한 1993. 5. 23. 경 위 각 임대차계약은 종료되었는데, Y들이 민법 제643조, 제283조에 의하여 건물매수청구권을 행사하여 위 각 건물의 매수를 청구하는 이 사건에 있어서 X와 Y들 사이에는 위 각 건물의 시가 상당액을 대금으로 하는 위 각 건물의 매매가 이루어졌고, 이로써 Y들은 위 대금을 지급받음과 동시에 X에 대하여 위 각 건물에 대한 소유권이전등기절차를 이행하고 위 각 건물을 명도할 의무가 있으며, 원고의 이 사건 청구에는 위 각 건물매수대금지급과 동시에 건물명도를 구하는 청구가 포함되어 있다고 할 수 없으므로 원고의 이 사건 청구는 배척될 수밖에 없다고 하였다.

위 판결에 대하여 원고 X가 상고를 제기하였다.

3. X의 상고이유

가. 제1점

X와 Y들 사이에는 이 사건 대지에 관하여 이 사건 건물들의 소유를 목적으로 한 임대차나 전대차 관계가 없음에도 불구하고, 원심이, X와 Y들 사이에 묵시적으로 이 사건 건물들의 소유를 목적으로 하여 기간의 정함이 없는 이 사건 대지에 관한 임대차계약이 각 체결되었다고 판단한 후 Y들의 이 사건 건물들에 관한 매수청구권을 인정한 것은 매수청구권의 성립요건에 관한 법리를 오해하고 채증법칙을 위배하여 사실을 잘못 인정한 것이며, Y들이 스스로 전차인이라고

주장하였음에도 원심이 임차인의 매수청구권을 인정한 것은 변론주의 원칙을 위배한 것이다.

나. 제2점

만약 이 사건 건물들에 대항력 있는 임대차가 존재하고 그 임차보증금이 건물의 시가를 초과하는 경우 Y들은 매수청구권을 행사할 수 없는바, 원심이 이에 대한 심리를 다하지 아니하고 Y들의 매수청구권을 인정한 것은 심리미진의 위법을 저지른 것이다.

다. 제3점 및 제4점

Y들의 매수청구권이 인정된다고 하더라도, X는 지상물 명도와 이전등기청구권을 가지고 있고, 이는 서로 대가적 견련관계에 서게 되는바, 원심으로서는, X의 청구변경 없이도 일부인용판결(상환판결)이 가능함에도 X의 청구를 전부 배척한 것은 법리를 오해한 것이고, X의 청구변경이 전제되어야 한다고 보더라도, 원심으로서는 X에게는 청구변경을 할 것인지 등을 석명하고 Y들에게는 동시이행의 항변권을 행사할 것인지 등을 석명하여야 함에도, 원심이 이를 간과한 채 이 사건 건물들의 시가감정도 하지 아니한 것은 심리미진의 위법이 있다.

4. 대법원의 판결

대법원은 위 상고이유 제1점에 대하여는, 원심의 사실인정이나 X와 Y들 사이에는 위 각 건물에 대하여 그 각 시가 상당액을 대금으로 하는 매매가 이루어졌다는 원심의 판단은 정당하고 거기에 토지임차인의 매수청구권에 관한 법리오해나 변론주의 위반 등의 위법이 있다고 할 수 없다고 하여 이를 배척하였고, 제3점에 대하여는, 이 사건에서와 같은 원고의 건물철거와 그 부지 인도청구에는 건물매수대금지급과 동시에 건물명도를 구하는 청구가 포함되어 있다고 볼 수는 없다고 함이 당원의 견해(당원 1966. 5. 24. 선고 66다548 판결; 1966. 6. 28. 선고 66다712 판결; 1972. 5. 23. 선고 72다341 판결 등 참조)라고 하여 이 또한 배척하였다.

그러나 법원의 석명의무 위반을 주장하는 제4점에 대하여는 다음과 같이 판시하였다.

"토지임대인이 그 임차인에 대하여 지상물철거 및 그 부지의 인도를 청구한

데 대하여 임차인이 적법한 지상물매수청구권을 행사하게 되면 임대인과 임차인 사이에는 그 지상물에 관한 매매가 성립하게 되므로 임대인의 청구는 이를 그대로 받아들일 수 없게 된다.

이 경우에 법원으로서는 임대인이 종전의 청구를 계속 유지할 것인지, 아니면 대금지급과 상환으로 지상물의 명도를 청구할 의사가 있는 것인지(예비적으로라도)를 석명하고 임대인이 그 석명에 응하여 소를 변경한 때에는 지상물명도의 판결을 함으로써 분쟁의 1회적 해결을 꾀하여야 한다고 봄이 상당하다. 왜냐하면 이처럼 제소 당시에는 임대인의 청구가 이유 있는 것이었으나 제소 후에 임차인의 매수청구권 행사라는 사정변화가 생겨 임대인의 청구가 받아들여질 수 없게 된 경우에는 임대인으로서는 통상 지상물철거 등의 청구에서 전부 패소하는 것보다는 대금지급과 상환으로 지상물명도를 명하는 판결이라도 받겠다는 의사를 가질 수도 있다고 봄이 합리적이라 할 것이고, 또 임차인의 처지에서도 이러한 법원의 석명은 임차인의 항변에 기초한 것으로서 그에 의하여 논리상 예기되는 범위 내에 있는 것이므로 그러한 법원의 석명에 의하여 임차인이 특별히 불리하게 되는 것도 아니고, 오히려 법원의 석명에 의하여 지상물명도와 상환으로 대금지급의 판결을 받게 되는 것이 매수청구권을 행사한 임차인의 진의에도 부합한다고 할 수 있기 때문이다.

또한 위와 같은 경우에 법원이 이러한 점을 석명하지 아니한 채 토지임대인의 청구를 기각하고 만다면, 또다시 지상물명도 청구의 소를 제기하지 않으면 안 되게 되어 쌍방 당사자에게 다 같이 불리한 결과를 안겨줄 수밖에 없으므로 소송경제상으로도 매우 불합리하다고 하지 않을 수 없다."

그리하여 대법원은, 이러한 경우에도 법원이 위와 같은 점을 석명하여 심리하지 아니한 것이 위법이 아니라는 취지의 대법원 1972. 5. 23. 선고 72다341 판결을 변경하고, 상고이유 제2점에 대하여는 판단을 생략한 채 원심판결을 파기환송하였다.

<h2 style="text-align:center">〈연   구〉</h2>

1. 이 판결의 쟁점

이 판결의 쟁점은 우선 토지의 임대인이 임차인을 상대로 지상물의 철거와 대지의 인도를 구하는 소송을 제기한 데 대하여 임차인이 지상물 매수청구권을 행사한 경우에, 임대인의 청구 가운데 대금지급과 상환으로 지상물의 명도를 구하는 청구가 포함되어 있는 것으로 보아 법원이 임대인의 청구취지 변경 없이도 지상물의 명도를 명하는 판결을 할 수 있는가 하는 데 있다. 뒤에서 보는 것처럼 학설상으로는 이를 긍정하는 설도 유력하나 대법원은 종래의 판례와 마찬가지로 이를 부정하였다.

  그러나 대법원은 이처럼 법원이 바로 지상물 명도를 명하는 판결을 할 수는 없다고 보면서도, 법원으로서는 임대인이 종전의 청구를 계속 유지할 것인지, 아니면 대금지급과 상환으로 지상물의 명도를 청구할 의사가 있는 것인지를 석명하고 임대인이 그 석명에 응하여 소를 변경한 때에는 지상물명도의 판결을 함으로써 분쟁의 1회적 해결을 꾀하여야 한다고 봄이 상당하다고 판시하고 이에 어긋나는 종래의 판례를 변경하였다. 이는 그 자체 새로운 판례일 뿐만 아니라 학설상으로도 거의 논의되지 않던 쟁점이어서 과연 어떠한 이론적 배경 하에서 이 판결이 나왔는지를 살펴볼 필요가 있다. 뿐만 아니라 이 판결은 법원의 석명의무의 범위에 관하여도 종전의 판례와는 다소 다른 입장을 취한 것으로 보여지므로 이 점에 관하여도 논의가 있어야 할 것으로 생각된다. 이하 차례로 살펴본다.[2]

2. 지상물명도청구가 지상물철거청구에 포함된 것인지 여부

가. 일본의 판례

  이 문제에 관한 논의는 일본의 판례가 이를 긍정하고 있는 데에서 비롯되었으므로 먼저 일본의 판례를 살펴본다.[3]

---

 2) 필자는 대법원 재판연구관으로 근무하면서 이 사건을 검토한 바 있고 이 글도 당시의 검토결과를 기초로 한 것이어서, 이 판결에 대한 제3자적인 입장에서의 비판이라기보다는 이 판결의 의미를 해설하는 데 그 중점이 있다고 할 수 있다. 그러나 다른 한편으로는 여기에 표시된 필자의 의견이 반드시 대법원의 견해와 일치하는 것이라고는 할 수 없다.

 3) 독일에서는 임차인의 지상물매수청구권과 유사한 제도가 인정되지 않고 있어 직접 참고가 되지는 않는다. 즉 독일민법상으로는 건물은 토지의 본질적 구성부분(wesentlicher Bestandteil)으로서 독립된 부동산으로 인정되지 않으므로, 토지임대차의 경우에도 임차인이 건축한 건물은 임대인의 소유로 되고, 따라서 임대인이 건물의 철거를 청구할 이유가 없다. 다만 지상권의 경우에는 지상권자가 건축한 건물은 지상권법(Erbbauverordnung) 제12조의 규정에 의하여 토지 아닌 지상권의 본질적 구성부분이 되나, 지상권이 소멸하면 토지의 본질적인 구성부분으로 된다. 이 경우 토지소유자는 지상권자의 의사표시를 불문하고 지상권자에게 건물의 가액을 보상하여야 하며(지상권법 제27조), 일정한 경우에는 토지소유자가 지상권자에게 지상권의 가액

이 점에 관하여는 일찍기 일본 대심원(大審院)의 판례가 토지임대인의 건물 철거 및 토지인도 청구에 있어서 건물소유자[4]가 건물의 매수청구권을 행사한 경우에는 위 명도청구는 건물의 명도를 구하는 신청을 포함하는 취지로 해석하여야 한다고 하였으며[5] 일본 최고재판소도 이러한 태도를 유지하고 있다.

우선 최고재판소 1958(昭和 33). 6. 6. 판결[6]은 다음과 같은 사안에 관한 것이다. 즉 토지소유자인 원고가 토지임차인으로부터 그 지상의 가옥을 취득한 피고에 대하여 가옥 수거(철거) 및 토지의 명도 등을 청구한 데 대하여 원심이 피고의 매수청구권 행사를 인정하여 매매대금의 지급과 상환으로 건물을 인도할 것을 명하자, 피고가 원심으로서는 원고의 청구를 기각하여야 할 것이지 이러한 동시이행의 판결을 할 것은 아니라는 이유로 상고하였다.

이에 대하여 최고재판소는, 가옥의 인도를 구하는 청구는 가옥수거·토지명도의 청구에 포함되어 있는 것으로 해석함이 상당하고, 또 물건의 인도청구에 대한 유치권의 항변이 이유있는 경우에는 재판소로서는 그 인도청구를 기각할 것이 아니라 그 물건 관하여 생긴 채권의 변제와 상환으로 물건의 인도를 명하여야 할 것이라고 하여 피고의 상고를 기각하였다.

그리고 최고재판소 1961(昭和 36). 2. 28. 판결[7]은, 다음과 같은 사안에 관한 것이다. 즉 소외 A는 원고 X로부터 토지를 임차하여 지상에 건물을 소유하고 있다가, 위 건물을 피고 Y1에게 증여하고 임차권도 Y1에게 양도(또는 전대)하였으며, Y1은 위 건물을 피고 Y2에게 임대하여 Y2가 이를 점유하고 있는데, X는 A에

을 보상하고 지상권의 이전을 청구할 권리가 있으나(지상권법 제32조 등), 그 보상 여부가 지상권자의 선택에 달려 있지는 않다.

그리고 임대차의 경우에 임차인의 부속물 매수청구권도 인정되지 않는다. 즉 독일민법 제547조의a는 임차인은 임대차 목적물에 부속된 물건을 수거할 권리가 있으나, 임대인은 적정한 보상을 함으로써 그 수거를 방지할 수 있다고 규정함으로써 우리 법과는 달리 부속물 매수청구권을 임차인의 권리가 아니라 임대인의 권리로 규정하고 있는 것이다.

4) 일본의 차지법(借地法) 제10조는 차지권자로부터 건물 등을 취득한 제3자는 임대인이 임차권의 양도 또는 전대를 승낙하지 않는 때에는 임대인에 대하여 건물 등의 매수를 청구할 수 있다고 규정하여 토지임차인 아닌 자에 대하여도 매수청구권을 인정하고 있다.

5) 일본대심원 1934(昭和 9). 6. 15. 판결(民集 13권 1000면)은 이를 당연한 전제로 하여 판시하고 있으며, 대심원 1939(昭和 14). 8. 24. 판결(民集 18권 882면)은 그 근거로서 토지소유자의 청구가 무조건으로 토지의 소유권만을 주장하여 건물수거 및 토지의 명도를 구하는 취지는 아니고, 건물소유자의 매수청구에 의하여 지상건물의 소유권이 토지소유자에게 이전되는 경우에는 매수청구의 결과 토지소유자가 지급하여야 할 돈과 상환으로 지상건물의 인도 및 토지명도를 구하는 청구도 포함하는 것으로 해석하여야 한다는 점을 들고 있다.

6) 民集 12권 9호 1384면.

7) 民集 12권 9호 1384면.

대하여 임차권의 양도에 대하여 승낙이 없었음을 이유로 임대차계약 해제의 의사표시를 하고, Y₁ 및 Y₂를 상대로 위 건물수거, 토지명도의 청구를 하였고 그에 대하여 Y₁은 차지법 제10조[8]에 의하여 위 건물의 매수청구권을 행사하였다. 원심은, X가 청구의 취지를 변경하거나 또는 예비적 청구로서 건물의 명도를 구하지 않았다고 하여 X의 Y들에 대한 청구를 기각하였으나, 최고재판소는 다음과 같은 이유로 X의 Y₁에 대한 상고를 인용하여 이 부분 판결을 파기환송하였다.

"그런데 토지소유자로부터의 건물수거토지명도의 청구에 있어서 건물소유자가 차지법 10조에 의하여 건물의 매수청구권을 행사한 경우, 위 명도청구에는 건물의 인도를 구하는 신청도 포함하는 취지로 해석하여야 하는 것은 소론과 같다.

그렇다면 이 사건 건물의 매수청구에 의하여 위 건물의 소유권이 상고인에게 이전되었다고 하는 것이 원판결이 확정한 바이므로, 위 일시 이후에 있어서 상고인은 피상고인 Y₁에 대하여 이 사건 건물의 인도를 구하고 있는 것이라고 하여야 하고, 여기서 말하는 인도는, 이 사건과 같이 건물의 점유자가 임차인 Y₂이기 때문에 매수 전의 소유자인 피상고인 Y₁이 매수 후의 소유자인 상고인에 대하여 현실의 인도를 할 수 없는 경우에 있어서는, 지도(指圖)에 의한 점유이전을 구하는 취지로 해석하는 것이 상당하다."

즉 이 판결은 건물소유자가 건물을 제3자에게 점유하게 하고 있는 경우에는 토지소유자의 건물철거청구 가운데에는 건물소유자에게 지도에 의한 점유이전[9]을 구하는 취지까지 포함되어 있다고 본 것이다.

나. 우리나라의 판례

그러나 우리나라의 판례는 이러한 일본판례와는 달리, 토지소유자의 지상물철거 및 대지인도 청구에 대하여 지상물소유자의 매수청구권이 이유있는 경우에는 토지소유자의 청구를 기각하여야 하고, 건물대금 지급과 상환으로 건물의 명도를 명할 수는 없다는 것으로 일관하고 있다.

우선 대법원 1966. 5. 24. 선고 66다548 판결[10]은, 원고가 건물의 철거와 동

---

8) 위 주 4) 참조.
9) 일본 민법 제184조는 "대리인에 의하여 점유를 하는 경우에 본인이 그 대리인에 대하여 이후 제3자를 위하여 그 물건을 점유하여야 하는 뜻을 명하고 제3자가 이를 승낙한 때에는 그 제3자가 점유권을 취득한다"고 규정하고 있다. 우리 민법 제190조 참조.
10) 집 14 ② 민30.

건물부지의 인도를 구하고 있음에도 원심이 건물대금지급과 동시에 건물 및 대지를 명도할 것을 명한 것은 "당사자의 청구하지 아니한 것을 판결한 위법을 범한 것"이라고 하여, 이 점에 관한 피고의 상고를 받아들여 원심판결을 파기환송하였다.

또한 대법원 1966. 6. 28. 선고 66다712 판결[11]에서는, 제1심법원이 토지임대인의 임차인에 대한 건물철거 및 대지인도 청구에서 임차인의 매수청구권 주장을 받아들여 피고는 원고로부터 건물대금을 수령함과 동시에 원고에 대하여 건물에 대한 소유권이전등기절차 이행 및 건물과 대지의 인도를 명하였다. 항소심법원은 이러한 경우 원고의 청구는 배척되어야 하지만 원고만이 항소하였으므로 1심판결보다 더 불리한 판결을 할 수 없다 하여 건물철거 및 대지인도 부분에 관한 원고의 항소를 기각하였다.

대법원도, 원고의 건물철거와 건물부지 인도청구에는 건물매수대금 지급과 동시에 건물명도를 청구하는 청구가 포함되었다고 할 수 없고, 피고의 위와 같은 항변은 원고의 건물철거청구를 배척하는 주장에 지나지 아니하므로, 제1심법원은 마땅히 원고의 청구를 기각하여야 할 것이었는데 제1심이 위와 같이 판결하였음은 위법이 아닐 수 없으나, 원고만이 항소한 본건에 있어서 제1심판결보다 불리하게 변경할 수 없다는 이유로 항소기각을 한 원심조치는 정당하고, 원심이 원고가 청구하지 않은 부분에 대한 판단이 위법이라는 원고의 상고논지는 원고에게 도리어 불이익하게 원심판결을 변경하라는 주장에 돌아가므로 원고의 상고논지는 이유없다고 하였다.

그리고 대법원 1972. 5. 23. 선고 72다341 판결[12]은 원심이 토지임대인의 건물철거 및 건물부지 인도청구에 대하여 임차인인 피고의 건물매수청구권 행사 주장을 받아들여 원고의 청구를 전부 기각한 데 대하여, 원고가 상고한 사건이다.

이 사건에서 원고는 상고이유로서 건물의 철거와 그 대지의 인도를 구하는 소송에서 건물매수청구권이 행사되어 그것이 인용되는 경우 그 원고의 청구에는 건물의 대금과 상환으로 건물을 인도할 것을 구하는 청구가 포함된 것이라고 해석하여야 하고, 그렇게 해석되지 아니한다 하더라도 원심은 마땅히 원고에게 피

---

11) 집 14 ② 민96.
12) 집 20 ② 민63.

고 주장의 매수청구권이 인정되는 경우에는 건물의 명도를 청구하는 취지가 포함되어 있는 것인가 아닌가를 석명하였어야 한다고 주장하였다.

그러나 대법원은, "본건에서와 같은 원고의 건물철거와 건물부지인도 청구 등에는 건물 매수대금 지급과 동시에 건물명도를 구하는 청구가 포함되었다고 할 수 없다고 함이 당원의 견해(대법원 1966. 5. 24. 선고 66다548 판결, 1966. 6. 28. 선고 66다712 판결 참조)인바, 아직 이를 변경할 필요가 없다 할 것이므로 이와 반대의 소론 견해는 부당하고, 원판결을 기록에 의하여 보아도 거기에는 석명권 불행사로 인한 심리비진이 있다 할 수 없고"라고 하여 원고의 상고를 기각하였다.

그 이외에 최근의 대법원 1995. 2. 3. 선고 94다51178, 51185 판결[13]은, 원심이 원고의 건물철거 대지인도 청구를 인용한 데 대하여, 피고들이 건물매수청구권을 행사하는 취지인지를 석명하여야 한다는 이유로 원심판결을 파기하면서, "만일 피고들이 건물매수청구권을 행사하는 것이고 심리결과 위 권리가 인정된다면 원고의 건물철거 및 대지인도청구는 기각되어야 하는 것"이라고 하고 있다

다. 학   설

(1) 일본의 학설

이 문제에 관한 우리나라 일본의 학설은 대체로 위 일본 최고재판소의 판례를 지지하고 있으나, 반대의 견해가 없는 것은 아니다.

일본의 판례를 지지하는 일본의 학설도 그 근거의 설명에 있어서는 다소 뉘앙스의 차이를 보인다. 1설은, 건물철거 토지명도의 청구와 건물인도의 청구는 실질적으로 동질적인 청구로서 후자가 전자의 일부에 해당한다고 한다. 다시 말하여 토지소유자가 건물의 철거를 구하는 것은 토지의 명도를 구하기 위한 것이고 건물의 철거 자체만이 목적은 아니며, 건물의 소유권이 토지소유자에게 귀속되어 토지소유자가 건물의 철거를 구할 의의를 상실하였더라도 건물의 전 소유자가 건물을 점유하면서 건물의 인도를 하지 않고 있는 이상은 토지소유자로서는 건물의 명도에 의한 대지의 인도를 구하지 아니하면 당해 소송의 목적을 달성할 수 없으므로, 건물의 철거와 그 인도는 토지명도의 수단이라는 의미에서 동일하고, 그 수단이 동일한 목적물을 향한 것이라는 점에서 관련성을 가지며,

---

13) 공보 1995, 1157.

이와 같이 동일수단으로서 동일목적물을 향한 것이고 당사자가 당연히 구할 것이라고 생각되는 견해는 이를 질적으로 동일한 것으로 보아야 하며, 그 관엄(寬嚴)에 따라 관대한 청구는 엄한 청구의 일부로서 이에 포용되어 있다고 인정해도 좋고, 건물철거와 그 명도와의 관계는 건물의 전부명도와 일부명도와의 관계와 같다고 한다.[14)]

반면 다른 설은, 건물철거·토지명도의 청구와 건물인도·토지명도의 청구가 질적으로 동일한 것이라고 해석하는 것은 곤란하지만, 당사자의 의사해석의 문제로서 생각한다면 언제나 원고가 무조건으로 토지의 소유권만을 주장하여 건물철거·토지명도를 구하는 것이라고 단정할 필요는 없고, 피고의 매수청구에 의하여 지상건물의 소유권이 원고에게 이전된 경우에 특별한 반대의사가 인정되는 경우에는 별론으로 하고 많은 경우에는 그 건물의 인도 및 토지의 명도를 구하는 취지를 포함하는 것으로 해석할 수 있을 것이라고 한다.[15)]

약간 특이한 설로서는, 위와 같은 판례를 건물철거·토지명도청구에 문자 그대로, '건물의 인도를 구하는 청구'가 포함되어 있는 것으로 이해하여서는 안 되고, '건물이 존재하는 현상 그대로 토지의 인도를 구하는 청구'가 포함되어 있다는 취지로 이해하여야 한다는 설이 있다. 즉 원고의 건물철거·토지명도청구는 원고의 토지소유권에 기한 소유권반환청구권(rei vindicatio)과 소유물방해제거청구권(actio negatoria)을 행사하는 것으로서 그 소송물은 원고의 토지의 방해배제이고, 이를 방해하고 있는 피고의 건물의 소유권 내지 점유권의 인도는 아니므로, 소송의 진행중 피고의 매수청구에 의하여 원고가 건물의 철거를 구하는 청구가 이유없게 되면 법원으로서는 이를 기각하면 족하고 더 이상의 재판을 할 필요도 이유도 없다고 한다. 그러나 피고가 건물에 관하여 유치권을 행사하고 그 반사작용으로서 그 부지의 유치권에 기하여 토지의 인도를 거부하게 되므로, 유치권의 항변에 대하여 상환이행설을 채용하는 법원으로서는 '건물의 대금의 지급과 상환으로 건물이 존재하는 현상 그대로 그 부지를 인도하라'고 판결을 하여야 하며, 이 경우에 있어서도 건물은 소송물이 아니며 그 인도에 관하여는

---

14) 長谷部茂吉, 判例評論 제37호(判例時報 제256호 별책부록), 1961, 18−19면. 澤井 裕·福永有利, 民商法雜誌 55권 1호, 1966, 156면; 柳川俊一, "建物等買取請求權", 不動産法大系 3, 1970, 217면 등도 같은 취지이다.

15) 井口牧郎, 最高裁判所判例解說 民事篇 昭和三十三年度, 1959, 150−151면. 新堂幸司, 法學協會雜誌 80권 1호, 1963, 114−115면도 대체로 같은 취지이다.

기판력도 생기지 않고, 원고는 건물의 가액에 따른 인지를 추가할 필요도 없다고 한다.[16]

반면 위의 판례에 의문을 표시하는 설은, 매수청구권이 행사된 후의 명도청구는 매매계약상의 채권적 청구권으로서의 건물인도청구권이 소송물이라고 생각하는 것이 보통이므로, 매수청구권 행사 전의 건물철거·토지인도 청구(이 경우의 소송물은 토지소유권에 기한 물권적 반환청구권이거나 또는 임대차계약 종료에 따르는 채권적 청구권이다)에 행사 후의 청구가 포함되어 있다고 하는 것은 당사자의 의사해석으로서는 몰라도 처분권주의와의 관계에 있어서는 문제가 있다고 한다.[17]

(2) 우리나라의 학설

우리나라의 민사소송법 교과서 가운데에는 대법원의 판례에 반대하면서 일본 최고재판소의 판례를 지지하고 있는 것이 있다.[18] 여기서는 건물철거청구에 대하여 대금지급과 상환으로 건물명도를 명하는 것은 소송물의 범위 내에서 일부인용을 하는 것에 해당한다고 설명하고 있다.[19]

이 문제에 관하여 비교적 상세하게 다루고 있는 한 논문[20]에서는, 매수청구권의 규정은 임대인의 건물철거등 소송의 과정에서 예기치 않은 임차인의 매수청구권 행사로 인하여 당사자 자치의 원칙에서 생긴 소위 민사소송법상 처분권주의와도 충돌하게 되었다고 하면서도, 대법원의 태도와 같이 건물명도는 원고가 청구하지 않은 사실이라 하여 건물철거 및 대지인도의 청구를 기각하여 버린다면 당사자의 분쟁상태는 아무 것도 해결된 것이 없으며, 피고가 토지를 임의로 반환하지 않는다면 토지소유자는 부득이 별소에 의하지 않고서는 이를 반환받을 길이 막혀 버린다고 한다. 따라서 법원도 어차피 당사자의 분쟁을 원만히 해결하여야 하는 입장에서, 또 토지소유자의 당초의 청구를 건물철거라는 형식적 문자에만 얽매일 것이 아니고, 소송의 진행과정에서 원고인 토지소유자의 의

---

16) 藥師寺志光, 民商法雜誌 40권 1호, 1959, 119-120면.
17) 澁川 滿, "建物收去·土地明渡請求訴訟と建物買取請求權の行使", 實務民事訴訟講座 4, 1969, 108-109면.
18) 이시윤, 신정보판 민사소송법, 1995, 423면 주 7); 정동윤, 제4전정판 민사소송법, 1995, 308면 등.
19) 이시윤(주 18), 423면 주 7)은 일본의 판례를 지지하는 이유로서 소송경제와 분쟁의 1회적 해결을 위한다는 점을 들고 있다.
20) 조열래, "매수청구권에 관한 고찰", 사법논집 제2집, 1971, 31면 이하.

사도 결과적으로 건물인도의 의사로 변질되었다고 할 수 있으므로 법원이 건물
명도 등을 명하는 것이 오히려 원고인 임대인이 바라는 판결이고 변론주의나 당
사자처분권주의에 더욱 합당하다 할 것이지, 그와 같은 취지가 문자로서 청구취
지에 나타나지 아니하였다 하여 원고의 청구를 기각하는 것은 도리어 소송의 발
전적인 과정과 실체법으로서의 매수청구권의 제도적 존재이유 또는 실체법과 소
송법의 관계를 도외시한 감이 없지 않으므로 역시 일본 최고재판소의 태도와 같
이 당초의 건물철거 등의 청구에는 건물명도를 구하는 의미의 청구도 포함되어
있다고 해석하는 것이 옳은 태도라고 한다.

나아가 여기서는, 임대인의 건물철거 소송에서 임차인이 매수청구권을 행사
한 경우에는 대금지급과 동시에 건물명도, 토지인도뿐만 아니라 건물 등의 소유
권이전등기까지 아울러 이행하라는 판결주문을 낼 수 있다고까지 주장한다.[21]

반면 우리 대법원의 태도가 소송법이론에 충실한 해석이라고 하여 이를 지지
하는 견해도 있다.[22]

라. 소   결

(1) 명도청구를 철거청구의 일부로 볼 수 있는지 여부

사견으로는 이론상 철거청구에 명도청구가 포함되어 있다고 보기는 어려울
것으로 생각된다. 우선 철거청구와 명도청구의 청구취지 자체가 상이할 뿐만 아
니라, 그 강제집행의 방법도 차이가 있으며,[23] 건물철거 및 대지인도청구의 권원
은 소유권에 기한 물권적 청구권 내지 임대차계약상의 반환청구권인데 반하여,
건물명도청구권은 건물매수인의 지위에서 나오는 매매계약상의 인도청구권이므
로, 그 청구원인 자체가 서로 다르고 청구권의 성질도 다르다고 하지 않을 수
없기 때문이다.

뿐만 아니라 건물철거청구에 명도청구가 포함되어 있다고 본다면 실제상으
로도 불합리한 결과를 가져오게 될 우려가 있다. 즉 이와 같이 보아 종래의 판
례를 변경한다면, 법원이 종래의 판례의 입장에 따라 임차인의 매수청구권 행사
를 이유로 임대인의 건물철거청구를 기각하였고 그 판결이 확정된 경우에는 임

---

21) 그러나 일본에서는 매수청구권 행사의 효과로서의 소유권이전등기청구까지 건물철거 토지인
도청구의 일부라고 보지는 않고 있다. 柳川俊一(주 14), 217면 참조.
22) 박재윤, 민법주해 6(물권 3), 1992, 61면.
23) 전자는 민사소송법 제692조 소정의 대체집행의 방식에 의함에 반하여 후자는 같은 법 제690
조 소정의 직접강제의 방식에 의한다.

대인이 새로이 건물명도청구를 하는 것은 위 확정판결의 기판력에 저촉된다고
보아야 할 것이나, 이러한 결론이 부당함은 명백하다.

　독일민사소송법의 해석에서도 청구범위의 결정에 있어서는 청구취지의 문언
에만 구애될 것이 아니라 당사자의 진정한 의사를 탐구하여야 하고, 청구한 것
보다 더 작은 것(minus)을 인용하는 것은 허용되나, 청구한 것과 이질적인 것
(aliud)을 인용할 수는 없다는 것이다.[24] 그러나 이와 같은 minus와 aliud의 구
별은 실제에 있어서 간단하지 않고, 이는 구체적인 경우에 따라 판단하여야 하는
데, 이 사건과 유사한 사례로서 원고가 피고에게 점유권원이 없음을 이유로 하여
반환(Herausgabe)을 청구한 데 대하여 법원이 피고에게 원고에 대한 소유권이전
을 위한 양도의 의사표시(Einigungserklärung)와 양도를 위한 인도(Übergabe)를
명할 수 있는가 하는 점은 학설상 부정되고 있다.[25]

(2) 건물철거청구에 건물명도의 예비적 청구가 병합되어 있다고 볼 수 있는지 여부

　그러면 이처럼 건물명도청구를 건물철거청구의 질적 일부로 볼 수는 없다고
하더라도, 당사자의 의사를 근거로 하여, 철거청구에는 그 철거청구가 이유없는
경우에 명도를 청구하는 취지가 포함되어 있다고 보아 명도청구를 인용할 수 있
는가? 이를 다른 말로 설명한다면, 원고의 건물철거, 대지인도 청구 중에는 장래
매수청구권이 행사될 것을 전제로 그 행사결과에 기한 건물명도의 이행을 구하
는 청구가 예비적으로 병합되어 숨겨져 있다고 볼 수 있다는 것이 될 것이다.
그러나 이 또한 무리한 입론으로 생각된다.

　원래 소를 제기함에 있어서는 소장에 청구취지를 기재하여야 하고(민사소송
법 제227조 제1항), 그 청구취지는 명확하게 특정되어 있어야 하는데, 당사자가
건물철거 및 대지인도만을 청구하는 경우에는 소장에 매수청구권 행사 여부는
전혀 언급이 되어 있지 않은데도, 그 속에 임차인이 매수청구권을 행사할 경우
에 대비하여 건물명도의 예비적 청구가 포함되어 있다고 보는 것은 위와 같은

---

24) MünchKommZPO/Musielak, §308 RdNr. 6 ff.
25) MünchKommZPO/Musielak, §308 RdNr. 11; Schellhammer, Zivilprozeß, 4. Aufl., 1989,
　　Rdnr. 740. 그리고 독일민사소송법 제308조의a는, 법원이 주거의 임대인 또는 임차인의 임차
　　인 또는 전차인에 대한 명도청구에 있어서 임차인 또는 전차인이 민법 제556조의a, 제556조
　　의b에 의하여 임대차관계의 갱신을 청구하였기 때문에 명도청구가 이유없을 때에는 법원은
　　청구가 없더라도 어느 기간 동안 어떤 계약조건의 변동 하에 임대차관계가 계속되는가를 선
　　고하여야 한다고 규정하고 있는데, 이는 처분권주의의 원칙에 대한 중대한 예외라고 설명되
　　고 있는 것(MünchKommZPO/Musielak, §308a RdNr. 1)도 참고가 될 수 있을 것이다.

청구취지의 명확성의 요구와는 전혀 상반되게 된다.

뿐만 아니라 피고의 입장에서 본다면 위와 같은 건물철거의 청구만으로 그 속에 건물명도청구가 포함되어 있다고 하는 점을 인식하기란 불가능에 가깝다. 그리고 원고의 입장에서도 위와 같은 해석이 반드시 원고의 의사에 항상 부합한다고 하기는 어려울 것이다. 즉 원고로서는 경우에 따라서는 매수청구권 행사의 예비적 청구를 하는 것이 건물철거의 주위적 청구의 강도를 약화시키는 것이 된다고 생각하여 이를 꺼려할 수도 있는데, 법원이 이러한 예비적 청구가 있다고 보아 판결하는 것은 원고의 의사에 어긋날 수도 있기 때문이다.

독일의 판례 중에 주위적 청구에 예비적 청구가 묵시적으로 포함되어 있다고 본 예가 없는 것은 아니다. 즉 독일연방노동법원(Bundesarbeitsgericht) 1959. 2. 23. 판결[26]은, 근로자가 사용자를 상대로 징계로서의 즉시해임(fristlose Entlassung)의 무효확인을 청구한 데 대하여 법원이 원고의 청구 없이도 그 무효판결 대신 기한부 해고(befristete Kündigung)의 유효를 선고한 것이 처분권주의 위반이 아니라고 하였다.

위 판결은, 즉시해임의 무효확인을 구하는 주위적 청구에는 묵시적으로도 예고기간부 해고의 유효확인을 구하는 예비적 청구가 포함되어 있는데 왜냐하면 양자는 다 같이 근로관계의 종료를 가져온다는 점에서 전혀 상이한 것은 아니고 다만 기한부 해고가 근로관계의 종료를 늦춘다는 점에서 더 작은 것이기 때문이라고 하였다.

그러나 위 판결의 경우에는 이러한 결론이 타당할지는 몰라도 건물철거청구의 경우에도 건물명도의 청구가 예비적으로 포함되어 있다고 말하기는 어렵다고 생각된다. 다만 많은 경우에는 건물철거를 구하는 원고로서는 피고인 임차인의 매수청구권 행사로 인하여 철거청구가 받아들여질 수 없는 경우에는 건물명도라도 청구할 의사가 있을 것이라고 말할 수는 있으나, 이것만으로는 뒤에서 말하는 법원의 석명의무를 인정하는 근거는 될 수 있을지언정 건물명도의 예비적 청구가 포함되어 있다고 단언할 수는 없다고 생각된다.

---

26) BAGE 7, 256 ff.

3. 임차인의 매수청구권 행사와 법원의 석명의무

가. 문제 해결의 방향

그러나 이처럼 임차인의 매수청구권 행사가 있다고 하여 임대인의 건물철거 및 대지인도의 청구를 그냥 기각하여 버린다는 것은 결코 바람직하다고 할 수 없다. 그러한 경우에는 임대인으로서는 또다시 건물명도의 새로운 소송을 제기하여야 하게 되나, 이것이 소송경제상 불합리함은 물론이고 분쟁의 1회적 해결의 요청에도 부합하지 않기 때문이다. 그러면 이러한 문제점을 어떻게 해결하여야 할 것인가?

이를 위한 가장 합리적인 해결책은, 법원에게 당사자로 하여금 건물철거의 청구를 건물명도의 청구로 변경하도록 석명하여야 하는 의무를 인정함으로써 당사자에게 청구취지 변경의 기회를 부여하는 것이라고 할 수 있다.[27]

임대인의 건물철거청구에 대하여 법원이 임차인의 매수청구가 이유있어 철거청구를 받아들일 수 없다고 보는 경우에, 법원이 건물명도로 청구를 변경하거나 건물명도의 예비적 청구를 병합하도록 석명할 필요성이 있음은 쉽게 인정될 수 있다. 즉 원고가 법원의 석명에 응하여 그와 같이 청구를 변경한다면 원고가 건물철거의 패소판결을 받은 후에 다시 건물명도의 소를 제기하는 것을 피할 수 있게 되어 분쟁이 1회적으로 해결되고 소송경제를 도모할 수 있을 뿐만 아니라 이것이 원고와 피고 쌍방에게 유리한 결과가 되기 때문이다.

그러나 과연 이러한 경우에 법원의 석명의무를 인정할 수 있는가가 문제가 된다. 이 사건과 같은 경우에는 법원이 당사자로 하여금 청구취지까지 변경하도록 석명하는 것을 인정하는 것이 되기 때문이다.

나. 적극적 석명의무의 인정 여부에 관한 판례

민사소송법 제126조 제1항은 "재판장은 소송관계를 명료하게 하기 위하여 당사자에게 사실상과 법률상의 사항에 관하여 질문하거나 입증을 촉구할 수 있

---

27) Musielak, Die Bindung des Gerichts an die Anträge der Parteien im Zivilprozeß, FS für Schwab, 1990, S. 355는, 법원이 원고의 신청에 따른 승소판결이 불가능하다는 판단에 이르게 되면, 법원으로서는 석명의무를 규정한 독일민사소송법 제139조 제1항에 따라 원고가 원래의 신청 대신 어떤 것을 신청할 것인가를 석명하여야 한다고 설명하면서, 원고의 신청보다 더 적게 인용할 수 있는 minus는, 예비적 청구가 주된 청구에 이미 포함되어 있다고 인정할 수 있는 경우가 아니면 금전채무와 종류물의 급부청구에만 인정되어야 한다고 주장한다.

다"고 규정하고 있다. 이는 법원의 석명권(Aufklärungsrecht)을 인정한 것이나, 이러한 석명이 법원의 의무라고 인정될 때에는 석명의무(Aufklärungspflicht)가 된다.

그런데 이러한 법원의 석명을 강학상 소극적 석명과 적극적 석명으로 분류하는 것이 보통이다.[28] 여기서 소극적 석명이란 당사자의 신청이나 주장에 불명확하거나 불명료 또는 모순되는 점이 있는 경우에 이를 명확하게 하기 위한 석명을 말하고, 적극적 석명이란 당사자가 사건에 관하여 필요한 신청이나 주장을 하지 않고 있는 경우에 새로운 신청이나 주장을 추가하도록 시사하는 석명을 말한다. 소극적 석명의 경우에는 이것이 허용된다는 점에 대하여 이설이 없다. 그러나 적극적 석명의 경우에는 그것이 허용되는지, 허용된다면 그 범위가 어느 정도인지에 관하여 다툼이 많다.

종래 대법원의 판례는 이러한 적극적 석명은 인정하지 않는 것으로 이해되어 왔고, 또 판례가 그와 같은 입장을 취한다고 이해될 소지가 없었던 것은 아니었다.

예컨대 대법원 1994. 11. 18. 선고 93다46209 판결[29]은, "법원의 석명권행사는 당사자의 진술에 모순, 흠결이 있거나 애매하여 그 진술의 취지를 알 수 없을 때 이를 보완하여 명료하게 하거나 입증책임이 있는 당사자에게 입증을 촉구하는 것을 그 내용으로 하는 것이지, 당사자가 주장하지도 않은 법률효과에 관한 요건사실이나 공격방어의 방법을 시사하여 그 제출을 권유함과 같은 행위는 변론주의의 원칙에 위배되어 허용되지 않는다"고 하였고, 같은 취지의 판결례는 많이 있다.[30]

그러나 판례가 이러한 적극적 석명을 전혀 인정하고 있지 않은 것은 아니고, 적극적 석명을 인정하는 취지로 해석할 수 있는 사례도 여러 개 찾아볼 수 있다. 즉 대법원 1983. 5. 10. 선고 83누95 판결[31]은, 원고가 항고소송의 대상이 될

---

28) 다만 적극적 석명과 소극적 석명의 구별기준이 반드시 명백하지 않다는 점에서 이러한 분류에 대하여 의문을 제기하는 견해가 없는 것은 아니다. 松本博之, 注釋民事訴訟法 3, 1993, 119면 참조.

29) 공보 1995, 47.

30) 대법원 1983. 9. 13. 선고 81다261 판결(공보 1983, 1481); 1992. 4. 10. 선고 91다45356, 45363 판결(공보 1992, 1547); 1992. 5. 22. 선고 92다3892 판결(공보 1992, 1978); 1992. 6. 9. 선고 91다35106 판결(공보 1992, 2116); 1992. 6. 26. 선고 92다9388 판결(공보 1992, 2271); 1994. 8. 12. 선고 94다13053 판결(공보 1994, 2276) 등.

31) 집 33 ③ 특50.

수 없는 제2차 납세의무자 지정통지의 무효확인 또는 취소를 구하고 있더라도, 기록상 세무서장이 제2차 납세의무자 지정통지와 함께 납부통지를 한 사실이 인정된다면, 원고가 청구취지에서 무효확인 또는 취소를 구하는 대상으로 제2차 납세의무자 지정통지처분을 표시하고 있더라도, 이것이 납부통지처분도 대상으로 한 것인지는 반드시 분명하다고 할 수 없으므로, 법원으로서는 원고에게 석명을 구하여야 한다고 하였다. 그리고 대법원 1992. 3. 13. 선고 91누5372 판결[32]도, 원고가 청구취지에서 취소를 구하는 대상으로 항고소송의 대상이 될 수 없는 제2차 계고처분을 표시하고 있다 하더라도, 이것이 오로지 제2차 계고처분만을 대상으로 한 것인지 아니면 제1차 계고처분을 대상으로 한 것인지는 반드시 분명하다고는 할 수 없으므로, 원심으로서는 마땅히 원고에게 석명을 구하여 어느 쪽 처분을 대상으로 한 것인지를 확정한 후 심리하여야 한다고 판시하였다. 위 두 판결들은 원고의 청구취지가 반드시 분명하다고는 할 수 없다고 하여 위와 같은 석명을 소극적 석명인 것처럼 설명하고 있으나, 위 각 사건에서 원고의 청구취지가 분명하지 않다고는 할 수 없고 다만 원고가 법률지식의 부족으로 청구취지를 잘못 기재한 경우에 법원이 이를 바로잡도록 적극적인 석명을 하여야 한다는 것이 위 판결들의 진정한 의미라고 할 것이다. 또한 대법원 1991. 4. 9. 선고 91다3260 판결[33]은 이 사건에 있어서처럼 토지임대인이 임차인을 상대로 건물철거, 부지인도를 청구하다가 임차인이 건물매수청구권을 행사하자 위 건물의 명도청구로 소를 변경하였는데 제1심법원이 피고가 대금지급과의 동시이행의 항변권을 행사하지 아니하였다고 보아 무조건의 건물명도를 명하자 피고가 항소하였으나 항소심에서 첫 변론기일에 결심을 하고 항소를 기각한 경우에, "피고가 자기의 매수청구권 주장을 받아들인 1심판결에 대하여 불복한 것은 매수청구권 행사로 성립된 매매의 이행관계를 다투는 것 외에 별다른 이유가 없을 것이므로 법률전문가 아닌 피고본인이 변론기일에 출석하여 항소인으로서 적절한 불복이유를 진술하지 못하고 있다면 법원으로서는 불복의 이유가 무엇인지 석명을 구해 볼 필요가 있다"고 하였다.

그리고 대법원 1995. 1. 24. 선고 94다46725 판결[34]은, 원고가 소외 甲 회사가 피고에게 이 사건 물품을 공급하였고 원고는 위 회사로부터 피고에 대한 물

---

32) 공보 1992, 1322.
33) 공보 1991, 1363.
34) 공보 1995, 1139.

품대금채권을 양도받았다고 주장하여 그 청구를 하자, 피고가 자신에게 물품을 공급한 것은 소외 乙이고 을이 갑 회사에게 채권을 양도하였으며 자신은 을에 대한 채권으로 상계한다고 주장한 사안에서, 원심이 갑이 피고에게 물품을 공급한 것이 아니고 을이 공급하였다는 이유로 청구를 기각한 데 대하여, 원심으로서는 원고의 이 사건 청구가 갑 회사가 피고에게 이 사건 물품을 직접 공급하여 가지고 있는 물품대금채권을 양수받았다는 주장 외에 소외 을이 피고에게 이 사건 물품을 공급하여 가지고 있는 물품대금채권을 갑 회사를 통하여 전전양수받았다는 주장도 포함하고 있는지를 석명하여야 한다고 하였다.

또 대법원 1995. 2. 10. 선고 94다16601 판결[35]은, 원고가 1989. 1. 17. 증여를 원인으로 하는 소유권이전등기를 청구하였으나 원심이 그 증여사실을 인정할 수 없다고 하여 청구를 기각한 데 대하여, 원고가 사실심에서 1989. 1. 17. 자 환지약정을 원인으로 한 소유권이전등기청구권에 대하여 분명하게 주장한 흔적이 보이지 아니하나, 원고가 그에 관한 서증을 제출하고 증인신문을 구하고 있는 점에 비추어 보면 원고로서는 피고에 대하여 위 환지약정을 원인으로 한 소유권이전등기절차이행을 구하려는 취지도 엿보이고, 비록 원고가 1989. 1. 17. 자 증여를 원인으로 한 청구라고 주장한다 할지라도 이는 원고의 법률적 견해의 착오에 기인한 것이라고 볼 여지도 있으므로 원심으로서는 석명권을 행사하여 원고의 의사가 1989. 1. 17. 자 환지약정을 원인으로 한 청구를 주장하려는 취지인지를 명백히 하였어야 한다고 하였다.

이 이외에 대법원 1991. 5. 14. 선고 91다2779 판결[36]은, 원고가 계쟁건물이 자신이 경락받은 건물의 부합건물이라 하여 명도를 청구하였으나 원심이 독립건물이라는 이유로 청구를 기각한 데 대하여, 대법원은 부합건물이라는 원고들의 주장 속에 종물이라는 주장이 포함된 것이 아닌가 석명하였어야 한다고 하였고, 또 대법원 1992. 11. 10. 선고 92다32258 판결[37]은, 미등기 무허가건물을 매수 점유하는 자가 제3자를 상대로 건물이 자기 소유임의 확인을 구한다는 청구취지가 소유권에 준하는 사용·수익·처분의 권리의 확인을 구한다는 취지인지를 석명하여야 한다고 하였다.

위의 각 경우에 있어서 판례는 법원의 석명이 마치 소극적 석명에 속하는 것

---

35) 공보 1995, 1290.
36) 공보 1991, 1631.
37) 공보 1993, 89.

처럼 표현하고 있기는 하나, 그 실질에서는 당사자들에게 새로운 주장을 하도록 석명하라는 취지에 다름 아니어서 적극적 석명의 의무를 인정하고 있는 것으로 보지 못할 바 아니다.

다. 학 설

학설상으로는 제한된 범위 내에서는 적극적 석명을 인정하여야 한다는 설이 유력하다.

즉 우리나라의 한 민사소송법 교과서[38]는 석명을 소극적 석명, 적극적 석명 및 제한부 적극적 석명으로 분류하면서, 사안의 적정한 해결을 위하여 필요한 신청이나 주장이 없는 경우 또는 종전의 신청이나 주장을 그대로 유지하면 그 패소가 필연적으로 예상되어서 승패가 바뀌게 되는 경우에는 새로운 신청이나 주장을 하도록 암시를 주거나 그 신청이나 주장의 변경을 촉구하는 것과 당사자가 입증책임을 부담하는 사항에 관하여 입증을 하지 아니하는 경우에 입증을 촉구하는 것 등은 모두 법원의 석명에 들어가지만, 법원은 당사자의 주장으로부터 법률상 또는 논리상 예기되는 주장을 촉구할 수는 있어도 그 정도를 유월하여 전혀 새로운 법률효과에 관한 요건사실에 대한 주장을 유도하거나 당사자에게 독립한 항변사유를 시사하여 그 제출을 권유함과 같은 것은 석명권의 한계를 벗어난 것으로서 변론주의의 원칙에 위배하는 것이라고 한다.

그리고 다른 교과서[39]는 적극적 석명에는 제한이 필요하지만, 적극적 석명은 안 된다고 일의적(一義的)으로 획일화하는 것은 곤란하고, 종전의 소송자료와의 합리적 연관성, 즉 법률상 또는 논리상 예기되는 것이면 청구취지와 원인의 변경도 시사하고 그러한 주장을 촉구하는 것은 무방하나, 지금까지의 소송자료에 비추어 예기하기 어려운 새로운 신청이나 주장의 변경을 시사하는 석명에 해당되는 것으로 보이고, 그 때문에 소송의 승패가 바뀔 수 있는 경우이면 상대방 당사자 눈에 편파적인 재판이라고 평가될 수 있기 때문에 허용되지 않는다고 한다.

그리고 또 다른 교과서[40]는 적극적 석명은 원칙적으로 변론주의의 한계를 넘기 때문에 허용되지 않는다고 하면서도, 당사자의 종전의 주장이 불충분하거나

---

38) 김홍규, 민사소송법(제3판), 1994, 516면 이하.
39) 이시윤(주 18), 439면 이하.
40) 송상현, 전정판 민사소송법, 1993, 459－460면.

증거자료가 부족한 청구 및 청구원인이 종전에 제출되어 있는 소송자료와의 합리적 연관성, 즉 법률상 또는 논리상 예기되는 범위 내에 있는 경우에만 허용된다고 한다.

반면 적극적 석명에 관하여 소극적인 설이 없는 것도 아니다. 즉 제한부 적극적 석명을 허용하는 경우에는 그 허용되는 석명권의 범위가 어디까지인지가 불명하고, 무제한 적극적 석명이 가능하다는 견해는 변론주의의 원칙을 무시하는 것이 되어 부당하다고 한다.[41]

그러나 다른 한편 위의 학설들은 다 같이 법원의 법률사항 지적의무를 규정하고 있는, 신설된 민사소송법 제126조 제4항을 적극적 석명의 예라고 설명하고 있다.

라. 일본의 학설과 판례

일본의 학설상으로도 우리나라와 마찬가지로 제한부 적극적 석명을 인정하는 견해가 일반적이라고 보여진다.[42] 일본의 판례를 본다면 대심원 시대에는 널리 석명권 불행사를 이유로 원심판결을 파기하는 예가 많았으나, 최고재판소 시대에 이르러 초기에는 석명권 불행사를 이유로 원심판결을 파기하는 것을 자제하다가, 1954년 무렵부터는 석명권 불행사를 이유로 원심판결을 파기하는 예가 늘어나, 현재는 적극적인 석명도 인정하고 있는 판례가 여러 개 있다.

대표적인 판례로서 최고재판소 1976(昭和 51). 6. 17. 판결[43]을 들 수 있다. 이 사건에서는 원고 X가 소외 A를 대위하여 피고 Y에게 어음금(제1어음)청구를 한 데 대하여 Y는 A에 대한 또 다른 어음금(제2어음)채권으로써 상계한다고 주장하였는데, 원심은 Y의 A에 대한 제2어음금채권의 소멸시효 완성일은 1973. 5. 28.이고, 이 사건 제1어음이 A로부터 그 채권자인 B은행에게 채권담보를 위하여 배서양도되었다가 다시 A에게 배서가 이루어진 것은 그 이후인 1973. 6. 5. 이어서 Y의 A에 대한 어음금채권의 소멸시효 완성 당시에는 두 채권이 상계적상에 있지 않았다고 하여 Y의 주장을 배척하였다.

그러나 최고재판소는, 어음의 소유자가 채권담보를 위하여 어음을 은행에 배

---

41) 정동윤(주 18), 330면.
42) 예컨대 兼子 一 外(新堂幸司), 條解民事訴訟法, 1986, 332면; 中野貞一郞, "辯論主義の動向と 釋明權", 過失の推認, 1976, 221면 이하 등.
43) 民集 30권 6호 592면 이하.

서양도하였으나 피담보채무가 소멸하는 등의 사유에 의하여 은행으로부터 다시 배서양도를 받기 전에 실질적으로 어음상의 권리를 취득한 경우에는 어음채권자에 대하여 반대채권을 가지는 자는 어음채권자가 실질적으로 어음채권을 취득한 때 이후에는 반대채권으로 어음채권과 상계할 수 있다는 법리를 설시하고, 이 사건 제1어음에는 "1970. 5. 6. 환매"라고 기재되어 있는데 그러한 사실에 의하면 A가 실질적으로 위 1970. 5. 6.에 위 어음채권을 취득한 것이 아닌가 하는 의문이 있고, Y가 원심에서 제2어음채권은 시효소멸전에 제1어음채권과 상계적상에 있었기 때문에 위 시효소멸 후에도 상계가 허용된다고 주장하고 있으며, 위와 같은 의심이 있음이 명백한 이상, 원심은 석명권을 행사하여 상계적상의 시기 즉 A가 제1어음채권을 실질적으로 취득한 시기 등에 관하여 주장, 입증을 다하게 하여 충분한 심리를 하게 하였어야 한다고 하여 원심판결을 파기하였다.[44]

　　그리고 최고재판소 1980(昭和 55). 7. 15. 판결[45]은, 원고의 토지인도청구에 대하여 피고가 원고의 대리인으로부터 위 토지를 매수하였다고 항변한 사건에서, 원심이 위 매매계약은 무권대리인에 의하여 이루어진 것이므로 그 효력을 인정할 수 없다고 하여 원고의 청구를 인용한 데 대하여, 피고가 위 매매계약에 이르게 된 사정으로서 위 매수시까지 원고로부터 토지를 장기간에 걸쳐 임차하고 있었다고 진술하고 있고, 원고도 위 임대사실을 인정한다고 진술하고 있다면 위 임차권이 소멸하지 않은 한 임대인인 원고는 위 토지의 명도를 구할 수 없고, 소송의 경과 및 기록에 의하면 피고가 위 매매가 무효라고 판단되는 경우에도 종전의 임차권을 본건 토지의 점유권원으로서 주장하지 않을 의향이라고는 생각되지 않으므로 원심으로서는 피고의 진술의 취지를 석명하여 이 사건 토지의 점유권원으로서 임차권을 주장하는 취지인지를 명백히 하여야 한다는 이유로 원심판결을 파기환송하였다.[46]

---

44) 다만 이 판결에는 재판관 藤林益三의 반대의견이 있다. 위 반대의견은, 피고가 제1심 이래 동일한 소송대리인에 의하여 소송행위를 수행하고 있기 때문에 원심에서 전혀 주장하지 않고 있던 위와 같은 이유를 들어서까지 상고심이 원심의 심리에 개입할 필요는 없다고 하는 취지이다.

45) 判例時報 979, 52.

46) 이 이외에 최고재판소 1969(昭和 44). 6. 24. 판결(民集 23권 7호 1156면); 1970(昭和 45). 8. 20. 판결(民集 24권 9호 1339면); 1975(昭和 50). 11. 28. 판결(判例時報 805, 63); 1983(昭和 58). 10. 28. 판결(判例時報 1104, 67) 등이 적극적 석명의무를 인정한 예로서 인용된다.

마. 독일의 학설과 판례

독일의 학설은 위와 같은 소극적 석명과 적극적 석명이라는 용어 자체는 사용하고 있지 않으나 실질에 있어서는 위와 같은 제한부 적극적 석명을 인정하고 있는 셈이다. 즉 법원은 당사자의 불명료한 주장을 명확히 하여야 할 뿐만 아니라, 자신의 법률적 견해에 입각하여 사안에 적절한 신청이나 모든 중요한 사실의 주장, 상대방의 주장에 대한 답변, 증거방법의 제출 등에 관여할 필요가 있다고 한다.[47] 따라서 경우에 따라서는 소의 변경 내지 청구취지의 변경을 시사하는 석명도 허용된다고 한다. 그러나 이것이 무제한으로 인정되는 것은 아니며, 석명의무가 이제까지 제출된 자료에서 전혀 근거를 찾아볼 수 없는 새로운 청구나 사실 주장을 하도록 하거나 새로운 항변권을 행사하도록 하는 역할까지 할 수 있는 것은 아니라고 한다.

독일의 판례 가운데 특히 소의 변경을 석명할 의무가 있다는 대표적인 판례 3개를 들어 본다.

(1) 독일연방대법원 1977. 5. 25. 판결[48]

이 사건에서 원고들 피고를 상대로 하여 자신이 합자회사의 무한책임사원임의 확인을 구하였고, 원심은 이를 인용하였는데, 연방대법원은 원고들이 무한책임사원이 아니라 유한책임사원이라고 하여 원심판결을 파기하면서도, 이를 이유로 원고들의 청구를 기각할 수는 없고 법원으로서는 석명의무를 규정한 독일민사소송법 제139조에 따라 청구취지에 대한 의문을 표명하고 적절한 신청을 하도록 하여야 한다고 판시하였다.

(2) 독일연방대법원 1980. 12. 4. 판결[49]

여기서는 잡초제거 등의 업무를 영위하는 원고회사가 자신의 책임보험자인 피고회사에 대하여, 피고회사가 특정의 사고에 대하여 자신을 면책시켜 줄 것을 청구한 데 대하여, 연방대법원은 책임보험자는 피보험자의 손해배상의무를 이행하거나 다른 방법으로 피보험자에 대한 피해자의 청구를 방어할 수 있고 어떤 방법에 의하는가는 책임보험자의 자유이므로 피보험자의 손해배상의무가 확정판결에 의하여 확인되지 않은 한 피보험자가 보험회사를 상대로 하여 면책을 청

---

47) Rosenberg/Schwab/Gottwald, Zivilprozeßrecht, 15. Aufl., 1993, S. 428 ff.
48) BGHZ 69, 47 ff.
49) BGHZ 79, 76 ff.

구할 수는 없고, 원고는 피고에 대하여 보험에 의한 보호를 하여 줄 것을 청구할 수 있다고 하면서도, 이러한 경우에 원고가 추구하려는 권리보호의 목적은 명백하고 다만 원고의 청구취지에 결함이 있으므로 법원은 민사소송법 제139조에 의하여 이러한 결함을 제거하도록 노력할 의무가 있다고 하였다.

(3) 독일연방대법원 1984. 4. 30. 판결[50]

여기서는 피고(반소원고)가 합자회사를 반소피고로 하여 자신이 합자회사의 무한책임사원임의 확인을 구하는 사건이었는데, 연방대법원은 자신이 합자회사의 무한책임사원임의 확인을 구하는 소송은 합자회사가 아니라 다른 사원을 피고로 하여야 한다고 하면서도, 법원으로서는 피고의 변경이 가능한 한 피고가 잘못되었음을 지적하고 피고를 변경하도록 석명하여야 한다고 판시하였다.

4. 이 사건의 경우

가. 청구취지의 변경에 관한 석명의무의 인정 여부

앞에서 살펴본 것에 의하면 일정한 범위 내에서는 법원의 적극적 석명의무를 인정하여야 할 필요성이 있음은 어느 정도 설명되었다고 생각된다. 이것이 당사자 사이의 분쟁을 적정하게 해결하는 방도가 될 것이기 때문이다. 문제는 이러한 적극적 석명을 어느 범위 내에서 인정할 것인가 하는 점이다. 우리나라의 학설은 종전의 소송자료와의 합리적 연관성, 즉 법률상 또는 논리상 예기되는 것이면 그러한 범위 내에서는 적극적 석명도 허용된다는 취지이나, 어느 경우가 이에 해당하는지는 반드시 명백하다고 할 수는 없다.

그리고 일본의 학설 가운데에는 그 결정기준에 관하여 (1) 승패전환의 개연성 (2) 당사자의 신청, 주장 등에 있어서 법적 구성의 불비 (3) 석명권의 행사 없이는 적절한 신청, 주장 등을 하는 것을 당사자에게 기대할 수 있는가 (4) 석명을 하게 하는 것이 당사자간의 공평을 현저하게 해치는가 (5) 적극적 석명에 의하여 보다 근본적인 분쟁해결을 가져오고 재소를 방지할 수 있다고 하는 사정은 석명의무를 긍정하기 위하여 참작될 수 있는 요소로 될 수 있고, 석명에 의하여 소송의 완결이 현저하게 지체된다고 하는 경우에는 이러한 사정은 부정적인 요소로 작용한다고 하는 설명도 있다.[51] 그러나 이러한 설명도 추상적일 뿐

---

50) BGHZ 91, 132 ff.
51) 中野貞一郎(주 42), 223면 이하. 강현중, 제2전정판 민사소송법, 1995, 482면 주 1) 참조.

만 아니라 여러 요소가 복합적으로 작용할 때에는 실질적인 판단기준으로서는 불명확한 점이 있다.

　　다른 한편 이 사건에서 법원의 석명의무를 인정한다면 이는 원고로 하여금 종래의 철거청구에 갈음하여, 또는 그와 함께 건물명도의 예비적 청구를 하도록 소의 변경을 종용하는 것이 될 것인데, 과연 이처럼 소의 변경까지 시사하는 석명을 인정할 수 있는가, 이를 인정한다면 처분권주의의 원칙을 깨뜨리는 결과가 되지 않는가 하는 의문도 있을 수 있다. 그러나 실질적으로는 소의 변경을 요구하는 석명이라고 하여 다른 석명과 질적으로 큰 차이가 있다고는 할 수 없으므로 일률적으로 이를 부정할 필요는 없을 것이다. 앞에서 살펴본 우리나라의 판례들중에도 위와 같은 소의 변경을 종용하는 석명을 인정하는 취지라고 할 수 있는 것이 있다.

　　그리고 앞에서 본 독일의 판례들은 모두 청구취지의 변경을 종용하는 석명을 인정하는 것들이며, 일본에서도 대심원의 판례는 넓은 범위에서 이를 인정하고 있었다고 한다.[52]

　　일본최고재판소 1970(昭和 45). 6. 11. 판결[53]은, 원고가 A, B, C를 상대로 하여, A가 주채무자이고 B, C가 보증인이라고 하여 청구를 하였다가 A에 대하여는 패소, 확정되고 B, C에 대한 청구만 항소심에 계속 중에 항소심이 B가 주채무자이고 C가 그 보증인인지 여부를 석명하여 원고로부터 그렇다는 답변을 듣고 변론을 종결하여 그와 같은 이유로 청구를 인용한 사건에서, 위와 같은 항소심의 조치가 석명권 행사의 범위를 넘는 것이 아니라고 하여 상고를 기각하였다.

　　물론 석명권 행사의 범위와 석명의무 불이행으로 인한 위법의 범위가 반드시 일치하는 것은 아니지만, 석명권의 불행사가 객관적 자의라고 할 정도일 때에는 상고이유로서의 파기사유가 된다는 것이 통설이므로 양자 사이에 큰 차이가 있는 것은 아니다.

　　이 이외에 일본 파산법 제72조의 물권변동의 부인권 행사의 청구에 대하여 파산법 제74조의 물권변동의 대항요건의 부인권 행사인지 석명하여야 한다는 최고재판소 1970(昭和 45). 8. 20. 판결[54]이나, 원고들 2인에게 금 450만 원을

---

52) 中野貞一郞, "訴の變更と釋明義務", 過失の推認(주 42), 229면 이하, 238면 이하 참조.
53) 民集 24권 6호 516면.
54) 民集 24권 9호 1339면.

지급하라는 청구가 원고 각자에게 금 450만원을 지급하라는 청구인지 석명하여
야 한다는 최고재판소 1983(昭和 58). 10. 28. 판결[55]도 모두 소의 변경을 종용
하여야 하는 석명의무를 인정한 예라고 할 수 있다.

나. 이 사건에서 법원의 석명의무를 인정할 수 있는 근거

이 사건에서는 법원의 석명의무를 인정하는 데 큰 의문이 없다고 생각된다.
즉 피고의 매수청구권 행사가 인정되면 원고의 건물철거, 대지인도청구는 기각
될 수밖에 없는 반면, 피고의 건물명도의무와 원고의 대금지급의무는 매수청구
권 행사의 당연한 귀결로서 인정되는 것이기 때문이다. 다시 말하여 이는 피고
의 매수청구권 행사라고 하는 종래의 소송자료로부터 논리적으로 예기되는 것이
라고 할 수 있다.

또한 이러한 대금지급과 상환조건의 건물명도는 피고의 입장에서도 반드시
불리하다고 말할 수 없고, 오히려 피고의 의사에도 부합한다고 할 수 있으며, 또
원고의 입장에서도 이러한 판결을 받는 것이 건물철거 청구에서 전부 패소하는
것보다는 유리하므로 원고의 잠재적인 의사에도 부합할 것이어서, 법원으로서는
그와 같은 석명을 하는 것이 어느 일방에게 편파적인 재판을 하는 것이라고는
할 수 없고 따라서 법원의 공평성을 해치는 것이라고도 할 수 없다.

그리고 위와 같은 건물명도청구를 인정함으로써 분쟁이 1회적으로 해결되어
소송경제를 도모할 수 있음은 명백하다.

다른 한편으로 일본 판례와 같이 곧바로 건물명도를 명하지 않고 석명이라는
절차를 거쳐 건물명도를 명하는 것은 당사자 쌍방의 현실적인 의사를 확인하는
길이며 당사자에 대한 기습적인 판결을 방지하는 수단이라고도 할 수 있다. 즉
피고에 대하여는 원고의 명도청구에 대비할 수 있는 여유를 주고, 원고에 대하
여는 원고가 명도청구를 할 의사가 없는데도 명도의 판결을 강요하는 것을 회피
할 수 있는 것이다.

만일 원고가 법원의 석명에도 불구하고 종전의 건물철거 청구를 고집한다면
이때에는 부득이 원고의 청구를 전부 기각하는 수밖에 없을 것이다.

다만 이를 인정함으로써 발생할 수 있는 몇 가지 문제점을 검토하여 볼 필요
는 있다.

---

55) 判例時報 1104, 67.

그 하나는 대금지급과 상환으로 건물명도를 명하기 위하여는 건물의 시가를 감정하여야 하고, 이 때문에 소송의 완결이 늦어질 우려가 있다는 점이다. 그러나 이 정도의 소송의 지연은 후에 별소로 건물명도의 청구가 제기되는 것과 비교하여 보면 감수할 수 있는 것이 아닌가 생각된다.

다른 하나는, 사실심에서 원고를 위한 변호사가 선임되어 있는 경우에도 굳이 이러한 석명을 할 필요가 있는가 하는 점이다. 위 최고재판소 1976(昭和 51). 6. 17. 판결(주 43)의 반대의견은, 당사자에게 변호사가 선임되어 있었다는 점을 강조하여 법원의 적극적 석명의무를 부정하는 취지이고, 대법원 1989. 7. 25. 선고 89다카4045 판결[56]도 법원의 입증촉구를 위한 석명의무를 인정함에 있어서 법률전문가 아닌 당사자 본인이 소송을 수행한다는 사정을 강조하고 있다. 이 사건의 경우에는 제1심부터 원고를 위한 변호사가 선임되어 소송을 수행하였고, 피고측의 매수청구권의 주장이 제기된 것은 항소심에서의 일이었다.

물론 변호사가 선임되어 있었는지의 여부는 특히 당사자에게 법원의 석명 없이도 독자적인 주장을 할 수 있는가를 기대할 수 있는가 하는 점에서 석명의무의 인정 여부에 관하여 차이가 있을 수 있으나, 그렇다고 하여 변호사 선임 여부에 따라 석명의무의 정도에 있어서 근본적인 차이를 둘 것은 아니라고 생각된다.[57] 변호사라 하더라도 법률적 지식이 부족할 수도 있는 것이고, 또 그로 인한 불이익은 결국 당사자에게 돌아가는 것이기 때문이다.

세 번째 문제점은, 이처럼 석명의무의 범위를 넓히면 앞으로 법원의 부담이 과중하게 되고 원심에서 소송수행을 충실히 하지 않았던 당사자가 상고이유로서 석명의무 위반을 들고 나오는 사례가 늘어나리라는 것이다. 이러한 문제점이 전혀 없다고는 할 수 없으나, 이는 기본적으로 어느 범위 내에서 적극적 석명을 인정할 것인가의 문제에 돌아가는 것으로서, 개별 사건에서의 석명의무의 인정 여부는 구체적인 사안에 따라 해결할 수밖에 없고, 적극적 석명을 전혀 부정하는 것이 아니라면 적어도 이 사건에서 법원의 석명의무를 인정하는 데에는 별 의문이 없다고 생각된다.

---

56) 공보 1989, 1296.
57) 이시윤(주 18), 439면.

5. 이 판결의 의의

그리하여 이 사건 대법원 판결은, 이처럼 임차인의 매수청구권 행사로 인하여 임대인의 건물철거 및 대지인도 청구를 그대로 받아들일 수 없게 되는 경우에는 법원으로서는 임대인이 종전의 청구를 계속 유지할 것인지, 아니면 예비적으로라도 대금지급과 상환으로 지상물의 명도를 청구할 의사가 있는 것인지를 석명하여야 한다고 판시하고, 이와 달리 이러한 법원의 석명의무를 부정한 위 대법원 1972. 5. 23. 선고 72다341 판결(주 12)을 변경하였는데 이는 이론상의 난점을 회피하면서도 현실적 필요성을 고려한 것으로서 매우 타당한 결론이라고 여겨진다.

나아가 이 판결은 이러한 임대인의 건물철거청구와 임차인의 매수청구권 행사라는 구체적인 사안을 떠나서도, 종래 우리 판례가 다소 그 인정에 소극적이었던 (제한적) 적극적 석명의무를 명시적으로 인정함으로써 다른 사례에서도 법원이 분쟁을 적극적으로 해결할 수 있는 길을 제시하였다는 데 큰 의미가 있다고 하겠다. 다만 이 판결만으로는 다른 어떤 경우에 이러한 적극적 석명이 인정될 수 있는가에 대한 일반적인 해답을 얻기는 어려우나, 원래 이러한 문제는 어떤 획일적인 기준에 의하여 해결할 수 있는 성질의 것은 아니고, 구체적 사례에 따라 판단할 수밖에 없는 것이며, 또 그 판단에 있어서도 이 판결이 들고 있는 근거가 많은 참고가 될 수 있을 것이다.

〈인권과 정의 1996. 4(통권 236호) = 민사소송 Ⅱ, 1999〉

〈추기〉

필자는 이 글을 요약하여 "토지임차인의 매수청구권행사와 법원의 석명의무", 국민과 사법 : 윤관 대법원장 퇴임기념, 1999, 559–561면에 게재하였다.

10. 확정판결의 부정이용에 대한 구제의 요건과 방법

— 대법원 1997. 9. 12. 선고 96다4862 판결[1] —

I. 사건의 개요

1. 사실관계

원고 X는 1986. 4. 3. 소외 A, B, C, D, E, F 등과 연대하여 피고 Y(은행)와의 사이에 소외 G 주식회사의 Y에 대한 현재 및 장래의 일체의 채무에 관하여 원금 3억원을 한도로 하는 포괄근연대보증 계약을 체결하였다. 그런데 1987. 10.경 위 G 회사는 지급불능으로 되었고, 1988. 1. 26. 현재 위 회사의 Y에 대한 채무는 대출금 341,200,000원, 원화지급보증 대출금 137,140,715원, 당좌대월금 10,815,840원, 매입외환 대출금 미합중국 통화 48,500달러 및 각 이에 대한 이자와 지연손해금이 남게 되었다.

Y는 X와 소외 D를 상대로 대여금청구 소송을 제기하면서 위에서 본 포괄근연대보증에 기한 원금 300,000,000원과 이에 대한 1988. 1. 27.부터 완제일까지 연 1할 9푼의 비율에 의한 지연손해금의 지급을 구하였는데, 그 사건의 변론은 1988. 6. 30. 종결되었고, Y는 같은 해 9. 1. 의제자백에 의한 승소의 판결을 받았으며 그 판결은 그대로 확정되었다.

한편 위 연대보증인 중의 한 사람인 E가 1988. 1. 26. 금 38,500,000원을 Y에게 임의변제하여 그 중 금 9,799,394원은 지연손해금의 변제에 충당되었고 나머지 금 28,700,606원만 원금의 일부 변제에 충당되었으며, 그 후 위 판결의 변

1) 公 1997하, 3073.

론종결 당시까지 Y는 소외 X 및, 소외 A, D, F 소유의 각 담보물건의 경매 실행에 따른 배당금으로 합계 금 112,456,047원을 배당받아, Y는 X 등의 보증 원금 가운데 모두 금 141,156,653원을 변제받았다.

그런데 Y로서는 주채무자인 소외 회사에 대하여 보증인들의 보증한도인 금 300,000,000원을 훨씬 초과하는 원리금 채권이 남아 있었을 뿐만 아니라 보증인들 각자가 주채무 완제시까지 금 300,000,000원씩 갚기로 약정하였다는 해석을 전제로 소송을 제기하였던 탓에 위 변론종결일 전까지 원금에 변제충당된 위 금 141,156,653원을 공제하지 아니한 채 위 소송을 진행하였다.

그런데 Y가 위 연대보증인 중 B 등에 대하여 제기된 위 대여금청구 소송의 제1심 및 항소심에서는 B가 위와 같은 사실을 바탕으로 하여 변제 주장을 함으로써 이 사건 판결의 변론종결 이전에 변제되었던 부분에 관하여 그 주장이 받아들여져 동인에 대하여는 위 금원 등을 공제한 나머지 금원을 지급하라는 판결이 각 선고되었으며, 1990. 8. 17.까지 X 등이 연대보증한 원금 한도금 300,000,000원 및 이에 대한 지연손해금은 모두 변제되었다.

그 후 Y는 X 등에 대한 위 판결을 채무명의로 하여 X 소유의 부동산에 대하여 강제경매신청을 하였는데, 이에 대하여 X가 앞에서 본 바와 같이 연대보증 원본 한도금 300,000,000원과 이에 대한 지연손해금이 모두 변제되었음을 이유로 Y에게 이의를 제기하였으나, Y는 위 판결의 기판력을 내세워 이를 거절하자, X는 은행감독원에 진정을 하였다.

은행감독원은 위 판결의 기판력과 관계없이 실질적으로는 위 보증인들의 보증채무가 모두 변제되었다는 이유로 Y에게 위 경매신청을 취하할 것을 종용하였으며, Y는 이를 일단 받아들여 1993. 1. 7. 위 경매신청을 취하하였으나 그 후 다시 경매할 것을 고려하여 같은 날 위 부동산에 대한 가압류를 하기에 이르렀다.

이에 X가 Y를 상대로 이 사건 소송을 제기하여 주위적으로는 위 판결에 기한 강제집행의 불허를 구하고, 예비적으로는 위 판결에 기한 금 3억원의 채무는 존재하지 않음의 확인을 구하였다.

2. 제1심판결[2]

Y는 은행감독원의 종용을 받아들여 X에게는 이 사건 포괄근연대보증에 의한 더 이상의 책임을 묻지 않기로 하여 1997. 1. 7. 위 경매신청을 취하하였다고 인정하여, X에 대한 위 판결에 기한 강제집행은 위 약정에 따라 더 이상 할 수 없게 되었다고 판단하고 X의 주위적 청구취지인 청구이의 부분을 받아들였다.

3. 제2심판결[3]

가. 위 판결의 변론종결일인 1988. 6. 30. 이후에 이루어진 채무원리금에 기한 강제집행은 이를 불허하여야 할 것이나, 기판력제도의 본질에 비추어 X로서도 위 판결의 변론종결일 전에 이루어진 이의사유는 이를 주장할 수 없고, 따라서 그 이전에 변제된 금 141,156,653원의 채무금에 기한 강제집행의 배제는 구할 수 없다.

나. 권리남용 주장에 대하여

일반적으로 판결이 확정되면 기판력에 의하여 대상이 된 청구권의 존재가 확정되고 그 내용에 따라 집행력이 발생하는 것이고, 확정판결의 효력을 배제하기 위하여는 그 판결에 재심사유가 존재하는 경우에 재심의 소에 의하여 그 취소를 구하는 것이 원칙적인 방법인 점에 비추어 볼 때, 확정판결에 의한 집행행위가 위법하거나 권리의 남용이라고 하기 위하여는 당사자의 절차적 기본권이 근본적으로 침해된 상태에서 판결이 선고되었다거나 확정판결에 재심사유가 존재하는 등 확정판결의 효력을 존중함이 정의에 반함이 명백하여 이를 묵과할 수 없는 경우로 한정하여야 할 것이다(대법원 1995. 12. 5. 선고 95다21808 판결; 1992. 12. 11. 선고 92다18627 판결 참조). 그런데 X 등에 대한 위 소송절차에 있어 X 등의 절차적 기본권이 근본적으로 침해되었거나 재심사유가 존재한다는 점에 관하여는 이를 인정할 아무런 자료가 없다. 그렇다면 Y로서는 이미 확정된 위 판결의 집행력에 따라 변론종결 이전에 X가 변제사유로 주장하지 아니한 금원에 관하여 X에 대한 강제집행을 구할 수 있는 것이므로 이를 위법하다고 할 수 없다.

한편, 위 판결 이후에 B 등에 대한 관련소송에서 X 등에 대한 이 사건 판결

---

2) 서울지방법원 1995. 6. 15. 선고 94가합114425 판결.
3) 서울고등법원 1995. 12. 20. 선고 95나28689 판결.

에 반하는 내용의 판결이 선고되어 확정되었다 하더라도, 그러한 사정만으로는 이 사건 판결 변론종결 이전의 변제금원부분에 대하여 피고가 강제집행을 하여 배당받게 될 금원이 바로 법률상 원인없이 수령하는 것이라고도 할 수 없어(대법원 1991. 2. 26. 선고 90다6576 판결) 결국 피고가 원고에게 부당이득으로 반환할 성질의 금원이라고도 할 수 없으므로, Y의 X에 대한 강제집행이 무익한 것이라고도 할 수 없으니 이를 전제로 Y가 오로지 X를 괴롭힐 의사로 이 사건 판결에 기한 강제집행을 한다는 권리남용 주장은 어느 모로 보더라도 이유없다.

다. 채무면제약정 등 주장

Y가 X에 대하여 강제경매를 신청하였다가 위와 같이 취하함에 있어 X에게 이 사건 연대보증에 따른 책임을 묻지 않기로 합의하였다고 인정할 수 없고,[4] Y로서는 위 판결의 기판력에 따라 적어도 변론종결 이전의 변제분에 대하여는 강제집행을 할 수 있는데, X가 은행감독원에 진정을 하는 등 물의를 빚게 되자 은행감독원의 권고에 따라 일단 위 강제경매를 취하하고 후일 다시 경매를 신청하게 될 경우에 대비하여 순위보전책으로 가압류등기를 경료하여 두었을 뿐이므로 Y가 X에게 이 사건 판결에 따른 보증채무금을 면제하였다거나 그 후 집행을 하지 않기로 약정하였다고는 할 수 없다.

라. 채무부존재청구에 대하여

일반적으로 판결이 확정되어 기판력이 발생하면 동 판결이 재심에 의하여 취소되는 등의 사정이 없는 한 그 후 기판력이 미치는 당사자는 기판력의 기준시점인 변론종결일 이전에 존재하였던 변제 등 채무소멸사유를 들어 후소에서 새로이 이를 주장하여 채무를 면할 수 없으므로 원고의 예비적 청구는 이유없다.

마. 결 론

그리하여 원심은 위 판결에 기한 강제집행은 금 141,156,653원(변론종결 이전에 변제된 금원)을 초과하는 부분에 한하여 이를 불허한다는 원고 일부 승소의 판결을 선고하였다.

---

4) 원심은 Y가 제출한 경매취하서 중 "당사자 사이에 원만히 합의되었다"는 취지의 기재는 법무사 사무실에서 사용하는 경매취하서용지에 부동문자로 인쇄되어 있는 부분에 불과하여 X의 주장을 뒷받침하는 자료로 쓰기에는 부적절하다고 판시하였다.

4. X의 상고이유 요지

확정판결에 기한 권리라 하더라도 그것이 신의에 좇아 성실히 행사되어야 하고 권리남용이 되는 경우에는 허용되지 않으며, 청구에 관한 이의의 소는 부당한 강제집행이 행하여지지 않도록 하려는데 있는 것이므로 판결에 의하여 확정된 청구가 그 판결의 변론종결 후에 변경 소멸된 경우뿐만 아니라 판결을 집행하려는 자체가 불법인 경우에도 청구이의의 소를 허용하여야 하는데, Y로서는 최초 보증인들 각자가 주채무 완제시까지 3억원씩을 갚기로 약정하였다는 해석이 법원에 의하여 잘못된 견해임을 알았고 위 사건 연대보증 채무가 모두 변제되어 더 이상의 채무가 없다는 것을 잘 알고 있었으므로 더 이상 강제집행을 하지 않아야 하고, Y도 은행감독원의 종용을 받아들여 경매를 취하하였는바, 그렇다면 Y는 위 금원이 모두 변제되었음을 인정한 것으로서 더 이상 강제집행을 함이 신의성실의 원칙에 위배되어 권리남용이 된다.

원심이 위 판결에 기한 강제집행이 권리남요에 해당한다는 X의 주장을 배척하면서 제시한 판결들은 모두 채무명의에 기한 강제집행이 불법행위가 성립함을 주장하여 손해배상을 청구한 사건에 관한 것으로 이러한 경우 불법행위가 성립하기 위하여는 엄격한 요건에 한정하여 인정되어야 한다는 대법원의 판결취지를 잘못 인용한 것이며, 이미 변제되어 부존재하는 채권을 이중으로 변제받은 것은 부당이득에는 해당하므로 원심은 부당이득의 법리를 잘못 이해한 것이다.

5. 대법원의 판결이유 요지

대법원은 다음과 같이 판시하여 원심판결을 파기환송하였다.

"확정판결에 의한 권리라 하더라도 신의에 좇아 성실히 행사되어야 하고 그 판결에 기한 집행이 권리남용이 되는 경우에는 허용되지 않는다 할 것이므로 집행채무자는 청구이의의 소에 의하여 그 집행의 배제를 구할 수 있다 할 것인바(대법원 1984. 7. 24. 선고 84다카572 판결 참조), 확정판결의 내용이 실체적 권리관계에 배치되는 경우 그 판결에 의하여 집행할 수 있는 것으로 확정된 권리의 성질과 그 내용, 판결의 성립 경위 및 판결 성립 후 집행에 이르기까지의 사정, 그 집행이 당사자에게 미치는 영향 등 제반 사정을 종합하여 볼 때, 그 확정판결에 기한 집행이 현저히 부당하고 상대방으로 하여금 그 집행을 수인하도록 하는 것이 정의에 반함이 명백하여 사회생활상 용인할 수 없다고 인정되는 경우에는 그 집행은 권리남용으로서 허용되지 않는다고 할 것이다.

이 사건에서 원심이 인정한 사실관계에 의하더라도, 원고는 소외 회사의 피고에 대한 채무를 금 300,000,000원의 한도에서 다른 보증인들과 연대하여 포괄근보증을 하였다는 것인데, 소외 회사는 1987. 10.경 부도가 났고 늦어도 1988. 1. 26.경까지 소외 회사의 피고에 대한 채무액이 확정되었으며, 이 사건 판결의 변론종결일 전에 보증인의 한 사람인 안광무가 자진하여 변제한 금원 및 원고 및 다른 보증인 소유의 담보물건의 경매 실행에 따른 배당금으로 위 보증한도액 중 금 141,156,653원이 변제되었는데도 피고는 원고에 대하여 위 보증한도액의 전부인 금 300,000,000원의 지급을 구하는 청구를 유지하여 실체의 권리관계와는 달리 위 금원의 지급을 명하는 이 사건 판결을 받은 점, 그 후 위 보증한도액 중 위 금 141,156,653원을 제외한 나머지 보증채무도 변제에 의하여 소멸한 점, 그럼에도 불구하고 피고는 원고에 대하여 확정판결을 받아두었음을 기화로 그 후 이 사건 판결에 기한 강제경매신청을 하였다가 원고가 위 보증채무가 실질적으로 모두 소멸되었음을 이유로 이의를 제기하자 1993. 1. 7. 위 경매신청을 취하한 일까지 있었던 점 등을 알아볼 수 있다.

이러한 제반 사정에 비추어 보면, 그 후 피고가 원고 거주의 위 아파트에 관하여 다시 신청한 이 사건 강제집행은 이 사건 판결의 변론종결 전에 원고의 보증채무 중 일부가 이미 소멸한 사실을 알았거나 쉽게 알 수 있었음에도 불구하고 그 보증채무 전액의 지급을 명하는 판결을 받았음을 기화로 원고의 보증채무가 변제에 의하여 모두 소멸된 후에 이를 이중으로 지급받고자 하는 것일 뿐만 아니라 그 집행의 과정도 신의에 반하는 것으로서 그 부당함이 현저하고, 한편 위 회사의 보증인에 불과한 자로서 그 소유의 담보물건에 관하여 일차 경매가 실행된 바 있는 원고에게 이미 소멸된 보증채무의 이중변제를 위하여 그 거주의 부동산에 대한 강제집행까지 수인하라는 것이 되어 가혹하다고 하지 않을 수 없으므로, 결국 이 사건 강제집행은 사회생활상 도저히 용인할 수 없다 할 것이어서 권리남용이라고 보아야 할 것이다.

그럼에도 불구하고 위와 같은 구체적 사정들을 충분히 고려하지 아니한 채 확정판결의 기판력 및 집행력의 법리만을 내세워 원고의 권리남용의 주장을 배척한 원심판결에는 권리남용을 이유로 한 청구이의에 관한 법리를 오해하여 판결에 영향을 미친 위법이 있다고 할 것이다."

Ⅱ. 연   구

1. 서   론

확정판결이 선고된 후, 그 기판력의 표준시인 사실심 변론종결 후에 확정판결에 표시된 청구권이 소멸되면 그 확정판결에 기하여 이루어지는 강제집행에 대하여 채무자는 청구이의의 소를 제기하여 구제를 받을 수 있고, 청구이의의 소를 제기하지 않아서 강제집행이 종료되면 불법행위를 이유로 하는 손해배상이나 부당이득반환의 청구를 제기할 수 있음은 물론이다. 반면 확정판결의 사실심 변론종결 전에 이미 그 청구권이 부존재하였다거나 소멸하였다는 이유로 위 확정판결에 기한 강제집행을 저지하려는 것은 위 확정판결의 기판력에 저촉되므로 허용될 수 없는 것이 원칙이다. 그런데 판례는 이전부터, 특별한 사정이 있을 때에는 확정판결에 기한 강제집행에 대하여, 그 확정판결의 변론종결 전의 사유를 내세워서 그 강제집행을 저지하거나, 강제집행이 완료되었으면 불법행위를 이유로 손해배상을 청구할 수 있다고 보고 있다. 이 판결도 그러한 판례 가운데 하나이다.

이러한 판례에 대하여는 학설상 찬반의 논의가 많으나, 여기서 주목하여야 할 것은, 우선 그 구제의 요건에 관하여 종래의 판례와 어떠한 관계에 있는가 하는 점이다. 다시 말하여 이 사건 원심판결이 X의 청구를 기각하면서 인용하고 있는, 대법원 1995. 12. 5. 선고 95다21808 판결[5]은, "확정판결에 기한 강제집행이 불법행위로 되는 것은 당사자의 절차적 기본권이 근본적으로 침해된 상태에서 판결이 선고되었거나 확정판결에 재심사유가 존재하는 등 확정판결의 효력을 존중하는 것이 정의에 반함이 명백하여 이를 묵과할 수 없는 경우로 한정하여야 할 것이다"라고 판시하여 불법행위가 성립할 수 있는 범위를 지극히 제한하고 있는데, 그렇다면 이 사건 판결은 위 대법원 1995. 12. 5. 판결 등 종전의 판례와는 상충되는 것인가 하는 점이다.

다른 한 가지는, 이 판결의 경우에 원고 X를 구제하는 것이 타당하다고 하여

---

5) 公 1996상, 197.

도, 청구이의의 소를 인정하는 것은 청구이의는 그 원인이 변론종결 후에 생긴 때에 한하여 할 수 있다고 규정하고 있는 민사소송법 제505조 제2항에 어긋나는 것이므로, 법률의 규정에 어긋나지 않는 다른 구제방법을 모색하여야 하는 것이 아닌가 하는 점이다.

이 외에 과연 위와 같은 판례가 기판력에 저촉되어 허용될 수 없는 것이 아닌가 하는 이론상의 문제는 필요한 한도에서만 간단히 살펴본다.

2. 종래의 판례

가. 대법원 1960. 11. 3. 선고 4292민상656 판결[6]

채무자가 채권자로부터 금전을 차용하면서 그 담보를 위하여 환매특약부 매매를 하였는데, 채권자가 그 매매 대상이 아닌 건물에 관하여 채무자가 차용금을 갚지 않았다는 이유로 채무자를 상대로 소유권이전등기청구소송을 제기하면서, 채무자의 주소를 알면서도 주소불명이라고 하여 공시송달의 방법으로 소송을 진행하여 승소의 확정판결을 받자, 채무자가 채권자를 상대로 하여 불법행위를 이유로 하는 손해배상청구를 제기한 사건에서 대법원은,

"법원을 기망하는 등의 불법행위로서 확정판결을 얻은 자에게까지 기판력의 효과로서 보호한다는 것은 일면 오인(吾人)의 자연적 정의감에 반한다 아니할 수 없으므로, 이러한 수단으로서 확정판결을 얻은 자에 대하여는 불법행위에 의한 손해배상의 의무가 있다고 하지 않을 수 없다"고 하여 채권자의 손해배상의무를 인정하였다.[7][8]

나. 대법원 1977. 1. 11. 선고 76다81 판결[9]

이 사건에서는 원고가 피고에 대한 가집행선고부 판결에 기하여 강제집행을

---

6) 판례총람 13-2(A) 202-63; 카6701, 6864.
7) 이러한 사례는 현행 민사소송법상으로는 제422조 제1항 제11호의 재심사유에 해당하지만, 이 사건 판결의 원심 당시는 현행 민사소송법이 시행되기 전으로서 위와 같은 사유가 재심사유로 인정되지 않고 있었다. 그리하여 강현중, "편취판결의 구제방법에 관한 고찰", 사법논집 제20집, 1989, 415면은 현행법상으로는 이러한 경우에 반드시 불법행위책임이 인정될 것이라는 보장이 없다는 취지로 주장한다.
8) 또한 대법원 1968. 11. 19. 선고 68다1624 판결(집 16권 3집 민201면)는 "통모한 가장채권에 기초한 가집행선고부지급명령이라도 이가 불법행위를 구성함은 별론으로 하고 이의기간의 도과로 말미암아 확정판결과 동일한 효력이 생기므로"라고 하여 방론으로 이러한 경우에 불법행위가 인정될 수 있다고 하였다.
9) 공 1977, 9865; 집 25권 1집 민7면.

하였으나, 그 후 위 가집행선고부 판결이 취소되자 피고가 원고를 상대로 손해배상청구소송을 제기하였는데, 그 사실심 변론종결 전에 피고의 채권자들이 피고의 원고에 대한 손해배상청구권 중 일부인 금 1,000만원에 대하여 압류 및 전부명령을 얻어 그만큼 피고의 원고에 대한 손해배상청구권이 감소되었음에도 불구하고 피고는 원래의 손해배상청구권 전체에 대한 확정판결을 받고 그에 기하여 강제집행을 완료하자, 원고가 위와 같이 압류 및 전부명령에 의하여 제3자에게로 이전된 금액에 관하여까지 피고가 강제집행을 한 것은 불법행위라고 하여 손해배상청구를 제기하였다.

원심은 원고의 청구에 대하여, 채무명의가 확정판결에 의한 기판력을 가지고 있는 경우에는 그 확정판결의 변론종결당시를 기준으로 하여 당사자간의 청구권의 존재와 범위를 확정짓는 것이므로 비록 확정판결 변론종결 이전에 그 소송에서 그 실제상 채권의 전부 및 일부가 부존재하다는 것을 당사자가 다투었던 다투지 않았든가를 막론하고 일단 그 판결이 위와 같이 확정된 이상 그 판결이 재심 등의 법정절차에 따라 취소되지 않는 한 가사 피고가 위 판결이 부당한 판결이라는 것을 알고서 강제집행을 하였다고 해도 민법상의 불법행위가 될 수 없다고 하여 원고의 손해배상청구를 배척하였다.

그러나 대법원은, "원심의 위와 같은 사실인정 자체는 적법하고 또 그 설시이유도 상당한 설득력을 가진 이론이라고 인정한다. 그러나 이와같은 법이론은 아직 이와 정반대 취지의 본원판례(1968. 11. 19 선고 68다1624 판결, 1960. 11. 3 선고 4292민상856 판결)가 있고 이 판례의 정신은 아직도 변경할 단계라고는 볼 수 없으므로 결국 원판결은 위 판례의 정신에 위반한다 하여 이를 파기하기로 한다"고 하여 원심판결을 파기하였다.

다. 대법원 1984. 7. 24. 선고 84다카572 판결[10]

이 사건에서는 원고 소유의 오토바이와 소외 甲 소유의 택시의 충돌 사고로 인하여 부상을 입은 피고 등이 원고와 갑을 상대로 하여 손해배상청구의 소를 제기하였는데, 제1심 판결은 원고와 위 갑의 부진정연대채무를 인정하여 원고와 갑이 각자 959만여원을 지급할 것을 명하였는데, 원고만이 항소하고 갑은 항소하지 않은 채 피고와, 피고에게 900만원을 지급하고 피고가 더 이상 손해배상청

---

10) 공 1984, 1479; 집 32권 3집 민207면.

구를 하지 않기로 하는 합의가 이루어졌다. 그러나 원고는 이 사실을 알지 못하여, 항소심에서 이를 주장하지 않았고 그 결과 항소심 판결은 원고의 손해배상 금액을 약 675만여원으로 감액하는데 그쳤다. 그러자 원고가, 갑이 피고에게 900만원을 지급함으로써 원고의 피고에 대한 손해배상의무도 모두 소멸하였다고 주장하여 청구이의의 소를 제기한 것이다.

원심은 위와 같은 사유는 사실심 변론종결 전에 생긴 것이므로 청구이의사유가 되지 못한다고 하여 원고의 청구를 배척하였으나, 대법원은 다음과 같은 이유로 원심판결을 파기하였다.

"확정판결에 의한 권리라 하더라도 그것이 신의에 좇아 성실히 행사되어야 하고 권리남용이 되는 경우에는 이는 허용되지 않는다 할 것인 바, 원심이 확정한 사실에 의하면 피고들은 이사건 확정판결의 변론종결(1982. 12. 8) 이전에 판시 금원을 수령(1982. 5. 4)함으로써 그 한도에서 원고의 손해배상채무도 소멸한 사실을 스스로 알고 있으면서도 이를 모르는 상대방에 이를 감추고 이미 소멸한 채권의 존재를 주장 유지하여 위와 같은 확정판결을 받았다는 것이니 이와 같은 채무명의에 기한 강제집행을 용인함은 이미 변제되어 소멸하여 부존재하는 채권을 2중으로 받고자 하는 불법행위를 허용하는 결과가 된다 할 것이므로 위와 같은 피고의 집행행위는 자기의 불법한 이득을 꾀하여 상대방에게 손해를 줄 목적이 내재한 사회생활상 용인되지 아니하는 행위라 할 것이어서 그것이 신의에 좇은 성실한 권리의 행사라 할 수 없고 그 확정판결에 의한 권리를 남용한 경우에 해당한다 할 것이다. 민사소송법 제505조에서 청구에 관한 이의의 소를 규정한 것은 부당한 강제집행이 행하여지지 않도록 하려는데 있다 할 것으로 판결에 의하여 확정된 청구가 그 판결의 변론종결 후에 변경소멸된 경우뿐만 아니라 판결을 집행하는 자체가 불법한 경우에도 이를 허용함이 상당하다 할 것이다. 이러한 경우의 불법은 당해판결에 의하여 강제집행에 착수함으로써 외부에 나타나 비로소 이의의 원인이 된다고 보아야 하기 때문이다."

라. 대법원 1991. 2. 26. 선고 90다6576 판결[11]

이 사건에서는 식품회사인 피고가 원고와 대리점 거래계약을 체결하여 거래를 계속하여 오다가, 피고의 원고에 대한 물품대금채무가 과다하게 누적되자 그

---

11) 공 1991, 1070.

채권관리를 위한 방편으로 원고가 경영하는 대리점을 소외 甲에게 인수하게 하고, 피고회사에 대한 물품대금채무 금 43,612,215원 중 당시 원고가 그 거래처에 대하여 가지고 있는 것으로 확인된 미수금채권 금 17,057,705원도 소외 甲이 인수하게 하여 그로부터 변제받게 하였다. 그런데 甲이 그 중 일부 금액만을 피고에게 입금시키자, 피고는 그 나머지 채권 금 10,342,715원의 회수를 위하여 원고와 그 보증인인 乙, 丙으로부터 위 대리점 거래로 인한 물품대금채무의 보증을 위하여 미리 발행, 교부받아 가지고 있던 백지약속어음을 보충하여 乙을 상대로 약속어음금 청구소송을 제기하였는데, 그 소송에서 위 대리점 양도시 확인된 미수금채권은 甲이 피고의 동의하에 면책적으로 인수한 것이므로 위 약속어음금의 원인채무인 자신의 보증채무는 전부 소멸되었다는 乙의 항변은 배척되어 피고회사의 승소판결이 선고되고, 그 항소심에서도 항소기각의 판결이 선고되어 확정되었다. 한편 피고회사는 이와 별도로 동일한 위 미수금채권의 회수를 위하여 위와 같은 방법으로 원고와 丙을 상대로 약속어음금 청구소송을 제기하여 제1심에서는 피고회사의 승소판결이 선고되었으나, 항소심에서는 이와 반대로 위와 같은 채무인수의 항변이 받아들여져서 피고회사 패소의 판결이 선고되고, 그 후 피고의 상고도 기각되어 확정되게 되자, 원고는 피고의 乙에 대한 위 소송 제기 및 판결 취득이 불법행위에 해당함을 전제로 하여 피고를 상대로 소송을 제기하였다.[12]

　　원심은 원고의 청구를 배척하였고, 대법원도, "판결이 확정되면 기판력에 의하여 그 대상이 된 청구권의 존재가 확정되고, 그 내용에 따라 집행력이 발생하는 것이므로, 그에 따른 집행이 불법행위를 구성하기 위하여는 그 소송당사자가 상대방의 권리를 해할 의사로 상대방의 소송관여를 방해하거나 허위의 주장으로 법원을 기망하는 등 부정한 방법으로 실제와 다른 내용의 확정판결을 취득하고, 그 집행을 하는 것과 같은 특별한 사정이 있어야 하는 것이고, 그와 같은 사정이 없는 한 다른 소송에서 그 확정판결에 반하는 내용의 판결이 선고되어 확정되었다 하더라도 그러한 사정만으로 그 제소나 집행행위가 불법행위를 구성한다 할 수는 없는 것이다"라고 판시하여, 원심이 피고회사나 그 피용자가 위 미수금

---

[12] 원고가 어떠한 내용의 소송을 제기하였는지는 대법원 판결문만으로는 반드시 명백하지 않다. 위 乙이 피고에게 변제를 한 후 원고에게 구상을 청구하자 원고가 乙에게 이를 지급한 후 이를 이유로 피고에게 손해배상을 청구한 것이 아닌가 추측된다.

채권이 원고로부터 甲에게 면책적으로 적법히 인수되어 소멸된 것임을 알았거나 알 수 있었음에도 불구하고 적극적으로 이에 배치되는 주장을 내세워 부당하게 위 소송을 제기한 것이라고 볼 수 없고, 그 밖에 달리 피고회사가 위 소송을 제기함에 있어 실체상 권리보호의 청구권이 없는데도 상대방에게 고통을 주어 손해를 입히고자 하는 등의 고의나 과실이 있었음을 인정한 자료가 없으므로 피고회사가 乙을 상대로 제기한 소송이 불법행위가 되지 않는다고 한 원심의 판단을 시인하였다.

마. 대법원 1992. 12. 11. 선고 92다18627 판결[13]

이 사건에서는 피고가 소외 甲에 대한 차용금채무를 담보하기 위하여 甲과의 사이에 피고 소유의 젖소 10마리에 대한 양도담보계약을 체결하였는데, 피고가 변제기까지 위 채무를 변제하지 않자, 甲은 乙에게 위 젖소를 매도하면서 피고에 대한 위 젖소의 반환청구권을 양도하고 이를 피고에게 통지한 후, 피고에게 젖소의 인도를 요구하였으나 거절당하자 甲의 지시를 받은 丙과 원고는 피고의 의사에 반하여 강제로 위 젖소를 가져갔다. 이에 피고는 원고와 甲, 丙을 상대로 주위적으로는 젖소의 인도 등을 구하고, 예비적으로 원고 등이 위 젖소를 강제로 탈취한 것은 피고에 대하여 공동불법행위를 구성한다는 이유로 위 젖소의 시가 상당액 및 지연이자의 지급을 구하였다.

제1심 판결은 피고의 예비적 청구 및 甲의 대여금 지급을 구하는 반소청구를 인용하였고, 이에 대하여 피고가 항소하였으며, 甲, 丙 등도 부대항소를 하였으나 원고는 항소나 부대항소를 하지 않았다.

그러나 항소심은, 甲은 양도담보권을 실행할 수 있으므로 젖소의 시가 상당의 지급을 구하는 피고의 甲, 乙에 대한 손해배상청구는 이유없다고 하여 이 부분 청구는 기각하고, 원고에 대한 청구에 관하여는 피고만이 항소하였으므로 불이익변경금지의 원칙에 의해 피고의 항소만을 기각한다고 판시하였으며 위 판결은 피고의 상고가 기각되어 그대로 확정되었다. 피고는 원고에 대한 위 승소의 확정판결에 기하여 일부는 강제집행을 하고, 일부는 강제집행을 면하려는 원고로부터 변제를 받았다.

그러자 원고는 피고가 위와 같이 승소의 확정판결을 받아 강제집행을 한 것

---

13) 공 1993, 447.

이 불법행위 또는 부당이득이 된다고 하여 소송을 제기하였다. 제1, 2심은 원고
의 손해배상청구를 인용하였으나, 대법원은 다음과 같이 판단하여 원심판결을
파기하였다.

　"판결이 확정되면 기판력에 의하여 그 대상이 된 청구권의 존재가 확정되고
그 내용에 따라 집행력이 발생하는 것이므로, 그에 따른 집행이 불법행위를 구
성하기 위하여는 그 소송당사자가 상대방의 권리를 해할 의사로 상대방의 소송
관여를 방해하거나 허위의 주장으로 법원을 기망하는 등 부정한 방법으로 실제
의 권리관계와 다른 내용의 확정판결을 취득하여 그 집행을 하는 것과 같은 특
별한 사정이 있어야 하는 것이고, 그와 같은 사정이 없이 그 확정판결의 내용이
단순히 실체적 권리관계에 배치되어 부당하고 또한 그 확정판결에 기한 집행채
권자가 이를 알고 있었다는 것만으로는 그 집행행위에 대하여 불법행위가 성립
한다고 할 수 없는 것이다(당원 1991. 2. 26. 선고 90다6576 판결 참조). …

　원심이 확정한 사실관계에 의하더라도 위 확정판결의 취득과정에 있어 피고
가 그 손해배상청구권이 존재하지 아니하는 것을 알면서 원고를 해할 목적으로
그 소송을 제기하였다거나, 피고에게 법원을 기망하는 등의 부정행위 또는 원고
의 항소를 방해하는 행위가 있었다고는 보이지 아니하고, 오히려 원고를 제외한
위 이은복 등에 대한 피고의 청구가 인용되었다가 항소심에 이르러서 기각된 것
은 그 사실관계를 달리하여 그들의 불법행위의 성립을 부정한 것이 아니라 그
불법행위의 성립을 인정하면서 손해에 대한 법률판단을 달리한데 불과한 것이
다. 더욱 동일한 사실관계가 청구원인으로 되어 있는 한 개의 소송에서 공동피
고로 되어 있다 하더라도 그 소송관계는 각각 별개로 성립되고 당사자처분권주
의 아래에서는 당사자마다 각각 상이한 판결이 선고되고 확정될 수 있는 것이므
로 원고가 별다른 이유도 없이 제1심의 패소판결에 대하여 항소나 부대항소를
제기하지 아니하여 그 제1심판결이 확정된 이상, 가사 일부 제1심 공동당사자의
항소에 의하여 제1심판결이 취소되었다 하더라도 원고는 그 확정판결의 기판력
과 집행력을 부인할 수 없는 것이며, 피고가 위 항소심판결 후에 원고에 대하여
위 확정판결의 강제집행을 할 당시 원고와 동일한 사실관계에 있는 위 이은복
등 제1심 공동소송인에 대한 피고 패소의 항소심판결에 의하여 원고에 대한 제1
심판결의 내용이 부당하다는 것을 알고 있었다 하더라도 그것만으로는 확정판결
의 집행이 권리남용으로 되어 불법행위를 구성한다고 할 수 없을 것이다."

바. 대법원 1995. 12. 5. 선고 95다21808 판결[14]

이 사건에서는 원고 문중이 피고의 선대에게 명의신탁한 임야(A 임야)를 피고가 소외 甲에게 매도하고 중도금까지 수령하자, 이 사실을 알게 된 원고는 피고를 상대로 위 임야에 대한 처분금지가처분신청을 하게 되었고, 이로 인하여 계약의 이행여부를 추궁받게 된 피고는 형사책임을 면하기 위하여 계약금 등을 반환하여야 하였으나 이미 소비하여 반환할 수 없게 되자, 원고 종중에게 대책을 호소하였고, 이에 원고와 피고는 위 임야를 1억 원에 제3자에게 매도하여 그 매매대금으로 공원예정지로서 처분이 여의치 아니한 피고 소유의 다른 임야(B 임야)를 원고가 매수하고, 피고는 그 대금으로 위 소외인에게 계약금 등을 반환하는 방법으로 문제를 해결하기로 약정한 후 위 명의신탁 대상 임야를 乙 주식회사에게 1억 원에 매도하고, 원고는 피고로부터 B 임야를 1억원에 매수하여 원고 문중원 4인 명의로 소유권이전등기를 마쳐 그 명의를 신탁하였다.

그런데 원고 문중의 이사장과 총무는 B 임야의 계약금 지급일인 1984. 6. 9. 피고가 향후 2년 내에 환매할 수 있도록 허락하여 줄 것을 간청하자 피고가 위 원고 문중원 4인으로부터 1억 원을 변제기는 2년후로 약정하여 차용하면서 B 임야를 담보로 제공한다는 내용의 금전대차 및 담보계약서를 작성하여 주고 같은 내용의 각서에 대한 공증인증서를 작성하였다. 한편 원고는 1985. 1.초 피고 소유인 다른 임야(C 임야)를 매수하고, 그 소유권이전등기도 위 원고 문중원 4인 명의로 경료하여 명의를 신탁하였다.

그 후 원고가 1989. 11. 10. 위 B, C 임야를 다른 사람에게 매도하자, 피고는 1991. 12. 6. 위 명의수탁자인 원고 문중원들을 상대로 하여, 위 임야는 피고의 원고에 대한 차용금채무에 대한 양도담보조로 이전등기된 것이므로 정산해야 한다는 취지의 정산금 청구소송을 제기하여 일부승소판결을 선고받았고, 그 판결은 대법원에서 확정되었다. 피고가 위 확정판결에 기하여 원고 문중원의 재산에 강제집행을 개시하자, 원고는 위 문중원들을 대신하여 위 채무명의상의 원금 및 지연손해금을 변제공탁하고, 피고의 위 정산금청구소송이 사위판결이고 이에 기한 강제집행은 불법행위가 되므로 피고는 원고에게 위 공탁금 상당의 손해배상의무가 있음을 청구원인으로 한 이 사건 손해배상의 소를 제기하였다.

---

14) 공 1996상, 197.

원심은, 원고의 청구를 인용하였으나, 대법원은 위 대법원 1992. 12. 11. 선고 92다18627 판결; 1991. 2. 26. 선고 90다6576 판결을 인용하면서, "편취된 판결에 기한 강제집행이 불법행위로 되는 경우가 있다고 하더라도 당사자의 법적 안정성을 위해 확정판결에 기판력을 인정한 취지나 확정판결의 효력을 배제하기 위하여는 그 확정판결에 재심사유가 존재하는 경우에 재심의 소에 의하여 그 취소를 구하는 것이 원칙적인 방법인 점에 비추어 볼 때 불법행위의 성립을 쉽게 인정하여서는 아니 되고, 확정판결에 기한 강제집행이 불법행위로 되는 것은 당사자의 절차적 기본권이 근본적으로 침해된 상태에서 판결이 선고되었거나 확정판결에 재심사유가 존재하는 등 확정판결의 효력을 존중하는 것이 정의에 반함이 명백하여 이를 묵과할 수 없는 경우로 한정하여야 할 것이다"라고 하여, 원심이 인정한 사실은 결국 확정판결인 위 정산금청구 소송의 판결 내용이 실체적 권리관계에 배치되어 부당하고 또한 피고들이 이를 알고 있었다는 것에 지나지 아니하므로, 이러한 사정만으로는 확정된 위 정산금 청구소송의 판결에 기하여 피고들이 한 강제집행이 불법행위를 구성한다고 하기 어렵다고 보아 원심판결을 파기환송하였다.

사. 소 결

위와 같은 판례의 흐름을 살펴보면, 적어도 위 다.의 대법원 1984. 7. 24. 판결까지는 대체로 확정판결에 기한 강제집행이 불법행위가 되므로 손해배상을 청구할 수 있거나, 권리남용이 되므로 청구이의의 소를 제기할 수 있다고 하여 결론에 있어서는 대체로 용이하게 확정판결에 기한 강제집행에 대한 구제를 인정하고 있으나, 어느 경우에 확정판결에 기한 강제집행이 불법행위가 되거나 권리남용이 되는가 하는 요건에 관하여는 구체적인 설시가 없다.

그러다가 위 라.의 대법원 1991. 2. 26. 판결 이후부터는, 확정판결에 따른 집행이 불법행위를 구성하기 위하여는 그 소송당사자가 상대방의 권리를 해할 의사로 상대방의 소송관여를 방해하거나 허위의 주장으로 법원을 기망하는 등 부정한 방법으로 실제와 다른 내용의 확정판결을 취득하고, 그 집행을 하는 것과 같은 특별한 사정이 있어야 한다고 하여, 엄격한 요건을 요구하고 있으며, 특히 위 바.의 대법원 1995. 12. 5. 판결은, "확정판결에 기한 강제집행이 불법행위로 되는 것은 당사자의 절차적 기본권이 근본적으로 침해된 상태에서 판결이 선고되었거나 확정판결에 재심사유가 존재하는 등 확정판결의 효력을 존중하는 것이 정의에 반함이 명백하여 이를 묵과할 수 없는 경우로 한정하여야 할 것이다"고 설시하여 적어도 그 표현상으로는 그 요건이 더욱 엄격하여졌으며, 결과에 있어서도 모두 당사자의 구제가 부정되었다.

3. 학설의 검토

학설은 일부 예외적인 경우도 있지만[15] 일반적으로 이 문제를 판결의 편취 또는 사기판결, 사위(詐僞)판결이라고 하는 명칭으로 다루고 있다.

이 점에 관한 학설은 크게 부정설과 긍정설로 나눌 수 있다. 부정설은, 재심을 거쳐 편취된 판결을 취소함이 없이 바로 손해배상청구를 하게 허용하면 확정판결의 기판력에 저촉되므로 이같은 판례의 태도는 의문이라고 한다.[16]

반대로 긍정설은, 이론상으로는 부정설의 입장이 수미일관하지만, 재심사유가 없거나 재심제기기간이 도과하여 재심에 의한 구제가 불가능한 경우가 허다할 뿐만 아니라, 명백히 잘못된 것을 바로잡기 위하여 두 번의 소송을 강요하는 것은 부당하고, 부당판결에 의한 집행의 결과를 그대로 시인한다면 이는 「부정의에 대하여 정의의 도장을 찍어주는 것」(dem, was nicht recht sei, den Stempel des Rechts zu geben)이 되므로, 이 경우에는 실체적 정의를 위하여 기판력제도는 후퇴하여야 하고, 이 경우에 손해배상청구를 허용하는 것이야말로 「부당한 판결에 대한 정의의 승리」(ein Triumph der Gerechtigkeit über ungerechte Urteile)가 아닐 수 없다고 한다.[17]

긍정설 중 일부 학설은, 이른바 절차적 기본권 내지 법적 청문청구권이라는 개념을 도입하여, 반대당사자의 소송관여가 방해되어 절차적 기본권이 침해된

---

15) 이에 대하여는 후술 주 25) 참조.
16) 송상현, 민사소송법, 신정판, 1997, 508–509면. 같은 취지, 김홍규, 민사소송법, 제3판, 1994, 442–443면; 이시윤, 민사소송법(신정3판), 1997, 719–720면; 방순원, 민사소송법(상), 1987, 599면 등. 다만 부정설도 그 논리의 전개에 있어서는 다소 차이가 있다. 예컨대 이시윤, 위 책 720면은 재심을 거치지 않고 직접 부당이득·손해배상청구가 가능하다고 보려면 편취된 판결의 효력이 당연무효임이 전제되어야 할 것인데, 그에 관한 무효설을 따르기가 어렵다는 점을 들고 있다.
17) 정동윤, 민사소송법, 제4전정판, 1995, 731면; 동, "기판력의 배제를 위한 실체법상의 구제수단에 관하여", 법조 1989. 12, 3면 이하, 특히 23면 이하. 같은 취지, 김선석, "소송절차에 의한 불법행위", 사법논집 제8집, 1977, 301–302면; 지원림, "확정판결에 기한 강제집행과 불법행위", 민사판례연구 XVI, 1997, 188–189면; 이재성, "판결의 부당집행과 청구이의", 이재성판례평석집 VIII, 1988, 218면; 최세모, "확정판결의 집행과 불법행위의 성립", 대법원판례해설 제19–1호, 1993, 218면 등.

경우에는 불법행위가 성립한다고 한다.[18]

이 문제는 이론적으로는 쉽게 결론을 내리기 어려운 문제이다. 일반론으로서는 확정판결의 기판력은 법적 안정성을 위한 제도로서, 단순히 그 확정판결의 내용이 진실한 실체적 권리관계와 배치된다는 이유로 그 효력을 부정할 수는 없고, 그 효력을 다투기 위하여는 재심이나 추완항소 등의 방법에 의하여 그 판결을 취소하여야 할 것이다. 그러나 다른 한편으로는 확정판결의 내용이 실체적 권리관계와는 배치된다는 것이 명백하고, 또 당사자가 신의칙에 반하는 부당한 방법으로 그러한 확정판결을 얻은 경우에까지 기판력 내지 법적 안정성을 내세워서 그러한 결과를 받아들이라고 하는 것은 현저하게 정의에 어긋난다. 이러한 신의칙의 원칙은 소송법에 있어서도 적용되어야 하는 것이고, 기판력제도라 하여 반드시 그 예외가 될 수 없는 것이다.

물론 이에 대하여는, 역시 위와 같이 실체적 권리관계에 어긋나는 부당한 판결에 대한 구제방법은 재심 내지 경우에 따라서는 소송행위의 추완일 뿐이고, 위와 같이 신의칙과 같이 막연한 일반조항을 내세워서 불법행위 등을 인정하는 것은 소송법의 근본체계를 깨뜨린다는 비판이 있다.

그러나 이러한 주장은 소송법 체계, 특히 재심의 규정이 그 자체 완결적인 것이고 어떠한 흠결도 있을 수 없다는 것을 바탕에 깔고 있는데, 과연 이러한 전제가 성립하는 것인지는 의심스럽다. 인간이 만든 어떠한 법규정도 그 자체 불완전할 수밖에 없는 것으로서, 재심규정 또한 그 예외라고 할 수는 없는 것이다. 그러므로 이러한 불완전성을 보충하는 방법으로는 신의칙과 같은 일반조항을 활용하여, 불법행위로 인한 손해배상 등을 허용하지 않을 수 없다.

그러면 어느 경우에 이러한 구제를 허용할 것인가? 앞에서 설명한 바에 의하더라도, 단순히 확정판결이 실체적 권리관계에 어긋난다는 이유만으로 그러한 구제가 허용될 수 없음은 명백하다. 다시 말하여 그러한 구제가 허용될 수 있는 것은, 확정판결을 취득한 당사자의 행동이 신의칙에 어긋난다고 평가될 수 있는 특별한 사정이 있는 경우라야 할 것이다. 과연 어떠한 경우에 그러한 특별한 사

---

18) 장석조, "판결의 편취와 절차적 기본권", 법조 1997. 11, 64-65면; 동, "공정한 재판을 받을 권리", 헌법문제와 재판[중], 재판자료 제76집, 1997, 596면; 강현중(주 7), 416면(다만 여기서는 이러한 절차적 기본권을 침해한 판결은 무효라고 보고 있다); 동, "사위판결로 인한 손해배상 청구소송의 적부", 송천이시윤박사화갑기념 민사재판의 제문제(하), 1995, 254면; 국순욱, "민사소송에서의 법적심문청구권의 보장", 한국 법학 50년-과거・현재・미래(제1회 한국법학자대회 논문집) Ⅱ, 1998, 278면 이하 등.

정이 있다고 보아야 할 것인지는 일률적으로 말할 수 없으나, 판결 편취의 경우에 한정하여 말한다면, 소송당사자가 상대방의 권리를 해할 의사로 상대방의 소송관여를 방해하거나 허위의 주장으로 법원을 기망하는 등 부정한 방법으로 실제와 다른 내용의 확정판결을 취득하고, 그 집행을 하는 것과 같은 특별한 사정이 있어야 한다고 하는 근래의 판례[19]가 하나의 기준이 될 수 있을 것이다.[20][21]

4. 손해배상청구와 청구이의의 소에서 요건상의 차이 유무

그런데 이 사건에서는 피고가 원고의 소송관여를 특별히 방해하였다거나 허위의 주장으로 법원을 기망하였다고는 볼 수 없다. 그러면 이 사건 판결은 근래의 일련의 판례의 흐름과는 배치되는 것인가?

이 점에 대하여 생각할 수 있는 한 가지의 설명은, 이 사건에서는 청구이의의 소가 문제되는 경우임에 반하여, 위와 같은 근래의 일련의 판례는, 불법행위로 인한 손해배상이 문제되는 경우였으며, 양자는 그 인정될 수 있는 요건에 있어서 차이가 있다는 것이다. 이 사건 상고이유도 그러한 취지로 이해된다.

학설상으로도 이러한 주장이 있다. 1설은, 문제되는 구제수단이 청구이의의 소인가, 아니면 불법행위로 인한 손해배상청구인가에 따라 그 허용될 수 있는 범위에 차이가 있고, 권리남용이 되어 청구이의의 소가 인정되는 모든 경우에 불법행위도 성립하는 것으로 보지 않고, 차등을 두어 불법행위의 성립을 보다 좁게 인정하는 것이 온당하다고 한다. 즉 강제집행이 종료되어 권리가 적법히

---

19) 日最判 1969(昭44). 7. 8, 民集 23권 8호 1407頁도 기본적으로 같은 취지이다.

20) 위 대법원 1995. 12. 05. 선고 95다21808 판결도 기본적으로는 같은 취지라고 생각된다. 다만 위 판결이 재심사유가 있는 경우에도 불법행위로 인한 손해배상청구소송이 허용된다고 하는 것(주 19의 日最判 1969. 7. 8.이나 독일의 BGHZ 50, 115, 118도 마찬가지이다)은 이른바 재심소송의 대체물설에 입각한 것으로 여겨진다. 강현중(주 7), 417면 참조. 이처럼 재심이 가능한 경우에도 재심을 이용하지 않고 바로 손해배상청구가 가능하다고 하는 것은, 이론적으로는 반드시 체계정합적이라고 할 수 없으며, 특히 이러한 손해배상청구 등이 재심제도의 불완전성을 보완하는 제도라고 할 때에는 더욱 그러하다. 그러나 다른 한편으로는 재심사유가 없는 경우에도 손해배상청구 등이 가능하다면, 재심사유가 있는 경우에는 더욱 그러한 청구를 인정하여야 할 것이라고 생각할 수도 있다.

21) 다만 이러한 손해배상청구 등은 확정판결의 편취뿐만 아니라 뒤에서 보는 바와 같은 확정판결의 부정이용의 경우에도 인정될 수 있으므로, 위와 같은 판례를 손해배상청구가 이러한 경우에만 한정되는 것으로 이해할 필요는 없다. 황형모, "확정판결의 부당집행에 대한 구제수단", 판례연구 제8집, 부산판례연구회, 1998, 403면은 위 대법원 판결의 설시는 확정판결의 효력을 존중하는 것이 정의에 반함이 명백하여 이를 묵과할 수 없는 경우의 대표적 사례로서 열거한 것이고 그 2가지에 한정하는 것은 아닌 것으로 이해된다고 한다.

실현된 것으로 신뢰가 생기고 새로운 이해관계가 생길 수 있게 된 후에 기판력에 모순되는 법률관계(불법행위의 성립)를 인정하는 것과, 강제집행이 종료되기이전 단계에서 실현되어서는 부당하다고 인정되는 권리실현에 대한 협력을 소극적으로 거부하는 것은 법적 안정에 대한 신뢰보호, 소송경제, 구제수단을 이용하지 아니한 자기책임 등의 관점에서 차이가 있고, 따라서 정의의 이념에 비추어 구체적 정의의 요구가 기판력에 의한 법적 안정의 요구를 압도한다고 인정되는 분기점에 차이가 있을 수 있으므로 후자(청구이의의 소)가 전자(불법행위)보다다소 넓게 인정될 수 있다고 한다.[22]

그러나 이 사건 판결이 이러한 취지라고 보이지는 않으며(이에 대하여는 뒤에서 살펴보는 바와 같다), 또 이론적으로도 위와 같은 주장이 타당하다고 생각되지도 않는다. 일반적으로 확정판결이 집행된 경우에 손해배상을 청구할 수 있다면, 그 집행이 완료되기 전에는 그 집행을 저지할 수 있는 수단이 있어야 할 것은 분명하다. 그러나 역으로 그 집행이 완료되기 전에는 집행을 저지할 수 있는반면, 집행이 완료되고 나서는 아무런 구제를 받을 수 없는 경우를 인정하여야할 특별한 이유가 없으며, 그러한 취급은 사리에 맞지 않는다. 양자 모두 이미확정된 판결의 기판력과는 저촉된다는 점에서는 다를 것이 없기 때문이다.

가령 법적 안정에 대한 신뢰보호라는 점에서 본다면, 어느 경우에나 상대방당사자는 자신이 취득한 확정판결이 실체적 권리관계와는 어긋난다는 점을 인식하고 있는 것이고, 따라서 이러한 경우에 신뢰보호는 특별히 문제되지 않으며, 강제집행이 종료된 경우에 특별히 보호하여야 할 신뢰가 더 높다고 할 수는 없다. 그 이외의 다른 사유, 즉 소송경제라든지 구제수단을 이용하지 아니한 자기책임과 같은 사정도, 강제집행 종료 전에는 그 종료 후보다 더 넓은 범위에서구제를 인정하기에 충분한 근거라고는 할 수 없다.

---

22) 황형모(주 21), 405면. 장석조(주 18), 법조 1997. 11, 68-69면도, (자신의 견해에 의하면)
절차적 기본권의 침해가 아니어서 불법행위가 인정되지 않는, 집행채권자가 소송사기 등으로
형사법상 범죄를 구성하게 되는 경우에도 국가의 공권력 행사인 강제집행의 실시에 있어서
는 범죄행위에 의하여 이루어진 법률상태의 실현에 국가가 협력한다는 것은 받아들이기 어
렵다고 하면서, 국가가 기판력에 반하는 법률관계를 적극적으로 형성하는 것과 국가가 용인
할 수 없는 법률관계의 실현을 소극적으로 거부하는 것은 구별될 수 있으므로, 후자가 전자
보다 다소 넓게 인정될 수 있다고 하여, 불법행위의 성립을 부정하는 사안에 관하여도 (청구
이의에 의한) 집행력 배제가 인정될 수 있다고 주장한다.

5. 「판결의 편취」와 「판결의 부정이용」의 구별

가. 「판결의 부정이용」의 개념

그러면 이 사건 판결을 어떻게 받아들여야 할 것인가? 이 점은 다음과 같이 이해하여야 할 것이다. 즉 이 사건 판결은, 그 사안이 종래의 학설이나 판례가 일반적으로 문제 삼고 있는 '확정판결의 편취' 내지 '판결의 편취'(Urteilser-schleichung)와는 다른, 이른바 '확정판결의 부정이용' 내지 '판결의 부정이용'(Mißbräuchliche Ausnutzung des Urteils)이라는 별도의 유형에 속하고, 따라서 확정판결의 편취의 요건, 즉 소송당사자가 상대방의 권리를 해할 의사로 상대방의 소송관여를 방해하거나 허위의 주장으로 법원을 기망하는 등 부정한 방법으로 실제와 다른 내용의 확정판결을 취득하였다는 사정이 없더라도, 당사자에게 구제를 인정할 수 있다고 하는 견해에 입각하고 있다는 것이다.

이러한 확정판결의 부정이용이란, 승소한 당사자가 판결 취득과정에 있어서는 상대방의 소송관여를 방해하거나 또는 적극적으로 법원을 기망하는 것과 같은, 사회상규에 반하는 수단을 사용한 바는 없어서 확정판결을 편취한 경우에는 해당하지 않더라도, 그 확정판결이 명백히 잘못되었고, 승소한 당사자도 이 사실을 알았으며, 그 외에 확정판결의 효력을 주장하는 것이 사회상규에 반한다는 특별한 사정이 있을 때에는, 상대방 당사자로서는 확정판결의 편취가 있는 경우와 마찬가지로 손해배상 등의 방법에 의하여 구제를 받을 수 있다고 하는 것을 말한다.

원래 이러한 개념은 1945년 이전의 독일의 판례에 의하여 처음으로 인정되었고,[23] 그 후 현재의 독일 판례도 이를 유지하고 있는 것으로서,[24] 국내에서도 일부의 문헌에 의하여 소개된 바 있다.[25]

---

23) 1937. 5. 3.의 RGZ 155, 55. 이는 시기적으로는 히틀러가 정권을 잡은 후인 국가사회주의 시대였고, 이 점에서 국가사회주의와의 관련성이 논의될 수 있다. 이에 대하여는 von Dickhuth-Harrach, Gerechtigkeit statt Formalismus, 1985, S. 1. ff. 이하 참조.

24) BGHZ 13, 71; 26, 391; 40, 130 등.

25) 정동윤(주 17), 법조 1989. 12, 8-9면은 확정판결의 편취와, 확정판결의 부당집행을 구별하고, 후자를 다시 「부당하게 취득한 판결에 기한 부당집행」과, 「정당하게 취득한 판결에 기한 부당집행」으로 구분하는데, 「부당하게 취득한 판결에 기한 부당집행」이 여기서 말하는 판결의 부정이용에 해당한다. 그리고 지원림(주 17), 192면은 이를, "편취되지 않은, 그러나 실질적으로 부당한 판결의 남용"이라고 부른다.

나. 요   건

독일의 판례상 위와 같은 확정판결의 부정이용에 해당하기 위하여 요구되는 요건은 ① 판결이 실체적으로 부당하고(sachliche Unrichtigkeit des Urteils), 또 이러한 사정이 명백하여야 하며, ② 승소판결을 얻은 자가 그러한 부당성을 인식하여야 하며(Kenntnis der Unrichtigkeit), ③ 그러한 판결을 이용하는 것이 부당하다고 평가될 수 있는 특별한 사정(besondere Umstände)이 있어야 한다는 3가지로 나누어 볼 수 있다.[26)]

이 중 앞의 두 가지 요건에 관하여는 비교적 문제가 없다. 즉 판결이 실체적으로 부당하지 않으면 확정판결의 부정이용인지 여부는 처음부터 문제가 될 수 없고, 또 그 부당성이 명백하여야만 하는 것도 당연하다. 예컨대 사실관계에 관하여 다툼이 있는데, 법원이 어떠한 증거를 믿었는가에 따라 결과가 달라진 경우라면 그 부당성이 명백하다고는 할 수 없을 것이지만, 이 사건에 있어서와 같이 채무가 이미 변제로 소멸하였다는 사실이 명백한데 당사자가 그러한 사실을 알지 못하여 소송에서 이러한 사실을 주장하지 않은 경우는 그 부당성이 명백하다고 할 것이다. 또 승소한 당사자가 그러한 부당성을 인식하여야 한다는 것도 당연한 요구이다. 다만 반드시 그 판결의 확정 당시에 그러한 부당성의 인식이 있었어야 하는 것은 아니며, 사후에 그러한 부당성을 인식하게 되더라도 무방하다.[27)]

그러나 위와 같은 요건이 갖추어졌다고 하여도 그것만으로 확정판결의 부정이용이라고 할 수 없는 것 또한 당연하다. 만일 그처럼 본다면 판결이 확정된 뒤에도 그 판결이 잘못되었음이 밝혀지기만 하면 언제든지 그 판결과는 다른 주장을 할 수 있다는 것이 되어, 기판력을 인정하는 취지라든지, 재심사유를 한정적으로만 규정하고 있는 것과는 모순되게 되기 때문이다.

문제는 어떠한 경우에 이러한 특별한 사정이 있다고 볼 것인가 하는 점인데, 이는 일률적으로는 말할 수 없고, 구체적인 상황에 따라 판단할 수밖에 없는 문제이나, 독일의 판례는 이 점에 관하여 다음과 같이 설시하고 있다. 즉 법적 안정성 및 법적 평화의 침해는 가능한 한 방지되어야 하기 때문에, 확정판결의 부정이용으로 인한 청구권은 아주 예외적으로, 전체적인 사정을 종합할 때 부당한

---

26) Staudinger/Schäfer, §826 Rz. 109 ff.; 지원림(주 17), 193면 이하.
27) Staudinger/Schäfer, §826 Rz. 112; 지원림(주 17), 195면 등.

판결의 이용을 허용하는 것이 고도로 불공정하고 감내할 수 없을 정도이어서 기판력의 원칙이 후퇴하여야만 하는 경우에만 양속(良俗) 위반을 이유로 하는 불법행위를 규정하고 있는 독일 민법 제826조에 의한 청구권이 인정될 수 있다고 한다.[28]

참고로 위 판결의 내용을 보면 다음과 같다. 이 판결의 원고와 피고는 법률상 부부였는데, 1950년의 판결에 의하여 이혼하였다. 위 이혼판결에서는 아내인 원고와 남편인 피고 쌍방이 이혼에 귀책사유가 있으나, 남편인 피고가 다른 여자와 간통하였기 때문에 더 중대한 귀책사유가 있다고 판단되었다. 그리하여 원고는 피고를 상대로 하여 월 120DM의 부양료 지급을 명하는 판결을 받았다. 그 후 원고는 이 사건 소송을 제기하여, 위 부양료 지급 판결 이후에 생계비가 인상되었다는 등의 이유를 들어 피고가 월 80DM씩을 더 지급할 것을 청구하였는데,[29] 그에 대하여 피고는 반소를 제기하여, 위 부양료 지급 판결에 기한 강제집행의 불허를 구하였다. 그 반소의 이유로서는, 주로 원고도 전 혼인기간 중에 다른 남자들과 간통하였으므로, 전 혼인의 파탄에는 원고와 피고가 적어도 같은 정도로 책임이 있고, 따라서 피고는 원고에 대하여 부양료 지급 책임이 없다는 점을 들었다.

원심은, 원고의 위 부양료 지급 판결 취득 및 그에 기한 강제집행이 확정판결의 부정이용이어서 불법행위가 된다고 하여 원고의 본소청구를 기각하고 피고의 반소청구를 인용하였으나, 연방대법원은 원심판결을 파기하였다. 즉 원심판결의 견해에 의하면, 원고가 이혼판결을 근거로 하여 피고에 대하여 부양료 지급 판결을 취득하고, 이를 강제집행하였을 뿐만 아니라, 그 이상의 부양료를 청구하는 것이 공서양속에 위반된다는 것이나, 그러한 사정만으로 확정판결의 부정이용의 요건인 특별한 사정을 충족하는 것으로 본다면, 이혼에 전적으로 또는 주로 책임이 있다는 판결을 받은 당사자는 그 후에 위 이혼판결의 부당성을 입증함으로써 부양료지급의 결과를 면할 수 있다는 것이 되나, 그렇게 된다면 기판력의 제도는 잠식되게 되고, 법적 안정성은 침해되며, 법적 평화는 참을 수 없이 흔들리게 된다는 것이다. 그러므로 판결이 편취된 것이 아니라면, 그것이 진실한 사실관계에 어긋나고, 그러한 사정이 판결로부터 이익을 얻는 자가 이를

---

28) 독일연방대법원 1958. 3. 5. 판결, BGHZ 26, 391, 397 f.
29) 독일민사소송법 제323조가 규정하는 변경의 소(Abänderungsklage)이다.

알고 있다고 하여도 원칙적으로 그러한 특별한 사정을 이끌어낼 수 있다고 전제할 수는 없다고 하면서, 앞에서 인용한 바와 같은 사정이 있는 경우에만 독일민법 제826조에 의한 청구권이 인정될 수 있다고 한다. 그런데 원심은 그러한 사정을 확정하지 않았고, 그렇다고 하여 피고의 반소청구가 이유없다고 하여 기각할 만큼 심리가 성숙되지도 않았으므로 다시 심리하도록 원심판결을 파기환송할 수밖에 없다고 하였다.

이 판결이 설시하고 있는 것처럼, 독일의 판례는 지극히 예외적인 경우에만 확정판결의 부정이용이 불법행위가 된다고 하고 있고, 따라서 이를 긍정한 사례는 별로 많지 않다.[30] 다만 다음의 경우[31]에는 확정판결의 부정이용이 긍정되었다. 이 사건 원고는 전처와의 이혼소송에서 원고에게 유책사유가 있다고 하여 전처 및 그 자녀에 대하여 부양료를 지급하도록 하는 판결을 받았다. 그 후 원고는 동독에서 동독 사람을 서독으로 피난시키는 일에 관여하였다고 하여 구금되어 있어 위 판결에 따른 부양료지급의무를 이행하지 못하였다. 그러자 원고를 대신하여 부양료를 지급한 지방자치단체가 부양료 채권자의 승계인으로서 강제집행을 하려고 하였고, 그에 대하여 원고가 위 강제집행의 불허를 구하는 소송을 제기하였다.

원심법원은 원고의 소를 인용하였는데, 원고가 구금되어 있음으로 말미암아 무자력이 되었고, 따라서 위 부양료 지급 판결은 사후적으로 부당한 것이 되었으며, 피고도 이를 알고 있었을 뿐만 아니라, 당시 원고는 동독에 구금되어 있을 동안에 초기에는 외부와 완전히 차단되어서 자신의 친척이나 동독 주재 서독 대표부와도 접촉할 수 없었기 때문에 위 부양료 지급판결에 대한 변경의 소를 제기하지 못한 데 아무런 귀책사유도 없었고, 외부와의 접촉이 가능해진 후에도 부양료에 신경 쓸 수는 없었으며, 변경의 소는 소급효가 없기 때문에 이러한 상황에서 피고가 강제집행을 하려는 것은 매우 부당하다는 것이다. 연방대법원도 이러한 원심판결을 시인하였다.[32]

---

30) 이 이외에 독일의 주요한 독일의 판결에 대한 소개로는 정동윤(주 17), 15면 이하 참조.
31) 독일연방대법원 1983. 7. 13. 판결, BGH NJW 1983, 2317.
32) 이러한 경우에 확정판결의 부정이용이라고 인정하는 것은, 실제로는 독일민사소송법 제323조 제3항이 변경의 소를 인정하면서도, 변경의 소 판결에 소급효를 인정하지 않고, 원래의 판결은 변경의 소 제기 이후에 한하여만 변경될 수 있다고 규정하는 것에 대한 교정책이라고 할 수 있다.

6. 이 사건 판결에 나타난 확정판결의 부정이용

위와 같은 확정판결의 부정이용이라는 유형에 대하여 확정판결의 편취와 동일한 효과를 인정할 것인가 하는 것은, 확정판결의 편취에 대하여 어떠한 효과를 인정할 것인가 하는 문제와 마찬가지로 어려운 문제이나, 사견으로서는 이 또한 확정판결의 편취와 마찬가지로 취급하여야 한다고 생각한다.[33] 실제로 과거 우리 판례상 문제되었던 것도, 대법원 1960. 11. 3. 선고 4292민상656 판결(위 2. 가.)을 제외하고는 거의 대부분 판결의 편취라는 유형에 속하기보다는 확정판결의 부정이용의 유형에 속한다. 그러나 과거의 판례는 이러한 점을 특별히 의식하지 않고 있었다고 여겨지고, 특히 근래에 당사자에 대한 구제를 부정한 판결들은, 확정판결의 편취라는 점에서만 불법행위의 성립 여부를 검토하여 이를 부정하였을 뿐, 확정판결의 부정이용이라는 관점은 별달리 고려하지 않았다.[34]

이에 반하여 이 사건 판결은 원고가 청구이의의 소를 제기할 수 있는 근거를 확정판결의 편취 아닌 부정이용에서 찾았다고 생각된다. 즉 이 사건 판결은 확정판결에 대하여 청구이의의 소를 인용할 수 있는 근거를 그 판결에 기한 강제집행이 신의칙에 반하고 권리남용이 된다는 데서 찾고 있는데, 구체적으로는 확정판결의 내용이 실체적 권리관계에 배치되는 경우 그 판결에 의하여 집행할 수 있는 것으로 확정된 권리의 성질과 그 내용, 판결의 성립 경위 및 판결 성립 후 집행에 이르기까지의 사정, 그 집행이 당사자에게 미치는 영향 등 제반 사정을 종합하여 볼 때, 그 확정판결에 기한 집행이 현저히 부당하고 상대방으로 하여금 그 집행을 수인하도록 하는 것이 정의에 반함이 명백하여 사회생활상 용인할 수 없다고 인정되는 경우에는 그 집행은 권리남용으로서 허용되지 않는다고 설시하고 있다. 특히 이 판결이 판결 성립 후 집행에 이르기까지의 사정을 고려하

---

33) 같은 취지, 정동윤(주 17), 23면 이하; 지원림(주 17), 192면 이하.
34) 실제로 위 대법원 1995. 12. 5. 선고 95다21808 판결(위 2. 바.)에 대한 대법원 재판연구관의 해설인 조관행, "확정판결에 기한 강제집행과 불법행위", 대법원판례해설 통권 제24호, 116면은 위 판결의 사안은 판결의 부당편취 여부이지 판결의 부당집행(즉 확정판결의 부정이용)은 아니라고 하여 논의에서 제외하고 있다. 그러나 위 판결을 확정판결의 부정이용이라는 관점에서 검토하였다면 결론이 달라졌을 가능성도 배제할 수 없다. 다른 한편 지원림(주 17), 200면은 위 대법원 1992. 12. 11. 선고 92다18627 판결(위 2. 마.)의 설시는 확정판결의 집행과 관련하여 불법행위가 성립하는 경우란 판결의 편취밖에 없다는 의미로 오인될 수 있다고 비판한다.

고 있다는 점에서, 판결 확정에 이르기까지의 사정만이 문제되는 확정판결의 편취와의 구별을 의식하고 있음을 알 수 있다. 뿐만 아니라 위 판결이 "그 확정판결에 기한 집행이 현저히 부당하고 상대방으로 하여금 그 집행을 수인하도록 하는 것이 정의에 반함이 명백하여 사회생활상 용인할 수 없다고 인정되는 경우"라는 표현을 사용하고 있는 점에서도 앞에서 살펴 본 독일 판례의 영향을 어느 정도 간취할 수 있다.

그러면 이 사건에서 대법원이 피고의 강제집행이 확정판결의 부정이용이라고 본 것은 타당한가? 우선 이 사건 청구이의의 소의 대상인 확정판결이 그 변론종결 당시에 이미 이루어졌던, E 등의 변제 내지 강제경매에 따른 배당을 전혀 고려하지 않았다는 점에서 실체적 권리관계에는 배치된다는 점은 명백하다고 하겠다. 그리고 비록 Y가 위 판결을 받을 당시에는 주채무자에 대하여 보증인들의 보증한도인 금 300,000,000원을 훨씬 초과하는 원리금 채권이 남아 있었을 뿐만 아니라 보증인들 각자가 주채무 완제시까지 금 300,000,000원씩 갚기로 약정하였다는 해석을 전제로 소송을 제기하였던 탓에 위 판결이 실체적으로 부당하였다는 점을 인식하지 못하였다고 하였더라도, Y가 B에 대하여 제기하였던 소송의 판결에서 이러한 Y의 주장이 배척되었을 뿐만 아니라, 은행감독원에서도 이러한 이유로 Y에게 경매신청을 취하할 것을 종용하였으므로 적어도 그때에는 Y로서도 위 판결이 실체적으로 부당하다는 것을 인식하였다고 보여진다.

문제는 이 사건에 확정판결의 부정이용에 해당한다고 볼 수 있는 특별한 사정이 있는가 하는 점이다. 일반론으로서는 이 판결이 설시하고 있는 것처럼, 그 확정판결에 기한 집행이 현저히 부당하고 상대방으로 하여금 그 집행을 수인하도록 하는 것이 정의에 반함이 명백하여 사회생활상 용인할 수 없다고 인정되는 경우"에는 확정판결의 부정이용에 해당한다고 볼 수 있을 것이나,[35] 과연 이 사건이 그러한 경우에 해당하는가 하는 점이다.

이 판결은 그와 같은 사정으로서, 원래의 확정판결의 변론종결 전에 Y가 X의 보증채무 중 일부가 이미 소멸한 사실을 알았거나 쉽게 알 수 있었다는 점, 그럼에도 불구하고 그 보증채무 전액의 지급을 명하는 판결을 받았음을 기화로

---

35) 다만 이러한 판례의 표현은 마치 강제집행을 필요로 하는 이행판결의 경우에만 확정판결의 부정이용이 가능한 것처럼 오해될 여지가 있으나, 강제집행을 요하지 않는 경우, 예컨대 형성판결의 경우에도 확정판결의 부정이용은 문제될 수 있다.

X의 보증채무가 변제에 의하여 모두 소멸된 후에 이를 이중으로 지급받고자 하는 것이라는 점, 그 집행의 과정도 신의에 반하는 것으로서 그 부당함이 현저하다는 점, X는 위 회사의 보증인에 불과하고 그 소유의 담보물건에 관하여 일차 경매까지 실행된 바 있다는 점, 그럼에도 X에게 이미 소멸된 보증채무의 이중변제를 위하여 그 거주의 부동산에 대한 강제집행까지 수인하라는 것이 되어 가혹하다는 점 등을 들고 있다.

그런데 이 중 X의 보증채무 중 일부가 위 확정판결의 변론종결 전에 일부 소멸하였다는 점은 위 확정판결이 실체적 권리관계에 부합하지 않는다는 의미일 뿐이고, Y가 이를 알았거나 쉽게 알 수 있었다는 점도 그것만으로 확정판결의 부정이용이 된다고 할 수는 없다.

그렇다면 남는 것은 그 집행의 과정도 신의에 반한다는 점, X는 위 회사의 보증인에 불과하며 그 소유의 담보물건에 관하여 일차 경매까지 실행된 바 있다는 점, 강제집행의 목적물이 X가 거주하는 부동산이라는 점이다. 그런데 우선 이 중 강제집행의 목적물이 X가 거주하는 부동산이라는 점을 들고 있는 것은 다소 의문이다. 이 사건에서 X는 Y의 특정한 목적물에 대한 집행행위가 부당하다고 주장하여 제3자이의의 소나 집행에 관한 이의를 제기한 것이 아니고, Y의 강제집행 그 자체가 부당하다고 주장하는 것이기 때문이다. 가령 Y가 X의 주택 아닌 다른 목적물에 대하여 강제집행을 한다고 하여 결과에 차이가 있을 것으로는 생각되지 않는다.

그러면 X가 보증인이라고 하는 점은 어떠한가? 확실히 보증인의 경우에는 대체로 주채무자의 부탁에 의하여 별다른 이익을 얻음이 없이 무상으로 보증계약을 체결하는데 반하여, 그로 인한 부담은 큰 경우가 많은 점을 고려한다면 다른 경우와는 달리 취급할 소지가 없지는 않다. 그러나 다른 한편으로 채권자의 처지에서는 경제적으로 볼 때 보증인에 대한 채권은 주채무자에 대한 채권과 동일한 의미를 가지는 것이므로, 확정판결의 부정이용에 해당하는가를 판단함에 있어서 반드시 보증인을 주채무자와 달리 취급하여야 한다고 할 수는 없을 것이다.

그렇다면 이 사건 판결이 들고 있는 사정 가운데 남는 것은 그 집행의 과정이 신의에 반한다는 점인데, 이 사건 판결은 왜 그 집행의 과정이 신의에 반한다는 것인지 구체적으로 설명하고 있지 않으나, 위 판결의 전후 문맥에 비추어 보면, X가 위 판결이 표상하고 있는 채무가 모두 변제되었다고 하여 이의를 제기하였고, 은행감독원도 X의 이의가 정당하다고 하여 Y에게 위 강제집행의 신청을 취하할 것을 종용하자 Y도 이를 일단 받아들여 위 강제집행의 신청을 취하하였다가 다시 강제집행을 하기에 이른 사정을 가리키는 것으로 보인다. 이러한 사정은 상당히 중요한 의미를 가진다고 하지 않을 수 없다. 물론 원심이 판시하고 있는 것처럼, Y가 일단 강제집행의 신청을 취하하였다고 하더라도, 그것만으로 Y가 X에 대한 확정판결상의 채권을 포기하였다거나, 그 채무를 면제하여 준 것이라고 볼 수는 없다. 그러나 Y가 위와 같은 상황 아래에서 은행감독원의 종용을 받아들여 강제집행의 신청을 취하한 것은, 일단 자신의 강제집행이 적어도 실체법상으로는 부당하다는 것을 자인한 것으로 해석되지 않을 수 없고, 따라서 그 후 다시 위 판결을 내세워서 강제집행에 착수하는 것은 자신의 선행행위와는 상반되는 것으로서 부당하다고 하지 않을 수 없다.

이 이외에 Y가 신용을 생명으로 하여야 하는 금융기관이라는 점도 아울러 고려한다면, 이 사건 판결이 Y의 행위가 확정판결의 부정이용에 해당하는 것으로 본 것은 수긍할 수 있다고 여겨진다. 물론 이렇게 본다면 지나치게 확정판결의 부정이용의 범위를 넓히는 것으로서 기판력제도를 무색하게 한다는 비판도 전혀 성립할 수 없는 것이라고는 할 수 없으며, 이 점에 대하여는 각자의 관점에 따라 견해가 갈릴 수 있다고 생각된다.

7. 청구이의의 허용 여부

이처럼 이 사건에서 X를 구제하는 것이 결과에 있어서 타당하다고 하더라도, 과연 청구이의의 소를 허용하는 것이 합리적인가 하는 점은 다시 검토하여 볼 문제이다. 민사소송법 제505조 제2항은, 청구이의는 그 원인이 변론종결 후에 생긴 때에 한하여 할 수 있다고 규정하고 있기 때문이다.

이 점에 관하여 위 대법원 1984. 7. 24. 선고 84다카572 판결(위 2. 다.)은, 청구이의의 소는 판결에 의하여 확정된 청구가 그 판결의 변론종결 후에 변경소멸된 경우뿐만 아니라 판결을 집행하는 자체가 불법한 경우에도 이를 허용함이 상당한데, 그 이유는 이러한 경우의 불법은 당해판결에 의하여 강제집행에 착수함으로써 외부에 나타나 비로소 이의의 원인이 된다고 보아야 하기 때문이라고 설명하고 있다.[36) 그러나 이러한 설명은 그다지 설득력이 없다. 우선 청구이의의

---

36) 이러한 판시에 찬성하는 것으로는 이재성(주 17), 228면이 있다. 그러나 위 논문 225면은 이

소가 확정판결에 표시된 청구권 자체가 변경·소멸된 경우 이외에 판결을 집행
하는 자체가 불법인 경우에도 허용된다고 한다면, 그 집행 자체의 위법성을 다
투는 집행에 관한 이의(민사소송법 제504조)나 제삼자이의의 소(민사소송법 제509
조)와는 어떻게 구별되는가 하는 점부터 문제가 된다.

뿐만 아니라 위 대법원 1984. 7. 24. 선고 84다카572 판결이나, 이 사건 판결
에 있어서는 다 같이 그 확정판결에 표시된 청구권이 그 변론종결 당시에 이미
일부라도 존재하지 않았다고 하는 점이 청구이의의 소를 인용하는 주된 사유가
된 것이며, 그러한 사정이 존재하지 않았다고 하면 청구이의의 소는 인용될 여
지가 없었을 것이다. 다시 말하여 이러한 경우에는 이러한 경우에는 제1차적으
로는 위 확정판결 자체가 부당하다는 것이 문제인 것이지, 그 확정판결의 내용
과는 분리하여 그 집행 자체가 불법인 것은 아니며, 따라서 위 확정판결의 집행
자체가 불법이므로 변론종결 이후의 사유를 청구이의의 원인으로 한다고는 볼
수 없고, 이는 기본적으로는 사실심 변론종결 전에 발생한 사유를 원인으로 하
는 청구이의의 소를 인정한 것이라고밖에 볼 수 없어 민사소송법 제505조 제2
항과의 저촉 문제가 해결되었다고는 볼 수 없는 것이다.[37] 물론 확정판결의 부
정이용의 경우에는 그 부정이용 여부의 판단에 있어서 판결 확정 후의 사정도
고려하므로, 확정판결의 편취와 반드시 사정이 같지는 않다. 그러나 부정이용에
있어서도 기본적인 요건은 확정판결이 실체적 권리관계와 모순된다는 것이고 판
결 확정 후의 사정만을 단독으로 고려하는 것은 아니므로, 그러한 이유만으로
청구이의의 소를 허용하는 것이 정당화될 수는 없다.

또 다른 문제점으로서는 부당이득 반환청구와의 사이에 불균형이 발생한다
는 점을 들 수 있다. 일반적으로 확정판결의 기판력 표준시인 사실심 변론종결
후에 그 확정판결에 표시된 청구권이 변경 소멸되면 청구이의의 소를 제기할 수
있으나, 이러한 청구이의의 소는 그 확정판결에 기한 강제집행이 종료될 때까지
만 허용되고, 강제집행이 종료되면 더 이상 허용되지 않으며, 이때에는 그 강제
집행에 의하여 얻은 이익에 대한 부당이득반환청구만이 허용된다.[38] 그런데 확

러한 경우에 청구이의의 소를 허용하는 것은 민사소송법 제505조 제2항에 규정한 청구에 관
한 이의의 사유를 확장 적용하는 것이라고 한다.

37) 윤진수, 부동산의 이중양도에 관한 연구, 서울대학교 법학박사학위논문, 1993, 225-226면;
이공현, "확정판결의 부당취득과 청구이의", 민사판례연구 Ⅶ, 1985, 199면; 민일영, "청구
이의의 소에 관한 실무상 문제점", 재판자료 제35집, 1987, 224-225면 참조.
38) 곽윤직, 채권각론, 신정판, 1995, 628면. 독일에서도 이 점은 일반적으로 긍정되고 있다.

정판결의 편취나 부정이용의 경우에 그러한 확정판결에 기한 강제집행이 종료되면, 불법행위로 인한 손해배상은 허용될 수 있어도, 그 확정판결에 기하여 채권자가 취득한 이익을 부당이득이라고 하여 반환청구를 하는 것은 그 확정판결의 기판력과 저촉되므로 허용될 수 없는 것이다.[39] 그러므로 확정판결의 편취나 부정이용의 경우에 판례와 같이 청구이의의 소를 허용한다면, 강제집행이 종료된 후에는 더 이상 부당이득반환청구도 허용되지 않는 것과의 사이에 불균형이 생기게 된다.[40]

이에 대하여 다음과 같은 설명이 있다. 즉 청구이의의 소는 사실심 변론종결 후에 발생한 사유만을 이의사유로 허용하고 있으므로 이를 엄격히 관철하면 판결편취와 같은 사유는 대부분 기판력에 차단되게 되지만, 부당하게 취득된 판결에 의한 집행을 허용하기 어렵다는 결론에 동의한다면, 그 구제수단의 흠결은 해석에 의하여 보충될 수밖에 없고, 그 방법을 우리 실정법에서 찾는다면 부당집행에 대한 구제방법인 청구이의의 소를 정한 민사소송법 제507조[41]를 유추적용함이 가장 바람직하며, 특히 절차적 기본권이 침해된 경우에 있어서는 헌법합치적인 법률해석의 원칙상 이러한 해석이 요구된다는 것이다.[42]

그러나 앞에서 본 문제점을 고려한다면 반드시 청구이의의 소에 관한 규정을 유추적용할 필연성은 없다. 독일에서는 이러한 확정판결의 편취나 부정이용에 기한 강제집행을 저지하기 위하여 청구이의의 소를 인정하는 것은 그 기판력에 저촉된다는 이유로 이를 부정하고,[43] 그 대신 불법행위에 기한 원상회복청구권에 근거하여, 채무자에게 채무명의를 가진 채권자의 강제집행의 부작위(Unterlassen

---

Stein/Jonas/Münzberg, Kommentar zur Zivilprozeßordnung, 21. Aufl., 1994, §767 Rdnr. 56 참조.

39) 대법원 1995. 6. 29. 선고 94다41430 판결(공 1995하, 2526); 이재환, "확정판결의 집행과 부당이득반환청구, 불법행위로 인한 손해배상청구와의 관계", 대법원판례해설 1995년 하반기(통권 제24호), 110면 이하; 장석조(주 17), 법조 1997. 10, 67-68면; 황형모(주 21), 407면 등 참조. 다만 학설상으로는 부당이득반환청구의 허용 여부를 불법행위로 인한 손해배상청구와 같이 다루어야 한다는 견해도 없지 않다. 이공현(주 37), 196면. 정동윤(주 17), 법조 1989. 12, 24-25면도 같은 취지로 보인다. 그러나 독일에서도 손해배상청구 이외에 부당이득반환청구는 허용되지 않는다고 보는 것이 일반적이다. MünchKommZPO/Gottwald, 1992, §322 RdNr. 196 등 참조.

40) 윤진수, "반사회적 부동산 이중양도에 있어서 전득자의 지위", 법조 1998. 9, 163면 주 48) 참조.

41) 제505조의 오기로 보인다.

42) 장석조(주 18), 법조 1997. 10, 69-70면.

43) BGHZ 26, 391, 394; Stein/Jonas/Münzberg, Kommentar zur Zivilprozeßordnung, 13. Aufl., §767 Rdnr. 24 등.

der Zwangsvollstreckung) 및 그 채무명의의 반환을 청구할 수 있는 권리를 인정하고 있다.[44] 그러므로 우리나라에서도 강제집행이 편취된 확정판결에 기한 것이거나, 또는 그 강제집행이 확정판결의 부정이용일 때 이를 저지하는 방법으로서는 청구이의의 소를 허용하는 것 대신 불법행위에 기한 손해배상으로서 위와 같은 강제집행의 부작위 및 채무명의의 반환청구를 인정하여야 할 것이다.

그러나 이에 대한 반론으로서는, 우리 민법 제394조가 손해배상의 방법으로 원상회복 아닌 금전배상을 인정하고 있으므로 해석론상으로는 이처럼 불법행위에 기한 원상회복청구권을 인정하는 것은 불가능하다는 반론이 있다.[45]

이 점에 대하여는 필자가 여러 번 논한 바 있으므로[46] 상론은 생략하나, 기본적으로 강조할 것은, "다른 의사표시가 없으면 손해는 금전으로 배상한다"라고 규정하고 있는 우리 민법 제394조는 금전배상이 손해배상의 원칙적인 방법이라고 선언하고 있는 임의규정에 불과한 것이지, 해석에 의하여 예외적으로 원상회복에 의한 손해배상을 인정하는 것까지 금지하는 규정이라고 경직되게 이해할 이유는 없다는 것이다.[47] 위 조문 자체가 당사자의 의사표시가 있는 때에는 금전배상에 대한 예외를 인정하고 있는 것이다. 그러므로 이론적으로 볼 때, 손해배상을 원상회복의 방법에 의하겠다는 당사자 사이의 의사표시가 있는 것과 동등하게 평가할 수 있는 다른 사정이 있는 경우에도 금전배상의 원칙만을 고집하여야 할 이유는 없고, 이때에는 원상회복에 의한 손해배상이 인정될 수 있는 것이다.

여기서 문제되고 있는, 확정판결의 편취나 부정이용의 경우에는 이러한 원상회복청구권을 인정하여야 할 필요성이 명백한 경우라고 할 수 있다. 그러한 확정판결에 기한 집행이 완료되지 않은 경우에는 현실적인 금전적 손해가 발생하지는 아니하였으므로 금전에 의한 배상은 별 도움이 되지 아니한다. 그렇다고 하여 채무자에 대하여 일단 강제집행을 당하는 것은 감수하고 나중에 금전배상

---

44) BGHZ 26, 391, 394; Staudinger/Schäfer §826 Rz.122.; MünchKommZPO/Gottwald, §322 RdNr. 210 등.
45) 예컨대 송덕수, 민법주해 IX, 60면 주 234) 등. 대법원 1997. 3. 28. 선고 96다10638 판결(공 1997상, 1202)도, 민법 제763조에 의하여 불법행위에 준용되는 민법 제394조가 금전배상의 원칙을 규정하고 있으므로, 법률에 다른 규정이 있거나 당사자가 다른 의사표시를 하는 등 특별한 사정이 없는 이상 불법행위자에 대하여 원상회복청구는 할 수 없다고 한다. 대법원 1961. 10. 12. 선고 4293민상115 판결(판례 카아드 6083); 1994. 3. 22. 선고 92다52726 판결(공 1994상, 1295) 등도 같은 취지이다.
46) 윤진수(주 37), 216면 이하; 윤진수(주 40), 161면 이하 등 참조.
47) 양삼승, 민법주해 IX, 1995, 595면 이하도 같은 취지이다.

384 III. 사   법

을 청구하도록 하는 것은 불필요하게 우회적인 방법일 뿐만 아니라, 강제집행으로 인한 채무자의 손해가 현실적으로 적정하게 평가될 수 있을지도 의문이 아닐 수 없다.[48] 따라서 이러한 경우에는 그 강제집행이 완료되기 전에 강제집행을 저지할 수 있는 권리를 원상회복청구권으로서 인정하는 것이 가장 적절한 방법이 될 것이다.

이와는 다소 관점을 달리하여, 이러한 권리를 불법행위에 기한 원상회복청구권이 아니라, 일종의 예방적 부작위청구로 구성하는 것도 가능할 것이다. 즉 손해는 강제집행이 완료됨으로써 비로소 발생한다고 보고, 그러한 손해가 발생하기 전에 이를 예방하기 위하여 강제집행의 부작위 및 채무명의의 반환을 청구할 권리를 인정하자는 것이다.[49] 그 성격을 어떻게 파악하는가 하는 것은 소멸시효와 관련이 있을 수 있다. 가령 이를 손해배상 청구권으로 파악한다면, 예컨대 판결 확정 후 3년이 지난 때에는 그 청구권의 소멸시효가 완성되었다고 볼 여지가 있으나, 예방적 청구권으로 파악한다면 그러한 논란을 피할 수 있을 것이다.

8. 결   론

이 사건 판결은, 우선 종래 많이 문제되었던 확정판결의 편취 이외에, 확정판결의 부정이용이라는 유형을 정면으로 인정하고, 그에 대하여도 확정판결의 편취와 동일한 구제를 허용하였다는 점에서 중요한 의미를 가진다고 하겠다. 다만 위와 같은 확정판결의 편취와 확정판결의 부정이용의 구별을 명백히 밝히고 있지 않아서 읽는 사람으로 하여금 오해를 불러일으킬 수도 있다는 점은 아쉽게 생각된다.

나아가 이 판결이 확정판결의 부정이용에 대하여 청구이의의 소를 허용한 것은, 종래의 선례에 따른 것이기는 하나, 이론상으로는 문제점이 있다고 하지 않을 수 없다.

〈하촌정동윤선생화갑기념 이십일세기 민사소송법의 전망, 박영사, 1999〉

---

48) 이공현(주 37), 197 – 198면 참조.
49) 국내에서의 이에 대한 간단한 언급으로는 양창수, "불법행위법의 변천과 가능성", 민법연구 제3권, 1995, 313면 주 5); 동, "손해배상의 범위와 방법", 민법산고, 1998, 254면 이하 참조. 독일에서의 이에 관한 논의는 Larenz/Canaris, Lehrbuch des Schuldrechts, Bd. II/2, 1994, S. 704 ff. 참조.

〈대담〉

윤진수 교수 정년기념 대담

일   시 : 2019. 12. 3.(화) 18:00∼22:00
장   소 : 반포원 4층 데이지룸
대 담 자 : 정재오(서울고등법원 고법판사)
　　　　　옥도진(해군작전사령부 법무실장)
　　　　　정진아(인천지방법원 판사)
　　　　　이동진(서울대학교 법학전문대학원 교수)
　　　　　신지혜(전북대학교 법학전문대학원 교수)
　　　　　이선미(사법정책연구원 연구위원)
　　　　　정한샘(감사원 부감사관)
　　　　　최준규(서울대학교 법학전문대학원 교수)
　　　　　장보은(한국외국어대학교 법학전문대학원 교수)
　　　　　이봉민(수원고등법원 판사)
녹취·정리 : 송순섭(서울대학교 법학연구소 조교)
　　　　　김윤경(행정안전부)

I. 인사 및 소개

윤진수 : 제가 먼저 고맙다고 인사를 하고 싶습니다. 다들 바쁜데, 아마 조퇴 내지 반가를 내고, 이렇게 많이들 나와 주어서 반갑고요. 날도 추운데 고맙다는 말을 우선 하고 싶습니다. 감사합니다. (일동 박수)

이동진 : 대담에 참석해 주신 분들에게 간단하게 자기소개를 부탁드리려고 합니다. 저는 서울대학교 법학전문대학원에 근무하는 이동진이고요, 선생님 지도로 2004년에 석사학위를 받고, 2011년에 박사학위를 받았습니다. 2009년부터 학교에 있습니다.

정재오 : 선생님께서 고맙다는 말씀을 여러 번 하시는 것을 듣고 나니까 퇴임하시는 게 느껴집니다. 저는 서울고등법원에서 근무하는 정재오입니다. 97년에 선생님 오실 때, 저도 같이 대학원에 들어갔습니다. 99년에 석사 마치고 박사과정 들어갔다가, 2016년에 박사학위를 마쳤습니다. 대학원에 오래 있어, 선생님 속 제일 많이 썩힌 제자가 아닌가 싶습니다.

윤진수 : 속을 썩인 것은 없어요. 정 부장은 특별히 기억에 남는 것이 정말 저의 첫 제자인 셈이에요. 97년 1학기에 대학원 수업을 처음에 개설했을 때, 수강신청을 몇 사람 했기는 했는데 다 빠져 나가고, 정 부장 혼자만 남았어요. (모두 웃음) 그래서 그때 쾨츠(Hein Kötz)의 독일 불법행위법책을 가지고, 그야말로 1대1로 수업을 했지요. (웃음) 지나놓고 보니 그때 정부장이 고생이 많았어요.

정재오 : 저보다 선생님이 훨씬 더 고생 많으셨지요. 저는 지금도 판사하면서 선생님 연구실에서 같이 1대1로 수업을 듣곤 했던 것이 가장 기억에 남습니다. 수업 하시다가 "잠깐 기다려봐" 하시고는 책을 빼가지고 오시거든요. 이번에 권순일 대법관님이 러니드 핸드(Learned Hand) 공식을 판결문에 쓰신 것 같은데, 그때 저도 처음으로 수업을 듣는데, 잠깐 기다리라고 하시고는 책을 빼 오셔가지고 여기에 있다고 하셨던 기억이 납니다. (웃음)

윤진수 : 그때 그랬던가?

정재오 : 그러셨습니다. 여러 책들을 그렇게 알려주셨지요. 포즈너(Richard A. Posner) 책이라든가… 오히려 제가 선생님께 감사의 마음을 느끼고 있습니다. 이 상입니다.

최준규 : 서울대 근무하는 최준규라고 합니다. 2007년에 석사 받고, 2012년에 박 사를 받았습니다. 2012년부터 대학에서 근무하고 있습니다.

이선미 : 저는 지금 사법정책연구원에서 연구위원으로 근무하고 있는 이선미 판사 라고 합니다. 저는 2001년도에 교수님께 지도받는 석사과정에 들어와서, 수료는 2004년에 했는데, 학위는 2010년에 가까스로 받았습니다. 그러고 나서 학업을 계 속하지 못하고 있다가, 2019년에 전문박사과정으로 대학원에 들어오게 되었는데 요. 교수님께 더 이상 지도를 받지 못하게 되었지만, 이동진 교수님 지도반으로 보내주셨습니다. 아마도 여기 있는 사람들 중 제가 제일 학력이 딸리는 것 같은데 요, 모자란 제자도 사랑으로 품어주시고 불러주시니, 우리 교수님 얼마나 훌륭하 신 분인가… (모두 웃음)

이봉민 : 저는 수원고등법원에서 근무하는 이봉민 판사입니다. 2009년에 석사학위 받고, 박사과정을 수료하고 아직 논문을 못 썼습니다.

장보은 : 안녕하세요. 저는 한국외대에서 민법을 담당하는 장보은입니다. 아마 이 중에서 지도반으로는 제일 늦게 들어오지 않았나 싶은데요. 논문을 쓰려 할 때쯤 김재형 교수님이 대법원에 가시는 바람에 난민이 되었고요. (웃음) 난민을 선생님 께서 구제하여 잘 지도해 주셔서, 박사학위를 가까스로 받아, 또 다시 학교에 가 서 일을 하고 있습니다.

정진아 : 안녕하십니까. 인천지방법원 정진아 판사입니다. 저는 2010년도에 석사 로 들어왔는데 그때 사실은 별로 학업에 큰 뜻은 없었으나 교수님 글을 여기저기 에서 접하고 '교수님께 꼭 한번 배워봤으면 좋겠다.' 하는 마음을 품고 공부하게 되었고, 또 이러저러한 개인적 사정도 있고 해서 석사학위를 2015년도에 받았고 요, 그 다음에 전문박사 과정을 수료했습니다. 사실은 계속 그 와중에 바빴는데,

교수님 수업 듣고 밖에서 생각하고, 이런 것을 낙으로 여기고 살았는데요. 교수님께 배우면 배울수록 '아… 내가 모르는 게 너무 많아서 공부가 참 힘들구나.' 하는 것을 느끼고 깨닫는 과정이었습니다. (웃음) 감사합니다.

옥도진 : 안녕하십니까. 저는 옥도진입니다. 3년간 해군법원장을 마치고 지금 해군작전사령부 법무실장으로 있는데, 곧 해군법원장으로 가야되는 상황이 되었습니다. (웃음) 저는 군에서 보내주어서 위탁교육을 왔었습니다. 사실 권영준 교수님한테 먼저 갔었습니다. 해군 출신이셔서 인사드렸는데, 나이가 저와 한 살밖에 차이가 안 나기 때문에, 거기에 못 갈 것 같아 (모두 웃음) 교수님께 갔습니다. 그 당시에 서울대에 절도 사건이 생겨서, 건물에 스크린도어 같은 것이 생겼는데요, 출입이 너무 불편한 거예요. 그래서 수업 듣는 교수님 중에서 '사인해 주실 것 같은' 느낌이 드는 분께 갔습니다. 당시에는 교수님이 어떤 분인지 잘 모르고 대뜸 사인용지를 내밀었는데요, 교수님께서 "지도교수? 이게 뭔가?" 그러셔서, "사인 받아오랍니다." 했던 기억이 있습니다. 그날이 스승의 날 일주일 전이었는데요. 스승의 날 즈음 다시 찾아뵙고, "지도교수님 해주시면 좋겠습니다." 했더니 "왜 더 생각해 보지 않고?" 그러셨습니다. (웃음) 그때 마침 교수님 조교가 군대를 갔어요. 그래서 제가 교수님 조교생활을 시작하게 되었습니다. 수업조교를 하다가 강독회 조교도 하게 되었고요. 벌써 10여 년 세월이 흘렀네요. 제 삶에 중요한 자국으로 남은 제자생활이었고, 교수님이 이제 퇴직하신다 하니 마음이 많이 쓸쓸합니다. 이상입니다. 너무 긴 말이었습니다.

정한샘 : 옥 대령님 말씀하시는 것을 들으니까, 미리 준비를 해온 것이 아닌가 하는 생각이 듭니다. (웃음) 저는 2000년에 교수님 친족법 수업을 처음 들었는데, 그때 출석체크도 굉장히 꼼꼼히 하시고, 수업시간에 이름을 불러서 앞에 나와 발표를 시키셔 가지고요, 당황한 마음으로 나가서 마이크를 잡고 발표를 했던 기억이 납니다. 그래서 저런 무서운 교수님 밑에는 안 가야지 하고 생각을 했었는데요. 어쩌다 보니 2003년에 교수님 지도반으로 가게 되었고, 학부 수업 때 무섭게 꼼꼼하게 가르쳐 주시는 그 이미지와는 달리, 한 명 한 명 잘 챙겨주시고, 또 제가 석사논문, 박사논문 준비할 때, 교재나 책도 빌려주시면서 많이 지도해 주셨습니다. 아이들을 낳고 힘든 상황에서, '교수님 계신 동안은 그래도 박사 졸업은 하겠지.'라고 안일하게 생각하고 있다가, 2008년에 박사 입학해서 12년경에 수료를 했는데도 아직도 학위를 못 받고 있습니다. 내년에는 이동진 교수님 밑에 가서 졸

업하려고 생각하고 있습니다. 교수님이 벌써 퇴직을 하신다 하니까, 저도 이제 '아… 세월이 많이 지났구나.' 하는 생각이 듭니다. 지도반 분들을 같이 보면서, 그때는 참 다들 어렸었는데, 막내가 이제 40대가 다 되어가는 것을 보니까… (모두 웃음) 진짜 세월이 너무 순식간에 지나가서 여러 가지 생각이 많이 드는 것 같습니다. 그리고 많이 섭섭한 마음도 있지만, 이렇게 좋은 자리 불러주시고 오늘 첫눈도 멋지게 오고 좋은 날인 것 같습니다.

신지혜 : 자기소개는? (모두 웃음)

정한샘 : 아, 감사원에서 근무하고 있는 정한샘 변호사입니다. 육아휴직을 하다, 회사 다니기를 반복하고 있는데요. 지금은 육아휴직을 하고 전업학생 겸 전업주부로 지내고 있습니다.

신지혜 : 안녕하세요, 저는 전북대학교에 있는 신지혜입니다. 2017년까지 변호사를 하다 학교 온 지 2년 반 정도 되었습니다. 저는 2003년에 교수님 지도반으로 석사입학을 해서 2009년에 졸업하고, 2009년에 박사 들어와 2015년에 박사졸업을 했습니다. 사실 제가 만삭일 때 박사논문을 썼는데요. 교수님께서 만삭이니 이번에 통과 안 시켜주면 더 이상 못할 수도 있다고 다른 교수님들을 잘 설득해 주셔서 다행히 졸업할 수 있었던 것 같습니다.

윤진수 : 그런 일은 없는데… (모두 웃음) 사실과 다른데…

신지혜 : 다행히 만삭일 때 논문을 잘 쓸 수 있었고요. 저는 원래 변호사로 일할 때도 그렇고, 관심분야가 지적재산권 쪽이어서 사실 민법을 전공할지 지적재산권법을 전공할지 계속 고민했는데요. 선생님께서 "지적재산권도 어차피 소유권의 일종이다. 민법 하는 것이 맞다."라고 하셔서 그때 마음 정해서 했는데, 지금 생각해보면 민법을 한 게 맞았던 것 같습니다. 제가 최근에 제 학부 때 성적표를 볼 일이 있어서 떼어 봤는데요. 보니까 제가 선생님 수업을 맨 처음 들었던 것이 3학년 때더라고요. 채권총론 과목이었습니다. 정말 법대생의 성적표 맞나 싶을 정도로, 법학 과목은 성적이 별로 안 좋고, 제가 관심 있는 다른 과목만 좋았는데요. 선생님 채권총론 수업을 한번 듣고 나서는, '선생님 수업만 들어야겠다.'라고 생각하게 되었습니다. 채권총론, 채권각론, 친족법, 상속법까지 선생님 수업을 들었는

데, 성적이 점점 올라갔어요. 상속법은 A+를 찍고 졸업을 할 수 있었습니다. 아마 선생님 수업을 안 들었으면 법학에 대해서 흥미를 그렇게 갖지 못하고, 지금 정말 다른 데에서 다른 일을 하고 있지 않을까 하는 생각이 듭니다. 저는 사실 대학원에서도 처음엔 민법보다도 선생님 지도반이 되고 싶어서 민법을 선택한 것에 가까웠는데요. 정말 감사드리고요. 아직도 선생님께 배울 것이 많은데, 벌써 퇴직이라고 하시니까 정말 아쉽기도 하고 섭섭하기도 하고 그렇습니다.

윤진수 : 고맙습니다. 그런 줄 몰랐네. (모두 웃음)

Ⅱ. 생   애

1. 법학을 공부하기까지(~1973)

이동진 : 많은 분들에게 받아보셨을 바로 그 질문을 드리겠습니다. 어쩌다가 법학을 하시게 되었는지요? 사실 집안은 의료계와 관련이 되신 것 같은데요.

윤진수 : 그런데, 그런 질문 당연히 나올 것으로 생각했는데, 여기 있는 사람들하고 거의 비슷할 거예요. (모두 웃음) 처음부터 법학 하겠다고 생각한 사람은 없을 것 같은데… 정재오 부장은 아니었을지도 모르겠다. 원래 법학 전공이 아니었으니까. 그런데 대개 공부를 조금 잘하면, 부모님이 법대 가라 하지 않나요? 내가 경기고등학교를 나왔는데, 경기고등학교에서는 고등학교 3학년 때까지 매달 모의고사를 봤어요. 지금 보면 참 비교육적인 일이긴 한데, 그 모의고사 성적표를 다 교실에다 붙였어요. 거기에다 자기가 어느 대학을 지원하고 싶은지 적도록 했지요. 나는 그때만 해도 법대에 갈 생각이 별로 없었고, 정치학과에 가겠다고 해서 거기에 정치학과로 그렇게 적었지요. 대학입시가 1월초였는데, 원서 낼 무렵에 12월말쯤이었을 텐데, 그때까지도 어디 갈지 정하지 못하고 있었더니, 부모님이 전주에 계셨는데, 전주로 한번 내려와라 하시더라고. 그래서 전주에 내려가려고 버스를 타러 갔는데, 고등학교 1학년 때 담임 선생님을 길에서 만났어요. 그분이 국

어선생님이셨는데, 지금은 돌아가셨지마는, "어디 가느냐?" 하셔서, "이러저러해서 고향에 간다." 했더니 그분 말씀이 "그냥 법대 가라." 하시더라고. (모두 웃음) 사실 내가 '법대 외에 다른 데 가겠다.' 하는 생각이 그렇게 강한 것도 아니었고요. '수학과에 가겠다.' 하는 생각도 좀 하기는 했는데… 전주에 갔더니 어머님은 또 "의대에 가라." 하는 말씀도 하셨는데, 그냥 그러다가 법대로 오게 된 거죠. 아마 여기 있는 학생들은 법대 외에 다른 데를 생각해 보지 않았는지 모르겠지마는 대개 법대 가게 된 것은, 거의 부모님의 희망이 많이 반영된 것이겠지요.

이동진 : 정치학과는 왜 생각하셨는지 궁금합니다. 그리고 예전에 돌던 전설 중하나가, 선생님은 시간 나면 동경대 수학 입시문제를 푸신다 하는 그런 이야기가 있어서요. 그것이 사실인지요?

윤진수 : 글쎄 왜 그런… (모두 웃음) 정치학과 생각은 그때 세상 물정을 잘 몰라 정치학 하는 게 좀 좋아보였던 것 같아요. 그리고 지금은 잘 기억은 안 나는데, 내가 수학을 좋아하긴 좋아했죠. 그런데 동경대 입시문제 이야기는 어디에서 나온 것인지 잘 모르겠는데… (모두 웃음)

장보은 : 제가 들은 것은 미적분 푸신다고… 스트레스를 받으시면요.

윤진수 : 미적분을 고등학교 때 배우긴 했지만, 그건 다 잊어버렸고요.

정진아 : 삼각함수를 푸신다고도…

윤진수 : 삼각함수? (모두 웃음)

이봉민 : 선생님 논문 중에 초과특별수익자가 있을 때, 초과수익자부존재의제설과 법정상속분기준설이 왜 같은 학설인지, 각주에다 수학적으로 기재해 주셨는데요. 저는 아무리 읽어도 아직까지 이해가 안 됩니다. (모두 웃음)

윤진수 : 그래요? 그것도 이야기가 긴데… 왜 그 이야기 하게 되었느냐 하면, 97년도에 처음 학교에 와서 상속법 강의를 했어요. 처음에 강의하다 그 부분에서 막혔지요. 곽윤직 교수님 책에 세 가지 설이 있다고 되어 있는데, 강의하다 보니 세

가지가 아닌 것 같은 거예요. 다시 따져보니 '두 가지는 실은 같은 것이다.' 하는 생각이 들더라고요. 고등학교 때 배운 수학지식이 아직 남아있긴 하더라고… (모두 웃음)

신지혜 : 제가 지금 전주에 있잖아요. 선생님의 고향이 전주라서, 대학교 계시는 선생님들이 많이 하시는 말씀이, "당신 지도교수님, 전주 출신인 것 아냐?"라고 하시면서, 여기 '윤내과'라고 엄청 유명한 병원이…

윤진수 : '윤외과'에요.

신지혜 : 저는 내과라고 잘못 들었었는데요. 어디 어디를 가면 거기 있다 하시면서, 이런 것도 알아야지 하는 듯 말씀을 하세요. 사실 교수님께서 고등학교 때 서울로 오셨는데요. 그전에 사실 어떻게 지내셨는지, 유년시절이 어떠셨는지 그것이 궁금하고요. 아까 잠시 말씀하셨는데요. 선생님 가족분들 중 의사가 많으신데 의대를 안 가겠다 하신 이유도 궁금합니다.

윤진수 : 어린 시절 이야기를 하면, 사실 태어나기는 전남 광주에서 태어났습니다, 그때 아버님이 전남의대에 조교로 있으셨어요. 생화학 전공 조교로 있으셨는데, 아이 낳은 지 석 달 만에 전주 예수병원으로 오시게 되어서, 나도 전주로 오게 된 거죠. 그래서 내 고향이 전주라고 되어있기도 하고, 또 어디엔 광주라고 되어 있는 데도 있긴 해요. 그런데 초등학교 4학년 때(64년)에 아버님이 예수병원에서 나오셔서 개업을 하셨어요. 그때까지만 해도 생활형편이 그렇게 여유는 없었던 것 같아요. 아버님이 개업하시고 난 다음에 여유가 생겼지요. 그러고 보니 정말 우리 집안에 의사가 많았어요. 우리 할아버님, 그 다음에 아버님, 작은 아버님, 그 대에는 그렇고. 이제 내 밑에 남동생이 의사이고, 조카가 의사고, 우리 딸도 의사이긴 하고요. 뭐 그렇긴 한데, 사실 그렇게 의대에 취미가 있었던 것은 아니고, 문과 이과 정할 때 별생각 없이 문과로 갔지요. 대학 진학을 결정 못할 때 어머님은 "의대 가라." 이런 말씀을 하시긴 했는데, 의대 갔어도 만족했을지도 모르겠어요. 신 교수 질문에 대한 답변을 제대로 했나요?

신지혜 : 한 가지 더 궁금한 것이 있는데요. 교수님의 유년시절 취미가 어떠하셨는지 궁금합니다. 유년시절부터 책 읽는 것 좋아하셨을 것 같은데요. 혹시 취미가

독서이셨나요?

윤진수 : 취미라는 것도 없었지만, 그때 전주에 부모님 친구분이 전주에서 제일 큰 서점을 하셨거든요. 호의를 베푸신 거죠. 책을 빌려서 보라고. 그래서 많이 빌려 봤지요. 취미는 지금이나 그때나 많지는 않고, 역시 부모님 영향으로 아버님이 음악을 좋아하셔서, 음악을 어릴 때부터 많이 들었고 그런 정도지요 뭐.

2. 가족법 전공의 계기

이선미 : 아까 여러분들이 말씀을 해주셨다시피 교수님의 친족법, 상속법 수업을 듣고 감명 받은 사람들이 아주 많고 저도 그중 하나로서, 가족법 전공을 해야겠다고 교수님께 찾아 갔었는데요. 그때까지만 해도 가족법하면 중요성이 조금 떨어진다는 인식도 있었던 것 같고, 나중에 제가 일을 하면서 주위의 다른 분들 보니까 학교에서 가족법을 제대로 배우신 분도 없고 그랬는데요. 교수님께서 친족법, 상속법에 일찍이 관심을 두시고 연구를 깊이 하시게 된 특별한 계기가 있으신지요?

윤진수 : 관심이 있어서 연구를 하게 된 계기가 있었다고 말하면 참 좋겠지만, (모두 웃음) 사실은 '우연'이 많이 작용해요. 물론 대학 다닐 때 친족법, 상속법 수업을 열심히 듣기는 했지요. 그때는 친족법, 상속법을 박병호 교수님이 가르치셨어요. 그땐 친족상속법이 아마 한 강좌였던가? 그럴 거예요. 그런데 민사소송법 강의를 이시윤 선생님한테 들었어요. 이시윤 선생님은 그때 사법연수원 교수하실 때지만, 송상현 교수님이 독일에 가 계셔서, 대학 3학년 때(75년)에 이시윤 선생님이 오셔서, 민사소송법 강의를 하셨어요. 그런데 그때 사실상혼인관계존재확인소송이 '형성소송'이다 이렇게 말씀하시는 거예요. 요새도 이시윤 선생님 교과서에 그렇게 되어 있을 거예요. 그래서 '그런가?' 하다가 대학 4학년 때, 민법연습이라는 과목이 있었는데, 그때는 특이하게 민법 선생님들이 돌아가면서 강의를 하셨어요. 이호정, 황적인, 박병호 선생님이 하셨는데, 내가 그때 친족법 시간에 박병호 선생님한테 그런 질문했던 것 같아요. "사실상혼인관계존재확인 소송이 형성소송이라는 말이 있던데요." 했더니, 박 선생님이 "그런 것이 있느냐?" 하는 반응을 보이시더니, 나중에 민법연습 시간에 그것을 발표주제로 내주셨어요. 그래서 내가 그것을 발표했지요. 그랬더니 학점은 A＋를 맞았고요. 그래서 그것을 나중

에 『Fides』라고 서울대학교에서 나오는 잡지, 요새는 없어졌는데요, 거기에 실었지요. 지금 그 논문을 보면은 좀 그렇지요. 대학 4학년이 쓴 논문이 어떻겠어요. 그리고 가정법원에 1년 근무한 일이 있었지요. 친족상속법을 어떻게 강의를 하게 되었느냐? 박병호 교수님이 95, 96년인가 퇴임을 하셨어요. 교수님이 가족법과 한국법제사를 가르치셨는데, 가족법 교수와 한국법제사 교수를 따로 뽑겠다는 거예요. 민법교수 공채 공고가 났는데, 조건이 '친족상속법 강의를 할 것'이었어요. 당시 제출한 논문도 재판연구관 시절에 썼던 이성양자(異姓養子)에 관한 판례해설을 발표한 그 정도였죠. 그 전에 가족법 논문을 두어 편 쓴 것이 있기는 했지만… 그 후에 친족상속법을 강의하게 되었지요. 민법강의 중 다른 것보다 친족상속법 강의를 들으면 좀 더 재미있지 않나요? 어떤가요?

이봉민 : 제가 학부 00인데요. 저희 위아래로 2000년대 초반 학번 사이에서, 서울 법대 3대 명강의 중 하나가, 윤진수 교수님의 '친족상속법 강의'였습니다. 졸업하기 전에 꼭 한번 들어야 한다고들 했었는데요. 혹시 이러한 사실을 알고 계셨는지 궁금합니다.

윤진수 : 그 이야기는 처음 듣는데요. (모두 웃음)

장보은 : 제가 학교에 2017년 2학기에 갔는데요. 그때 저한테 친족상속법 강의를 하라고 하셨는데, 저는 10년 넘게 실무를 했는데요(11년 정도), 친족상속법을 해본 적이 거의 없었거든요. 아주 이상한 사건 하나 자문한 것 외에는요. 정말 큰일 났다 했는데, 딱 그 전에 교수님께서 교과서를 내셔 가지고 '너무 다행이다.' 생각을 했습니다. (모두 웃음) 그 교과서를 보고, 첫 번째는 제가 배웠던 가족법하고는 완전히 다른 법이 되어 있어서 하나 놀랐고, 그 사이에 학문적인 발전이 엄청나서 또 놀랐습니다. 교수님 논문을 비롯해서 논문들을 중간중간 다 실어놓으셨잖아요? 첫 번째는 강의하는데 매우 도움이 되었고요. (웃음) 두 번째로 이번 학기에는 물권법하고, 강사법 때문에 젠더법학을 해요. 교양과목으로 하는데요. 그 것을 하면서 여성 내지는 젠더에 관한 법들에 대해서 소개를 쭉 하는데, 교과서에 나머지 법들은 시혜적으로 대충 만들거나 여성운동 하셨던 분들이 만든 법도 많고 그래서 뭔가 다 해줄 것 같지만 실제적 기능은 잘하지 못하는 것들이 많지만, 학자들이 제대로 따라 붙어서 연구를 많이 한 민법 같은 경우에는 제대로 발전했고 이만큼 진보했다 하는 이야기가 쓰여 있는 거예요. 그런 것을 볼 때, 교수님

생각을 하게 되지요.

정재오 : 제가 알기로는 교수님께서 예전에 가족법학회장 하시면서, 이용훈 대법원장님 시절에, '우리나라의 가정법원을 어떻게 할 것인가?' 그 문제에 대해서 용역을 받으셔서, 보고서를 내신 바가 있습니다. 그것이 아마 지금 제가 아는 범위 내에서는, 우리나라 가정법원의 나아갈 방향에 상당히 영향을 미치고 있는 것 같은데요?

윤진수 : 전반부는 맞는데, 그때 옥 대령이 조교를 하고, 그 용역은 나 혼자 한 게 아니고요. 여러 사람이 했는데… 후반부는 대법원장님이 가정법원의 기능 확대에 대해서 관심이 많았던 것이지요. 내 보고나 우리 용역이 그렇게 크게 도움을 주었는지는 모르겠고요. 그때 그 용역 내용 중 내가 담당했던 부분은, 미국 가정법원에 대한 것이었는데, 미국 가정법원을 우리나라에 소개하는 정도의 의미는 있었지만, 우리나라에서 가정법원의 역할이 커지고 전문법관 제도가 들어온 것은 결국 이용훈 대법원장님의 관심이 많이 반영된 것이지요. 옥 대령은 거기에 대해 이야기할 것이 있습니까?

옥도진 : 재미있는 이야기가 하나 있기는 한데요? (모두 웃음) 그 당시에 대법원에서 나온 연구 보고서들은, 빨주노초파남보 무지개 색깔로 출판되는 것을 전통으로 해 왔는데요. 그런데 용역을 거의 마칠 무렵, 법원행정처에서 표지를 무엇으로 할 거냐고 하면서, 색깔을 세 가지로 주어서, 주황색을 택했었는데요, 사실 전통상 그 해에는 주황색이 들어갈 해가 아니었던 거예요. 행정하시는 분이 메일에 빨주노초파남보로 간다는 기재를 안했던 거죠. 그래 주황색으로 다 찍고 나니까, 나중에 전화가 왔어요. "아이고 이제 전통이 깨졌어요."라고요. 그래서 "무슨 뜻인가요?" 그랬더니, 빨주노초파남보 황. 황. 황. (모두 웃음) 이렇게 되었다고 하더라고요.

윤진수 : 나는 그 이야기는 처음 듣네?

옥도진 : 어차피 찍었기 때문에 다시 할 수도 없고 해서, 이제부터 색깔별로 안하고 임의적으로 하기로 했다, 뭐 그런 비화도 하나 있었습니다. (웃음) 나중에 법원도서관 한번 가보시면, 옛날 것들은 빨주노초파남보로 되어있고, 정 부장님이

보셨던 교수님이 학회장 하셨을 때 했던 용역보고서는 아마도 그 순서가 깨진…

정재오 : 제 기억에도 주황색으로 기억합니다.

이동진 : 요새는 업체를 지정해서 같은 표지를 쓰게 하고 있습니다. 그러니까 그게 한번 깨지고 조금 지나 스트레스를 받고, "다시 통일해야겠다." 한 거겠죠. (모두 웃음)

옥도진 : 하여튼 그때 재미있었습니다. 조교로서 교수님 댁에 가서 식사도 하고요. '아~ 저런 얘기도 있구나' 하고 옆에서 교수님들 이야기를 가만히 듣기도 하고요. 또 하나 재미있었던 것은 교수님들 논문 오타를 잡는 일이었는데요. 어느 교수님 논문이 오타가 제일 많았는지 보고했던 기억도 있습니다. (모두 웃음) 그건 비밀로 하겠습니다.

3. 법관으로서의 삶(1982~1997)

정진아 : 굉장히 일반적인 질문인데요, 교수님께서는 다른 교수님에 비해 판사로도 굉장히 오래 근무하시고, 학교에서도 오래 근무를 하셨는데요. 조금 식상한 질문일 수도 있지만, 판사로서의 삶, 그리고 교수로서의 삶을 비교해 볼 때 장·단점이 궁금합니다. 그리고 판사로서 법원에서의 기억은 어떠하신지도 말씀해 주시면 좋겠습니다.

윤진수 : 그런 질문을 물론 많이 받는데, 그 질문과 관련해서는 방순원 대법관님 일화를 이야기하지요. 요새 학생들은 방순원 대법관님을 잘 모르는 것 같던데… 그분은 서울대학교 교수로 계시다가 1961년에 5·16이 나고 나서, 대법관으로 가신 분이에요. 그분으로부터 이야기를 직접 들은 이재성 대법관이라는 분이 해주신 이야기인데, 방순원 대법관한테 어떤 변호사가 찾아왔대요. "교수하고 대법관하고 어떤 게 나으냐?" 물었다고 하는데, 방순원 대법관님이 그러셨다네요. "교수가 백번 낫다. 교수는 자기가 모르는 거 안 가르치면 되는데, 대법관은 자기가 모른다고 재판을 안 할 수가 없어서 그렇다." (모두 웃음) 그러셨다 하는데, 정말 교수는 어떻게 보면 자유로운 직업이지요. 말하고 싶은 대로 말하면 되는 것이고. 학교 온 지 얼마 안 되었을 때인데, 상속법 수업시간에 "이건 이렇게 되어야 한

다.”라고 이야기를 한참 했어요. 수업 끝나고 휴게실에 가서 우편함을 열었더니 판례공보가 있어서 살펴보았는데, 내가 수업시간에 한 말하고 달리 판결이 나온 거예요. (모두 웃음) 그래서 그 다음 시간에 가서 “아… 내가 지난번 이야기한 것 하고 다르게 판례가 나왔는데, 이 판례는 잘못되었다.” (모두 웃음) 지금도 나는 그렇게 생각을 하고요. 그런데 물론 판사도 보람 있는 직업이지만, 판사는 쉽게 말해서 제약이 많지요. 자기가 재판을 해도 꼭 자기가 맞다고 이렇게 재판을 할 수는 없는 거예요. 대법원 판례라는 것도 있고 말이지요. 교수들은 그냥 한마디로 “대법원 판례 틀렸어.” 하고 이렇게 이야기하면 되는 거니까요.

정진아 : 판사로서 갖고 계셨던 어떤 좋았던 기억이 있으신가요?

윤진수 : 나는 법원에서 14년 6개월 근무했지만, 헌법재판소에서도 2년 있었고, 대법원에 3년 4개월 있었으니까, 사실 일선에서 재판한 기간은 그렇게 많지 않죠. 나중에 또 이야기할 기회도 있겠지만, 특히 재판연구관을 했을 때의 일이 많이 기억에 남고 그렇죠.

이동진 : 기왕에 말씀하신 김에 그러면 재판연구관 하실 때의 이야기를 해주시면 좋을 것 같습니다.

윤진수 : 재판연구관 이야기를 하면, 재판연구관으로 소위 일반조 공동연구관으로서 여러 사건을 많이 했었고, 판례를 변경한 것도 많이 있고 한데, 특히 기억에 남는 것은 두 개 정도 되요. 하나는 이른바 생수사건. 민사사건은 아닌데, 그 당시에 생수 판매가 일반인들한테 금지가 되어 있었어요. 그때 생수 허가는 미군에게 판매하거나 해외로 수출하는 조건으로 해주었던 거예요. 그랬는데 허가받은 회사가 일반인에게 판매해서 제재를 받으니까, 그것을 취소해 달라고 소송이 왔던 거예요. 고등법원에서는 그 제재가 맞다고 그랬고, 대법원에 왔을 때 처음에 행정조에 그 사건을 보냈는데, 행정조에서도 그 제재가 맞다는 입장이어서 상고기각 의견이었지요. 나는 원래 일반조이기 때문에 민사와 형사사건을 주로 다루었고, 행정사건을 하지 않는데, 주심 대법관이었던 김용준 대법관님(나중에 헌재소장 지내신…)이 나보고 “검토를 해라.” 하시는 거예요. 그래서 검토를 했는데, 사실 대법원에서 사건보고서를 쓸 때, 보통 일주일에 하나씩 썼는데, 그 사건은 굉장히 오래 걸렸던 것 같아요. 한 3주 정도 걸렸던 것 같은데… 그 사건도 전원

합의체 갔다가, 판결은 소부에서 했죠. 그 사건이 결론내리기가 제일 어려운 사건이었지요.

그리고 또 한 가지는, 그것도 여러분이 대개 알 테지만, '장물취득죄의 기판력이 강도상해죄에 미치느냐?' 하는 것이에요. 내가 어느 인터뷰에서도 그 이야기를 하고 그랬는데, 그것은 그야말로 급박하게 일이 진행되어 가지고, 피고인이 실제는 강도상해 공범이었는데, 자기가 "신용카드를 자기 친구에게 받았다." 그래서 장물취득죄로 재판을 받고 있었어요. 그 뒤에 공범이 잡히니까 이놈도 강도상해 공범이구나 해서 기소를 하니, 이 친구가 장물취득죄로 항소심을 진행하다가, 항소를 취하해서 형을 확정시켜 버렸어요. (모두 웃음) 그랬는데 강도상해죄에 있어서도 다 유죄 판결이 나왔고요. 대법원에 가 있는데, 기술적으로는 피고인이 불구속 사건인 거예요. 부에서는 불구속 사건으로 합의를 했는데, 주심 대법관이 장물취득죄로 처벌받았으니까 강도상해로는 처벌 못한다고 '면소 의견'이었고 다른 대법관들은 그건 아닌 것 같다는 의견이었어요. 그래서 그냥 불구속 사건이니까 미뤄 놓았던 거지. 그랬더니 교도소에서 통지가 왔어요. 이 피고인 조금 있으면 형기 만료로 출소하는데, "어떻게 하실 겁니까? 영장을 새로 발부하실 겁니까?" 내 기억에 그것이 한 12월 20일쯤 되었던 것 같아요. 그리고 출소일은 1월 4일인가 그랬고요. 갑자기 이 사건이 나한테 떨어진 거예요. 그걸 처리하라고요. 쉬운 문제가 아니었죠. 대법원에서도 7대 6으로 의견이 갈렸으니까요. 그때 12월 29일인가까지 보고서를 내고, 30, 31일은 보고서를 내지 말라 그랬는데, 그 마지막 날 우리 집에 손님을 초대해 놨는데, 손님들이 와가지고 밤 12시까지 안가는 거예요. (모두 웃음) 그래서 손님들 간 다음에 한 새벽 4시 반까지 보고서를 써서 다음날 아침에 올렸는데, 결국 영장을 발부했지요. 주심 대법관이 영장을 발부하기 싫어서 그랬던 건데, 영장을 발부하고 추가보고를 하고요. 1994년 3월에 결국은 7대 6으로 아슬아슬하게 처벌할 수 있다는 쪽으로 되었는데, 여러분들 다 시험 공부할 때 배웠죠? 이야기를 좀 더 하면, 그 판결이 나온 후에 계속 교수들이 평석을 쓰는데, 그 판결이 다 잘못되었다고 그러는 거예요. 그래서 할 말은 해야 되겠다 생각해서, 그때 형사실무연구회가 없었는데, 내가 "민사실무연구회도 있고, 특별소송실무연구회도 있는데 왜 형사실무연구회는 없느냐? 형사실무연구회 만들자." 해서 형사실무연구회가 만들어졌습니다. 그런데 첫 발표를 누가 하느냐고 그래서 "그럼 내가 하겠다." 했지요. (모두 웃음) 그래서 내가 이 판결을 대상으로 첫 발표를 했고, 그때 돌아가신 이재상 교수님이 오셔서, 판결이 잘못되었다고 그러셨는데, 이재상 교수님의 말씀 중에 사실 잘못된 게 있었어요. 독일 이야기를 하시는데 독일 이야기가 조금 잘못된 게 있어서, 그건 아니라고 했고요. 김황식 전 총리가 1심 재판장이었나 그래요. 김황식 전 총리도 "그것은 도저히 처벌하지 않으면 안 된다."라고 그렇게 말씀하셨던 것 같아요. 그 뒤에도 내가 그 문제에 관심이 있어서 계속 보는데, 그 판결을 지지하는 사람은 그렇게 많지 않았던 것 같아요. 2017년인가 이태원 살인사건 있잖아요. 거기에서도 그 쟁점이 있었지요. 판결은 강도상해죄 판결을 인용하면서, 피고인이 증거인멸죄로 일단 처벌은 받았어도 살인죄로 처벌할 수 있다고 했지요. 증거인멸죄로 처벌받았으니 살인죄 처벌을 못한다고 그렇게 결론을 냈다면, 별로 수긍하는 사람이 없을 거예요. 그런데 이 판결에 대해선 별로 뭐라고 하는 사람이 없더라고요. (모두 웃음) 그리고 한 가지 이야기를 더하면, 강도상해죄 판결이 난 다음에, 어느 자리에서 소수의견에 가담했던 대법관 한 분이 갑자기 나를 보더니 "그 강도상해죄 사건, 윤 부장이 보고를 좀 잘못해서 결론이 그렇게 났다고!" (모두 웃음) 그래서 "아니 대법관님… 무슨 말씀을 그렇게 하십니까? 대법관 일곱 분이나 찬성을 하셨는데… (웃음), 왜 그것을 제 탓을 하십니까?" (모두 웃음) 뭐 그런 일이 있었지요.

이봉민 : 실무 때 이야기가 나온 김에, 부정수표단속법 항소심에서 재판했던 것이 기억에 나거든요. 관련해서 판례에 매몰되어서 법이 바뀐 것을 모르는 그런 태도가 지금도 없잖아 있는 것 같은데요.

윤진수 : 그래요? 내가 이 판사에게 언제 그 이야기 한 적이 있었나요?

이봉민 : 네. 두어 차례 있었습니다. (모두 웃음)

윤진수 : 요새는 부정수표사건이 별로 없는 것 같아요. 과거에는 주로 지급거절된 것이 문제가 되었어요. '범죄의 성립 시기가 언제냐?' 하는 것이 문제였지요. 판례는 처음부터 계속 '발행시'라고 해왔지요. 연혁을 찾아보니까 '발행시'라고 해서 법원이 계속해서, "지급거절을 예상 못했다."라는 이유로 무죄선고를 하니까, 부정수표단속법이 아예 바뀌었더라고요. 그래서 "지급거절된 때"로 구성요건이 바뀌었지요. 그랬는데도 판례는 그 후에도 계속 '발행시'라고 그랬지요. 95, 96년에 수원에서 형사항소를 할 때, 그런 사건이 왔는데, 그 사건은 범죄의 성립 시기가 언제인지가 별로 중요하지는 않았어요. 유·무죄가 갈리는 것도 아니고, 중간에 확정판결이 하나 있었기 때문에, 주문을 하나로 내느냐, 둘로 내느냐, 이런 문제

거든요. 말하자면 '지급거절시'라고 하면 주문을 두 개로 내야 하는 거예요. 그래서 내가 주문을 두 개 냈지요. 사실 양형에도 변동이 없었어요. 그렇게 하고서 공판검사를 불렀어요. "내가 이렇게 했으니까, 상고를 해라!" (모두 웃음) 상고를 하라고 부추겼더니, 상고를 했지요. 판례에 반하는 판결을 하려니까 판결이유를 상세히 썼어요. "이렇게 이렇게 해서 법이 바뀌었고, 그랬으니까 '지급거절시'다." 그렇게 이야기를 했는데, 대법원에서 "뭐라고 뭐라고 이야기를 하지만, 판례에 있는 바이니까 파기한다." 그랬지요. (모두 웃음) 내가 작년에 썼었죠? '판례의 무게'라는 논문. '판례의 변경은 얼마나 어려워야 하는가?' 거기에서 약간 개인적인 감정이 개입된 그 이야기를 썼지요. 거기에서는 항소심 판결을 내가 했다 이 말까지는 안 했지마는… (모두 웃음)

4. 교수의 삶으로의 전환(1997~2020)

이동진 : 사실 선생님께서 학교로 오실 무렵은, 그 정도로 그렇게 장기간 실무에 있다가 옮기시는 경우가 흔하지 않았고, 어떻게 보면 커리어의 반까진 아니지만 상당기간 법원에 있다 옮기셨는데요. 어떤 생각으로 옮기셨는지 궁금합니다.

윤진수 : 학교로 오고 싶다는 생각은 일찍부터 있었어요. 그것도 법대를 어떻게 오게 되었느냐 하고 비슷한 것이 그때도 사실은, 연수원 마치고 바로 학교에 온다는 것은 별로 생각하기 어려웠고, 석사학위도 없었으니까요. 그러니까 연수원 나오면 자기 희망대로 판사나 검사가 되니까 판사가 되었고… (웃음) 판사를 하면서도 교수가 되고 싶다는 생각은 계속 가지고 있었는데, 그러니까 박사학위까지 받았지요. 그리고 중간에 박사학위 받기 전 곽윤직 교수님 퇴임하시고 법대에 지원을 한번 했었죠. 그런데 그때는 안 되었어요. 그러다가 그 후 95, 96년 무렵 수원에 있을 때, 권오곤 전 ICTY 부소장과 같이 수원지방법원에 있었을 때인데, 권오곤 부소장과는 연수원 때부터 잘 알았는데, 얼핏 권오곤 재판관한테 그런 이야기를 했던 것 같아요. 그랬더니 권오곤 재판관이 매제인 양창수 교수한테 그 이야기를 해 가지고… 이호정 교수님하고 양창수 교수님이 그때 수원에 와서, 학교로 오라고 권유를 하셔가지고 왔는데, 결과적으로는 나는 꿈을 이룬 셈이지요. 아주 옛날의 경우에는 방순원 선생이나 김용진 선생님이라는 분이 있었어요. 방순원 선생님은 판사와 변호사를 하시다가 교수가 되셨고, 다시 대법관이 되셨지요. 김용진 선생님은 잘 모를 텐데, 자유당 때 고등법원 부장판사를 하시던 분이에요.

그분은 단국대 교수를 하셨지요. 80년대 오석락 씨라고 '입증책임론'을 쓴 분이 있는데, 그분은 법원장을 하시다 고대 교수로 가셨지요. 그런데 고대 교수를 별로 오래는 안 하셨어요. 그리고 가령 양창수 교수님이나 그런 분들도 법원에 있다가 학교에 가셨는데, 양 교수님만 해도 그렇게 법관 경력이 길지는 않지요. 내 경우엔 약간 이례적인 것이었지요. 사표를 내고 대법원장님한테 인사드리러 갔더니, 대법원장님이 "왜 학교로 가느냐?" 그런 말씀은 안하시고, "그런데 조교수로 가는 게 뭐냐? 응?" 뭐 그 말씀만 하시더라고… (모두 웃음)

이동진 : 언젠가는 갈 사람으로 인식되어 있던 것이 아닐까요?

정진아 : 교수님처럼 연구관을 하시고 교수를 하신 분들이 거의 안 계시잖아요. 제가 잘 모르지만, 우리나라 판례의 발전과 또 그것을 해석하는 논문의 퀄리티 향상에 큰 의미가 있었다고 생각합니다.

윤진수 : 그것까지는 잘 모르겠고, 요새도 교수들이 가끔 연구관으로 가잖아요. 그건 본인을 위해서도 굉장히 보탬이 된다고 생각해요. 교수를 하다 연구관으로 가면 출퇴근 시간을 지켜야 되고 (웃음) 그러니까 힘들기도 하지만 그래도, 교수하다 연구관 간 사람은 그런 것을 알고 갔으니까 다른 사람에게도 그것을 권하기도 하던데… 실제로 재판이 어떻게 이루어지는지 모르고 가르친다는 것과 알고 가르치는 것은 큰 차이가 있지요.

가. 연구와 저술

신지혜 : 다른 분들이 말씀하신 것과 이어지는데요. 저희가 고시 공부할 때 많이 놀라는 것이, 7법을 공부하는데요, 거기에 다 선생님 논문이 있다는… (모두 웃음) 저희는 선생님을 민법 교수님으로 알고 있었는데, 헌법 논문도 있고 별의별 논문이 다 있어서 매우 놀랐던 적이 있습니다. 관심분야가 굉장히 넓으신데요. 어떤 식으로 주제를 잡아서 공부를 하시는지 궁금합니다.

윤진수 : 사실 제대로 대답하기 어려운데요. 그때그때 가령 대법원 판결이 중요한 게 나왔다라고 하면 그걸 하게 되고요. 한데 아주 그렇게 체계적으로 하게 되는 것은 아니고요. 그래도 친족법, 상속법은 비교적 일관성이 있기는 한데, 재산법

쪽은 뭐 그때그때 하게 되는 것 같아요. 여기 교수들 여러 사람 있으니까, 다들 어떤가요?

정재오 : 그 연장선상에서 선생님의 석사학위 소멸시효 논문이 있잖아요. 그때 당시에 소개도 잘 안된 이론 같은데, 대학원생이 그런 논문을 낸 것은 제가 보기에 수준이 높아 보이는데요. 어떻게 해서 그 주제로 논문을 쓰시게 된 것인지요?

윤진수 : 그 이야기는 내가 다른 데에서 한 적은 없는데, 아마 이호정 선생님의 영향이 있었던 것 같아요. 지금 정확하게 기억나지는 않는데, 1976년 대법원 판결인데, 소위 김포사건이라고 해서 매매계약에서 매수인이 목적물을 인도받으면 소멸시효가 진행하지 않는다고 했던 판결, 여러분도 잘 알고 있지요? 이호정 선생님이 지나가시면서, 독일에는 '소멸시효 남용이론'이 있다더라 이런 이야기를 해주셨지요. 이호정 선생님이 말하자면 약간 힌트를 주신 셈이지요. 내가 석사학위를 84년에 받았는데, 그때는 사람들이 도대체 그게 무슨 이론이냐며 그랬는데, (웃음) 요새는 아주 핫이슈잖아요. 헌법재판소 판례까지 나오고요. 얼마 전에 헌법재판소 판결의 기속력을 인정하는 대법원 판결도 하나 나왔잖아요. 선구자라고 말하기엔 좀 그렇지마는… (웃음)

이동진 : 아마 제 생각에는 법학석사학위 논문 중에는 가장 많이 인용되는 논문일 것 같은데요.

정재오 : 그러니까요.

윤진수 : 그런가?

정재오 : 석사학위 논문은 속된 말로 무지하게 잘 팔렸거든요. 반면에 이중양도에 관한 박사학위 논문은 아직까지도 실무에서 채택하고 있지 않은데요. 그것에 대한 생각을 들어보고 싶습니다.

윤진수 : 나는 다른 사람들한테 물어보고 싶어요. (모두 웃음) 쉽게 말하면 '불법행위의 손해배상 방법을 금전배상으로 고집할 필요가 있느냐 원물로 반환해도 되는 것 아니냐?' 하는 것인데… 그 이야기를 왜 사람들이 못 받아들이는지 잘 모르

겠어요. 민법에는 다른 의사표시가 없으면 금전으로 배상한다 뭐 그렇게 되어 있지만, 그건 임의규정일 뿐이고 절대적인 것이 아닌데, 내 말에 일리가 있다고 하는 사람을 별로 못 봤어요. 왜 그럴까?

정재오 : 얼마 전에 어느 퇴임한 원장님을 뵈었는데요. 변호사 개업을 하셔서, 최근에 아주 어려운 민사사건을 하고 계시다고 합니다. 다른 분들은 다 손을 떼고 못한다고 해서 본인이 직접 한다고 하시는데, 당신이 공부하다보니 아주 좋은 방법을 찾았데요. 그것이 뭐냐 하면 이중양도에서 원물로 반환하면 된다는 교수님의 이론이요. 그 방법으로 문제를 다시 돌파하려고 한다고 하시더라고요. 아주 좋은 아이디어라고 하시면서요. (웃음)

윤진수 : 몰라… 나는 오히려 내가 궁금해요. 내 이야기가 그렇게 무리한 이야기인지 잘 모르겠어요. 그런데 대개는 한마디로 차거든요. "민법 제394조에서 금전배상으로 하고 있는데 말이야 무슨 원상회복이냐?"는 그 한마디로.

정재오 : 그런데 딱 그 한 마디가 워낙 강한 거 같습니다. (모두 웃음) 손해배상은 돈으로 하는 거야 하는 것이 판사들 사이에서 워낙 강해서요. 다른 방법이 씨알이 안 먹히는 것 같습니다. 제가 보기에도 굉장히 속상하시지 않을까 싶어요. (웃음)

이봉민 : 법 테두리 안에서, 진화심리학에 관심을 가지신 계기가 어떤 것인지요?

윤진수 : 진화심리학에 대해서 언제부터 관심을 가졌는지는 정확히 기억이 안 나는데, 미국에 있을 때 책을 보면서였던 것 같아요. 원래 사회생물학이라는 이름으로 불리고, 진화심리학이라는 명칭이 쓰이게 된 것은 조금 나중입니다. 한국에서 진화심리학을 제대로 소개한 것은 서울대에 있다가 이대로 간 최재천 교수죠. 한국에 와서는 최재천 교수 이야기를 듣고 그러다가, 가족법에서도 진화심리학적인 설명이 유효하겠다 해서 글을 썼는데요. 그 뒤에는 별로 진화심리학에 대해 글을 쓰거나 그러지는 않고 있어요. 요새는 진화심리학하고 행동경제학이 연결이 되기는 되지요. 행동경제학적으로도 설명은 할 수 있겠다, 이런 생각은 하는데, 더 이상 이 부분에 대해서는 공부를 안 하고 있어요. 지금 법경제학 분야에서는 행동경제학이 널리 받아들여지고 있나요? 어떤가요?

이동진 : 법경제학 안에서는 별로인 것 같습니다. 행동경제학 자체는 책들도 많이 나오고 하는 것 같은데요.

윤진수 : 고학수 교수가 행동경제학에 대해 관심을 가지긴 하는데, 아직 호응이 많은 것 같진 않아요.

이동진 : 사실 진화심리학보다 훨씬 오래 하셨던 것이 법경제학이었던 것 같은데요. 또 헌법적인 차원에서 접근하신 것도 많고요. 그리고 아까 말씀하셨던 이중양도도, 소멸시효 남용도 그렇고 남이 안하는 방법이나 접근을 꽤 많이 시도하셨던 것 같습니다. 어떤 생각을 가지고 연구에 임하셨던 것인지요? 그리고 결과적으로 지금에 와서 돌아볼 때, 어떤 것은 성공적이었고 어떤 것은 그렇지 못했던 것인지에 대해서 듣고 싶습니다.

윤진수 : 글쎄, 남이 안하는 것을 하면 받아들여지기가 쉽지 않고, 법경제학에 대해서도 글을 좀 쓴 편이긴 하지만, 역시 법경제학 이야기를 하면 다른 사람들이 잘 못 알아들어요. 이동진 교수나 최준규 교수가 법경제학회에서 활동을 많이 하고 그러는데, 두 사람도 그렇게 못 느끼나? 특히 다른 법 하는 사람한테 법경제학 이야기를 하면 얼른 잘 이해를 못하지요. 그런데 법경제학은 여전히 의미가 있다고 생각을 하고 있어요. 지금 권순일 대법관이 계속 법경제학 이야기를 강조하는데, 지난번에 임차건물 화재가 생겼을 때 법경제학 이야기를 하는데, 나는 그것은 우리 최준규 교수하고는 좀 생각이 다르지만, 법경제학적으로 설명할 수 있다고는 생각해요. 다만 권순일 대법관과 같은 결론은 나오지 않는다고 생각하고요. 그런데 이번에 수영장 공작물 하자에 관해서 한 것은 원래 내가, 민법 기본판례에 썼던 이야기죠. 핸드 공식을 적용할 수 있다 그랬는데, 권순일 대법관이 법경제학적인 필치를 남기고 싶다고 그래서, 이번 2월에 '민법의 경제적 분석'이라는 제목으로 학술대회를 하는데, 원래는 임차건물의 화재에 대해서 하려다가 공작물 책임의 경제적 분석 그렇게 해서, 그 판결을 할까 해요. 나는 법경제학적 방법론이 아직 유용한 방법론이라고 생각을 하는데, 우리나라 판사들은 받아들이는데 거부감이 있는 것 같아요. 지난 9월에는 프라이부르크 대학에서 서울대학으로 와서 공동심포지엄을 했어요. 브룬스(Alexander Bruns)라는 민사소송법 교수가 발표를 하면서 법경제학 이야기를 했는데, 법경제학은 민사소송법에는 별로 쓸모가 없다 이런 이야기를 하더라고요. 그래서 내가 "왜 쓸모없느냐?" 반론을 폈는데, 독일에

서만 해도 사실은 법경제학에 대해서 거부감이 많은 것 같아요.

이동진 : 아주 다양한 연구를 하시지만, 상당히 현실적인, 당장의 문제가 되는 것들에 대해 많이 연구하셨고, 그중에는 법령에 상당한 영향을 준 것도 있다고 생각되는데요. 선생님 스스로 생각하시기에 연구 중에서 좀 더 애정이 가거나 그런 것이 있으신지요?

윤진수 : 사실은 잘 모르겠어요. 그것도 정말 영향을 얼마나 줬는지도 모르겠고요. 딱 한 가지 내가 알고 있는 예는, 그것도 이제 소멸시효하고 관계가 있는 것인데⋯ 부동산 매수인이 점유를 하고 있으면 소유권이전등기 소멸시효가 진행하지 않는데 그것을 다른 사람에게 다시 팔면 소멸시효가 진행한다는 판례가 있죠. 그 판례에 대해서 이상하다 생각을 하고 있다가, 대법원 민사실무연구회에 가서 발표를 하게 되었어요. 자기가 점유하다 다른 사람에게 인도해도 달라질 이유가 없지 않겠느냐 라는 취지의 발표였는데, 그때 민사실무연구회 회장이 박준서 대법관이셨고, 여러 토론이 오고갔는데 박준서 대법관이 그 자리에서는 아무 말씀도 안 하시더라고요. 그러더니 나중에 당신 주심사건에서 판례를 바꾸셨지요. 내가 보기에는 내 발표가 계기가 되어서 판례를 바꾼 것이지만, 사실 그것이 그렇게 중요한 것인지는 모르겠고요. 몇 년 전에 독립적 은행보증에 관해서 권리남용이 명백할 때에만 지급을 거절할 수가 있고, 명백한지 여부는 지급청구를 받았을 때 해야 된다는 의견을 낸 적이 있어요. 그것은 원래 로펌에서 의뢰받고 의견서를 쓰고, 그 의견서 내용을 논문으로 발표한 것이었는데요. 바로 그 사건 말고 다른 사건에서 대법원이 딱 내 의견과 동일하게 판결을 했지요. 그런 것은 직접적인 영향을 미친 것 같기는 하지만, 다른 것은 어떤지 모르겠네요. 대법원에서도 여러 가지를 보면서 결정을 하니까, 꼭 내 논문이 영향을 미쳤다고 꼬집어서 말하기는 어려운 경우가 많죠.

신지혜 : 지금 이동진 교수님이 말씀하신 것이랑 조금 관련이 있는데요. 얼마 전에 교수님이 쓰신 논문 목록을 볼 기회가 있어서 봤는데요. 많이 있다고는 생각했는데, 그렇게 많은지는 몰랐습니다. 그래서 사실 반성도 좀 했는데요. 관련해서 여쭙고 싶은 것이 두 가지가 있습니다. 하나는 그 많은 논문들 중에서, 제자들이 이 논문은 꼭 읽어봤으면 좋겠다 (모두 웃음) 하는 것이 있는지, 아니면 이 주제에 관해서는 내 제자들이 좀 더 같이, 후속 연구를 해 줬으면 좋겠다고 하는 주제

가 있으신지 한 가지가 우선 궁금하고요.

윤진수 : 그걸 미리 질문해줬으면 생각을 하고 왔을 텐데… (모두 웃음) 논문을 한 편 꼽으라면, 물론 그것도 쉽지 않은데, 몇 년 전에 법대에서 "당신 논문 영어로 번역을 해 줄 테니까 골라라."라고 해서, 교수 여섯 명인가가 그것을 했죠. 그런데 그때 내가 꼽아서 번역된 논문이, "법의 해석과 적용에서 경제적 효율은 고려될 수 있는가?" 하는 것이었는데, 그 논문은 내가 조금 마음을 먹고 썼지요. 그다음에 여러분들이 사실 민법만 해도 연구할 분야는 많고 많으니까, 어느 한 분야를, 어느 한 테마를 말하기는 좀 어려운데요. 글쎄… 신 교수가 미리 이야기했으면, 내가 좀 생각을 정리해 왔을 텐데요. (모두 웃음)

이동진 : 몇 년 전에 교과서, 친족상속법 교과서를 쓰셨고, 가족법 주석서를 내셨는데, 두 책에 관해서 말씀을 해주시면 좋을 것 같습니다.

윤진수 : 허허 글쎄… 교과서는 진작 썼어야지요. 로스쿨이 생기고 얼마 안 있어서 출간을 했으면 어땠을까 하는 생각을 해요. 급한 일 아니라고 해서 자꾸 미루다 보니까, 2016년에 나왔죠? 2016년에서야 나왔고. 2018년에 2판을 내고 지금 3판 교정을 보고 있는데, 장 교수가 그 책을 사용했다고 하니까, 그 책이 도움이 되었나요? 어떤가요?

장보은 : 네, 저는 그것을 가지고 지금까지 두 번 수업을 했습니다. 사실 학생들이 보기에 좀 두껍다고 느낄 수도 있을 것 같은데요. 판례 원문을 이 친구들이 찾아볼 여력이 별로 없으니까 그걸 그냥 읽히거든요. (웃음) 저는 참 도움을 많이 받았고, 사실 학생들보다도 가장 큰 도움을 받은 것은 저입니다. (모두 웃음) 전반적인 논리를 따라가기가 굉장히 좋았고, 주요 논문들을 다 실어주셔서 연구자 입장에서 훨씬 더 많이 도움이 된 것 같습니다. 학생들한테도 이 정도 읽으면 전국의 어느 로스쿨생들보다 너희가 판례를 많이 읽은 거라고 하니까, 학생들도 좋아하는 것 같고요.

윤진수 : 그런데 오히려 학생들 입장에선 그런 판례도 다 빼고 참고문헌도 다 빼고 하면, 분량도 줄고 가격도 줄고 하니까 더 좋지 않은가? (모두 웃음) 그다음에 내가 보람 있게 생각하는 것은 『주해친족법』, 『주해상속법』을 펴낸 것인데, 신영

호 교수가 서평을 쓰면서 가족법 주석의 전범이라고 했는데, 그야말로 자화자찬이라지만 우리나라에 나온 주석서 가운데 이 정도로 정성을 기울여서 쓴 책은 별로 없다 이렇게 생각을 해요. 그런데 그것도 시장에서의 반응은 그렇게 좋지는 않은 것 같아요. 『주해친족법』은 그렇게 많이 팔리지는 않은 것 같은데, 『주해상속법』은 어떤가요?

이동진 : 제 주변엔 사무실에 들여놨다고 하는 사람이 꽤 있었습니다.

윤진수 : 오히려 『주해친족법』보다 『주해상속법』이 수요가 더 많은 것 같기도 해요.

장보은 : 요즘은 실제로 그런 것 같아요. 선생님 책으로 수업을 하니까 학생들이 흥미를 느껴서, 굉장히 이상하거나 심도 있는 질문을 할 때가 있어요. 그러면 믿고 의지할 것은 주석서입니다. (모두 웃음) 그래서 "이런 취지이니라." 이렇게 이야기하기도 하고요.

윤진수 : 뭐 여러 공동 작업을 해 봤지만 친족법, 상속법 주석서를 펴낸 것은, 여기 이동진 교수, 최준규 교수, 이봉민 판사 이런 사람들이 적극적으로 참여해서 가능했지요. 현소혜 교수가 이 자리에 없는데, 제일 고생 많이 한 건 현소혜 교수에요. 현소혜 교수 분량이 너무 많아 가지고, 분량을 좀 조절해야 했어야 하지 않았나 싶기는 한데…

이동진 : 현 교수가 조금 더 많이 하라고 원래 의도하셨던 것이 아니었나요?

윤진수 : 그런 건 아니었고, 약간 분량 조절에 실패한 셈이지요. (모두 웃음)

정한샘 : 제가 지금 이야기를 듣다 보니까, 다들 좋은 이야기 많이 해주시고, 제가 2012년에 수료하고, 교수님하고 이렇게 예전에 수업 같이 듣던 분들과 같이 앉아 있으니까, 그 시절로 돌아간 것 같은 감흥에 빠져서 말씀만 듣고 있었는데요. 제가 주해상속법 책을 최근에 꼼꼼하게 보고 있거든요. 논문을 보면서 상속법 관련 부분을 전체적으로 보고 싶어 보는데… 그 이전에 민법논고도 있었고, 교수님 친족상속법도 있었고 했지만, 아 이건 정말 너무 참고하기가 좋더라고요. 논문을 쓰

고 공부하다 보면, 내용도 물론 중요하지만, 참고문헌 같은 것을 인터넷에 검색어를 넣어가지고 이것저것 막 읽다가 뭔가 괜찮은 것 같다 하면 책을 찾는데, 교수님께서 외국문헌까지 다 넣어 놓으셔가지고, 어느 것이 대표적인 문헌인지, 어느 정도 내공이 쌓인 수준에서 참고문헌을 볼 수 있어서, 최근에 도움을 많이 받고 충격도 받았고요. '이런 책이 있다니…' 그래서 빨리 못 쓴 게 아쉽다고 하셨는데, 저도 그 부분이 아쉽고요, 이런 책의 도움을… 요즘에 공부를 하면서, 제가 지금 박사 수료한 지가 한참 되지 않았습니까? 그때 석사, 박사 다니는 기간 동안 너무 공부를 주체적으로 하지 못하고, 어쨌거나 학점을 채우고 졸업을 하기 위해 학교를 다닌 것 같더라고요. 그때 좀 열심히 했으면 좋았겠다 싶습니다. 지나간 시간이 너무 아쉽고, 강독회 때도 조금 더 열심히 했으면 좋았겠다 하는 생각이 들어서 생각에 잠겨 있었습니다. 고맙습니다.

이봉민 : 혹시 연구하시면서, 누군가와 교류하시면서, 또는 어떤 문헌을 보다가, 감명을 받았다든가 하신 일이 있으신지요.

윤진수 : 내가 처음 공부할 때 하인 쾨츠(Hein Kötz) 교수라고 있어요. 내가 독일 가기 전에 그분 책을 좀 보고 갔어요. 독일에 가서 그분을 내 지도교수로 선정해서 갔는데, 그분은 학생들한테는 관심이 별로 없었던 것 같아요. 그래서 그분한테는 별로 그렇게 영향을 받지는 않은 것 같고요. 그런데 법경제학 관련해서, 독일에 갔을 때 한스-베른트 쉐퍼(Hans-Bernd Schäfer) 교수 수업에서 많이 배웠어요, '아! 법경제학이 이렇게 되는 거구나.' 법경제학 강의는 내가 한국에 있을 때에는 박세일 교수님 강의를 들었었는데, 그때는 법경제학에 대해서 잘 모르다가 독일에 가서 쉐퍼 교수의 강의를 들으면서, 어느 정도 법경제학이 무엇이구나 하는 감을 깨우쳤지요. 민법은 학부에서는 재산법은 곽윤직 교수님으로부터 들었고, 가족법은 박병호 교수님으로부터 들었지만, 대학원에 가서는 지도교수이신 황적인 교수님과 이호정 교수님의 수업을 많이 듣고, 그분들의 영향이 컸다고 할 수 있지요.

나. 후학 교육

이봉민 : 수업하실 때 어떻게 학생들을 가르치시는지, 저는 돌이켜 보면, 학부 다닐 때는 선생님으로부터 판례를 전부 읽어야 한다는 것, 판례를 전부 읽는 방법,

그리고 대학원 다닐 때는 논문을 대하는 태도, 인용, 대충 인용했다가 다 알고 있는데, 큰일 나는… (모두 웃음) 석사논문 쓸 때는 외국문헌 대하는 법을 배운 것 같은데요. 학생들에게 특별히 강조하고 싶으신 것이 있으셨는지 궁금합니다.

윤진수 : 처음에는 대학원에서 학생들이 발표하면 맞춤법, 철자 이런 것까지 다 바로 잡으려고 했는데, 요새는 그게 그렇게 꼭 중요한가 하는 생각이 들어요. (모두 웃음) 아직도 대학원 수업에서 발표를 하면 조금 거슬리는 것은 지적을 하긴 하는데, 여러분도 겪긴 겪었죠?

이선미 : 제가 기억나는 것이 대학원 수업을 맨 처음 듣고 나서 열심히 잘 썼다고 생각을 했는데, 교수님께서 그때 워드를 이용해서 빨간 줄로 다 체크해서 주셨거든요. 그걸 제가 보고 어린 마음에 좀 울었습니다. (모두 웃음) 그리고 나서 제가 판결문 납품해서 부장님께 드렸는데, 고쳐 주시는데 아무렇지도 않더라고요. (모두 웃음)

옥도진 : 교수님께서 인용 때문에 야단을 많이 치셨던 것 같습니다. 일례로 제가 조교하던 시절에 한 학생이 인용 때문에 진짜 크게 혼이 났지요. 여학생이었는데요. 수업 끝날 때까지 꾹 참았다가 나가시고 펑펑 울더라고요. 제가 위로를 많이 했는데요. "인용은 조심해서 잘해야 한다. 미리 조교가 이야기했어야 했는데, 미안하다."라고 했던 기억이 있습니다. 그런데 정말 인용에 대해서는 엄하게 할 필요가 있다는 생각이 많이 듭니다. 나이가 들어갈수록, 안 그러면 처음에 너무 쉽게 생각하다보면, 공부하는 방법을 배울 때 조금 부족함이 생길 수 있으니까요. 애초에 첫 단추 잘 끼는 것이 중요한 것 같습니다. 내 생각과 남의 생각을 구분하는 것은 매우 중요하다는 생각이 듭니다.

신지혜 : 저도 인용이나 남의 문헌 대하는 태도를 선생님 수업을 통해서 배웠습니다. 다른 수업에 가면, 학생들이 너무 인용 표시를 제대로 하지 않고 발표를 막 하는 경우가 있어요. 그러면 '저게 아닌데…' 약간 안타까운 마음이 들고 그런 적이 있습니다.

윤진수 : 신 교수가 그것이라도 배웠다면… (모두 웃음) 보람이 있는 거지, 뭐.

장보은 : 학부 수업을 생각해 보면, 판례번호를 써주셨던 것과 질문하셨던 것이 많이 생각이 나고, 얼마 전에 제가 오늘 이런 시간이 있다고 해서 다음인가 네이버에 "윤진수" 이렇게 쳤었는데요. 나무위키인가 하는 곳에서, 교수님 수업 방법에 대해 "수업은 다소 괴팍하기로… (모두 웃음) 교수님은 쉬운 사례에 대해서 설명을 하신 다음, 학생들은 절대 대답할 수 없는 어려운 것만 골라서 학생들에게 질문한다."라는 이야기가 적혀 있더라고요. (모두 웃음)

윤진수 : 그런 이야기가 있나요?

장보은 : 예전의 다른 교수님과 달리, 그렇게 질문하는 방식을 이용하시는 이유가 있으실까요?

윤진수 : 이유라기보다도 곧이곧대로 소크라틱 메소드를 해야 하지 않느냐 하는 생각을 가졌던 것 같아요. 학생들한테는 어떤가요? 사실 미국학생들도 교수가 질문하면 다 싫어해요. (모두 웃음) 학생들은 괴로웠나? 어떤가요? 그래도 질문에 대답 잘 못한다고 야단치거나 한 적은 없었는데…

장보은 : 네, 저는 그때 괴로웠던 것 같긴 한데요. 교수가 되고 나서, 저도 그러는 것 같습니다. (웃음) 그래서 학생들이 제일 싫어하는 것을, 어떻게 생각하느냐 물어보고 사안에 대해 설명하라 하는 그런 행위를 하고 있습니다. (웃음)

신지혜 : 저는 사실 교수님 수업을 들으면서, 학부 때 질문 때문에 괴로웠다거나 그런 기억은 별로 없습니다. 특히 친족상속법 같은 경우는 교수님 수업만 잘 들으면, 사법시험 공부를 따로 할 필요가 없는 그런 강의였어요. 그런데 지금 제가 직접 강의를 해보니까 그렇게 많은 분량을 체계적으로 학생들에게 가르치는 것 자체가 사실상 어려운 것 같아요. 저는 채권총론부터 들었는데, 사실 그것도 분량이 정말 많거든요. 그런데 한 학기에 어쨌든 다 끝내 주셨거든요. 그것도 상당히 사법시험에 도움이 될 정도로 충실한 양을 해 주셨어요. 학교에 와서 보니까 그 시간 안에 그것을 끝내는 것 자체가 어렵다는 생각이 듭니다. 교수님께서 강의 준비하시거나 하실 때, 방법론이랄까 뭐 그런 게 있으셨는지요?

윤진수 : 그런 질문을 하는 것을 보니까 신 교수도 이제 교수된 지 몇 년 되었

네… (웃음) 방법론이라기보다도 우리 대학 다닐 때는 수업이 제대로 이뤄지지 않았어요. 그래서 진도를 끝까지 다 나가기 어려웠지요. 중간에 휴교 이런 것이 참 많아서 그랬는데, 수업은 적어도 진도는 다 나가야 하지 않느냐 하는 생각이 들어요. 여러분도 다 느낄 거예요. 강의를 들은 것과 안 들은 것은 차이가 많지요? 강의 들은 것은 기억나는데, 강의 안 듣고 책에서만 본 것은 나중에 생각이 잘 안 나지요. 그건 말하자면 교수로서 책임감 그런 것이지요. 그런데 지나놓고 보면, 너무 많은 이야기를 하려고 한 것이 아니었나 하는 생각은 있어요.

신지혜 : 판례의 사실관계까지 다 설명해 주시는데도, 그 시간 안에 어떻게든 진도를 다 나간 것이, 저희가 학부 수업을 들을 때는 그런가 보다 하고 들었는데, 막상 제가 하려고 하다 보니까 정말 어려운 것을 해주셨던 것을 느낍니다. 한 가지 더 여쭤어 보고 싶은 것이 있는데요. 어떤 교수님들 보면 아침에 7시에 출근해서 밤 11시 넘어서 퇴근하시는 교수님도 계시긴 한 것 같아요. 그런데 교수님께선 논문도 법학 거의 전 분야에 걸쳐 있고, 음악이나 예술에도 관심이 많으시고, 또 최신 소설도 많이 읽으시고 하시는데요. 시간관리 하시는 특별한 방법이 있으신지요?

윤진수 : 특별한 방법은 없고, 요새는 자꾸 게을러져서 학교에 나가는 것도 11시, 12시에도 나가고 그래요. (모두 웃음) 뭐 그렇게 특별히 시간 관리를 하지는 않고, 그냥 저녁에 일이 없으면 7~8시까지 연구실에 있다가 퇴근하고 그러지요.

정재오 : 비슷한 질문인데요. 이제 퇴임을 앞두고 학부생도 가르치셨고 대학원생도 지도하셨는데요. 지도하시면서 주안점으로 두셨던 부분이 있었을 텐데요. 예를 들어 수업시간에 왜 그렇게 출석체크를 열심히 하셨느냐 (모두 웃음) 분명 그 속에 선생님께서 생각하신 깊은 뜻이 있었을 것 같은데요.

윤진수 : 글쎄 깊은 뜻인지는 잘 모르겠고, 그것도 약간 물정을 잘 몰라서 한 거라고 생각이 드는데… (웃음) 학생들이 지각하고 그런 것이 사실은 잘 이해가 안 되었어요. 그런데 나중에는 굳이 그럴 필요가 있나 하는 생각이 들더군요. 사실 학부에선 학생들이 수업에 잘 안 들어왔지요. 결석하는 것을 밥 먹듯이 하고, 졸고… 그런데 로스쿨에서는 그런 일은 없어졌지요. 로스쿨 학생들은 너무 성적에 민감하지요. 그런 것은 오히려 보기가 안 좋기는 한데, 그것은 꼭 학생들 책임은

아닌 것 같고요.

정재오 : 대학원에서 지도해 주실 때, 제자들에게 이런 것은 꼭 가르쳐야겠다 하시는 것이 있었을 것 같습니다. 97년에 제가 대학원에 있었을 때는, 항상 제일 먼저 참고문헌을 보시면서 왜 이것이 빠졌나 저것이 빠졌나 물어보시고, 그것 다 보신 다음에는 각주로 가서 이것이 틀렸고 저것이 틀렸고 말씀하신 다음, 맞춤법으로 가서서 이것이 틀렸고, 저것이 틀렸고 지적을 해주셨는데요. (모두 웃음) 저는 그것이 제 개인적으로는 굉장히 좋았는데요. 뭔가 선생님께서 후학들에게 가르치시고 싶으셨던 것이 있으셨을 것 같습니다. 공부야 저희가 해야 하는 것인데, 저희가 안하는 것뿐이고요. (웃음)

윤진수 : 그런 것은 사실 기본이거든요. 문헌조사하는 것도 기본이고. 물론 문헌 인용법이나 이런 것은 배우지를 못했으니까 그렇게 하는데, 요새도 특히 로스쿨 학생들이 박사과정에 들어오면, 그런 것이 잘 안되더라고요. 내가 꼭 잘했다 하는 것은 아니지만, 다른 교수들은 그런 이야기를 하는 사람들이 많지 않은가 봐요?

이동진 : 아시는 것처럼 요새 대학원이 예전 같지가 않은 것 같은데요. 그런 것에 대해서 혹시…

윤진수 : 글쎄요. 내가 뾰족한 해결책이 있겠어요? 법률신문에 얼마 전에 났죠? 박사학위 취득자가 줄어들었다고. 왜 그럴까 싶은데, 지금까지는 박사학위 받는 사람이 법대를 나온 사람들이었는데, 그런 사람들이 이제 거의 없어졌다는 건가? 그런데 나야 이제 학교를 떠나니까… 여기에 이제 젊은 교수들이 신경쓸 문제인데, 어떤가 학문후속세대 육성이 잘 되고 있는 건가요? 어떤가요?

이동진 : 잘되고 있나요? (웃음)

최준규 : 위기인 것 같습니다.

정재오 : 제가 보기에 뛰어난 친구들을 보면, 대학원 가라고 꼬드겨 가게하곤 하는데요. 과연 실무가들이 박사과정을 마치는 것이 필요한 것인지 모르겠습니다. 실질적으로 제가 그 친구들에게 딱 이거다 하고 설명하기가 참 어려웠던 것 같

습니다. 과연 학교에서 학문을 한다는 것이, 실무가에게는 어떤 소용이 있는 것인가요?

윤진수 : 질문의 취지가 실무가가 학문을 해서, 가령 박사학위를 취득하는 게 어떤 도움이 되느냐 그것이지요?

정재오 : 그렇습니다. 그런 질문입니다. 약간 각도를 바꾸어 보면 선생님은 판사도 하셨고, 교수도 오래 하셨으니, 교수의 입장에서 보는 판사들 재판의 아쉬운 점이라든가 그런 것이 있었을 것 같습니다.

윤진수 : 학계와 실무계의 관계에 대해선, 그래도 많은 변화와 발전이 있었어요. 내가 재판연구관할 때만 해도, 무슨 법률문제가 생겨 문헌을 찾아보면 한국문헌은 거의 없었거든요. 그러면 일본문헌, 일본판례가 있느냐를 찾았는데, 요새는 법원에서도 일단 한국 것을 찾아보고, 없으면 일본 것을 찾아보라고 그러죠? 그러니까 법률문헌, 자료가 많이 축적이 되어 있다는 것이지요. 그것은 나름 발전이 있었던 것이고… 사실 내가 재판연구관 한 것도 이십몇 년 전 일인데, 그사이 발전이 없으면 문제이긴 하지요. 그리고 앞으로도 계속 나아질 것이라고 생각을 하고요. 자꾸 일본하고 비교하게 되는데, 일본학계의 수준과 한국학계의 수준은 아무래도 차이가 있고, 학자들이 학문 대하는 태도에도 차이가 있다는 것은 틀림없지만, 하루아침에 달라질 수는 없는 것이지요. 그런데 실무가가 학문적인 연구를 해서 뭐에 쓰느냐? 그건 나도 잘 모르겠는데… (웃음) 정 부장은 왜 박사학위 받았어요? (모두 웃음)

정재오 : 저는 아주 우스운 이유로 대학원을 간 것이어서요. 96년에 목포에서 해군법무관을 했었는데요. 그때 할 일이 없어서 저녁에 목포대 도서관을 다니면서 공부했었는데, '대학원이나 가자.' 해서 가게 되었죠. 그런데 제가 대학원 들어갔을 때, 마침 선생님이 오셔서 독법강독을 하셨거든요. '그건 해볼 만하겠다.' 해서 듣게 되었지요. 이유는 그것밖에 없습니다. 제 개인적으로는 계속해서 수업에 들어가서 제가 생각했던 것들을 검증받고 하는 그런 과정이 무척 좋았던 것 같습니다. 그리고 강독에 나오면서, 시야가 굉장히 넓어지는 것을 느끼겠더라고요. 예를 들어 아까 『영미계약법 해석』같은 경우도 보게 되면, 그때 처음으로 영국 최고법원의 판결을 보았거든요. '아… 이쪽 사람들은 판결문을 이렇게 쓰는구나!', '양식

이 재미있다.' 무엇보다 저에게 제일 재미있던 것 중 하나는 그것이었어요. 그때 제가 읽었던 영국최고법원 판결을 보면, 각 대법관들이 다 자기 의견을 쓰도록 되어 있잖아요? 그러면 어떤 대법관들은 맨날 그래요. 자기 의견은 이 주심 대법관하고 동일하다고요. 처음에 저는 '한두 번은 그렇게 쓸 수 있지만 각 항목마다 그렇게 쓰면 도대체 그게 뭘까?' (웃음) 처음엔 굉장히 불필요한 행동이라고 생각했지만, 오랜 시간 지나고 보니까, 이것이 왜 필요한 것인지 알 수 있겠더라고요. 자기 의견을 내라는 것이지요. 맨날 동의한다, 동의한다, 잘 썼다, 잘 썼다 그 이야기만 하지 말고요. 대학원 과정을 통해 저는 그런 것들을 경험할 수 있었습니다.

윤진수 : 다 관련 있는 것인데요. 비교법실무연구회 만들게 된 계기가 무엇이었냐 하면… 이용훈 전 대법원장님이 맨날 하시는 말씀이 그거였어요. "우리나라 판사들이 한국법하고 일본법밖에 모르는데, 우리 법의 뿌리가 독일에서 왔다. 독일 이런 것도 좀 알아야 되지 않느냐?" 말하자면 시야를 넓혀야 한다는 것이지요. 외국법도 물론 더 알아야 하고… 그런데 판사들을 보면, 판례 밖에 모르는 것 같아요. 그래서 판례하고 다른 이야기는, 잘 못 받아들이고. 그런데 학문이라는 것은 판례에 대해서 비판적인 생각을 가질 수 있어야 하는 것이지요. 이 판사는 아주 최근까지 수업을 들었으니까 어때요? 수업을 들은 경험이요?

이선미 : 아 네, 제가 오래간만에 학교를 가게 된 이유가 뭘까 생각을 해 보니까, 그리고 학교에서 느낀 점이 무엇일까 생각을 해 보니까, 판사가 진짜 정 부장님 말씀하신 것처럼 시야가 좁고, 항상 판단을 해야 되니까, 몰라도 판단을 하게 되지 않습니까? 그래서 결국은 '이것이 맞다 왜냐하면 내가 그렇게 생각하기 때문이다.' 그렇게 가는 거 같더라고요. (모두 웃음) '계속 공부하지 않으면, 그렇게 갈 수밖에 없구나.' 직업인으로서도 그렇고 인간으로도 그렇고요. '전혀 발전 없이 쇠퇴할 수밖에 없구나.' 하는 두려움이 들어서 학교에 가니까, 판례 발표 같은 것을 하려고 해도, 판례가 이러하니 이게 맞는 것 같지만, 억지로라도 다르게 생각해 봐야겠다 하는 노력을 하게 되어서요. 의미가 있었던 것 같습니다. 감사하다는 생각이 들었습니다.

윤진수 : 내 이야기가 중요한 게 아니라, 우리 정진아 부장도 이야기를… (모두 웃음)

정진아 : 저도 당연히 이 판사님, 정 부장님과 비슷한데요. 저야말로 지평이 넓어졌습니다. 사실 다른 판사님들도 다 일찍 시험이 되어서 바로 실무에 들어오면, 결론은 너무 잘 아시고, 또 결론을 알면 한 80−90% 이상 빨리빨리 판결문을 써내는 기계처럼 그렇게 일 빨리 하고 집에 가는 생활이 계속 반복이 되거든요. 저도 그런 생활 중에 지금 너무나 당연하게 받아들이는 것들의 근원을 알고 싶다는 생각이 어느 순간부터 들기 시작했고, 그때쯤 교수님의 글을 보게 되었는데, 지금은 이런 모습인데, 원래 처음에 어떻게 태동되었던 것인지에 대해서 굉장히 쉽게 써 주시더라고요. 그걸 보면서 정말 그런 정신을 좀 배우고 싶었습니다. 그래서 공부를 시작하게 되었는데요. 저 개인적으로는 많이 넓어졌다고 생각합니다. 부족하지만 글 쓰는 방식도 많이 달라졌고요. 예전에 남의 판결문도 따가지고 쓰기도 했는데 (웃음) 조금은 생각해서, 함축적으로라도 제가 생각하는 바를 담으려고 노력하게 되었습니다. 많이 부족하지만 늦게 발전하는 사람도 있으니… 게다가 대학원 공부 통해 큰 도움 받고 있습니다. 예를 들어 유럽계약법원칙과 같이 그전에는 그런 게 있는 줄도 몰랐던 문제들에 대해, 어디 가서 이제 교수님들 말씀하시면 끼어서 이야기할 정도는 안 되어도 무슨 말씀 하시는지 이해할 정도는 되었고요. 우물 안 우리 세계 말고, 정말 넓은 세상이 있다는 것도 알게 되었고요. 그리고 근대법들을 오랜 시간에 걸쳐서 발전시킨 다른 나라들의 생각의 변화들을 보면서, 이런 것들을 알아야 지금의 결과들을 제대로 이해할 수 있다는 생각을 하게 되었습니다. 단지 그 과실만 따는 게 아니라요.

이봉민 : 학부 때 학생들과 로스쿨생들이 워낙 다르니까요. 혹시 시대별로 소회 같은 것을 말씀에 주실 수 있겠습니까?

윤진수 : 그야말로 여러 가지로 달라서 단순 비교는 어려운데, 학부시절에는 채점을 해보면 정말 답안을 잘 쓴 학생들이 있었거든요. 그런데 요새 로스쿨에선 그렇게 답안을 잘 쓴 학생을 잘 못 찾겠어요. 어때요? 이 교수나 최 교수나 어때요?

이동진 : 그건 그런 것 같습니다.

윤진수 : 왜 그럴까요? 원인이 뭐가 있을까요?

이동진 : 저는 아예 잘 쓰려고 할 필요가 없다 그렇게 이야기를 합니다. 옆 사람

보다 잘 쓰면 된다. 나한테 점수 잘 받을 생각을 하지 말고, 옆의 학생보다 조금만 더 잘 쓰면 그게 제일 좋은 방법이다 라고. 학생들이 약간 그런 접근을 하고 있을 가능성도 있다고 생각을 하고요.

최준규 : 인터넷 강의의 영향도 좀 있는 것 같습니다. 새로운 지식에 쉽게, 빨리 접근을 하니까요. 쓰러지고 넘어지고 하면서 스스로 익히지 않으니까, 교수님 말씀하시는 그런 좋은 실력의 답안은 잘 안 나오는 것 같습니다.

정재오 : 신입 판사연수를 할 때 요새는 실제 기록을 주고, 처음에 기록에 대해서 토론을 시키고, 그다음에 그것을 토대로 해서 판결문을 쓰라고 합니다. 그리고 다시 판사의 시각에서 강평을 해주는 식으로 신입판사 연수를 진행하고 있는데요. 작년에 썼던 판결서하고 올해 받아 본 판결서하고 굉장히 차이가 많이 나더라고요. 문제는 인영(印影)의 동일성이 인정이 되는 경우에, 문서의 진정성립을 인정할 것이냐 말 것이냐 하는 아주 간단한 것이었는데요. 이 친구들의 판결서를 쭉 읽다 보니까, 판결서들이 뭔가 붕붕 떠있다는 느낌이 들더라고요. 그 친구들은 판결을 단편적으로만 보고 있더군요. 어떤 친구는 A란 판결을 찾아서, 그것에 딱 맞춰서 판결을 쓰고요. 어떤 친구는 B란 판결에 꽂혀서 그것으로 판결서를 쓰더라고요. 그래서 제가 강평을 하면서, 혹시 이 사안과 관련하여 대법원 판결의 흐름이 어떻게 되어 있는지, 한 번이라도 찾아본 사람이 있느냐 했더니, 아무도 없더라고요. 우리나라에서는 현재 인영의 동일성이 인정되는 경우에, 소송에서 어떻게 다루어야 하는지에 관하여 미묘하게 변화하고 있는데요, 그런 것을 찾아보지도 않고, 그 속에서 그냥 하나의 판결만을 써놓다 보니까, 판결이 수필 식으로 나가고 있더라고요. 그리고 여기 연구원들에게도 검토를 시켜서 하라고 하면, 연혁은 대부분 안 찾아 가지고 오거든요. 기본적으로 봤느냐 하고 물어본 그때부터 보기 시작합니다. (웃음)

이동진 : 다 시험공부하듯이 해요. (웃음)

신지혜 : 저는 학교에서 민사소송법 강의도 합니다. 인영의 동일성부터 이단(二段)의 추정, 추정번복까지가 민사소송법 시험에서는 거의 계속 나오는 것이거든요. 기록형에서도 거의 나오는 것인데, 학생들한테 "너희가 지금은 자세히 알 필요 없다. 일단 지금은 외워라." 그렇게 가르치고 있어서요. 반성이 되네요. (웃음)

그리고 아까 계속 나왔던 이야기이기도 한데요. 공부하는 방법을 알아야 앞으로 발전을 하거든요. 그런데 요즘 학생들은 너무 판례나 법리 같은 것에 조금 다르게 접근할 수도 있다는 것을 배우지 못한 채 실무에 나가게 되는 것 같습니다. 그냥 판례가 있으니까 외우라는 식의 방법밖에 모르는 상태로 실무에 나가는 것은 좀 위험한 것 같습니다. 그리고 사실관계 그런 것은 학생들이 자세히 보지를 않는 것 같아요. 그것도 좀 문제인 것 같습니다.

옥도진 : 신 교수님 말씀에 동의하는 것이요, 판례집을 몇 차례 갱신을 해야 해서 젊은 친구 세 명에게 일을 맡긴 적이 있습니다. 그런데 그 세 명 중 한 명만 마음에 쏙 들게 해 온 거예요. 사람마다 차이가 있는데, 대체로 서칭(Searching) 능력은 많이 는 것 같아요. 그런데 그 잘한 한 친구는 어떻게 했냐 하면은, 기존의 판례집에서 뺄 판례와 넣을 판례, 판례들이 어떤 의미 때문에 넣고 뺐는지를 본인이 룰을 세워서 만들어 왔더라고요. 제가 원장이니까 공부하는 방법이나 일을 하는 방법을 와서 보고는 하는데, 일을 잘해 보려고 고민하는 그런 퍼센트는 예전보다 준 것 같아요. 그냥 일로만 받아서, 시켰으니 빨리 추려서 후루룩 "다 해왔습니다." 하는 경우가 많아요. 그렇게 일을 하면, 비효율적 결과가 나오거든요. 다 아는 것인데 또 집어넣은 것도 있고, 중복되는 것도 있고, 기계적으로 넣어놓은 것도 있고요. 그 한 친구는 그것에 대해서도 다 토를 또 달아 놓았더라고요. 자기기 읽고 그것에 대해서 어떤 느낌이 들었고 하는 것까지요. 사람마다 차이는 있는데, 약간 앞서 배운 선배들이, 기초적인 사고방식이나 일을 대하는 방식에 대해서 그 친구들과 이야기를 나눠야 하지 않을까 생각합니다.

다. 학술연구모임과 대외활동

〈강독회〉

이봉민 : 교수님은 강독회를 오랫동안 해오고 계십니다. 저도 어느 순간 모임에 들어가게 되었는데요. 강독회가 어떻게 시작되고 이루어졌는지 알고 싶습니다.

윤진수 : 강독회를 언제 시작했는지에 대해서 지금 기억이 잘 안 나네요? 아마 대학 오고 얼마 안 되어서부터 바로 했던 것 같긴 한데… 처음에는 독일 책을 많이 했었어요. 그런데 독일어 하는 사람이 갈수록 줄어들고 그래서, 그다음에 영어책

으로 바꿨지요. 강독회도 좀 나오니까 보람이 있었나요 어땠나요? 이봉민 판사는 비교적 열심히 나왔던 것 같은데…

이봉민 : 책에는 없는 이야기를 접해서 그런지 신선하다고 할까요? 이런 시각도 있다 하는 것을 알게 되었던 자리였던 것 같습니다. 지금 생각해 보면 강독회 때 조금씩 듣고 읽었던 이야기가, 제 말에도 스며있는 것 같습니다.

이동진 : 법 강독회를 하는 분들은 꽤나 많았던 것 같은데, 전형적인 법학하고 관계되지는 않고 조금 옆에 있는 것을 하는 강독회는 그렇게 많지는 않았던 것 같습니다. 저는 리처드 앱슈틴(Richard A. Epstein)의 책을 강독회에서 읽었던 기억이 있는데요. 다시 생각해 봐도 누구든 한 번 정도는 읽어봐도 괜찮을 것 같다 싶은 책이었던 것 같습니다.

윤진수 : Simple Rules for a Complex World. 미국 계약법 책 Contracts Stories도 학생들이 다 함께 번역해서 출판할까도 생각했었는데… 해봐야 별로일 듯해서… (모두 웃음) 정 부장도 그때 번역에 참여했었죠?

정진아 : 네. 했었습니다.

윤진수 : 알래스카 어부 이야기였던가요?

정진아 : 네. 그때 노동문제도 좀 나왔고요.

옥도진 : 조교는 강독회에 학생들이 안 나올까 봐 전전긍긍하는 경우가 있는데요. 어느 날인가는 선생님께서 밖에서 하겠다 하셔서 카페 강독회에 도전한 적이 있었습니다. 그때 세 명의 학생이 나왔어요. 조교를 빼고는 두 명이 나왔는데요. 지금 그 두 분이 서울대 교수가 되어 계십니다. (모두 웃음) 그때 무엇을 느꼈느냐 하면, '사람이 적더라도 해야 하는구나!' 하는 것입니다. 군에 돌아가서 후배들하고 책을 읽기 시작했는데요. 한 명이 와도 했거든요. 이런 생각이 들었습니다. '대학이 처음 생겼을 때에는 이런 모습이었겠구나.' 하는 생각이요. 돈 내고 수업시간에 애들 듣는 것 말고, 실제로 이렇게 자유롭게 하면서, 이야기도 듣고 하면 선생님이 실제 속내를 이야기할 때도 있지 않습니까? 요즘 이렇게 돌아가는데 사회 돌아가는 것이 이상하지 않아? 그런 이야기들이요. 그때 들었던 것들이 오래 기억

에 남는 것 같습니다. 그리고 그때 것을 하나도 안 버리고 모아두었다가 들춰보면서 조금씩 써먹고 있습니다. 저에게는 그것이 굉장히 많은 도움이 되고 있습니다.

〈학술연구모임〉

이동진 : 오늘 이 자리 못 오신 분한테 전해들은 이야기인데, 잘 알려진 이야기라고 하더군요. 비교법실무연구회가 만들어지는 과정에 관계가 있으셨다는 이야기가 있던데요.

윤진수 : 그런 이야기를 나도 들었는데 정말 그런지는 모르겠는데요. 지금 영산대에 가 있는 부구욱 총장이, 이용훈 대법관 전속 연구관으로 갔을 때 이야기에요. 그 이야기가 좀 널리 알려졌는가 봐. "윤진수 판사가 대법원 재판연구관으로 있을 때는, 독일 것도 다 알아서 보고를 해줬는데, 윤진수 연구관이 수원으로 가 버리니까 우리도 독일어를 알고 다른 외국법도 알아야겠다." 해서 만들어졌다는 이야기인데, 부구욱 총장 입에서 그 말이 나왔는지, 누구 입에서 그 말이 나왔는지는 모르겠어요. 그런데 나는 직접 관련은 없고, 다만 비교법실무연구회가 만들어지면서 초창기에 내가 비교적 여러 번 참석하고 발표도 하고는 했지요.

이동진 : 교수님께서는 논문을 쓰시는 것 말고도, 사실은 여러 가지 다른 활동들 많이 하시고, 책을 편찬하신 것도 있었고요. 사실은 학회장도 꽤 많이 하셨다는 생각을 합니다. 비교적 교수생활 시작하신 지 오래지 않아 시작하셔서, 꽤 많은 학회의 회장을 하신 것 같고요. 가족법은 재산법에 비해 기회가 많았기 때문에, 가족법을 하시다 보니 입법과 관련한 일도 많이 하셨는데요. 기억에 남는 것을 중심으로, 두루두루 말씀을 해주시면 좋겠습니다.

윤진수 : 이렇게 이야기하면 다른 사람들이 뭐라고 이야기할지 모르겠는데, 요새는 학회 회장직하려고 노력을 들이죠. 내 경우에는 약간 우스웠던 경험이 있어요. 내가 2003년 미국에 갔다가 2004년에 비교사법학회 부회장이 된 이야기에요. 비교사법학회 학술대회가 있다고 그랬는데, 내가 학술대회 날을 착각해 가지고 못 나갔어요. 그래서 나중에 알고서 관계된 교수한테 전화를 해서 내가 날짜를 착각해서 못 나갔다고 그랬더니, 그건 괜찮은데, 수석부회장이 되셨다고 그렇게 이야기를 하는 거예요. (모두 웃음) 뭐 그리고서 부회장이 다음에 회장을 하니까 학회

회장을 하게 되었지요. 지금 현재하고 있는 민사판례연구회 회장까지 해서 다섯 번을 했는데, 내가 되고 싶다 이렇게 해서 된 적은 없었고요. 그런 이야기 하면 다른 사람들은 별로 안 좋아해. (모두 웃음)

그건 그렇고 입법에 관여한 것은 사실 재산법하고 가족법에 다 관여를 했는데, 재산법 입법은 별로 결실을 본 것이 없지요. 유치권이나 채권자취소권 같은 것은, 여러분들이 법원에 있으면 체감을 하지만, 정말 문제가 많은데요. 고치려면 잘 안 고쳐지지요. 유치권은 개정안이 국회까지 갔지만, 반대하는 사람들이 많아서 안 되었고. 그에 비해 가족법은 법무부에서 고치겠다고 하면, 거의 다 고쳐졌죠. 그 중에서도 내가 제일보람 있게 생각하는 것은 부모가 치료를 거부할 때 어떻게 해야 되느냐? 그것인데, 2000년대 초반부터 "법을 만들어야 된다!" 그렇게 주장을 하다가 이제, 그때 2010년대인가 민법 개정을 열심히 했는데, 그때 개정위원들이 용역을 하라고 요청을 받았어요. 그런데 용역을 안했지. 그랬더니 담당 검사가 다른 용역이라도 하나 해라해서, 그럼 재산법 말고 가족법으로 하겠다 했지요. 치료 거부에 대해서 법을 만들 생각을 가지고 현소혜 교수하고 용역을 했어요. 그러고 나서 법이 만들어졌는데, 법이 그렇게 많이 활용은 안 되는 모양이예요. 특히 친권의 일부정지에 대해선 판사들이 거부감이 있는 것 같아요. 그다음에 입양에 대해서도 개정하고 했지요. 그리고 상속결격 말고 말하자면 '자식들이 못 되게 굴면, 상속을 안 주도록 하는 것'도 입양 개정안과 함께 안을 만들었는데, 법무부에서 입양은 추진을 하면서, 상속권 상실선고에 대해서는 별로 추진을 안 하더라고요. 그것도 나름 의욕을 가지고 만들었는데 실현이 안 되었죠.

이동진 : 선생님께서는 동아시아민사법학회도 만드셨는데, 몇 가지 그런 것들에 대해서 말씀을 해주셔도 좋을 것 같습니다.

윤진수 : 사실은 행정법에서는 일찍부터 그런 국제적 모임이 있었죠. 민사법학회 회장이 되었는데, 회장이라고 해서 그냥 경력에 민사법학회 회장 한 줄 쓰는 건 별 의미가 없고 그래서, 무슨 의미가 있는 일을 해야 하지 않겠느냐 했는데, 생각한 것이 동아시아 국가 간 교류하는 것과 연구소모임을 활성화하는 것이었어요. 연구소모임은 지금 잘 되고 있나 모르겠네요?

이동진 : 유지되고 있습니다.

윤진수 : 동아시아민사법학회는 잘 만들었다고 생각해요. 우리 입장에서 보면 일본은 아는데, 중국이나 대만에 대해선 잘 모르잖아요. 교수들도 잘 몰랐고요. 그런데 만들어서 그래도 매년 이렇게 사람들 얼굴을 보고 그러니까 그런 점에서는 의미가 있지요. 지난 10월에 했던 '동아시아 물권변동' 학술대회에서, 일본 이야기는 우리가 대충 아는 것이었는데, 대만이나 중국 이야기는 모르던 것을 알게 되지 않았나요? 대만은 원래 물권변동이 스위스 민법규정과 유사했는데 완전히 독일식으로 갔고, 중국에서는 물권행위 이야기가 왜 필요한가 하는 분위기라고 했었지요. 그런 정도라도 알게 되는 것은 전체적으로 볼 때 소득이 있다는 것이지요. 첫해 만들 때에는 중국과 대만 사이의 미묘한 관계 때문에 조금 애를 먹었는데, 그런대로 지금 9회째 잘 굴러가고 있으니까 다행이죠.

이동진 : 국제가족법학회 활동에 대해서도 질문을 드리고 싶습니다.

윤진수 : 국제가족법학회에 처음 참석한 것은 2000년이에요. 오스트레일리아 브리즈번에서 열릴 때 참석을 했었는데, 그때 조미경 선생님(이호정 교수님 사모님)이 같이 가자고 해서 갔었지요. 그다음에 2002년에 덴마크, 노르웨이에서 했었고, 2005년에 솔트레이크시티에서 처음 발표를 했죠. 2011년 프랑스 리옹에서도 발표를 하고요. 그랬는데 국제가족법학회 이사를 김주수 교수님이 하시다가 그다음에 한봉희, 조미경, 이화숙 교수님이 하셨고, 이화숙 교수님이 그만두시면서 나보고 해라 그래서 내가 2011년에 이사가 되었지요. 그래도 뭐라도 하나 해야 되지 않을까 싶어서 2013년에 한국에서 국제가족법학회 지역대회를 개최했어요. 개최할 때 회장이 오스트레일리아의 패트릭 파킨슨(Patrick Parkinson) 교수였는데, 그 사람보고 오라고 했더니 "내가 꼭 갈 필요 있느냐?"라고 했었는데, 홍콩에서 열린 다른 학술대회에서 만나 한 번 더 부탁했더니 오겠다고 해서, 그때 왔었지요. 당시 서울가정법원 창립 50주년 기념행사의 일부로 해서, 서울가정법원과 함께했고, 또 여성정책연구원 최금숙 원장님이 도와주어서, 여성정책연구원과도 공동개최를 해서 힘들지 않게 행사를 했던 것 같아요. 그때 아마 이 판사도 참석을 했었지요? 질문도 하고 했던가?

이선미 : 아, 네… 제 사진이 국제가족법학회 홈페이지에도… (모두 웃음)

윤진수 : 2014년에 원래 아시아 지역 부회장이었던 사람이 그만둔다고 해서, 회장

이 "그럼 당신이 부회장을 하라" 해서 부회장을 했는데, 2017년 국제가족법학회에는 참석을 못했죠. 2020년에 국제가족법학회가 카리브 해 바베이도스라는 곳에서 하는데, 그때는 가보려고 해요.

〈신년모임〉

이동진 : 신년모임이 상당히 특징적이었던 것 같습니다. 어떻게 시작하시게 되셨는지요?

윤진수 : 아내가 2000년부터 시작했어요. 사실 그런 게 있는 줄 몰랐어요. 98년인지 학교에 온 지 얼마 안 되었는데, 그때 신년 초에 갑자기 사람들이 들이닥쳤어요. 그 사람들은 교수이거나 아직 교수가 되기 전 박사과정에 있는 사람들이었는데, 보니까 다른 민법 교수님 댁을 돌고 우리 집에도 온 거에요. 그래서 "이런 것이 있느냐"라고 했는데, 민법 교수 가운데는 원래 곽윤직 교수님이 그러셨던 것 같고, 양창수 교수님이나 다른 분들도 좀 하는 분들이 있긴 있다는데… 신년회는 우리 집 말고 다른 집에도 가고 그랬죠?

이동진 : 저는 잘 모르겠습니다. (웃음)

III. 후학들에게 남기고 싶은 말

1. 논문 쓰는 법

최준규 : 다들 말씀을 너무 많이 하셔가지고요. 후학들에게 남기고 싶은 말씀에 관한 것인데요. 전에 권영준 선생님께서 「법과 문화 포럼」 시간에 질문하셨는데, 대답을 안 하셔 가지고… (웃음) 논문 잘 쓰는 방법에 대해서 여쭙고 싶습니다. (모두 웃음)

윤진수 : 현문우답인지, 우문현답인지… 그야말로 권 교수가 내 기분 좋게 하려고 그냥 칭찬으로 한 이야기인 것 같은데, 더군다나 다른 사람 아닌 권 교수가 그런 질문을 하면 좀 그렇지요. 결국은 일반론으로 좋은 논문 쓴다는 것은 문제의식이 중요하고, 그 다음에 일단 많이 찾아봐야 되는데, 아직 우리나라에 나온 논문 중에는, 그 주제에 대해서 여러 문헌을 섭렵하고 쓴 논문이 그렇게 많지는 않다는 생각이 들어요.

2. 정년 이후의 계획

이동진 : 이제 시간상 공식적으로 마지막 질문을 드리려고 하는데요. 어쨌든 상당히 긴 기간 동안 한 학교에서 재직을 하시다가, 정년을 앞두고 이제 두 학기 가깝게 보내셨고, 내년부터는 이제 한 학기를 쉬신 다음에 다시 또 강의를 하시겠지만, 처음으로 무직 상태인 생활에 접어드시는데요. (모두 웃음) 어떠셨는지 하고, 어떤 구상을 하고 계신지?

윤진수 : 이제 시급하지 않고 남들은 별로 관심을 안 가질 문제에 대해서 책을 써야 되겠다는 생각이 드네요. 지금 생각에는 '한국 가족법의 제정과정'에 대해서 써 보면 어떨까 싶어요. 기존에 물론 한국 가족법 제정에 대해 쓰인 논문은 있지만, 자료를 꼼꼼히 탐구해서 쓴 것은 아직 없는 것 같아요. 장경근 씨 같은 사람이 쓴, 「한국 친족상속법 제정요강」 이런 것이 있는데, 그 장경근 씨 요강이, 도대체 어떤 배경에서 나왔는가는 잘 안 알려져 있거든요. 가족법 제정에서 제일 중요한 사람은 장경근, 김병로, 그다음 정광현 교수에요. 정광현 교수 의견은 반영이 안 되었지만, 나중에 가족법 개정하는 데에는 사실상 정광현 교수 의견이 많이 반영이 되었지요. 그것하고 한국·일본 가족법을 좀 비교해 보면 좋겠다 싶어요. 사람들은 흔히 한국가족법과 일본가족법이 비슷하다고 생각을 하거든요. 그런데 상당히 차이가 많아요. 가령 양자에 관해서, 한국하고 일본은 전혀 생각이 달라요. 한국에선 핏줄이 굉장히 중요한데, 일본에서 양자는 가업(家業)의 계승과 관련이 있어요. 그래서 일본에서는 미성년자를 양자로 들이는 것은 별로 없고, 성인을 양자로 들이는 비율이 압도적으로 많지요. 그런데 또 요새 와서는, 한국 가족법이 일본 가족법보다도 훨씬 더 진보적으로 바뀌고 있거든요. 그런 것을 해 보려고 그러는데 글쎄, 사람들이 머릿속의 생각을 전부 책으로 썼으면 지금 책이 훨씬 더 많았겠지요. (모두 웃음) '한국 가족법의 제정과정'에 대해서는 그렇게 사람들이 관

심을 가지는 주제는 아니니까, 그런 것은 정년퇴직한 사람이 연구하면 좀 낫지 않을까 싶기도 하고…

신지혜 : 한국 가족법과 일본 가족법의 비교를 말씀하셔서, 혹시 나중에 저한테 시키실 일 있으시면 제가 많이 도와드릴 수 있지 않을까 생각합니다. 여담인데요, 일본 대중가요에서 옛날에 엄청 유행한 것 중에서, '가독선언(家督宣言)'이라는 게 있어요. 예전에 교수님 수업을 들을 때, "일본에서는 가업승계 이런 개념이라서, 가독이라는 게 있고, 그게 이렇게 된다."라는 것을 먼저 배우고, 나중에 일본어를 하면서, 가독이라는 단어를 알게 되었어요. 가독선언이라는 노래가 있는데 뭐냐 하면, 남자가 결혼하면서 자기 부인될 사람한테 선언하는 거예요. "너는 나보다 항상 일찍 일어나야하고, 일찍 일어나서 화장을 곱게 하고, 밥을 잘 차려놓고, 반찬 수는 몇 가지를 해야 하고…" 그런 내용이에요

장보은 : 그게 유행을?

신지혜 : 70년대 유행했던 노래인데요. 재미있는 것은 같은 가수가 후속 노래를 불렀는데, 그렇게 가독선언을 하고 결혼했는데, 집에 돌아와 보면 포치(강아지)만 나를 기다려주고 있고, 먹다 남은 카레를 전자레인지에 데워서 먹고… 이런 식의 노래입니다. 아 이것이 교수님 말씀하신 가독이 이제 그런 것이다 하는 생각이 들었고요. 그리고 또 한 가지, 양자 말씀을 하셨는데, 그게 일본에서는, 데릴사위를 많이 들이거든요. 가업을 승계시키기 위해서요. 입적한다하면 우리는 양자를 들인다 생각하는데, 일본은 결혼한다 하는 말을 입적(入籍)한다 라고 표현하는 경우들이 꽤 있더라고요. 우리나라 말로 그렇게 하면, 내가 양자로 들어갔다고 착각할 수 있다 그렇게 설명을 한 적이 있습니다.

윤진수 : 일본에선 부부 동성(同姓)인데, 대개는 여자가 남자 성을 따르지만 반대의 경우가 있어요. 양자가 되지 않아도, 남자가 여자의 성을 따르는 거예요.

신지혜 : 우리나라와 일본 가족법이 생각보다, 용어는 똑같이 써도 다른 경우도 많고 해서 재미있을 것 같습니다.

정한샘 : 지도반 모임에 사모님이 늘 큰 역할을 해 주셨습니다. 내조해 주신 사모

님에게 드리고 싶은 말씀이 있으신지요?

윤진수 : 상투적인 말로 들릴 수도 있지만, 내가 이렇게 정년퇴임을 하게 된 것도 제 아내 공이 크다고 할 수 있지요. 학교로 간다고 했을 때도 선뜻 동의를 했고, 내가 연구에 집중할 수 있도록 항상 배려해 주고 있습니다. 아까 이야기했던 것처럼 신년 제자들 모임도 아내 덕분이지요. 아내와 결혼하지 않았다면 지금의 윤진수는 없었을 것입니다. 친구처럼 모든 걸 함께 해온 동갑내기 아내에게 그냥 고맙다는 이야기로는 좀 부족하지요.

이동진 : 이제 시간상 마무리해야 할 것 같습니다. 저희가 무슨 말씀을 드리는 것보다는 선생님께서 한 말씀 해주시는 것으로 정리하는 게 좋을 것 같습니다.

윤진수 : 그래요. 나는 이제 65세 정년까지 그래도 말하자면 축복을 받고 살았다고 생각해요. 세대 면에서도 지금 586이라 하죠. 586 물러가라고 막 외치는데, (모두 웃음) 우리 세대에는 경쟁이 아주 치열하진 않았어요. 지금 젊은 사람들을 보면, 가령 교수가 되는 것도 쉽지 않고, 그래서 굉장히 치열하다 싶어요. 하여튼 나는 쉽게 말하면 굉장히 운이 좋은 세대, 그러니까 나 개인뿐만 아니라 우리 세대가 운이 좋았고 축복을 받았지요. 내가 자란 시대는 한국이 계속 발전을 했는데, 이젠 조금 걱정이 돼요. 지금 한국이. 정체되어가는 기미가 보이는데, 앞으로는 어떻게 될까? 그건 내가 걱정한다고 해서 될 문제는 아니지만 역시 이제 젊은 여러분들이 노력해서 해결해야 될 문제가 아닌가 싶네요. 그런 생각은 해보지만 신통한 방법은 없는 것 같고요. 그렇지만 다른 한편으로 보면, 내가 공부를 처음 시작할 때에는 가령 외국책이나 이런 것을 구하기가 어려웠지만, 요새는 외국책이 없어서 공부를 못한다 하는 말은 할 수가 없잖아요? 그만큼 연구하는 데에는 여건은 좋아진 것이니까, 여건이 좋아진 그만큼 더 좋은 결과가 나와야지요. (모두 웃음) 뭐 하여튼 고맙습니다.

(일동 박수로 마침)

저자약력

윤 진 수

서울대학교 법과대학 졸업(1977)
사법연수원 수료(1979)
서울대학교 법학박사(1993)
서울민사지방법원 판사(1982), 헌법재판소 헌법연구관(1990~1992),
대법원 재판연구관(1992~1995), 수원지방법원 부장판사(1995~1997)
서울대학교 법과대학 조교수, 부교수, 교수, 법학전문대학원 교수(1997~2020)
법무부 민법개정위원회 분과위원장, 실무위원장, 부위원장(2009~2014)
법무부 가족법개정특별위원회 위원장(2010~2011)
대법원 가사소송법개정위원회 위원장(2013~2015)
전 법경제학회, 비교사법학회, 가족법학회, 민사법학회 회장
현 민사판례연구회 회장(2008~)
　　서울대학교 명예교수(2020~)

저 서

민법논고 Ⅰ-Ⅶ(2007~2015)
2013년 개정민법 해설(현소혜 교수와 공저)
주해친족법 Ⅰ, Ⅱ(2015)(편집대표 및 집필)
주해상속법 Ⅰ, Ⅱ(2019)(편집대표 및 집필)
친족상속법강의(2016)
민법기본판례(2016)
법과 진화론(2016)(공저)
헌법과 사법(2018)(공저)
민법과 도산법(2019)(공저)
상속법 개정론(2020)(공저)

논 문

"법의 해석과 적용에서 경제적 효율의 고려는 가능한가?", "진화심리학과 가족법" 등 100여 편

서울대학교 법학연구소 Medvlla Iurisprudentiae

"Medvlla Iurisprudentiae"는 '법의 정수精髓·진수眞髓'라는 뜻으로, 서울대학교 법학전문대학원에서 정년퇴임하시는 교수들의 논문을 모아 간행하는 총서입니다.

법학 교육과 연구를 위해 일생을 보내고 정년퇴임하는 교수들의 수많은 연구업적들 중 학문적으로 가장 가치있는 논문만을 엄선하여 간행하였습니다.

이 총서가 법학자의 삶을 되돌아보게 하고 후학에게 귀감이 되기를 바랍니다.

판례의 무게

초판발행	2020년 5월 13일
지은이	윤진수
펴낸이	안종만·안상준
편 집	이승현
기획/마케팅	조성호
표지디자인	조아라
제 작	우인도·고철민·조영환
펴낸곳	(주) **박영사**
	서울특별시 종로구 새문안로3길 36, 1601
	등록 1959. 3. 11. 제300-1959-1호(倫)
전 화	02)733-6771
f a x	02)736-4818
e-mail	pys@pybook.co.kr
homepage	www.pybook.co.kr
ISBN	979-11-303-3639-8 93360

copyright©윤진수, 2020, Printed in Korea

정 가   37,000원